法国文化史

Histoire Culturelle
de la France

Le Temps des masses:
Le vingtième siècle

大众时代：二十世纪

IV

让-皮埃尔·里乌　　　
让-弗朗索瓦·西里内利 —— 主编
Jean-Pierre Rioux
Jean-François Sirinelli

让-皮埃尔·里乌
让-弗朗索瓦·西里内利 —— 著
Jean-Pierre Rioux
Jean-François Sirinelli

吴模信　潘丽珍 —— 译

华东师范大学出版社

华东师范大学出版社六点分社　策划

目 录

第一部分 世俗化 大众化 分裂(1885—1918)

第一章 玛丽亚娜领头 / 3
   1 共和国持续的晴天 / 7
   2 近似的民主 / 11
   3 初等教育的基座 / 16
   4 从幼儿园到大学 / 27
   5 阅读和美术 / 31

第二章 冲突的文化 / 35
   1 天主教徒与自由思想者 / 36
   2 自由的政教分离 / 42
   3 德雷福斯事件的青春活力 / 47

第三章 大众的视野 / 57
   1 没落衰退和现代性 / 59
   2 印刷品的黄金时代 / 65
   3 象征派的挑战和新艺术 / 72

第四章 娱乐消遣时代 / 79
   1 欢庆活动 / 82
   2 旅游 / 89
   3 天堂般的电影 / 91
   4 现代体育运动 / 95

第五章 中间色调的分裂 / 101
    1 塞尚的孩子们 / 102
    2 1913年的会合 / 109
    3 规范之外的三个影响领域 / 117

第六章 死亡和赞同 / 125
    1 防御性的允诺 / 127
    2 难以忍受的痛苦 / 136

第二部分 加速的时代(1918—1962)

导言 / 145

第七章 仍然是共和国 / 147
    1 共和国的单一文化 / 147
    2 右派和左派：一种重新激活的冲突文化 / 153
    3 一个和平主义的法国吗？ / 157

第八章 学校、大众和电 / 161
    1 "羊皮纸的胜利腾飞"？ / 161
    2 小学教师的共和国 / 165
    3 图像和声音的运用 / 168

第九章 重现的时光？ / 181
    1 变幻莫测的光线 / 182
    2 一根超现实主义的导火线吗？ / 186
    3 疯狂岁月的文化 / 195

第十章 黄昏 / 201
    1 法兰西之谜 / 201
    2 历史的觉醒 / 204
    3 启蒙哲学受挫？ / 207
    4 印度夏天 / 210

第十一章　子夜文化 / 217
1　巴黎—柏林？知识界的附德主义 / 217
2　诗人的荣誉 / 221
3　战俘法国的逃亡文化？ / 223
4　意识形态的改朝换代 / 229

第十二章　没有战后 / 233
1　一种反映时代的文化？ / 233
2　在冷战的阴影下 / 238
3　"法国蜗牛不再有外壳" / 244

第十三章　大众文化深深扎根 / 249
1　广播的鼎盛时代 / 249
2　谷登堡的法国：死期延缓？ / 255
3　"孟戴斯时代" / 261

第三部分　世纪末（60年代至今）

导言 / 271

第十四章　60年代，初期风格 / 273
1　"创新"的飞沫 / 275
2　"伙伴"时代 / 282
3　电视不可逆转的上升 / 285

第十五章　"辉煌的30年"中期 / 295
1　1965年，转折的一年 / 295
2　1968年五月风暴：法国的一次例外？ / 297
3　大众文化，还是社会文化的新分化？ / 302
4　共和国永存 / 306

第十六章　国家紧缩 / 309
1　多种形态的危机 / 310
2　教育令人失望 / 317
3　维护文化例外 / 322

第十七章　大众文化消费 / 327
　　1　没有规律的供与求 / 327
　　2　行为的频繁变化 / 331
　　3　对音像心醉神迷 / 338
　　4　面包和游戏 / 347

第十八章　价值问题 / 353
　　1　主体回归 / 354
　　2　形象创造 / 361
　　3　世界再受迷惑 / 365
　　4　记忆患病，特性困惑 / 373

结束语 / 381

人名、地名和著作名索引 / 385
参考书目 / 415

1. 第一部分

世俗化 大众化 分裂（1885年—1918年）

第一章　玛丽亚娜①领头

毫无疑问,本卷第一部分的要点,在1885年6月1日星期一,当共和国为维克多·雨果举行首次完全世俗的国葬的时候,就已经明确了。这次葬礼庄严而盛大,因而符合现在这样一个毫无耐性、异常急躁时代的国民的期望,与法国始终具有普遍意义的精神完全相称。戏剧家朱尔·克拉勒蒂直截了当地说过:"确保我们国家在世界上拥有霸权的是文学艺术,是小说,是历史。"参议员勒内·戈布莱②进一步颂扬说,雨果"来自我们中间,来自我们的传统,来自我们的种族。有正当理由感到骄傲的法国要求得到雨果。法国以他为荣,为他自豪,法国今天自身也享有隆名盛誉"。这种自豪把夸耀和热情,把无比激奋的民众和法定社团,把古老的反教权的自然神论者向"所有灵魂"要求的祈祷和对具有真知灼见的原则以及对与生俱来的爱国主义的充分肯定结合起来。是的,这是具有高度象征性的拥护共和国的加冕典礼。

这次葬礼行列行进将近九个小时,从凯旋门到先贤祠,中间经过协和广场、圣日耳曼大街、米歇尔大街和苏弗洛大街。所经之处合理而浓烈地混合着革命圣地的历史和褪尽光辉的贵族阶级的历史。葬礼的行列向挂着黑纱的纪念性建筑物,向仓促建成的这位法兰西院士的塑像表示敬意,这些塑像是人们热火朝天、挑灯夜战建造起来的,恰好有爱迪生电力公司慷慨提供的电这个"现代奇迹"的照明。不时使葬礼行列停顿下来的"圣经柜"③的军事分队光亮耀眼,豪情满怀,被人们激动的目光一览无余。人们听见大炮有节奏地齐鸣致哀,还有应时的颂歌与合唱。然后有19位发言者讲话。他们当中,政治家早上在凯旋门发言,作家晚间在先贤祠演说,这形成艺术与共和国之间古已有之的合理和完美的对称。国家的所有机构和来自整个法国的为数不少于1168个团体与"会社"汇聚成一股前所未有的人流,完完整整、淋漓尽致地展示出来,显示出进步、理性和思

---

① 玛丽亚娜是戴弗里吉亚帽的年轻女人,半身像,象征法兰西共和国及其政府。本书注释均为译者注,如有例外另行说明。
② 戈布莱(Goblet,1828—1905),法国政界人士,激进派活动家。曾任议员、部长、总理等职。
③ 犹太教堂内藏《摩西五经》经卷的壁龛。此处为引文。

图 1 这幅水彩画《1885年6月1日维克多·雨果的葬礼》是乔治－弗朗索瓦·吉奥所作,如今存放在卡那瓦莱博物馆。画上可以看到诗人周围的激动情景。巨大的灵柩台,形成褶皱的黑纱,蓝白红三色焰形装饰旗,围成一圈的火炬架,这一切都显示,在这哀伤而又豪迈的一天,凯旋门下举国一致的震动。人群已经很密集,步行者、流动商贩、车辆相互混杂。看热闹的人爬上了梯子,人们三五成群在交谈,士兵淹没在老百姓当中。民众汇集在一起,观赏这盛大的场面,而且不久就会骚动起来。雨果的去世仿佛把共和国设在了凯旋门神圣的穹顶下。1921年,无名士兵之墓将进一步使这里成为"纪念地"。(《1885年6月1日维克多·雨果的葬礼》,乔治－弗朗索瓦·吉奥,巴黎卡那瓦莱博物馆收藏)

想相结合的青春活力。

在葬礼行列的中心,贫民式的极端简朴的柩车遵从死者遗愿,拖着《世纪传说》和《悲惨世界》的预言者①的遗体。遗体的两侧是现代性和永恒性的象征:象征现代性的是1个报界代表团、4个艺术社团和"学校营"的孩子;象征永恒性的是由12名青年诗人组成的小组和贝桑松的代表物,即雨果故乡的熟土。雨果的灵柩在黄昏时分沉降到先贤祠的地下墓室里,那里最靠近伏尔泰和卢梭的墓室,这正是死者所体现的19世纪同解放思想的启蒙时代的理想结合。只有一面红旗在马路上迎风飘舞,那就是1815年的被流放者②的红旗。这面旗帜是被获准显露的,条件是"在旗杆顶端系一条蓝、白、红三色饰带和一条黑纱巾"。除此之外,没有任何骚动来打乱满怀忧伤和感激的共和国秩序。

的确,共和国为了当之无愧地组织好这次规模巨大的哀悼活动,作了十分周全的考虑。5月22日,这位作家参议员在他位于埃洛大街的住所逝世。在他去世的房间里,在卧榻对面,放着克莱桑热③制作的一座共和国半身塑像,由"共和国精英"组成的、醉心于机会主义的布里松④政府,仅仅看到了这样严肃、这样富于浪漫色彩(据说,即将远离的人写了最后一行亚历山大体诗句,虽然平淡无奇,但情有可原:"这里进行着白昼和黑夜的战斗")、这样世俗(病危者和家属拒绝巴黎大主教做临终弥撒)的临终弥留景象,就采纳了国葬的指导方针。雨果临终的两个星期中,四面楚歌的报刊一直狂热地加以报导。因此,权力机构正在进行一场象征性的、政治性的英勇斗争,这场斗争将使这位其诗篇已被法国学童熟记心头的诗人成为共和国最优秀的捍卫者。24日,这场盛大丧事的原则由意见一致的众议院制订出来,成为法令。一个委员会开始规划这项国务活动。这个委员会的成员有加尼埃⑤、达卢⑥和勒南⑦。26日,采取了一个大胆的行动:朱尔·格雷维⑧总统签署了两项行文简练的法令,其中一项是使先贤祠恢复"它最初的法定的用途",即让它又成为为伟人举行共和祭礼的神庙,这就是说,继巴丹盖⑨让它归属天主教会之后,又使它世俗化;另外一项法令规定,这位已故伟人的遗体将存放在这座建筑内。紧接着,天主教徒力竭声嘶地反对先贤祠回归异教徒,

---

① 指雨果。
② 指拿破仑。他于1815年兵败滑铁卢后,被英、德联军放逐于大西洋圣赫勒拿岛。
③ 克莱桑热(Clésinger,1814—1883),法国雕塑家。
④ 布里松(Brisson,1835—1912),法国政界人士,激进社会党人。曾任参议院议长及总理。
⑤ 加尼埃(Garnier,1801—1864),法国哲学家、心理学家。
⑥ 达卢(Dalou,1838—1902),法国雕塑家。
⑦ 勒南(Renan,1823—1892),法国哲学家、作家、历史学家。著有《基督教起源史》、《科学的未来》、《童年和青春时代的回忆》等。
⑧ 格雷维(Grévy,1807—1891),法国政界人士、温和共和派活动家。曾任参议员。1879年当选为总统。
⑨ 即路易—拿破仑·波拿巴(1808—1873)。

《十字架报》看到法国对宗教疏远冷漠,竭力想摆脱教会,并专注于共济会祭礼",因而感到悲痛万分,立即发起一场报复性的捐助,为再次遭受磨难的圣热纳维埃芙①在她的山上竖立一座塑像。在这场斗争中,所有共和派议员异常坚定,甚至争取到极左翼赞同他们的观点,只有朱尔·盖德②除外,他那粗浅的马克思主义,保护他免遭任何阶级之间攻击的损害。

随后发生的事,只不过是维护共和秩序而已。不久前,在举行朱尔·瓦莱斯③的葬礼和一年一度对巴黎公社社员墙的拜谒活动中,曾发生过极端分子的过火行为,为了避免这类事情再度发生,当局派巴黎警察和军队采取大量措施,防止任何纪念"革命日"的企图冒头;与此同时,警方在最后时刻还让林阴大道上和人们对之记忆犹新的巴士底广场上的送葬行列改变行进方向。此外,为了维持社会公正的平衡,当局禁止与巴黎公社为敌的拙劣作家马克西姆·迪康④以法兰西学院的名义赞扬《凶年集》的作者,歌颂对1871年的被流放者⑤的大赦。这些事就这样体面而果敢地完成了。

然而,这种合法而明智的协调一致的行动,既受到鼓励,也受到一个现象的对抗。这个现象的尖锐性不能不令人忧心忡忡。这个现象就是大众的突然侵入。在新闻界的怂恿下,群众用自己的方式在形势的极度发展中过火行事。如果说星期一穿越巴黎的行动十分庄严肃穆,给人以深刻印象的话,那末,前一天,即5月31日星期日,在设在凯旋门的点着蜡烛的巨大陈尸室里展陈死者遗体这件事,却演变成始料不及的乱哄哄的局面。从邻近的埃洛大街直到凯旋门,灵车被高声喝彩的人群紧紧夹在中间。接着,被费尔南·格雷格⑥后来称为"人民长河"的人流汹涌而来,撞到饰有共和格言的巨大灵柩台上和镶在拱顶下面的葬礼石膏花饰上,撞到这位世俗使徒⑦和国民诗人⑧身上。这位诗人深受民众喜爱的作品,同刻在凯旋门上面、位于吕德⑨的《马赛曲》浮雕下方的革命和帝国的历次胜利互相应和。在小贩出售电镀领带别针、蓝红白三色金属竖琴、墨汁新鲜的小册子和传记的叫卖声中,在处处有人开怀畅饮甘草柠檬露和红葡萄酒的集市节日氛围中,重新汇聚的民众越来越变得泪流满面,忧伤哀叹。他们高声叫嚷,

---

① 圣热纳维埃芙(422?—500?),巴黎的女主保圣人。相传她曾劝说巴黎居民留城固守,并击退匈奴入侵者。
② 盖德(Guesde,1845—1922),法国政界人士、左派政治活动家。
③ 瓦莱斯(Vallès,1832—1885),法国作家、记者、社会活动家、巴黎公社委员。巴黎公社起义失败后被叛死刑,避居国外。1883年被赦后返法。
④ 迪康(Du Camp,1822—1894),法国作家、旅行家。
⑤ 指1871年5月巴黎公社起义遭镇压后公社战士中被流放者。
⑥ 格雷格(Gregh,1873—1960),法国诗人。作品有《童年的房屋》等。
⑦ 指雨果。
⑧ 指雨果。
⑨ 吕德(Rude,1784—1855),法国雕塑家。

到处闲逛,诉说他们的痛苦和力量,唱着即兴吟出的浪漫歌曲,高高举起他们的孩子,以免漏掉这个英勇守灵场面的一丝一毫。民众的旺盛精力展露得淋漓尽致。后来,在6月2日的《日报》上,龚古尔弟兄①恶意报道说,那个夜晚,在香榭丽舍的树丛中,连妓女的 X 也戴了孝。

有什么要紧呢！民众想在第二天受到严密管制之前,自由地向诗人说声再见,他们想用自己的方式向他表示应该表达的敬意,因为他的诗句永远教给他们"一个不受命运束缚的民族的欢乐"(《战斗》报后来如是写)。莫里斯·巴雷斯②后来在《背井离乡的人》一剧中,在"一具尸体的社会效应"这非常有名的一幕里叙述,在6月1日这天,"滚滚人流……因为造出了一尊神而赞颂若狂"。夏尔·佩吉③预见到这一事件的令人忐忑不安的现代性,因为他在这一重大事件中,看见了"人民列队庄严行进,人们看着他们列队庄严行进,他们自己也看着自己列队庄严行进"。共和国为人民大众所苦,"纵情狂欢"使盛大的仪式排场更大、气氛更浓。这次具有双重雨果崇拜性质的乐观的诀别,已经有着强烈浓厚的雨果气派和色调。

1

共和国持续的晴天

这个在 1885 年通过它的诗人这样自我庆祝和被人庆祝的生机勃勃的共和国,正如当时被人牢记在心的那样,诞生于 1870 年 9 月 4 日④。它在反对君主制度或帝国维护者的斗争中,在反对道德秩序⑤的斗争中,在反对任何篡权和任何革命的斗争中,通过对原有政治、选举和制度的一系列侵犯,从瓦隆⑥修正案

---

① 龚古尔弟兄指法国作家爱德蒙·龚古尔(1822—1896)及朱尔·龚古尔(1830—1870)弟兄。逝世时遗赠大部分财产,成立龚古尔学会,颁发奖金。
② 巴雷斯(Barrès,1862—1923),法国作家。生平宣传自我中心及民族主义。主要作品有三部曲《自我崇拜》及长篇小说《有灵感的山丘》。
③ 佩吉(Péguy,1873—1914),法国作家。作品有《贞德》、《夏娃》等。
④ 指法兰西第三共和国。1870 年 7 月普法战争爆发。9 月 2 日色当战役法军败北,法国皇帝拿破仑第三被俘。9 月 4 日消息传到巴黎,巴黎爆发革命,推翻第二帝国,第三共和国诞生。
⑤ 1873 年 6 月法国保皇分子,法国元帅麦克马洪当选为法国总统。他提出在法国"建立道德秩序"口号,目的在于打击共和派,依靠天主教精神支柱恢复保守主义社会传统。
⑥ 瓦隆(Wallon,1812—1904),法国政界人士、温和共和派议员、历史学家。曾任教育及宗教部长。1875 年 1 月提出关于总统选举的修正案。

和1875年的宪法,到1877年5月16日危机①和1884年朱尔·费里②谋求的修正,分阶段地使自己势所必然地被人接受。尽管酝酿着尖锐的社会危机和对抗,但是,自1887年由布朗热③所体现的全民表决冒险,直到1907—1908年的社会斗争引起的死亡,没有任何学说的文集汇编,没有任何要求人接受的思想意识,没有国民宗教(卢梭珍视的这种思想不断被人以反对偶像崇拜为由加以拒绝和摒弃):暗含的事物和情感的事物、世俗的事物和法定的事物、象征性的事物和节日般的事物,一言以蔽之,文化的事物,与学说性的解释和纯政治的国家在先权相比,更加为人赞许喜爱,因为首先要确保最大多数人的系统发展——仍然是文化的系统发展!

经过一系列为取得制度法规和政权(自1799年以来,其反响确实一直萦绕着整个国家)而进行的斗争以后,1789年的指导原则④已经转变为法律的形式。瓦隆说:"我不对你们说:要宣告共和国成立! 我对你们说:要组建政府!"一套基本的法令将确定取得胜利的共和派企图强制执行的独一无二的"教理大全":向所有的人提供一个充分行使各种自由的法律框架。最根本的是,在1879年选定《马赛曲》为法国国歌、1880年选定7月14日为法国国庆日以后,还是在1880年,通过了关于酒店经营的宽容法,这适时地促进了人民的社交往来。此外,1881年7月29日通过了集会自由和新闻出版自由法;1884年通过工会法和离婚法。特别作为上述各项法令的延续,通过了费里和戈布莱提出的1881年、1882年和1886年的学校法。接着通过了1884年的市镇大法。与此同时,所有自由结社的倡议都得到容许,甚至受到鼓励。在宗教团体的命运得到解决之后,自由结社后来由1901年法令加以确认。就这样,从选举委员会到体操协会,从少年之家到"朋友会",从铜管乐队队员到消防队员,所有志愿者都或多或少需要了解共和国的原则,所有地方性的活动都被要求歌颂荣誉和祖国。

这些"共和国的法规"在政治上不可触犯,而且接二连三地合法化,从此以后被视为共和国本身的组成因素,并且,正如塞尔日·贝尔斯坦所指出的那样,被坚决认为是"共和模式"的主要构件。法国这个独一无二地采纳了这种制度式样

---

① 1877年5月16日,法国总统麦克马洪,以温和共和派总理朱尔·西蒙纵容共和派及在众议院面前软弱无能为由,迫其辞职,并再度任命布罗伊公爵组阁。众议院中363名共和派议员起而反击,提出一项议案,拒绝信任新政府。麦克马洪毫不退让,采取极端措施,在参议院多数同意下将众议院解散。史称"5月16日危机"。
② 费里(Ferry,1832—1893),法国政界人士、共和派活动家。曾任巴黎市长、教育部长、总理等职。
③ 布朗热(Boulanger,1837—1891),法国将军、政治冒险家。1886年任军政部长。任职后,哗众取宠,争取工人及士兵信任,捞取政治资本,极力主张对德复仇,积极改进军队武器装备,试图延长兵役期,因此博得民族主义者和部分社会舆论赞许。一时在法国掀起一股"布朗热热"。1887年5月布朗热被解除军政部长职务。1889年1月27日他在巴黎的补选中获胜。当晚他的成千上万个狂热拥护者游行示威,催促他进入总统府、发动政变。议会和政府立刻采取一系列防范措施。内政部传言要逮捕他,他被迫逃往比利时。1891年9月,他在失去情妇的绝望中自杀身死。
④ 指1789年发表的《人权与公民权宣言》提出的原则。

和民主理想的强国，企图把这种式样运用到自身并且普遍倡导。正如弗朗索瓦兹·梅洛尼奥在这部《法国文化史》的第三卷里指出的那样，政治人物对始终孕育着未来的19世纪忠心耿耿，从那时起就发动并加强一次文化革命。在这里，没有必要详尽论述人们对这样建立起来的法制是如何强烈而持久的喜爱。只消了解，自19世纪80年代起，在越来越多的国民的头脑和内心中，几种简单的思想势力被人接受，并将在几十年内构成一种冲突的、真正的"共和文化"。在这种文化中，信念紧紧贴合法规，国家教给人们权利的价值。

第一个确定无疑的事情，是共和国众议院的主导地位。这个机构是祖国的多样性和自由的反映，是在良好的"共和纪律"中通过两轮区域选举，或者有时是通过名单选举制选出来的。投票选举构成人民大众，人民大众的代表构成集中起来的国家。既然这两条准则是1789年《人权与公民权宣言》的核心，因而不可触犯。热情的关注加强了赋予当选者的信任；这种关注由极其丰富多样的新闻出版维持着，它对《政府公报》，甚至对议员们轻松愉快的话语，都甚感兴趣。议员们在波旁宫①的讲坛上发表的言论，又在各自的选区再度宣扬。这个讲坛因而变成了一种论坛和世俗讲台的混合物，变成一种教学模式，一种经常是学徒但又始终是主人的民主分子的舞台。一切都汇聚到波旁宫的半圆形梯级会议厅里，一切都在这里沸腾，一切都在这里处理。在这里，人民大众通过选举授予权力。因此，选举运动和选举本身实质上变成了一种演说和辩论的激烈竞赛，一种争取最后胜利的艺术。这种竞赛和艺术，局限于长期对峙的左右两个阵营之间特定的雄辩术、推理方式和历史参照。第二个确定无疑的事情，是对共和国总统消隐地位的接受，这是第一个确定性的必然结果。共和国总统始终被怀疑有当波拿巴的企图。弗莱尔②和卡亚韦③1912年在《绿衣》一书中极其温和地嘲讽了共和国总统的角色。参议院的作用也消隐了。在参议院这个机构里，保守的乡村贵族比比皆是，但它却因懒得坚持反对，而被公认为是地方行政单位有用而压缩的表现形式，这对政府及其首脑是有利的；政府首脑是被任命的永久的共和国捍卫者，集中而忠实地反映了投票的结果、各党派的名额分配和议会专制主义。

毫无疑问，这种建立在选举诚意之上的文化，在1884年以后，对长期维持各种权力的平衡，对解放司法部门和支配行政部门，对限制家庭出身和金钱的垄断，对预防危机和诸如社会分裂之类的政治动乱，都将感到束手无策，无能为力。然而它却不费一枪一弹，轻而易举地让人接受了，因为它继承了被法国大革命承接过来的，并在整个19世纪过程中经过痛苦检验的启蒙运动遗产的最优秀部分。就这样，它把对个人优先于社会的肯定，同对"民主教育"（皮埃尔·罗桑瓦隆）

---

① 波旁宫建于1722—1728年，现为法国国民议会所在地。
② 弗莱尔（Flers, 1872—1927），法国戏剧家。作品有《灵与肉之间》等。
③ 卡亚韦（Caillavet, 1869—1915），法国戏剧家。作品有《韦尔日老爷》、《德行之路》等。

的新需要结合起来,这个新的需要,是色当的耻辱①和巴黎公社的暴行以来非常现实的问题。

  这个共和国被创建并被延续了之后,拒不接受任何社会生活,因为,在社会生活中,个人与生俱来和不受时效约束的自由与权利可能受到团体的限制。它否认可能绕过共和国的法律或拒绝承认投票的代表性的权力。它虽然通过议会制和普选使公民神圣化,但也企图通过国民教育培养造就新人的方式,通过把个人提高到具有团结一致、休戚与共的民主主义者的视野的方式,来完成法国大革命。它的权利国家是即将来临的民主的序幕。它的"有条件的民主爱好"(莫里斯·阿居隆)延伸为民主愿望的大众教育。这样,国民的和道德的教育,会使投票箱变得崇高起来;批判性的教育以及价值观念,将使选举变得伟大起来。从此,它要装出能够高超地掌握这个世纪的新赌注。1884年,哲学家阿尔弗雷德·富耶②在指出这个赌注的特征时这样说:"普选有它内在的深刻冲突和矛盾。这些冲突和矛盾都是民主非解决不可的谜团。所有这些冲突和矛盾都是选举权和法定能力之间的根本冲突和矛盾。选举权是赋予每个人的,而法定能力实际上却只属于某些人。把数量优势同智力优势调和起来,这是民主无法解决的问题。"共和国对个人的尊重和培养民主主义者的公共教育,这种由费里、马塞③、富耶和瓦尔德克—卢梭④、比松⑤或布尔热瓦⑥之类人物倡导的文化,把法国大革命铭刻在现代社会里,有一段时间绕过自由派和民主派之间的长期对抗,从机会主义转入激进主义,控制住一再爆发的危机,把自己公诸于众。这种文化对数量和理性进行的调和,是忠于康德⑦和孔多塞⑧的。它同样忠于1876年在里尔发表演说的那个甘必大⑨。此人认为,"民主主义者不能停止寻求照亮大众和使光明到来的方法"。为了用一种公民性和交际性的混合物,使这种教育变得更加稳定持久、为人喜爱,他早在1871年倾心表露说:"我一直认为,为了在我们当中最终保证共和民主的胜利,至关紧要的不仅仅是要使民主成为一种统治的

---

① 指1870年7月普法战争中法军在法国东北部城市、国防要塞色当被普军打败一事。法国皇帝拿破仑三世在此战役中投降。
② 富耶(Fouillée,1838—1912),法国哲学家。著作有《精神实证主义》。
③ 马塞(Macé,1815—1894),法国教育家、新闻记者。
④ 瓦尔德克—卢梭(Waldeck-Rousseau,1846—1904),法国政界人士,温和共和派活动家。曾任议员、部长及总理等职。
⑤ 比松(Buisson,1841—1932),法国政界人士、教育家。曾任教育总监等职。
⑥ 布尔热瓦(Bourgeois,1851—1927),法国政界人士。曾任议员、部长及总理等职。
⑦ 康德(Kant,1724—1804),德国哲学家、德国古典唯心主义哲学创始人。主张自在之物不可知,人类知识是有限度的。著作有《纯粹理性批判》、《实践理论批判》等。
⑧ 孔多塞(Condorcet,1743—1794),法国哲学家、数学家。著作有《人类精神进步历史概况》。
⑨ 甘必大(Gambetta,1838—1882),法国政界人士、共和派领袖之一。曾任内政部长、国防部长、外交部长及总理等职。

办法……，还要给予这种民主真正共和性质的姿态、风尚和语言。"

这种文化目标既鼓励团结起来的各种有产阶级的绝对优势，也鼓励不久以后就被称为"中产阶级"并且受到激进主义引诱的"新兴阶层"的绝对优势。这种文化目标是共和国尖子主义的精髓，这种尖子主义，鼓励和奖掖少数享受助学金的学生，激励管理精英，吸引共和二年①和1848年春②的新后代中城市和农村的平民百姓。一个平等公民的群体，一个真正自由的司法框架，一种强有力的议会权力，一个被牢牢固定在1789年圣灵降临节的民族历史和被具有更美好更民主未来的爱国许诺统一起来的集体：人民、民族和共和国从此合为一体。统治纲领就是教育纲领。这将成为法国人锲而不舍的理想，这是世界上绝无仅有的理想，它简单而富有生命力，炽烈而具有冲突性，它被无拘无束地提了出来，又受到坚持不懈的宣扬。

2

近似的民主

这些"实用的方法"，这个胜利的共和国敢于把它们付诸实践，而又从不把它们作为唯一的方法强加于人。因为，我们再次强调，这个共和国仍然坚持宽容大度。莫里斯·阿居隆提醒我们，不要忘记这个共和国"在哲学和政治上是人类历史上最宽容大度的政体，人们有义务遵纪守法，但没有义务是共和主义者，甚至没有义务假装尊重共和国"。以至共和国一直希望把自由建立和巩固在理性的基础上，它崇尚公民义务教育甚于崇尚政治宣传，喜爱树立象征和组织节庆活动甚于喜爱招募信徒，喜爱公民联合甚于喜爱意识形态的聚合。它最初的"求实政策"，甚至它经久不变的"保卫共和"，始终心甘情愿地成为一种没有经过特别安排就仪式化了的社会性。

共和国的节庆活动有多种全国性的或者地区性的形式，那是事先准备的对"伟大纪念日"的回忆，具有各种爱国主义内容，以乐声嘹亮的军队游行队伍和旗帜为前导，或者仅仅是游乐性质的，先举行友好联欢聚餐、体操运动员的肌肉表演、射击、集市马术表演，然后在聚餐结束时举行歌咏、焰火和民间舞蹈活动，这些国庆活动首先有助于使民众在真正原则上的行动一致具有文化的形式。以各种程序的形式化和正式化——从1889年和1900年举办世界博览会期间在巴黎

---

① 1792年9月22日，法国大革命后产生的国民公众宣布成立法兰西共和国。自这一日期算起为第一年。

② 1848年5月4日，法国制宪议会召开，宣布法兰西第二共和国成立。

图 2 保尔－爱玛努埃尔·勒格朗的画《在"梦"前》于1897年在美术展览上展出。它表现了传播共和国理想与爱国理想的媒介的新力量。《梦》是爱德华·德塔依的作品,在1888年的美术展览上第一次展出,是被复制得最多的一幅画。由吉鲁复制的这幅画(此处挂在巴黎一个报亭的货摊上),很多人买回去挂在家里。1902年起,这幅画被做成明信片,而后,1914年,又成了保尔·朗博的《走向胜利》一书的封面,还被画在铅笔盒上,或者做成拼图和智力游戏板。勒格朗的画显示了这种普及与传播。画面右方一个1870年的老兵体现回忆的光焰;中间一群不同家庭出身的小学生象征对未来的信心。对过去的回忆和对未来的信心从此都将通过报纸传播给每个人。勒格朗也很热衷于版画和为报纸插图。他的另一幅作品《午睡》由蒙佩利埃博物馆收藏,风格迥异,但影响同样很大。(《在德塔依的画"梦"前》,保尔－爱玛努埃尔·勒格朗,1897年,南特美术博物馆收藏)

精心组织的两次法国市长宴会,到经常邀请学童参加的市镇或者纪念性的普遍民众欢庆,从 7 月 14 日在隆尚举行的彩旗招展的盛大阅兵(人们跑去"观看法国军队并表示祝贺"),到专区政府的部队鼓号齐鸣地出发操练——,公民的爱国心和责任感一直保持并延续着,有时还激奋到极点,民众集会通过愉快活泼的活动达到政治上的行动一致,世俗化了的个人,在劈劈啪啪的爆竹声中分享国民思想感情的融洽。1893 年朱尔·西蒙①说,这些定期燃起的"欢乐的火焰",将点燃"未来的熊熊烈火"。有个迹象证实了这个希望:国庆活动尽管被天主教徒担心会引发新无套裤汉②的暴力行动,但在人民大众中间取得了越来越广泛的、平和的成功。

这种美化回忆和歌颂命运的富于感染力的雄辩术即将褪色,尽管其倡导者自身非常谨慎小心地使用过去的历史(比如,在庆祝大革命时,小心翼翼地避而不谈恐怖时代③),并且为了给予它的节制有度的欢乐以道义上的严格性,有意倾向于朴实和游乐性。然而,这种雄辩动人的言辞却用涂成庆贺共和英雄的蓝、红、白三色的具有还愿性质的庆祝和联欢活动,用围绕着自由之树举行集会的简朴焰火,实行了一种社会的"象征性的合并"(奥利维埃·依尔)。这种雄辩动人的言辞在这种共同生活并且还梦想伟大事物的艺术中,维持并且传播着美好事物的星星之火,这些伟大的事物,正如勒南所说的,在当时构成了一个国家。甚至官方的准确严格性,变成了新国王的礼节。不仅固定的庆祝日期被谨慎小心地遵守,不在周末也无妨,而且,庆祝活动按照被 1891 年的法令国家化了的巴黎时间——"火车运行时间"和钟表的时间——在全国各地举行。与教堂的钟楼时间和"正午"时间相比,钟表时间晚了很久才正式启用。

7 月 14 日被构想为对攻克巴士底狱和对联盟④节的双重追忆。这一天的上午,军队列队游行,中午是宴会,公民中的头面人物为共和国的健康长寿干杯,下午和晚上,是民众玩乐消遣。从早到晚,一切都被召唤聚集起来,让公民在这个特殊日子里自己庆祝,自行演出,到处是成束的证章,阳台上旗帜飘扬,喇叭声不绝于耳,军乐合奏响彻云霄,灯笼成千上万。在所有爱国和社会歌曲的竞唱中,《马赛曲》在当时保持着一种青春活力,它如同永恒的呐喊,赞颂武装起来的文明和集体反叛,尽管在那时候,某些无产者合唱队已唱起《卡马尼奥拉歌》⑤和《国际歌》来与《马赛曲》一争高低了。一切甚至可以不通过宗教仪式就神圣化起来,这一点,已被 1880 年卢瓦尔—歇尔省的蒙城人自由唱诵的那段意味深长的《信经》所证明,这段《信经》是克里斯蒂安·阿马尔维重新发现的:"我信赖共和国,

---

① 西蒙(Simon,1814—1896),法国政界人士、哲学家、共和派议员。曾任教育部长、总理等职。
② 无套裤汉为对 18 世纪末法国大革命时期广大革命群众流行的称呼。
③ 指法国大革命时期从 1793 年 5 月到 1794 年 7 月这一阶段。
④ 指 1789 年法国大革命时期由法国各城市的国民自卫军自动组织的联盟。
⑤ 法国大革命时期流行的歌曲。

信赖它的忠诚儿子,我们的同胞格雷维和甘必大。他们为支持人权而孕育和诞生。他们在帝国时期受尽煎熬,形同死亡,但却在1870年9月4日复活,并且在国民议会的长凳上就坐,不久就登上了讲坛,他们在那里审判叛徒——道德修会的司铎们。我相信平等,相信崇高的共和国,相信民众的协调一致,相信乌托邦的宽恕,相信共同幸福的复活和亲如兄弟的生活。阿门!"

这种解放的信仰的确通过冲突渗进社会身躯的血管里。这些冲突,我们以后将会看到,丝毫也不是断断续续的,而且,它们的力量本身就是真正民主的精髓。这种力量是一种混合物,一方面是对古老的"法—法战争"①或对"六角狂热"②(米歇尔·维诺克)的参与,另一方面是世纪末的危机所引发的社会、经济和政治赌注的激化。但是,共和国黄金时代的独特之处,是对抗同官方的自由鼓动相结合,甚至经常刺激这种鼓动;是周期性的或者定期的对抗同实施过程中的极其灵活相结合,这种实施始终具有一种教育和文化的先天推理,其目的在于使国家更加矫健有力。共和国通过混合两种时间性而控制了人。一种时间性速度较慢。它为了宣告民主的未来而玩弄革命的过去,它力图通过有规律的适应、持续的教育和惯常的礼节来完成天长日久的渗透。另外一种时间性比较紧缩,只严格地限于事件,是完全武装起来的阵营之间的对阵战,永远处于守势,但却往往取得胜利。

具有两种速度的新时代已不完全适合巴黎。这座城市是具有历史意义的"日子"的圣地,是既血腥而又光荣的牺牲的中心。这座城市是最具有威胁性,又最受威胁的权力的所在地。不久以后,它又是负有世界使命的光明城市,自1889年起,艾菲尔铁塔开始耸立在它的上空③。法兰西第三共和国的特点,是善于日复一日地使这场时间的和国家的赌注民主化起来。采取的方法是:使这场赌注扩展到法国最远的边界上,把这场赌注深入到被1884年法令解放了的35,000个市镇中;这项法令赋予这些市镇议会选举镇长的权利。不过巴黎除外,对于巴黎,不但要比任何时期都更加严密地监视它,而且还必须保存它的特殊地位。公民观念在乡土观念中牢牢扎根;争争吵吵地接受了一种共和模式,这种"共和模式"保护未来所有"克罗什梅尔"的风俗习惯的权利,保护朱尔·罗曼④于1913年在《伙伴》中用漫画手法描绘的所有昂贝尔人和伊索瓦尔人的风俗习惯的权利;还有固执顽强的精神,这种精神最终悲剧性地拉长了刻在第一次世界大战纪念碑上的年轻死者的名单:如上种种,直到1914年为止,都是共和国最大

---

① "法—法战争"指法国内战。
② "六角狂热"指法国战斗的爱国主义精神。法国国土的形状是个六角形。
③ 1889年在巴黎举行世界博览会。艾菲尔铁塔揭幕。
④ 罗曼(Romains,1885—1972),法国小说家、戏剧家、诗人。"一体主义"诗歌流派的主要代表。主要作品有《一体的生活》、《善良的人们》。

的成果。正如莫里斯·阿居隆不厌其烦地对我们讲述的那样,直到今天,我们的地方民主的深厚民众性,以及各种相近文化的信念力量,都来自玛丽亚娜安家落户的那些岁月。

因此,城市的市政府大厦,或乡村的镇政府—学校,在30年间引起了广泛的关注。它们是进行巨大文化努力的场所,现在,人们刚开始撰写这些文化努力的历史。在这里,非常有必要指出,具有浓烈外省风格的庆祝法国大革命100周年的活动为这些努力定下了基调。这些政府机关不仅收藏着当地的记忆,收藏着土地册、户籍簿和档案资料,以供大众使用,而且通过大量现场治安裁判书、结实的精装丛书、杂乱无章但没有灰尘的小陈列馆、毫无库特林①式讽刺意味的"例行手续"办公室、新生婴儿、新婚夫妇、选民和应征入伍者的名册、宴会和欢庆活动的记录,甚至还有某些世俗洗礼和丧葬出殡的统计材料,使共和国的法令规章和节庆活动适应当地情况。镇长和市镇议会在政治上不管反动还是温和,对事情并不产生什么影响。恰恰相反:当选者大体上都坚持组织最低限度的娱乐活动,用简要的"RF"②装饰房屋门面,让人雕刻一条格言、一只镶嵌的纹章,或一座别致的雕像,用寓意画和指令性的图画来装饰纪念物陈列室和公共场所,既有地方历史色彩,又表现了众所周知的重大原则规定的国家民族的不可分割性。他们把这些举措当成一种荣誉。从此,城市建筑、装饰和城市动产的全部象征意义,在法国各区之间的激烈竞争中,以坚强而有力的信念逐渐共和化起来,而坚强和有力的程度是与本区的政治稳定性自然相联系的。只有"白色"的大西部③抵抗"蓝色"的④圣像崇拜,并因此而显得与众不同。1789年大革命一百周年的纪念性建筑,向共和国创建者致敬,对立法者、军人和殖民地冒险者所带来进步的赞扬,对牺牲的颂扬,向死者的致敬:于是数以千计典型的塑像和纪念性建筑物俯瞰着行人熙攘的公共场所和十字路口。基本上没有一座是因上峰下令,或巴黎的法令,或因地方行政长官一时心血来潮而修建起来的。一切都与使市镇或城市,使它们的名人和百姓兴奋或反感的民主的光辉程度成正比。

用石膏、大理石或者青铜制作的玛丽亚娜的头像,是象征之中的象征,有时还是大家衷心接受的唯一一项新开销。那时候,玛丽亚娜头像开始蔓延散播,而从没有任何官方制造的胸像强加给地方集体。这个以女人为象征的共和国,以人们对她的唯一深情作为自己的行事准则和规范。人们尽量避免把她树立成圣母玛丽亚或圣女贞德的反面形象。她出现在市镇议会大厅里或公共广场上,出现在喷泉的顶端或最诚笃的公民家中的壁炉上;她被选来放在工业品目录上,或者放在一位相当痴迷的本地艺术家所珍爱的劳动成果上;她袒露或遮盖着胸部;

---

① 库特林(Courteline,1858—1929),法国讽刺作家及剧作家。
② RF为法兰西共和国的缩写。
③ 指反动势力、保守势力控制的西部。
④ 指共和派的。

她装饰着各种各样的寓意性雕刻，但越来越戴着腓尼基帽子①；她时而是多产的母亲，时而是相当俏丽的姑娘，很快就受到歌颂、争夺，或被人居心叵测地变成了漫画人物，无比严肃并且非常好战，但却很快平静下来，往往笑容满面：她惹人注目地投入全体法国人的日常文化中。莫里斯·阿居隆提醒我们，这个无处不在的姑娘—女人善于保持她的多种寓意，以便广施恩惠，甚至取代邮票上严肃的刻瑞斯②，尤其是取代了钱币上的播种女神，那是奥斯卡·罗蒂③于 1896 年雕刻的，他也让她戴上了腓尼基帽子，逆风撒播着种子，而这种子将萌生出理想的穗子，但这穗子是侧面的。共和国因玛丽亚娜而呈现出温柔的面貌；自由因她而找到了自己纯洁的形象。在以后流逝的岁月中，即使在她的敌对者中，也很少有人对她纯朴而率真的自信无动于衷。

3

初等教育的基座

这个共和国如果没有认为只有思想才能无一例外地被人分享，只有阅历丰富的人才能汇聚一堂而不互相屈服，尤其是，如果共和国没有认为人与人之间只有一种纽带不能归入任何社会的或物质的发展进程中，它就不会在象征这个问题上呕心沥血，全力以赴了。这纽带就是教育，只要教育由一个实践康德主义多于黑格尔主义的现代国家和地方集体所承担，而且二者都对平民社会的压力无动于衷，而只负责人的培育和发展工作。

前面说过，共和政体拒绝强加的思想意识，因为从共和政体本身的定义看，信仰自由是政治结合的唯一基础，每个公民应当学习自己思考，这是载入共和国的组织法中的：学校只须负责培植这种义务。在俗的费迪南·比松 1910 年在议会对信仰天主教的德尼·科尚④说，共和国因此在伦理道德和公民行为方面标定了一个"合法的学校行动"的范围。"这个范围延伸到人们的普遍赞同所延伸到的地方。……所有不被任何人的常识质疑的事物，都是初等教育的内容，因而也是正式肯定的、毫无保留的、无须考虑中立的内容。"但是，这个共和政体一方面抛弃自 1833 年以来基佐法⑤一直强加给它的宗教教育，一方面敢于把赌注压

---

① 为红色无沿帽，是法国大革命时期最激进分子所戴的帽子，象征自由。
② 罗马神话中的谷物和耕作女神。
③ 罗蒂(Roty, 1846—1911)，法国雕塑家及雕刻家。
④ 科尚(Cochin, 1726—1783)，法国天主教本堂神甫。曾创办一所医院。
⑤ 基佐(Guizot, 1787—1874)，法国政界人士，君主立宪派领袖和历史学家。曾任教育大臣、外交大臣及首相等职。主要著作有《欧洲文明史》等。基佐法指 1833 年基佐提出的初等教育法。

图3

这尊题名《共和国》的胸像由于勒·布朗夏尔所塑，1890年安放在巴黎十四区区政府的结婚登记厅里那座巨大壁炉的金褐色镶板上。这尊玛丽亚娜像标志着一种雄心勃勃的演变：它仍然保留着传统的人像特点（如护胸甲的上部，蛇发女怪美杜莎的发式，头发如交缠的蛇），但是增加了1789年以来就被重新采用的弗吉尼亚帽，以及别在左胸的三色花饰。区政府前的广场上摆着另一尊玛丽亚娜胸像，大理石的，形态较为自由，1881年由巴菲耶（Baffier）塑成。这在巴黎是仅有的一例。(《共和国》，于勒·布朗沙尔，巴黎十四区区政府)

在课堂上教授既是个体主义的也是兄弟间的自我控制的艺术上面。朱尔·费里总结说，如果说宗教教育始终属于家庭的话，那么道德和公民义务教育就应当是公共教育的核心。从此，一种内在化了的非宗教性，一种个人的苦行禁欲，即一种自我征服的做法（克洛德·尼科莱），能够帮助每个政治主体在不对教会、政体或党派忠顺的情况下锻造自己的信念。每个公民都练习从自己的内心深处坚持本身的自治，建立他的"内心的共和国"。

因此，共和派只有一个使命，一个不停地创建的使命，那就是像"组织"（这是朱尔·费里用的动词）其他所有的自由一样"组织"这种自由，激发每个人重视自身提高和发展的意愿，通过教育使个人意识达到理性和科学知识的境地（这是唯一能照亮公民个人真正生命的普遍价值），以便帮助各个意识做出决定，不管它们怎样卑微。因此，在他们看来，只有公立教育才是解放者和缔造者，从知识和自由思考的角度看是完全意义上的教育者，哪怕出于慎重和对民主的考虑（不存在不经过争论和冲突取得的胜利），它必须维持同教会以宗教信仰和传统名义进行的教育展开竞争。它的最优秀的宣传员可以自由地把它当成另外一种宗教，这种宗教，按照费迪南·比松后来的说法，有朝一日将"只是人类对精神的各种完美形式的向往"。

传播公立教育这个福音的最好地方是小学，这个地方因而被视为一个决斗场，一个否认并无视儿童的弱点及其家庭和社会环境束缚的理性场所，一种被孔多塞隐约看见的哲学手法，这种哲学手法，是1789年的产物即朴素而又狂热的雄心壮志所要求的，这个雄心壮志，朱尔·费里在1883年11月27日写给小学教师们的那封很快就举世闻名的信中指出，是传输"人类的智慧"。这个地方，是与一个"生活场所"，与一个显示特性的小社会或一个社会驯化园相对立的。与此相反，大写的学校只应该是共和国的圣殿和信仰的祈祷室。而它的教师，据一个从1896年起就在他所著的《主要的一面》一书中执怀疑态度的名叫克列孟梭①的人看来，甚至可以梦想有朝一日成为它的唯一的军队。

因此，在初等教育方面，进行了最好的，也是最实在和最持久的努力。这种努力非常明显，非常有说服力，以至被大胆世俗化了的学校的使命，通过道德和可靠知识的武器、持续的阅读和餐末感人的追忆，很快就影响到大多数法国人的普通文化。一个令人喜爱的神话甚至立刻自由传播起来。加斯东·博纳尔1963年在《谁打碎了索瓦松的花瓶》一文中重新发现了这个神话，这个神话尽管已是七旬老人，声音已经嘶哑，但始终英勇无畏；历史学家们则通过自己大量具有独创性的研究，促使人们意识到这种学校具有特殊的生命力。忠于职守的镇政府秘书兼小学教师、区里初等教育毕业证书考试第一名的优秀学生、优胜的助

---

① 克列孟梭（Clémenceau，1841—1929），法国政界人士、共和派活动家。曾任总理。第一次世界大战后操纵巴黎和会，力图削弱德国。

学金享受者、难以废除的背诵、阿方斯·都德《最后一课》的激情、在书桌里喂养的金龟子、奖给学生用来巩固7月14日效果的切口烫金的书本,甚至打在合拢的手指上的戒尺;这些老一套东西多得不胜枚举,以至它们无疑都显示出在四代法国人身上牢牢扎根的真正值得记忆的事实的一部分。

因为,在有自由派新教徒跟随的朱尔·费里的影响下,一个真正的共和国初等公立教育体系业已确立。这是一个经过长年深思熟虑的完整的教育体系,因为缓慢的适应是它成功的条件。朱尔·费里说:"没有使用暴力,而是一种缓慢的发展,一种演变,一种社会发展现象,首先在思想里产生,继而深入到习俗中,最后转入到法律中。"首先,1879年,为了更好地培养教师,国家要求每个省开办一所女子师范学校,以加强1833年基佐法颁布以来开办的男子师范学校。与此同时,市镇获得援助,劲头十足地修建了8万栋校舍。1880年,颁布了关于女子中等教育的卡米耶·塞①法,创办了丰特内—罗斯师范大学,以培养新开办的初等师范学校的师资,同时还在塞夫勒创办了一所女子师范大学,这是一个世纪前创办的乌姆街男子师范大学的复制品,这些都表明对女孩子上学接受教育的极端重视。同一年,在众多大学学者的支持下,公立学校教育高级委员会世俗化了,这个高级委员会负责监督规章制度的实施,评估成绩,签署教学大纲,就教科书的选用做出最终的决定。1881年,公立学校初等教育被宣布为免费教育,这是使小学教育在1882年成为对7—13岁儿童进行义务教育的必要条件。这种义务教育几乎已经得到确认,并且有利于大规模的扫盲运动,但是,也事先考虑到有必要加以延长。因此,正如我们现在所说的那样,1896年的"入门学习"的平均年限已经达到5.5年,1911年6.34年,1921年6.80年……而1996年为12.43年。这种延长是卓有成效的,因为在1900年,只有4%的儿童最后没能把读、写、算的本领学到手。

也是在1882年,初等教育被宣布为世俗教育。教理教育被废除了,学生被解除了星期四接受宗教教育的义务。从此,学校保持中立,取下原有的带耶稣圣像的十字架,教师不能再属于某个宗教团体。还是在1882年,然后又在1891年,规定了颁发"小学证书"。这是对优异学习成绩和学历的确认和奖励。在十分流行方言土话的利穆赞省,这种证书长期被"圣化",这种镶了框子的证书往往成为人们卧室里的装饰品,但并不因此而使家里带耶稣圣像的十字架黯然失色。人们创办了圣克卢高等师范学校,以培养教师,而这些教师又将在师范学校里教授受到佩吉致敬的青年"黑色轻骑兵"②。最后,1886年,一项称为戈布莱法的组织法对这个合法机构给予了确认,这个组织法详细阐明了教育机构的一般组

---

① 卡米耶·塞(Camill Sée,1827—1919),法国政界人士、共和派活动家、教育家。致力教育改革,创办公立女子中学及女子高等师范学校。
② 指小学教师。

织情况。这个教育机构由大量相关规章条例进行安排布设，使之日臻完善，精益求精。这些规章条例极其谨慎小心地、务求精确地分配公立教育部、省和市镇各自承担的各种义务，与此同时，又让被排斥在公立学校之外的宗教团体成员能够开办私立学校（事实上，在建立"市镇公立学校"的高潮中，这些私立学校的学生人数从1878年的62.3万跃升到1901年的125万）。从1878年到1887年不到十年间，这个"教育共和国"的安排布置，是与基本自由的建立相伴相随的，并且使之更加完善，而且还在很大的程度上有助于在政治、社会和文化上对"共和模式"的肯定。国家的财政赞助随之而来，对地方集体有着示范的价值：国民教育的预算在1879年和1889年之间从2700万法郎上升到9800万法郎。

既然正如费里的合作者，国民教育新理想的大师费迪南·比松后来经常提醒的那样，共和国的首要职责是培养造就共和主义者，那么，年轻的个人，未来的最高公民和潜在的士兵，就被先验地看作是"知识的小王子"，这个小王子要在学校里学习非学不可的知识，以便展示能力，有朝一日能体体面面地在社会上拥有自己的地位，却又不损害现存的秩序。"改变作为社会世界中枢的所有制，并不比改变作为宇宙世界中枢的太阳更有可能。"朱尔·费里的确这样警告过，同时他又承认学校应该减少家庭出身的特权：一些小学教师将很快就因为追求进步的平等而陷入这个推理的断层中。

因为初等学校追求自由宽容的教育、道德的影响、公民的培养，追求在一所真正"教育学校"里传授的普通文化，因此，尽管社会上存在着这种犹豫不决的现象，必要时还遭受到谴责，但它仍然过于雄心勃勃，不能满足于只传授基础知识。因此，不言而喻，小学首先再次在它开设的初级、中级、高级三种课程中，承担起古老的培养"读、写、算"的能力。其实，从1880年起，3/4的儿童能具备这种能力。但是，小学教育还用正字法、语法以及大量以算术和简易几何为基础的"计算"来加强这种能力的培养，而这一切都通过每天沉闷而严格的不断重复的练习、听写、句法分析、作文和"提问"的方式来传授。这是为了获得最重要的知识，能确保人们在争取奖学金和公职的竞赛中取得成功，确保人们获得一种文凭，继而能从事有技巧的工作，这是任何一个新公民的标签，这是心怀感激之情，但永远警觉的个人的荣誉。动词的过去分词在性、数、人称方面的正确搭配，虚拟式的正确运用，被熟记在心的乘法九九表和关于各个省份（包括专区）的歌诀，三率法的秘密，交叉行驶火车的准确时刻或水池灌满和排空的速度，对圈起一块场地所需小木桩的数量的计算，或者，更有说服力的是对一本储蓄存折利息的计算、用"声调"进行朗读的技巧以及正确的联诵：从此，所有这些既基本又能启发开导心智的模式，将使大量法国人——包括移民的孩子——变得出类拔萃、不同凡响，使他们获得任职资格，并往往直到生命终结。从1885年到1906年，小学广收学龄儿童，接纳了550万名学生，男女生的数量也相当平衡，即使在这个总数中，12%的男童和24%—27%的女童入读私立学校。

至于其他情况，那种百科全书派的观点回想起来令人感到吃惊，但在当时并未使进步人士望而生畏：学校让学生在比较空闲的时间里，通过"事物课"，学一点自然科学，一些通过反复"观察"和"实验"来灌输的有关化学和物理的基础知识（在这些活动中，教师丰富的学识使人惊讶得说不出话来），一点应用于乡村小学教师菜园子里的农艺学，一些手工劳作（尤其女孩子用固定装置进行的十字刺绣、锁纽扣孔和织补技艺），一点音乐、歌曲和图画，一点世俗的体操（因为1882年创办的"学校营"因布朗热主义的惊恐而未获成功）。最后这些练习的效果不平衡，因为它们离教师和学生的文化世界太远。

然而，一些重点的并且一再经过细致安排的学科，如历史、地理、公民教育和伦理学等，不在这种几乎不协调的智力合奏之列。正如朱尔·费里期望的那样，每天讲述这些学科的内容，能够协调一致地加强学生的公民责任心，通过"精神、德行、理性"来使学生的心灵变得崇高起来。地理课本经过维达尔·德拉布拉什的校阅修改，详细地赞颂法国规则的六角形领土，它的温和的气候和千姿百态的景物，其中包括热尔比埃—德戎克山的精确高度和加龙河左岸各条支流的详细情况：一切都显露出温柔和均衡以及保卫这样一块天生非同一般的四方草地的坚决意志。将近1900年，一本教科书说："我的路易塞特，学一学法国地理吧！因为法国人自己不了解它，可是，他们的邻国却了解它，所以曾多次侵犯和劫掠它的领土。"地球平面的玫瑰色斑点标示法国在殖民地所作的探索、开拓和解放的努力。接着人们把目光迅速投向一个广阔世界的其他重要方面，"种族"和习俗风尚，勤劳和创造精神将会给这个世界带来生活水平的改善，并且有朝一日会给它带来智慧。

人和统治者的历史，其意义与活力命定地全部浓缩在一部"法国历史"中，这部历史传授关于一个国家的深层情况的知识，但范围广泛得多。这部历史的讲述，完全受到埃内斯特·拉维斯①个人人格及其所担任的高级职务的支配，按照皮埃尔·诺拉所说，他是个名副其实的"国家小学教师"，担任过各种各样战略性的高级职务，从格雷内尔街②到外省的讲座，从法兰西学院到巴黎大学和巴黎高等师范学校，从《巴黎杂志》到阿芒·科兰出版社。讲授这部历史，有两个目的。一是在人们的思想意识中铭刻上一种世俗化和文明化的时间性，这已不再是家庭的或地方的时间性（但在这三者之间，没有强求同质，因为共和国知道保持自由宽容）；二是在于锻造一种公民的同一性。事实上，"历史的重大职责是沿着人类的道路，一个接着一个阶段地向前进，一直走到我们现在这个阶段"，即一个"不可摧毁"政体的阶段，这是最终同"宿命论"决裂的阶段，因为"法国是伟大的，

---

① 拉维斯（Lavisse，1842—1922），法国历史学家。曾任法兰西学院院长。著有《法国史》等。
② 格雷内尔街（Rue de Grenelle）为法国教育部所在地。

强盛的,爱好和平的,然而它什么都不会忘记,并且等待着未来的一切"。

这种历史是一种"对真实情况的寻找"。这种寻找转变成了在自己的自然边界内,即在地理和精神的边界内建立国家的传奇(然而出于现实主义的谨慎态度,要用心记住各个创建性的日期)。拉维斯把这部历史按年级分册编为一本本小小的教科书,教授给市镇学校每个年级的学生。1884年以来,这套教科书发行了几百万册,截止1960年初,已有50个不断修订的版本,添进了生动的叙述,插进在阿尔萨斯—洛林这边用黑边围绕的地图,以及刻着利于熟记的花环图像。这本教科书在序言中嘱咐说:"孩子,你要热爱法兰西,因为大自然使它变得美丽,它的历史使它变得伟大。"这部传奇历史从抗击恺撒的维金格特里克斯①起到赖希斯霍芬②的重骑兵冲锋为止,中间有索瓦松花瓶③的碎片、视察学校的查理曼④、布维内⑤、大费雷⑥和圣女贞德⑦,还有亨利四世⑧的白色羽毛饰、走进办公室时搓着手的科尔贝尔⑨、巴士底狱被摧毁、网球场誓言⑩、年轻巴拉⑪的英勇牺牲、攻占阿尔及尔⑫以及色当灾难等史实和人物,然后是一个"安定而强大的"法兰西的建立,自1875年以来,这个法兰西取得了令人赞扬的进步。这本家庭影集连篇累牍地宣扬爱国的英雄主义,但是,它也巧妙地使自己同正在教师中日益高涨的和平主义和国际主义协调一致,同时,抓住一切时机倡导正义的战争观:法国在国土受到威胁时从来只会奋起反击,它的每个儿女都将明白这个道理,向优秀榜样学习,做一个共

---

① 维金格特里克斯(Vercingétorix,?—前45?),高卢人首领。率领高卢人反对罗马人统治。被恺撒俘获而处死。
② 赖希斯霍芬位于下莱茵。1870年普法战争期间法军兵败时,法军重骑兵团部分骑兵曾在此发起冲锋,浴血奋战,英勇赴死,后被普军炮火制压,全部壮烈牺牲。
③ 相传法兰克国王克洛维斯(466—511)曾将一宁愿把索瓦松的花瓶打碎而不愿将其归还兰斯主教的战士的头击碎。
④ 查理曼(Charlemagne,742—814),法兰克国王。在位期间扩展疆土,建成庞大帝国,加强集权统治,鼓励学术,兴建文化事业。
⑤ 地名,位于今法国北方省。1214年法国国王菲利普二世在此大败英国国王约翰、德意志皇帝及弗朗德勒伯爵三方联军,取得决定性胜利。此次胜利被视为法兰西民族坚强意志之证明。
⑥ 大费雷(Le Grand Ferré,1730—?),法国著名爱国者。曾参加扎克雷起义。在英法百年战争中战功卓著。
⑦ 贞德(Jeanne d'Arc,1412—1430),英法百年战争中的法国著名女英雄。曾率军解救奥尔良之围,连克数城,又攻下兰斯,使法国国王查理七世在该城举行加冕礼。后在一次偷袭中失利被俘。后被处以火刑。
⑧ 亨利四世(Henri IV,1553—1610),法国波旁王朝第一代国王。颁布南特敕令,保证新教徒信仰自由,医治内战创伤,使法国振兴繁荣。后遇刺身亡。
⑨ 科尔贝尔(Colbert,1619—1683),法国国王路易十四在位时的财政大臣、海军大臣、国务大臣。兴办工商业、扩大国际贸易,保护关税,发展海军,致力建立法国经济霸权。
⑩ 1789年5月5日,法国三级会议在凡尔赛召开。6月17日,与会代表决定组成国民议会。法国国王路易十六20日封闭第三等级的会场。于是国民议会转移到一个网球场集会,并进行了著名的网球场宣誓:不制定王国宪法决不解散。
⑪ 巴拉(Bara,1779—1793),法国大革命时期法国共和军鼓手,在旺代战役中英勇作战,壮烈牺牲。
⑫ 法兰西第二帝国时期七月王朝宣布阿尔及利亚为法国殖民地。第二共和时期法国占领阿尔及利亚沿海大部分地区。

和国的义勇兵。这部有着千千万万读者的历史故事,也是一曲扣人心弦的、形象化的赞歌,它赞美发现,赞美使人类获得解放的进步,从克里斯托夫·哥伦布到博比约中士①,从把自己的家具付之一炬的贝尔纳·帕利西②到拯救小朱皮耶③的卓越学者巴斯德④——这个反对破坏者拿破仑的共和典范。相反,宗教骚乱和教权主义旷日持久的胡作非为,却被避而不谈,或者极端谨慎小心地加以论述,可能是为了让私立学校的教友更深地被这本教科书所吸引。同样,暴力和社会的争论中心也被略而不谈,或者被贬斥(因此,巴黎公社成了"反叛祖国的罪行,因为当时德国人仍然兵临城下,把巴黎重重围困,目睹我们的士兵与叛乱分子作战")。甚至,反对君主制的斗争也被说成是一种必然的过渡,因为共和政体下的耶稣再临人间说铭刻在我们的祖先高卢人的漫长历程中。

受到这样歌颂的历史,对公民和道德教育来说也是一部取之不尽、用之不竭的范例汇编。公民和道德教育不是一门学科,然而却是从所教的所有内容中产生出来的。1882年3月28日的创立法⑤用这种教育取代基佐法的"道德和宗教教育",建议坚持基本原则。这个基本原则是一切世俗事物的开山鼻祖,主张尊重信仰的私人领域,因而,主张通过教育促进任何晋升。天主教徒们认为,没有宗教就会道德沦丧,但是,共和国反对这样的看法,她公示一种独立自主的道德风尚。这种道德风尚除了机会主义的唯灵论,或使形势和缓的激进的社会连带主义之外,没有其他形而上学的支撑;这种唯灵论和社会连带主义往往会转变为真诚的唯物主义,对在学校及其周围地区分辨反宗教斗争和反教权斗争是一种聊胜于无的帮助。这种社会学上的康德伦理学,既不是宗教在社会上的有用的残余,也不是理性的形而上学的概论,实际上是带有重言式实证主义特点的人性的宗教。这种宗教必将建立社会的团结,培育共和国的实际经验。1876年,一个共济会支部的公民们说,伦理道德"是自身携带着自己的开始和结束"的社会行为;这样,社会道德就尤其成了一个文化的问题,这不仅是初等教育或高等教育所给予的文化,也是由十分完善的法律和合作精神的心智实践产生的文化。1881年朱尔·费里在参议院进一步阐述说:"真正的道德,伟大的道德,永恒的道德,是没有任何形容语的道德。多亏上帝,在我们法国的社会里,经过多少个文明世纪之后,道德已不需要下定义了,它在不被下定义的时候更加伟大。"

"对上帝应尽的义务"就这样谨慎小心地载入了1882年的纲领⑥之中。这

---

① 博比约中士(Bobillot,1860—1885)曾在1884年—1885年越南东京战役中战功卓著。
② 帕利西(Palissy,1510—1589),法国学者,艺术家,玻璃及陶瓷专家。为研制陶瓷耗尽家财。
③ 小朱皮耶是一个狂犬病小患者,被巴斯德救活。
④ 巴斯德(Pasteur,1882—1895),法国化学家,微生物学家。证明微生物引起发酵和传染疾病。首创用疫苗接种预防狂犬病、炭疽病等。发明巴氏消毒法。开创立体化学。
⑤ 指费里初等教育法令。
⑥ 指费里初等教育法令。

LA NOUVELLE ANNÉE PRÉPARATOIRE
D'HISTOIRE DE FRANCE

LIVRE Ier
LES GAULOIS ET LES FRANCS

I. — La Gaule et les Gaulois.

1. Il y a deux mille ans, notre pays s'appelait la Gaule et ses habitants étaient les Gaulois.
2. La Gaule avait pour limites la mer du Nord (voir la carte, p. 15), le Pas de Calais, la Manche, l'océan Atlantique, la Méditerranée, les Pyrénées, les Alpes, le Jura et le Rhin. Elle était donc plus grande que la France.
3. Mais elle n'était ni aussi bien cultivée, ni aussi belle, ni aussi riche que la France l'est aujourd'hui.
4. Elle était à peu près couverte de forêts où erraient des loups, des ours et des bœufs sauvages, qu'on appelait *aurochs*.
5. Les villages étaient le plus souvent cachés dans les forêts. Les maisons étaient en bois : la porte était l'unique ouverture par où l'on reçut l'air et la lumière.
6. Il n'y avait pas de véritables routes. Il y avait seulement de grands sentiers, comme ceux qu'on voit aujourd'hui dans les prairies et dans les bois.

Hutte gauloise.

1. Comment s'appelaient autrefois notre pays et ses habitants ? — 2. Quelles étaient les limites de la Gaule ? Était-elle plus grande que la France ? — 3. La Gaule était-elle comme la France ? — 4. De quoi la Gaule était-elle couverte ? — 5. Comment étaient autrefois les villages et les maisons ? — 6. Y avait-il des routes autrefois ?

图4

图为欧内斯特·拉维斯为新预备学年编写的《法国历史》的第一页,这本历史书是1914年以前出版的整套《小拉维斯》中最基础的读本。

此页为第一段的6个概述性句子,阐明高卢既是今日法国亲爱的前身,又恰成她的反面(除了韦辛杰托里克斯的勇敢,后面会提到这位英雄,这种勇敢在法国是永存的)。第一句("两千年前我们的国家称做高卢,它的居民叫高卢人")人人能背诵,已铭刻在集体的记忆中。(新预备学年用的《法国历史》,欧内斯特·拉维斯,阿尔芒·科兰出版社)

个纲领是最高存在和最高事业的既没有面孔也没有启示的混合物,儿童可以按照他自己宗教以外的各种形式来想象这种混合体:把它想象成一个意识和法律的神,这个神甚至与18世纪神化了的理性遥隔千里。因此,多种多样而又互相竞争的教科书,在不带宗教色彩的唯灵论(如孔佩雷①编写的教科书自1882年以来受到阿尔比主教的抨击)和直截了当的反教权解放行动(保尔·贝尔②编写的教科书把宗教和科学对立起来,它的使用使争论从未休止过)之间迂回曲折地前进,没有找到真正中立的平衡,因为,正如饶勒斯③1908年在众议院所说的:"只有虚无是中立的。"但是,让人感到惊讶的是学生自己超越了这种模糊不清的平和神学或这种充满内心杂念的愤怒。1997年,让·博贝罗④查阅了210份在1882和1918年之间学生们认真做的练习。这些练习表明,这种教学已轻松地超越了在黑板上写枯燥无味警句的阶段,或对酗酒者的肝脏解剖图进行令人惊惶不安的评论阶段。这些小学生远离抽象的教科书,多亏老师所讲的鼓励话,他们仍然是孩子,精神饱满,敏锐幽默,自由自在地游弋在理性和温情之间。建立在人的尊严基础之上的日常道德力量、对不公正和无耻行为的平静拒绝、不使德行模式化的反省、对友谊的崇拜、对"骗子"式的游手好闲行为的揭发、对祖先的感激:这种种教导,平静地否认任何道德秩序,推倒善和恶的消极准则,从日常体验中汲取一些东西,并想使之纯洁高尚。它们的生命力强大得确实令人惊讶不已,它们借以获得成功的手段既巧妙,又令人鼓舞。

因此,热爱祖国——公民教育的目的——逐渐变成这种轻松活泼的道德灌输的自然延伸。这种对祖国的热爱,本身也成了激烈争夺的对象,不久就分裂、派生出民族主义、国际主义、反军国主义,或者简单地说,和平主义,小学教师在思想上也越来越难以控制。然而,尽管苛求的民主存在着这些冲突和犹豫,这种对祖国的热爱却仍然完整无损,因为它日复一日地灌溉着学校的课堂。课堂上教授的所有学科,都或多或少地浸润在防御性英雄主义及和平征服的理想中。讲授这种爱的最优秀的教科书,无疑是1877年G·布律诺出版的《两个孩子环法旅行记》。这本在人们心目中至高无上的教科书,被大家烂熟于心,在家里常被人反复阅读。布律诺是哲学家富耶之妻的化名。该书在1887年已累计出版了300万册,1901年为600万册,1976年为840万册。

该书叙述安德烈和朱利安这两个孩子的险遇。这两个孤儿"在九月一个浓雾弥漫的早晨",离开他们的故乡小城法尔斯堡,走遍法国,寻找将收养他们的叔父。法尔斯堡在1871年已成为德国的城市,它也是另一个为学童写作的伟大作

---

① 孔佩雷(Compayré,1843—1913),法国政界人士、大学哲学教授。
② 贝尔(Bert,1833—1886),法国政界人士、生理学家。曾任公共教育部长,致力教育改革。
③ 饶勒斯(Jaurès,1859—1914),法国政界人士,社会主义者、左派议员、社会活动家,《人道报》创办人。
④ 博贝罗(Baubérot),法国当代人文科学学者。著有《基督新教史》等。

家埃尔克曼—夏特里安①的故乡。这本读物带有雕刻画插图,插图配有文字说明,构成第二个百科全书式叙述。为什么这本读物会取得如此异乎寻常的成功呢?为什么这本为私立教育不屑一顾的读物在多少人的记忆中声誉极高?因为它是对所有学科的生动概括,它对学校想鼓励的非教会小学生来说,是一部英雄主义的传奇。书中的两个孩子有强烈的好奇心,在插曲迭起的长途旅行中丝毫不谨小慎微,他们或是快乐,或是激动,但却始终坚强勇敢,在漫游法国中进行学习。在他们的行程中,先后展现在他们眼前的是一个由耕作者和手工艺人、谙达世情的厂主和正派诚实的商人组成的理想化了的世界。这个世界远离只因有纪念性建筑和伟大人物才具有价值的城市。这两个孩子发现了人的主要品德:勤劳、诚实、节约和储蓄。旅途中,他们处处看到了理性、道德和祖国,(虽然,出于良好的教学设计,并没有任何部队胆敢在他们面前耀武扬威。但是,1905年的修订版却谈到了可能发生的战争,倡导有警惕的、武装的和平)。他们在寻找一个家庭、一个住处和一个地方的过程中,简言之,在寻找一种尊严的过程中,自己的生活敞开了。空间、时间、知识和未来,全都富有感情。但是,莫纳·奥佐夫说得好,《两个孩子环法旅行记》的秘密,在于揭示了学校试验性的和心照不宣的真正教义:"学习就是生活。更确切地说,是继续活下去。像这样把生活的功课同书本的功课结合起来,就更能做到铭记在心、永不忘怀。"在课堂上明白无误地确定了的不胜枚举的事实前面,上帝也后退了。在最初几个版本中,常常提到上帝,但上帝在1906年的版本中消失了。然而小学教师们却小心翼翼地避免用别的什么信仰来取代上帝,因为,正如莫纳·奥佐夫还指出的那样,出于对自己学生的尊重,他们同意在课堂上讲出一个真理,虽然"并不因此相信这个真理必定胜利";他们每天的教学实践同共和派的某种明智相吻合,这种明智预感到,民主应该是一种永恒的征服,因为安德烈和朱利安也不得不一步一步地取得自己的荣誉和幸福。

布律诺的"园艺式教学法"所取得的成功,这一教学法在使孩子们初步了解温和而博爱的共和国时所展现的丰富多彩的东西,还附带提出了一个严峻的问题;当时及后来,人们常用这个问题来攻击初级学校:它在对爱国和对集体的关切中,难道没有轻视过地方和"民众"的文化吗?它难道没有在强迫使用法语时,扼杀方言和地区语言吗?用一个"可怕"的词来说,它在"洗劫"法国的乡土文化时,难道没有使他们"背离传统文化"吗?《背井离乡的人》一书的作者巴雷斯没有忘记坚持这一点。保尔·布尔热②更是耸人听闻,说什么学校在制造一些脱离自己活根的人。到处都流传过一些关于使用完整主义教学法的小学教师的无稽之谈,说什么这些教师是在师范学校里用单一的共和纪律培养出来的严格的

---

① 埃尔克曼—夏特里昂为法国作家埃尔克曼(Erckmann, 1822—1899)与夏特里安(Chatrian, 1829—1890)两人合用笔名。他们合作的作品文笔朴实清新,富于地方情调,宣扬和平主义。
② 布尔热(Bourget, 1852—1935),法国小说家、文学评论家。标榜传统写实主义。所作多为心理哲学小说。

雅各宾传教士,他们处于乡村或城市街区的任何文化觉醒和任何文化影响的中心。他们在世俗斗争最激烈的时刻变成了文化的勇猛战士、民族的复仇者和"铲平差异"的痴迷者。

众多历史学家,其中甚至包括让—弗朗索瓦·夏内,对小学教师的教学法,对他们内心的思想及其生活本身进行了深入细致的考察。这些考察不久前确立了信心,证明关于上述小学教师的说法纯属无中生有,就此而言,共和国总体上再一次忠于它的自由宽容的使命,因为它的公立小学已经学会尊重孩子,以便更利于孩子的觉醒;已经说服它的教师从已知的事物出发,把学生引进未知事物之门,以此来获得他所教班级学生的好感。自1887年起,各项指示和命令强调必须让学生参加发现知识,必须使用直观和积极的教学方法,必须从观察每天的生活和当地风俗习惯出发。更好的是,人们总是让"小祖国"①同"大祖国"对照比较,并使之朝气蓬勃、完整统一,各门学科中的教学练习总是赞美地区的范例。尤其是,尽管在奥克语地区或布列塔尼地区有众多不便,几乎都出生于当地平民家庭、往往在本乡本土接受培养教育的男女小学教师们,大都心安理得地下定决心,使通晓两种语言的人没有任何情结地成长起来,显示了一种真正的"组织者的经验主义"。诚然,在课堂上粗暴地强制使用法语,后来在市镇政府举行共和国各种节庆和礼仪活动时也规定要用法语。但是,一旦下课钟声敲响,工作日结束,或节假日到来,人们就可以自由自在地讲土话或地区语言了。在必要时,甚至有人断言,这两类语言的使用有助于教授法语,特别"有助于维持学校的民众特性"。因此,据让—弗朗索瓦·夏内说,不仅"法语化的道路比人们料想的更加迂回曲折、艰难复杂",而且,在学校里,"共和模式远非武断苛刻,而是由妥协与和解构成"。诚然,学校要学会高瞻远瞩,但不忽略牢牢扎根于乡土文化的多样性中。顺便说一句,小学的爱国主义教育远非是一种约束或清算,当学校还没使这种爱国主义教育从市镇的土地上涌现出来的时候,这种爱国主义就已经增强了乡土爱国主义了。最后,正如泰奥多尔·泽尔丹所感受到的那样,这种考虑到整体和地区多样性的共和化促进了自由,因为"是学校造就了社会,而不是相反"。

4

从幼儿园到大学

在大众学校这个领域内,共和国只是对初等教育这一基座进行巨额投资和

---

① 指各地区。

坚决实行分区监管,并未走得更远。1881年以后,共和国只限于把托儿所改为"幼儿园"。这些幼儿园1900年总共只收纳儿童70万,即2岁到6岁的儿童总数的1/4。19世纪20年代以前,尽管有个名叫波利娜·凯尔戈马尔的女人教学才能出类拔萃,却并没有出现更多的新事物。这个女人一步一步同"伤害儿童罪"进行斗争。她的斗争方式是:在幼儿园里把游戏和表达作为"儿童的最初的劳动"来强制实施;拒绝任何不考虑儿童心理年龄的训练和基础知识的学习。于是产生一股冲力。莱昂·弗拉皮埃所著,由普尔博①亲切地加上插图的《幼儿园》一书获1904年的龚古尔奖,让公众注意到这股冲力。

　　职业教育也没有什么十分独特新颖之处,发展得也远非一帆风顺,根据在老板、企业学校和私立学校的学徒情况而定。私立教学,尤其是天主教徒的私立教学,在北部和西部特别发达。这种教学在农业教育和基础工业教育等方面开展得更好。戈布莱法规定设立的高级小学在头15年内接纳学生7万名。根据巴黎大学副校长奥克塔夫·格雷亚尔的说法,这些学校应该"满足人们合理的愿望,而不过分激励盲目的抱负。盲目的抱负既会使个人失望,又会给社会带来灾难"。这些学校应该引导它们的优秀学生参加师范学校的入学竞试。其他学生则口袋里揣着文凭,一般成为机关雇员或者低级公务员,或者参加以后由技术与工艺学校、工商会、慈善会或者劳工联合会举办的职业学习班。商业和工业实用学校1892年就脱离了这根相当干燥的枝杈,在商业部的监管下后来只培养造就凤毛麟角似的杰出人物、未来的工长和技术工人。然而,显而易见,共和国既不懂得,也不愿意承担大批培养生产者的责任。它的"技术"教育像穷亲戚似的不受重视。

　　公立中学的中等教育也有犹豫不决的现象。大批新教师(几乎全都是通过改革了的艰难竞试招聘来的大中学教师学衔考试及格者)的到来、1880年的改革以及从1890年到1911年一再发出的指示,的的确确使公立中学的中等教育枯木逢春。这些指示引发了激烈争论,反对高堂讲章和人文科学古老的优势地位。尽管1895年对中学毕业会考进行了深入改革,这些指示并没有取得什么决定性的成果。推理论证课对修辞课进行的斗争,评论课和结构课对风格、论文和外译法课进行的斗争,实验课对至高无上的拉丁文课和希腊文课的斗争,都远远没有取得胜利,甚至没有旗帜鲜明地进行,尽管1902年一种"现代的"教育开始畏畏缩缩地实施。公立中学比以往任何时期都更加不是初等教育的出路。这种中学稳稳当当地继承了可靠的地位,而且由于它有接纳六年级前的富家子弟的"小班"而受到保护,它被专门用于复制贵族及其文化,用于通过古典人文科学维护具有潜在"才能"的精英。为数不多的享受助学金的学生(将近1900年时,每年不到1500名,因为助学金首先照顾高级初等教育)进入公立中学,这仍

---

① 普尔博(Poulbot,1879—1946),法国画家、广告画设计师及插图画家。

然丝毫没有改变马尔萨斯①预言的状况:接受中等教育依然是地位优越的少数"有产阶级"的特权(1876年15.5万名男生,1898年16.3万名男生,1925年18.1万名男生)。这些学生还在公立中学和教会学校之间犹豫不决,教会学校学生足足占1/3。唯有少量女生的入学(1914年3.5万名)稍稍给这种僵化的制度增添了一点活力。多亏1880年起卡米耶·塞强制执行的法令,这些女生摆脱了私人教学,有了分开的学校和教师,有精心制订的教学大纲(但是这些大纲1924年才提升到与为男生制订的大纲相同的水准),取得了优异成绩。她们之中有一些人以自由应试者的资格成功地通过中学毕业会考,并且在大学学院中站稳了脚跟。

作为补偿,共和国想牢牢掌握教育链条的另外一端——高等教育,因为高等教育肯定会向它提供充满活力、意气风发的精英。在这里,规章制度仍然自由宽容,远远不像1889年竣工的新巴黎大学傲视群楼的新建筑使人想象的那样集中统一。波尔多、里昂、格勒诺布尔、里尔、南锡或者雷恩这些城市也不吝资财,大兴土木,建造了雄伟壮丽的大学校舍。问题首先在于要让学术研究人员和大学教师的深厚爱国之心得以自由表达。这些人深受德国人的趋于完整的模式和方法的推促激励,一心要对日耳曼的渊博学识和先进科技还以颜色,要以主导角色的身份参加法国在世界范围内的,在智力方面的发扬光大。这个学者的小共和国从1881年起有它自己的联合机关刊物《国际教育杂志》,有它的大型杂志,例如泰奥迪尔·里博②主编的《哲学杂志》和加布里埃尔·莫诺主编的《历史杂志》(这两种杂志都于1876年出版发行)、维达尔·德拉布拉什主编的《地理年鉴》(1899年)或者埃米尔·迪尔凯姆③主编的《社会学年度》(1898年)。这个学者的小共和国与实证主义有最低限度的同代人之间的连带关系。这种连带关系提高了科学在精英的道德素质和实践能力的构成中所起的作用,而且与共和国的雄心壮志很吻合。这个学者的小共和国在高等师范学校或者在高等实用学校里有得天独厚的实验室,有国际友谊网,与新学生会有友好往来,在所有大出版社有丛书出版方面的优势,有随意进入一些场所的权利和施加影响的手段(从外省的活跃社团到巴黎的沙龙,从政府各部到各学院),而且它有大量人员充斥领导部门和大学学区长的办公处。因而它拥有宽裕的额外预算(大学的学院1890年收到1500万法郎,1913年收到2300万法郎,其中2/3直接来自国家),它因此得到改革并且变得嗜争好辩。

---

① 马尔萨斯(Thomas Malthus, 1766—1834),英国经济学家。以所著《人口论》知名。认为人口按几何级数增长而生活资料按算术级数增长,如不控制人口增长,必然引起"罪恶和贫困"。
② 里博(Ribot, 1839—1916),法国哲学家、心理学家。
③ 迪尔凯姆(Durkheim, 1858—1917),又译涂尔干,法国实证主义社会学家、法国社会学学派奠基人。主要著作有《论社会分工》、《论自杀》等。

专科大学①垄断着对未来的工程师、技术人员或者商业干部、优秀的"文学工作者"的培养。在大工商业中心自由开设私人新机构，在巴黎开办了政治科学自由学校（1872年）、高等商业学校（1881年）和物理化学高等学校（1882年）。这就扩大了专科大学的优异领域。法国的高等教育有了它自己的独立，这种独立是政治自由主义、历史遗产和大学行会主义的混合物，它受到1880年2月27日的法令②的保障。高等教育的组织于1885年和1896年有了规章制度。大学利用这一点，在经历了整个19世纪的长期停滞不前、暮气沉沉的状态之后，开始了人们热切期盼的复兴。在得到从1884年起担任高等教育终身督办的路易·利亚尔③的完全同意后，在大多数大学学区区长的温厚关注下，大学的学院通过设置领取文凭的学士学位（1894年）和高等学校毕业文凭（1886年），通过必须紧张准备的、1885年现代化了的大中学教师学衔竞试，让大学课程专门化起来。人们注意到，在这种竞试中，公立中学获益匪浅。从此，大学生的学习有了更大的动力，他们的数量从1875年的1万名跃升到1900年的2.8万名，1914年的4.1万名。他们当中的45%定居巴黎。大学的神学院死气沉沉，终于撤销。医学学习虽然课程负担过重（1900年有学生1.1万名），但经过整顿变得更加合乎科学原则，研究工作蓬勃发展。法学院小心谨慎地接纳了政治经济学这门学科（法学院1900年学生不到1.1万名，但1914年将近1.7万名）。文学院（1914年有学生6500名）用使教授职位和研究工作专门化的办法，特别在历史、哲学和年轻的社会学的倡导下，制订一门全国统一的"讲究实际"的科学的草案，同时又为中等教育输送教师。只有数学、物理学和博物学，虽然教学设备良好，吸引力仍然较小，而且从1914年以前开始，这些学科发展缓慢（当时有学生6600名，而1900年已有学生4500名），即使这些学科的外省应用科学专科学校能够规范设置它们颁发的工程师和高级技术员文凭，以此同专科大学展开竞争。一言以蔽之，这些处于不断改造和重建的高等教育门类，经常因不堪颁发文凭的重负而顾不上自由研究，并且由于同一所大学里各个学院之间的竞争而大受损害。然而，高等教育仍然能够使法国具有国际影响，能够向共和国输送一批精英。这些精英开始平等地同家庭出身和钱财造就的精英在国家的管理方面一比高低，互争雄长。

---

① Les grandes écoles，又称精英学校，是法国教育制度的一大特色。其特点为：入学选拔严格、学费高昂。此类学校包括高等商学院、工程师学院、国家行政学院、高等师范学院以及高等艺术学院等。普通公立大学与之相比有一定的差距。
② 温和共和派的费里担任总理后，于1880年2月27日公布法令，撤销各私立大学的学位授予权，并规定修道会成员不经批准不得从事教育工作。
③ 利亚尔（Liard，1846—1917），法国哲学家。曾在政府中任职。

5

阅读和美术

要恰如其分地结束教育这一章,必须对社会的深层进行研究,因为,尽管发生了争执,公共教育的推进并没有被私立学校教育的推进所削弱,而是被它加强。后者对前者是一种有用的对照比较。公共教育最大程度地担当起满足教育需求的任务。这种需求在社会各界出现,要使最大多数的人分享共和国在政治和文化上牢固扎根所产生的民主的繁荣和社会的进步。对这种普遍的渴求,研究还不够深入细致,但是人们回顾过去,观察到大量十分清晰的迹象。夜校、围绕教学和辅助教学的机构蓬勃发展(让·马塞创建的教育同盟是最强有力的范例;堂区教养院附近开了工场;互助运动比想象的更加生气勃勃;座谈会或者报告会经常听众爆满,即使在咖啡馆的后厅举行);执着而勤奋的群众经常光顾劳工联合会会堂、民众馆所和民众俱乐部以及产生于德雷福斯案件的著名大学,大学教师去那里了解民众的求知欲。这个将在19世纪20年代产生民众教育的充满激情的领域,已经在结社的热潮中发挥作用。

国家、市镇和一批协会向这种求知欲提供了首批食粮——书籍。这些书籍的趣味因而逐渐世俗化起来。图书馆到处生机盎然,有市镇的,宗教团体的,或者知识社团的和大学的;有民众的或者精英的,有协会的或者工会的,有堂区的或者学校的(1906年,三所学校中有两所拥有藏书丰富的图书馆),有工人的或者军人的,有"海上的和殖民地的"或者商会的。这些图书馆在法国北部和东部的老扫盲地区根基更牢,办得更好。一些图书管理员开始认识到,他们以后不仅是一座保存着令人艳羡物品的神殿的守护人,而且还能成为接近文化的准显要人物,拥有一批既求知若渴又对人尊敬的读者。他们拥有相当慷慨的资助,因而能够成倍增加图书的供给和借出。尽管我们对来图书馆阅读的人次不很了解,但却知道图书馆供个人或者集体阅读的场所对积极来馆阅读的少数人是完全开放的。开放程度直到1880年人们都没有想象到。

"共和化"就这样和公共教育并驾齐驱。在一个赞同、支持现代活力的社会,学校置身于对愚昧无知的弊病进行斗争的中心。从此以后,让人注意用教育的信念对农村地区、对中间的和平民的阶层进行共和主义的征服成了被文学和演讲广为传播的主题。从《加斯帕尔的命运》(1864年)里的塞居尔伯爵夫人,到《中部农民访问记》(1934年)的作者达尼埃尔·阿莱维①和《我的村庄》(1944

---

① 阿莱维(Halévy,1872—1962),法国历史学家。著作有《法国工人运动》等。

年)的作者罗热·塔博都是如此。这种信念在一代人,或者更恰当地说(而且事实也是如此),在两代人身上安营扎寨,并且加强了他们提高社会地位的希望。共和国在这方面取得了真正的胜利。

共和国一如既往,摒弃一切思想监督,用宽容的言辞证实了这一胜利。共和国很注意对公共道德的遵守,特别是对良好风尚的遵守,但这种审查注意不去触及创作和言论(例如1906年取消了戏剧审查)。阿纳斯塔西虽然经常被人用漫画手法描述,但终究是个相当好的女孩子。更好的是,国家保证,给予教育的优先地位以后将在美术创作自由中扩大、巩固和充实。这样,美术被置于与科学和文学平起平坐的地位,并且对美术作品的接触开始民主化。玛丽一克洛德·热内一德拉克鲁瓦注意到,1875年经亨利·瓦隆和朱尔·费里同意,一个由艺术家、行政官员和议员组成的高级美术理事会,作为世俗化的公共服务机构,组织和协调艺术的奖励和传播,通过这种举措,承担起使艺术像共同资本那样社会化起来的职责。因为,正如当时朱尔·费里指出的那样,"国家的任务是保存现代社会很可能使之逐渐衰退枯萎的事物,是抵抗工业化的事物对艺术的侵袭,以及奖励对保存民族传统来说不可或缺的艺术形式"。《画报》的创办者爱德华·夏尔东接着说,人们把美术应得的正当地位给予了美术。美术与国民教育联系起来并且最终得到更加有理有据的管理。美术受国家关怀的权利得到承认,这不仅仅因为对某些趣味高尚的人来说,美术是优雅而稀有的享受和乐趣,而且还因为美术可以在全国范围内培育发展一种爱美的情操,真正符合一种普遍的需求。一个民族就它的文明进步,或者就它的荣誉而论,如果对这种情操的培养漠然置之,自身必然会受损害。

这项尚未定型的文化政策,远远不打算掩盖官方艺术的弱点,而是为它的承袭遗产的、具有解除义务性质的、民主和民族的文化适应计划进行解释,方式是整个参照公民普选,参照对独立自主的个人的道义责任,参照共和政体的象征体系的迫切需求。因此,在一种很有意义的对称中,这个时期的公共干预导致1902年法令和1913年法令的颁布,前者给予艺术家对其作品完全的所有权,后者是关于保护历史性建筑物和加强七月王朝时期所采取的首批措施。这样,与国民教育高级委员会相联系的所有重要文化知识机构——从法兰西研究院到自然科学博物馆或者卢浮宫学校,从罗马学院到默东天文台——都受到鼓励和赞助。

艺术教学的社会化也没有被忽视。1878年和1908年对图画教学进行了改革。特别由于从1905年到1911年任美术事务副国务秘书的艾蒂安·迪雅丹一博梅兹的努力,公家采购和官方订货数量不小,也不带任何倾向,国家提供的补助和优惠并不只给予创作僵化的艺术家,或者"因循守旧"的画家。顺便说一句,对定期举行的美术展览会的垄断消除了。一个有着动荡不安历史、像大学学院那样有着激烈竞争的法国艺术家协会，接受举办年度美术展览的任务，国家则只限于召开把艺术活动和工业活动结合起来的会议。这种自由主义的公共服务在许多市镇，至少在大城市中，树立了很多竞争者。巴黎为了歌颂共和国，把它的各个镇政府建筑装饰起来。里昂、第戎、鲁昂也如法炮制，不仅显示它们的市政官员懂得不管年头好坏每年都保护遗产和举办意义重大的节庆活动，而且还显示市政议会慷慨大度，倡导和鼓励各类艺术，并且着手使它们越过边界取得成果，而又并不像人们可能想象的那样机械地赞同城市的左的或者右的方向。因此，人们从"资产阶级的乐趣"转到"民众的权利"（樊尚·杜布瓦）。

因此，保尔·曼斯在庆祝法国大革命100周年的展览会的展品介绍说明上写道："艺术永远解放了。"事实上，艺术和共和权利结合在了一起，有关理想和创世的神圣统一的古老理论，在宣言面前销声匿迹了。这个宣言直接来自启蒙运动，来自充分意识到自身的创造者角色、充分意识到自身具有表现一个最能代表普遍利益的新世界的才能的人。受到管理并得到解放的美术，加强了教育和玛丽亚娜象征体系的民族效能，共和国宣告它意欲成为一种文化，宣告自由民主的国家愿意扩大自己正统性的精神源泉和精神表现。

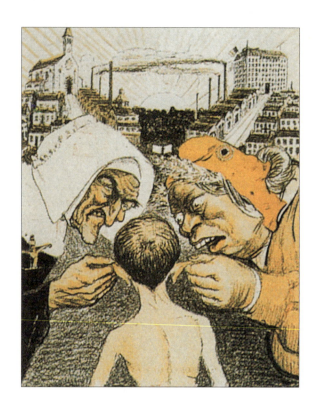

图5

"选择吧……你是自由的……",于勒·格朗儒昂的这幅漫画发表在1904年3月19日的《黄油碟子》上:在政教分离的前夕,一个修女和一个玛丽亚娜(两人都面目可憎,但态度都很坚决)在争夺对法国小孩的引导权。通过工厂劳动,一个要把他引向教堂,另一个要把他带往兵营。很明显,这两种选择和命运都不合这份出色的"讽刺画报"的口味。《黄油碟子》持无政府主义观点,醉心于直接行动,1901—1912年间出版,聚集了进行社会批判的最优秀的画家。于勒·格朗儒昂是个脾气暴躁的南特人,所有笔墨官司都少不了他,1911年曾因反军国主义被判刑。

第二章　冲突的文化

　　然而,听到原因被这样全面地陈述,看见这种陈述被如此坚决地实行,我们最好不要和解妥协,也不要依顺附和。从 19 世纪 80 年代起,共和国领导的世俗化事业诚然具有深刻的文化性质,因为这项事业在尊重仍然浸透着每个法国人思想意识的继承事物和世俗事物的同时,也保障具有解放性质的道德和社会契约的各项条款,以此逐渐使世俗化在法国人当中变得势在必行。这项事业也通过用日常生活中的实例、形象和象征记录法国人的感受来达到这个目的。然而,共和国的文化政策虽然把使大部分民族文化变得文明起来的职责委托给立法和公共服务的通力合作,却从未失去它自己的权利和它在具体情势下的尖锐性。不错,这些权利和尖锐性是由共和政体不得不面对的一再发生的危机维持的,而且它知道怎样克服这些危机。冲突的文化是"六角狂热"的国家的古老毛病或者是它的始终令人困惑的特性。既然民主的假设从此以后被信心百倍地提出,这种冲突的文化于是自由自在,甚至决定了共和国的文化适应事业的快慢并且哺育这项事业。

　　1877 年,当甘必大在议会讲坛上发出再度激励共和派阵营的呐喊"教权主义就是敌人!"时,就是这样期盼的。1889 年,当克列孟梭祝愿只要 1789 年的永远忠实的儿女争取到"公民权力对天主教会的最终优势,争取到他们重新拥有整个国家领域",和平就会到来时,就是以百年人权的名义这样坚持的。当然,出于习惯性的反应,出于民族的继承,但在某种形势下,也出于反对一切道德秩序和一切专制独裁帝国,在集体和个人的思想意识深处,保卫共和的精神,最主要的是要结束天主教徒和世俗人之间的争论。而这种争论将根据对世界和对人的看法的不可调和的二元模式——革命还是反革命,自由思考还是神示的真理,科学还是神业,埃菲尔铁塔还是圣心院,国民教育还是宗教信仰,反教权主义还是教权主义,未来还是过去——将不停地衰退和复活。

1

天主教徒与自由思想者

然而,虽然不能从始终如一的信仰的角度,但从思想和心理的角度,从礼仪和体面的角度,或者从迟迟放弃"临死不忏悔"的态度看,法国95%以上仍然是个天主教国家。世俗阵营虽然远远居于少数地位,但已经用对法国大革命的忠诚武装起来,因此它不遗余力,如影随形地跟踪对手,像翻转手套的指头那样翻转对手的论据,用嘲讽来扭曲对手,摹拟对手的礼拜仪式和思维方式,揭露对手的勃勃野心和阴谋诡计。但是,尽管如此,却未能把自己建成像它的对手那样深入人心、紧密结合的实体。因此,只有斗争才能锻炼这个阵营,只有冲突才能加强这个阵营。由于无处不在的敌人拼命抵抗,并且,在一个不管怎样天主教会仍然是长女的国家里,这个敌人拥有十分强大的后备力量,于是共和主义的自由思想转成战斗的世俗性,甚至转为明目张胆的无神论。共和主义的自由思想终于越过了公众的中立性和事实上的立法性,超越了经过谈判缔结的停战和条约。虽然,在政治上,由于1905年的妥协使政教正式分离①,这种思想可以说并没有取得胜利,但它的好战逻辑却在思想意识方面和文化方面使它的论据更严厉无情,造成徒劳无益的伤害,留下难以忘却的痕迹,以至使许多通情达理的、曾活跃在两个阵营里的、只渴望和平安宁的人感到厌倦不堪。相反,公立学校向共和主义的自由思想提供了在道德方面取得成功的钥匙和美好前途的希望。

所有这些"自由思想者",这些再次发动斗争,组成世俗的和反教权主义的先锋队的人是谁呢?多亏雅克琳·拉卢埃特,我们今天更加清楚明白了这一点。当然,这些人十有九个是男人。他们半是乐乐呵呵、无忧无虑,半是喜欢推理、嗜争好辩。他们之中有一些是激烈的自然神论者,其他的则是十足坚定的唯物主义者。他们全都视教条为寇仇,十分关注标榜的自由。他们有时是百分之百的自由主义者。有产阶级分子在他们当中人数众多。有时人们甚至会在他们中遇见奥麦②先生的子弟。但是,有产阶级分子在总体上比人们想象的"平凡普通"

---

① 政教分离为19世纪末20世纪初法国"左翼联盟"各派的共同纲领。政教分离法案于1905年7月在议会中通过。该法案规定:承认宗教信仰自由,但国家对任何宗教活动不予资助和承认;各宗教团体均以"文化团体"的形式活动。这一纲领使天主教在法国失去国教地位和财政补贴,但换取了自身的独立,脱离了国家控制。法国的新教、犹太教组织及大多数天主教教徒都接受这一法令。但罗马教皇拒不承认法国政府的这一"单方面决定",不允许法国天主教会接受"文化团体"形式。
② 奥麦是福楼拜的小说《包法利夫人》中的药剂师,自诩为科学家、1789年大革命原则的坚决拥护者,喜欢高谈阔论。

得多。与他们朝夕为伍的有大批葡萄种植者、土地耕作者、制锁匠、桶匠、旅馆老板和饮食小商贩、建筑工人和冶金工人。他们的旁侧是小学教师和小食利者、医生、"新阶层"的大学生。还不可避免地有一些还俗者。他们在对发布《现代错误学说汇编》①的天主教会进行的斗争中,大量增建协会和联合会。这些组织在1912年联合起来的法国联合会和全国协会内部结成联盟。这两个组织中的不信教者、自由思想者、不受世俗之见束缚者达数十万之多。在这两个组织里,一种奇特的人与人之间的关系通过观点矛盾的公共报告会(例如无政府主义者、曾经是耶稣会初学修士的塞巴斯蒂安·富尔,在普及性的巡回报告中,成功地兜售了他的"上帝存在的12个证明"),通过咖啡馆后厅的集会,通过像1880年出版的《自由思想》、1902年出版的《理性》或者1906年出版的《教权派》等辛辣讽刺的散页印刷品,通过赞助演出,通过世俗性质的典礼和"耶稣受难日"的红肠品尝活动展现出来。

这批异常坚定不移的民众,也陷入反教权的荒唐行动中不能自拔。诚然,身穿黑袍的"乌鸦"②或者乔装打扮的"耶稣会士"只不过是夸张讽刺而已。但是,对"伪君子",对"污染儿童心灵者"和"邪恶修女"的"自由"攻击,以及带着明显反犹太主义色彩的反圣经的粗俗文学却是既愚蠢又可鄙,因为这种自由思想本应限于"用笑来杀",而不应陷入这种深仇大恨之中。老实说,这种自由思想的理想即使被埃内斯特·勒南、马塞兰·贝特洛③或者费迪南·比松这样的人广泛传播,也永远无法达到它最初的浓度。它既没有创立对科学和进步的信仰,也没有创立对理性的求助或者对民主的向往。自由思想的最不粗暴和最稳妥的发展是通过大学、共济会和工人运动来完成。尽管它注意避免让自己成为确定的反宗教,尽管它并没有能力达到这一步,却从来没有力量使自己做得更好,而只能是对遭到羞辱的宗教仪式的一种模仿(如模仿仪式、不成功地学舌和用华丽词藻布道)。它对人的乐观主义的看法仍然停留在它那个时代。

因此,1894年,进步诗人克罗维斯·于盖④在巴黎第十八区的民众之家给几个哇哇啼哭的公民颁发世俗洗礼证书时说:"我以社会共和国的名义,以大自然和使植物茁壮成长的太阳的名义,以鸟儿在那里啁啾鸣叫的鸟巢的名义,以一切正义事物的名义,以一切真理事物的名义,召唤不再存在的自由、有待创造的平等和尚未建立的博爱给予你们祝福。如果耶稣基督回到世上,他将不再是基督教徒,既然如此,我就以永恒奥义的名义让你们受洗为公民。"相反,在勃艮第和朗格多克地区的腹地,一些同样具有自由思想的人却干脆用红葡萄酒施洗。

---

① 此文集由教皇庇护九世于1864年公布。
② 指教士。
③ 贝特洛(Berthelot,1827—1907),法国有机化学家及政界人士,终身参议员。曾任部长。用高温合成有机化合物,推翻"生机论"概念。
④ 于盖(Hugues,1851—1907),法国政界人士、诗人、社会党议员。

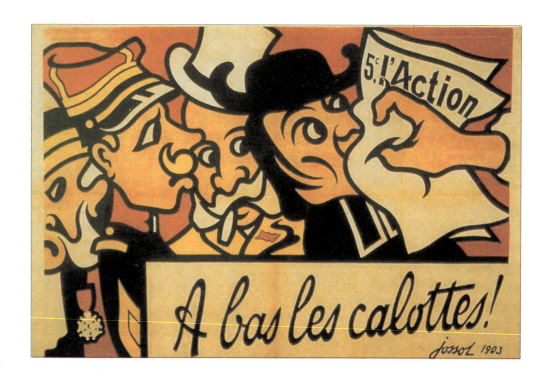

图 6 "打倒教权派!"是若索为1903年3月29日《行动报》第一期的出版而作的招贴画。《行动报》是全法国自由思想者协会(约有25,000名会员)的机关刊物,它意在同年5月17日政教分离运动日之前武装人们的思想。自由思想派一度曾试图把所有反对司法、军队、资本家、教会中的教权派的斗争联合起来。它号召:"个性与观点不同,却有同样良知的共和派、激进派、社会主义激进派、绝对自由主义派,让我们走到一起,共同前进。向无耻之徒冲啊!"

居斯塔夫－亨利·若索是位善于用粗线条和纯粹的红黑两色作画的大师。他为《黄油碟子》工作时曾一度亲近新艺术派和印象派。这位个人主义者和绝对自由主义者1913年开始改信伊斯兰教,最后在突尼斯城附近,在研究苏非派教义时平静地死去。

这种酒是洗掉原罪污点的上品。在摆脱基督教奥义和具有饮酒倾向的宗教仪式之间,自由思想经常犹豫不决,在理想方面停滞不前。这种犹豫的状态在1905年以后形成它十分明显的弱点。共济会连同它所有的分会收纳了3.2万个会员。它可以通过更加持久地征募自由思想者来利用这个或者那个分会。共济会这支古老的力量在机会主义和激进主义的共和国的金色宫殿里显得有些死气沉沉、萎靡不振。共济会已经变成这个共和国的一种地下天主教会的组织。自从1877年以来,它已经停止提及造物主或者灵魂不灭,已经在一段时期里坚持走"替代道路",这样就使它能够在自由思想者的支援下,寻求更自由地行事,并能进入所有权力单位所需的一切。上升的社会主义也知道合情合理地重新聚集具有战斗力的自由思想者。而且正如勒内·雷蒙注意到的那样,由于缺乏有坚定信仰的对手,斗争平息了。的确,不论在哪里,"反教权主义运动的衰落和非基督教化活动的进展都是齐头并进的"。

当对被人抛弃的法国天主教堂满怀怜悯的巴雷斯不得不进行干预,反对"旺多姆的蹲下的人"时,出现一种很不明显的分离和一种无可争辩的疲惫征兆,这一征兆直到1913年人们还可以看到:巴黎激进的市政当局认为,把一座15世纪的钟楼改建为公共厕所,并且把教士的墓碑固定在"那地方"①的"战略要地"上是恰当的做法。为数颇多的世俗葬礼,"没有神甫在场为死者做临终祈祷",而由不凋谢的鲜花和自豪的伙伴陪同(从1892年到1907年,在里昂,这种葬礼的比例从14%上升到26%)。受到神甫纠缠、或者受到虔诚妻子逼迫的临终者进行的抵制,都颇有声势。剩下的是成千上万个自由战士寻求一种全人类能在其中感情交融的新信仰。这些战士普及推广了——即使我们还不明白他们的理想渗透的渠道和形式,这种渗透不仅通过共和派和左派的影响范围产生,而且还存在于没有宗教归属的公民中——他们的人与人之间的关系准则,并且顽强地促成社会和国家的世俗化。莫里斯·阿居隆说,他们以自己的方式成为"大胆的楷模"。

宗教仪式队伍重新平民化,宗教标志离开了公共建筑,医院和墓地、学校和营房都世俗化,这一切难道是自由思想战士的功劳吗?是,也不是。如果这些战士不提高警惕,毫无疑问,新法律就不会这样得到坚决执行。但是,我们别忘记,是共和国以它的运转节奏,根据它的政府模式,以其人所共知的自由主义制定了法律。因此,修女离开了女子监狱而没有离开外省医院,因为没有世俗的护士代替她们(巴黎的公共救济事务局除外,它是这方面的先驱);因此,安息日的休息从1880年起就不再具有强制性质,后来又被1906年7月13日的法令重新定作更加世俗的用途。1884年得到承认的离婚权也很少被人使用。

敌对的阵营即使永远不能依靠少数派的宗教力量,表面上也更加紧密团结。

---

① 指公共厕所。

新教社团收纳不到2％的法国人口,将近1900年只有65万个成员,而且四分五裂(主教会议中占多数的"正统派教徒"长期与"自由主义派教徒"针锋相对)。在地理上,在它们的神业、修行信仰活动中也零零落落、孤孤单单(80％在南方,几个重要人物在巴黎、诺曼底和法国东部)。它们既过于脆弱,又过于笃信自由,以至大多数不能不是积极活跃的共和派。信仰新教的民众当时主要是农村人口,住在加尔省和德塞夫勒省之间的狭长地带中,在往往过早被现存政体争取到手的地方过着无拘无束的生活。为什么他们没有捍卫新理想呢?他们的城市集群诚然更具有有产阶级的性质,在巴黎情况更是这样。但是,这些集群也向共和体制提供了强有力的保证,以至不可能抛弃共和制。更有甚者,新教高层协会通过在政治生活、高层行政管理,特别在社会行动和在教育方面的惊人投入,使自己在经济和社会方面的机运倍增。如果不再计入财政督察员或者省长、法官或者新教徒参政员,关于法国大学和国民教育还谈些什么呢?从总督学到新公立女子中学校长,从大、中学教师到教育部的各级领导,一种实践共和国的道德准则的新教高层协会,以一种备受赞赏的忠诚和效能,关注教育的利益。以下几个名字足以使人想起这个神圣组织的科学的和国民的质量。这些名字是:加布里埃尔·莫诺(历史研究的组织管理者)、朱尔·斯特格①(费里法的报告者)、费利克斯·佩科②(丰泰内高等师范学校学生的神师或者监护人)、塞夫勒省的朱尔·法弗尔夫人。这么多新教人物在世俗化活动的前哨阵地起着决定性作用。

势单力薄的犹太社团(德雷福斯案件时期有8万成员)一方面由于阿尔萨斯—洛林的丧失而数量锐减,另一方面又由于大批犹太人逃离中欧和东欧或者逃离对犹太人进行大屠杀的沙皇俄国来到法国而得到增强。自从法国大革命以来,犹太社团受到立法的很多保护,很注意同化,对在19世纪末期变本加厉的排犹主义的征兆又十分敏感,所以也献身法国的共和事业。此外,犹太社团认为,参加世俗化活动能够加强抵抗天主教的仇恨的壁垒,能够保证社会地位上升机制和精英领导机制的有效性。大量犹太人此后将从这种机制中获益。共和政体既是保护者、同化者,又是普遍主义者和解放者,对大批"国家犹太人"——高级官员或者自由职业的杰出成员——来说,在集体的和家庭的宗教实践大大减弱的时刻,共和国甚至变成了一种替代的和确认的理想。据皮埃尔·比尔恩博姆的研究,这些"共和国的狂热信奉者"在与共和国和犹太人的共同敌人斗争时往往冲锋在前。

于是,天主教徒被孤立了,但他们人多势众、坚定不移,有时也分裂,而且他们已被时代的潮流超越。这是因为,他们的教会不再是那个公布《现代错误学说

---

① 斯特格(Steeg,1836—1898),法国政界人士。曾任教育总监、高等师范学校校长。
② 佩科(Pécaut,1828—1898),法国新教神学家、教育家。

汇编》的教会,不过,他们的敌人仍然一成不变地揭批它。莱昂十三世1878年当选为教皇后,想得到法国的支持以加强罗马的国际地位。他也知道,他的宗教防御政策只能在拉科德尔①、奥扎南②、勒普来③的国家进行有意义的实验,并产生效果。这项政策含有一种智力增援,鼓励那些否定诞生于工业革命的社会混乱并投身于阻止民众的非基督教化的搏斗中的天主教徒们。这种智力增援通过混合新亚里士多德学说和基督教口传教义的新托马斯主义来进行(教皇的通谕《新事物》发布于1891年,即法国保皇党人开始归顺第三共和国原则的那一年)。教皇因此号召天主教的忠实信徒对新的共和国亲善友好,并且把这种政治上的开放首先强加给法国的主教和红衣大主教。这些主教和红衣大主教几乎都对教皇的这个主意心怀不满,并且以大谈特谈法国教会的长期自主论来表达他们的不满。

19世纪80年代,几道教皇通谕都提起政治家的独立自主。1890年11月,拉维热里红衣主教在阿尔及尔接见舰队军官时身体力行,为共和国,为普选,为对祖国的崇拜干杯。最后,1892年2月,教皇在接受《小报》记者的采访时,又发布轰动一时的通谕《相互关怀》。通谕大声而明确地鼓吹在良好的秩序中归顺共和国。这颗从冷锅里爆出来的热栗子后来并没有产生预期的效果,尤其因为德雷福斯案件即将激化最顽固不化的教士和天主教徒的情绪。但是,根本性的东西至少在政治上已经取得:法国天主教被极其温和地劝促不要再捍卫君主制度和反革命势力,而与此同时它却在秣马厉兵,准备保卫宗教信仰。首批"归顺共和国的"政治人物在1893年的选举中遭到重创。但是,他们的思想却在民主派—基督教徒的影响范围内,也在保守的右翼那边发展。面对极左翼势力的飙升,一些温和的共和派甚至同他们结成同盟。从1896年到1898年执政的朱尔·梅利纳④内阁就是这第一个防御性协定的表现形式;缔结这项防御性协定,是因为1903年创建了一个共和联盟,集结了德雷福斯案件的失败者。共和体制的问题已经得到肯定。当代世界似乎比较不令人憎厌。根据《通讯员》报的经理、为天主教徒的归顺不遗余力的艾蒂安·拉米⑤的说法,共和国变成"保守派分子永远登陆的港口"。特别是,除了西部和中央高原东南部的堡垒以外,天主教徒都决定在选举投票时赞成共和政体,以此来表示他们对共和国的政治和文化魅力不再无动于衷。这一具有决定性意义的演变后来被法国的神圣团结⑥和

---

① 拉科德尔(Lacordaire,1801—1870),法国博物学家。著有《昆虫自然史》等。
② 奥扎南(Ozanam,1813—1853),法国历史学家、作家。著有《5世纪文明》等。
③ 勒普来(Le Play,1806—1882),法国工程师、经济学家、社会学家。曾任议员。
④ 梅利纳(Méline,1838—1925),法国政界人士,共和派议员。曾任部长及总理。
⑤ 拉米(Lamy,1845—1919),法国政界人士,共和派议员。
⑥ 1914年第一次世界大战爆发后,法国所有政治派别暂停内争,团结"在军旗之下",共同对敌。这一行动被称为"神圣团结"。

第一次世界大战的牺牲有力地证实,它宣布法国历史即将掀开新的一页。顺便提一提:政治和文化再一次引发并加强了这个演变;国家的突进逐渐促使争论结束。

2

自由的政教分离

然而,学校问题仍然摆在那里,原封未动,异常棘手。保皇派归顺第三共和国的政治运动过于软弱无力,不能对这个问题产生立竿见影的作用,而教皇莱昂十三世再度推出的宗教防御政策,既不能也不愿否认这个问题产生的原因。关于这个问题,社会上有两种观点针锋相对,竞相表达。一方面,是一种单义天主教的使命普救说,它既力求维持一种集体的社会联系,也力求发给前往冥间的通行证。这种使命普救说在保护弱者的精英和必须对之灌输尊重自然等级思想的孩子之间建立一种垂直的关系。这种使命普救说倡导一种附属于家庭的学校,倡导对外省的文化习俗的尊重。

另一方面,大家看到,学校公共的和免费的服务,不分家庭出身而地位平等的年轻人要求的文化方面和公民方面的一体化,作为社会联系基础的国民联系的加强,对知识和对具有批判精神的理性的尊重,通过没有上帝的伦理道德和人权的普世性来整复信仰的自主,等等,这些愿望都受到激励赞扬。诚然,这些愿望逐点看来互相对立、充满幻想,每天在家庭里都能看见,并对共同的未来具有决定性作用。人们明白,几代新人的命运就处于这些愿望冲突的中心。1901年,巴黎大主教还认为"问题在于社会是继续受福音教导的支配,抑或是跟随那些宣告人类理性绝对独立的反基督教派别的进展"。然而,这场混战并非自始至终都达到争论焦点的高度,不,远远不是。因为既然归顺共和国运动正在前进,既然共和自由主义仍然坚定不移,人们就不能超越互相揭批的阶段而提出文化断裂能力将永久持续的最后论据。关于教育自由的旷日持久的争论,在家庭信仰和公共集体之间左右为难,而共和国已经在朱尔·费里时代接受和保障了后者,其方式是把两种教育置于事实上的共处中,并通过竞争加强这种共处。其实,争论已经因共和国最终并宽容地建立起来而得到了解决。它只能在斗争尖锐激化和政治紧迫的形势下,必要时,还在互相挖苦讽刺以突出对方的弱点,以便更有力地打击对方的情形下获得力量。

情况既然如此,就无需再没完没了地讲述上述争论的那些日期明确、往往饶有兴味并具有揭示性的插曲。尽管这些插曲的论据单一,重复这些插曲却成了一些报纸专栏的主要内容。关于消除公立学校男、女教师的宗教色彩问题的冲突一开始(世俗的左翼集团①最终于 1904 年取得这场冲突的胜利),人们便抨击对规定给儿童使用的教科书内容的逐行否定,抨击家庭和各级行政当局对每个学生在课堂上的行为举止过于严格的监督,抨击对人的公开或匿名的揭发,抨击进步报刊和主教管辖区或者教会堂区的新闻简报之间的公报战,甚至抨击教师和本堂神甫之间的对抗,或者取得大中学教师资格者和担任教学的修道士之间的对抗(这种对抗或多或少被掩盖起来,但始终被认为难以消除)。因此,1882年博蒙—勒奥泰尔的本堂神甫和小学教师冲突事件,成了参议院讨论的国家大事。当时该地小学教师刚刚让一些学生阅读了当时的教育部长保尔·贝尔编写的教科书《学校公民教育》的一些章节段落,本堂神甫却拒绝让即将领取庄严圣体的学生知道这本教科书。于是争论发生了。为了进行反驳,朱尔·费里本人不得不在讲台上朗读一本在天主教修会成员中间十分流行的教科书中的一些章节段落。在这些章节段落中,除了别的内容以外,还断言"1789 年以前既然人们不要求自由,人们就是自由的","宽容是一种对从善道路的偏离"。保尔·贝尔的书连同朱尔·斯特格的《公民与道德教育》立刻遭到罗马方面查禁,内阁因此不得不决定在公立学校公布一份"禁书目录"。在这份目录上领头的是埃克斯、吕松和雷恩等地的主教管辖区的教理书。最后的一份目录终结于 1910 年,没有超过 23 种书名。这些书是双重意义上的毒草。它们或者赞成天主教,或者为社会主义和无爱国心进行辩解,使得世俗活动积极分子义愤填膺。

　　1909 年,政教分离后,作为对这一改革的反击,第二次"教科书战争"把主教们发动起来。多亏有克里斯蒂安·阿马尔维和伊夫·德卢瓦的研究著作,我们能够把这起事件了解得清清楚楚。这些教士得到包括巴雷斯在内的著名作家和一批"家长协会"的支持。他们要求禁止公立学校的天主教学生在课堂上使用十四种历史教科书和伦理道德教科书。在他们看来,这些教科书对宗教的排斥异己进行了过火的抨击,因而彻底抛弃了人们竭力要求的教科书的中立性。当时的部长路易·巴尔图②没有跌进这个陷阱,他任这一活动的主角们上窜下跳得筋疲力尽,同时下令更加审慎周密地确定公立学校使用的教科书的目录的拟订手续。最后这次警报十分惊心动魄。在西部,特别在旺代,一些学生佩戴着有"主啊,把我们从没有上帝的学校解救出来吧!"之铭文的大纪念章出现在课堂上。另外一些学生"勇敢地"拒绝学习亵渎宗教的书籍。一些受到开除教籍威胁的父母已经让孩子从市镇小学退学。几个伊尔—维兰和塔尔纳—加龙的小男孩甚至已经在学校操场上和公共道路上烧毁巴耶③和拉维斯编写的教科书。一些

---

① 1899 年德雷福斯案件后由瓦尔德克·卢梭领导的由社会党、激进派等左派力量组成的联合组织。
② 巴尔图(Barthou,1862—1934),法国政界人士。曾任议员及部长。
③ 巴耶(Bayet,1880—1961),法国巴黎大学社会学教授,记者。著有《自杀与伦理道德》。

教士为8000个像这样"被开除的小孩"佩戴上有白色和淡蓝色饰带的圣女贞德的美丽雕像,以此向他们表示感谢。

然而,天主教的论据已经用得不再锐利,以至点燃的烈火自行熄灭。对神圣事业进行政治和道义的增援,要做的事实在太多,以至无法一一妥善处理,尤其无法使人心服口服。"没有上帝的学校"不是被控告除了犯有原先的世俗化之罪过外还犯有现代社会新滋生的全部罪孽吗?反正法国妇女爱国同盟的虔诚贵妇们都坚持这种看法。她们在1908年秋季散发的一本宣传小册子幼稚无知得失去了争论的最起码意义。这本小册子说:"那些向你们的孩子传授没有上帝的观点的人,既不能使你们的孩子变得更加聪明,也不能使你们的孩子变得更加理智。医院从来没有关过那么多的疯子!……那些向你们的孩子传授没有上帝的观点的人,不会使你们的孩子更加诚实。从来没有这么多孩子作奸犯科!……是没有上帝的学校造就出桀骜不驯的人、强盗、匪徒、杀人凶手、色鬼、形形色色的流氓无赖。"这个偏离争论方向的例子,毫不容情地表明,教会始终自以为"必须为受到政教分离伤害的法兰西同一性进行正当防卫",自以为是国家迫害的对象,它得到民族主义者同盟和协会的笨拙支持。这个例子表明,基督教阵营与使它不知所措的归顺运动的思想背道而驰;在共和国取得胜利、民族感情和"风俗文明"顺利地世俗化之际,它犯了不该从过去寻求它的政治理想的错误,犯了不该把它的宗教十字军运动同保卫和发扬光大1789年以前的复仇心切的法兰西行动混为一谈的错误。

因此,即使天主教会的那些把教科书付之一炬的昙花一现的小英雄们提出的论据以后也永不缺乏分量,教会也还是打输了这一仗:正是因为他们的基督教大大帮助锻造了法兰西的同一性,而且具有法兰西民族最古老的理想,他们才能够如此公开地在学校城堡的心脏进行一次宗教的和同一性的战斗。世俗学校并非不战而胜。这类学校在斗争中发达兴旺起来,有时甚至在它内部掩藏着敌对的论据。这场绵延不绝、往往非常过火的论争对民主来说并非总是毫无裨益可言。它与法国保皇党人归顺第三共和国的运动和政教分离一样,都有助于解决自大革命以来就一直困扰国家的问题,即使在1789年以前的王朝时代,这个问题曾经使宗教冲突成为法国人彼此之间最经常发生、最激烈残酷的对抗。既然未来两种教育能够共存(即使还不能共居),既然共和学校增强了自信的力量,世俗社会就可能存在。

除了给学校的这张奖状之外,还必须加上几乎是全民一致颁发给爱国主义的奖状。这种爱国主义起先是复仇性的,然后是防御性的。那些最坚定不移的对手,同样忠心耿耿、大力培养这种爱国主义。这种团结一致的力量在1914年夏天显示出来①。尽管存在着种种极端主义——民族主义的或者反军国主义

---

① 见此前关于"神圣团结"的注解。

的,但是对祖国土地的眷恋和热爱,仍然支配着世俗的和教会的这两类学校的教科书,并且形成表面上对立相悖的说法。这是由于极其复杂多变的、轻重不等的历史和道德的原因。而归根结底,这些原因的意义异常深远,本土性异常强烈,以至具有了共同性,甚至在颇多法国人心中有时还有互补性。在一些人的"心中的共和国"和另一些人的"看不见的教会堂区"之间,正建立起一种紧密联系,这种联系违反一场冲突的非常固定的规则。夏尔·佩吉是这场冲突最好的见证人之一。这个改宗者以后始终认为,他的真正受洗具有共和性质和社会主义性质。

这个有良好开端的进程尚有待于登录在左翼集团竭力使之获得批准的新共和契约上。共和国在德雷福斯事件取得最终胜利后,1902 年转入激进派手中。激进派抓住时机,变本加厉推行反教权主义。从 1900 年到 1906 年,激进派在物质和法律两方面根除后患。报复性战斗精神,亦即自由思想者的、委员会的以及共济会的精神,大张旗鼓支持孔布①(这位"小神父"1904 年收到 1 万封来信祝贺他"用硫酸铜消灭教会和教权主义的霜霉病"),继续施加压力,而同时又善于在国家利益或者妥协的明智似乎能够占上风的时候,特别在它的英雄由于在"军官档案卡事件"②中过于卖力而被辞退的时候,保持缄默。从 1900 年指控和解散"圣母升天派③"直到 1906 年 12 月政教分离法开始付诸实施,公众的警惕性一直伴随着平息的倾向和对休战的关切。只有 1903 年大夏特雷斯修道院的修道士遭到驱逐这件事激怒并震撼了舆论。1905 年 12 月 9 日发布的政教分离法,已经废除了拿破仑与罗马教皇就宗教事务达成的协议,并把双方从所负有的责任和相互的忠顺义务中解脱出来。实际上,它使人接受一种最简单不过的中立地位,既没有意识形态方面的内容,也没有隆重的宣言。这项法令很有分寸地载明:共和国"确保宗教信仰","保障宗教信仰的自由活动",只要这种活动不妨害公共秩序即可;共和国对任何宗教团体"都不承认",不支付薪金,不给予补助。

正如饶勒斯所说,这项法令非常宽容大度,"是法国大革命以来我们国家尝试过的最伟大的改革"。佩吉补充说,"这项法令显露出一种互相解放的真诚努力",因为是共和政体而不是国家保障了宗教信仰自由。当然,国家将使用它的公务员,必要时还会使用它的刺刀来执行,而且急切地执行。然而,得到大多数

---

① 孔布(Combes, 1835—1921),绰号为"小神父"。法国政治活动家、神学家。属共和激进派,曾任议长、部长及总理。在职期间积极反对教权派。1904 年 5 月与罗马教廷决裂。
② 1902 年法国大选后,孔布出任总理。他采取种种措施加强国家机器,反对教权派,其中包括鼓励告密和实施监视。陆军部长安德烈利用共济会系统的情报,对军官按其宗教信仰、政治信仰等情况,分别作了卡片。军官的晋升将取决于他们的"共和主义感情"。此事被揭露后,舆论大哗。右翼势力借机滋事。共和激进派内部也怨言四起。
③ 1850 年成立的天主教保守组织。德雷福斯案件期间,该组织顽固反对平反冤案并袭击共和派与犹太人的团体。

法国人认同和拥护的共和精神自认为足够强大,具有足够的说服力,今后可以不再需要教会,可以把宗教信仰及其事务归入私人活动的领域,可以通过对思想自由的庄严保障来解放公民和平民的内心,简而言之,来解放人的内心。1905年的法令是一篇启蒙文章。人们已经看到这篇文章完成了朱尔·费里写给小学教师的这段话:"宗教教育属于家庭和教会。伦理道德教育属于学校。(法令的)首要目标是把学校同教会分开,保证教师和学生的宗教信仰自由;是把两个混淆得过于长久的领域区别开来,一个是纯粹个人性质的、自由的和可变的宗教信仰领域,另一个是共有的、并且公认是对所有人都不可或缺的知识领域。"共和国是目前组织着公共活动空间的知识、道德和理性的化身,并以此为荣,因此它使教会私有化,并把自己从中解脱出来便成了顺理成章的事。

自从1903年以来,议会的一个委员会就已经开始工作,精心修改阿里斯蒂德·白里安①提出的一项计划。白里安得到路易·梅让的支持和帮助。后者是个精明而廉洁的信奉新教的高级官员。议会的这个委员会拒绝了孔布的过激计划。它的非常宽容大度的工作,在众议院经过从1905年3月21日到7月3日的长期讨论后才赢得了大多数的好感。众议院在这次讨论中表达的观点高瞻远瞩。它当之无愧,是第三共和国信赖的议会权力机构。白里安出类拔萃,吸引了温和派,并善于让富有魅力的饶勒斯掩护他的左侧。此人深信在这一事件中,法国并非教会分立论者,而是完全彻底的革命者。对一些人,白里安等提出这样的结论:既然问题并不在于打倒卑鄙无耻之徒,并不在于"摧毁罗马集团"或者"粉碎"教会以便更好地传播无神论,那么战斗性过强的反教权主义是不合时宜的。对另一些人,他们则善于让这些人懂得:要使共和主义的自由发挥作用,产生影响,必须摆脱国家干涉主义和法国教会的反应。对所有的人,他们始终坚持不懈地提醒:问题不在于打内战,而在于解放人。白里安提出的计划,在议会中以341票赞成233票反对获得通过。很多自由派知识分子赞许这个通向妥协的进程。这些知识分子中有《世纪报》的新教徒阿利耶、共济会会员布里松、《半月手册》的佩吉,甚至还有23位"绿衣枢机主教",即天主教徒法兰西学院院士,他们签署了一份强有力的"致主教们的请愿书"。

当罗马以寸步不让的态度通过教皇的两道通谕《我们强烈申诉》和《最严重的责任》来否认这次和解式的决裂时,共和国并没有采取任何会激化局势的行动。这时态度激烈的庇护十一世已经在罗马接替莱昂十三世成为教皇。然而,人人都知道自己会在这次决裂中有好处可得。因此,教皇刚刚谴责了即将代替本堂神甫管理宗教仪式场所及其财产的文化协会,负责国民教育和宗教信仰事务的部长白里安就从1907年1月起让本堂神甫作为"没有法律名份的居住者"

---

① 白里安(Briand, 1862—1932),法国政界人士,社会党活动家。曾十余次任法国总理,签订洛迦诺条约及凯洛格—白里安公约。

留住在他们的教堂里。当"神圣抗战"①在法国北部造成人员死亡时,白里安的同事,内政部长克列孟梭下令中止对这些财产的清点。这位部长在议会宣称:"我们认为,清点不清点一座教堂里的烛台这个问题不值一条人命。"事实上,教士中的以及民族主义和保皇主义的报复分子中的顽固精英——"法兰西行动"组织②——是独一无二的利用骚乱捞到某些好处的政治家族。这个组织在巴黎以及在最后的忠诚地区,即西部、中央高原东南部和巴斯克地区,让拥护它的农民和打手为它卖命效忠。然而,正如让—玛丽·梅耶所指出的那样,标示暴力事件的地图同标示真正宗教狂热的地图几乎毫无关连可言。对共和国的赞同支持完全出自肺腑,刻骨铭心(或者正如阿尔贝·德·曼恩后来所说,其中包括"头脑简单的傻瓜群的赞同支持"),以至大部分法国人不会不懂得,宗教信仰自由能够成为使人返老还童的"青春浴"。

这种平息事态的意愿与普遍的感情十分相符,所以肯定会达到目的。事实上,政教分离确认了1899—1902年共和国取得的胜利,加强了法国保皇党人归顺第三共和国的政治运动,合法地结束了过于久远的结构性冲突,这种冲突恰恰不再构成一个将大批民众争取到一切世俗化行动中的社会的框架。然而并非全体战士都解除了武装。1909年的教科书事件就足以说明这一点。在天主教方面,东山再起的精神在正处于精神的、心智的和社会的充分觉醒状态的团体和运动中,没有丝毫消退。这些团体和运动出自"犁沟"③或者出自保尔·德·雅尔丹的"保卫道德行动联盟"。在世俗方面,反宗教的意志随着"犁沟分子"和"法兰西行动"组织的觉醒而继续存在。"犁沟分子"和"法兰西行动"组织成员也都被认为对共和国构成威胁。世俗方面的某些人坚持忠于一个名叫维维亚尼④的人的允诺。此人1906年11月在众议院宣称:"我们熄灭了天上的灯火,它不会再点燃了。"

3

德雷福斯事件的青春活力

冲突文化起先由学校的争论维持着,因而在共和事业开始得十分顺利并将

---

① 指天主教保守分子对政教分离措施的反抗。
② 为19世纪末20世纪初法国以保皇分子莫拉斯为首的右翼民族主义组织。该组织狂热宣传强权政治和教权主义,并利用纪念贞德及路易十四等的活动鼓动民族主义情绪。
③ 20世纪初法国政教分离的法案付诸实施。法国天主教内部分人士主张结束对君主制的依赖,归附共和制并介入社会、政治生活。天主教徒马克·桑尼埃创立《犁沟》杂志,宣扬天主教民主化、社会化。
④ 维维亚尼(Viviani,1863—1925),法国政界人士,社会党议员。曾任部长及总理等职。

占上风的领域内,找到一股活力:政治赌注及其暴力行为这两者都已经世俗化。冲突文化以一种冲击的节奏蓬勃发展。这种冲击的节奏,既被共和国扎根的节拍,也被已经完成的世俗化的节拍打断。1889年布朗热危机得到解决,1892年发生巴拿马事件①,1893—1894年出现无政府主义浪潮,1898—1899年德雷福斯事件发展到顶点。之后,瓦尔德克—卢梭政府保卫共和国②,左翼集团发起进攻,1905年政教分离,1907—1908年爆发社会斗争,1914年夏季国际紧张局势加剧,接着第一次世界大战爆发。不管谁是政治上的多数派,共和政体国家始终居于守势,对1789年的立国方针满怀信心,它只能通过激化冲突来更好地克服和消除冲突,并以此来回答公民权面临的日益增长的危险。

　　正如奥迪尔·吕德尔指出的那样,尽管朱尔·费里几次努力,但由于自1885年以来立宪政体的任何发展一直遭到否认,也由于一个"绝对的共和国"不能自由行事,因此共和的"传统"和"模式"只有遵守一种严格的共和国"纪律"才能被接受。正如克列孟梭和反对费里的激进派所坚持认为的那样,共和国由其本身的定义所注定将始终处于重重危难之中,而它的敌人则将在五花八门的假面具下始终有一副具有宗教实质的反政教分离的面孔。冲突将使共和国巩固起来,武装起来,直到它在信仰的平静中永远立于不败之地。这种观念过时了,但是第一次世界大战将赋予它另外一股活力,它说明,为什么历届法国政府从来没有看到,在宣布的理想和实现这个理想的手段之间存在着矛盾。"对自由的敌人,不能给他们自由。"这一声古老的革命呐喊能够再次说明,为什么人们为了在绵延不绝的游击战争中取得胜利,要随便使用自由。不错,正如让-皮埃尔·马什隆所说,共和国的宽容大度被"邪恶的法律"所制约,它至少是模棱两可、含糊不清的;共和国违反了它对平等的关切,违反了它对执异议者尽少采取强制手段的愿望;它的时代并不是它的大法学家们梦寐以求的公众自由的黄金时代。因此以上几点正如让-皮埃尔·马什隆所说的那样,是真实的。于是法学家让·里韦罗戏谑地下结论说:"倘若一个人既不是宗教团体的成员,也不是无政府主义者,也不是民族主义者,也不是罢工工人,也不是王族,那么就会享有完全的、受到对权力机构俯首贴耳的法官们保护的自由。"但是,这些破坏自由的例外情况,只不过是战斗性的自由的反面,是冲突文化的暂时的法律果实而已。

---

① 由法国人莱塞普任总经理负责开凿巴拿马运河的巴拿马运河公司1887年成立。该公司进行欺骗宣传,吸引法国成千上万小资产者投资入股。因筹集的资金大部分被用于收买报界和贿赂政客,加之运河开凿工程设计有误,以致工程进展困难重重,赤字巨大。公司于1889年宣布倒闭。一些投资者因此自杀。
② 1898年法国右翼民族沙文主义组织准备在举行法国总统弗朗索瓦·富尔的葬礼时采取行动,煽动军队举行政变,推翻共和制度。1899年6月共和派瓦尔德克—卢梭出任总理,在"保卫共和国"的口号下组织由温和派、激进派并有社会主义者米勒兰参加的政府。新政府逮捕了民族沙文主义组织的首领,要求司法部门重审德雷福斯案。

一次严重的、儆戒性的危机,在共和国的建立和世俗化活动之间的间歇时期爆发,势如潮涌,排山倒海,把一切——遗产、矛盾、允诺——都统统概括进去:那就是德雷福斯事件。它立刻在国家民族的回忆中成为重大事件。因为它处于被人唠唠叨叨述说的种种仇恨的中心,把一切都升高到熔点,还深刻地使新世纪的共和赌注现代化并且成为它的序幕。这起事件因而非常值得人们专心致志地加以研究。然而,仅仅把这起事件看成是连绵不绝的法-法战争的一个奇特的、构成性的和象征性的插曲,或者仅仅把它看成是正在发生的种种发展演变的标记,那就过分减轻了问题的分量,而且从历史的角度看也是不完整的。事实上,这起事件成了那些自认为很会扮演自己角色的主要人物的对立面。

例如在天主教徒中间,这起事件在一段时期内破灭了保皇党归顺共和国的希望,尽管天主教保卫权利委员会中聚集在保尔·维奥莱身后的知识分子的微弱影响有德雷福斯派的青春活力。这起事件使大多数主教、教士和天主教显贵投身于维护传统价值、保守主义,甚至民族主义的斗争中。再者,这起事件用陈旧过时的排犹主义的最坏的东西滋养反德雷福斯阵营,这倒是让人困惑的新鲜事。《十字架报》于1890年创刊时,理所当然地申述自己的特点,大言不惭地宣称自己是"法国最反犹的报纸"。在这之前,很多天主教徒欢欣鼓舞地迎接1892年爱德华·德吕蒙①的《自由言论》一书出版。然而除了用危机的精神发泄法,怎样用别的理由来解释圣母升天派的所有报刊(其中当然包括《朝圣者报》和《十字架报》,但也包括宣泄其忿懑、变本加厉进行种族主义抨击的外省各家《十字架报》)上升到极端这个现象呢?又怎样解释400名热心的教士为修建亨利②纪念碑慷慨解囊,捐助钱款呢?清清楚楚、明明白白摆着的事实是:德雷福斯事件搅拌、打乱、重组了原来彼此敌对阵线,因为一个新法兰西在借助这一事件抖动身体,以清除身上的污垢,在躁动不安;一个新的时代在维持着这一事件;一种现代性在对这一事件产生影响。

事实上,由于德雷福斯事件,各种意识形态大规模介入一场辩论,人们认为已经为这场辩论确定了亲共和国或反共和国严格的战斗规则。维护秩序和既决案件这一方对一个清白无辜者的控告,对以国家利益为名的滥用,对圣事制度、行政、司法和官员或教会的盲目尊崇等,肯定反过来激化了德雷福斯分子的人权个人主义,并在考验中加强了一种真理的、正义的和理性的公民责任感。在等待判决的几个月中,在德雷福斯个人经历的惊险跌宕中,两种明确的价值标准针锋相对。在左拉的诉讼案件中,这两种价值标准在法庭上得到清楚的陈述。对一些人来说,德雷福斯上尉的名誉属于自由个人的一种普遍道德的范畴,属于康德意义上的人的良知的正当爆发,属于对一种社会公约的严格遵守,

---

① 德吕蒙(Drumont,1844—1817),法国政界人士、新闻记者、反犹分子。
② 指亨利四世。

根据这种社会公约，公民的首要自由不能丧失。对另一些人来说，个人利益不能先于集体利益和社会联系；对个人权利的尊重并没有授权给任何人撕毁"社会防御的契约"(此词含有敌意，出自饶勒斯之口)。个人主义反对集体主义，民主反对权威，这是互相抨击、互相筑垒自卫的两个公民的和道德的世界。更有甚者，除了前者潜在的反教权主义和反军国主义，还有后者以国家利益为名的行动上的排犹主义。正是意识形态色彩十分浓烈的这些敌对行为的结合，使斗争异常激烈。

这种对抗的主要部分，以后当然集中为左、右两派之间的惯常对立，并且还加强了共和国对议会制的吸收。从1899年到1902年，危机的解决本身就是用政府的方式和选举的方式进行的，就是在对"保卫"共和国的事业和对共和国"纪律"的忠诚中进行的，就是在对代表制规则的严格的，甚至是"政治家式的"遵守中谈判完成的。这个结果被认为大大有损于某些最具有"神秘主义思想"的德雷福斯分子(例如佩吉这样的人，然后是1927年《文人的背叛》一书的作者邦达①)，而有利于工人运动本身。众所周知，工人运动在饶勒斯的指引下展开，经历了饶勒斯的《证据》一书所谈的情况和"米勒兰事件"②的斗争。它即使不是心甘情愿地，至少也是十分自然地保卫"资产阶级的"共和国，它应该永远使这一思想内化，即：共和公约既宣布而又超越社会主义，或者既宣布而又超越1789年法国的总罢工。但是，这个被很好地演奏成共和国音乐的乐谱充满光辉前程，因为它善于使用配器法并使之持久。因为，原则及其动力，理想及其支撑，一切都镶嵌结合得非常出色。正是在沸腾的原则和准备为这些原则效力而进行论争的人群的会合中，人们发现了德雷福斯事件的政治现代性和它日后在意识形态方面的秘密。因为，从根源上都同样混杂、同样坚定的两股新力量——"知识分子"和民众主义——已经涌现出来，武装起来，重新"发牌"，而且从那时起就一直准备进行报复。

一方面是在集体的记忆里支持德雷福斯的智识阶层。他们挥舞着法律的旗帜，保护受苦受难的个人。这就是站在前沿的那些"知识分子"——"知识分子"这个词在炮火中受到洗礼，以后会经常遭到民族主义者的拒绝，尽管这些民族主义者本身也是知识分子。在这些民族主义者中，领头的是巴雷斯、勒梅特尔和莫

---

① 邦达(Benda，1867—1956)，法国作家和哲学家。他在《文人的背叛》中，指控那些出于种族和政治原因而出卖真理和正义的人是道德的背叛。
② 1899年6月由法国共和派瓦尔德克·卢梭主持的"保卫共和国"政府在德雷福斯事件期间组成，受到温和派、激进派和独立社会主义者组成的议会左翼多数支持。社会主义者米勒兰加入瓦尔德克—卢梭内阁一事，在法国和欧洲社会主义运动中引起强烈反应。在1899年12月召开的法国社会主义全国代表大会上，赞成米勒兰入阁派和反对米勒兰入阁派之间展开激烈辩论。后导致法国社会主义运动分裂。1902年法国出现两个社会主义政党。

图 7 《报纸的时代》,瓦洛通画,登在1898年1月23日的《巴黎的呼声》上,在左拉的文章《我控告》发表后不久。画面的后景上,报纸被叫卖着;前景则表现,报纸成了各种消费中的一种,巴黎的露天咖啡座上,有产者在悠闲地看报。画面上看不到大众报刊,也看不到读者的社会阶层的多样性,然而,却巧妙地显示,报纸已确立了它在人们日常生活中的位置,以及人们读报的迫切性,特别在危机的年代。

《巴黎的呼声》是一份讽刺性画报,1897—1940年间出版,是《鸭鸣报》的前身之一。画家费利克斯·瓦洛东因他为雷米·德·古尔蒙的《面具》一书所作的木刻插图而一举成名。他热衷于以无情的笔触描绘家庭生活场景,但也从不忽视为报刊作画,主要与《白色杂志》、《笑》和《法国信使报》合作。

拉斯①；他们的荣誉在于他们拒绝变得过于"有组织建制"，拒绝变得过于尊敬母体组织或者偶像化了的事业。他们推出德雷福斯事件确实就像推出一项道德事业。与此同时，他们抨击民族主义的偏离，也抨击最初并不打算支持德雷福斯上尉的权益的那些当权的共和派。他们加强、巩固自己的反抗和势力网，在新闻界和出版界编织一根利害一致、休戚相关的链条。如果一个知识界的社会团体没有趁战斗之机组建起来，没有在法国社会的最深层——从大学到公立中学，从最具影响力的巴黎社会到外省的手工业界及蓬勃发展的自由职业界——汲取思想，找到力量，如果没有把它的精英浸泡在创造的、博学的或者第三产业活动的普通水里，没有通过灵活巧妙地运用一切新的传媒手段、接二连三的请愿书、廉价的出版物和大量发行的报刊获得力量的话，那么这些理想的效能就永远不会有示范的价值。

然而，根据帕斯卡尔·奥里和让—弗朗索瓦·西里内利所下的定义，知识分子这个"被置身于政治人处境中的文化人、创造者或调停者，意识形态的生产者或消费者"，也是一个没被共和主义者信守的诺言所结出的果实。因为现行的共和政体虽然把精英政治作为一种新的价值向众人炫示，人们却看到，这个政体并没有彻底废除那些再造进行真正统治的精英的古老法则。于是，知识分子全副武装地涌现出来，但却深受下述矛盾之苦：他们虽然身为民主权利的价值的捍卫者，却无法推倒一种继承下来的、远远没有被彻底废弃的默认的游戏规则；他们虽然象征性地受到尊敬，成了索邦大学的一员，或者可以像雨果那样名闻遐迩，被所有因知识的传播而膨胀扩大的年轻力量推到前台，一心想与社会主体相通一致，却只能以次要人物的身份被人听从。更糟糕的是，他们降生时清纯的啼哭声，1898年1月在左拉的《我控告》的碰击下被政界人物收回。假如他们企求通过扩大他们的社会听众来培植他们自己的特性，那么，他们将因此脱离其他精英——权力和金钱的精英——知识分子卷缠在这种进退两难的境地中，因而抗议，请愿，大发雷霆，掀起风暴，拼命寻求自身的统一，而同时又互相责骂。从德雷福斯事件发生之日起，知识分子可以说生产了一种"无偿的精英、一种自为的官吏集团"（克里斯托夫·夏尔）。尽管如此，这种无偿性还是有助于制造德雷福斯事件的神秘主义，而这种神秘主义又是如此充满生机，如此具有传奇色彩，以至不管是否愿意，"它建立了一种新秩序——一种类似共和派教士的知识分子的秩序"（米歇尔·维诺克）。

在反德雷福斯分子阵营里，如果某种民众主义没有给予自己一种行动的余

---

① 莫拉斯（Maurras，1868—1952），法国作家、政界人士。在德雷福斯事件后竭力反对民主、自由，宣扬精神禁欲主义，鼓吹君主政体，要求恢复古代人文主义，宣扬希腊拉丁艺术传统，反对浪漫主义。第二次世界大战期间拥护法西斯主义，投靠贝当卖国政府。战后被判处终身监禁。1937年当选为法兰西学院院士。1945年被撤销院士资格。

地和一种真实性的证明,那么,在巴雷斯或者莫拉斯这样的人帮助下,创立并确认一种关于政治对抗和社会保存的民族主义的理论大全这个行动就很可能遭到挫折。因此,关键可能不是出现了一个十分智力化的"国家右翼",而是这个右翼变成一支能够积极行动、从社会的角度看多样化了的力量。对于这个阵营,一种民众的集合形式似乎特别适合当时的各种利害关系,那就是联盟,因为联盟能够接纳沸腾的意志,能够纠集和煽动那些为理想或为眼前利益而聚集起来的人群,能够把无序的热情引向明确的目标。联盟现象特别在反对德雷福斯的行动中肆无忌惮,自行其是(只有建立于1898年6月并激励德雷福斯阵营的人权同盟是个公认的例外)。这一点决非偶然。从反对人权同盟的、不乏社会名流和衣冠楚楚的人士参加的极端保守的法兰西祖国联盟,到由社会底层的人组成的反犹太联盟(在这个组织里维莱特郊区的屠户小伙计煽动漂亮街区的长着青春痘的青年),展开了一系列现代动员和战斗行动:从情绪激昂的民众集会到在大街上挥拳攘臂,大打出手,从铺天盖地的请愿书到未遂的军事政变,从大造声势的游行示威到学习组或秘密场所的思想灌输,再加上标语口号、标志象征、滑稽表演、迎风招展的旗帜等。更甚的是,社交性质与合作主义的旧网,自由思想,共济会,各种各样的协会,劳工联合会与工会,沙龙或俱乐部,全都恢复了活力,并且散发出火药味。

事态发展到了这个地步,结果正如泽埃夫·斯特恩海尔所指出的那样,借助这次动员,公民抗议活动得以蓬勃发展,具有了社会的激烈性,它席卷中间阶层和部分民众,在官署的、商店或者小铺的、失去地位或者地位不稳的人中,在领取年金的、处境岌岌可危、心怀不满的人中,在地位低下、性情急躁、脾气执拗的人中,在所有目光短浅和拥护权宜之计的人中,都找到增援。人们已经预感到,为世俗化进行的斗争已激发起太多对民主的希望,以至这场斗争有可能在它的共和结局一旦被人隐隐约约看到时,就转变为一场社会争端。但是,有一种结果既与这场斗争没有必然联系,也不是这场斗争的目标,那就是,一个由惯于大喊大叫和惶惶不可终日的人组成的法国,在表达了它的前提的"修正主义的"布朗热主义失败十年之后,突然有了政治和文化的可解读性。一种抗议性特别强的民众主义却公开表露出来,它含糊不清、变幻莫测、昙花一现、令人不安。这种民众主义,面对有权有势的人,便吹嘘地位低微者的功绩,面对精英和教士的权力,则夸耀"人民政权"的优点,它徒劳无功地寻找一个强人,这个强人赞扬身陷绝境的卑微者,但却强大得足以深刻改变不满情绪的表现形式——不再只是天主教徒和不信教者的简单进攻。更糟的是,一种更加具有种族主义性质的"国家—民众主义"也已经露头,它在对受到外国人——犹太人或地中海国家的人——威胁的神圣法兰西民族的崇拜中更加关切同一性,它更坚决地反对现代性,然而却又具有公开的前所未闻的革命天职。让我们重复一遍:排外主义和排犹主义第一次成为法国危机中最突出的问题,它们把陈旧的论据渗入社会,这个社会被猛烈的对峙及其令人担忧的表现形式弄得晕头转向,而它却只渴望和平安定。这两者都集结了几支突击部队,指控并从背面攻击共和"模式",也第一次使斗争的目标非世俗化。

排外行动的迅猛势头虽然使人忧心忡忡,但只不过是世纪末震撼法国的一个更重大的问题的一个方面而已。我们在这里把它提出来,过渡到下面的一章。这个问题就是:怎样使急躁的、今后可以在尚不为人知的旗帜下发动起来的民众充分参加共和框架内的民主游戏呢?这种对现代政治的寻求首先找到了它形式上的协调一致。1901年,对现代群众运动了若指掌的资深社会主义者阿里斯蒂德·白里安向众议院提交的一项关于集会结社的法令,对此作出了第一个答复:共和国准许使用它曾迟迟不予承认的最后的公众自由,而与此同时,又灵活机动地为这种使用设置范围。第二个答复同样意义深远,其内容是通过确认政党的方式来抵销选出的议会及议会党团的无限权力。这些政党能够表达一种组织方面的明显需求,能够在更好地控制指派参加选举的候选人的机制同时,向公民社团输送成员;1901年,从此像拱顶石那样深深扎根在共和派多数中的激进派里,吹响了从非正式的选举委员会向政党过渡的号角,并且促成了将产生现代政党的变化。

然而,这些形式上的解决办法还远远不够。要使这些解决办法切实可行并且能够维持下去,所有的角色——在议会里,在政府里,在政党里,在洽谈生意的咖啡馆里,从作出决策的顶峰机构到选举票箱——都必须使教育和通讯方面的革命深化,然后在公民的层次上把这些革命表达出来;还必须心甘情愿认可文化的进步和精神的变化,德雷福斯事件已经显示这种变化的规模和丰富。例如朱尔·费里创办的学校,由于它的创建者、学监、教师,它的中学生,它的预备班学生,远非置身于冲突之外。巴雷斯在《背井离乡的人》一书中指控的是南锡中学的一个名叫布泰耶的教师的影响。新创办的大学也在国家的动乱中扮演了极其活跃的角色。学校教育投身于社会的重大问题,并且让众多青年了解这些问题,从而促使这些问题具有某种意义。这一现象使把学校作为一种理想的和封闭的场所的共和派感到惊讶不已。然而这种介入的力量,不管它是否愿意,都促使人们的政治思考向前发展。在这"教师共和国"里,幸运的助学金领取者比比皆是。在第一次世界大战以后,这个共和国取得的胜利的大小,完全视在德雷福斯事件中显露出来的共和派精英领导阶层的贡献(其形式更具好斗性)的大小而定。

关于报刊,我们可以进行类似的分析。报刊是动员民众并使民众紧张地经历冲突的第一种现代媒体。德雷福斯事件的进程在很大程度上被报刊的"行动"左右和推进,强调指出这一点是老一套的做法。报刊的"行动"具有夸大事件而又令人信服的力量。从1894年德雷福斯被逮捕时狂热的《自由谈》上发表的无关痛痒的编者按语,到发表在《震旦报》上引起轩然大波的左拉的《我控告》一文,报刊的这种力量剧烈地震撼了公众舆论。然而,更重要的是要提醒人们注意,每个插曲都有同样的过程:调查,泄露内情的传闻,挑衅或者斥责,这个过程按照一种文学性和个人主义色彩仍然很强的新闻工作的陈旧规律炮制出来,逐渐灌输给公众。然后由哈瓦斯通讯社①重复上述调查等活动。每份售价一苏的大报把泄露出来的内情变为"抢先刊登的独家新闻",并且增大泄露的速度。这种枝节横生的媒体化活动,不仅深刻地改变了新闻记者这个行业,而且还把报刊上升为大众思想意识的喉舌,这就有可能歪曲事实真相和操纵几百万读者。这种前所未有的新鲜做法,披着不惜任何代价传播信息的外衣,未来在民主的历史上将不乏后继者。因德雷福斯事件而铺天盖地投入市场的图像(招贴、明信片、漫画、照片、纸牌,甚至电影)朝着同一个方向前进:通过协助增强舆论,而且借此机会确定独立自主的艺术和精神的规则与参照,图像由此置于正在成长的"大众文化"的中心。

多样而新颖的媒介,唯心主义的和智识的介入,民众主义色彩很浓的骚动,这一切结合起来,组成了从那时起就被称为"公共舆论"的事物。然而,德雷福斯事件揭示出来的最重要的事是,这种舆论的分量在公民讨论中已经变得举足轻重,因此它既不是一种暂时的虚构和想象,也不是一种可以被强权无限操纵的概念,甚至也不是一面忠实反映某个社会状态的镜子。恰恰相反,它是媒体化了的、充满各种各样理想的、被编入组建得较好的阵营的、被视为长期参照物和最高审判者的舆论运动,它揭示出一种在世纪的转折点上正重新组合的社会现实。种族主义、对土地和血统的迷信、对普遍主义和人类进步的尊崇、内战的诱惑、精英和大众之间的关系以及先锋和文化革新之间的关系等,统统都在这种公共舆论面前成为人们议论的对象,并且由它来检测和评价。日后一切都由它来进行审判裁决。因此,这种新生的"舆论"已经表明,它的激动忠实反映出社会的动向,它的对立活动揭示出社会的不安和紧张,它的大众论证催化、模仿,并最终平息了社会斗争。

这表明,德雷福斯事件并没有助促和颂扬阶级斗争,这种斗争原本就时刻存在于人们的思想中,存在于罢工前线。恰恰相反,自从围绕着德雷福斯事件的对峙表明,中产阶级的忠诚化从此成为使法国人自1899年再次赞同共和的关键,这一事件使阶级斗争的规律变得陈旧过时,使它的参加者迷惘——例如在支持德雷福斯的行动中,饶勒斯是社会主义者中很前卫的人物——搅乱了他们斗争的意义。这样,处于中间地位的就被视为仲裁者,它调节遍及全国的紧张局面,它赞同媒介的所有文化进步。社会的中间力量和新媒介:从此政治和文化的法国将按照这两种向量的顺利汇合的程度而分裂和重新组织起来。取得胜利的激进派马上明白了这一点。德雷福斯事件由于有力地摆出了集体表述的这个现代真理,因此正如佩吉所说,它过去是,现在仍然是"我们的青春活力"。

---

① 法国国家通讯社,成立于1832年,1944年改名为法新社。

图8《与阿帕切搏斗——两少年英勇保卫家园》这幅画登在1905年10月15日《小报》的画刊增刊的头版。它表现社会新闻在"美好时代"的强大社会力量,以及报刊这种传媒的示范性力量。

在巴黎及其郊区有一些"阿帕切"(指巴黎、布鲁塞尔等大城市中的流氓、强盗——译注),成了毒害城市的根蘗,很是令人担心。任何英勇行为都有可能加深恐惧,但也可能消除恐惧。何不宣传一个见义勇为的范例呢?画中的小酒馆显示出很多时代特征,值得注意:精工制作的吧台、大咖啡壶、小酒桶和酒瓶、圆锥形糖块、煤气灯,作为远景的厂房和管道。两个少年无疑读过布律诺的书,于是酒店成了家园,家里的正当权益要好好捍卫。

第三章 大众的视野

1898年2月23日,左拉,这个真实的人、现代的人和彻底的自然主义者,这个曾经成功地描绘卢尔德、罗马和巴黎的芸芸众生的人,在走出法庭时(他因发表《我控告》这篇文章而上了法庭),面对袭击他车子的反德雷福斯分子不禁大声叫道:"这些人是吃人肉的家伙。"那么,法国是个野人生蕃成群、民众集结成伙,并把他们的狂热灌注到整个社会的大众的世界吗?19世纪最后的1/4世纪是造就这种顽固观念的时代,这种顽念将按照埃利亚斯·卡内蒂定的调子——《大众和威力》——烦扰20世纪。

资产阶级这个由社会精英、有产者、有教养者、思想正统者组成的混合体,在内心深处掌管着一个被"新阶层"的上升推动的社会,它当时正做着一场噩梦。这个"新阶层"上升的冲击波涌到很远的地方,深入民众之中,并且在民众之中通过模仿唤醒很多"小资产阶级分子"。资产阶级做的这场噩梦是:一群它认为既歇斯底里,又软弱、淫荡、酗酒、野性十足的贱民大批涌进它的瓷器店。怎样同这个危害人类进步的混乱状态进行斗争呢?至少,应该怎样理解民众闯入城市这个现象呢?5月1日的游行,工人的罢工,选举时发生的袭击和无政府主义者本身,通过使他们的暴力行为文明开化,通过逐渐提出比较温和的要求,通过组织他们的斗争以及使他们的游行仪式化等,表现了明显的良好意愿,但这无关紧要。不,本世纪末,有产者在报刊、新闻和街头暴力散布的"凶猛的野兽"的形象面前胆战心惊。更糟的是,在他们看来,自从英勇的布朗热将军这个"煽动大众的人"受到已经在寻找领袖的人群欢呼喝采以来,社会契约和共和的政府形式已受到威胁和腐蚀。人们已经看到,德雷福斯事件多么激烈地重新勾起所有这些恐惧。

就在这时,来了一些好心人,他们也有些困惑。他们愿意思考这个近在咫尺的可怕事物。在这些正人君子中,居斯塔夫·勒邦①的著作以后读者最多。他的《民众心理》一书1895年被人争相阅读。这本书如是概括这场赌注:"由于过

---

① 勒邦(Le Bon,1841—1931),法国医生、社会学家。著有《印度文明》等。

去的理想最终彻底破灭,种族便最终失去它的灵魂。它从此以后只不过是无数孤立的个人,而且返回到它的初始状态。文明已经没有任何恒久性,它陷入任凭一切偶然性支配的境地。贱民是王后,野蛮人在前进……民众有些像古代寓言里的狮身人面兽。必须解决他们的心理状态向我们提出的问题,不然就心甘情愿地被他们吞下肚子。"很清楚,社会团体的大众化将毁灭精英和卓越人物。况且,没完没了谈论这个临床的观察又有什么好处呢？马克斯·诺多①出版于1893年并被人兴趣盎然地阅读的《堕落》一书是这个观察的宣言。事情已讨论完毕。令人敬仰的雨果自己不是也说过"民众总是用他们堕落的双手把某种邪恶的东西放进伟大的思想里"吗？因此,只消了解或认为,现代民众就像放任自己感情冲动的女人那样,不可避免地是有伤害力和歇斯底里的;只消了解或认为,社会躯体上的所有毁灭性的病毒——特别是酒精,它携带着致命的蜕化因素,它分布很广,在法国,54个成年人就有1家酒零售店——在现代民众的暴力行为升温中蔓延扩散;只消了解或认为,这个追求物质享受的世界飘泊不定,四分五裂,永不满足,饱受"神圣事物短缺"之苦(佩吉如是说),最后准备什么都试试。

把这些会造成严重后果的记录谱成乐曲很令不少人高兴。泰纳②1893年完成了他的《当代法国的根源》一书,成了第一个研究这种毁灭性激情的基础心理状态的历史学者。他把法国大革命描绘成"在君主政体下肌肠辘辘,被《社会契约》的劣质烧酒弄得酩酊大醉"的政治躯体的一种疾病。他的这种描述引导读者认为,整个19世纪,包括巴黎公社的"用煤油纵火者"的时期,只不过是有害的激情和肮脏的动机大规模发酵的过程而已。1885年左拉在其所著《萌芽》一书中提供了一个类似的粗俗露骨的景象。因为,尽管他在这本书中竭力奉承新文明,但他对"贵妇阶层"集会的描写、对蒙苏村被疾奔而来的愤怒人群攻击、对食品杂货店老板梅格拉被阉割的描写,也导致人们作出这样的结论:民众是处于天然状态的野蛮人;他们像巫婆在巫魔夜会上那样吼叫。持续不断做着恶梦的"科学的"思想家也在互相打斗。他们受迪尔凯姆的年轻的社会学的憎恨,但是,他们却有众多读者并且大受吹捧。1876年,阿尔弗雷德·埃斯皮纳斯③把动物界的生物学规律运用于人类社会学,以论证民众情绪的传染作用并揭示这种情绪的磁力。都灵著名的头骨测量员西皮奥·西格尔毫不迟疑地解释说,"民众是邪恶的微生物滋生地"。接着,在多尔多尼,萨拉的温和的、对犯罪学有深入了解的预审法官加布里埃尔·塔尔德④,1901年在《舆论和民众》一书中,

---

① 诺多(Nordau, 1849—1923),德国作家、医师、犹太复国主义运动领袖之一。定居巴黎。
② 泰纳(Taine, 1828—1893),法国文学评论家、历史学家,实证主义哲学家。著有《英国文学史》、《艺术哲学》、《当代法国的根源》等。
③ 埃斯皮纳斯(Espinas, 1844—1922),法国哲学家、机体论的主要代表之一。
④ 塔尔德(Tarde, 1843—1904),法国社会学家。著者《比较犯罪学》等。

旁征博引地陈述说,即便"在最文明开化的人中,民众是一头冲动和狂躁的野兽,是他们自己的本能和无意识习惯的玩弄对象,有时是一只低等动物,一个无脊椎动物,一条可怕的蠕虫,它身上的感觉模糊不定,脑袋被砍去后仍然乱扭乱动。"

然而,是勒邦通过描绘一群入迷的民众而普及了这种夸张的民众形象。在这群民众中,社会准则、教育、理智被失去控制的暴力的潮水所淹没。他肯定地说,不管它们是"同质的"(派别、社会等级和阶级)或是"异质的"(街头的人群、议会里的聚合群体),所有的民众都是"牵着我们鼻子走的无意识的产物"。但是,他又下结论说,兽类"服从很容易被它吞食的驯兽者",这个结论很有新意,并且指出了新时代的黎明。换句话说,为了某个英雄或者某项事业,被巧妙地吸引得入迷的民众能够被积极地发动起来。因此,勒邦的心理学通向一种有待发明的操纵民众的技术。这样,对民众的世纪末的仇恨和所有这些稀奇古怪的博士的伪科学,用哗众取宠的口号和无稽之谈来填满现代政治,用非常不祥的恶梦来充塞民主的空间。

1

没落衰退和现代性

可能我们刚才根据女历史学家苏萨娜·巴罗斯的观点夸大了事实。尽管如此,文化的大众化仍然存留着这些岁月的一种下等人的格调。这种格调已经使喜爱人文科学的人感到担心,甚至还使一些向民众抛投食物的人类进步自豪的支持者谨慎小心起来。在德雷福斯事件这个问题上,人们就感觉到了下面这一点,但是,还必须加以重复:民众一旦着手消费媒介和各种产品,其中包括文化产品,他们就会既吸引人,也使人担忧。大众化、媒介和消费,这被认为是不可避免的三部曲形成于1900年左右。人们担心这三部曲已经确定了新世纪文化的命运。塔尔德更新了托克维尔①对美国民主的直觉。他解释说,未来的民众也许将不再需要身体集合起来形成群体,因为现代媒介足以产生舆论的紧密性和行为的模仿性,他的这种说法比勒邦有道理。

然而,国家显示,它既惧怕现代性,也能够同现代性对抗。它的农村世界——两个农村人中有一个在劳动生产,或者近乎如此;1891年,法国3800万的总人口中,有2400万居住在农村——倒退着进入新时代。根据厄让·韦伯的

---

① 托克维尔(Tocqueville,1805—1859),法国政治学家、历史学家。曾当选为制宪议会议员、宪法起草委员会委员。著有《美国的民主》、《旧制度与大革命》等。

看法,法国的农民群众仍然朴野无文。他们之中大批人讲着粗俗不雅的方言。农村到处是居住在成堆的肥料附近的群体和长年累月一成不变且效率不高的劳作,很像莫泊桑作品中的步履蹒跚的诺曼底或者左拉作品中的野性的博斯地区。这些作品大飨读者,以至人们以这些不一定可信的地区为例,把"非洲未开化地区",更糟的是把"落后乡村"等殖民主义新词普及推广。法国的农业基础受到在最后1/4个世纪里持续不断的危机的打击,尽管实施梅利纳的保护政策,危机仍使粮食市价和土地收益下降了1/4或者1/3。特别令人痛苦的是,国家的葡萄树受到从美国传入的蚜虫——有害的根瘤蚜的摧残。再者,农村一再使用"有害的秘方",因此生育锐减,并且使国家的总出生率急遽下降,从1871年的34.5‰下降到1901年的20.9‰。如果加上以下几点:每年十万农村青年离弃农村;一连串对长子来说已经毫无收益可言的继承,把农村已经过于狭窄的田地分割得支离破碎;学校学习和服兵役打开了意想不到的、具有诱惑力的视野等,那末人们就会理解为什么1899年舆论认为勒内·巴赞①的被广泛阅读的小说《垂死的土地》残酷地概括了一个客观上令人忧虑的形势,并且让人看到一种更大的危险:人口减少给国家的有生力量造成了致命的伤害。

如果人们再观察另外一个法国——守护六角形庙宇的农村景象的反面,被认为人口过度稠密、民众怨声载道、种族腐败堕落的城市——那么,哀歌立即变得更加悲伤。因为,虽然每个人都已经感到国家的前途将是城市化,但是,很少人知道,同英国或德国相比,法国明智地控制着城市的爆炸(根据韦拉朗的说法,城市像触手般地向四面八方延伸)。法国用来控制这种爆炸的方法,是依靠非常稠密的中等城市网,它能够接纳并长期抑制邻近农村的背井离乡者。因此,1911年,法国人口的45%为城市人口,但这是在自1881年以来法国人口适度地总体增长之后出现的情况。然而,人们对国家的这种明显的平静越不了解,大城市就越令人感到惊恐不安。巴黎城——有"光明城市"之称、其活力毋庸置疑的唯一巨大整体——概括了一切引起恐惧的事物。

于是一群市政官员、医生、保健人员、戒酒同盟和慈善事业的信徒,像俯身在显微镜上的生物学家那样,深入细致地观测城市这个毒瘤,描述它的化脓情况。他们认为,城市的确是活力同能量的坟墓,是长期得不到清除的垃圾场,是享乐和罪恶的缩影,颠覆和疾病的温床,暴行和罪恶的渊薮,衰败和颓废的中心。一切——积重难返的伤风败俗,令人深以为耻、破烂不堪的贫民窟,在城关那里游荡的女人,身带匕首的流氓、强盗,形迹可疑的移民和过境的游牧人,肢体残缺的人,"肚子罢工"②的人,被富人蔑视的极端贫困,无宗教信仰和绝望——都在它的腐植土上繁衍扩散,从古老的市中心到酒鬼麇集的城郊,从繁华热闹的街道到

---

① 巴赞(Bazin,1853—1932),法国作家。作品有《长出的小麦》等。
② 指拒绝生育。

法律鞭长莫及的郊野。如果不像奥斯曼①那样敢于在拿破仑第三的统治下开辟街道,装设淋浴,修建广场中心小花园、门诊所和地下铁道,为小有产者修建有两居室、厨房和摆放绿色植物阁架的住宅,或者城郊独门独户的小屋,通过这些举措来切开城市的脓疮和活肉,一句话,通过分散拥挤的人群来更彻底地防止传染,那又该怎么办呢?这样,通过坚决实施卫生规定,显示人类进步,城市的所有罪恶之花都将枯萎。只有像图卢兹—洛特雷克②那样的艺术家对这些痴迷于公共卫生的人反驳说,这种腐烂的肌肉组织就是生命本身,是新世界的发祥地。

然而,同一位图卢兹—洛特雷克制作的广告招贴却用一大堆乱七八糟的现代事物,来回答农村的萎靡不振和城市的威胁,这些现代事物同样构成大众时代的特点。因为尽管有人反复谈论颓废衰落这个话题,法国人仍然表现出一种真正的对幸福的渴望,并且大声疾呼一种独特的生活艺术。之所以如此,首先是因为他们把世纪末当作人类进步最初的发展时代,当作新黎明的希望;是因为他们由此从双重意义上来用 crépuscule 这个字③。在两次巴黎世界博览会——分别举办于 1889 年和 1900 年,都豪华盛大,备受欢迎——之间,他们在五花八门的一大堆东西中,发现了并赏识了电和自行车,省份地图和每份售价一苏的报纸,借自俄语的词和歌曲《阿蒂尔夫人》唱片发出的丝绸般的沙沙声。他们学到很多东西并且相应地加以传播。他们尊重科学,因为科学将慰藉一切,自从巴斯德以来,人们就认为科学已经在为人类谋幸福。1895 年当费迪南·布吕内蒂埃④在他主编的《两个世界杂志》中揭露科学进步的"部分失败",认为科学进步给工人带来灾难的时候,共和国为化学家和政界人物马塞兰·贝特洛举行了一次盛大宴会,却再次庄严承诺,科学将保障人类最大限度的幸福和道德,科学必将取得世界性的胜利,这样就使事情重新处于大好形势之下。这的确是新奇事物层出不穷、迷人事物一再出现的时代。人们在朱尔·凡尔纳的作品里读到这些新奇迷人的玩意儿并在日常生活中装设它们。因此,这是个幸福的时代,至少在这方面,它将无愧于"美好时代"⑤这个怀旧的称号。1918 年以后这个称号流传于世,一直是大量生动的艺术描绘的对象。

展现在人们眼前的是:制铝工业、法国生产的震惊全球的首批汽车和飞机、长期令人害怕但又变得令大众安心的电仙女、千辛万苦取得的巨大外部市场、储

---

① 奥斯曼(Haussmann, 1809—1891),法国行政官员。第二帝国时期负责规划巴黎市政及改建工作,改善巴黎卫生条件、公用事业及交通设施等。
② 图卢兹—洛特雷克(Toulouse-Lautrec, 1864—1901),法国画家。善于描绘人物本质特征,吸收日本浮世绘画法,自成一格。作品有《面对面的晚餐》等。
③ crépuscule 在法文中既是"黄昏"、"衰败"的意思,又有"曙光"、"黎明"的意思。
④ 布吕内蒂埃(Brunetière, 1849—1906),法国评论家。
⑤ 指从 20 世纪初到第一次世界大战前的十多年。在这个时期,随着社会生产力的迅速发展和科技水平的提高,法国在社会物质和文化生活方面出现了繁荣局面。这一时期史称"美好时代"。

蓄的增加(省吃俭用的人和食利者1914年拥有国家的一半财富)、稳定的金法郎。家庭医生仍然能够为人提供善策良方,教师在他的教学区域里巡回。艺术、文学和戏剧的巴黎,在全世界大受欢迎。为女儿置备嫁妆,像好父亲那样存放自己的钱,拼死拼活苦干以求丰衣足食,把赌注押在共和国精英政治的效能上以求在社会的阶梯上步步攀登,相信不再有无法圆的梦,除了上述种种之外,还有什么要期盼企求的呢?关于拜倒在卢尔德的贝纳黛特①足下的宗教激情能说些什么呢?关于利西厄的小泰蕾兹②能够说些什么呢?她的圣像印了几百万张。教皇庇护十一后来说,她的这张圣像预示一股"光荣的飓风"。她所著的《一个灵魂的经历》出版于1898年,在全世界范围内掀起史无前例的民众虔诚的浪潮。关于如此之多的极其彬彬有礼的近邻相处艺术,关于对体力劳动感到的骄傲,关于对体育运动最初的强烈兴趣,关于所有小佩里雄的"大"旅行,关于首批被人们光顾的海滩,关于刚果的神秘水果(亚历山大·维亚拉特说,它们经常萦绕在昂贝尔的青少年的脑际),关于所有那些被"学校之家"的任务钉在他们的岗位上的黑色轻骑兵③,关于所有这一切,能够说些什么呢?

不管如何,这些激动和这些极具"美好时代"风格的成功,更加属于20世纪前后的那些年代,而对衰落的害怕则出现于19世纪90年代。所有这些事物都跨越了世纪的界限,在每个人的思想上和集体的记忆里混合起来。在还保存着强大的农村祖传习俗,并且以能够培养这种习俗为荣的国家中,个人的思想意识和公共舆论,在它们的节奏方面,在它们的悲观主义的或乐观主义的意向方面,或者发生分歧,或者相通一致。现在的时代和未来的时代交错纠缠,思想方式的感染十分强烈。因为,对衰退的担心和忧虑,把人引向忧郁,引向抨击和指控,引向乱七八糟的怀疑,引向可以推而广之的诅咒,引向彩色玻璃般闪烁而又缺乏表现力的词语,一些颓废派作家自1886年以来就靠这些词语为自己谋一个"职位年金"。当时,年轻的夏尔·戴高乐指出,"19世纪90年代的法国在享受它自己的财富的同时,也培养它自己的忧郁"。当诅咒触及被遗弃的社会整体时,人们就愈来愈想用大众时代具有征服性的野蛮粗暴来针锋相对地对抗精英和先锋分子的脆弱,这些人退缩到他们的阿旺丹山④,并在那儿培养着他们的自我。

粗野的人用普选、工薪劳动、结社和每份售价一苏的小报侵入了政治生活、

---

① 贝纳德特(Bernadette,1844—1879),法国女农民。据称她14岁曾看见圣母玛利亚的幻象。此事引起朝圣者对卢尔德这个地方进行封圣。
② 利西厄的小泰蕾兹(Petite Thérèse de Lisieux,1873—1897),法国天主教加尔默罗会修女。死于肺结核。临终时自述一生无日不在经历内心搏斗。著有论述其精神生活的书信体文集《一个灵魂的经历》。
③ "黑色轻骑兵",此处指教师。
④ 欧洲山名。相传罗马第四个国王安居斯曾将被他征服的拉丁族人流放于此。此处为转义。

经济生活和文化生活本身。据说以贵族为首的传统精英用冷漠的态度维护法国1789年以前的旧制度的最后残余，而这时，共和派的新精英也还没有完全磨快他们的胜利攀升的心理工具，即使知识分子钻进两者之间。人们于是作出这样的结论：那些应该领导被认为摆脱了束缚、被自由国家的民主过分抬高了身价的民众的人，全部缺乏实际知识。这种令人头昏脑胀的对紧急情况的描述，是少数派的，极端尖子主义的，甚至是公开赶时髦的，但却在报刊和文化产品中自由发挥。这种描述助长了通讯的新形式的发展，也促进了在迪尔凯姆的影响范围内摸索的社会科学的发展，加快了从科学到技术的日益快速的过渡，唤醒了工人中的、雇主中的、科学家中的、宗教人士中的或者艺术家中的少数。我们将会看到，这些少数人敢于在1905年以后进行一点分裂活动，但却从来没有心甘情愿地完全忽略他们在思想意识和社会行动方面的职责。

的确，这是在个人和集体之间寻求平衡。这两者都现代化了。这种寻求困扰着1914年以前的法国。事实上，就在人们思考大众的影响这个问题的时候，他们看到，作为公民的个人得到共和国的大量关照。更有甚者，个人主义自我炫示出来，甚至赞扬爱谈自己的这种癖好（年轻的巴雷斯和纪德—纳塔纳埃尔①就有爱谈自己的癖好），赞美自我的内心，也赞美私人范围内的秘密幸福，并延伸到家庭的甜蜜（这里用个风靡一时的英语词 home）。家庭是"遮蔽集体风暴的活的有序的细胞"（米歇尔·佩罗）。私人生活的新建筑物和现代住宅的发明已经显示，人们执著地要让人类进步首先为个人和哺育个人的细胞——家园——服务，家园变为具有更优越条件的活动空间。

个性化的卧室与接待客人的客厅很不同，较为狭窄的儿童房间与别处隔开，有利于母爱的关怀照护。这两种房间炫示私密的气氛。为了舒适，厨房被重新设计，卫生间像"圣人中的圣人"那样被简化。最初的白瓷洗澡间和盥洗室关闭得严严实实。到处都有自来水，煤油灯。每层楼都装设煤气灶以及使粪便和污水直通下水道的排放系统，这有利于身体健康和保持整洁体面的生活。以上种种设备是富裕生活的需求。创造一个属于自己的空间，感受个人私生活的舒适惬意，创立卫生保健，这种源于有产者和巴黎的生活革命，很快就渗透到全社会。它装点着总工会的最革命的招贴，扩展到外省的偏僻角落，已经让建造低房租房屋和私人府邸的建筑师们行动起来。从此以后，"居住，既是一种物质行为，也是一种文化行为。建筑师——新造物主——是这种行为的导演，房屋则是剧院和死后的名声"（米歇尔·佩罗）。

这种日常生活中个人主义的回潮，这种对家庭作出的生活将更加幸福的承诺，这种富裕和需求、细心和温情的混合物，已经影响了劳工界和中间阶层。渐

---

① 纳塔纳埃尔是纪德的作品《地粮》中的人物。

渐地,墙饰和小摆设的艺术,使人安静的房舍的区域布局,按时共同用餐,家庭节庆的细枝末节,对"阅读角"和对安乐椅的重视等,都引导和伴随了十分重要的心理发展。这些发展切中要害,因为它们关系到提出自身解放权利的妇女,关系到婚姻,婚姻突出夫妻关系,而不再完全是过去的两个家庭之间的联姻契约,也关系到爱情,爱情不再经常被人理解为利益的基础,而且当它遭受挫折时,经常变成廉价文化的取之不尽的题材。这些发展显示,青年的健康和教育要在家庭的完整影响和正常化了的公开的大胆行为之间作一种新的分配。当报纸在家庭里的作用,被首批留声机(即使帕泰①在 1914 年以前只售出 5000 台)的作用和极其罕见的私用电话(十分和蔼可亲的电话小姐为此服务)的作用大大增强的时候,这些发展使得引进的技术和受到保护的个人隐私之间、公共范围和私人范围之间有了更多互相渗漏的可能。

这种个人和大众之间的共处,由于人类进步的和解行动,每天被人经历体验,然而却增加了自我和他人之间的对立。这种对立由一切交往的手段维持,并且经历了前所未有的、令人惧怕的紧张时期。人们认为,这是因为大众也是一种使自我感到不快、不大能够吸收的外来事物的总和。衰颓没落和野蛮的最高权力犹如一个歌段,有过它的不祥的反复吟唱的副歌。前面说过,这段副歌在德雷福斯事件时期曾特别被人高唱。它就是普通的种族主义。它的复仇性的唱词使用了生物学的隐喻,假定世代相传的民族的人种受到外国的、移民的、不法之徒或者混血儿的病毒、杆菌的感染。《犹太人的法国》一书的作者德吕蒙曾作出如下令人担忧的诊断:"这个解体的社会在紫血和粪便的床上濒临死亡,而民众在床的周围等待。"并认为应当开出他的处方。从 1893 年发生在埃格－莫尔特的驱赶意大利劳工的事件,到巴拿马丑闻和德雷福斯事件之后报刊仍然一再发表的复仇性文章和日复一日的争吵,仇外思想和排犹主义甚嚣尘上,精心修饰了它们艰涩的理论,把它们蓄积已久的仇恨和骇人听闻的暴力混合起来。一个身受威胁的自我中心主义的法国和一个威胁别人的世界主义的法国之间在对峙着,或者处于武装的和平状态,这种思想观点可能已被深深地注入根源久远的社会,首先是城市社会,但也进入了乡村社会。在这一点上,我们必须承认历史学家的孤陋寡闻。

另一方面,我们十分清楚,既然由于仇外分子和议会制共和国的敌人在关键时刻抱成一团,他们的思想便受到选票以及倡导公民理想的摒弃,所以由共和国传播的民族的老一套框框条条就阻挡了拒绝他者的行动可能产生的汹涌蔓延。不管怎样,热拉尔·努瓦里埃尔描述的"法国熔炉"在 1914 年以前决非一句空话。尽管在单纯的管理方面烦扰重重,共和国对大批外国人的同化已经在两代

---

① 帕泰(Pathé,1863—1957),法国电影业巨头。他和其兄于 1896 年在巴黎成立"帕泰兄弟公司"(旧译百代兄弟公司),制作并出售留声机和留声机圆筒。

人的时间内实现。正如人们所看到的那样，向人人敞开大门的学校，已经使自己的意图深深扎根，并且使之明确具体，以便更好地划定其爱国主义和普遍主义的行动范围。当德国人似乎不像过去那样危险可怕时，虽然挥之不去的复仇念头、对军队和对失去的省份的崇拜、服兵役的义务等大大减弱，但是它们却把"他者"的形象概括、划定、内化为"世仇"的形象。

特别是，法国仍然是一个什么毒素都无法肢解的神圣躯体。对学者和艺术家来说，在国外逗留，首先是在德国的启蒙性质的旅行，其内容基本上是试图把新的外国德行同法国固有的德行逐点加以对照比较。殖民者总想象自己把教化之光投射到黄种人、黑种人或者阿拉伯人身上。法国自称传播了这种光焰。地区主义的、外省的，特别是布列塔尼的诱惑，即便在1907年朗格多克的葡萄种植者发动叛乱的多事之秋，也几乎没有减缓国家的文化适应速度。一言以蔽之，没有一种混合物的爆炸力能达到使共和化了的国家整体分裂的程度。对于法国的广大民众来说，一个发展中的神圣团结保卫了"自我"不受"他人"的侵犯，一切世界主义都是为了法国的发扬光大，一切异国情调能使人散心，使人惊奇，却不会使人陷入混乱和产生怀疑。只有第一次世界大战的破坏性的搅拌混合，将改变人们的思考。

2

印刷品的黄金时代

媒体当时居于新颖的和令人担心的、公众的和私人的、个人的和集体的事物的交叉点上。主要的媒体是印刷品，它以各种形式，特别是以报刊的形式，将对人们的思考和对事物的发展演变起一种强大的共鸣箱作用。

一切都源于一种新的新闻业——信息产业的发明。一些目光锐利、头脑清醒的人，已经在这种新闻业中看见风尚习俗令人不安的美国化的头一个征兆。报纸产生的社会影响从此不再被人怀疑。1870年，巴黎报纸每天发行100万份，1914年每天发行500多万份。这个城市有报纸57种。与此同时，外省报纸也多种多样，激活了最滞后的专区，从1870年到1914年，发行量从30万份一跃而上升到400万份。每份售价一苏的四"大报"——《小报》、《小巴黎人报》、《晨报》和《日报》成了为大众喜爱的报纸。这四种报纸每份厚厚一叠，内容包罗万象，在各个方面都互比高低，赞助第一批大型体育活动，用"广告"和招贴淹没全国。仅仅这四家报纸就不分社会环境地、成比例地出售400万份，其中60%在外省销售。在差不多一个世纪之后的今天，一些广告牌，一些阁楼和旧货业的残留仍然能证明，这几家报纸曾在全国铺天盖地。

不错,一切有利于报刊影响无与伦比地扩大的条件都已齐备。前面说过,共和国应用1881年法令①保障言论自由。除了明目张胆的无政府主义或者反军国主义,新闻报导罪极其罕见。报刊事业的产业化因排版和印刷技术的飞跃(马里诺尼的轮转印刷机被德里埃的轮转印刷机替代,机器排版,照相制版术以及1912年照相凹版术的应用)而突飞猛进。这种飞跃发展使得报纸能够提供多达6页或者12页的大开版,排版更好,因而更加吸引人。哈瓦斯通讯社和世界各大通讯社对源源不断大量涌来的新闻迅速处理,铁路和卡车快速递送邮件(最后被阿歇特出版社垄断),这使报刊预订业务萎缩,而使报亭或叫卖零售报刊业务大受其惠。巨额投资(莫伊兹·米约的《小报》是一家股份有限公司,1881年资本已达2500万法郎)激励了金融家和工业家。比如,《晨报》在一位从事公共工程的人物比诺—瓦里亚②和一位银行家普瓦达的双重领导下业务十分红火。最后,编辑室和印刷厂的专门化在费用大幅度增加的同时,也使赢利不断上升。

速度、巨大的规模、竞争和利润使各大报社得以生存。这些报社为了保证获得成功,不遗余力扩大发行量,宣称从此只能面向大众读者群,这个读者群很快就被命名为"舆论"。因此那些紧跟时局发展、猎捕发生的事件、必要时无中生有捏造事件的专业人员,通过报刊的专栏以及图片向公众提供新闻。1900年,新闻记者的人数已近6000名,其中半数以上汇集巴黎,形成一个混杂不一的世界,被人投以好奇的目光。1885年,《时报》的老板朱尔·克拉勒蒂说,这些记者踏遍"一个民众可以自由进入获取新闻报导材料的领域"。总编辑、社论作者、评论员或专栏编辑,例如朱尔·克拉勒蒂、弗朗索瓦·科佩③、奥克塔夫·米尔博④或者塞弗里内⑤等往往一身二任,兼为作家,并往往享有盛名。有的往往还是政治家,例如《图卢兹电讯报》的饶勒斯,有的往往还是经济专家,有的是边远省份的笔调尖酸刻薄、有点粗制滥造的作家。但是,经常出入波旁宫或者专门从事外交政策报导的"撰稿人"倚仗向他们提供信息的人、他们的至交好友和暗中相帮的人,已取得他们应有的地位。尤其是盎格鲁—撒克逊式的记者地位特别突出,因为,正如莫泊桑的小说⑥中的主角"漂亮的朋友"1885年所说,他们变成了"报纸的精华"。这些记者把富有"独家新闻"的公共生活和私人生活版面瓜分掉。小记者猎捕社会新闻、小道消息或者百姓生活的"内情底细",轻视评论的连篇废

---

① 1881年6月30日法国政府公布集会法,7月29日公布出版法。
② 比诺—瓦里亚(Bunau-Varilla,1860—1940),法国工程师,曾参与挖凿巴拿马运河。巴拿马独立后,曾任该国部长。
③ 科佩(Coppée,1842—1908),法国诗人。作品有《卑贱者》等。
④ 米尔博(Mirbeau,1848—1917),法国作家。作品有《朱尔修道院长》。
⑤ 塞弗里内(Séverine,1855—1929),法国政界人士,记者。
⑥ 指《漂亮的朋友》。

话,往往把评论交给"专栏作者",让他们在报纸上用生花妙笔来写这类废话。大牌记者则撰写重大冲突和事件(比如,加斯东·勒鲁①在1905年日俄战争时期成了红极一时的记者),负责进行独家专访或调查(朱尔·于雷为《巴黎回声报》和《费加罗报》定下这种调查的模式)。而最坚决果敢的记者,在《埃克塞尔斯奥报》的倡导下,拿起手提式照相机工作。这种照相机的照片1900年以后开始与时事画以及版画展开竞争。

这种大量传递信息的革命,还没有使舆论性报纸降居劣势。这类报纸拚命抵抗。阿德里安·埃布拉尔的《时报》,作为报导议会和政府的运转状况的准官方报纸,谨慎地经营着它的效益不错的地位。《费加罗报》和《巴黎回声报》紧紧抓住文化教养层次高的保守人士。《十字架报》发表人所共知的激烈言论。1899年,特罗许修道院院长领导的一些社会天主教徒在雷恩成功地创办了《西部闪电报》。1904年,饶勒斯集结一个由知识分子和社会活动家组成的杰出班子创办了《人道报》。该报1913年的发行量为32万份。1908年,《法兰西行动》由杂志转为日报。基督教的或者极端主义的理想的成功植入,并没有削弱地方出版业的坚定性,也没有破坏各种委员会和政治人物推出的散叶印刷品的带有党派观点的专门化,也没有使地方性出版物的争吵和偏见降低调门。将近1910年,在多尔多涅省,贝尔热拉克的1.5万居民拥有4种日报和5种周刊,这些报刊杂志争夺着公民的注意力。在埃洛省的佩罗尔,1000个居民中两百多人每天购阅1份报纸。在法国各地,每个大城市都能够坚持出版12家报纸,其中最受欢迎的报纸的售价也下降到每份5生丁。

德雷福斯事件给人们上了重要的一课:如果说名目繁多的报纸在1900年以前曾经在国家的共和文化适应中起了决定性作用(总的来说,敌对的或者温和的保守派报纸和支持政府当局的报纸在发行量方面仍然平分秋色,归根结底,这有利于民主的发展),那么,德雷福斯事件引发的带有党派性的坦诚表态则使舆论性报纸蒙受了损失,而使大型消息报的身份提高。这些大型消息报在保持其影响的同时,善于装作谨慎小心,等待观望。如果说,在这方面,共和国的扎根带来了平静安定,甚至非政治化,那末,这两种倾向同样是行为大众化的产物。这种大众化导致短暂动员,并且只容忍细微的发展演变,或者只容忍按照大家同意的模式提出的决定。

人们也已经明白,大众报刊的出现有利于分化公众,以便更好地俘获公众;有助于在读者的个人领域和新的激情中迎合读者。专门化的期刊因而紧紧合着发行量巨大的普通报纸喜好的节拍,从连篇累牍刊载正经故事的《茅舍夜谭》之类的"日报—小说"到《时装小回声报》之类的首批供贵妇们阅读的大报。科普杂志(《科学与生活》1913年诞生)和仅供闲暇时阅读的刊物(1910年推出的《埃克

---

① 勒鲁(Leroux,1868—1927),法国著名记者、侦探小说作家。

图9

图为画刊《苏泽特的一周》。1912年9月12日出版的《苏泽特的一周》继续讲述阿耐克·拉波尔内的经历。她是个总穿着当地传统服装的布列塔尼女孩，人们多以她的绰号"傻大姐"称呼她。画家埃米尔·潘雄塑造了这个经久不衰的人物，使1905年莫里斯·朗格罗推出的这第一份供乖女孩阅读的画报大获成功。

"傻大姐"将离开她的家乡布列塔尼去巴黎，她将参加第一次世界大战，与残暴之徒打交道，还将乘飞机……她将是少儿读物中的一个光辉的人物形象，直至1950年。

文字说明放在图画的下面，版面设计不太生动活泼，也不从人物嘴里引出线框来表明人物所说的或所想的，所以，这份画刊还不能算是连环画。1913年，戈蒂埃·朗格罗出版社出了第一本画册《"傻大姐"的童年》。

塞尔西奥报》把所有赌注都押在图片上，老牌报纸《画报》由于它的时事增刊、它对文艺界所有大腕的跟踪采访、它的长篇连载——加斯东·勒鲁的《黄色房间的秘密》是1907年长篇连载的最优秀典型——，也在1904年后惹人注目地东山再起），体育运动报纸（1899年《自行车》获得的成功，然后1902年《汽车》所获得的成功，使各地报纸都开辟体育运动专栏）纷纷面世。一种刊载大量图画和典型法国风格漫画的讽刺性报纸也获得成功，并且保证了很多画家每天的面包。这类报纸中有《黄油碟子》和《笑》。最后，供儿童阅读的配有插图的报纸，例如1909年出版的《小女孩》和《无畏勇士》，补全了满足各种各样好奇心的货摊的书刊，甚至还使一个新品种——连环画——大众化起来。比如，1905年在《叙泽特的一周》上出现的家喻户晓的人物贝卡西内。福尔东①的《懒虫》使《顶呱呱》这份刊物1908年在男孩子中间大获成功。面对这么多唾手可得、令人读来乐不可支的读物，人们通过对照明白了这一点：普通文化杂志，即使享有隆名盛誉，即使还算蓬勃发展，但都只能局限在给精英阅读的范围之内；艺术性的或者政治性的"小杂志"，只能通过内行公众的圈内网络，或者先锋分子支持的战斗性渠道产生影响（这种影响很大），它们两者都距离大众报刊的广大读者很远。

　　如此大量而又多样化的日常阅读不可避免地会出现问题，它发动"自我"与"他者"、衰退和进步的赌赛。1897年和1898年，哲学家阿尔弗雷德·富耶发表在《两个世界杂志》和《蓝色杂志》上的一篇辛辣尖刻的文章中和一项大型调查研究中率先提出一些使人感到十分为难的问题。新的报刊在这篇文章中痛遭谴责抨击。富耶的这一举动得到从饶勒斯到普安卡雷②，从朱尔·勒纳尔③到克列孟梭等大批知名人士的完全赞同。这类报刊被指责散布耸人听闻、趣味低级的消息和受金钱腐蚀。对纯粹娱乐消遣的崇拜、对邪恶本能的迎合、头版刊登血腥的社会新闻、天灾人祸、自巴拿马支票事件的悲惨时刻以来一系列的贪污腐败行为、操纵舆论的报导、拥有"第四权力"的贪婪冷酷的金融业巨头对政界施加的压力、对民众激情的操纵，凡此种种全都被公诸于众，并且加以剖析。从这里显现出一大部分真情实况，特别关于耸人听闻的和不健康的东西这类新闻已经占了《小巴黎人报》的10%的篇幅，并且起了一种奇怪的镜像作用。多米尼克·卡利法曾深入研究过这种作用。

　　这类报刊的确使人们对犯罪分子的血腥暴行有一种混杂着神经官能性满足的厌恶，它把赌注押在人们对死亡的恐惧上（如对1897年慈善市场发生的火灾那样令人悲痛的社会新闻的报道）。灾祸、罪恶、给予"上流社会"人物的惩罚，这类报导肯定会刺激所有人的感官。但是，这类报纸也颂扬了揭露或澄清事实的通讯员

---

① 福尔东（Forton，1878—1934），法国画家、短篇小说作家。
② 普安卡雷（Poincaré，1913—1920），法国政界人士。曾任法国总统、总理。第一次世界大战后命令法军进入鲁尔，迫使德国赔偿。
③ 勒纳尔（Renard，1864—1916），法国作家。著有《自然史》及《胡萝卜须》等。

和调查员的沉着冷静,以及他们具有批判性的英雄行为。循着这一脉络,出现了加斯东·勒鲁笔下的鲁勒塔比耶或者苏韦斯特尔和阿兰①合写的《方托马斯》一书中的方多尔之类的人物,接下去又涌现出供广大民众阅读的第一批侦探小说中的侦探和像《万能钥匙》或者《警察的眼睛》之类的专门性报纸报导的收入微薄的苦工。痴迷的读者因此在厌恶和仰慕的混合心态中,培养和加强着他们的兴趣爱好、他们的预设能力和他们的文化修养。以至在1900年的乡村,社会新闻读物替代了供熬夜阅读的故事和小商小贩出售的旧书。然而,血淋淋的故事远远不像那些忧天倾的杞人所指责的那样诲淫诲盗,或让"罪恶大军"变本加厉,日甚一日,而是把一大部分让人产生怀疑的内容转移到以异常简洁的方式叙述案件,使真相大白于天下的机灵的调查人员身上了。美好时代的罪恶并没有过分使人腐化堕落,好工人仍然是坏蛋的反面,即使盗贼保存着他们的全部诗意。相反,罪行还从反面起了谴责和教化的作用,它有助于产生有利于安全的想法和要求。诺贝尔·埃利亚说,罪行用它自己的方式伴随"文明的进程",即伴随文化同一化运动,使大量人际关系变得温文和顺,使古老野蛮的事物变得具有民主的冲突性。事实上,这种用简单的词句和令人震惊的图像覆盖"报纸文明"的恐怖文学,这种侵袭集体想象的恐怖文学(例如1897年在皮加勒开演的大木偶戏向人推荐"恐怖药片"——每晚演4部血腥和逗笑的戏。这种戏场场爆满,因为人们太想低代价地堕落一次了)过滤和调制着一种始终令人害怕但却越来越少在普通生活中出现的大众暴力行为。一直到1914年夏天,这种恐怖文学的蔓延才放慢了速度。

　　报刊的蒸蒸日上势头,它的多种多样的题材和报道程式的完美,都对其他读物产生影响。前面说过,人们对报刊的需求十分强烈,这种需求已部分被图书馆加以考虑。新,是大众时代的特色,它使报刊对其他印刷品的编辑出版和发行工作起了推动作用。事实上,报纸越来越成为鲜活的书籍。此外,汇编起来的报纸文章和系列,变成最受喜爱的书籍。19世纪的这种良好的做法具有工业的节奏,有利于启蒙和普及,因此争取到新的公众。除了在几个山区外,兜售书籍的形式实际上被取消了。

　　书报的这种无上权力的最明显的表现,是"小小说"和封面鲜丽的书籍取得共同成功。大出版商推出用一般纸张印刷的,由读者自己剪切、装订的廉价的"小小说"。封面鲜丽的书籍,是阿尔泰姆·费亚德出版社1905年出版的"大众图书"和塔朗迪耶出版社1909年出版的"国民图书",它们每本售价13苏。这种丰盛而价廉的每日"食品",主要在车站(阿歇特出版社不得不同弗拉马里翁出版社或同法斯凯尔出版社达成妥协,1900年火车站的报纸销售已占营业额的80%)、大百货商店,甚至在食品杂货店出售,而不是在书店出售。这种书籍

---

① 阿兰(Allain,1885—1969),法国作家。

大量使用招贴和报纸附页等形式的广告,杂七杂八地提供已经颇受欣赏和喜爱的长篇连载小说、侦探悬案(例如莫里斯·勒布朗①自1905年起撰写的阿尔塞纳·吕潘的险遇)、武侠小说(米歇尔·泽瓦科撰写的《帕尔达扬一家》1900年通过《晨报》以长篇连载形式发表,并与保尔·费瓦尔②的作品展开竞争),特别是供各个年龄段的女性读者阅读的情场失意、历尽坎坷的言情小说(从《喝眼泪的女人》到《致命的凌辱》,从《两孤女》到《一双血淋淋的小手》,直到推出"大众图书"的夏尔·德·梅鲁韦尔的《贞洁而凋谢的花朵》)。比较古老的或者比较古典的文学——从格扎维埃·德·蒙泰潘的《送面包的女工》到朱尔·凡尔纳、维克多·雨果、大仲马或埃尔克曼—夏特里安的作品——也因得益于这种日益增长的消费而畅销。民众在这方面的激情并没有使人忽略发行量长盛不衰的日常生活实用图书。足以证明这一点的是,烹饪或园艺书籍、实用机械或平民知识书籍(斯塔夫男爵夫人的《处世之道》印刷量达16.3万册之多)、学校教学用书,甚至供身穿母山羊皮衣服的汽车司机用的首批导游图书等的销售量都成倍增长。米什兰轮胎公司于1900年推出了导游手册。手册上写道:"这本书与本世纪同时诞生,并将伴随整个世纪。"此书指点读者区别"有趣的路"和"讨厌的路"。1904年,大陆轮胎公司如法炮制,模仿这本书编辑出版了《陆路和空路指南》。

在这种情况下,出版不大常用的书籍的出版社要跟上形势发展的势头就困难重重,最后停滞不前,因为这些出版机构迟迟不了解市场经济和文化的新机制。传统图书尽管种类繁多(1890年达到最高峰,有1.1万种之多),书价降低,却卖得不好,经济效益下滑,不能充分利用前所未有的书店网络和大出版社的投资和集中政策。这是因为,在各家大出版社之间,非但不可能商定出版发行额的比例,而且竞争异常激烈。阿歇特和卡尔曼—莱维这两家出版社变为现代企业,而普隆、费亚德、弗拉马里翁等出版社却尽力苦撑。新成立的出版社,如1907年成立的格拉塞出版社,1911年的加利马尔出版社,奋发图强,成功地走出几着漂亮"棋",却使市场形势更加不稳定。在这场角逐中,出版社先是争相猎获年轻作者和与名人大腕签订编写合同,不久以后就把希望寄托在书店经营的成功上。而这种成功只能由围绕着文学大奖——如1903年设立的龚古尔奖和次年设立的费米纳奖——进行的过热炒作来保证。在普通文学方面,很多著名的出版商如勒梅尔、夏庞蒂埃,甚至埃茨尔,都日落西山。优秀作者的作品仍然只能靠他们喜爱的杂志友情出版或者不得不用优质纸张小范围地在圈内出版。

总的说,阅读的大众化稳固了旧的扫盲地图。这张地图在圣马洛—日内瓦

---

① 勒布朗(Leblanc,1864—1941),法国作家。
② 费瓦尔(Féval,1817—1887),法国作家。作品有《巴黎的爱情》及《伦敦的秘密》等。

这条线上从北向南色彩渐淡。然而,学校和报纸却打乱了过去的划分,但并没有因此而使继承下来的习俗和地区之间的反差消失。尤其是成倍增长的供应,提高了对数量的需求,而且刺激了具有代表性的爱好。用消费方面的用语来说,阅读使报界的印刷品比书籍本身更加繁荣兴旺。有一个迹象(这个迹象的顶点——美好时代——值得更认真深入地研究)十分清楚:在这股异乎寻常的印刷品浪潮中,图像以各种工艺形式——宗教的或者招贴式的,模压的或者明信片形式的,减速摄影的(快镜照片新近面世,消除了时间差距,给予事件一种冲击效果,并且昭示一种偶然性的文化)——助促印刷品取得成功,吸引个人,支持集体创作的图画之类的艺术品,创造有参照价值的题材,替代或强化语言,归根结底,发挥一种前途无量的传媒功能。

3

象征派的挑战和新艺术

大众的视野就这样时而诱人,时而吓人。这个充满了积极的确信和生活改善的希望,正在适应新文化的时代,却沁出忧虑的情绪,寻找衰落的征兆,担心未来是条死胡同。人们曾经在经济萧条时期感受过这种双重情绪,然后在经济再度上升时克服了它。这种矛盾成了辩论的内容,刺激了好奇心,打开了内心世界。一言以蔽之,这种矛盾在一个非常坚固、非常共和化,以至能在时代的变迁中延续下来的社会里,使赌注得以民主化。然而,艺术精英却很想批判新的过程,或者让这个过程只服从至高无上的意愿。从时刻想着大众文明受到的威胁到对大众文明的恐惧,或者到对它的嘲笑,都表明了19世纪最后一代的多条路线。这最后一代在1905年以前无力构成分裂的因素,但也因此而绝望地忠于冒险精神和秘密文化。

希望有一个庇护所,以便躲避世界的唯物主义客观化;需要报复性的否认以及补偿性的创造性,这种希望和需要在举行维克多·雨果的葬礼的时候,甚至在反对这次葬礼对进步的张扬时,已经表现出来,因为某些人认为,必须尽早考虑扭转向现代性行进的方向。1884年,于斯曼①的《逆向》一书获得成功,由费利西安·罗普斯②插图的佩拉当所著的《顶级邪恶》一书引起轰动,瑟拉③画出《阿

---

① 于斯曼(Huysmans,1848—1907),法国小说家。早期拥护自然主义。后期作品转向现代派,带有神秘主义和宗教色彩。作品有《逆向》、《上路》、《大教堂》等。
② 罗普斯(Rops,1833—1898),比利时画家、雕刻家。
③ 瑟拉(Seurat,1859—1891),法国画家,新印象画派点彩派主要代表。追求色彩分析,用不同的色点构成画面。主要作品有《大碗岛上的一个星期日下午》等。

斯尼埃尔浴场》，罗丹①塑出《加莱义民》，埃米尔·加勒②的作品在装饰艺术中央联盟的展览会上展出，以及首次举办独立派美术展览会等，这一切都定下了基调。问题在于栽种颓废的兰花，在于像德埃森特那样分析"进入感觉的秋天时精神的病态心理"，在于发出罪恶之花的一连串邪恶咒语，在于抛弃一切自然主义，丢弃现实，把历史看成寓言或者传奇；在于暗示而不描述，在于时而维持宗教的骚动，时而维持永恒的异教，在于遏制尚未开化的人，在于使一种已经在分离色调的机械实践中萎靡的新印象主义生存下去，在于在日常生活中虚构自然，更有甚者，在于享受神经官能的新奇颤栗。1886年，当左拉在《作品》中对塞尚③进行漫画式的描绘并与他绝交时，当举行最后一次印象派画家的大型展览时，人们看到了发表在《时尚》上的兰波④的《灵光篇》和《地狱一季》的火花，《意志和表象的世界》一书的作者叔本华⑤和《善恶的彼岸》一书的作者尼采⑥读到了《瓦格纳杂志》。还有已在蓬阿旺准备就绪的高更⑦，开辟了"新印象主义"的保尔·瑟拉的《大碗》，改变了观点的保尔·克洛代尔⑧和夏尔·德·富科⑨，特别是在《费加罗报》上发表象征主义宣言的让·莫雷亚⑩紧随这篇宣言之后出版了这个文艺流派的定期刊物《颓废派》与《象征主义》。另外一个时代来临了。正如《金脑袋》一书的作者克洛代尔后来所说的那样："我们终于走出泰纳、勒南和19世纪其他摩洛神⑪的丑恶世界，走出这座苦役监牢，走出这部被丝毫不能改变的规律所完全统治的可怕机器，而且，更可怕的是，这些规律是可以认识的，可以传授的。"

---

① 罗丹（Rodin，1840—1917），法国雕塑家。擅长用多样绘画性手法塑造生动艺术形象。主要作品有《青铜时代》、《思想者》等。
② 加勒（Gallé，1846—1904），法国著名玻璃雕刻匠、高级木器细木工。
③ 塞尚（Cézanne，1839—1906），法国画家，后期印象派代表。认为自然物体均与简单的几何体相似。对运用色彩和造型有新的创造。代表作有《玩纸牌者》、《圣维克图瓦山》等。
④ 兰波（Rimbaud，1854—1891），法国诗人。作品风格简练奥秘，对象征主义运动有巨大影响。主要诗作有《醉舟》、《灵光篇》等。
⑤ 叔本华（Shopenhauer，1788—1860），德国哲学家、唯意志论的创始人。认为意志是人的生命的基础，也是整个世界的内在本性。著作有《论自然界的意志》。
⑥ 尼采（Nietzsche，1844—1900），德国哲学家、诗人。唯意志论主要代表。创立"权力意志说"、"超人哲学"。
⑦ 高更（Gauguin，1848—1903），法国后期印象派画家。醉心于"原始主义"，用平涂表现带有装饰性的真实场景及原始趣味和异国情调。作品有《黄色的基督》等。
⑧ 克洛代尔（Claudel，1865—1955），法国外交官、诗人及剧作家。作品表现天主教信仰及肉体与灵魂的冲突。作品有《给玛丽报信》等
⑨ 富科（Foucauld，1858—1916），法国军人，探险家，苦行者，1881年参与镇压阿尔及利亚人的起义。1890年成为苦修士，后成为传教士。
⑩ 莫雷亚（Jean Moréat，1856—1910），法国诗人。著有《痴迷的香客》等。
⑪ 摩洛神为古代腓尼基等民族崇奉的神灵。信徒以焚化儿童的方式向其献祭。此处喻引起巨大牺牲的可怕事物。

颓废派作家和艺术家虽然厌恶结成学派,并且极尽矫揉造作之能事,但还是部分地培育了象征主义。关于这种象征主义,莫雷亚曾下过一个相当繁琐的定义,以至人们一直对艺术和诗的精髓之间的相通性进行着狂热而形式多样的研究。莫雷亚说:"象征派诗歌寻求用一种可以感觉到的形式给思想穿上外衣,不过这外衣并非它自己的目标,而是在用来表达思想的同时仍然处于从属的地位。谈到思想,它绝对不应该让人看到它失掉外部类比的豪华长袍。……一切具体现象都是可以感觉到的表面,用来表现它们同主要思想之间有选择性的相似性。"这就同《浪漫主义艺术》一书中的波德莱尔①的一种直觉相呼应:只有远离时代的庸俗事物的艺术家的忧郁内在性,能够"说明客体在人的目光前面所保持的神秘姿态。"在诗歌中,这就是完全相信重新制作的词语,完全相信纯粹的观念,完全相信碰到不可避免的事物时的隐喻,完全相信自由诗,完全相信"不在任何花束上的花"。马拉美②曾经在他1885年出版的《诗的危机》一文中述说过这花的气味,后来又在他1887年出版的《诗歌全集》中把它扎成花束。年轻的保尔·瓦莱里③和安德烈·纪德④已经出发去寻找那"缺失的花"了。

从此,就有那些把自己的悲观主义转移到艺术和梦境中去的象征主义者。他们与世隔绝,把自己禁闭在自己的小圈子里,经常出没于他们的文艺社团,把心血倾注在《法兰西水星》和《白色杂志》里,企盼洛朗·塔亚德⑤歌颂的有无政府主义倾向的伟大革命的来临。他们生活在他们亲爱的爱伦·坡⑥所说的"世界之外的任何地方",宣称怀念黄金时代,热爱阿卡迪这个世外桃源,等候着性冲动和无意识的表现,而与此同时,弗洛伊德⑦的精神分析从维也纳预测到这种无意识的全部现代力量。他们将拒新世界于千里之外,以至他们的研究扩展到整个欧洲,首先是比利时,他们准备让一种总体艺术生存。马拉美注意到,1892年罗登巴赫⑧的《死城布鲁日》使"诗歌通达小说,小说通达诗歌"。

---

① 波德莱尔(Baudelaire,1821—1867),法国诗人,法国象征派诗歌先驱,现代主义的创始人之一。主要作品有《恶之花》等。
② 马拉美(mallarmé,1842—1898),法国诗人,象征派诗歌代表。对法国现代诗歌有深远影响。主要作品有《牧神午后》等。
③ 瓦莱里(Valéry,1871—1945),法国诗人,评论家。作品富于哲理想象。主要作品有《年轻的命运女神》。
④ 纪德(Gide,1869—1951),法国作家。主要作品有《地粮》、《伪币制造者》等。
⑤ 塔亚德(Tailhade,1854—1919),法国作家。主要作品有《梦的花园》等。
⑥ 坡(Poe,1809—1849),美国诗人、小说家、文艺评论家,现代侦探小说创始人。主要作品有《乌鸦》、《莫格街凶杀案》等。
⑦ 弗洛伊德(Freud,1856—1936),奥地利精神病学家、精神分析学派心理学创造人。提出潜意识理论,认为性本能冲动是行为的基本原因。主要著作有《释梦》、《精神分析引注》等。
⑧ 罗登巴赫(Rodenbach,1855—1898),比利时诗人。主要作品有《白色的青春》等。

梅特林克①的《普莱亚斯和梅丽桑德》已经在吸引德彪西②。而与此同时，夏布里埃③、富雷④和拉韦尔⑤试着在相同的题材上创作有色彩的"旋律"。保尔·福尔⑥的"艺术剧院"和吕尼埃—波⑦的全部作品动员了画家。维利埃⑧的《奥克塞尔》再次吸引德彪西。克洛代尔的最初五部剧作1901年汇编成集，被视为诗的奇迹。

在造型艺术方面，居斯塔夫·莫罗⑨，虽然年事日高，却比以往任何时期都更堪称"梦的装配工"，皮埃尔·皮维·德·沙瓦纳和奥迪隆·雷东⑩从瓦格纳⑪的音乐和北欧国家的传奇中吸取营养，也在古代的和圣经的神话中汲取营养。他们凝视俄耳甫斯⑫、俄狄浦斯⑬和斯芬克斯，凝视厄洛斯⑭和萨纳托斯⑮，不断创造出真实而又难以置信的作品。他们尤其崇拜莎乐美⑯这个貌若天仙而又歇斯底里的女英雄，于斯曼的被诅咒的美女，作为欧洲与拉斐尔⑰前派、基督

---

① 梅特林克（Maeterlinck，1862—1949），比利时诗人及剧作家、象征派戏剧代表作家。主要作品有《普莱亚斯和梅丽桑德》和《青鸟》等，1911年获诺贝尔文学奖。
② 德彪西（Debussy，1862—1918），法国作曲家，印象派音乐奠基人之一。代表作有《牧神午后前奏曲》等。
③ 夏布里埃（Chabrier，1841—1894），法国作曲家。
④ 富雷（Fauré，1845—1924），法国作曲家。风格细腻典雅，对现代法国音乐发展有很大影响。代表作有《安魂曲》。
⑤ 拉韦尔（Ravel，1875—1937），法国作曲家。追求形式与风格完善。代表作有《夜之幽灵》、《西班牙狂想曲》等。
⑥ 福尔（Fort，1872—1960），法国诗人。代表作有《法国叙事诗》。创办"艺术剧院"。
⑦ 吕尼埃—波（Lugné-Poe，1869—1940），法国著名演员。创办"作品剧院"。先后在自由剧院和艺术剧院演出，向法国观众介绍了梅特林克和克洛代尔等当代伟大剧作家，后经营著名的作品剧院，在那儿上演易卜生、霍特曼等外国剧作家的作品。
⑧ 维利埃（Villiers，1838—1889），法国作家。代表作有《伊西斯》及《奥克塞尔》等。
⑨ 莫罗（Moreau，1826—1898），法国象征派画家。以神话和宗教题材的色情画闻名。代表作有《俄狄浦斯与斯芬克斯》及《莎乐美之舞》等。
⑩ 雷东（Redon，1840—1916），法国画家、超现实主义的先驱。擅长油画、石版画和铜版画。其版画表现鬼怪、幽灵和幻想的主题。作品有组画《向戈雅致敬》、《在梦中》等。
⑪ 瓦格纳（Wagner，1813—1833），德国作曲家。毕生致力于歌剧的改革与创新。作品有歌剧《漂泊的荷兰人》等。
⑫ 俄耳甫斯（Orphée）：希腊神话中的诗人和歌手。善弹竖琴。弹时猛兽俯首，顽石点头。
⑬ 俄狄浦斯（Œdipe）：希腊神话中莱律斯王和皇后芬加斯塔约亲生子。曾解带翼的狮身女怪斯芬克斯之谜。因不知底细，杀死生父又娶生母。后发觉，无地自容。母自缢。他自己刺裂双目，流浪而死。
⑭ 厄洛斯（Eros）：希腊神话中之爱神。
⑮ 萨纳托斯（Thanatos）：希神神话中的死神。
⑯ 莎乐美（Salomé）：基督教《圣经》故事人物。希罗底亚斯之女。以舞取悦希罗德·昂蒂帕斯王而取得所企求的施洗者约翰之头。
⑰ 拉斐尔（Raphaël，1483—1520），意大利文艺复兴时期画家、建筑师。代表作有《圣礼的辩论》、《雅典学派》、《基督显圣容》等。

徒恩索尔①或克利姆特②的良好应和。罗丹、卡米耶·克洛代尔和布代尔③雕刻反抗和遭受惩罚的人类的畸变形态。当保尔·高更的《布道后的幻象》(亦名《雅各布和天使之战》)第一次使人了解了色彩的纯粹主观的运用时,他却带着他的1888年的秘密革命远走他乡。同年,保尔·塞吕西耶④的《护符》展示出综合主义。法国独立派画家,这些在天堂和阿卡狄亚之间,在德尼⑤的神圣事物和博纳尔⑥的或者瓦洛东⑦的世俗事物之间摇摆不定的先知,把圈外人难以理解的启示和画景并列,甚至把1890年保尔·朗松⑧的《纳比派的风景》谜一般的虚弱无力都堆积在一起。所有这些混杂在一起的呐喊,远远不能使主流思想对自身产生怀疑。但是,这些呐喊却已经足以显示出对创造性的孤独的渴望、寓意深远的力量和反叛者的蓬勃朝气。

　　新艺术起初与这种象征主义同时出现,但它后来在对决裂的渴望中比后者走得更远。它否认建筑艺术和装饰艺术的传统秩序。装饰艺术的混杂展示,已经使大批公共建筑和收租房屋变得臃肿不堪。新艺术对林林总总的理性主义不予理睬,而首先传播训练有素的尖子主义,"甩掉古老文化的破衣烂衫(勒科比西埃⑨后来这样说)。因为问题始终在于创造一个象征性的世界——灵魂的作品,在于剥掉客体本身的性质,在于用大量材料和装饰成分,特别是使用大量植物的、女性化的、暧昧的、始终肉感的和拟人形的装饰图案来保持稀奇古怪的风格。有时吸取自1878年的展览会以来侵入背景装饰和室内装饰的日本艺术风格,这些"新"艺术家认为,玻璃制品的浑浊光泽、牵牛花式的落地灯的色情、葡萄藤的变幻无常,或者百合花的慵懒都是颓废的、象征性的,并且能够使人从日常真实的事物中解读出不真实来。而且这种新艺术比象征主义更好地植入了欧洲。从布鲁塞尔到布拉格,从巴塞罗那到慕尼黑或者布达佩斯,从格拉斯哥到维也纳,这种新艺术善于迎合有钱的业余艺术爱好者和社会头面人物、富商巨贾的口味。这种新艺术把一种整体艺术的挑战推得更远,控制了私生活和门面外观的各个方面,一直到新娘的结婚礼服和小小的匙勺。正如埃克托尔·吉马尔⑩1903年

---

① 恩索尔(Ensor,1860—1949),比利时画家。作品怪诞,多描写幻想形象,如《骷髅争夺上吊尸体》。
② 克利姆特(Klimt,1862—1918),奥地利画家,"维也纳分离派"奠基人。追求装饰效果。作品有《贝多芬像装饰壁画》、《吻》等。
③ 布代尔(Bourdelle,1861—1926),法国画家、雕刻家。
④ 塞吕西耶(Sérusier,1865—1927),法国画家及装饰美术师,后期印象派的重要画家和理论家。
⑤ 德尼(Denis,1870—1943),法国画家、雕刻家和装饰美术师。
⑥ 博纳尔(Bonnard,1867—1947),法国画家,画家团体"纳比"的主要成员。作品多取材日常生活场景,作品有《室内》、《戴帽的姑娘》等。
⑦ 瓦洛东(Wallotton,1865—1925),法国画家、作家、雕刻家。
⑧ 朗松(Ranson,1864—1909),法国画家、作家、雕刻家。
⑨ 勒科比西埃(Le Corbusier,1887—1965),瑞士建筑师、城市规划师、画家、著作家。按功能主义原则设计现代建筑。重要的建筑作品有马赛公寓、朗香的圣母院等。
⑩ 埃克托尔·吉马尔(1867—1942),法国建筑师、装饰美术师。

在巴黎展出的他设计的大众住房和工人宿舍所显示的那样,这种新艺术对倡导一种社会艺术,对设计修建这类房舍并不反感。然而,这种新艺术因为坚持不懈地使创作个性化,使一切都围绕着所有其他艺术齐声赞扬的自我的挑战,所以属于成熟期的象征主义。因此,在法国两个特立独行、以自我为中心的人物——加莱和吉马尔——概括了新艺术的挑战和贡献并不是偶然的。

埃米尔·加莱卓尔不群、不同凡响,什么都喜欢涉猎。他骨子里是个植物学家。他从经商转到兴办工业。他是火和木的艺术工艺大师。他异想天开而又作风细致。他是自豪的南锡人,是能够接纳布鲁塞尔影响的输出者。从1884年到1900年举行的历次大型展览,使他获得巨大成功。人们争相购买他的作品,这些作品使他于1901年创建并主管朝气蓬勃、充满活力的年轻的南锡派。他同巴黎分庭抗礼,并和各类艺术领域内的民族主义展开竞争。他赞扬汇集了玻璃雕刻工多姆和格吕贝尔①、精致木器工马约雷尔和瓦兰、画家弗里昂和普鲁韦、建筑师安德烈和索瓦热的洛林激情,而1901年建成的南锡的吉卡大厦把这股激情的生动诱人的魅力展现得淋漓尽致。相反,埃克托尔·吉马尔是个昙花一现的人物。1895年的一次布鲁塞尔之行使他转到新艺术方面。他在这个城市发现了奥尔塔②。吉尔马设计的建在巴黎拉封丹大街上的贝朗热小城堡,由于原材料(石料、砖和金属)的有色混合,由于城堡内部的藤状装饰,使他声誉鹊起,名噪一时。他的各式各样的作品——从罗曼的于姆贝尔大厅到里尔的科瓦约大厦,他修建的位于巴黎西部富裕郊区的别墅或大楼,都显示出他高超精湛的技艺以及使结构和装饰融于一炉的艺术。他甚至还在1900年为地下铁道创建了装有彩画大玻璃窗的入口、有装饰的小教堂和铸铁像,这些创造既使他名声远播,也使他遭到贬斥。1902年,他的"软绵绵的风格"使公共交通运输的行政管理人员大为不快。他的晚期作品,例如1913年建成的巴黎帕韦大街的犹太教堂,证明他回归到同古典主义相联系的垂直线条。新艺术已经同他一道进入大众时代的产品行列。而象征主义的小板和薄片已经列入珍奇物品的专柜。

---

① 格吕贝尔(Gruber,1912—1948),法国画家,雕刻家。
② 奥尔塔(Horta,1861—1947),比利时建筑师,装饰美术师。

图 10 埃克托尔·吉马尔在他的事务所的工作室里，事务所就设在巴黎欧托依区拉封丹大街的贝朗热小城堡中。这位有胆识的新建筑艺术大师让人出版了一系列宣传他的第一座丰碑——贝朗热小城堡——的明信片，这座丰碑使他与比利时建筑大师奥尔塔齐名。贝朗热小城堡是一座令人惊叹的建筑，1898 年竣工，曾在"巴黎建筑物正面设计大奖赛"上获奖。小城堡用于出租。建筑师 Selmersheim 和画家 Signac 等名人来住过。

第四章　娱乐消遣时代

1907年8月18日晚上,谢和若阿纳公司资深干练的普通职员马丁先生携带夫人和两个男孩从巴黎蒙帕纳斯车站出发,开始一次事先精心安排的快速特惠观光游览旅行。8月19日早上,他们一家人兴致勃勃、高高兴兴到达圣马洛的围墙高处和夏多布里昂①的墓地。下午,他们赤脚在迪纳的海滩上游逛。20日,布雷斯特及其锚地在他们眼前鱼贯而过。21日,他们参观了南特的卢瓦尔河的河堤、活动吊车渡桥和造船厂,当天晚上他们到达圣纳扎尔。22日,他们在6小时内走马观花,匆匆游览了图尔,观赏了它的教堂,甚至总主教教区花园里的那棵大雪松,然后看了布卢瓦城堡。在这次旅行的末尾,他们瞻仰了奥尔良的贞德塑像。晚上11点钟,马丁先生一家返回巴黎家中,心花怒放,心满意足。他们承认,"这次旅游可能使人筋疲力尽,但是安排得很好,花的时间少而看的东西多"。

弗努亚一家的一次美妙而又快速的经历,被克里斯托夫·斯蒂德尼作为例证加以引用。这次经历把"观赏的狂热"同对1914年以前工作时间进行的深刻改革,表现到漫画式的令人惊叹的地步。这种狂热和改革加深了刚才谈到的一切关于大众视野的事物,并使它们变得轻松活泼。因为,对民众来说,这是娱乐消遣的开始:从平时使人过分专一地全心投入的事物中转移了,脱离了,离开了;通过教育、娱乐消遣或者眼睛的简单享受,重新创造了自身,使自己得到了消遣;从一股同样的、可以自由支配的、完全集体的激情中解放出来了。但是,一切都是为了自身。文明和风俗的这种变化,对我们来说仍然若明若暗、不甚了了,我们只能在历史学家勉强标定的冒险的土地上前进。但是,世纪末和"美好时代"如此充满一种享乐性的歇息带来的饶有兴味的插曲,对那个时代的集体记忆敦促我们标示出这个主要的文化现象,即使是用模糊不清的笔调也无妨。

---

① 夏多布里昂(Chateaubriand,1768—1848),法国早期浪漫主义作家、外交家。作品有《墓畔回忆录》、《阿塔拉》等。

两个新的特点——技术进步的成果和生产力的效益——助长了这种娱乐消遣和这种相对的舒适,一个有待经历的时代有些变为享乐的时代:对所得速度的大量利用和"全日"劳动的放松,特别是在城市里。在第二帝国①时代为大众服务的运输帝国,当时已经具有惹人注目的规模。铁路准确无误,而且通达最偏远的一批专区政府所在城市,1883年运输旅客2.01亿,1901年4.06亿,1912年5.09亿。将近1900年,法国每平方公里有1公里长的通车道路。自此以后,地方的注定不变性变得模糊不清;地方思想变得更不稳固;地方风景向大众揭开。人们可以到法国全国各地。尤其因为1890年以后富人拥有了第一批汽车,而且"小王后"②进入成千上万个寻常百姓家庭,说这种"小王后"是多种文化开放的不可忽视的媒介,永远也不够分量。运输速度使得个人和家庭的活动范围更大。1900年10月,《汽车—自行车》杂志的创刊号概括形势说:"我们比过去生活得更好,节奏更快……。自行车还没显示它全部的作用,远远没有。"事实上,这些轻便的、机械化的、易于操纵的、相对价廉的自行车的数量(自行车旧货市场很快就火爆繁荣起来,修车行业也很快出现),从1896年的32.6万辆飚升到1914年的350万辆。这个数量当时完全与拉车的马的数量相等,而且意义重大地替代了后者。自行车的车行速度与骑车人用的劲成正比。特别是骑车往来和运输完全自由,十分方便,并且在独立自主行驶方面更是独占鳌头。它吸引人,向周围的世界开放,使人习惯了另外一种生活节奏,还不需要为机动化操心,没有火车时刻表的死板,可以保持人的社交性和工作的准时性。乡村本堂神甫和小公务员、工人和灵巧的妇女、年轻的乡下人和穷学生、笨手笨脚的粗工,甚至好奇的游手好闲者都乐于骑自行车。

　　速度的革命与劳作时间的减少同时发生,两者结合起来为自由时间开辟了第一个空间。这并不是说国家停止了活动运转。恰恰相反,1911年,法国的总就业率已经达到52%,主要由于妇女大批投入雇佣劳动。然而,根据统计资料,某些劳动门类比较突出,那就是人们能够比较容易地自我保障或者从中为自己"抠"时间的劳动门类。从1866年到1906年,如果说农民仍然是与闲暇绝缘的大众(那两年,农村劳动力分别为540万人和550万人),工业和交通运输工人的人数却从200万上升到320万,中产阶级和中层干部中的职员和商人之人数则从290万扩大到430万。第二产业和第三产业的较高的生产率、泰勒③化制度的开始实行、工作时间的精确安排、向巴黎准确时间看齐等,不仅为城市劳动者带来可观的时间效益,而且还使人习惯了对每天的生活时

---

① 1852年12月2日路易·拿破仑发动政变,解散议会,修改宪法,推翻法兰西第一共和国,建立法兰西第二帝国(1852.12—1870.9)。
② 指自行车。
③ 泰勒(Taylor,1856—1915),美国发明家、工程师。以创立科学管理制度"泰勒制"而被誉为"科学管理之父"。著有《科学管理原理》等。

图 11

这是无数以幽默的笔调赞美自行车的招贴画中的一幅。

间作更加精确的划分。这种划分使人渐渐熟悉组成日常生活的所有活动之间的界限和时间分配这一观念。1906年,总工会组织的争取八小时工作制的运动,其标语和招贴显示出这一开端的文化适应力量。"三八制"——劳动、休闲和睡眠三者平均分配——即使当时遭到拒绝,却已经有所进展,并且往往在工人世界以外推行得更顺利。

事实上,人们已经能总体衡量出从市场的游戏规则中不知不觉获得的收益之大,尽管还应考虑不同地区和不同部门之间的复杂多样性以及各种变数:从1850年到1900年,各个劳动门类混合起来平均计算,每年的劳动时间从5000小时下降到3200小时,在除去睡眠的生活时间中,劳动时间所占的比例从70%下降到42%。立法活动随着思想意识和生产力的发展演变开展起来,虽然前者离后者太远,但立法活动已得到前所未有的关注。这一点,众议院的讨论可以证明。1906年,就每周休息时间这一问题进行了表决,表决结果使很多工厂、机关、商店星期日关门休息的做法成为正式规定。然而,与这项表决相配合的,是1900年进行的一项严肃认真的调查以及关于工业疲劳对身体造成的新的摧残和关于对业绩优良的劳动者的个人嘉许的大量思考和意见。同年,头一次为这类劳动者提供了退休的具体可能性。1879—1907年之间的大量有关法案失败后,1912年终于普及十小时工作制,虽然有些晚,但略微有点愧疚的意味。不久,第一次世界大战之后的一些国际协定便强制实施八小时工作制。但是,一周的休假仍然只是机关和商业部门职员享有的特权,一切美好的偷闲散心对大多数人来说只能是短暂的,除非是有产者。

人们一致认为,在这方面,新的文化模式也是来自上层,即使这些模式很容易在社会上传播开来,容易得令当时的人瞠目结舌。是"有闲阶级",有教养的阶层,有闲的人文学者,有知识、有交际和有钱的大人先生们,一句话,是形形色色的有产阶级的精英提高了调门,引起了羡慕,树立了榜样,而同时他们又责备民众休闲品味不高。他们没有料到,民众非常懂得安排和使用国家给予的自由,并且均分得相当好。

1

欢庆活动

在这些方面,新生事物和实践基本上源于都市。而且,据我们的了解,似乎具有"十足的巴黎味"。这表明乡村的地位就像穷亲戚或者不毛之地。然而将近1900年,一大批民俗学者、地区的饱学之士和学术社团的好奇成员,注意到乡村的时代也在改变。他们的看法与今天历史学家的看法,尤其与让—克洛德·法尔西的看法如出一辙。当时所作的调查研究和后来追溯既往的口头讲述一样，都用宿命论的论调叙述贫乏单调的集体休闲活动的衰落。但这些调查研究又承认，它们面对几乎存在于全国各地，而且更能满足个人的那些休闲活动所显示的力量时，感到大惑不解。不错，夜间聊天闲扯拖延很久，了无生气，或者不再流行，因为没有年轻人参加，年轻人骑自行车参加舞会或者上咖啡馆去了，这种聊天闲扯便缩小到家庭圈子或者近邻的范围，往往是些能说会道的老人，一面聊天，一面修修弄弄，他们的老伴一边手里干着活儿，一边东家长，西家短，尖酸刻薄地讲着村子里别人家的鸡毛蒜皮的琐事传闻，他们的孩子躲在暗处，竖起耳朵听故事和粗俗下流的玩笑，惊诧得目瞪口呆。但是，人们更愿意一边拨火，一边高声念报。只在小咖啡馆里才有人玩纸牌。节庆活动随着国家的共和化而世俗化起来。五月的习俗、圣—让节的灯火，甚至狂欢节本身，都不像过去那样热闹红火。只有为还愿而奉献的节日，虽然已经有点商业化的味道，并且呈现出巴黎集市节日的一鳞半爪，却仍然汇集了一年里真正有趣诱人的东西。这些东西，人们期盼已久，而且如果抛弃它们，就会在其他市镇面前降低身份。相反，家庭进一步返回到自己的节庆，大摆筵席，大快朵颐。其中婚礼和初领圣体的仪式，总是令人难忘的榜样。

特别是小酒店这种极端低俗的吃喝场所，把从令人头晕脑胀而又"不等人"的劳动中偷来的少量闲暇的种种好处合并起来。劳动"垄断"了所有的劳动者，但又随着地区的不同而有细微差别。农业劳动的类型（例如博若莱或南方葡萄园的劳动比辛苦的混作区的劳动季节性更强）、社会名声（大地主往往要顾及别人对自己的尊敬，住得又比较好，所以比小农庄主、农业工人、手工业者、短工以及沿途打短工的人更少光顾小酒店）、与城市邻近与否或者住宅的分散状态，这一切都维持和延续着这些差别。小酒店成了社会交往活动的中心。店里可以打弹子，喝苦艾酒和进口的金鸡纳酒。人们围着一瓶酒，玩马尼耶牌或伯洛特牌，在绿树棚阴下滚木球或者玩九柱戏，协会成员在此聚会，评论政治、狩猎、或者收成。有时小酒店免费供应报纸，散布巴黎城里的消息。它还经常附设一个小卖部，卖烟草、酒或食品杂货等必需品。在南方，它与工人宿舍或者俱乐部展开竞争，或者取而代之。它把人们新近获得的闲暇，集中在最方便合适的活动中。旧式舞会过去是集体的一种罕有的表现形式，现在则已经个体化，每个星期日都有，十分平常，往往在咖啡馆的后厅举行，伴奏着流行曲调，跳的是华尔兹舞、波尔卡舞和不久以后与奥弗涅民间舞或者利哥东舞相竞争的探戈舞。舞会上年轻人搔首弄姿，暗地里眉来眼去，但一切仍然都在父母关注的目光之下。然而，父母已不像过去那样容易观察"频繁约会"的双双对对的来来去去。随着周日市场的发展和根据马努弗朗斯店或萨马里亚店的厚厚的、令人心醉神迷的商品目录进行的通讯购物的蓬勃发展，集市贸易衰落了。

城市休闲娱乐活动的引进，也因农村合作的发展而惹人注目。农村合作主义当时颇受赞扬,而且经常有人描述。广大农民还普遍被排斥在它的大门之外,它更倾向于商人、小手工业者和乡绅。但是,它的勃勃生机使人精神奋发。它举办的宴会、摸彩、竞赛,甚至它组织的首批旅游,都用前所未闻的欢庆娱乐活动把社团紧密团结起来,比如,卢瓦尔河谷人协会推出强人球戏,北方的射箭协会、各地的狩猎协会都十分令人满意地使古老的人与人之间的关系准则延续下来;各个地区的活动借了这股东风,迅速发展蔓延。尽管歌咏会和合唱团日见衰落,但演出风格和上演节目都更加具有城市风味、演出活动组织得更加细致的音乐协会(1895年似乎有8500个,1909年还有5300个)、合唱团、管乐队和铜管乐队等演出情况良好。尤其在卢瓦尔河北部,消防队员团体在芭尔布圣女节举行演出。体育协会数量倍增,并且已经把主要力量凝聚起来。市镇小学校友联谊会的活动十分红火。年纪最小的学生乐于加入圣母会或者少年之家。从这些集体活动的重新推出来看,通过对教育的渴求肯定自我,通过报纸、小说或者实用性书籍的阅读,通过自行车的应用或者去城市里忙中偷闲,人们争取属于自我的时间所取得的初步成果似乎并没有脱离创造这些成果的主要模式。

城市是中心和熔炉。仅仅以菲利普·吉姆普洛维茨描述的"俄耳甫斯工程"为例,在巴黎、里昂或者里尔,在音乐亭下,在游行行列中,还有在首批民众音乐厅里和市立音乐戏剧学院中,在联欢会和"民众节庆"会上,知识渊博、经验丰富的业余爱好者不但提供自己编作的曲调和旧锯琴,而且还提供"供人人欣赏的严肃音乐",如李斯特①和古诺②的音乐、夏庞蒂埃兄弟的音乐。这对兄弟不承认"沙龙音乐"和"大众音乐"之间有任何对立,并在1902年和1905年创办米米·班松民众音乐学院,然后又推出特罗卡德罗的"免费民众音乐会"。事实上,我们可以认为,首先是"欢乐的巴黎",在音乐、光明和笑声的标志下,带动了大众性的国民休闲娱乐活动。

当咖啡馆音乐会获得成功的时候,这一点尤为明显。这种音乐会先是巴黎林阴大道一带的咖啡馆里的娱乐形式,后来传到其他各大都市,甚至几个富庶的市镇首府,只是规模较小。这些"穷人剧院"卖座情况极好,经常爆满。在巴黎,这些剧院1893年收入为3200万法郎,20年后收入为6800万法郎。它们诞生于巴黎中心,呈环形,分布在巴黎的林阴大道上,此外还位于从克利希广场到巴黎城关一带。它们降低门票和饮料价格,吸引了形形色色的观众——从小有产阶级到没落贵族,以及在"干完活儿后的礼拜六晚上"来这里的双双对对的工人夫妻。从巴塔克朗到福里—朗比托,从普通家庭舞会到蒙马特尔的在国际上享

---

① 李斯特(Liszt,1811—1886),匈牙利作曲家、钢琴家。首创交响诗体裁。革新钢琴演奏技巧。作品有《浮士德》、《但丁》等交响曲及钢琴曲《匈牙利狂想曲》等。
② 古诺(Gounod,1818—1893),法国作曲家。代表作有《罗密欧与朱丽叶》等。

有盛名的娱乐场馆(例如"烘饼磨坊"或者"红磨坊"),从斯卡拉到阿尔卡扎尔,统统都变成了真正供人娱乐消遣的机器。《来吧,普普尔!》这首歌1902年11月18日由马约尔①在埃尔多拉多推出,打破了小开本的所有出售记录,以后被人在婚礼和宴会结束时唱,经久不衰,被滑稽地模仿,甚至1914年后在前线战壕里被士兵哼唱。各种形式的歌曲——"声乐的",伤感的或者传统的(《郊外的燕子》、《班波莱女人》和《金色小麦之歌》),或者现实主义的(《圣万桑街》),伴华尔兹舞的(《魅力》或者《沙沙的声响》),殖民的和异国情调的(《马特西什》或者《小东京女人》),有政治倾向的(《地铁的大梅丹格》),同穿红裤子的丘八混在一起的女兵唱的(《同好友比达斯在一起》),甚至滑稽好笑的(《啊,小豌豆!》),浅薄轻佻的(《出租马车》、《小木号》),或者干脆荒谬不经的(《阿芒达的情人》)——变成了家庭团聚或者朋友促膝谈心,吃各式各样像梦幻一般迷人的东西和其他甜食的地方的灵魂。这个灵魂往往举世皆知。一些袒胸露背、装腔作势的女人在剧场上方的包厢里和走廊里走来走去,她们中有些人(如伊韦特·吉尔贝②或者格里耶·德古)后来在舞台上也是这样。风化警察密切监视这个嘈杂的人群。仅仅1900年这一年,上万首歌曲更新了300个歌舞厅和600个商业演出公司的保留节目。这些组织或多或少都沉溺于那些令人身心舒适的、多少显得有些滑稽可笑的歌曲。它们当然互相争夺在晚会终了时压轴的红角儿,比如保卢斯③或者德拉内姆④、马约尔(1910年他亲自领导他的马约尔合唱团)、波莱尔⑤、欧仁妮·比费、波兰或者弗拉格松。

逐渐地,在两首主歌之间插演短小喜剧、精采的小节目和"珍奇演出",比如直接来自集市节庆和马戏团的长胡须女人、身体发出爆炸声的人、吐火或者幻术师。舞蹈变为必不可少的插曲,最后以骑马队伍结束。有时一些姑娘扭动肢体,渐渐不再羞羞答答,身上衣服脱得越来越彻底。有演出的咖啡馆变成模仿盎格鲁—撒克逊的杂耍歌舞剧场,只是演员穿着"巴黎风味"很浓的宽紧袜带。在对外国人演出的"放荡牧羊女"游乐园里,这一切发挥得淋漓尽致。但是到处都有室内散步场或者观众混杂、价格低廉的"鸡棚"⑥。事实上,这种咖啡馆的精神既浸透戈贝兰或者圣乌昂的最大众化的咖啡馆、马恩河或者布吉瓦尔河岸边的可以跳舞的小咖啡馆、红角儿在那里积累经验和自我完善的外省分馆,也浸透所有其他大众化的娱乐场所:情节剧或轻歌剧剧院(从夏特莱到格泰)、赛马场和俱乐部、马戏团和啤酒店。伦理道德学家们对此惴惴不安起来,例如《两个世界杂志》

---

① 马约尔(Mayol,1872—1941),法国歌唱家。
② 吉尔贝(Guilbert,1867—1944),法国女歌唱家。
③ 保卢斯(Paulus,1845—1908),法国歌唱家。
④ 德拉内姆(Dranem,1869—1935),法国歌唱家。
⑤ 波莱尔(Polaire,1877—1939),法国女喜剧演员。
⑥ 指剧场的顶层楼座。

的一位伦理道德学家评论："在几百个小厅或者大厅里，聚集了那些喝酒抽烟的人，成千沉湎烟酒、色情的疯子，他们观看那些令人精神失常的演出。"高尚正直的阿纳托尔·法朗士也对这种"丑陋、淫荡和怪诞魔法"的成功感到痛心疾首。尽管如此，广大的有产者和民众却都嘲笑这些批评者，他们跑到这些"阶级、地理、性别"（克里斯托夫·普罗夏松）模糊消失的休闲娱乐场所去凉爽凉爽，活跃活跃，高兴高兴，哼唱哼唱。

人们重新找到音乐，而且由于有了手摇风琴，人们在集市节庆时引吭高歌。巴黎也利用"纳纳节"或者宝座集市推出这种集市节庆的模式，这还不把大马路集市节庆和马约门的月亮公园里经常性露天赈济游艺会包括在内（月亮公园"完全机械化"，1909年由一家美国公司建造）。在简陋的房屋和骑车场里，到处是新颖的技巧手法、梦幻般的奇妙玩意儿、五颜六色的光线和对偷窥淫秽场景者的诱惑。凡此种种都以街头卖艺者的滑稽表演开始，还有向业余爱好者挑战叫板的角斗者和拳击手、耍狗熊者、斗兽者、粗壮得像树干的女人、活脱脱像猴子的儿童、街头卖艺人、香料蜜糖面包商人、大车轮和俄罗斯山①、旋转木马厅、活动图景、赌彩票和射击、蜡像陈列馆、傀儡戏、牛皮大王和幻术师，还从不忘记拉丝香糖。这些不上档次的娱乐消遣活动变为巨大的诱惑，在外省散布传播，并且常零散出现在巴黎的林阴大道上，有时还在带有"现代"色彩的大集会上出现。

在夜生活的新时代，在大白天也被覆盖着的厅堂的神秘气氛中，在通衢大道的嘈杂喧闹声中，人造光伴随所有这些越来越典礼仪式化的活动，并且为之打上印记，以炫耀现代技术无偿提供的自由。瓦尔特·邦雅曼在当时的巴黎溜达游荡时曾深入细致地分析过这种现象。这种人造光尤其在举办大型展览会期间展露出来，美如仙境。这些展览是推出大量娱乐游戏想法的人类文明进步的橱窗。1889年的展览会以煤气为标志，1900年的展览会则以电为标志。这两次展览会在愉悦感官和身心方面，都巧妙得无与伦比。其中，攀登艾菲尔铁塔和1900年的乘"自动扶梯"纵列行进，是最美好的时刻。休闲娱乐的时间里处处是火树银花。人们消费着它而不感到丝毫遗憾。

尽管如此，我们不要忘记，喜爱游戏的大众并不总是受到迷惑（其中包括自我迷惑）；不要忘记，大众的乐乐呵呵的情绪有时会变得相当辛辣尖锐。证据是，大众坚定不移地始终想玩乐欢笑，并且接受别人用一种既自由主义又缺乏条理的思想，以漫画的方式描绘和贬损世界及其景象。这种娱乐消费倾向，法国人自以为它使他们在世间的无穷无尽的艰苦劳动中显得十分独特。这种倾向集中表现在蒙马特尔的夜总会，例如"捷兔"，尤其是"黑猫"这些场所。后者于1881年由牛皮大王

---

① 游艺场中的高低起伏的滑车道。

图 12 这是将近1900年在巴黎蒙马特尔高地的街上经常能见到的情景：游走的小提琴手向为他伴唱的歌女致谢。围观者——几乎全是男性，那时妇女须操持家务，没时间在街上闲逛——在摄影师的镜头前摆姿势，戴礼帽的有产者和戴鸭舌帽的平民混杂一起，孩子们很自然地与大人一起听。极有可能，可敬的听众也一起跟着唱副歌。

罗多尔夫·萨利在画家阿道夫·维莱特的帮助下开办。在这些夜总会里,夜间滞留不归的大学生、政府机关的冗员、拙劣的画家和倦于过游荡生活的报纸社会新闻栏编辑,在埃里克·萨蒂①的钢琴声中浪漫地戏谑谈笑,讽刺挖苦。他们喜爱"不搽脂抹粉、不穿燕尾服"的诗人和歌词作者,痴迷皮影戏,沉浸在类似象征派的狂欢式小文艺社团的风格中,但已经多少有些厌倦。他们"脾气古怪",是"恶作剧者"、"凡事不在乎者"以及其他"没有条理艺术"的画家。然而,他们却善于钻进专门化的报刊和娱乐厅。这些报刊和娱乐厅负责让人了解并分享在蒙马特尔大街开张的"艺术夜总会"的崭新特色。特别是于1894年推出的"非常令人愉快、给人解闷、不下流、不庸俗"的《笑》,然后是大报陆陆续续出版的一部著作的各个分册,还有全书处处经认真筛选的《维尔莫特年鉴》,这些作品把它们戏弄人的话句传播到"法国味十足的"喜剧艺术中。

这种诙谐幽默的模式一直扩展蔓延到酒店柜台上。库特林提供的这种模式的戏剧版本得到高度评价。然而,一种心气更高的文学很快就从中分离出来。这种文学的作家和作品有阿尔方斯·阿莱②(从1902年起,《卡普船长》的全部历险记可以在书店里买到)、朱尔·勒纳尔和特里斯坦·贝尔纳③,甚至还有萨蒂的《一个失忆者的回忆录》。在这类文学作品中,1896年雅里④的《于比国王》引起轰动。幽默和现代嘲讽诞生了,它诞生于精英人士的坚持不懈和公众的需求。在语言的巧妙运用中,同音异义词的文字游戏、挖苦讽刺、对文学作品的滑稽模仿、古代漫画式夸张等手段的暗含的或者明示的双重意义,正如达尼埃尔·格罗日诺夫斯基已经清楚看到的那样,在"美好时代"变成有疑问的双重意义,变成故弄玄虚、荒谬无稽的双重意义。这种双重意义预示达达主义、超现实主义和巴塔耶⑤的"致人死命的笑"。这种发展演变并没有消除公众的粗俗打趣,但却表明,大众的闲暇并不像人们担心的那样是消极被动和心满意足的消费,就像保尔·布尔热早前指出的那样。亨利·柏格森⑥本人在1899年关于《笑》的短论中承认:"在我们看来,社会随着自身的不断完善,从它自己的肢体中获得一种日益增大的适应的灵活性;社会趋向于越来越好的自身平衡;社会把与如此之大的群体无法分离的骚乱驱赶到表面上来;笑通过突显其声音波动的形式,完成有用的功能。"

---

① 萨蒂(Satie,1866—1925),法国作曲家,超现实主义的先驱。对20世纪现代音乐有很大影响,作品有芭蕾舞剧《游行》、歌曲《穷人弥撒曲》等。
② 阿莱(Allais,1855—1905),法国作家。作品有《生活万岁》等。
③ 特里斯坦·贝尔纳(Bernard Tristan,1866—1947),法国作家,剧作家。作品有《小咖啡馆》等。
④ 雅里(Jarry,1873—1907),法国作家。他所塑造的人物于比出现在一系列小说中。
⑤ 巴塔耶(Bataille,1872—1922),法国作家。作品有《裸妇》等。
⑥ 柏格森(Bergson,1859—1941),法国哲学家,生命哲学和现代非理性主义的主要代表。宣称"生命冲动"就是"绵延",它是唯一的实在,只能靠与理性相反的直觉来认识实在或"绵延"。获1927年诺贝尔文学奖。

2
旅 游

对异国他乡的发现也引起了"波动"。小说读物或者大众科学、"生动而别有风趣的旅行"、供青年阅读的冒险故事、大型报刊登载的本地或异国他乡的社会新闻、丰富多彩的图像、人们新近讲述的前所未闻的展览会和娱乐消遣活动,所有这一切传播媒介和四海旅游的故事,都刺激人们前往其他地方,真正出发远行的心愿。这些远行将否定社会性时间的单调,肯定个人和家庭的新奢求,即:为了更好地生活而出门旅游;按照自己的情绪和意愿支配时间,从而更好地掌握和利用时间。这种时空的移动,是那个时代的真正收获。这项收获令人愉快地补足了休闲娱乐的其他实践。

"有闲阶级"早就炫耀了他们四海旅游的志趣爱好,其目的首先在于通过提高休闲活动的价值来排遣愁闷烦恼。法国大西洋轮船公司的邮船、豪华列车、星级旅馆、位于水城山地和拉芒什海峡海岸的疗养地,或者1877年起改名为"蓝色海岸"的里维拉的日光疗养地,都以一种无与伦比的讲究和无法模仿的英国风味向"有闲阶级"提供纯休闲娱乐旅游和风俗旅游的种种方便。出现了长期不衰的巴尔贝克海滨浴场和东方快车。但是,由于新的社会阶层来到这个美妙的休闲市场,由于技术装备的密集程度加大(勒图凯和多维尔在1903—1910年之间推出一体化疗养地的构想,对闲暇和居留时空进行规划布置,用付居留税的方式消费),大多数旅行变得更遍及全国,而习惯的徒步旅行推促人们首先延长在乡下、海滨或者山区的度假,然后真正在这些地方暂住。一切安排都是为了在全社会范围内实行一种供头一批城市的好运者享受的新休闲形式——假期。

蓝色海岸,这个"你在夜晚终结时将到达的梦想之地"(巴黎—里昂—地中海线的列车招贴如是说),当时还没有发展到这种程度。那时它是专给富豪冬季聚会用的,从尼斯的内格雷斯科的草莓色圆屋顶能看到它,有棕榈树和游乐场,似锦的繁花和瓦莱里对之情有独钟的"赤裸的早晨"的纯净香气。即使有一些作家和画家来这里记下或者画下它一年四季的阳光和甜美,它仍然永远保存着它对那些最富有的外国客人和法国客人的魅力。相反,在第二帝国时期推出的从比亚里茨到多维尔的巴斯克和诺曼底的豪华海岸,已经被第一批度假别墅和更加具有家庭风味的海滩设施环绕。在这里,一切初步的民主化都令人满意地得到遵守。贝卡西内和高更笔下的布列塔尼乡野,不久以后还会更好地显示出这种缓慢的变化。自始至终为最靠近巴黎的诺曼底海滩服务的"快乐列车"(从1900年起,3小时内就可以到达勒特雷波),通往朗布伊埃森林、枫丹白露或者孔比埃涅等地的最便捷的交通设施（还不包括附近的"树林"），都激发打算度长假的巴黎人来这些地方野餐。

高山旅游同样具有这种现代性。1874—1875年，由法国阿尔卑斯山俱乐部和多菲内旅游协会举办的登山运动，吸引了喜爱体育的社会精英。人们关切自己的身体健康，希望自我超越，因而有着同大自然雄伟壮观的景色熔为一体的浪漫爱好。高山顶峰的清新空气也引来艺术家、学生和职员。因此，正是在山上，人们早就构想一种最好的充满活力的休闲文化，是对生命力的最好挑战，是一种通过登山完成的最好的个人苦行。登山运动使人远离在海滩上避开海浪、裸露身体等引起的慵懒。星期日的徒步旅游者已经在模仿这种高雅的做法。他们成群结队，舍舟登岸，开始行动。1884年在科泰雷，1889年在格勒诺布尔，为这些旅游者组建了首批地区性旅游服务处。

海滩和高山虽仍然深受游人喜爱，但仅靠这两项无法平息人们对发现的渴望。大量的旅游手册（法国旅游俱乐部的导游手册接替了贝德克尔①的旅游指南。若阿纳②1901年完成了《法国名胜古迹》一书所列的旅程）。第一批路标以及供旅游者识别方向、景点和道路的圆石方向盘（先由法国旅游俱乐部后由米什兰公司设置）等，都显示出对旅途文化知识和对细致观赏的爱好。"值得一看的东西"构成精确的旅游路线，对可以支配的时间进行了划分，嘱咐旅游者牢记祖传的典范，但并不因此让人放弃别致秀丽的景物风光和临时产生的游兴，即兴游览的妙趣使旅程更加令人难以忘怀。这种教学方法是一种通过积累作用完成的集体开放，在旅游途中，它补充，甚至也许代替个人的历险或者个人的静观和沉思默想。旅游者通过就地寄送大量明信片给亲朋好友以及在返回途中购买小摆设"纪念品"，用来摆放在一块漂亮的小桌布上，让别人来分享"美好的旅程"。在首批夏令营中也使用这种教学方法。这些夏令营是向最幼小的孩童和为学校开设的外出游乐场所（特别是本着基督教的或者世俗的博爱精神为那些贫穷的孩子提供的露天营地），主要是为了改善健康、增长知识和丰富回忆，从封闭教室和城市走向野外广阔的天地。这种通过有选择的观赏事物来进行学习的方式，毫无疑问也由于具有地方色彩的书籍获得成功而继续下去。1900年后，有法国花园之称的法国外省的文学觉醒，如同在学校里一样，通过对"小祖国"的赞颂，引导人们珍视法国河山的绚丽多姿和它的文化的丰富多彩。这些"小祖国"人情味十足，值得旅游者绕道一游，也值得人们作出为捍卫它们而战斗的承诺。这表明，与旅行中的英国人祖传的冒险习尚相比，对法国人来说，重要的是风土的驯化和离开熟悉的生活环境。这也表明，这种休闲娱乐相当贴近共和国的文化渴求。

我们所知道的一点关于获得供个人支配的时间的情况（这种时间是在闲暇

---

① 贝德克尔（Baedeker）为19世纪德国出版商。曾出版发行旅游指南之类的图书。
② 若阿纳（Joanne，1813—1881），法国地理学家、旅行家、作家。

和单纯的娱乐消遣之外),证实了上述看法。比如,大众钓鱼,就垂钓者对鲤鱼类淡水鱼和对间歇午休的爱好这一点而论,这是典型的城市事物,远不属于用手偷渔和用网或者用袋形小网捞捕那种乡村活动。在家里修修弄弄,也曾经被人们劲头很大、兴致很浓地实践过。大众钓鱼和在家里修修弄弄这两种活动,都是个人消遣和自我休整的方式。为了更好地考虑自己小小的谋略,为了孜孜不倦地消化自己的收获,有时也为了参加一次节庆和社交的比赛,人们在从事这两种活动时,把"什么都忘得一干二净"。因此,钓鱼比赛在 19 世纪 90 年代得到普及,参加者蜂拥而至。工人花园迅猛发展的势头,由于勒米尔神甫、慈善工业家和明智的市镇政府 1903 年推出小块土地和家庭协会而经久不衰,向同样的方向发展。这些被民众称为"社会主义共和国的园地"的场所给人以教化,使人产生身在家中和回归大地的感觉,从而宁愿要星期日的家庭团聚而不去光顾酒吧。但是,"园丁们"并没有因此而放弃独处的幸福,也没有放弃静静地观赏自家的园子,同时,向种菜人、本堂神甫或者有产者的园子投去竞争的、愉快的一瞥。

3

天堂般的电影

在娱乐消遣和重新获得供自己支配的时间中,必须把重要的位置给予两种新生事物,因为,这两种新生事物的确立,确认了对自身满怀信心的"美好时代"。这两种新生事物就是电影和体育运动。它们曾经在历史学家的著述中受到特殊关注,这表明它们具有典型意义。报刊连篇累牍的报道和大量分散的原始资料,记录了它们的诞生并成为回忆的档案。这显示出它们的重要性,并且加强了历史学家的第一直觉。

正如为庆祝 1995 年电影诞生 100 周年撰写的文章所说的那样,电影忠实地沿着在它之前的娱乐消遣的社会和文化的轨迹发展,并且在几年之内,使法国在世界范围内主宰这种新的艺术。1895 年 12 月 28 日,在"巴黎风味"十足的卡皮西内大街,在接近大咖啡馆盥洗室的印度沙龙里,马路上东游西逛看热闹的人可以花一法郎进去一分钟,观看几组生动的小镜头。这些镜头是用吕米埃弟兄①发明的机器在现场拍摄到的事物的原始影像。这是一种科学的新奇事物,一种可以在集市小木棚放映、辅以留声机的幻灯教学玩意儿。此外,是宽大的屏幕,

---

① 奥古斯特・吕米埃(Auguste Lumière,1862—1954),法国生物学家和工业家。路易・吕米埃(Louis Lumière,1864—1948),法国化学家和工业家。他们兄弟两人于 1895 年发明电影放映机。后又发明彩色照相术。是电影摄影、放映的先驱。

而不是放映的内容使这项发明立即获得成功。直到1897年,巴黎林阴大道的魅力,吸引了大群想每天更方便地在公众中抛头露面的人。这些人漫不经心,充满欲望,乘火车到拉西奥塔车站,或者在贝贝吃顿中饭,然后观看《被人浇水的浇水人》这部影片,开怀大笑一番,提高自我满足程度。吕米埃弟兄派人到处放映的第一批电影描绘人们的日常生活,用图像重复各大报刊的报导,使时事更加生动,或者模仿报导模式,拍摄徒步旅行和游览观光中的"稀奇事物",因而并不特别使人感到生疏或者激发人的梦想。当然,放映电影一般都是在惯常灯火辉煌的展览场所(这些场所的老板很高兴得到这个意外收获),在埃尔多拉多或者奥林匹亚,在咖啡馆音乐会和音乐厅,在集市节庆,甚至在巴黎的迪费埃尔大百货商店,然后,1896年,在各个大城市。这种平凡的事物本身可能很快会使人感到厌倦。

1897年,一部电影放映机的乙醚灯在慈善市场引发一场火灾,使得社会上群情激愤、舆论鼎沸。如果罗贝尔—乌丹魔术场的经理乔治·梅利埃①没有懂得必须在继续"再创造生活"(但在更高的水平上)的同时,尤其要通过电影剧本的故事、导演和特技摄影连续"创造梦境"的话,电影也许会因此失败,销声匿迹。从那时起,一种千方百计采用各种手段生存下来的电影一直受到民众、社会各个阶层的一致喜爱。消遣性的和有教育意义的电影放映,在迅速专业化起来的游民的集市小木棚,在游乐场,或者在供放映"乡村电影"用的咖啡馆后厅,在咖啡馆音乐会、谷类市场、劳工联合会会堂等场所进行。有时,人们赞赏的新生事物会聚在一起,电影甚至依靠1908年装在德迪翁—布东底盘上的自动电影旅行篷车,在公共场所的某个角落放映。人们听着吹牛大王和广告的油腔滑调的说词以及伴奏音乐,还可以自由地抽烟喝酒、来回走动、大嗓门说三道四,一边目不转睛盯着宽大清晰的屏幕,一边在黑暗中把身子挪近邻座女人。人们经常出入这个全新的生活场所。人们到电影院,就像到咖啡馆听音乐会那样放心,并不在乎上演什么节目。

在1900年的展览会上,尽管吸引人的东西丰富多彩,观众却特别对电影欢呼喝彩。它展示的海潮景观促使人们前往君士坦丁堡作海上巡游。它展示的各地景物风光如同乘气球旅行看到的景象。它的留声机—电影院—剧院展现出著名女演员的生动形象,另外还配有萨拉·伯恩哈特②的声音。400平方米的"吕米埃屏幕"吸引了150万好奇的人。电影,这一新的"孤独的乐趣和逃避生活风暴的避风港"(克里斯蒂昂—马克·博塞诺)也变成了一种产业。电影院经理们很快奉势盛力强的夏尔·帕泰之命,设置了固定放映厅,把电影放映机安置固定

---

① 梅利埃(Méliès,1861—1938),法国电影剧本作者、电影导演。
② 伯恩哈特(Bernhardt,1844—1923),法国女演员。以音色优美,台词、声乐技巧及感情变化丰富著称。

图 13 1913年，在这家顾客盈门的比托咖啡店后院，还定期放映露天电影。同一年，巴黎克利希广场的戈蒙宫的巨大放映厅也总是爆满。放映电影的"硬"空间到处增设，各种形式的电影占据了城市休闲活动的中心位置。

下来,使电影观众成为经常光顾(尤其在周末)的常客。1907年,巴黎中心有这种放映厅一百来个。巴黎各区自行开辟出新娱乐场地。外省也亦步亦趋,跟随行事(1908年法国有这种放映厅1万多个)。巴黎克利希广场的戈蒙宫以新庞贝风格和难以名状的狂热创造出世界纪录。这个娱乐厅1911年开始营业,有座位5500个(其中包括扶手椅3400把)、1条观众席后的过道、几个楼座、两个楼厅、1部双重放映机,以避免装电影胶卷时放映中断,以及1个容纳80名乐器演奏员的乐池。

虽然电影放映场所很大,而且放映电影时观众爆满,但每场放映仍然几乎没有编排,往往延续将近整整两个小时,有一系列时事新闻的简短画面(《帕泰报》1907年制作),其间插演音乐厅的余兴节目,幕间休息之后放映时间并不更长的"大"片(第一部长片是卡帕拉尼的《小酒店》,制作于1909年),但这部"大"片放映时被钢琴演奏者和音响效果员随意打断。事实上,倒是电影的生产按照资本主义的方式进行了组织策划,并同颇不甘心被法国人甩在后面的美国人展开激烈竞争。梅利埃想成为承包人没有成功。夏尔·帕泰离开电影交易市场,改行制造电影放映器材,然后控制供"普通百姓和工人"娱乐消遣的影片生产、发行和营销。他于1907年使出他那不同凡响的一招,决定不再出售电影卷盘而把这些卷盘租给电影院老板,此后,到1909年为止,他已经建立了这种处于萌芽状态的艺术的第一个世界帝国。莱昂·戈蒙①本来也从事电影器材制造。他在比较困难的条件下,在第一次世界大战前夕,接了这个帝国的首领的班。他的企业有2000名职工、52个分公司以及几个每天能够生产一部影片的位于肖蒙高地的电影摄影棚。

然而,电影不是靠金钱,也不是靠让人感到舒适和好奇,来确立它的重要地位,而主要是靠放映场次实现个人愿望的社会化,通过所有独创的手段实现这一愿望的个人满足。梅利埃让电影同一切当代的幻想——从1896年的《一位太太在罗贝尔·乌丹家里行窃》到1904年的《跨越一切障碍的旅行》——挂起钩来,但并没有忽略借德雷福斯事件进行对时事的最先开发利用。路易·弗亚德②和艾丽斯·居伊通过把尼克·卡特、方托马斯和朱德克斯的冒险奇遇拍成电影,打开了电影连续剧的广阔领域。1908年,埃米尔·科尔③发明了动画片,并促使《懒虫》大出其名。也在1908年,艺术片和历史片通过影片《吉斯公爵遇刺记》崭露头角。这部电影依靠法兰西学院院士亨利·拉夫当④的电影剧本和圣桑斯⑤的音乐让法兰西喜剧院的演员重新会聚一堂。《笑》的雅趣,甚至某些戏谑玩笑

---

① 戈蒙(Gaumont,1864—1946),法国发明家、工业家。
② 弗亚德(Feuillade,1874—1925),法国电影导演。
③ 科尔(Cohl,1857—1938),法国画家、电影导演。
④ 拉夫当(Lavedan,1859—1940),法国作家。作品有《老步行者》等。
⑤ 圣桑斯(Saint-Saëns,1835—1921),法国作曲家,毕生维护古典音乐传统。作品有交响诗《死之舞》等。

也都没有被忽略。

1914年电影还不完全是"第七艺术"①。它正千辛万苦地创造制作一批行将摆脱占主导地位模式的真正的大众保留节目。但是,它给予了它的首批观众他们所希望得到的娱乐消遣。道德家、本堂神甫和小学教师对黑暗的电影放映室对儿童的幼稚想象力造成的破坏曾长期感到不安,但他们在新时代的这场激动人心的革命面前,已经缴械投降,甘愿认输。他们当中的某些人甚至还放映电影,以使他们的教士神学和他们的课堂教学更加趣味盎然。正如后来布莱斯·桑德拉尔②所说的那样,"一种新的语言的闸门打开了"。

4

现代体育运动

现代体育运动从来没有令道德家和青年的监护人皱过眉头。恰恰相反,它最卓越的创始人皮埃尔·德·顾拜旦③在1896年复活节恢复了奥林匹克运动会,这位唾弃"富豪政治的痈疽"的男爵是奥林匹克运动会的代言人。他在1913年出版的《体育运动心理分析》一书中让人高兴地看到这些话:"乐观不是我们时代的缺点。所以我们更有理由在体育运动中锻炼乐观主义精神。"他还补充说:"在19世纪下半叶蓬勃发展、并有神奇的科学技术为之服务的世界民主要做的事,就是使体育运动的必要性到处再生……。体育运动是重大的斗争因素,是今天的几辈人的真正保护者。只有体育运动既能够产生力量,又能够给繁忙紧张的社会带来宁静。"总而言之,通过辅佐道德的体育运动,一个惴惴不安的世界将超越自身,并且被每个懂得通过经常光顾体育场和健身房来获取平静和团结的个人所拯救。现代人不去不恰当地炫示肌肉,他远离人群和广告,他应该懂得抛弃寻欢作乐的生活才能继续生存下去。他应该懂得抽出部分时间来投身到体育活动中,这样还可以显示他不愿屈服于千篇一律的文化娱乐。自从1887年以来,我们的德·顾拜旦男爵就这样锲而不舍地大声疾呼,为学校的体育运动辩护,竭力反对始于1871年以后的军事化的和复仇性的体育运动;他为民主的体育俱乐部和体育协会进行辩护,反对"埃贝尔方法"规定的军士体操教师;为没有沾染民族主义的国际交流辩护,大力主张通过体育运动对国家亟欲组编的青年进行教育。他说:"是的,我想把青年重新涂成青铜色……,我要他们通过广泛接

---

① 有人把电影称为建筑、绘画、雕刻、音乐、文学、舞蹈等六门艺术之外的第七艺术。
② 桑德拉尔(Cendrars,1887—1961),法国作家。作品有《遭雷击的人》等。
③ 顾拜旦(Coubertin,1863—1937),法国教育家,现代奥林匹克运动奠基人。

图 14

这是1903年7月1日第一次环法自行车赛的出发场景。比赛路程从圣乔治新城到蒙日龙。画面上,领头的加兰将是那次比赛的冠军。

触来扩大视野和悟性,这样做不分家庭出生,不分社会等级,不分职位,不分职业。"

这表明,有了这样一些道德的、个性化的以及和平的前提,现代体育运动必然会在反时代的潮流中成长壮大起来;这表明,这种奇特性在很大程度上构成了现代体育运动的魅力和成功。人们经常提现代体育运动的军事—共和根源,及其为了国防和复仇的需要而锻炼身体的宏大志愿。1871年甘必大曾经想:"必须在小学教师身旁安置体育教师和军人,以使我们的孩子、我们的士兵和我们的同胞有能力手执利剑、玩枪使刀、长途跋涉、露天宿营,为了祖国勇敢地经受各种考验。"但是,1882年朱尔·费里、保尔·德鲁莱德①和让·马塞支持扶助的学校营却失败了。军队本身始终把它自己的体育训练看得比新兵个人身体的充分发育更重要。此外,它不明白,一种在它不知情的情况下普及的军事训练会是什么样的。因此,体操、跑步和射击等项目主要由为成年人组织的爱国的但是平民性质的协会提倡。1900年有这类协会近800个,会员30多万,为了在法国体操协会联盟内部进行种族振兴,这些协会联合了起来。1905年后,战争危险死灰复燃的形势使这类组织又增加了许多。

然而,国家民族在体育方面的激情,并没有回答德·顾拜旦和所有与他志同道合者经常思考的问题。怎样避免身体上的军事训练影响人的灵魂,以至滋长好战情绪,而不是正当防卫精神呢?要把青年从过分用脑的学校教育中解放出来应该怎样办呢?这种教育方式使人的肌肉变得松软无力,而且过于劳累精神,而忽略性格培养。因此,怎样使现代的、竞技的和集体的体育运动适应卫生的、教学的和道德的功能呢?这种功能比体操和武功的功能更加有用。贵族和有产阶级中的文明体育运动的倡导者,提出了第一个答案:狂热模仿英国习俗可以造就真正的sportmen②。在这些人的倡导鼓励下,19世纪80年代,公立学校里大量搞体育活动,主要是田径、游泳、划艇、击剑、足球。1872年,在勒哈弗尔、波尔多和巴黎(1882年举行赛马,次年法国体育场建成),首批俱乐部开始运营,居留法国的英国人、曾经在拉芒什海峡彼岸旅行的法国人、大学生和中学生们的热情汇集起来。这种竞相做卓越精英人物的健康的竞争,1883年有了它的样板中学——索城的拉卡纳尔中学,连同它的节庆、团体、它的"法国田径协会联盟"(创建于1887年,1908年有719个俱乐部参加)、它的运动会,以及会后亲密无间的聚餐。

这场运动的意义已经被人深刻了解,所以城区俱乐部或者教会堂区俱乐部都开始通过足球协会或者篮球协会争取平民阶级的年轻人。而且它十分贴合青

---

① 德鲁莱德(Déroulède,1846—1914),法国作家、政界人士。曾任议员。布朗热的拥护者。因煽动兵变,被判刑。后被赦。
② sportmen 为英语,意为运动员。

年心理的发展变化,以至体育运动竞赛迟迟未纳入"冲突的文化"的惯常进程。共和派对团体和地方团结的看法过分受世俗学校的影响,以至尽管教学联盟进行一切周旋活动,第一批世俗学校的外围社团仍然无法阻挡教会堂区、体育运动组织和教会在体育锻炼方面的监护力量大幅度上升,因为从 1903 年起,这些组织就有了它们的"体操和运动联盟"。这些组织 1914 年有协会 1500 个、积极参加活动的会员 15 万名以上,引导大批青年投向社会天主教,并让他们准备参加城里的一切基督教活动。这些组织的助理神甫也撩起教士袍大干特干,参加国家的第一次体育活动。

这里有个新奇的现象,那就是 1901 年的法令①公布后才获得彻底解放的结社运动。它在共和国的各种机构和所占领的领域中游刃有余地活动,在社会关系方面最初具有广泛的代表性。它有时加入,但总是被迫处于基督教徒与世俗者之间的对抗中。它把赌注押在自己取得的成果上,逐渐机构化和国际化,对此国家不打算干预或者甚至不能干预(因此 1911 年法国奥林匹克委员会由私人发起,1908 年的国家体育运动委员会是个非常松散的联盟)。1914 年以前的体育运动因此在更大的程度上是世俗社会的一种出乎意料的反攻,而不是意识形态较量的又一种载体,虽然它为爱国而诞生的初衷本来应当使它倾向这种较量。事实上,体育运动的成功,本质上是社会文化性质的,而且完全符合休闲娱乐的新理想。如果说它赢得大批观众和第一批实践者是通过中产阶级的惯常中继,那么它的模仿则是一种文化遗传同大众传媒推进下的新生的"大众文化"的混合物。它的原则始终是忙里偷闲的乐趣。

从勒哈弗尔登陆法国的橄榄球运动,是足球—橄榄球运动的一种演变了的形式,它的例子向人们显示出体育运动的有趣而又典型的扎根倾向。1892 年德·顾拜旦说过:"这种运动,在一块场地上的 30 个人,这是一个群体。而且已经是一种有它自己的规则的民主。"他的这番话受到了检验,得到了证实,因为橄榄球王国在远离巴黎盆地、远离西部的地方,在东部,特别在南部的土地上已经真正形成。在那里,小城市的富有生命力的群居性以及古老村庄的村民间的摩擦冲突同橄榄球的征服相遇。足球协会是足球—橄榄球运动的另一个衍生物,它受到大学生和商人的青睐,在非常边远偏僻、停滞不前的农村环境中,在工人中间迅速普及推广,这补充证明了现代体育运动在传播普及方面的社会可塑性。网球、滑雪和具有社交性质的体育航空等运动项目,在海滨浴场,在第一批疗养地或者在巴加泰尔的草坪上,包括在很快引起大众注意的几个有产阶级妇女的宅第里,证实了精英主义的持续不断的吸引力。体育运动已经刺激了艺术生产:

---

① 法国政府于 1901 年公布结社法。

从托尼·加尼埃①设计修建的里昂第一批游泳池和钢筋水泥自行车赛车场，到1903年罗丹创作的《竞技者》，还有一个名叫弗拉明克②的自行车运动员在1905年创作的《布伊瓦尔的赛船》，马约尔③1907年创作的《年轻的自行车运动员》，以及大量招贴、广告、图像和衣著式样等。还别忘了剧作家、成功的幽默作家、体育运动专栏编辑，甚至一段时期担任布法罗赛车场经理的特里斯坦·贝尔纳的生花妙笔。

自行车在体力操作、快乐主义者的社交和大众观赏之间形成过渡。它肯定最能有力地表明"美好时代"的体育活动的文化重要性。1908年自行车运动有比赛许可证持有者两万名。它同其他一些体育项目一样，是一种全新的体育运动。由于它的首次大规模的传播普及，它在个人视野的开拓中和对发现的时代的消费中，起了前面曾经讲述过的作用。尤其重要的是，它是报纸和图片能够用来淋漓尽致地对人的感受产生作用的第一种体育运动。"公路巨人"④的武功歌随着首次波尔多—巴黎自行车赛，于1891年5月开始出现。在这次比赛中，22个法国人和5个英国人在欢呼声和喝采声中进行角逐。这次比赛的夺冠者米尔斯（平均每小时骑驶21公里。1895年6月获得同一赛程的第一次汽车赛胜利的勒瓦索没有超过每小时24公里）在马约门受到5000人夹道迎候。连政治性报纸也受到这一赛事震撼。《小报》派遣一名特派记者在比赛时全程跟踪。1903年7月，《汽车报》的老板亨利·德格朗热（乘此时机，他的报纸的发行量由两万份一下飚升到6万份）推出给予时代以强烈感受的最大的现代冒险——环法自行车赛。这种冒险既是一种把法国人吸引到自行车运动上来的方法，又是一种对国家领土的永久而美妙的发现，还是休闲期间的节庆，是那些没有飞轮的"苦役犯"对日常努力的"英雄化"。

这项热烈而隆重并且大受喜爱的"环法自行车赛"，最终成了法国式娱乐消遣成果的完美象征。这项比赛的所有胜利者、演员、评论员和观众一起表明，人们能够谈论和分享重新找到的时间。他们今后将在现代王子的公园里自由地汇聚一堂，在气氛欢快的仪式中共同庆祝。

---

① 加尼埃（Garnier，1869—1948），法国建筑师、城市设计家。
② 弗拉明克（Vlaminck，1876—1958），法国画家。原画风接近野兽派。后用原涂的灰色、白色和深蓝色作风景画，形成法国式的个人表现派风格。作品有《红色村的风景》。
③ 马约尔（Maillol，1861—1944），法国画家、雕刻家。作品风格纯朴，手法简练，保持古典雕刻传统。作品有《坐浴女》等。
④ 指自行车运动员。

图 15

图为《春之祭》第一幕的舞蹈演员们。这是1913年5月《戏剧画报》为这部芭蕾舞剧的上演而出版的专刊的最后一页,也是节目单。

舞台布景及演员服装由尼古拉·罗耶里奇绘制,也是他帮助拟定了剧情梗概。他是一位表现斯拉夫多神教的专家和古典俄国的精于运用色彩的画家。

第五章　中间色调的分裂

　　1905年，在第三届巴黎秋季美术展览会的第七厅，即引起轰动的大厅里，挂着39幅画。悬挂的次序根据画家之间的友谊以及他们是在南方的阳光下或是在诺曼底海岸的阳光下蛰居作画而定：有卡穆安①的画5幅、德兰②的画9幅、高更的画5幅、马尔凯③的画10幅、马蒂斯④的画10幅、弗拉明克的画5幅。报界立即异口同声大呼：令人恶心！这使埃米尔·卢贝⑤总统拒绝为这次展览会揭幕，而他在1900年的博览会上却勇于推开了让—莱昂·热罗姆（当时美术界的专制君主，他在那次博览会上想阻挡卢贝进入印象派画家作品的展览厅），叫嚷道："总统先生止步；这里可是法兰西的奇耻大辱啊！"在1905年这场新灾难的强烈色彩之中，一个误入歧途的雕塑家展出一座仿意大利艺术的优雅胸像。为了《吉尔·布拉斯》这幅画前来的路易·沃克塞尔因此目瞪口呆，高声喊道："哇！多纳泰洛⑥在野兽派画家中间呀！"这些野兽派画家已经被推介出来。德兰后来说："颜色变成了烈性硝甘炸药筒。"然而，沃克塞尔派却坚持不让地说："这难道是艺术吗？"这是自1874年（那一年，印象派画家开火发起进攻）以来未曾听见过的一声惊雷。这是逐渐震撼艺术、科学、心智和激情的事物发出的寓意深远的一声轰鸣。因为，同样是野兽派中的一些个人和团体期盼分裂，期盼给他们的时代盖上戳印，期盼捣碎体裁种类，闻到一个新欧洲的气息。

　　有人为了方便，称他们是先锋派——单数的或复数的，人们对这种称法犹豫不决，因为他们并没有引带大批人马，他们既没有行动指南，也没有领

---

① 卡穆安（Camoin，1879—1965），法国野兽派画家。
② 德兰（Derain，1880—1954），法国野兽派画家。擅长装饰画。晚期作品为风景、静物、肖像及裸体画。善用强烈单纯色彩。
③ 马尔凯（Marquet，1875—1947），法国野兽派画家。
④ 马蒂斯（Matiss，1889—1954），法国画家、雕刻家和版画家，野兽派领袖。作品线条流畅、色彩明亮，不讲究明暗与透视法。代表作有《戴帽子的女人》。
⑤ 卢贝（Loubet，1838—1929），法国政界人士、温和共和派活动家。曾任议员、部长、总理、总统等。
⑥ 多纳泰洛（Donatello，1386—1466），意大利文艺复兴初期佛罗伦萨雕塑家，写实主义雕塑的奠基人之一。所作人物形象逼真。代表作有《大卫》。

袖人物。他们充其量只不过是造反派吗？也许是，尽管他们并不急于打破他们的孤立状态，也不很想扩大他们的抗拒战线。他们是傲慢无礼、咄咄逼人的青年吗？可能是，既然他们当中许多人随着新世纪的到来已经年满二十。然而，过分强调辈代的特征，就会是不相信某些同样具有破坏性的长辈知识分子给予他们的支援。他们仅仅是美学决裂的捍卫者吗？也是的，但是，别忘记，他们的胆量与同样具有颠覆意志的政治的、社会的、宗教的少数派的胆量有某些相通之处和相似之处，甚至是对这种胆量的补充。那末他们到底是些什么人呢？

他们首先是，正如夏尔·莫里斯1905年夏季发表在《法国水星》杂志上的那篇关于"造型艺术的当前倾向"的调查报告所指出的那样，"现代世界性扩散"的子孙后代。当时代"在回忆和愿望之间"，在"质朴和腐朽之间非常密切的关系中徘徊不定"时，当各种思想在适应和冷漠中互相接触又互相抵消时，当先锋派日薄西山、气息奄奄，而他们的老将又已白发苍苍、老态龙钟时，除了一堆杂拼物、一团混乱、一片麻木不仁、萎靡不振、一些令人生厌的老调重弹、危机以及同时产生的惶恐不安之外，还剩下些什么呢？毫无疑问，先锋派把这种令人绝望的现实情况过分内化了，这种现实让他们一直处于不协调的状态中，有时甚至处于前后不一的状态中。然而，他们对习惯和屈从的拒绝却拯救了他们，及时给予他们力量。他们用他们反对的事物来哺育自己。这些事物就是：他们现在所处的、非常墨守成规的、必须使之改变方向的时代，这个时代的资产阶级生活礼仪和缺乏新前景的共和政体完成的事物，这个时代的大众乐趣和民众的自我宣言，这个时代的自以为主宰了地球的欧洲自豪感，这个时代的已经过分被动地消费了的大量机械图像。先锋派的没有乌托邦的叛乱也用它粗鲁和狂热的方式给这个世纪施洗，而人们过分轻易地认为这个世纪注定会是人类进步、民主和大众的时代。今后对这个过分被人期许的时代该怎么办呢？简而言之，怎么办？先锋派壮志凌云，要切断正在煨炖浓汤的煤气；要改换新的配料，投入世界主义之中；要利用巴黎熔炉的余火，要理解新的事物。然后，有朝一日，要庆幸自己用新时代的多种社会色彩武装了分裂现象，而不去梦想一种反文化。

1

塞尚的孩子们

塞尚在1906年去世之前一直允诺说："绘画方面的真理我应该对你们讲，我以后会告诉你们的。""这是一场狂赌,一个悖论。"半个世纪以后,梅洛—旁蒂①在《情理和荒谬》一文中如是写道。他还说:"寻求真实而不脱离感觉,不把直接印象中的实物之外的其他东西当作向导,不勾勒轮廓,不用线条来作色彩的框架,不组构远景和画面",这是"塞尚的自我毁灭:他追求真实却弃绝达到这个目的的方法。"然而,这是一场被接受了的、引起巨大反响的赌赛,因为在塞尚的第一次,也是唯一一次盛大的作品展,即1895年由阅历丰富、老谋深算的商人昂布鲁瓦兹·沃拉尔②组办的展览之后,圣—维克托瓦的这个性格孤僻、惯于嘀咕的人③找到了把天然状态同艺术、把思想同感觉结合起来的手段。他后来对埃米尔·贝尔纳④说,只要坚持不懈地画"正在成形的物质,正在通过自发的组织诞生的秩序"、"首要的"秩序就行了。梅洛—旁蒂补充说:"只要再让智慧、思想、科学、配景、传统同它们预先决定要了解的世界接触就行了;只要把出自大自然的科学同大自然对照比较就行了。"暗示和印象见鬼去吧!"表达存在的事物,是一项永无止境的任务。"必须"把感觉具体化"。

这项耐心的探索,耗尽了塞尚的生命,并且使他的徒众显得独特。早在1892年,莫里斯·德尼就大声宣称,所有的现代绘画都来自塞尚,并且还将来自塞尚。自从1897年以来,《埃斯塔克海湾》就可以在卢森堡的小博物馆里见到。在这家博物馆里,共和国当局不再坚持,弃置了凯博特博物馆的部分遗赠。塞尚的画开始出售。这个继续扭曲几何图形,混合褐色同蓝色颜料的普罗旺斯人作出结论说:"现在我根本不把布格罗⑤放在眼里。"在1901年的美术展览会上,同一个德尼没有在他那篇《向塞尚致敬》中表达这一点。然而,所有新兴的绘画界人士都在那里对塞尚的一幅静物画进行探索。1906年,保尔·塞吕西耶证实说:"另外一些画家即将到来,他们是灵巧技高的厨师。他们让塞尚的残余菜肴适合更现代的调味汁。但是,是塞尚提供了精华。"他还说,"毕加索⑥向'我们大家的老爹'致敬。"因此,应当把塞尚从1898年起到他去世为止创作的《浴女》三部曲,同《阿维尼翁的小姐们》密切联系起来。而且,这个异端,这个其名字将同艺术的最值得纪念的玩笑拴在一起的"不可挽救的"失败者(《灯笼》和《杂志》这样直率地写道),还同意在1905年的秋季美术展览会上展出作品。"用圆柱体、球体、锥体等一切配景的东西来处理实物吧。"对他不断更新的探索所作的这个最后表述并没有预示立体派的出现。正好在他几乎像心血来潮那

---

① 梅洛—旁蒂(Merleau-Ponty,1908—1961),法国哲学家。著有《行为的结构》等。
② 沃拉尔(Vollard,1868—1939),法国作家、油画商。
③ 指塞尚。
④ 埃米尔·贝尔纳(Emile Bernard,1868—1941),法国作家、画家。
⑤ 布格罗(Bouguereau,1825—1905),法国画家,19世纪上半叶法国学院派绘画最重要的人物,其神话寓言题材的绘画吸引了大批追随者。
⑥ 毕加索(Picasso,1881—1973),20世纪最具创造性和影响最深远的西班牙艺术家。艺术富有创造性,作品数量惊人,风格技巧多样化。

样把这个表述推出的时刻,布拉克①和毕加索已经准备就绪,开始立体主义的冒险。尽管报界对塞尚总是冷嘲热讽,1907年秋季美术展览会上他的旧作展览,在所有"自由射手"着迷的目光下,有了一种神化了的、发展到了登峰造极的气派。

对塞尚的尊崇敬仰,的确不久就受到重视,并且永远延续下去,因为他周围所有的画家都令人大失所望。另外两个生性孤僻的人——凡高②和高更,前者已于1890年永远告别画坛,而在1901年以前,人们始终无法组织一次回顾展,展出他真正切中要害的作品;后者则于1903年死于马基斯,死时对西方文化的憎厌反感依然如故,并且声称对他来说不开化就是独一无二的"青春再现"。然而,他们两人的崇慕者却寥寥无几。相反,1874年的"遭拒者"却变为众人瞩目的显要人物。他们的作品既在柏林,也在纽约展出。他们成了当代真理的使者,同以迪朗—吕埃尔和沃拉尔为首的大名鼎鼎的巨商富贾签订了合同。这些大款用已经令人欣喜的价格推销他们的画。莫奈③变成了统治吉韦尔尼的暴君式人物;雷诺阿④被授予荣誉军团勋章,在1904年的秋季美术展览会上,他被淹没在赠给他的礼品和向他表示的崇敬之中。他自己承认只模仿弗拉戈纳尔⑤,但画得不及他。"新"印象派和"后"印象派画家由西尼亚克⑥带头,1891年瑟拉去世后他们一直不景气,总是高呼"艺术就是和谐"。已经有些厌倦的博纳尔1905年重新发现了……"古典"印象主义。人们也看到,即使1910年举行的一些巴黎大拍卖表明,象征派的后继者和法国独立派画家征服了部分公众,但连他们也已经筋疲力尽,成了强弩之末。正如佩雷弟兄1903—1904年在巴黎的弗兰克林大街设计的大厦显示的那样,新艺术受到欧洲所有事物传染,无所顾忌地滑向装饰艺术。因此新艺术显示出熟巧、回顾、烦躁,但丝毫没有对世界的新的关注,也没有与过去决裂。如果有人补充说,传统主义既没有解除武装,也没有失去别人的尊敬(在巴黎为1900年世界博览会修建的大小展览馆、亚历山大三世桥和奥赛火车站,总结了一直统领着传统主义的兼容并蓄思想和模仿思想,而与

---

① 布拉克(Braque,1882—1963),法国画家,立体主义画派代表之一。曾参加野兽派绘画运动,后又创作"拼贴画"。代表作有《圆桌》等。
② 凡高(Van Gogh,1853—1890),荷兰画家、后印象主义代表人物之一。以风景画及人物画著称,用色富于表现力和激情。代表作有《星夜》等。
③ 莫奈(Monet,1840—1926),法国画家、印象派创造人和主要代表人物。探索光色与空气的表现效果。代表作有《睡莲》等。
④ 雷诺阿(Renoir,1841—1919),法国印象派重要画家,也作雕刻和版画。
⑤ 弗拉戈纳尔(Fragonard,1732—1806),法国画家。原坚持洛可可风格。后期倾向新古典主义。代表作有《洗衣妇》等。
⑥ 西尼亚克(Signac,1863—1935),法国新印象主义(点彩派)画家。主要画风景和装饰画。代表作有《圣图卢兹港》

此同时,气象万千的场景、乡村田园故事、颇受欣赏的神话成倍增加),说米莱①仍然是深受法国人喜爱的画家(他的那幅《三钟》非常恰当地装饰着邮电局的日历,他的画印成明信片十分赏心悦目),那么人们就会明白,为什么对塞尚的开放性解读同美术展览会的丑闻,二者能够在这个充满过于忠实的连续性、无人继承性以及潜在性的时代,以最小的代价结合起来。

  从那时起,野兽主义将成为从一代人到另一代人突然过渡的标志。这个派别的年轻人除了对塞尚外,不尊敬任何先辈。它否认资产阶级化的艺术社会以及欧洲中心化的价值标准。一些"黑人的"物品开始在画室里乱七八糟地摆放陈列,这表示对口头文化和对人们认为简单的泛灵论之外的宗教的尊敬,也通过"收税员"卢梭②表示对所有涉及率真的童稚时期和异化的好感。这个派别喜爱惊惶的情绪、愤怒的呐喊、蒙马特尔侧旁"地区"的无政府主义状态。这个派别清算过去。它认可断裂,却还不能重建。马蒂斯1904年在圣特罗佩画的《奢侈、宁静和快感》完全受波德莱尔的启发,满怀对凡高的崇敬之情,即使他的"分色主义"的笔触已经具有诱惑力,还勉勉强强算得上是象征派的或者新印象派的作品。德兰创作于1905年的《黄金时代》是模仿图卢兹—洛特雷的作品。然而,发生了科利乌尔③奇迹。马蒂斯和德兰1905年夏天在那儿一起作画。色彩在独自作画。再也没有任何东西把色彩同形象化的主题结合起来。明亮部分否定阴暗部分。

  马蒂斯的《戴帽子的女人》,是对色彩的顽念的最好宣言。这幅画后来在很大程度上引起了秋季美术展览会上的轰动。然而,是《生的幸福》这幅画为"野兽中的野兽"的第一次胜利留下了印记。因为这幅画的题材仍然是《奢侈、宁静和快感》的题材,虽然它服从色彩,并且被色彩安排,乃至用大量鲜红色装饰山羊。在德兰的风景画中也看到同样非常简约的构图和色调的强烈对比。在德兰的这些画中,灰色仅仅限于引导鲜红色。马蒂斯宣称:"图画要求好看的蓝色、好看的红色、好看的黄色和搅动人心灵深处的东西。"色彩处于天然状态,具有"建设性"。但是,野兽派画家的愤怒中断了事物而没有否定事物。从海滩到港口,从安特卫普到卡西,这种愤怒将毫无顾忌地"塞尚化",为的是不放弃色彩的大量使用。1910年,杜飞④创作《圣阿德雷斯的红房子》。布拉克打算画一幅《埃斯塔

---

① 米莱(Millet,1814—1875),法国画家,巴比松画派代表人物。作品多取材于农民的劳动生活。画风朴实。代表作有《拾穗者》等。
② 卢梭(Rousseau,1844—1910),法国画家,在现代派艺术中独树一家。生前的作品不为官方赏识,但被一些先锋派画家(其中包括毕加索)所推崇。他曾在巴黎当过收税员。
③ 科利乌尔是比利牛斯东部山区的一个小城。20世纪初很多画家(如马蒂斯、德兰、毕加索等)居住在那里。
④ 杜飞(Dufy,1887—1953),法国画家。由印象派转为野兽派。运用有力的笔触和鲜明色彩将物体夸张变形,求得装饰效果。代表作有《三把伞》、《尼斯》等。

克的高架桥》。1905年卡穆安的《躺着的裸体》是对马奈①的《奥林匹亚》和库贝②的《世界的起源》表示的敬意。唐吉③的生硬的色彩和强烈的光线,继承了图卢兹—洛特雷克的风格。弗拉明克的《国王马里的饭店》受了凡高和高更的启发。

但是,反叛中的这些忠诚表现,对于更好地倡导一种压倒一切的色彩,并没有产生持久的联合效果。人人都单枪匹马,各走其路。"立体主义"——第二次雷鸣——诞生于这些彼此交叉和竞争的孤独中。这个派别的画家经常定期在蒙马特尔的埃米尔—古多广场的巴托—拉瓦④接触,在那里,画室互相邻近。从1906年起,布拉克在野兽主义的顶峰时期,展示他的一些笔法,打算通过枯燥无味的分析来创造出一些蕴含丰富的东西。毕加索自1901年以来,先戒绝纯蓝色,然后戒绝玫瑰色。阿波利内尔⑤后来说,"毕加索像一股短暂的寒流那样具有杀伤力。"布拉克和毕加索两人都在这个夏天恢复了同他们最初的画风的联系。布拉克经常前往塞尚描绘过的埃斯塔克海湾。毕加索经过巴黎六年的深思熟虑后,重新投入他的伊比利亚。1907年11月,他们在巴托—拉瓦相遇。布拉克在蓬布下发现了关键的一幅画《阿维尼翁的小姐们》。这是头一次极其危险的挑战:五个诱人的裸女(毕加索曾想加上《哲学的妓院》这个标题)分置在帷幔中。椭圆形黑眼睛,黑人艺术的鼻子,多种风格之间的镜子效果和对一切惯常规律的拒绝。这是为了更好地表达享乐和死亡。这幅画是不可理解的,但却是崭新的。布拉克受到刺激,一年后画出他的《大裸体人》。这幅画把毕加索式的大胆同塞尚的《浴女》的大胆结合起来。但是,1908年夏季,他画了头一批真正的立体主义画——他的两幅《埃斯塔克的房屋》。这一次,配景消失了,垂直性胜利了,剖析比比皆是。这是为了更好地适合电和摄影时代的复杂性,为了不再仅仅抓住眼睛看见的世界景象和随之而来的感觉,而是从对这个景象和对这种感觉的现代认识出发,即:物体不再是眼睛看到的东西,而是画家的精神(总而言之是与精神同时的)构想和建筑的东西:平面、脊棱、均匀的调色、立体、字、碎片。布拉克后来说:"我不画物体,而是画物体之间的关系",因为,一切都是力量的游戏、断

---

① 马奈(Manet,1832—1883),法国画家。革新传统绘画技法,对印象派产生影响。画风色彩鲜明,明暗对比强烈。尤善表现外光及肖像。代表作有《左拉像》、《奥林匹亚》等。
② 库贝(Courbet,1819—1877),法国画家、现实主义绘画创始人。曾任巴黎公社委员。代表作有《碎石工》等。
③ 唐吉(Dongen,1877—1968),荷兰出生的法国画家,马蒂斯之后的野兽派领袖之一,以擅长描绘优雅的妇女肖像而著称。
④ 巴托—拉瓦是巴黎蒙马特尔区的一幢房屋。20世纪初,一些当时尚未成名的作家和艺术家,尤其是毕加索、马克斯·雅各布、朱昂·格里斯常去那里小住。
⑤ 阿波利内尔(Apollinaire,1880—1918),法国现代主义诗人。主张革新诗歌。曾参与20世纪初法国先锋派文艺运动。代表作有《醇酒集》等。

裂、尖锐辛辣的思想,而不是眼前的素材,即使描绘形象始终是一种顽念。

这种前所未闻的奢求,是一种真正的分裂。这种分裂因为速度和机器的新世界的断裂而变得不可或缺。但是,这种奢求在画室与外界隔绝的状态中自己哺育自己,冬季在巴黎,夏季在阳光下。因此,在寥寥无几的远离人群的画家的个人顽强拼搏中,没有任何"运动",也没有多少有组织的"立体主义"。《阿维尼翁的小姐们》将长期在雅克·杜塞的收藏品中被藏护起来。这些离经叛道的创作者培育着他们破坏的自由,一直到了分散和瓦解主题的地步,最后甚至到了在几何图形和染成赭石色的灰色中消灭主题的地步。1909—1910年,布拉克的《小提琴和调色板》或者《曼陀拉琴》,在这个只能进不能退的处境中,同毕加索的《弹曼陀林的少女》和《桨手》在风格上一致。从那时起,他们两人都通过探索静物画,通过发明能够在画布上突出地显示侥幸留存的片断真实的一切手段,如用粘贴、锯末或者碎片来补偿主题的缺失。此外,毕加索—布拉克这一组合,不久以后就对"洛可可式"①和"晶体式"感到厌倦,而且似乎在1914年重新产生了对色彩的爱好。然而在8月2日这一天,什么都完了:布拉克被动员参军入伍。这两个朋友在阿维尼翁火车站的站台上惜别。毕加索在这个夏天画的《少女肖像》是一幅模仿告别的画。最近七年来应用过的手段全都用上了,这是一幅因立体感强而逼真的错视画。

然而,在布拉克和毕加索身旁,东拼西凑起来一种立体主义。1911年,《小巴黎人报》甚至还谈到这种立体主义,那时,在批评家的眼里,独立派美术展览会上有两个展厅似乎是"立体派"的。这些批评家始终感到大惑不解,但也非常敏锐地感到一股新风迎面吹来,以至他们约定从此以后用轰动事件这一说法来谈论这种现象(1912年甚至有过议会质询,谴责这些年轻的"立体派画家"有反爱国主义以及与德国串通之嫌)。当然,阿波利内尔这个立体派的始终不渝的朋友,后来在他1913年出版的《立体派画家》一书中也没有能勾勒出这个画派的共同的秘密。达尼埃尔—亨利·坎魏勒②却没有丝毫犹豫。正当他在巴黎的维尼翁街开办一个极小的画廊时,他看到《阿维尼翁的小姐们》这幅画。他签订了在他的画廊里独家专营这些年轻画家的作品的合同,决定做未来绘画领域里立体派的宣传者和捍卫者。这个与"他的那些"画家合为一体的天才商人,已经消除了很多人对立体派的冷漠。他吸引了人,并且说服了一部分人。他1908年举办的布拉克作品展览,具有决定意义的试验价值。

多亏了坎魏勒,一批艺术家和收藏家精英装出很关心的样子,注视着据人们预感到的那样把巴托—拉瓦的第三位"巨人"朱昂·格里斯③同受到机器迷惑的

---

① 洛可可式为18世纪欧洲盛行的华丽、繁琐的建筑装饰和艺术风格。
② 坎魏勒(Kahnweiler,1884—1979),法国商人、艺术评论家。
③ 格里斯(Gris,1887—1927),西班牙画家。移居巴黎。为第一次世界大战后法国先锋派主要成员。开创综合立体派。作品多为拼贴画和静物油画。

年轻的费尔南·莱热①的坚定的"体系主义"把德洛内②和格莱兹③,把皮卡比亚④和梅特赞热⑤,把维庸⑥和阿尔希品科⑦联系起来的那条线。但是,就在这个得到承认的立体主义令人惊惶不安地显得像一次有很多徒众、协调一致的运动的时刻,大批个体恢复了他们的探索步伐,从俄耳甫斯主义⑧到对雕刻艺术的迷醉,从"原始主义"到"沃尔蒂斯主义"⑨。莱热、絮尔瓦热和罗贝尔·德洛内已经在前往抽象派和现成物品艺术派的途中。但他们只是在莫迪利阿尼⑩、库普卡⑪、皮卡比亚和苏蒂内⑫、马涅利⑬、布朗库西⑭、夏加尔⑮或者蒙德里安⑯的帮助下才向前迈进。这些外国人经常来到巴黎,他们尤其证实了,从已被抛弃的巴托—拉瓦到蒙帕纳斯的拉吕谢,在大量对形式的研究中,存在着个性的巧合。

事实上,这个巴黎社会,在一场已经不再以它为中心的欧洲艺术论战中,比它自己所想象的更加受到振荡。旅行、访问、友情编织成一根牢固的绳索,与另外一些分支相联系,即使这些分支更加强大、更少个人主义色彩,因而更配得上先锋这个形容词。当代艺术就从这些分支中产生,同样也从蒙马特尔,从布律克⑰和布劳·雷特,从德国的表现主义,从维也纳人,从捷克人,从俄罗斯人中产

---

① 莱热(Leger, 1881—1955),法国画家。作品多以抽象几何形体和广告式色块表现城市生活及工业题材。代表作有《城市》等。
② 德洛内(Delaunay, 1885—1941),法国抽象派画家,立体派代表人物。俄耳甫斯主义创始人之一。首创仅用色彩平面对比的非具象画。代表作有《窗》等。
③ 格莱兹(Gleizes, 1881—1953),法国画家、绘画理论家。
④ 皮卡比亚(Picabia, 1879—1953),法国画家、作家。代表作有《戴单片眼镜的女人》等。
⑤ 梅特赞热(Metzinger, 1833—1937),法国画家、雕刻家。
⑥ 维庸(Villon, 1875—1963),加斯东·埃米尔·迪尚的假名,法国画家、版画家、立体派画家集团"黄金分割画派"主要代表。代表作有《飞行》等。
⑦ 阿尔希品科(Archipenko, 1887—1964),美籍俄裔抽象派画家。早年在巴黎参加立体派运动。
⑧ 20世纪初叶法国现代主义诗人阿波利内尔在巴黎创立的一个法国抽象艺术流派,又称"色彩立体主义"。其代表人物为法国画家德洛内。
⑨ 20世纪初产生于英国的现代文学艺术流派,属立体主义和未来派相结合的抽象画派。强调色彩线条和形的塑造。又译为漩涡主义。
⑩ 莫迪利阿尼(Modigliani, 1884—1920),意大利画家。以形象硕长、色域广阔、构图不对称的肖像画和裸体画著称。主要作品有《里维拉》等。
⑪ 库普卡(Kupka, 1871—1957),捷克画家。
⑫ 苏蒂内(Soutine, 1893—1943),法国画家。属巴黎画派。画风粗犷,以表现主义为其风格特点。代表作有《挂着的火鸡》等。
⑬ 马涅利(Magnelli, 1888—1971),意大利画家。
⑭ 布朗库西(Brancusi, 1876—1957),罗马尼亚雕塑家。强调抽象几何形体和线条的运用。代表作有《睡着的缪斯》等。
⑮ 夏加尔(Chagall, 1887—1985),犹太画家。作品常取材于民间传说和《圣经》故事。
⑯ 蒙德里安(Mondrian, 1872—1944),荷兰画家、抽象艺术运动"风格派"代表人物。对新造型主义的发展有重要影响。代表作有《红云》等。
⑰ 布律克为德国艺术社。成立于1905年。1913年解散。

生。而且已经从康定斯基①和克勒②——分支中的分支——那里产生。1909年2月20日,《费加罗报》发表了意大利未来主义者的"宣言",这可能是巴黎的国际霸权的最后标记。这些未来主义者渴望歌颂"被劳动、欢乐或者反叛所激动的广大民众"。最后,正如阿兰·贝桑松所注意到的那样,我们的立体派画家已经以他们自己的方式感觉到,以后在欧洲只有一种绘画——联合所有画派的绘画。我们的蒙帕纳斯-蒙马特尔派是第一批离弃"艺术马奇诺防线③"的人。自从瓦托④和大卫⑤以来法国就掩藏在这道防线后面。

2

1913年的会合

很少有人在1914年就已经了解,绘画领域里的分离派的意愿是同其他一些也准备跨越障碍的艺术相通的。只是在后来,或者在追溯已往时,当人们看到第一次世界大战的灾祸,探究那些通信和讲述,也评论这次大战的偏离和无能的时候,这种相通才具有了人们认为它具有的文化浓度。然而从历史的角度看,怎么能感觉不到,1907年以后的布拉克的任何一幅画或者毕加索的最冒险的画,都能在1913年朱尔·罗曼的《颂歌和祈祷》、阿波利内尔的《醇酒集》、斯特拉文斯基⑥的《春之祭》,甚至弗亚德⑦的《方托马斯》中听到他们的回声和共鸣呢?让我们来仔细探查一下1913年这个可资参照的年份吧!这一年雷蒙·普安加雷⑧入主爱丽舍宫;这一年,把服兵役的期限延长到三年的法案获得通过;这一年在投票站设置了选举人秘密写票室;这一年工薪妇女有了产假。这一切都以法-德紧张关系和巴尔干半岛的肮脏战争作为时代背景。

---

① 康定斯基(Kandinsky,1866—1944),俄国画家、抽象派创始人之一。主张以色彩、点、线和面表现主观感情。其主要艺术活动在德、法两国。代表作有《紫的优势》等。
② 克勒(Klee,1879—1940),瑞士表现派画家。画风单纯,善于用形、色、空间等直接表现个人情感。代表作有《动物园》等。
③ 马奇诺防线为第二次世界大战前法国在东部国境所筑的防线,以陆军部长马奇诺(1877—1932)的名字命名。1940年德军从比利时绕过此防线攻入法境,使防线失去作用。后喻被人盲目依赖的防线。
④ 瓦托(Watteau,1684—1921),法国画家。作品多与戏剧题材有关。画风富于抒情性,具有现实主义倾向。作品有《丑角纪勒》等。
⑤ 大卫(David,1748—1825),法国古典主义画家。画风严谨,画法精湛。代表作有《马拉之死》。
⑥ 斯特拉文斯基(Stravinski,1882—1971),俄裔美籍作曲家。中期转向古典主义。代表作有《春之祭》等。
⑦ 弗亚德(Feuillade,1874—1925),法国电影导演。《方托马斯》是他第一部系列惊险片。
⑧ 雷蒙·普安加雷(Poincaré, Raymond,1860—1934),法国政界人士。曾任法国总统、总理。第一次世界大战期间保卫民族团结,坚持进行战争。

在艺术方面，1913年在5月29日这天，在香榭丽舍崭新的剧院里达到它完美的顶峰。奥古斯特·佩雷①在这个剧院里浇铸了一个整块钢筋水泥的结构。这个结构的风格相当古典，外面装饰着布代尔的以神话为题材的大理石雕塑，内部装饰是莫里斯·德尼和爱德华·维亚尔②绘制的壁画。这座新建筑接待了巴黎的上层社会。那天晚上，上演了斯特拉文斯基的《春之祭》，这出戏的舞蹈动作，由年轻的尼仁斯基③设计，人们对之颇有争议。这位舞蹈家不久以后就离开佳吉列夫④的俄罗斯芭蕾舞剧团。这次演出是一起不折不扣的轰动一时的事件，在巴黎家喻户晓。这甚至是一种对人的感受的侵犯，很快成为一个令人激动的回忆，并且是被很好地编排了的。佳吉列夫雇佣到戏院里来捧场的青年鼓掌鼓得不是时候，观众齐声抗议。剧场灯光再度亮起也无济于事。很快，"巴黎第十六区的小婊子们"和老资格的伯爵夫人们争吵起来，又扭打成一团。拉韦尔被骂成是"肮脏的犹太人"。舞蹈演员听不见皮埃尔·蒙特⑤指挥的管弦乐队的演奏。这位指挥"面无表情，不动声色，像鳄鱼那样裹在铁甲里"。

一切都似乎令人厌恶：舞蹈演员对异常笨拙和复杂的舞蹈动作真是力不从心、莫可奈何，音乐昏昏沉沉、极不和谐，剧情缺乏象征和情节，曾在1911年使《佩特鲁什卡》取得成功的珍贵的俄罗斯民歌被抛弃，音乐和舞蹈分离，服装和布景的颜色强烈地互相抵触。一言以蔽之，是一种有意识的解构，一种激变，一种挑衅性的对规范和礼节的放弃……全都模仿被斯特拉文斯基顶礼膜拜的塞尚和毕加索的风格。埃米尔·维耶莫斯后来说："人们不去解读这个《祭》，而是根据自身的气质，怀着憎恶或者快感去忍受它。并非所有的女人都用同样的方式对待奸污。"皮埃尔·拉洛⑥总结说："这是在文明和野蛮之间进行的选择。"实际上，只有让·科克托⑦推崇它为"20世纪第九交响乐"和"史前的农事诗"；只有雅克·里维埃⑧后来在《新法兰西杂志》中举出不要忽略同德彪西主义决裂的真正现代理由："《春之祭》的伟大新颖之处，是舍弃了'调味汁'。这是一部绝对纯净的作品。这不是一个具有所有惯常的小花招的'艺术品'。它没有丝毫模棱两可的东西，没有丝毫被阴影遮盖的东西。这里面的一切都坦白直率、洁白无瑕、清澈粗犷。"准确地说，这就是1905年以来绘画领域

---

① 奥古斯特·佩雷（Perret，Auguste 1874—1954），法国建筑师。
② 维亚尔（Vuillard，1868—1946），法国画家、装饰美术师、纳比派成员。长于家庭情景画。代表作有《扫地的女人》。
③ 尼仁斯基（Nijinski，1890—1950），俄国芭蕾舞演员、舞剧编导。主演过《吉赛尔》、《天鹅湖》等。
④ 佳吉列夫（Diaghilev，1872—1929），俄国戏剧家及艺术活动家。在巴黎创建俄罗斯芭蕾舞剧团。
⑤ 蒙特（Monteux，1875—1964），美籍法国指挥家。
⑥ 拉洛（Lalo，1823—1892），法国作曲家。代表作为《西班牙交响曲》。
⑦ 科克托（Cocteau，1889—1963），法国艺术家。能诗善画，又能创作小说、戏剧、舞剧及电影。作品有《好望角》、《调皮捣蛋的孩子们》等。
⑧ 雅克·里维埃（Rivière，Jacques，1886—1925），法国作家。作品有《被热恋的女人》、《德国人》等。

里流行的论证。

让我们放心吧。斯特拉文斯基的搀杂的音乐,尽管它有极高和极低的音符、不规则的节拍、在舞台上被视为配角的舞蹈演员,仍然已经得到认同和欣赏。它很快列入交响乐的保留节目,但是舞蹈被取消。它的成功尤其得归功于指挥蒙特。他从1914年4月起也同这部音乐作品一起在巴黎获得成功。然而,这个引起纷纷议论的《祭》并不是音乐分裂活动的巴黎核心。必须懂得倾听和比较,才能享受这种粗犷性,才能投身别处,投入一股令人头晕目眩的创新的冲动之中。这股激情毫无疑问震撼了德彪西的《练习曲》和《游戏》时代的欧洲,尤其是斯克里亚宾①的《第十号奏鸣曲》、马勒②的《大地之歌》、普罗科菲耶夫③的《第二号钢琴和管弦乐协奏曲》的快板、施特劳斯④的《蔷薇骑士》等时代的欧洲,还不算法拉⑤、科达伊⑥、巴尔托克⑦、吕索洛或者韦贝恩⑧。再者,巴黎完全远离勋伯格⑨的无调性革命和1912年使维也纳掀起波澜的贝尔格⑩的那些变奏曲。从那时起,1902年凭其作品《普莱亚斯和梅丽桑德》引起轰动的德彪西、痴迷醉心于魏尔伦⑪和马拉美的富雷和拉韦尔、弗兰克还有夏布里埃、鲁塞尔⑫或者萨蒂,所有这些旋律规则的破坏者把他们从来没有人听说过的汇集声音的方式说成是"现实",他们并不是都创立了什么学派,而是在比自己愿意承认的更大程度上成了法国19世纪的接班人。他们只是被瓦格纳、五人组和俄罗斯芭蕾舞剧团弄得很不稳定。他们尽最大可能而且始终顺利地度过了音乐生活中的国际化,但却未能只依靠自身的力量打破艺术之间的障碍。富雷的《珀涅

---

① 斯克里亚宾(Scriabine,1872—1915),俄国钢琴家、作曲家。作品有交响曲《神圣之诗》等。
② 马勒(Mahler,1860—1911),奥地利作曲家、指挥家。被认为是20世纪作曲技法的先驱。代表作有《降E大调第八交响曲》等。
③ 普罗科菲耶夫(Prockofiev,1891—1953),苏联作曲家。既继承传统又富于创新精神。代表作有《战争与和平》、《罗密欧与朱丽叶》等。
④ 施特劳斯(Strauss,1864—1949),德国作曲家、指挥家。作品有《唐璜》、《蔷薇骑士》等。
⑤ 法拉(Falla,1876—1946),西班牙作曲家。作品具有鲜明民族风格。部分作品有印象派特征。代表作有《爱情魔法师》等。
⑥ 科达伊(Kodály,1882—1967),匈牙利音乐教育家、作曲家。具有浪漫派倾向。作品有《匈牙利赞美诗》等。
⑦ 巴尔托克(Bartók,1881—1945),匈牙利钢琴家、作曲家。其作品颇具民族风格。
⑧ 韦贝恩(Webern,1883—1945),奥地利作曲家。作品有《小曲六首》等。
⑨ 勋伯格(Schönberg,1874—1951),奥地利裔美籍作曲家、音乐理论家。追求无调性创作手法。代表作有《净化之夜》。
⑩ 贝尔格(Berg,1885—1935),奥地利作曲家。师承和发扬无调性音乐。为第二奥地利派代表人物。代表作有《沃伊采克》等。
⑪ 魏尔伦(Verlaine,1844—1896),法国诗人、象征主义诗歌代表之一。诗作富于音乐性,强调"明朗与朦胧相结合",代表作有《感伤集》、《智慧集》等。
⑫ 鲁塞尔(Roussel,1869—1937),法国作曲家。

罗珀》①已经在 1913 年引起轰动,但并没有令人感到非常吃惊。

相反,纪尧姆·阿波利内尔的《醇酒集》以其无标点符号、无过渡转换、无配景、大刀阔斧地勾勒等特点过于同其他艺术"相通"。这位竭尽全力支持野兽派画家和立体派画家的诗人,这位为未来主义而激动的诗人,从第一首诗《地区》开始,就有意识地搞点德洛内风格的东西或者立体派的粘贴画,赞扬报纸下面的专栏、工业街道和呻吟的汽笛。他已经潜心专注于他的《画诗》。这部著作出版于 1918 年,其中,诗句拼装成用词绘成的物体。《字-海洋》汇集一些明信片和旅行简介。《巴布洛·毕加索》这首诗由杂技演员和小提琴、瓶子和意大利喜剧中的丑角组成。布莱斯·桑德拉尔的《轻快诗歌十九首》中的头几首对夏加尔和莱热满怀崇敬之情。在他的《西伯利亚大铁路散文》——"第一本共时的书"——中,索尼亚·德洛内的插图和诗—剪贴画合为一体。这本散文读起来像一张可以展开两米长的布告,还有皮埃尔·勒韦迪②正在把朱昂·格里斯的作品译为自由散文。这些现成物品艺术记录下自 1895 以来同象征派诗歌的彻底分裂。这些作品向着现代性研究的目标飞速进发,而这些研究自 1903 年以来就已经使得巴托—拉瓦或者《笔会》的晚会烟雾笼罩,并且已经震撼保尔·福尔、弗朗西斯·雅姆③、圣波尔-鲁④、"自然崇拜者"或者"酗酒女人",后来又调动起安德烈·萨尔蒙⑤的"仙境"、瓦莱里·拉尔博⑥的"世界爱国主义"以及《酸甜的歌》中的弗朗西斯·卡尔科⑦。两个小组伴随了这一文学的发展演变,虽然它发出的响动远不如绘画的发展演变那样强烈。一个是,1906—1908 年聚集在乔治·杜阿梅尔⑧和夏尔·维德拉克⑨周围的修道院小组,它把科学与爱情、美学和道德伦理混在一起;另一个是历时异常长久的《新法兰西杂志》小组,莫里亚克⑩后来称之为文学的"罗盘方位标"。这本杂志 1909 年由安德烈·纪德创办,寻求一种反对文学"定居"的现代古典主义,它向外国作品开放,并且在一伙前程无量的

---

① 珀涅罗珀为希腊神话中伊塞卡国王奥德修斯的忠实妻子。奥德修斯远征离家期间她拒绝无数求婚者。20 年后终于等到丈夫归来。
② 勒韦迪(Reverdy,1889—1960),法国诗人。作品有《死者之歌》等。
③ 雅姆(Jammes,1868—1938),法国作家。作品有《生命的胜利》等。
④ 圣波尔-鲁(Saint-Pol-Roux,1861—1940),法国诗人。作品有《内心的仙境》等。
⑤ 萨蒙尔(Salmon,1881—1969),法国作家。作品有《诗和散文》等。
⑥ 拉尔博(Larbau,1881—1957),法国作家。作品有《费米纳·马凯》、《黄、蓝、白》等。
⑦ 卡尔科(Carco,1886—1958),法国作家。作品有《另一个生命的回忆》等。
⑧ 杜阿梅尔(Duhamel,1884—1966),法国作家。作品有《受难者》、《文明》、《萨拉万的生平与遭遇》等反战小说。
⑨ 维德拉克(Vildrac,1882—1971),法国作家。作品有《爱情书》、《绝望者之歌》等。
⑩ 莫里亚克(Mauriac,1885—1970),法国作家,文学评论家。作品多揭示宗教信仰与人类欲望的冲突。代表作有《爱的荒漠》等。

人中这样做。这伙人包括里维埃、蒂博代①、法尔格、克洛代尔、瓦莱里以及后来的圣琼·佩斯②。

1913年的小说情况如何呢?除了一个黑太阳——11月普鲁斯特③在贝尔纳·格拉塞出版社自费出版的《在斯万家那边》(印数仅1750册,且其小说方面的革命在《在少女们身旁》获1919年度龚古尔文学奖之前不大被人了解)——之外,应该承认,这方面的分裂在探索的强度和意图的真诚两方面并不惹人注目。这并不是说,小说体裁本身没有分裂,因为侦探小说已脱颖而出,十分流行,而且在大罗斯尼或者居斯塔夫·勒鲁热的作品中,出现科学幻想小说雏形。但是,小说创作的最重要部分首先属于妥善管理的遗产范围。巴雷斯在他的《有灵感的山丘》这本书中,比任何时候都更加体现他自己的特点,只是增加了一点宗教感情,佯作超越他一直在自我中心主义与国家力量之间迟疑不决的心态。阿纳托尔·法朗士以他的《诸神渴了》一书保留共和思想残余,如同一个沮丧的退休者。他暗示,恐怖毫无用处,生活荒谬透顶。普西夏里的《武器的召唤》一书加强了从四面八方升腾起来的保卫祖国的爱国主义呼声。朱尔·罗曼的一致主义没有获得成功。罗曼·罗兰完成了他的《约翰·克利斯朵夫》。这部巨著气势恢宏,毫无模棱两可之处。罗歇·马丁·迪加尔的《让·巴罗瓦》这本书用把德雷福斯事件切割成报纸散页的方式来进行革新。几个秘密作者,如保尔—让·图莱,尤其是《罗居斯·索吕斯》一书的作者雷蒙·鲁塞尔,懒洋洋地试图有所作为,但仅此而已。因此,这一年被人欢呼喝采的意想不到的文学事件是阿兰-富尼埃④的《大莫尔纳》的面世,这就绝非偶然了。这是作者唯一的一部作品,它象征着法国小说的永恒使命,这项使命就是分析。而分析,正如阿尔贝·蒂博代很快注意到的那样,阻止小说进行冒险。

从小说家多少有些不再持之以恒这一点来看,一些势力强大的个人正好相反,他们折腾戏剧,始终不变。安托万⑤和吕尼埃-波同时遭到失败。前者从1896年起想把自然主义引进自由剧院,未获成功;后者于1899年把象征派强加于艺术剧院,然后又强加于作品剧院,遭到失败。即使安托万从1906年到1914年领导奥德翁剧院时用外国作者的作品扩大了演出剧目,仍然无法动摇古典主义,也不能推翻因有弗莱尔和卡亚韦而火爆的通俗喜剧,也不能推翻费多⑥的滑稽歌舞剧,甚至不能推翻预示一种真正"人民艺术"以及把罗曼·罗兰的作品搬

---

① 蒂博代(Thibaudet,1874—1936),法国文学评论家。
② 圣琼·佩斯(Saint-Joh Perse,1887—1975),法国外交官、诗人。曾获1960年诺贝尔文学奖。作品有《颂歌》、《雨》、《雪》、《风》等。
③ 普鲁斯特(Proust,1871—1922),法国小说家。其创作强调生活的真实和人物的内心世界。代表作为《追忆逝水年华》。
④ 阿兰-富尼埃(Alain-Fournier,1886—1914),法国作家。作品有《大莫尔纳》等。
⑤ 安托万(Antoine,1858—1943),法国演员、导演。
⑥ 费多(Feydeau,1862—1921),法国作家、剧作家。

上舞台的莫里斯·波特谢的戏剧,也不能推翻在肖雷吉·多朗日进行的对古代戏剧的挖掘。从1897年起,公众认可罗斯唐①的《西哈诺·德·贝热拉克》的高贵、豪迈和庄重。这部作品的最优美的诗句,被人世代背诵,历久不衰,并直接进入节庆活动和宴会。这出戏1913年3月在圣马丁门再次上演,同样使观众不分老幼,赞不绝口。要等到1909年,俄罗斯芭蕾舞剧团令人赞叹的演出,才开始出现一种新的戏剧艺术。在这种艺术中,导演对原作的文字作了大量改动。具有装饰风味的布景,产生节奏和造型的效果。在通俗喜剧院上演萨夏·吉特里②的剧作;在艺术剧院上演雅克·鲁歇③的剧作。雅克·鲁歇组织演出了拉韦尔和富雷的抒情作品,但并没有忽略肖伯纳④的作品和科波⑤改编的《卡拉马佐夫兄弟》等。

外省对巴雷的巡回演出感到有些厌腻之后,似乎觉醒了。年轻的波尔多诗人卡洛斯·拉隆德在捍卫立体主义的同时,创办了一家"俄耳甫斯的或者同时的"理想主义剧院。但是,这位诗人不得不"北上"巴黎,以便让米洛斯⑥名声远播,并且让人认可梅特林克或者圣波尔—鲁。1911年,一个未来主义的愿望没有产生任何结果。这个愿望除了有其他打算之外,还打算使音乐厅成为复兴艺术的学校。事实上这两个真正的新鲜事物1913年才汇合起来。由吕尼埃—波搬上舞台的克洛代尔的作品《给玛丽报信》在作品剧院演出成功,并且使20年来一直被人期待的真正的剧作家得到认可。科波开办了老鸽舍剧院。由于他的《论戏剧革新》一文在《新法兰西杂志》上发表,这项举措产生了预期的效果。这篇文章概括了整个未来的愿望:藐视金钱和明星地位;组成紧密团结的剧团,由瓦朗蒂内、泰西埃、迪兰⑦和儒韦等人授课;手势动作简单,布景简洁;尊重剧本原文。在1913—1914年头一个季度,一切都被重新发现并且进行试验,其中包括莎士比亚和莫里哀、克洛代尔的《交换》、施吕姆伯格⑧、盖翁⑨和朱尔·勒纳尔。老鸽舍剧院是戏剧的《斯万》,它给人以希望。但是,在这里,科波还没来得及克服演出的呆板。

---

① 罗斯唐(Rostand,1868—1918),法国剧作家、诗人。其戏剧被视为法国浪漫主义戏剧的最后代表。主要作品有《西哈诺·德·贝热拉克》(亦译《大鼻子情圣》)等。
② 吉特里(Guitry,1885—1957),法国剧作家。主要剧作有《骗子的故事》等。
③ 鲁歇(Rouché,1862—1957),法国导演。
④ 肖伯纳(Bernard Shaw,1856—1950),英国剧作家、评论家、费边社会主义者。主要剧作有《巴巴拉少校》等。获1925年诺贝尔文学奖。
⑤ 科波(Copeau,1879—1949),法国作家、演员。作品有《人民戏剧》等。
⑥ 米洛斯(Milosz,1877—1939),法国作家、诗人。作品有《勒缪埃尔的忏悔》等。
⑦ 迪兰(Dullin,1885—1949),法国演员,导演。
⑧ 施吕姆伯格(Schlumberger,1877—1968),法国作家。作品有《老了的狮子》等。
⑨ 盖翁(Ghéon,1875—1944),法国作家。作品有《安慰者》等。

归根结底,之所以除了造型艺术之外,在分裂这个问题上有这么多的犹豫不决;之所以大批艺术家和作家满足于短暂的轰动或者审慎的试验,难道是因为共和理想的法国,理性和人类进步的法国,信仰康德哲学的法国,难于接受处处对世界和认识、对空间和时间提出质疑的运动吗?没有什么比这一点更加不确实可靠的了。所以我们只能记下年代的变迁和分散的范例。这样,在1900年,马克斯·普朗克①的量子论的阐述产生冲击之后,1913年爱因斯坦②明确提出他自1905年以来就从事研究的"狭义的和广义的"相对论。尼埃尔·玻尔③则澄清了他的原子理论,这个理论也来自普朗克。物理的各门科学进行了它们同时代的革命。那次革命与欧几里德的几何和牛顿的力学决裂。因此,相比之下,它们同时使自己有了一种相当于"表现主义的"或者"立体主义的"解构的气派。决裂的范围是巨大的。物理学家的时间和空间不再属于自康德以来一直被人认可的感觉的先验形式。实证主义死亡了,被埋葬了。然而,亨利·普安卡雷④这位当时最有天才、得到广泛承认的数学家(他很早就跨越了荣誉历程的各个阶段,于1908年被选入法兰西学院,他1902年出版的《科学与假设》一书是部成功之作),成功地对一切进行了探索研究:光学和电、阴极射线、赫兹波、热力学,甚至天体力学。早在1889年,他就证明,不再有一个处于绝对静止状态的固定的唯一参照框架,并因此使人不得不接受运动的相对性的思想。在他的旁侧,还应当写上1896年发现自然放射性的亨利·贝克雷尔⑤的名字以及因研究镭而获得1903年度诺贝尔奖的皮埃尔·居里和玛丽·居里的名字,这是法国科学的光荣。在他们的旁侧还可以添列一批生物学家、医生和各类技术专家。这批专家比他们在伦敦、柏林、苏黎士、罗马或者芝加哥的同行们表现出更大的创造性。然而,什么也没有达到法国式样的科学分裂。因此,必须由此得出如下的结论:当时出现了一种主要的文化现象。直到20世纪20年代人们才充分意识到这种现象,即:"硬"科学用它们本身生产的纯逻辑,在一个学者的国际中,在一种超越国家民族的科学研究工作的传播中,打乱了人们对世界的看法。此外,"硬"科学是否已经渴望在远离思想的演变和对世界看法的发展演变中,创造一个进步的新世界呢?

除非,就法国的情况而言,一种哲学的衰退未能使人从这次物质的科学革命中得出结论来。按法国哲学的看法,人们真想相信这一点。法国哲学

---

① 普朗克(Max Planck,1858—1947),德国物理学家,量子物理学的开创者和奠基人。获1918年诺贝尔物理学奖。
② 爱因斯坦(Einstein,1879—1955),美藉德国理论物理学家。创立狭义相对论(1905年)和广义相对论(1907—1916)。提出光子概念(1905年)。创立光电效应定律。获1921年诺贝尔物理学奖。
③ 玻尔(Bohr,1885—1962),丹麦物理学家,量子物理学的先驱。获1922年诺贝尔物理学奖。
④ 亨利·普安加雷(Poincaré, Henri, 1854—1912),法国数学家、天文学家、物理学家、哲学家。著有《科学和假设》。
⑤ 贝克雷尔(Becquerel,1852—1908),法国物理学家。与居里夫妇共获1903年诺贝尔物理学奖。

正在充分运转。但是,根据米歇尔·福柯①的看法,法国哲学固执地认为,在"一种经验的、感觉的、主体的哲学和一种知识的、理性的、概念的哲学"之间,在曼恩内·德·比朗②的继承者和某种程度上的奥古斯特·孔德③的继承者之间,在内部经验的科学和实证科学之间,在艺术家的科学和学者的科学之间有"一道分水岭"。很清楚,既然必须设法走出康德时代,那么危机就在这里。对这场危机的分析从1900年起就使人极其关切,但却没有出现一道闪光来救助未来。哲学界的强人埃米尔·布特鲁④当时说:"为数颇多的各各不同的、独立自主的科学取哲学而代之。这些科学是:心理学、社会学、科学的逻辑学、哲学的历史学。它们像物理学和化学那样独立于核心哲学。"因此他清清楚楚看见了这个令他魂萦梦绕的问题的重要性。"问题在于明天的哲学是一种科学的哲学呢,或者仅仅是一种伦理道德的唯心主义,同科学毫无关联。"然而,他坦白承认自己对此无能为力,于是补充说:"可能当前的时代不特别有利于伟大的独特创造。人的精神受到自然科学和社会科学的迅猛发展的震撼,需要一些时间来恢复到它的正常稳定状态。"在日益恶化的环境中,我们也应看到,亨利·柏格森这位1913年名噪一时的大师,他作的关于"哲学直觉"的学术报告,使他在1911年在博洛涅举行的国际哲学大会上获得辉煌成功。他的报告把广大听众再次吸聚到他在法兰西公学院开设的课程中。当时佩吉在他的那篇题为《记柏格森先生》的文章中说:"这位大师砸碎了我们的枷锁",只提出一种与新时代相符的心理灵活性,一种对直觉和对时限的敏锐感觉,一种与生命的激情和与艺术创造的和解,却从来不敢评价新的科学,也不敢对它加以怀疑。他的思想被人当作激进的喷涌现象来阐述和解读,当时并没有丝毫聚帮结派和革新的内容,因为它深深地置身于法国的唯灵论的传统里,离尼采、弗洛伊德⑤和年轻的胡塞尔⑥很远。

---

① 福柯(Foucault,1926—1984),法国哲学家和评论作者。《词与物》是福柯的重要著作,其副标题为《人文科学的考古学》。他认为,如果科学是关于永恒结构的知识,那就有可能将知识结构与权力结构结合起来,因此,就有可能考虑一种不隶属于权力的知识,一种非权力结构的知识。
② 比朗(Biran,1766—1824),法国政治家、经验主义哲学家。强调内心生活,著有《习惯对思想功能的影响》等多篇哲学论文。
③ 孔德(Comte,1798—1857),法国哲学家、实证主义和社会学的创始人。著有《实证哲学教程》等。
④ 布特鲁(Boutroux,1845—1921),法国哲学家。著作有《当代哲学中的科学与宗教》等。
⑤ 弗洛伊德(Freud,1856—1936),奥地利精神病学家,精神分析派心理学创始人。提出潜意识理论,认为性本能冲动是行为的基本原因。主要著作有《释梦》等。
⑥ 胡塞尔(Husserl,1859—1938),德国唯心主义哲学家、现象学创始人。主张"回到直觉和回到本质的洞察,以导出一切哲学的最终基础"。著有《观念:纯粹现象学导读》等。

3

规范之外的三个影响领域

因此,在哪里能够找到其他一些较好地形成的分支或者哪怕是公开的决裂呢?关于迪尔凯姆的社会学的美妙经历,关于论证集体信仰建立社会联系的《社会学年度》杂志,关于亨利·贝尔①的《历史综合杂志》带来的历史的复兴,关于1910—1911年围绕朗松②和拉维斯领导的新索邦大学的论战(被传统的支持拥护者和《法兰西行动》报指责有唯科学主义的现代主义色彩),不管人们作何评论;关于莫斯③、阿尔布瓦希④或者西米昂⑤,关于皮埃尔·雅内⑥的心理治疗措施,关于对自然的事实和对因果关系的信仰的普遍拒绝,或者关于对一种跨学科的综合的渴望,不管人们有何想法,观点和评价都太少创新。1914年,年轻的人文科学诚然已经放弃实证主义,但它们仍然相当注意社会实际,就像注意哥伦布的鸡蛋⑦一样。它们对连续性比对决裂分析得更好。它们深入细致地而且往往成功地对共和化的社会的既往和偏离进行探索(比如,仅仅在1912—1913年就出版了迪尔凯姆的《宗教生活的基本形式》、阿尔布瓦希的《工人阶级与生活水平》、西格弗里德⑧的《法国西部的政治图景》这些著作)。然而,广泛地民族化了的历史,仍然在这些年轻的人文科学当中占有过分重要的地位。讲授这种历史的教师,在公共教育机构中的地位很巩固,并且十分受到当局尊崇,所以这些年轻的人文科学不可能进行某种分裂活动。再者,社会主义自1905年以来,在策略性多于理论性的基础上统一起来,始终对质疑启蒙运动的传统十分反感,也不愿意把辛辣尖锐的马克思主义作为论据来投入文化斗争,而不顾某些青年(尤其是1910年由让—里夏尔·布洛克⑨汇集在《努力》杂志周围的年青人)的非常秘密的努力,因此必须去别处探寻。

1913年,马西斯⑩和塔尔德用阿加东这个化名发表了调查《今日之青年》获

---

① 贝尔(Berr,1863—1954),法国历史学家、哲学家。
② 朗松(Lanson,1857—1934),法国文学评论家。著作有《法国文学史》等。
③ 莫斯(Mauss,1873—1950),法国社会学家及人种学家。
④ 阿尔布瓦希(Halbwachs,1877—1945),法国社会学家。著作有《自杀原因》等。
⑤ 西米昂(Simiand,1873—1935),法国社会学家、经济学家。
⑥ 雅内(Janet,1859—1947),法国心理学家、神经病学家。
⑦ 喻看起来简单容易而实际上却需要具有机敏灵巧才能做成的事。
⑧ 西格弗里德(Siegfried,1875—1959),法国经济学家、社会学家。著作有《今日英国》、《今日美国》等。
⑨ 布洛克(Bloch,1884—1947),法国作家。作品有《莱维》、《某公司》等。
⑩ 马西斯(Massis,1886—1970),法国作家,法兰西行动组织成员。作品有《保卫西方》等。

得成功,尽管这份调查取样不够全面以及有右的先验论,但至少指出了线索。有人戴着保卫法兰西文化联盟(这个组织由让·里什潘①创建,它的秘书是上述调查的发起人)的有色眼镜,认为这项调查揭露了高等教育的"日耳曼化",以及拒绝继续接受孔布分子中的左派对传统文化的破坏。这些否定本来可以轻易地纳入"冲突的文化"中,然而,受到询问的年轻知识分子毫不谦虚地自诩为残废的共和主义的一代接班人,自诩为先锋队,其生命力预示1900年以来国家经历的"文化萧条"(马德莱娜·雷贝里乌)的终结。他们说,他们已经在五个方面体验着这股激情:对行动的爱好、爱国信念、道德生活、天主教复兴和政治现实主义。人们认为,在这五个方面已经显露出未来的决裂。

不错,在宗教方面,现代主义争论的激烈程度曾经是强烈震动的信号。早在1895年,勒鲁瓦②神甫因应用基督教教义对达尔文主义进行解读而受到抨击。之后,每个涉嫌把现代科学注入其评论性意见的知识分子和担任圣职者,都被罗马教廷指控为背叛《现代错误学说汇编》所确定的口传教义。最后,"完整派"的法国天主教徒一再进行主要针对阿尔弗雷德·卢瓦齐③的揭露和诽谤,有鉴于此,教皇庇护十世公布了教皇致各地主教的通谕《哀叹》和《为了和平》,于是,1907年危机达到顶点。教皇下令,宗教改革引发的信仰和认识之间的冲突仍然有待讨论和处理;一项天主教的论证,自从教皇莱昂十三世以来就塞满一种经过革新的托马斯主义,仍然与科学论证相矛盾;《圣经》的绝对正确性不应受到德国式的旁征博引的评论;默启和教义——信条——将不与人类的智慧发生内在关系;谁也不能切中要害地致力于对康德统治下的现代哲学的研究。反过来说,谁也不能打算去为一个其道路已经被上帝开辟出来的现代世界施洗。这场进攻具有国际性质。但是,信仰天主教的法兰西之所以首当其冲,成为这次进攻的第一个受害者,乃是因为在法国,在被政教分离解放了的那股力量的洪流中,宗教局势又变得更加有利;乃是因为罗马不想让正统教义失掉新的活力。某些《圣经》研究者、注释者、内在论哲学家、大学教师因此受到攻击,因为他们拒绝"一种对精神有影响而精神对它无影响的真理观(拉贝尔托尼埃④),而且认为"一种教义的真理最明显标志,是它能适合人类的一切发展,而又仍然是它自身"(德·沃居埃)。卢瓦齐因为曾经维护面对教会权威的一种世俗化了的独立自主批判而被开除出教,但他于1902年出版的《福音书和教会》,然后于1903年出版的《围绕一本小书》却被广泛阅读。在他之后是历史学家亨利·布雷蒙⑤,还有提出用"现实的真正科学"来超越社会学的哲学家莫里斯·

---

① 里什潘(Richepin,1849—1929),法国作家。作品有《乞丐之歌》等。
② 勒鲁瓦(Leroy,1870—1954),法国数学家、哲学家。著作有《教理与评论》。
③ 卢瓦齐(Loisy,1857—1940),法国教士、注评家。
④ 拉贝尔托尼埃(Laberthonnière,1860—1932),法国哲学家、神学家。著作有《论宗教哲学》等。
⑤ 布雷蒙(Bremond,1865—1933),法国历史学家、评论家。著作有《法国宗教文学史》等。

布隆代尔①和领导《基督教哲学年鉴》的奥拉托利会会员吕西安·拉贝尔托尼埃,他们为他们合情合理的不安心境付出了高昂代价。这场对巫师的猎捕②一直延续到1914年。

这场猎捕的后果像一出悲剧那样被人经历感受,比那些以为仅仅粗暴对待了游走的饱学之士的人所期盼的更加深刻,更加持久。一种少数派的,但在总体上得到主教们(他们往往在政治上分布很广,从老的《宇宙》杂志的人员到年轻的"法兰西行动"组织的成员)大力支持的天主教的完整主义,在摒弃一切现代主义,简言之,在摒弃现代世界本身的同时,已经具体形成。更加严重的是,这种天主教的完整主义,通过提倡物种不变论的天主教教义和反动的、复仇性的伦理道德(为这种伦理道德所作的辩护自1789年以来已经多次失败),通过密切注视并揭露宗教信仰和一切智性的新探索之间的任何结合,已经在天主教会里建立起秘密权力机构,这种长期的、严格的调查以后产生了后果。另一方面,1911年,名不见经传的芒德的主教,担心现代主义就像"一条被破坏的犁沟"。这个传教者此次高瞻远瞩。因为,现代主义本来也许能够给予马克·桑尼耶发起的运动③一种它一直缺少的神学力量。这个运动曾经很好地利用政教分离之后的宗教和平,促进年轻的基督教先锋同共和国之间的和解。这个运动的报刊嗜争好斗。它的活动分子结成联盟,把自己建成一个"现代世界的骑士团",准备把自己灵魂的一部分注入一个世俗化的社会,使之基督化,并准备建设一种基督教的民主。如果它能够把它的行动与教义的精深知识相结合,那么它又有什么不能干的呢?1910年,这个运动遭到罗马教廷的谴责,因为,按照更加明显地与"法兰西行动"配合默契的完整主义者的指令,罗马不能容忍一个教派的运动在民主的借口下世俗化与共和化。罗马的这次谴责使这个运动无须对质询进行回答。桑尼耶屈服了,不过他根据更加严格的政治理由,于1912年建立了一个小党——"青年共和国"。但是,在1905年以后以一种令人鼓舞的活力公开活动的"天主教行动"和社会天主教的所有影响领域,也不用再操心人们对它的理解力。它们只限于拼读出教皇致各地主教的通谕《新事物》,直到人们不再想听。它们在家庭运动中或者在农业工会和雇员工会中获得完全的胜利,并且让罗马和主教感到满意。尽管如此,城市天主教徒的新行动,并没有因考虑当时知识界的疑问而有所加强。"社会问题"居于首位,其余的由宽

---

① 布隆代尔(Blondel,1816—1949),法国哲学家。著作有《哲学与基督精神》等。
② 旧时基督教会和政府为处死巫师而联合举行的搜捕。现常指以维护国家利益为借口对不同政见者的政治迫害。
③ 1905年7月,法国众议院通过政教分离法案。许多天主教会人员主张结束对君主制的依赖,归附共和制,并介入社会、政治生活,扩大在下层群众中的影响。马克·桑尼耶创办《犁沟》杂志,宣扬天主教民主化、社会化。此举遭到教皇指责。该杂志被迫停刊。之后,桑尼耶创立"青年共和国",吸引了不少青年和学生中的天主教徒。

宏大量的信仰去解决。积极活跃的先锋只能试图占领一块自认为了若指掌，而且其世俗化环境使它易于进入的土地。总而言之，从那时起，宗教复兴虽然总体上非常显著，非常引人注目，却无法进一步实现现代化的神学团结。因此，既然现代主义者保持缄默，重新成为普通平民或者离开去到别处，宗教复兴就比任何时期都随着个人改宗和个人新生而更加显露出矛盾来。然而，新教徒保尔·萨巴蒂埃①在他1911年出版的《当今法国的宗教方向》一书中写道，当今的"宗教运动"，在一种旨在从内部而不是从外部转变人和物的完全精神的活动中，脱离教义，脱离形而上学的思辨，脱离控制。这个时代宁肯要灵魂的相通一致，而不要权威；这个时代并不十分远离对康德义务的信任，并不十分远离对共同利益和对普遍爱心的寻求。这种利益和爱心是颇多开明人士能够分享的动力（例如这正是保尔·德雅尔丹这种人的道德行动联盟的愿望）。简而言之，布特鲁期盼的"精神上的宗教"本会到来。这种宗教也许不大可能改变或者振兴只对心灵特别敏感的"感情上的宗教"（米歇尔·拉格雷），亦即兴旺发达的卢尔德或者利西厄的大众的宗教，圣母马利亚的虔信的宗教，撒肋爵会②的或者稣尔比斯会③的虔诚的宗教。只有克洛代尔、佩吉和里维埃，普西夏里、马里坦④或者马西尼翁⑤，雅各布⑥或者鲁奥，在众多突然改宗的知识分子中，对他们的上帝说"是"。他们进入永恒的基督教，而不是进入分裂。

人们会注意到法兰西行动突然加入这种不协调的合唱中。这是因为，莫拉斯领导的这一运动从一次被人们强烈要求的真正分裂中，汲取了一股心智的和文化的力量，得到了一种吸引和干预的能力。这个运动诚然没有争取到民众。在运动的高潮时期，它能够汇聚几千名拥护者，如本堂神甫、小贵族或者信奉天主教的小资产阶级分子，军官或者有职员伴随的商人。这些人只是由于年轻的出售保皇党报纸的人组成了几支别动队，才引起人们的注意，首先是引起警察的注意。这些别动队员在街头大打出手（例如1908年当左拉的骨灰迁往先贤祠时），狠嘘德雷福斯分子或者对"犹太人的剧本"大喝倒采。这个运动鼓吹的君主主义自然是反动的，并且直接传承奄奄一息的《法兰西报》的衣钵，即使莫拉斯灵巧的政治手段在于从反德雷福斯的民族主义中摘取最有聪明才智的、最不带民众主义色彩的枝杈，把它移植到古老的复辟理想上。这种理想在朝代和意识形

---

① 保尔·萨巴蒂埃(Sabatier, Paul, 1854—1941)，法国化学家。获1912年诺贝尔化学奖。
② 天主教会的组织之一。创立于19世纪中叶。奉方济各·撒肋爵为"主保"。重视平民儿童教育，故又称"慈幼会"。
③ 天主教会的组织之一。为天主教内普通神职人员的社团组织。1642年创立于巴黎。旨在培训青年教师。
④ 马里坦(Maritain, 1882—1973)，法国哲学家。
⑤ 马西尼翁(Massignon, 1883—1962)，法国哲学家。著作有《论基督教哲学》等。
⑥ 雅各布(Jacob, 1876—1944)，法国诗人、小说家。作品有《伪君子的辩护》等。

态方面都严重地后继无人,并且因共和国的胜利而遭到无情的破坏。法兰西行动的宣传没有丝毫革新或者先驱性的东西,没有预示丝毫"前法西斯主义"。后来,从一家创刊于1899年7月并出版到1908年的"小灰色杂志"中诞生出一个同盟。这个同盟永远不完全赞同它的同代组织——反犹太人同盟或者法兰西祖国同盟——企图保卫的鼓动民众的理想。从最传统的知识机构即从里万书店和它的刊物《评论杂志》,或从一个"法兰西行动研究所"中,然后,从自1908年起就卓有成效地灌输对"妓女"①的仇恨的一家日报中,只浮现出一个模仿《自由谈》的激烈腔调和一些形式平淡无奇的活动。

不,法兰西行动的力量只来自莫拉斯一个人,来自他那枯燥无味的思想,这种思想围绕着社会实体构成的等级制度形成体系,放弃康德的学说,而重新引进霍布斯②的理论。这种思想在必要时是现实主义的;在它最深处,乃至在对启蒙运动的拒绝中始终是理性的;由于对秩序的关切,它在"社会学"方面符合天主教教义,但内心是不信教的。这种思想在古希腊的阳光下镀了金,并且充满反智力至上主义,只有真正的知识分子能够创造发明它。这种思想甚至在它对"野蛮的民主派",对"使人道德败坏的外国佬"和犹太人的厌恶方面都表达得出心裁。德雷福斯事件再度引发的排犹运动是这种思想的"清除一切、简化一切"的"保护神"。它对对手一贯地轻蔑,以一种完全非传统的粗暴态度使政治生活中的暴力再度合法化。因此,法兰西行动的安排是矛盾的。正如维克多·恩居延看得清清楚楚的那样,莫拉斯始终在一种"理性的悲观主义"和一种"智慧的美学"之间徘徊不定。但这并不妨碍法兰西行动起初曾以它与共和国、民主,甚至与饶勒斯版的社会主义进步主义都怀有的官方乐观主义的决裂而具有诱惑力,也并不妨碍莫拉斯通过为坚定的精英披上摈弃幸福和否定现代社会的外衣把这些精英争取到手。"爱是一支火炬,当它烧掉了我们本性中的全部善性后就会熄灭。它号召我们脱离我们自身,并且当我们的房屋在倒塌或者我们的田园在荒芜时,它使我们迷失在星辰中。"莫拉斯对爱的无能为力,已经培养了几个对时代感到厌恶的冷酷小人。

在共和国空间的另一端,只有另外一个少数派,它也已经十分干净利落地决裂,而且企图倡导一种也与主流的理想毫不相干的世界观。这个少数派就是直接行动的工团主义。1906年的"亚眠宪章"③与法兰西行动的确立产生于同一

---

① 法国保皇党和其他保守反动分子对法兰西共和国的诽谤污蔑称呼。
② 霍布斯(Hobbes, 1588—1679),英国政治哲学家、机械唯物主义者。认为哲学对象是物体,排除神学,从运动解释物质现象。拥护君主专制。提出社会契约说。著作有《利维坦》、《论物体》等。
③ 1906年,法国总工会在亚眠代表大会上通过了《亚眠宪章》。该宪章强调只有工会才是工人阶级的组织,拒绝无产阶级政党的领导,反对一切政治斗争,认为只要进行经济斗争和罢工就能使工人摆脱资本家压迫。

时代。人们甚至将会看到几个知识分子——乔治·索雷尔①、爱德华·贝尔特或者乔治·瓦卢瓦②和那些聚集在普鲁东③俱乐部里的知识分子对这一点了若指掌,以至他们后来徒劳无功地试图通过汇合莫拉斯主义和工人自治的绝对性来终止极端主义的连环分裂圈。然而,这个行动着的思想并不需要什么联盟来肯定它革新的雄心壮志。它对"政党和派别的"社会主义不屑一顾,因为这种社会主义在它对人类进步所抱的希望中,在它的学院式的马列主义中,在它打算通过让知识分子和共和派小资产阶级成为工人阶级干部来教育工人阶级的这种抱负中,在没有能力培养新世界的幻想者的状态中游移不定。这种思想彻头彻尾被一种经验主义的工人实践形式——已经变得具有解放性质的、始终幸免于难的罢工(米歇尔·佩罗)武装起来。这种罢工矛头直接指向雇主。它认为这种罢工势力的高涨,将会发展到总罢工,这是争取劳动者解放的社会战争的决定性战役。罢工最卓越的倡导者费尔南·佩路蒂埃④说这是一场"无处不在而又无处存在的革命。"

这种极端的工团主义崇敬1871年的巴黎公社社员,信奉重新出现的普鲁东主义,拥有背叛无政府主义的活动分子以及发自内心的反军国主义,因而并非毫无渊源。然而,它倡导一种极不固定的理想,以至立刻产生"暴力神话"(乔治·索雷尔后来说这种暴力神话凝聚新时代无产阶级的能量)。它采取直接行动建立工人自治,用这种办法来反击对工人阶级的社会排斥。这种反击既是阶级斗争的一种具体形式,也是一颗文化小行星。从地区工人联合会到总工会领导的年轻的职业工人工会,工团主义的活动分子不停地在对抗资本主义的直接行动中,寻找一种他们认为将揭示出工人世界"根本的和残留的文化特点"的自治矢量(雅克·朱利亚尔),即工人世界意识的直接材料。自主工会斗争的这种自豪,即使先后在1908年和1919年遭挫,仍然使人集结在共和国城市的城门前面(概括起来的推理是:进行斗争的工团主义者单枪匹马闹革命,拒绝战争,而与此同时,民众却参加投票,养肥军队),同时又激昂慷慨,大声疾呼,痛斥社会主义者没有能力向文化方面处于社会边缘的工人推荐任何东西,只会要求工人在夜校聚精会神学习,成为能干灵巧的"资产阶级文化的偷火者"(让·盖埃诺⑤)。1908年的失败也表明,克列孟梭版的共和主义能够取得胜利,表明工人世界的文化成分比它的领袖人物格里菲埃尔⑥或者梅尔海姆等人所想象的更加繁复多样,同

---

① 索雷尔(Sorel,1847—1922),法国社会哲学家、无政府工团主义者。著作有《暴力论》等。
② 瓦卢瓦(Valois,1878—1945),法国政界人士。
③ 普鲁东(Proudhon,1809—1856),法国小资产阶级社会主义者,经济学家,无政府主义创始人之一。主张各阶级进行经济合作,废除国家。著作有《什么是财产?》等。
④ 佩路蒂埃(Pelloutier,1867—1901),法国社会活动家、无政府工团主义者。
⑤ 盖埃诺(Guéhenno,1890—1978),法国作家。作品有《一个四十岁人的日记》等。
⑥ 格里菲埃尔(Griffuelhes,1874—1923),法国工会活动家、工团主义者。曾任法国总工会书记。

时也顺便揭示出一种反叛的激烈性,这种反叛的残余至少直到1968年仍然可以被感觉到。

从最后这个例子中可以看到,分裂不管显得多么不平衡,多么犹豫不决,多么不被人理解,它仍然勉勉强强从美学的决裂走向政治和社会的斗争。人们也明白,所有决裂者之间的思想交流十分微弱,缺乏设想一种法国的拒绝模式所必需的东西。是否因为,这种在对世界的失望(它产生于现代性)和幻想能力之间的迟疑不决,已经在人权宣言的国家里——人权在大量内化了的共和政体内,在一个没有放弃努力的民主体制内得到肯定——牢牢地扎根了呢?不管如何,从前所未闻的创造到新颖的思想,都必须能够探索这样一种法国特征十足的倾向,即把一切分裂归结到个人,并且比在别处——如在德国、奥匈、俄罗斯或者意大利——更加有力地导致决裂行为的个人化。为了这种中间色调的探索,可以汇集三个特殊人物和三部著作。第一部是饶勒斯的著作。饶勒斯是地地道道的知识分子和哲学家,是一切死人文化的敌人,等待人类"伟大宗教革命"的社会主义者,是工人运动的旗帜鲜明的领袖。他热爱新的领域,却不善于深入考察他那个时代的文化的新鲜事物。他对思想界的下层领袖深恶痛绝,但他的乐观主义没有闲暇去采摘所有的"风险之花"。第二部是佩吉的著作。佩吉与饶勒斯既亲如弟兄又恨若寇仇。这个"超当代者"(阿兰·芬基克罗),自从发生德雷福斯事件以来,参加了所有的斗争并且善于从革命转入饶恕。他灰心绝望,但有先见之明,处于忠诚和现代性的矛盾中。他猛烈抨击对毁灭思想的现代世界的"扼杀",他预言将会有"没有限制的"粗野言行,他歌颂和编辑事件与永恒。最后一部是普鲁斯特的著作。这位作家的《追忆逝水年华》胜过一部分析贵族世家和资产阶级沙龙的文化社会学作品,它远不止记载象征性的斗争和逝去的童年,也远不止拾取一种文化概略要点。他在两个世纪相交之际与世隔绝,自由地在回忆的符号和世界的表象中探索另外一个真理。他寻找,丢失,又重新找到分裂的艺术,同时把新使命的小说同写这种小说的愿望留给他的每个读者。

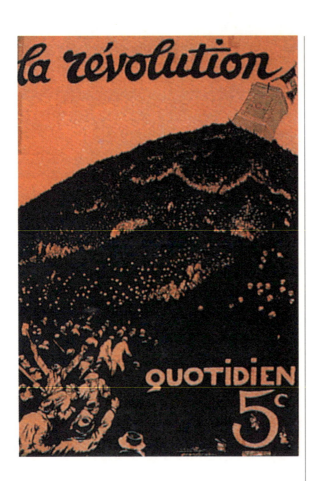

图 16

这是岗汝昂 1909 年为推出一份无政府工团主义日报而作的广告画。觉悟的无产者向资本家（画中以三色盖子的保险箱来象征）发起进攻。

第六章　死亡和赞同

1918年7月9日,星期二,南特小学的女教师普鲁沃夫人再次用漂亮的圆体字,在黑板上写下一堂道德课的格言,这句格言以后将照亮这个具有特别意义的日子。这句格言概括了这位女教师好几年来战胜痛苦的顽强精神。她对爱好幻想、沉浸在悲伤中的女孩子中最小的一个说,什么也不会白白牺牲。那天早上,这些女孩子为了消除一切悲伤,齐声念着这句格言:"当你为一项伟大的事业做一件事,就没有任何一件事是渺小的。"然而,几个月以后,朱尔·罗曼在他的《善良的人们》一书中写道:"伟大的、难忘的胜利节日,将首先是死者的节日,人人都知道这一点,人人都想到这一点,同意这一点。因为祖国也不能不承认这一点。它承认,它要求和接受的牺牲太大了。这种牺牲不接受任何补偿。假装认为这种牺牲得到补偿或者可以得到补偿是把人家当傻瓜。祖国知道死者的血从战场漫溢,漫溢到城市,是为了这个最伟大的节日。水在一个盛得过满的锅子里沸腾,再也没有哪只盖子能够阻止它溢出。同样,再也没有哪首诗可以骗人说它知道锅里煮的是什么。"

第一次世界大战的文化史便凝聚在对这个开始了新世纪的巨大牺牲的承认中,凝聚在对一种痛苦的差距的觉察中。这个差距就是人们舍生忘死保卫的事业,同为了使这项事业获得胜利而承受的巨大牺牲之间的差距,是被动员的民族传统力量,同现代死亡的力量之间的差距。在现代死亡中幸免于难的人,即使装作像在1918年11月12日①以前那样重新开始,也或多或少隐约感到,这部历史将面向未知,它将只保持一个热烈的,但也许是无力的回忆。历史学家深切地感悟到断裂的严重性。他们首先探索了这场大战胜利的文化效能和困难。在这之后,他们探寻那个时代的"野蛮"(乔治·莫斯)把什么样奇特得可怕的"战争文化"铭刻在人的思想上,铭刻的时间将有多长;与此同时,他们希望以后能更好地了解,对于在一次经过推理思考的民族战争和一场毫无理由的全面战争(它如此

---

① 1918年11月12日德国宣布接受法国提出的停战条件,与法国签定贡比涅停战协定,第一次世界大战宣告结束。

图 17 1918年,南特小学教师普鲁沃夫人坐在她任教的德乌利埃尔街女子学校的一个教室里,面对着摄影师的镜头。带墨水瓶的课桌、火炉管、计量表、简单的图像、粗糙的劳作课成果、敞开的窗户、新鲜的插花,表现了"黑色轻骑兵"的学校井然有序而又祥和亲切。如今这一切为写在黑板上的道德格言服务:"当你为一项伟大的事业做事,就没有任何一件事是渺小的。"这所学校学生的绘画曾由迪迪耶·基瓦尔出版。那些画表明,整个第一次世界大战期间,学生们都遵循了这位老师的教导。

毫无理由,以至只能是——至少对那些幸免于难的战斗人员来说——"最后一次"难忘的战争)之间所存在的不和谐,究竟有多少密切的关系。因此,什么1914年以前的艺术的、心智的、政治的或者社会的准分裂,都统统见鬼去吧!真正伟大的分裂就在这里,它是伦理道德性的,也是带来死亡的,是新得可怕的时代的标记。它隐藏在已经取得胜利的神圣同盟①中。

1

防御性的允诺

这项记载论据充分,广为人知,因此没有必要对它进行长篇大论的分析。只需要今天口服心服地承认,绝大多数法国人由于被德国的好战主义激怒,并无热情地,但也毫不示弱地下定决心保卫祖国,作出巨大牺牲,为祖国战胜,为祖国战死。承认这一点的时候,既不夸大也不缩小战斗的任何结局,既不夸大也不缩小1917年的结果(对极少数人来说,这是又一道"出现在东方的微光",同样,既不夸大也不缩小1918年的结果),对大多数人来说,这是又一个"在牺牲中建成的共和国,像在共和二年②一样"。正如让-雅克·贝克尔③所说,为祖国战胜,为祖国战死,这正是1914年夏天动员民众时广泛宣传的内容。那时,法国人的一般感情"差不多处于集中与热情之间的中间位置,可以说,这种感情是忍从与义务意识的混合"。没有复仇主义的大张声势,只是一股为捍卫生存和继续一同前进的权利而进行防卫的勇气。这正符合色当战役甫告结束后,勒南对国家一词所下的定义。像罗曼·罗兰这样的人对混战采取超然态度,但他单枪匹马,孤掌难鸣。甚至在产生怀疑和叛乱的最坏时刻,特别在1917—1918年,前线发生兵变④,后方举行罢工,情况十分紧急,形势十分严峻的时期,这种保存国家民族的决心也从来没有遭到严重的质疑,这种顽强的意志也从来不缺乏积极的期待。

不管人们对一些人的反军国主义与和平主义,对另一些人的民族主义或者好战主义作何评论,奔赴前线作战这一行动本身没有任何危害。再说,这两类人

---

① 神圣同盟为1914年法国共和国总统普安卡雷宣战时的用语。
② 指1793年。共和国于1792年9月21日宣告成立,这一年称共和元年。
③ 让-雅克·贝克尔(Becker, Jean-Jacques, 1906—1960),法国电影导演。
④ 在第一次世界大战期间,1917年俄国的二月革命和法国在春季攻势中的惨败使早已对上级军官的无能和指挥失当以及对政府机构的腐败不满的法军士兵的革命情绪更加增长。从1917年5月开始,大批法军士兵拒绝上前线,甚至发生武装暴动。法国统帅贝当采取残酷手段加以镇压。

全都属于极少数。从1905年到1914年,从丹吉尔事件①到萨拉热窝的暗杀事件②,人们在公共舆论中没有观察到可以与德国人的战争狂热相比的"战争狂热"。德国人的战争狂热似乎为减轻政治斗争的激烈程度——尤其关于把服兵役定为三年这项法律和在战争动员时刻为压服倔强的人而使用《B手册》③——提供了理由。因此,这是一个充分掌握其才能和手段的道德共和国,在面对一场被人料到但并不期盼的战争。只有卷入1914年夏季危机④的政治家、外交家和军人逐渐使这场战争变得不可避免。大多数法国人似乎仍然保持宁静。他们一如既往,是共和国学校课堂里的好学生,心里默默地背诵着《两个孩子环法旅行记》,满腔怒火地倾听别人向他们陈述的战争理由。法国的领导人和精英们有时虽然感到惊奇,但当1914年来临时却不得不面对:法兰西怎么能出污泥而不染的呢?巴雷斯自己问自己。事情清清楚楚,神圣同盟并不是一项国防政治法令,而是小学普通道德课的相当康德式的有力体现,这个道德就是公民的义务与责任。7月31日饶勒斯遇刺身亡,工人运动的积极分子虽不太相信但仍然支持的最后希望破灭。这个希望是:千方百计、不遗余力拯救和平和拯救祖国,如果保卫和平失败,就必须只考虑保卫国家的疆土。8月4日,在为《新军》⑤的鼓吹者举行的葬礼上,莱昂·儒奥⑥一边哀悼那个"以其智力行动激发我们的刚强气概"的人,一边像1792年的爱国者⑦那样,声称他领导的总工会支持国防战争。这个工会组织几天以前还在气冲霄汉地表明它的造反的、和平主义的文化性质:"我们不要这场战争。发动这场战争的人是怀着血腥意图、做着罪恶的霸权梦的恶霸,他们应该为这场战争付出代价。"同一天,在为被动员入伍的人举行的大弥撒上,阿梅特红衣主教做了特殊的祷告,召唤"军队之神",并且重申宗教和祖国之间有密不可分的联系。天主教徒们尽管念念不忘共和国对他们的当众侮辱,仍然不但赞成神圣同盟,而且还通过自己的完全赞同来加强它。他们的支持非常全面彻底,以至使人以为它会消除政教分离,或者至少以为,天主教会从这样一股纯洁的牺牲的激情中吸取教益。1914年博德里亚大人在《法国教士杂志》上发表文章,认为"民族的灵魂重新变为完全彻底的法兰西灵魂,恢复了天主教

---

① 19世纪末20世纪初,法、德两国为争夺摩洛哥曾多次引发危机。1905年德皇威廉二世访问摩洛哥的丹吉尔港时,要求德国在摩洛哥拥有与其他列强在该地拥有的相同权利。如果德国的要求遭到拒绝,法德将有交战的危险。
② 1914年6月28日,奥地利王位继承人,太子弗兰茨·费迪南大公及其妻子在波斯尼亚的萨拉热窝被一塞尔维亚青年刺杀。巴尔干局势顿时极为紧张。
③ 1914年法国内政部置备《B手册》。这本手册印有在发生骚乱时应立即逮捕的"肇事者"的名单。
④ 见注①。
⑤ 饶勒斯著作之一。
⑥ 儒奥(Jouhaux,1879—1954),法国工会活动家。曾任法国总工会总书记及世界工会联合会副主席。
⑦ 1792年7月普奥联军干涉法国大革命,并攻陷凡尔登,逼近巴黎。新生的革命政权号召人民参军保卫祖国。巴黎及各地群众热血沸腾,踊跃参军,开赴前线。

的性质"。普兰司铎就民族团结的洗礼效用作了进一步的发挥。他说:"我们这些天主教徒支持民族团结,并非在回忆起对我们的残酷伤害时毫不战栗,但至少我们宽宏大量,没有不可告人的想法。但愿人们在胜利之日到来之时能够回忆起这一点。"组成"冲突文化"的各种力量和谐地团结起来之后,便不可能出现任何其他障碍。在《玛丽亚娜带头》的各章节里讲述的情况得到令人满意的表现和充实。神圣同盟就这样不费一枪一弹地建立起来了。

因此,这次"党派休战"(让—雅克·贝克尔)丝毫不是无条件的意识形态的归顺,也丝毫不是在当时形势下的一致主义。每个政治的或者宗教的派别都保存着它的矜持,并且希望在胜利之后得到人们的认可。但是,每个派别都想用它的全部精神和思想的武器取得自己的地位,以便保卫源远流长的有血有肉的民族。保卫民族的职责超越一切同情、一切仇恨以及一切其他现代理想。就这样,博学多才的历史学家埃内斯特·拉维斯在埃米尔·迪尔凯姆——民族化的社会学和宗教生活基本形式之父——的支持下,从1915年起主持大量发行《致全体法国人的信》。这本册子歌颂"法兰西的生命力",概括总结了保卫创造了法兰西民族的祖先们的几百年业绩的利害关系。因此,这是一段没有不合时宜的政教分离论的历史,一段倾向于神圣化的决定论的历史。

拉维斯明确指出:"战争让两种不同的对上帝和对人类的观念对立起来。"例如,激进的阿尔贝·萨罗1914年10月在波尔多公立中学开学时无所顾忌地突出宗教的色彩,以夸耀法国的救世主降临说。这种说法当然是共和主义的,但始终是混杂的,既受到口头流传下来的教义影响,也受到启蒙运动的影响。他说:"拉丁法国像往昔披尖执锐、戈矛闪光的骑士那样拔剑出鞘,是为了再一次反对停止发展进化的野蛮人,是为了反对过去时代换了盔甲但没有改换思想意识的匈奴,是为了反对经过十五个世纪的人类进步后依然故我的汪达尔人。这是文明和野蛮的再一次剧烈碰撞,是光明和黑暗的斗争。邪恶的乌合之众重又对光明与智慧进行大逆不道的辱骂。"他为了进一步谴责敌人的极度凶残,补充说,启蒙民族的特性"在时代的运动和纷繁复杂的历史中是永恒不变的,它永远听从同样高尚的启发和激励,不管它将穿越中世纪的沉沉黑夜,去解救被禁闭在圣墓围墙内的对爱情和兄弟情谊的原始的甜蜜梦想,或者它将在现代的黎明时刻,在《人权宣言》的圣言中,通过把新权利的福音书的美好希望带给受压迫的芸芸众生,使广袤无垠的宇宙获得新生"。

必须等到凡尔登战役之后,经历了第一次世界大战结束时的艰难困苦,才能使被肢解的神圣同盟保持一种民族右翼的理想,使人们在对流逝的时间和对腐蚀性消耗的恐惧中,有时敢于把战争视为一种再生——通过生命的激情或者通过把超越战士能力的事业英雄化。但是,1914年夏季建立的作为一切事物的基础的文化底座直到这次大战胜利时并没有裂开。因此,民族一致主义仍然是唯一的,因而也是最好的共同点。在进行战争动员的那一天,朱利安·邦达在看到

"全体法国人——贵族和平民百姓,军人和商人,城里人和乡下人,民主主义者和专制主义者,资本家和工人——一起意识到自己属于同一集团的时候",清楚地感到一个令人难以忘怀的证明已经获得。正是逐渐以这个证明为依据、成了歌唱"屠杀的夜鹰"的巴雷斯,1917年对民族的这种一致和动荡有了一种平静的和宗教的看法,这种看法也是他的《法兰西的各个不同的精神家族》一书的精神内涵。

在电休克似的战争动员下产生的这种"唯一感觉"当然会演变,但不会因此而失去它的凝聚力的主要部分。人们盼望战争赶快结束,然而战争长期拖延下去。它的暴力行动很快成了一场前所未闻的大屠杀(在1914年8月到12月之间,30万青年倒在战场上,平均每天倒下两千人),所有的家庭很快都尝到了亲人伤亡的哀痛,悲哀和怜悯蔓延整个后方,因此防御性的民族感情不得不等候时机,不得不同太大的牺牲周旋,并开始把现在不安和怀疑的阴影投射到那看不清的前途上。我们千万别相信当时关于后方百姓生活的夸张哀歌,说什么后方生活可能已经恢复了清醒的运转,并且把期待淹没在一种虚假的欢乐中,在巴黎的机关里,在庆祝胜利的"潇洒"的飞行员中间,还在精心组织舞会。事实上,那时举国上下焦急地等待着从前线带来的信件,或者等待邮递员在镇长陪同下带来报告死讯的电报。在这个国家里,连漫不经心的妓女在穿上丝袜时也会内疚。这是一个沉浸在难以名状的焦虑中的法兰西。在这个国度里,任何平常的不快和烦恼都带有悲伤的色彩;在这个国度里,任何普通感情,任何合乎人情的打算和计划——结婚、生育、干活或者单纯的爱——都好像悬系在对一个不再带来死讯的日期所抱的期望上,悬系在回到正常秩序的期望上。

在多少世纪以来就受到强邻威胁的法国北部和东部的各个古老省份,战争一旦陷入泥潭、旷日持久、结局难卜,焦虑不安的心态就形成了。这种心态有它的地理分配图,"他"、"他们"所在并顽强坚守的前线是震中。加上被人焦躁不安地剖析的战事公报,需从字里行间了解其含义的评论、谣传,对犹豫不决的行动所作的令人难以忍受的反复思考。即使来自前线的最近一封信和军人的休假似乎恢复了生活的常态,似乎在被军事动员破灭了希望的地方恢复了希望,也是这样的情况。这种心态有它的历史说明和它共同的伦理道德,借助心理的《小拉维斯》上的陈言套话和始终铭刻在心的金玉良言。一言以蔽之,这种焦虑不安的强烈程度今天已经难以复述,但在当时,人人都深刻地感受到它的影响。如果没有这种焦虑不安的心态,神圣同盟就不能够这样轻而易举地持续下来,以保卫受到威胁的文明,使眼泪变得高尚,并使人们对未来存有一线希望;如果没有这种焦虑不安的心态,战争宣传就不能这样充分得到那么多忧心忡忡人的默许。

总之,前线和后方一样,能以同样的论据、同样平淡无奇的话语说服了那么多人,这的的确确是件了不起的事。那些论据的单调乏味,有时甚至使最勇敢的

图 18 图为1916年10月8日的《镜报》第一版。索姆省大战正激烈时,在孔布勒前面,一个德国兵和一个法国兵——根据两人的铜盔来判断——"在一场殊死搏斗中身亡"(出于爱国主义宣传的需要,报上如是说),也可能是被一颗炮弹击中,被同时抛入这个洞里。

《镜报》自1910年起由《小巴黎人报》的编辑组出版,是法国首家采用照相凹版术的报纸,当时这种技术使美国杂志大发其财。大战期间,《镜报》自夸能以不管多高的价钱买下有"特殊价值"的资料,为的是有更大的竞争力与《画报》抗衡。它的发行量超过了50万份。

1914—1918年间,各种形式的照片成了揭露战争恐怖的最有力的证据。1918年以后,这家周报将借助《体育镜报》取得和平时期的成功。

宣传员也对自己产生怀疑。戒严令发布在1914年8月的共和国法令上，一直持续到1919年10月。它只准许完完整整、原原本本地发布官方军事新闻和对这些新闻所作的审慎评论。此外，这项法令是建立一种政治审查制度的大好借口。这项制度马上置所有关于言论自由的立法于不顾，变为一种权宜之计，甚至成了政府遭到抨击时使用的管理方法。就在报纸读者数量日增并日益专注、只对来自前线的消息感兴趣的时刻，报纸不再拥有专有发表权，甚至不再拥有"新闻"的正常来源。既然如此，新闻界只得让报纸争先恐后地把爱国主义炒得沸沸扬扬。因此，至少直到1916年，新闻界心甘情愿、积极活跃地参加国家所作的努力，然而是以一种英雄的模式，几乎达到狂热的程度。比如《小巴黎人报》1914年10月11日写道："我们的军队现在对机关枪等闲视之。"《巴黎回声报》1916年12月16日还装作相信"我们的军队根本不把毒瓦斯放在眼里"。这种虚构出来的唯意志主义日复一日构成令人难以忍受的蠢话集，读者认真探求，期盼从中发现一鳞半爪的真实或希望，而同时却又习惯于接受最坏的传闻、荒谬的消息和谎报的军情。报纸就这样通过传送全部官方宣传、全部让人坚持努力和缩小损失的命令、全部没有对象的英雄主义化，通过夸大迎合人心的事件，通过恰如其分地撒谎等种种手段来参与对公众思想的监护，直到读者自己指出这是毫无根据的评论，纯粹欺骗性的宣传。事态发展到这样的程度，以至三家小报仅仅因为拒绝过分超越防御性的习惯做法而建立了它们的道德资本。这三家小报是：居斯塔夫·泰里1915年创办的日报《作品报》、来自战壕的加尔蒂埃—布瓦西埃①的微型报纸《小臼炮报》和莫里斯·马雷夏尔仅仅为了"干净和自由"而创办于1915年的《鸭鸣报》。对报纸的怀疑（在两次世界大战之间将变得非常强烈）就源于战争宣传。

　　尽管如此，对舆论的这种严格的、使人愚蠢的限制并没有丝毫集权主义的东西，因为它善于和舆论同步发展，跟随舆论的变化，也不缺乏真正的感情，而这种感情使倾听舆论成为人们"坚持下去"所必不可少的。它与日后法西斯主义的"相信、服从、战斗"毫无可比之处，因为它没有"服从"二字。因此，斯特凡娜·奥杜安—鲁佐得以指出：欺骗性宣传只能骗人于一时。从1916年起，一种对具体战争更加细致、更加亲切的描述，一种对这场赌注不那么高尚的夸张，一种对民族感情最简单也是最基本的成分发出的带有宗教色彩的不断召唤，接替了这种欺骗性宣传，以便加强在战争开始时已被一致认可的看法：民族的存在受到威胁，一种文明的形式也一起受到威胁。下面的事能证明这种更新了的舆论的宣传效果：如果说1914—1915年的愚蠢的吹牛大大刺激了战士自身，那么对最初赞同的夸张，则在战壕中被更加深切地感觉到。平民百姓会注意到这一点。

　　报刊成功地宣传法国人的抵抗和他们"蚕食"德国人的愿望，而不过分地形

---

① 加尔蒂埃—布瓦西埃（Galtier-Boissière，1891—1966），法国作家、新闻记者、画家。

式化和漫画化。除此之外，还必须加上一点：这种宣传采取一种真正的现代传媒的多种形式，通过大量既更加醒目又不言自明的图像，超越文字，维持激情，定格焦虑的心态。于是摄影在整个新闻出版界发展起来，尤其是电影的新闻记录片。按照洛朗·韦雷的说法，新闻纪录片"一种辩证学之类的东西所苦，一方面重复和转传当局制定的模式，一方面又避开民族主义宣传的陈词滥调，避开它欺骗性的乐观主义和极度的沙文主义。在某些方面，新闻记录片与战前的文化世界衔接起来，带有战前文化世界无法消除的印记。这一点在一些对战争公式化的图解中表现出来。同时，在另一些方面，新闻记录片又脱离战前文化世界，趋向一种更加现实主义的看法。这种影片促使人们用别的方式观察，但又并不因此而让后方睁开眼睛"。洛朗·热尔韦罗说，所有其他图像载体都陷入表现模式的这种现代双重性，并且已经知道在选择它们的题材和图像处理的类型（广告、图画、石印画、金属印术、菜单、物品）时使用它。尤其是明信片这种丰富多彩、制作精美、富于感情色彩的传媒，善于从英雄主义发展到异国情调，从赤裸裸的恐怖发展到对幸福的展望，从攻击性的漫画发展到劝人为善的象征体系，使它的信息适应各种感情的发展变化。

　　久而久之，保卫国家的疆土就这样变成了一场以法国的正当权利的名义进行的保卫文明、反对野蛮行径的十字军征伐，其目的在于拯救开明的道德，法国自认为早已为世界树立了这种道德的典范。用救世主降临说和复因决定论的言辞来表达最初的赞同的延长，这是进一步加强法国宿命的手法。1918年11月11日克列孟梭这个胜利者眼里噙着泪水，在众议院向议员们概括法国的宿命说："法国过去是上帝的士兵，现在变成人类的士兵，今后它将永远是理想的士兵。"我们看到，为了使人们接受这一理想主义的前景，共和国的雄心壮志和天主教的信仰已经很好地汇聚起来，二者的单一趋势可能已经足够让法国人相信，他们在痛苦中依旧是个特别值得称赞的民族。但是，编写这种继承来的坚信以及使这种坚信在伦理道德和意识形态方面大众化，这两项责任却只归于大学界人士、教师和作家。这些人作为出生于德雷福斯事件时期的知识分子，坚守在自己的岗位上。说到底，这起事件也在受到践踏的正当权利和有关保卫国家民族的条文方面引发过争论。

　　这表明，关于知识分子的问题，必须避免把充满"文人背叛"论的20年代和30年代的和平主义者的遗憾和拒绝投射到1914—1918年的现实上；既不应当高估亨利·巴比塞①、朱利安·邦达或者超现实主义者这类少数人的声音，也不应当嘲笑被认为是在战前形成的、不知道是什么样的"知识分子领域"的自主的

---

① 巴比塞（Barbusse，1873—1935），法国作家、社会活动家、新闻记者。曾发起组织国际进步文学团体"光明社"。作品有《火线》《光明》等。

丧失。事实上，首先最好历史地、心甘情愿地承认，知识分子"宣传员"当时是完全自觉地当宣传员，他们具有完全防御性的共和色彩，有完全的"宣传者"的身份；他们为国民思想所做的工作，也随着舆论和宣传而发展变化，从保卫受到威胁的法国科学进而承诺为智慧和知识服务，而胜利的法国将比任何时候都更能倡导智慧和知识。但是，他们自己的思想却没能拟出一份更好的、更有批判性或者更加独特的宣传单。柏格森在 1917 年和 1918 年出使美国会见总统威尔逊之前，于 1914 年 8 月 8 日要求伦理和政治科学学院"尽其简单的科学义务，指出德国的野蛮罪行和厚颜无耻的行径，它对一切正义和一切真理的藐视，是一种向野蛮状态的倒退"。巴黎大学、法兰西公学院、法兰西研究院联合起来，推动研究战争和大战资料委员会的活动。1915 年的《九三宣言》对《德国知识分子向文明国家的呼吁》进行了驳斥。与此同时，几十种辩护小册子出版发行，到处流传。甚至那些置身一旁，或者一声不响参军入伍的知识分子，都只能表示赞同，哪怕是用沉默来表示。

哲学家阿兰为了保全某种思想的未来而拒绝在那个时候进行写作，堪称是这方面的范例（他后来说："我逃往军队，宁作肉体奴隶，不作精神奴隶"），但是，这种态度本身就有一种具体的或者默示的倾向性。没有什么能够使人怀疑，这一倾向在同时，而且因为同一原因，被那么多同事和同胞的死所证实，被那么多过于年轻或者过于年老的教师、研究人员和艺术家奔向兵役局的行动所证实，被他们的坚韧不拔和在前线指挥的才能所证实，甚至被他们在外交部干一份"美差"时的耿耿忠心所证实。3959 页的《阵亡作家文选》列出的 403 名战死前线的文人的名字及著作，名牌专科大学学生遭受的涂炭，被杀害的教师和教士所占的巨大比例，阿兰—富尼埃、佩吉和普西夏里在战争的最初几天战死，凡此种种都让拉维斯、布特鲁、迪尔凯姆之类的人，让军中喜剧演员让学习有效地掩护炮架或小灌木观察哨的前小"立体派画家"，以及其他很多让人再读《圣经》或蒙田①作品的人，有理由只尽他们的义务，有理由高声说，这场战争可怕地使价值标准的划分民主化了；他们这些普普通通的知识分子，比任何时候都更加体现思想，并懂得分担思想。执异见者本身也将成为宣传员，但却是一种遥遥无期的和平主义或革命的宣传员。此外，他们也明白，把理想和威胁协调起来的时刻已经到来。即使意见相左，观点对立，人人都被战争加上沉重的责任，所以都在战争中加强他们的社会威望和道德力量。法国对思想和对知识分子抱有的某种信心（这种信心自 1918 年以来经常受到贬损诋毁），就这样达到血腥的顶点。诚然，从阿纳托尔·法朗士在 1915 年发表的《在光荣之路上》一书中的枯燥无味的爱国话语，到亨利·巴比塞的获得 1915 年龚古尔文学奖的国际主义色彩十分浓烈

---

① 蒙田（Montaigne，1533—1592），文艺复兴时期法国思想家、散文作家。以怀疑主义精神从研究自己扩大到对人的研究，反对经院哲学和基督教的原罪说。著作有《随想集》。

的《火线》，到 1917 乔治·杜阿梅尔的虔诚的《殉难者的一生》，其间还有多热莱斯①、热纳瓦②，甚至罗曼·罗兰，散文可能变换过口气，可能在过分轻松地讴歌英雄主义的同时（例如亨利·博尔多③），碰上无法言喻的痛苦。但是，作为优秀知识分子，任何作家即使没有为爱国主义作出最大牺牲，也从来没有说过，或者从来没有写过他的祖国可能灭亡。

决心战胜，不然就死亡；后来，决心战胜为了不再死亡；在最坏的情况下，希望和平，只要是胜利的和平。上述观点变成了组织整个公开的文化生活的固定思想，即使在怀疑重重的时刻。并不是说，单纯的娱乐消遣消失了，在后方这是不言而喻的，甚至有时作为刺眼的模仿，在前线后面的休整区也未消失。战前所有的文化娱乐消遣场所——有歌舞杂耍表演的咖啡馆、剧院、集市节庆或者展览——恢复了营业，同时将它们上演的节目涂上爱国的色彩，而且贯穿整个战争时期。然而，这种残存的消费只不过是泡沫而已，它的历史意义今天看来似乎微乎其微。在文化方面，主要的东西还在于对价值标准的认同，在于对共和国的最低限度的忠诚。这种认同和忠诚，掩盖着可怕的事物而并不为之辩解，并且给每个人以"坚持"下去的勇气。正如让—路易·罗贝尔所说，这一点，在那个似乎在 1914 年最被排斥在民族之外的社会集团——工人——里得到证实。的确，即使在 1917—1919 年革命愿望最强烈的时期，用高昂的代价换来的贫瘠的社会主义文化在最有觉悟的工人中间消失了。罢工本身不再具有什么阶级性。阶级觉悟在民族感情这个"硬核"上受挫。围绕着这种感情，人们的态度多种多样，但没有人否认它。总而言之，1918 年革命性很强的罢工工人，在德国的攻势再度黑云压城之际，也知道终止他们的运动。这种对未来的承诺因而有了出乎意料的社会基础。但是，民族的祈祷却更有年龄段。如果不考虑众多痛失奋战沙场的子女并因而绝望死去的年迈父母的难以抑制的痛苦，就无法解释巴黎老人突然超高的死亡率。相反，征募青年获得圆满成功。斯特凡娜·奥杜安—鲁佐清清楚楚地看到，恨大仇深的儿童文学的激烈语言和图像、所有学校把道德和爱国的话语坚持到底的顽强精神、青年对支援战士的行动所怀有的忠诚，乃至他们的游戏的好战化，这一切是多么有效果又合时宜，而这首先是因为，这一切有从家庭中，从基督教的教理问答课本中或者从街头获得的信念为基础。

1918 年 11 月 12 日，剧作家、法兰西学院院士和《费加罗报》的政治主任阿尔弗雷德·卡皮得出了如下的教训："对祖国的信任使军队战无不胜，攻无不克；使伤痕累累的人民坚持下来；向整个民族发出不要消亡的神秘命令"。不错，信仰的觉醒和信念的突然爆发，把这种赞同的种种社会表现融入最高的战争目标，

---

① 多热莱斯（Dorgelès，1886—1973），法国作家。作品有《木十字架》等。
② 热纳瓦（Genevoix，1890—1980），法国作家。作品有《污泥》、《1914 年的人们》等。
③ 博尔多（Bordeaux，1870—1963），法国作家。作品有《羊毛连衣裙》等。

把使共和契约纯洁高尚的集体升华思想更深入地植入受到震撼的每个人的头脑中。然而,更屡见不鲜的是,这种用民族牺牲来实现的救赎,毫无疑问也是一种驱散死亡顽念的方式。这种顽念肯定折磨着众多人的思想和意识,并且维持着人们心中对这个充满了前所未闻不幸的时代的不理解。

2

难以忍受的痛苦

"没有那么多的德行,就不可能有那么多惨事。"保尔·瓦莱里的这个说法尽管值得商榷,却也有这样一个好处:它让人明白,受到高度评价的承诺和对祖国的忠诚,经过千方百计的培育,掩盖了成千上万人模糊感受到的东西,掩盖了他们勉强让这种模糊的感受与他们分担的集体苦难在他们心中共居的东西,1918年以后,又长期让这种模糊感受在一种往往是无声无息的否认或者否定中进入他们心灵的最深处。这个不可名状的被掩盖着的一面,就是必须承担一种不能接受的暴力和阿兰后来所说的一种"被当作工具"的人的堕落;就是必须内化这种震撼人的而且以高昂的代价获得的确信。这种确信是:战争是一种激情的罪恶;战争粉碎人,并且破坏人们以其名义让人死亡的价值标准;如果战争的幸存者不接受战争所能发出的唯一告诫:"永远不再如此!",战争就只会预告新的不幸。战争是一部内心分裂的历史,一部公民权利断裂的历史,一部道德潜伏的历史,这部历史尚未完成,要在对乱七八糟的一大堆信函和笔记、个人创作和对家庭回忆录进行了研究之后才能完成。历史学家能够通过研究这些材料收集到一些沉默的片断、藏头露尾的招供、准备好的讲话里的口误(这些口误流露出违心的怀疑或者确信),并试着把它们联系起来。但是,既然很多当代人很快就深信,这种不安将使日后的岁月变得阴暗和再度悲剧化,因此要紧的是,至少能够简要地在我们所能收集到的资料中找出几根导线。这是因为,我们不要怀疑,不安和恐慌的心理产生了后果,而且对灾难的萦念、悲观主义,甚至虚无主义在1914年—1918年可怕地发展蔓延,毫无疑问,同时发展的还有令人放心的来世说,但这后者无法偿还为战争胜利所付的代价。

一切都由于在1914年的最后几个月,人们发现了现代炮火的强大威力。战争暴力的增强不仅是因为破坏性手段的工业化(国家、后方企业和平民,简而言之,整个民族向其提供了不知多少援助),而且由于打仗使人粗野化,使破坏手段的使用普遍化。这场战争因为接二连三地跨越了残酷无情的界限,因为使肉体和精神的暴力放纵无度,而变成了全面的战争。确认遍及各地的动荡,就必须接受——默许的也好,非默许的也好——文明必然而迫近的崩溃(而人们自以为在

图 19 图为1915年或1916年的"抽抽嗒嗒的跳蚤酒馆"和一支在后方休整的快乐的部队。这支部队驻扎在一间废弃的教室里,并把它作为指挥部。小酒瓶和烟斗,葡萄酒和咖啡,一点稻草和一个屋顶,这就构成了生活的全部温馨,并被香烟盒做成的小提琴升华。士兵们平静、自若,毫不在乎摄影师的镜头。在所有兵营里,这类消遣不可缺少,它能使人暂时忘记难以忍受的战争暴力。(此照片摘自里布依奥的《枪杆子下的音乐》,鲁埃尔格出版社)

保卫这种文明,保尔·瓦莱里后来这样说),同时要接受人类进步、科学和知识的崩溃。这种确认每天都在否定早上刚刚写在教室黑板上的东西。

当炮火暂时缓和下来,战士们能够呼吸、发怒或者思考的时候,他们自然首当其冲,受到这种灵魂的恶性肿瘤的侵袭。在他们身上,一切——肉体上的痛苦和精神上的厌恶——都在每天与死亡和痛苦的共处状态中混合起来。在斯特凡娜·奥杜安—鲁佐所研究的战壕报纸里,在冲破了生理和心理的审查制度的阻挠而得以公诸于世的家庭通信和叙述中,这种状态显露得清清楚楚。然而士兵们的头一个防御性反应,是继续当穿着军服的平民;是使用一切有用的方言和熟悉的词语在他们之间培养布列塔尼人或奥弗涅人的、庄稼汉或职员的亲近感情;是没完没了地搬出过去使他们显得突出的事物;是随时随地,尤其是在最坏的恐惧时刻,回忆他们从前的文明生活的片断——爱情、惯常的闲聊、同伴、阅读、电影、摆在白色桌布上的丰盛菜肴,以此来使他们在新处境中便于交往;是通过信件或者休假尽可能以老百姓的方式同他们的家庭恢复联系,就像什么也没有发生似的;是比平时更加关心侄儿的学习和母牛下牛犊;是使他们的艰辛和爱情平淡化,以便如果他们有幸安然返回时什么都不受影响。他们作为被逼得走投无路的优秀工人,理智地加入爱国的力量,只要媒体不过分用漫画的手法描绘他们的痛苦就行了。这样做也使他们免于陷入绝望的自闭,或者陷入愠怒忧郁。当时流传着一种前线和后方无法沟通的谬误说法,他们很早就能够读到或听到这种说法,并且为此感到痛苦万分。特别当他们讲述前线的情况时,往往采取同样防御性的方式和口气,以一种面对难以接受的事物时所持的不妥协态度,而对这种难以接受的事物,他们过去不得不让步。1929 年诺尔顿·克吕出版的战士文章大汇编便是建立在对战争恐怖的一种十分和平主义的、温和的看法之上。这种恐惧谈着自身,而并不真正描述自身。对它的揭露上升为绝对精神,无须多余的佐证。这个汇编非常注意避免谈及血流成河、肢体残伤、血肉横飞的场面,也避免谈及肉搏、盲目进攻、疯狂的呼叫、会发出尸体臭味的肉体暴力和救护站。

虽然在前线采取了大量非军事的、文明的和"教化的"预防措施,人们仍然猜想,彻底的暴力即使无人谈论或被埋藏在无意识中,仍然摧残了大批生灵,动摇了这些生灵的文化基础,弄乱了他们最神圣的价值参照。谁会说出肃清战壕里残余敌兵的人(全都是志愿者)的真实心理状态呢?谁会说出那些学会冷漠无情地杀戮和伤残别人的死里逃生者的真实心理状态呢?谁会说出不被准许接近镜子的面部受伤的伤员的真实情绪呢?还有那些被捆绑在病床上的吓得发疯的伤员(最糟的时候,7 名病员中有 1 人是吓病的),以及那些 11 月 11 日以后万念俱灰、奄奄一息、肉体和精神上都残废的人?除了造成死亡的痛苦之外,文明的工业战争也增长和武装了对他人的种族仇恨,唤醒了人的最邪恶的本能,传授了对血的嗜好,撕碎了理智。它的暴力虚无主义凶猛地打击了大批战士,抹去了人的平民的、文化的甚至国民的一面。它的无法抹除的污点,部分地为成千上万个在这种痛苦中透不过气来、可怕地经历过那个时代的人的未来打上了印记。

　　研究这场屠杀的历史学家今天甚至还证实,战争在唆使人们为非作歹方面,对平民也不放过,当然在程度的轻重、规模的大小以及地理位置上不相同,但并没有因此而改变它的性质,而且,为了捍卫"士气",比人们当时所说、所承认或所以为的要厉害得多。比如,遭到轰炸的兰斯人①急忙藏身在人们认为他们具有的英雄主义里,才下定决心在他们惨遭劫掠的城市中艰难地活下去;被归并者忍受了最冷酷的凌辱;难民经常不得不学着战胜"接纳地区"的冷漠和欺凌。然而,对斯特凡娜·奥杜安—鲁佐指出其可悲典型性的那起强奸事件又该如何评论呢? 这一事件的主角是个饭店女工,名叫约瑟菲娜。她于1916年8月产下一个男婴后,马上把他弄死。她的罪行表面上平平常常,同1914年以前很多单身女子所犯的杀婴罪并没有什么两样。然而,塞纳的刑事法庭陪审团成员却在庭上旁听公众的欢呼声中宣告这个女人无罪,因为她提出最好的减罪情节为自己辩护:她在德军入侵的默尔特—摩泽尔省遭到德国人强奸,她决不愿要一个生父是德国佬的孩子。她的律师补充说,如果让这个奸生的孩子活着,就是让"一起将敌人的血掺入法国人血中的这一反种族罪行不受惩处"。怎么能不认为这种弃婴行为变成了战争行为呢? 针对那些其家庭已经在前线失去了很多很多青年的陪审团成员,被告的辩护人狠狠地用一个决定性的论据加以反驳:"约瑟菲娜没有让那些杀死了你们孩子的人的孩子活下去,难道有罪吗?"

　　就这样,在多起其他强奸案中,这一起案件属于战争暴力造成的行为的"野蛮化"、表象的颠倒、道德标准的否定。直到1915年的头几个月,当第一批令人尴尬的孩子足月时,这起强奸事件才真正为法国舆论所知。以莫里斯·巴雷斯为首的一些后方的道德学家,使用大量最高等级的用语和复仇性的迂回说法,让人明白这出悲剧是"现代的"。然而,奸生婴儿很少被人认为与孕育了他们的罪行毫无关联。遭到奸污的女人和女孩往往被人认为是遭到侵犯和玷污的法国的殉难者。人们怎么会宽恕他们——"卑鄙无耻的强盗"所生的"小蝰蛇"呢? 因为,正如当时法国的爱国报刊所说,这些"小蝰蛇"将使"法兰西种族"冒退化之险。世纪末的一切幻觉被一种扩散了的社会达尔文主义和一种被升格为"通过影响实现遗传"这一科学理论的"先父遗传"论支撑着,因此促使人们摒弃这些新生婴儿,把他们交给社会福利单位。"敌人的孩子"在好几个月内体现了战争对道德标准和对人类尊严的大量违犯行为造成的犹豫或恐惧。在当时舆论的状况下,合法的和共和政体的解决办法——妥善安排的赈济加上对权利的尊重——立刻在勒米尔神甫这样心地善良的人的支援之下制定完毕。这种解决办法值得称道。它似乎足以把事态平息下来。然而,面对曾经伤害过无辜者的这种暴力

---

①　法国北部城市兰斯的居民。

行为,耻辱和怀疑,还有不安,依然存在。

这类揭露出来的层出不穷的事件,将帮助历史学家相对地看待这种否认文明的社会力量,或者至少帮助他们更加正确地权衡这股力量。但是,人们清清楚楚地感觉到,战争的这种毒性也防碍人们去思考它助长过的前所未有的破坏力量。虽然电影、摄影和文学逐渐在更加忠实的外表下描绘战争的毒害,虽然1917年以后的那些回忆必定会涉及众多控诉战争的死者,但是我们不得不承认,在当时并没有关于这种对世界的突然否认所作的真实和连贯的思考和表述。例如法国哲学家就保持缄默。正如人们所看到的那样,他们深深介入保卫文明的斗争。然而,耐人寻味的是,他们当中没有任何人的任何著作敢于碰触习俗风尚方面的形而上学的新基础问题。某些画家进行合作,探索性地为这类新问题作画。但是,他们当中最先进的人中也没有任何人,至少在法国没有任何人能痛下决心去解构和渲染这个难以形容的时代的粗暴、激烈和艰难,去放弃高脚盘、吉他或者南方的阳光,去正面挑战有意义的死亡。相反,马蒂斯还为战争对"绘画题材本身"没有产生什么影响感到高兴。毕加索和布拉克已经愉快地互相摹仿绘画风格,并且埋葬了立体主义。杜飞沉溺于爱国主义的木刻中。只有费尔南·莱热一个人想到面对战争必须战栗。

我们不要进行评断。在结束这一章之前,我们只提醒人们一点:成千上万个法国人的异常热烈的支持和缄默无语的询问,已经有助于在他们很多人思想上发展一种与世俗化背道而驰的"战争宗教"(艾蒂安·富尤)。今天我们重新发现这场战争的激烈程度,而无法说出它是否在紧急状态结束后还继续存在。在一连串无穷无尽的痛苦中,为正义进行的征讨对大多数人来说是共和国的耶稣再降临人间,而在某些人那里却纯粹是一种耶稣受难。安妮特·贝克尔说,在置身前线的战士中,形成一种真正的灵修,它同"后方生灵的紧张生活"紧密结合,休戚与共。大规模的死亡和痛苦肯定导致人们召唤神灵。这样说并不是选择马西斯的《牺牲》来反对巴比塞的《火线》。这只是认为抬担架的伍长泰亚尔·德·夏尔丹言之有理。德·夏尔丹1917年敢于在他的《怀念前线》一书中写道,在被蹂躏的苏维尔山丘上,在杜奥蒙的泥泞里,人们有可能呼吸到一种充满幸福的空气。

给人教益的彩画玻璃、胡乱涂写在战壕壁上的话句和图画、保佑性的纪念章和刻在炮弹底部的基督受难像、掩蔽战壕进口的临时祭坛、奄奄一息者的祷告,这些都一再重复"面对死亡不光只有长时间的使人悲伤的等待"。在令人受不了的粗暴野蛮中,宗教信仰和礼拜仪式、改宗和代人祈祷似乎大有救助的用处。很多法国兵也确信,路德教派的德国佬随身带着《启示录》,确信战争带来的极度痛苦在对法兰西和对耶稣圣心的爱中净化了,确信信仰对补偿痛苦和吊唁在战场上倒下的同伴具有价值,确信战争本身是对耶稣基督的大规模的模仿。某些人认为,曾经通过卢尔德和拉萨莱特成为19世纪安慰者的七痛圣母玛利亚,永远不会抛弃她的孩子,并且将很快变成胜利的圣母玛利亚;认为利西厄的泰蕾兹和洛林的让娜也能够提供支持。更不用提迷信的回归:钉在掩体上的马蹄铁、各种不同的护身符和防弹圣经。但是,这种耶稣教信仰的复兴运动似乎是一种"紧急宗教"之外的其他事物。

并不是人人都到达了彼岸。远远不是。这些牺牲者的大量问题将石沉大海,永远得不到回答。然而,痛苦和对现代化了的灾难未作的思考不停地笼罩着这决定性的四年。安德烈·布勒东①说,这二者以后都会产生很大的作用,以至在1918年以后出现某些"生存的野蛮行为"。不过人们以后可能世俗地认为,对死亡和对赞同的虔诚回忆将代替临终圣体。

---

① 布勒东(Breton,1896—1966),法国诗人、评论家、编辑、超现实主义运动创始人之一。鼓吹艺术创作的"纯心理的自动作用",坚持内心经验不容外部的任何控制。作品有《傅立叶颂诗》、《娜佳》等。

2. 第二部分

加速的时代（1918年—1962年）

导　言

　　一个人类社会,其生活的各个方面并不一定都按相同的节奏跳动。这一看法已变得相当平常,正如把事件的节拍与社会的和心理的节拍区别开来——前者急促、不平稳,后者较为徐缓——已成常规一样。然而,不能不看到,对 1918 年以后的法国来说,这种区别变得不那么切题,或者,说得更确切些,虽然这些节拍划分仍然十分清晰,它们却都在加快速度。一方面,在几十年内,世间风雷激荡,相继出现了第一次世界大战(在某种程度上法国是其"震中",至少对西欧而言)、一次在 20 世纪 30 年代连绵不断的萎靡危机①、一次出现于 1940 年的使国家休克的崩溃②、一个暴卒的 70 岁的政体③、一个差不多同时面对冷战和非殖民化这两个全球性浪涛的第四共和国④、一场持续八年之久的阿尔及利亚战争,以及一个诞生于动荡沸腾的阿尔及利亚之春的第五共和国⑤。在 1914 年和 1962 年之间,在不到半个世纪之内,法国确实经历了它历史上的一个风起云涌、险象环生的多事之秋。

　　然而,另一方面,尽管历史如此事件频出,尽管由此产生的痛苦和悲剧纷至沓来,但在历史的范围内或许还有更加具有决定性意义的事。这 50 年的确具有双倍的重大意义。1919 年 7 月 14 日,法国庆祝新近取得的胜利并作为世界第一军事强国而举世瞩目,1931 年法国在排场盛大的殖民展览中庆祝其帝国的广大幅员和悠久历史,而且,根据同年的人口统计,其人口特点是城市人口和农村人口之间达到数字上的和谐(农村人口在这个时期头一次略微被城市人口超

---

① 指 1930—1935 年席卷资本主义世界的经济危机。
② 1939 年 9 月英法相继对德宣战。1940 年 5 月德军侵入比利时与荷兰。6 月德军占领巴黎。法国政府被迫与德国签订贡比涅停战协定。法国贝当政府迁往维希。
③ 指法兰西第三共和国(1870—1940)。
④ 1944 年 8 月,美英盟军在法国诺曼底登陆。8 月,美英盟军在法国普罗旺斯登陆。8 月 19 日巴黎开始起义。8 月 25 日巴黎解放。1946 年 10 月法国新宪法通过,法兰西第四共和国成立。
⑤ 1958 年 5 月,法国殖民主义分子在阿尔及利亚发动叛乱。戴高乐临危受命,组织新内阁,并迅速拟订新宪法草案。9 月 28 日法国全国公民投票通过新宪法。法兰西第四共和国(1946—1958)宣告结束,法兰西第五共和国诞生。

过),那个时候的法国与20世纪60年代的法国之间的反差真是不啻天壤:20世纪60年代的法国已经缩回它原来的六角形①,只不过还保存着几个"帝国的彩色纸屑"而已。一个名叫亨利·芒德拉的社会学家预言,在这个法国,"农民的末日"迫在眉睫!如果说事件的"节拍"在这个世纪中变得更加急促的话,那么,结构的"节拍"也比平时更加突出而强烈:一切——布景和演员,景物风光和居住条件,社交和感情——都发生了根本性的变化。社会和心理的变化浪潮更加湍急。其他世纪的这类变化要慢得多,费尔南·布罗代尔②曾经作过描述。十年这个计时单位,只在事件迭起的时代普遍应用,而在这里已变成了这些社会文化变化的计时标准。

但是,条件是要把细微的差别表述出来并且加以准确说明。一方面,必须从现在起就注意到,这个变化在20世纪60年代初还远远没有完全显示它的影响(这与前面谈到的并无矛盾之处)。相反,它的节奏将更加快速。这一点解释了本书的结构为何由三部分组成。另一方面,加速的时代紧接着第一次世界大战,异乎寻常地以一种对逝去时光的寻找开始。这种寻找尤其通过"美好时代"的主旋律表现出来。然而,在这个时期,通过集体对永恒的回归的传统反应,历史的车轮已经向前转动了一挡。

---

① 20世纪50年代,法国的殖民地越南、摩洛哥、突尼斯等先后独立。20世纪60年代,法国在黑非洲的各殖民地和在北非的殖民地阿尔及利亚先后独立。
② 布罗代尔(Braudel,1902—1985),法国历史学家、法兰西学院院士、年鉴派代表。代表作有《菲利普二世时代的地中海和地中海世界》等。

第七章　仍然是共和国

在很多方面,是第一次世界冲突宣告了——而且是用什么样的方式啊!——真正的20世纪的开始。从"将军们的夏天"到"各个民族的春天",中间经过"人民的冬天"(皮埃尔·米凯尔①),第一次世界大战的四年不仅仅使当时的欧洲燃起熊熊烈火:炽热的炭火在1918年11月11日塞利耶的号角吹响了停战日以后仍然闪着亮光。因为这是休战后潜藏下来的没有灭尽的余火。当时,一种现实势必展现在人们的目光之下:在惨遭破坏、满目疮痍的欧洲,父亲在埋葬儿子。当然,这是战争时期的传统后果,但这次规模之大、范围之广却前所未见未闻。环境的破坏毁损和人的哀伤悲痛,要用第一次世界大战引发的冲击波来衡量。

然而,紧接战争之后,共和国的沃壤似乎并没有遭到席卷全欧的暴力洪水的冲刷。相反,第三共和国显得更加根基牢固。它的制度和组织机构在狂风暴雨中坚持下来,岿然不动,从而在它的诽谤者眼里表现出了经受前所未有考验的能力,拯救了自处危难的祖国。而且正因为经住了这场考验,这个名叫第三共和的共和国似乎成了欧洲大陆的主要强国,而且依靠这样一个地位而更加固若磐石,尽管它经受了那么多的痛苦和流血牺牲。正如弗朗索瓦·弗拉芒对1919年7月14日的胜利大游行所描述的那样,第三共和国的三色旗光芒四射。情况同1914年一样,但增添了胜利。

1

共和国的单一文化

这种表面的巩固需要放在半个世纪的背景中来评估。自从1870年9月4

---

① 米凯尔(Miquel,1930—),法国历史学家。著有《德雷福斯事件》、《法国史》等。

日共和国宣布成立以来,共和政体扎根的速度当然因地点和环境而异,但从20世纪开始,的确把共和国变成"一种社会生态系统"(塞尔日·贝尔斯坦和奥迪尔·吕德尔)。人们看到,这种"社会生态系统"的构成既是一种政治现象,也是一种文化现象。这一方面是因为,由于共和意识的飞快沉淀,必须谈到共和国的文化适应。如果说,以1879年朱尔·格雷维取代麦克马洪①为象征的共和国的胜利,在十年以后被布朗热分子危机的解决证实了的话,那么这样一个胜利,只是由于它伴随着共和意识在思想上的扎根才有可能获得。莫里斯·阿居隆的关于符号体系和玛丽亚娜的共和形象的著作,以市镇政府的玛丽亚娜半身雕像的迅速普遍化为例,清楚指出"一种赞同的和胜利的社会现象怎样变成一种惯常现象"。1870年的共和版本,1879年的修订本②,是一种"多数效应"的产物,但是,这种效应只是因为有共和水泥才凝固起来,换句话说,正如本书第一章里所言,只是因为共和国在人们的思想意识中扎了根,这种效应才具有了结构性。

另一方面,正是由于共和国在思想和精神上的扎根,当时正在建立的共和生态系统由于它把制度机构和一种价值体系结合起来而变得更加稳定牢固。分析到这一步,引入政治制度这一概念也许不无裨益。让我们把它理解为机构和关系——法律上的或曰其他方面的——的总体,它们使所谓的权力或权威的归属和行使成为可能。但是,它们还被置于作为它们的基础的社会、价值标准以及文化的内部。被这样理解的政治制度因此不但包括对大制度机构的结构的分析,而且也包括对它们的社会和文化的基础的研究:其中肯定有经济基础或者社会关系,同时也有意识形态、政治文化、艺术表现以及价值标准。这种研究,不仅探索国家机构,而且探测各种政治体制的土壤。

"土壤"这个词用在这里并不只是作为一个隐喻。历史学家对政治制度进行的这种探索,不仅仅限于政体的制度机构,并把重点首先放在齿轮上。政治制度的基座同样重要。正是这个基座同这些"齿轮"需要历史学家关注。按这个观点,对政治进行文化的探索就必不可少,而且要特别注意政治文化、艺术表现以及社会的想象事物。要特别提出如下的根本问题:在一个特定时期,政治制度机构是怎样既被一个特定的群体,也被组成这个群体的每个个人所感知的?因为个人和集体的艺术品与社会的想象事物互相混杂,对它们作分析能使人更好地理解正统性现象。这些现象对于历史学家,也像一种合法性建立的机制和过程一样具有决定性意义。以第三共和国为例,这个国家在它的合法性于1870年被

---

① 麦克马洪(Mac-Mahon,1808—1893),法国元帅、法兰西第三共和国的第二任总统(1873—1879)。曾镇压巴黎公社起义(1871年),与保王派结盟。后因共和派在议会两院中均占优势,被迫辞职。

② 1870年1月法兰西第二帝国由奥利维埃组织新内阁,积极进行改革,促进了帝国政治体制的演变。1870年4月第二帝国元老院通过一项元老院法令。该项法令在公民投票中得到绝大多数人赞成。这就是"新宪法"。"新宪法"标志第二帝国从专制帝国向"自由帝国"转变的完成。1879年共和派朱尔·格雷维当选总统。同年6月修改宪法。《马赛曲》被定为国歌;7月14日被定为法国国庆日。

宣布并被1875年的宪法所肯定①的同时，获得一种正统性。这种正统性在世纪的转折点变成一种广泛地得到共同认可的政治文化。这种文化在这种地位中获得它的基础和恒久的生命。20世纪伊始，这种文化就已经是一种在政治上取得胜利的文化。1918这一年也使它显现出在历史上取得胜利的先兆。因此，在这个时期，共和文化绝对是一种胜利者的文化。

那么，在同一个时期，其他一些隐退的政治文化的存在程度和反作用程度是怎样的呢？或者用另外的方式提出问题：在同一个时期，战败者的情况是怎样的呢？在这方面，文化探索也具有根本的意义，而且应该聚焦在"法兰西行动"这个组织上。当然，这个组织出现在从此置于共和国体制下的政治图景中。莫拉斯主义的综合是对绝对君主制度的保卫和阐明，它很少有机会在这样一个环境里扎下根来。然而，它却有过一种无可否认的影响。这种影响在第一次世界大战的后期持续发展：通过多种渠道，大学生界的一部分、知识分子的一部分、开明舆论的某些部分，受到《君主政体调查》一文的广泛而深入的影响。学说主体一旦建立起来，就迅速得到广泛传播，因为使它留下长期痕迹的条件已经齐备。这个痕迹既属于文化历史的范畴，也属于政治历史的范畴。

我们已经看到，这一学说主体与本世纪同时诞生。1900年夏季，夏尔·莫拉斯在《法兰西报》上开始发表他的《君主政体调查》。他用"传统的、世袭的、反议会制的和分权的君主政体"来对抗取得胜利的共和政体。他的思想并不局限于重新提出极端种族主义的论点和主题。它用一种总体的和连贯的学说把这些论点和主题打扮起来，从而继承和扩大之。对莫拉斯来说，法国1789年以前的王朝不仅仅是一个多世纪以来被反革命思想所哀悼的失去的天堂，而且还是因这个天堂的消失而动荡骚乱的世界布局。因此，共和国不仅仅在摩尼教②的看法（对这个看法"法兰西行动"并没有进行革新）中体现邪恶，而且也是一种宇宙悲剧的产物。

虽然"法兰西行动"组织并没有挑起关于共和国的辩论，但却在共和国取得胜利的时刻使这场辩论的影响死灰复燃。归根结底，它毕竟曾经给怀旧思想以系统的论据，并且变成了"下等妓女"③的对立者的思想武库。直到那时为止，共和国方面似乎有理。"法兰西行动"这个组织不仅使君主主义者能够从此倚仗它的名声和势力，而且根据夏尔·莫拉斯的说法，是理性构成了君主政体回归的历史必然性的基础。因此，在两个世纪的结合点上，在"继承和回忆的保王主义"（菲利普·阿里埃）和莫拉斯提出的充满理性主义的学说之间有一种嫁接。

---

① 1870年7月普法战争开始。9月2日拿破仑三世和麦克马洪率领8万多法军于色当投降。9月4日，巴黎爆发革命，推翻法兰西第二帝国。法兰西第三共和国诞生。1875年1月，法国议会通过瓦隆宪法修正案。法兰西第三共和国正式成立。
② 3世纪由摩尼创立于波斯的二元宗教，旧译"明教"、"明尊教"或"牟尼教"。
③ 保皇党对共和派的蔑称。

战后，虽然莫拉斯大师的思想在整体修建起来的意识形态大厦的陈旧色泽中僵化了，他的弟子以后却继续传承这种思想并扩大它的影响，特别在知识界。而且这里有莫拉斯主义的一个根本方面。它构成"法兰西行动"的力量，并且从此以后使几代极右派知识分子想入非非。这个根本方面就是：尽管"法兰西行动"几乎不是一股选举力量，却有能力占据"抽象政治"的领域，亦即占据政治文化和意识形态的领域。1932年，阿尔贝·蒂博代在《法国政治思想》一书中就指出这一反常现象："法兰西行动""既不能选出一名参议员，也不能选出一名国民议会议员"，但却具有一股强大的"心智影响力量"。事实上，它在1919年11月的巴黎地区立法选举中只获得这个地区的3.2%的选票，而在同一时期，至少直到1926年遭到教皇谴责为止，却在拉丁区鼓动了很多人，这两者之间的对照是强烈的。

莫拉斯运动在这个时期的确拥有为数颇多、积极活跃的一茬接一茬的队伍。当然，它的历史是一个"知识分子小组"（厄让·韦伯）的历史，而且以这个身份，它的言论开始时是小集团言论。但是，它很快就有了新信徒。这些信徒迅速扩大了莫拉斯主义的势力和影响。公立中学和大学受到广泛触动，即使由于20世纪20年代中等学校和高等学校学生数量不大，这种吸引力只触及数量有限的一部分公众。因此以印刷物为基础的另外一些队伍是重要的。这些印刷物中有报纸——其中当然有《法兰西行动报》，同等重要的还有书籍。其中，"法兰西行动"组织的历史——被人优雅地起外号为"卡佩①历史"——由阿尔泰姆·费亚德书店编辑出版的《历史研究大丛书》推广普及。这套丛书引起的反响十分强烈。甚至在"法兰西行动"的影响领域特有的社交团体——例如菲斯泰尔·德·库朗热俱乐部——之外，"法兰西行动"的形象也经常受到高度评价并且扎下了根。雅克·班维尔②和路易·马德兰③很快就有了自己的听众。

这就产生一种重大的力量幅射，因为这种文化适应过程导致随后久久不消散的影响（这些影响与政治事件的严格年表并不相吻合）。皮埃尔·加克索特④的《法国革命》一书在一再重版的过程中，在这个方面给人以深刻启示。然而，这本书出版于1928年，即教皇谴责"法兰西行动"组织之后还不到两年。"法兰西行动"的保王主义尽管遭到谴责，仍然是（如果可以这样说的话）随后十年期间文学界的一个重要组成部分。

---

① 指卡佩王朝，即中世纪封建时期（987—1328）的法国王朝。把"法兰西行动"的历史称为"卡佩历史"是讽刺这个组织的保王性质。
② 班维尔（Bainville，1879—1936），法国历史学家。倾向民族主义，参与"法兰西行动"。著作有《独裁者》、《第三共和国》等。
③ 马德兰（Madelin，1871—1956），法国政界人士、历史学家、议员。著作有《丹东》等。
④ 加克索特（Gaxotte，1895—1982），法国记者、历史学家、"法兰西行动"成员。著作有《路易十四的法国》等。

图 20

图为皮埃尔·加克索特的《法国大革命》，1928年出版，后多次重版，并列入袖珍本丛书。这本书清楚地阐明了"卡佩学派"的发展脉络，虽然在大学里未激起强烈的反响，却在广大公众中产生扩散性影响。书的作者1953年进入法兰西学院。而他为之效力的夏尔·莫拉斯，在法国解放时被从这个机构中除名。

因此，以为在两次世界大战之间，莫拉斯的影响领域已僵化凝固、缺乏诱惑、毫无威信，这是错误的。相反，"法兰西行动"当时既是一股有牢固基础的强大的心智力量，对它的拥护者来说，也是占统治地位的共和思想老路之外的一所思想学校。这是一种很好的处境，既有一种可以使《法兰西行动报》的那些因袭传统的读者放心的体面，又有一种能吸引与传统决裂的青年的火药味。对它的拥护者来说，夏尔·莫拉斯运动似乎是源远流长传统的一股新流，一种已经建立起来的社会和文化秩序的保证。人们知道一句被人认为出自保尔·布尔热之口的俏皮话。这句话说，对抗革命颠覆的四个主要欧洲堡垒是：贵族院、教皇、普鲁士的总参谋部……和法兰西学院。然而，后者却经常被人感知为莫拉斯主义的要塞。当然，如果人们想到 1938 年 6 月夏尔·莫拉斯在孔蒂码头当选之前遭到的种种挫折，就会知道这样一个名声是十分迷惑人的。但是，毋庸置疑，在众多《法兰西行动报》的读者当中，有一种思想根深蒂固，即：夏尔·莫拉斯的思想不仅在历史上是正确的，而且，既然他的思想以可敬的制度机构作为担保，因此在社会上也应该受到尊重。

"法兰西行动"不仅善于吸引和维系同情它的保守分子，或者反动分子（它向他们提供一种连续的保王主义），也善于把一部分学生吸引到自己这一边来，并且在两次世界大战之间把这部分学生保留在这个组织里。青年知识分子怎么会这样受到君主制度的吸引，受到被视为思想体系的反革命的诱惑呢？原来，这种思想体系向他们提供一种决裂的保王主义，对取得胜利的共和政体和居于主导地位的文化都执异议。莫拉斯分子经常以不可否认地反对因循守旧的文化倾向为理由，摒弃这种占主导地位的文化。

加之，毋庸置疑，"法兰西行动"有其幻想的一面——关于这个方面，拉乌尔·吉拉尔代写道："这是法国 19 世纪最后一个伟大的政治乌托邦"——因此，黄金时代的神话就为期不远了，这个神话为这股潮流增添了光彩，也历史地为这股潮流设下它的局限。莫拉斯主义脱离了它所分析的历史背景和它所谴责的社会，因此不能左右正在形成的历史。也因为这一点，它的言论没有行动的性质，而是诅咒的性质。这就对法国的政治文化至少产生两种后果。一方面，这种与现实的脱节归根结底使莫拉斯分子很少能扎根，而且当历史的浪潮涌来时，这种脱节会造成不可逆转的漂移。一种咒骂的文化，在言论自由的制度下已经有害。而当诅咒和告发有时以鲜血为代价，这种文化在法国被德国占领时期就变得祸国殃民。20 世纪 30 年代的自由主义民主的危机，使这些意识形态的蝉比以往任何时候都更能尖声鼓噪，反对"婊子"。然而，当历史的北风刮起，欧洲各民族的寒冬①降临时，这些蝉被几十年的诅咒冲昏了头脑，继续乘势追进，在暴风雨平息后便几乎不复存在。另一方面，在更加宽广的范围

---

① 指第二次世界大战。

内,甚至在这最后一次海难①以前,"法兰西行动"这个组织助长了法国内部的文化冲突。

尽管如此,不要过分夸张"法兰西行动"的这种心智光辉。阿尔贝·蒂博代指出的反常现象归根结底并不反常。这种光辉和获选票少之间的对比,清楚地表明,"法兰西行动"并不是作为一股政治力量存在。而正是这种处于时代之外的地位,这种与20世纪法国现实的脱节,构成它的诱惑力的一部分。同时,这种地位和这种脱节使它在结构上处于社会边缘。共和国败将的政治文化不再灌溉政治的任何一个具体部分,因为,共和的观念意识已经变成一种单一文化。

2

右派和左派:一种重新激活的冲突文化

然而,共和国的单一文化并不因此而意味着一种公众认同的文化。相反,冲突文化仍然留存在法国民主的核心。左右两派的划分在这个时期的确保存着它的力量,而且被新的问题激活。

我们知道,在这个领域内,法国大革命是问题的根源。这不仅仅因为,自从1789年夏天以来,这场革命标志着一场两极游戏的开始。在这场革命之后,在整个19世纪,首先围绕着革命的遗产——它的成果和对它的记忆——接二连三展开了政治斗争和意识形态的赌注。在这整个世纪,以某种方式存在着法国大革命的历史痕迹。这场革命的后续效果主要在于一场持续不断的关于适合于法国的政体性质的辩论。共和国仍然像是一个能激发热情和令人神往的,但依旧是潜在性的,而不是具体现实的埃尔多拉多,在这样一个时代(据莫里斯·阿居隆的说法,这是"战斗的玛丽亚娜时代"),左派和共和国之间出现了同一化倾向。

接着,"玛丽亚娜掌权"的时代来临。从此以后,对建立共和政体的渴望很快就不再是划分左派和右派的因素。因为在右派方面,19世纪末和20世纪初,拥护君主制的人和波拿巴分子的影响领域大片大片归附取得胜利的共和政权。在左派方面,情况正好相反。对当时社会主义这股正蒸蒸日上的力量来说,胜利的共和派的玛丽亚娜并不是他们梦寐以求的"社会主义共和国"。在1890年到1900年之间的这些年代,左派与共和国因此不再自然而然地是同义词。在此之前,"蓝色分子"和"红色分子"身处法—法断层的同一侧。从此以后,事情就日益

---

① 指第二次世界大战。

错综复杂起来,尤其因为国家在财产所有制和社会组织中的角色问题长期成为划分右左两派的中心因素。在法国右派的政治文化中,吓唬人的稻草人改换了打扮:长期被视为祸国殃民的政治方案的携带者的共和派,让位给了被视为社会颠覆和经济动荡的因素的社会主义者。而这种变化发生于20世纪伊始,正当法国左、右两派中都出现政党这种日后的稳定结构的时刻。因此,可以说这个时刻起了玻璃感光片的作用,在这块感光片上,现存的政治力量各自摆出姿态。

因此,19世纪末既是"新阶层"在社会学和政治学上上升的阶段,也是新政治机构的文化适应时期,更广泛地讲,还是在给法国何种政治体制的问题上展开经济和社会大辩论的时期。国家在所有制方面,在分配前提取财产量的机制方面,在可能发生的重新分配的机制方面的作用问题,以及社会不平等和经济剥削问题,都被置于政治辩论的中心,并且从此维持着法国左、右两派之间的区分。

1919年以后,这个社会—经济问题不但仍然是根本性的问题,而且被共产主义的出现激活。感光片就这样因为有了一种新的成分而内容丰富起来。或者说得更准确些,共产主义最初在这块感光片上还基本上处于凹形。它还远非一股强大坚实的政治力量。然而,人们已经参照它来进行决策。共产主义作为政治辩论中的真正的"阿尔勒女人"①,广泛地涵盖着演出的节目,但却没有真正在舞台上亮相。

在文化人当中,这个凹形的存在特别明显。我们已经看到,德雷福斯事件在文化人内部凿开了一条裂缝:一边是把普遍的重大价值标准置于他们的政治立场核心的文化人;另一边是把国家民族的利益置于其他任何必要事物之上的人。然而,当战争爆发之后,神圣同盟表面上填满了这两种影响领域之间的距离。绝大多数知识分子和他们内部的德雷福斯分子的后代投身国防事业。一些人首先以"为维护权利而战"的名义这样行事;其他的人则是为了保卫处于危难中的民族利益。如果排除很少几个和平主义者,事实上这几乎就是宣告保卫民族的义务的整个知识分子阶层的情况。当然,在陈述理由的过程中,或多或少含有"民族主义"的成分。这证明,"民族主义者"和"普遍主义者"之间的裂缝始终存在,处于潜伏状态。

这条裂缝从战争结束以来就"重新起作用"。知识分子中的右派和极右派重弹保卫民族利益的老调,必要时还通过"法兰西行动"这个组织这样做。后者同1914年以前一样,对大学生具有强大的吸引力。与此同时,在左派方面,则是已经年逾半百的德雷福斯分子这一辈人于1924年上台执政②。正如后来阿尔

---

① 阿尔勒为法国地名。《阿尔勒女人》为法国作家都德创作的戏剧。剧中的男主人公、青年农民弗雷德因其情人——一个阿尔勒女人——对其不忠而自杀。
② 1924年5月法国举行第一次世界大战后的第二次议会选举。法国社会党、激进党等左翼政党组成"左翼联盟",在选举中取得胜利。之后由以赫里欧为首的激进党人组阁。

贝·蒂博代所写的那样，左翼联盟的胜利同时也是"教师共和国"的胜利。然而，一个深刻而持久的变化正在发生：共产主义将在两次世界大战之间的岁月中，逐渐地变成智识界的一个重要因素。当然，它在 20 世纪 20 年代只吸引某些人数不多的团体，例如超现实主义者，或者一些仍然零零散散的人物。然而，从这个时期起，它就不仅被登录在智识界的图景上，而且还变成其基准点之一。对某些人来说，它是具有吸引力的一极。的确，对法国知识分子的一个重要部分来说，它尤其是个早来的稻草人。在 1917 年十月革命以后不到两年的时间内，甚至在法国共产党诞生以前，法国内部意识形态辩论就多了一个新的主题，一个被认定要扩大的主题——反共产主义。从这个时期起，反共产主义就在右翼和极右翼知识分子的世界观中深深扎下根来。

在这方面，1919 年夏天的一篇集体撰写的文章意义十分深远。1919 年 7 月 19 日的《费加罗报》在文学副刊中发表了一篇题为《建立一个智慧的党》的宣言，以此明确地答复罗曼·罗兰，他在 6 月 26 日的《人道报》上著文谴责战争年代"世界知识界几乎完全弃权，并对疯狂的暴力甘心情愿地顺从"，并且宣称自己站在"劳苦人民"一边。这份宣言的签名者要用"智慧的防卫"来对抗"思想上的布尔什维克主义"。这些签名者宣称："民族的智慧为民族的利益服务，这就是我们的首要原则。"这份宣言还多次隐隐约约或者明明白白说明一点：正是"布尔什维克主义"在威胁着"民族的利益"。

虽然"法兰西行动"这个组织的影响多次在这篇文章——它的作者亨利·马西斯在摆脱了巴雷斯的影响后这时是个莫拉斯分子——里显露出来，但是这篇文章却以内容、署名者及历史意义而大大超过一个受到这样责难的组织名称。夏尔·莫拉斯、雅克·班维尔、保尔·布尔热、达尼埃尔·阿莱维和雅克·马里坦等名字清楚地表明，这张有 54 个签名者的名单事实上是一幅由当时知识界的右翼和极右翼的各种色调组成的单色画。这些"作家"——在宣言里使用了这个词——共同的愿望正是用"法兰西的智慧"来对抗"这个为了更彻底地摧毁社会、国家、家庭、个人而首先攻击精神和文明的布尔什维克主义"。

这篇宣言在它固有的意图之外，还具有双重的根本意义。一方面，对很多文化人来说，战后的这个时期还不是复原时刻。罗曼·罗兰的文章肯定了这一点。亨利·马西斯的文章也没有提出什么别的看法。"知识分子精英现在比任何时期都更加意识到他们的社会责任"，因为"愿意致力于恢复公众精神和人道文学的作家不能逃避政治问题"。当然，我们将会看到，特别从 20 世纪 30 年代起，知识分子对当代问题表态的主题将扎下根来，但在德雷福斯事件的初始阶段，这个主题就已被激活。特别由于，另一方面，在停战后不久，在知识界的图景上开始出现了一道分水岭。毫无疑义的是，神圣同盟的影响和作用一旦消失，这幅图景就围绕着两个敌对的地垒重新调整布设。总而言之，这会显得更像一种延续，而不像一种变化。但是，如果更加仔细观察，这个双极地形已经因战争的震动而

"恢复了青春"。在左派方面,1917年10月的俄国革命间接把"布尔什维克的"陨石引入这幅图景中。这颗陨石不久就被几个人转变为守护神的形象。当然,对另一些人来说,它则很快变为被否定和唾弃的对象。在右派方面,亨利·马西斯的文章显示出反共产主义的过早扎根,也显示出这种对共产主义的拒绝同保卫文明这个主题的会合:"我们之所以打算组织保卫法国的智慧,乃是因为我们把目光投向整个文明的精神未来。"

这里谈到的文明是指西方文明,或者更确切地说,是指用天主教塑造的文明,其天然发祥地(甚至历史发祥地)是"西方"。"保卫西方"是亨利·马西斯珍视的主题。他于1927年以此为题出版了一部著作。这个主题从此以后将在两次世界大战之间的整个时期内,在右派知识分子内部流传。法国被德国占领之后不久,这个派别土崩瓦解之后,这个主题在阿尔及利亚战争期间再度出现。因此,1919年的转变是重大而持久的。知识分子的民族主义在1914年以前以法国的国家—民族为中心,在第一次世界大战以后通过它的某些支持者扩展到保卫"西方",得到了新的重大发展。当然,必须把这一变化置于这个时期的历史背景中:敌人不仅仅是德国——何况德国已经暂时遭到削弱——,从此也是肩负国际主义使命的"布尔什维克主义"。因此,"西方"既是一种要加以培育的价值,也是一道要保卫的防御线。"罗马帝国的长城"①既是文化性质的,也是意识形态的。

当然,从统计的角度看,共产主义在20世纪20年代的西欧还不强大。然而,它已经被知识分子右翼确认为一种潜在的危险,如果处理稍有延迟,便会产生麻烦。总之,对历史学家来说,观察到这样一种局势是司空见惯的:透过似乎占优势的表面连续性,意识形态变化的力量正在发挥作用;知识分子既是这些时代变化的见证人,也是这些时代变化的演员,他们很快就觉察出这些变化,并通过他们的辩论扩大了这些变化。在此,人们也会注意到右翼教士在这个时期具有的智力打击力量。

在这个方面,预示风暴即将来临的小片黑云是至关重要的。一部分法国右派经常对知识界发出的咒骂不应该给人以假象。右派知识分子是一个形式五花八门但却的确存在的种群。事实上,不理解一开始就有了,也就是说,在德雷福斯事件时期,当知识分子出现在公民辩论中时,人们就对此表示不理解。因为1898年2月1日,莫里斯·巴雷斯在《日报》中对"知识分子的抗议"进行了合乎规矩的抨击。抨击的目标是一清二楚的,矛头直指那些曾经在左拉在《震旦报》上发表《我控告》一文之后不久,于1月14日在同一家报纸上要求重新审理德雷福斯案件的作家和大学教授。莫里斯·巴雷斯对这些"所谓的知识分子"毫不心慈手软:"这些不受欢迎的精灵,这些深受毒害的可怜人(《震旦报》编纂他们的文

---

① 古罗马帝国筑有堡垒的边界线。此处为比喻。

集)应该得到一种宽容的怜悯,如同巴斯德①实验室里被专家注射了狂犬病毒的天竺鼠使我们产生的那种怜悯。"

这种表面上的不理解将在整个20世纪持久延续。因此,皮埃尔·布热德②1955年1月在《法兰西博爱报》第1期上写道:"不应该是我,一个从16岁起就自己谋生的人,向你们知识分子讲什么是法兰西精神。然而,我能够,而且我应该转过身子来朝向你们,因为没有我们,你们将只不过是一部思想机器、一面普普通通的鼓而已。当然,这面鼓能够敲响,但在它那层鼓皮下面只有风。"然而,如果从上面所说的情况便下结论说"从年轻人的王子"到"圣塞雷的文具商",右派和知识分子之间的关系仅仅是诅咒(诅咒本身反映了一种几乎是结构性的不理解),那就会是个观点错误。那就是忘记从20世纪初一直到法国解放的时期,是右派知识分子的黄金时代。在整个这个时期,无论从数量上看,还是从意识形态上看,他们都和他们的左派同类一样重要。

3

一个和平主义的法国吗?

在某种程度上,两次世界大战之间的这段时期也是和平主义的黄金时代。把注意力投向在这段时期蓬勃发展的和平主义,可能会显得很不适宜,无论怎样,也会显得有悖常理。这种看法的确像一个历史失败的定论。只有一个意见除外(这个意见应该重提,因为它过于平常,经常被人抛到脑后):和平主义是一种舆论行为,它不一定对事件产生什么影响。它更主要是祈求而不是行动,因而既属于政治文化史的范畴,也属于实践史的范畴。这样框定之后,它便与我们的研究有关,特别因为这是一种群体现象,而这种群体性正是历史研究的对象。

第一次世界大战以后,法国的和平主义意识之所以强烈,这次大战的冲击无疑是根本性的原因。这样的说法表面上是同语反复,规模大小的问题仍然没有得到解决。而一种属于文化史范畴的研究方法在分析这个阶段可能是宝贵的,这不仅仅是因为和平主义是各种政治文化的可能的组成部分。尤其因为,这样一种研究方法把流传和浸透现象置于分析的核心,而这些现象在这里是根本性的。两次世界大战之间的法国和平主义是一种横向的、超越社会集团及文化水平的和平主义。首先应该提起和平主义意识的文化适应在老战士这个层界中,也

---

① 巴斯德(Pasteur,1822—1895),法国化学家、微生物学家。证明微生物引起发酵及传染疾病。首创用疫苗接种预防狂犬病、炭疽等。发明巴氏消毒法。开创立体化学。
② 布热德(Poujade,1920—2003),法国政界人士。20世纪50年代发起减税运动。布热德主义指保护小商人和手工业者,反对征收重税的运动。

就是说在大部分有职业、有选举权的成年男性中的早熟和规模。安托万·普罗斯特的著作既揭示了这种和平主义的规模,也揭示了一种有助于维护和平主义的社交活动:"老战士"现象——有近700万"老战士",其中300万聚集在许多社团内——延长了"战火的一代"的影响,并通过社交活动的十分稠密的结构使这一代人紧密团结起来。这些结构加强并扩大共同感受的特征。"战火的一代"体现了所受的苦难,并且以它自身的存在和影响使对大屠杀的记忆铭刻千古。再者,这一代人想防止这样的疯狂屠杀重演。老战士运动在延续无名战士墓的火焰的同时,使和平主义的火炬永不熄灭。

因此,这种纪念性的并由一种非宗教性的虔诚支撑着的社交活动,哺育着一种富于感情色彩的群体的和平主义。但是,第一次世界大战的冲击也反弹地重新出现在知识分子的和平主义中。一种深深内化了的自责产生出这种和平主义。一方面,知识分子参与战争,受了很多苦流了很多血,这种参与将经历一次蜕变,并且将变为一种道德上不光彩的姿态。战争从此以后以一种反向冲击的形式,自20世纪20年代以来,在很多知识分子眼里变成了绝对的邪恶。另一方面,这种以后使知识分子阶层痛苦不堪的内疚,有时向他们灌输本能的对权力机构的不信任。哲学家阿兰对"权力机构"的猛烈抨击是众所周知的。这些抨击的反响归根结底比他对激进主义的评论的反响更大。而且这种内疚和这种怀疑有时会产生有害的效果,特别在20世纪30年代危险时代再次来临之际,会使知识分子没有能力去思考战争,在同一时期当独裁时代来临之际,会妨碍他们思考极权主义。

因此,知识分子的这种和平主义,对他们来说孕育着未来的痛苦处境,也孕育着有时会变得彼此互相矛盾的忠诚行为之间的分裂。但在这里,这种和平主义尤其使我们能够揭示两次世界大战之间的这种法国和平主义的扎根因素之一。这种和平主义既触及一些实质上具有强大影响力的文化精英,也更加广泛地触及仍然暴露着战争创伤的整个社会。情况既然如此,横向性质就不是这种和平主义独一无二的特征了。这种和平主义也具有纵向的一维,因为它也超越辈代。人们已经看到,这里当然有战火的一代。但是,归根结底,这一代人并不是唯一怀有和平主义的人。本世纪的同龄人会指责他们的上一代,认为上一代人应该对欧洲人民遭受的大屠杀负责。因此,维护和平不是任何一个年龄段人的属性。这种超越辈代的能力,使两次世界大战之间的法国和平主义拥有另一张结构性王牌。这张王牌使这种和平主义得以深深扎根。这种和平主义既是一种触及大多数人的共同一致的感觉,也是一种极端的立场。在很多青年知识分子中间,这种和平主义的确带有一些反叛现存秩序的色彩。对一些人来说,使欧洲血流成河的战争是他们父辈破产的象征,因此进行和平主义的斗争也就是摒弃成年人的社会;对另一些人——也可能是同一些人——来说,造反可能通向一种美学的探寻(超现实主义者就是这样),或者通向一种政治上的决裂,因为在当时"惨遭屠杀的一代人"中,很多人已经转向共产主义。

我们便是这样估量这个时期法国和平主义的扎根。前面说过,一方面它是共同一致的因素,而且还与时代精神的主导倾向相吻合,可以说它与时代精神"同体共存"(莫里斯·瓦伊斯);另一方面,这种和平主义同时也构成一种政治的或者社会的论争载体。这两方面并不矛盾,所有这些理由都说明这种和平主义构成两次世界大战之间法国人的情绪的一种沉重倾向。

归根结底,"生态系统"这个词或许正是最合适的词。第三共和国既是一整套制度机构的系统,也是一个平衡点。它的基础具有广泛的文化性。此外,共和国一旦建立和扎根之后,共和意识就由征服的文化变成了安顿下来的文化。这种文化过去起分裂作用,如今起着巩固作用。从此,这种文化虽仍然是一种冲突文化,却不损害它的一体化的功能。因为,从此深深内化的共和文化变成了一种同一性文化。总的来说,或许正因为这种文化具有冲突的性质——对立双方都因此自以为是共和国的维护者——所以它是同一性的。这是另一个只是表面上反常的反常现象:一种冲突文化可以同时是一根纽带。

图21 即使战争的乌云已经开始聚集,比利牛斯山的那一边,西班牙内战的狂飙已经刮了好几个星期,但和平仍然是深深植根在法国人心中的价值。让·卡吕、卡桑德尔、科兰以及卡皮埃洛等前辈,赋予两次世界大战之间的招贴画和平的主调与色彩。特别是从1932年起,卡吕用自己的才能为和平事业和裁军主题服务。(让·卡吕1936年8月为全国和平日作的招贴画)

第八章 学校、大众和电

在"共和模式"的诞生、扎根这两方面,接着在第一次世界大战以后这个模式的表面上的维护方面,文化所起的主导作用,不仅仅取决于政治文化的汇集。学校在大战前后也是一种凝聚粘合的因素,因而是一种使它历久不衰的因素。而且,在这个时期破土而出的大众文化,即使在其他一些方面,通过其他一些渠道,也在朝着同一个一体化的方向前进。

1

"羊皮纸①的胜利腾飞"?

这个场景发生在圣克卢初等教育高级师范学校1889年的开学典礼上,但它也完全可能出现在1919年或者1929年。这个创建于几年以前的学校的领导人用下面的话欢迎新一届学生:"从人民的精英中,从最优秀的分子中挑选出来的人民的孩子们,你们将被接纳进我们国王的宫殿的留存部分,在那里接受一种显贵的教育。"人们看到,确实,第三共和国从它成立后的最初几十年起,就明确无误地宣布它希望自己成为优秀学生的共和国。它的学校计划和支撑这个计划的论述推理十分清楚明确:进入中等教育,然后,可能的话,进入高等教育这件事,应当建立在"精英"的优长和晋升观念上。这种论述推理也通过像圣克卢这样的学校,把初等和高级初等教育未来的师资包括在内。

从同一个时期起,民族主义者的右翼在这方面没有受骗。它对共和国的攻击有一部分就是针对通过文凭进行社会"毛细管"作用的机制。在保尔·布尔热1902年出版的《旅站》一书中,约瑟夫·莫内隆教授这个阿尔代什农民的儿子,为了自身地位的上升让下一代付出昂贵的代价:他的女儿被人诱奸和抛

---

① 大学毕业文凭的俗称。

图 22 1925年4月，国际现代装饰艺术和工业艺术展览会在巴黎举办。借此机会，安德雷·西特隆用灯光把埃菲尔铁塔装饰得五彩缤纷。据说，280,000个灯泡组成的广告语从50公里外就能看见。那个时代，电迅速改变着人们的日常生活，电的消费反映了正在发生的变化。1923年，法国生产电80亿度，1930年达到220亿度。广告将逐渐与其他大众传媒一起，统一人们的趣味和想往。

弃;他的长子成了伪币制造者。启示是清楚的:约瑟夫·莫内隆仗恃他在学校里的学习成绩,飞黄腾达,跻身一个传统和遗产都不能使他进入的社会阶层。甚至在保尔·布尔热之前,莫里斯·巴雷斯就已经在1897年和1902年之间出版的三部曲《民族毅力的故事》中描述共和国晋升机制的、他认为是恶性的效果:先是教师,不久后当上议员的保尔·布泰耶也是学校培养和提拔出来的。他使自身遭到不幸,还因为让他的学生"背井离乡",使他们也遭到厄运。此外,他不仅因此而成为使社会解体的分子,还蜕化成为一个腐败的政客,从而造成了祖国的灾难。

莫内隆和布泰耶的共同特点是,他们过去都是乌姆街高等师范学校的学生。保尔·布尔热明确指出,约瑟夫·莫内隆"被接纳进乌姆街的这所学校就读。他通过会考以低微的出身获得高的社会地位最终又丧失这个地位。他的生涯提供了我们的民主空谈派倡导的发展的完美典型"。这些"空谈派"大概不会否认,在他们眼里,第三共和国的专科大学有助于通过竞试的途径提拔优秀分子。因此,1880年乌姆街高等师范学校的领导者努马·德尼—菲斯泰尔·德·库朗热致函教育部长说,他们的学校"只为精英创办"。15年后,他的继承人乔治·佩罗①在庆祝这所高等师范学校建校一百周年时宣称:"民主需要精英……,我们应该致力于向它提供用于构成精英的成员。"

1/4个世纪后,方针和意图一如既往,原封未动。居斯塔夫·朗松当时负责领导这所学校,他对《两个世界杂志》的读者解释说:"如果不首先把高等师范学校放在旨在保证征召和培养精英的总体机构中,就无法很好地了解这所学校是什么,它在国家生活中扮演了什么角色,以及它还被要求扮演什么角色"(1926年2月)。因此,共和国的反对者和高级官吏不管是出于惋惜,还是出于庆幸,都承认专科大学在法国的学校和大学机构中的核心作用。根据这样一个事实,两个问题肯定会向历史学家提出:把这些其他大多数民主大国所没有的教育机构——专科大学——置于祖国核心的根源是什么?这些教育机构在前仆后继的法兰西共和国中持久存在的原因是什么?还有第三个同样具有决定性意义的问题:第三共和国的精英领导这一理想(专科大学是其中心和领导)在过去几十年中仅仅是个诱惑还是现实?

要对这些问题进行研讨,引用一些著名的、具有象征性的轨迹,总是轻而易举的。比如,乔治·蓬皮杜②的经历就显得既是一个总监——他是中学毕业会考及格生——的梦想的产物,也是通过毕业文凭获得的社会地位上升的体现。这位未来法国总统的祖父让图是家庭农场的工长,同一个女裁缝结了婚。他的三个儿子中有两个是农民。第三个儿子莱翁·蓬皮杜受到他的小学

---

① 佩罗(Perrot, Georges, 1832—1914),法国考古学家。
② 蓬皮杜(Pompidou, 1911—1974),法国政界人士。属戴高乐派。曾任总理及总统。

教师若瓦先生的青睐,以第一名的成绩考入奥里拉克师范学校。他先任小学教师,接着又当中学教师,娶了一个小学教师为妻,次年生乔治·蓬皮杜。乔治·蓬皮杜后来一直学习成绩优异,这使他得以入读巴黎高等师范学校并通过了大、中学教师资格考试。他在阿尔比公立中学学习期间,于1927年在总竞考中获得从希腊文译为法文的翻译课一等奖。接着他转入路易大帝中学的高等师范学校文科预备班就读。1931年他参加巴黎高等师范学校入学考试,名列第八,被该校录取。他作为该校学生,1934年通过了大、中学文科教师资格考试,名列前茅。

当然,除了几条特殊轨迹之外,这个时期能作为法国高等师范学校文科预备班学生,进而入读巴黎高等师范学校的工农子弟真是凤毛麟角。这所学校和其他专科大学,无可争议地成为像乔治·蓬皮杜这样出生于中产阶级家庭、天资聪慧的公立中学学生社会晋升的跳板。人们会反驳说,能到共和国名声最大的学校之一就读的具有超高智商的中学生屈指可数,不足以从统计上证明共和国是优秀学生的共和国。是的,但要加上几点意见。首先需要提醒人们注意下面这一点:正如数字资料一样,一个社会及其内部机构在这个社会成员心目中的形象具有决定性的意义。譬如,小学教师或邮局职员能够希望送子女去这样一些学校,这一点就有助于给他们和中产阶级的其他成员一个流动的、畅通的社会的形象,在这个社会里,社会地位的上升是一件可能办到的事。第三共和国的一股力量以及保证这个共和国固若磐石和长盛不衰的协调一致因素之一,或许就潜藏在这里。被有关人员通过其最享盛名的"教育机构"中的一个来感知的教育体系,是"共和模式"的主要构件之一。

尤其因为,这不仅仅是个心目中的形象问题。对第三共和国学校的作用所进行的分析(从历史观点看是真实可靠的),应该以好几代人作为对象来进行。暗含在共和国精英领导集团这个概念里的社会的流动性问题,事实上只能置于辈代链的背景中来进行真正的评估。学校与社会大厦之间的关系因而更清楚。因为第三共和国时期的社会动力只有通过数十年的缓慢发展演变,才能够真正测量出来,而学校是其主要部件之一。在这个演变过程中,高级初等学校往往是教育体系的基石。正是在下一代——父母曾经就读过高级初等学校的这一代——经常实现对中等学校和高等学校,甚至对专科大学的向往。

当然,两代人的高级初等学校—高等师范学校这个历程,从统计数字看是一条微不足道的线路。然而这条线路却象征性地显示出共和国的社会晋升的神圣道路。再说,不仅专科大学的领导者将使用这些词语来介绍通向他们学校的道路。这条道路似乎也是第三共和国从政人员(从社会主义者到"机会主义分子"的继承者,即共和派的右翼的一部分)通过学校在社会等级中晋升的最完善的形式。不管对上述的哪一种人来说,精英和选择的概念不但得到认可,而且还是他们对社会结构的看法之核心。然而,这种社会结构并不是共识的对象。因此,在这方面,在从政人员和国民教育的高级负责人——教师或者教学行政人员——之间存在一种协调一致。在本世纪的转折点上,亚历山大·里博①注意到,当他于1899年进行关于中等教育的议会调查时,他所询问的大学教师中,最流行的看法是"培养领导精英是中等教育扮演的角色"。1/3个世纪以后,背景仍然相同。1933年,一些法国大学教师发表了一项由卡内基基金会组织的关于考试和竞试的比较调查的研究报告,报告用这样的话总结道:"在现代社会中,至少在法国,考试正在渐渐变为社会组织结构的中枢……血统和家庭的影响力几乎已经消失殆尽。财富的威力受到严重削弱,在'羊皮纸'的胜利腾飞面前退避三舍了。"

共和国的晋升制度存在下来,主要的受益者是中产阶级,也包括小资产阶级。此外,必须得出一个结论:在几十年的过程中,言论和实践之间达到无可争议的一致。这一点要记在第三共和国的功劳簿上。再说,专科大学只不过是一个更加复杂,但其效果却归于一致的整体的一个方面。从补习班到专科大学,共和政体在学校领域内为社会的流动性所作的努力比为按原样造就统治阶级所作的努力要大得多。人们看到,社会主体的一大部分是这样感知和理解这个体制的,不管他们对此感到惋惜,或者相反,表示赞同,而社会主体往往赞同这种认为学校使社会更加流动的看法。

2

小学教师的共和国

由于初等教育和高级初等教育的发展,小学教师在这个时期处于法国社会文化的核心。总的说来,他们往往来自小中产阶级,本身就是这个优秀学生共和国的产物。关于胜利了几十年的共和国的这些黑色轻骑兵的继承人,历史学家拥有类似人体测量记录卡的资料。雅克·奥祖夫30年前收集了两万名1914年以前开始执教的小学教师的材料。在这些材料中,凸显出一个社会学典型的轮廓:这些教师是农民或者小公务员的儿子。这些材料也显现出一些政治倾向:在这些小学教师中只有1%承认自己位居右翼或者中间。当然,以往的政治界定问题,使这样一个统计学的研究方法具有偶然性和不确定性。但是,它仍然勾画出一些庞大群体的轮廓来:美好时期的小学教师和他们当中1918年以后仍然在职的人大批倾向左派。

通过小学教师的作用,事实上这里必须更加广泛地提到的是学校的作用。

---

① 亚历山大·里博(Ribot, Alexandre, 1842—1923),法国政界人士。曾任议员、部长及总理。

学校的第一个方面已经在上文中指出。在工业化的欧洲现代社会里,能力在社会的镜子中是根本的、最重要的。能力在理论上通过文凭得到保障,甚至被文凭证明合理合法。这就把负责颁发文凭的决策机构置于这些社会的齿轮的核心。此外,也正因为如此,各社会阶层在互相比较中所处的位置,和它们之间可能有的晋升现象,隐隐显现在其中。换句话说,这关系到这些社会的结构本身。在法国,关于学校对社会齿轮和社会结构产生的作用展开过科学的讨论。然而,无论对这个问题作出怎样的回答,对社会的流动性这个主题和对再生这个主题来说,学校都被承认具有决定性的社会学作用,即具有流动性的或者冻结性的作用。关于第三共和国,通过在各个不同教育等级完成的精英集团的社会地位的上升,社会流动性的主题似乎占了上风。在好几代人的规模上,优秀学生的共和国完全是中产阶级地位上升的共和国。

但是,属于社会文化范畴的另外一个方面也在人们讨论之列。我们了解对第三共和国的小学的批评:认为它是致命的、平均主义的,它会破坏当地文化,从而可能有利于生硬的、没有灵魂的统一化,导致雅各宾的国家扼杀"小祖国"①。前面说过,让—弗朗索瓦·夏内的著作驳斥了这样一个简单化的观点。为促使国家统一的完成,初等教育有统一化的使命,这一点当然不可否认。要完成这样一个使命就必须有一个同样的教育计划,这一点同样不可否认。初等教育修业证书在某种程度上是这项政策的工具,这一点也十分明显。然而,条件是不要抹除1919年国家的文化现实:在1919年这个时期,法语的日常使用,没有像几十年前官方通报和指令期望的那样得到普及。两次世界大战之间的报告还指出了法语使用的统一化被推迟所产生的后果,并把学生经常缺课、父母缺乏权威、教师起了离心作用、很多小学教师在这方面缺乏恒心,过分沉溺于地方主义等作为理由加以解释。或者更确切地说,这些报导显示出法语适应地区和环境的灵活性。教学大纲的乡村主义和小学教师渊博的地方性知识,同样也朝这一个方向推促。这正如对当地以及地区的文化遗产的关切一样。在这方面,第一次世界大战之前和之后有连续性:埃米尔·孔布(1896年3月15日)、莫里斯·富尔(1911年2月25日)和让·泽②(1936年12月8日)的通报都向小学教师强调,应该给予地方性的学习和研究必要的份额。

在某种程度上,市镇或者县的视野扩展到地区,这相对于狭隘的地方主义是一种扩大。这一点必须再说一遍:初等教育远没有消除地区视野,反而照亮了它。可能人们会在其中找到第一次世界大战期间法国军人抵抗能力的秘诀之一。在经过战火洗礼的一代人——朱尔·费里的学校教育培养的合法后代——

---

① 指法国各省。
② 泽(Zay, 1904—1944),法国政界人士。曾任议员及部长。

图 23 图为激进党为 1932 年的立法选举张贴的宣传画《有同样的才能,受同样的教育》,它清楚地阐明共和国的"能者居高位"的原则,这一原则当时得到广泛赞同;通过"单一学校"的主题,主张学校面前人人平等和以能力评定人。(勃康为激进党作的招贴画,1932 年)

图 24 《竞赛》创刊于 1928 年,起初是一种体育报。十年后,让·普鲁沃斯特将它收购,从此成了以照片为基础的图片周刊时代的象征。第二次世界大战前,它曾有过第一个黄金时代。(1938 年 11 月 3 日出版的一期《竞赛》)

的内部,毋庸置疑的爱国感情夹杂着一种对"小祖国"的眷恋。共和国的学校加强了爱国情感,也扩大了这种眷恋之情。对共和国学校的负责人来说,地方性的扎根和融入国家社会这两者之间并无矛盾,一个被有意视为是通向另一个的跳板。因而,学校方面的共和集中化,比人们以后所说的复杂得多。

此外,让—弗朗索瓦·夏内所作的分析还走得更远。这些分析指出,小学能够起防止农村居民大批移居城市的栅栏作用。这在学校管理当局是有意为之。这种作用的迹象,可以在这类学校的农村方向上看到。当然,这个方向首先是一个时期的投影,是第三共和国创建之初的投影,那时法国大部分还是农村。然而,这种潜藏的现象并不能解释一切。这里还有一种意志的效果,其强烈程度并不稍低:直到第三共和国终结时,教学大纲和教科书都保留一种不可否认的农村色调。

此外,这种色调与两次世界大战之间的法国相同。诚然,1931 年的人口调查第一次显示城市人口略微超过农村人口。然而,根据法国的总统计表,这两类人口之间的数量差距在 2000 人左右。1931 年的人口调查还使一幅已经简化了的总图更精确,并且加以修正。这个时期共和国内部有市镇 38,014 个。其中只有 404 个,即占总数 1.1% 的市镇居民在 1 万以上。如果这 404 个市镇集中了居民 16,474,224 个,那么这些居民在 10 个法国人中只占 4 个,确切地说占 39.2%。

当人们仅仅限于探索第二次世界大战后的几十年间法国社会的剧烈变化,并且要从中归纳出与 1939 年以前相同的动力的时候,有时把第一次世界大战后的这个时期法国社会的变化描述得很迅速,其实,这种变化并不像描述的那样迅速。在某种程度上,文化的变化先于社会的变化。在这个时期,而且肯定好几十年以来,法国人的心理的确存在着一种看法上的日益增长的同化。这种现象与让—弗朗索瓦·夏内所作的分析并无矛盾之处。当然,这种现象首先已经被学校容许。然而,另外一些因素逐渐更多地介入。这些因素源于大众通讯工具的来临。

3

图像和声音的运用

分析到这个阶段,必然会遇到大众文化这个概念。如果不注意,这个概念提出的问题就会多于它能够解决的问题。这里,我们必须从文化史的定义而不是从文化的定义出发。文化史希望自身处于对严格意义上的创造进行研究和通过这种创造的接收和影响对一个特定人类群体的表述系统进行观察的交叉点上。

采取这样一种研究方法,就远离一个建立在详细审视基础上的对文化遗产的看法——子孙后代所承认的对艺术或智识创造的看法。完全意义上的文化史,的确是人类社会宽大得多的瞭望台。它肯定能使人理解在历史的记忆里为文明涂上色彩的事物——"美",而尤其理解"娱乐消遣"——即逃脱实际体验的方法——和梦想。

我们可以估量到这样一种研究方法的危险——文化创造概念的平庸化,和由此产生的冒险——文化定义的减弱。这样一些疑问引出的争论,有其严肃性和必要性。人们或许在美学和伦理方面分担奥尔德斯·赫胥黎①在他的《最美好的世界》一书中对未来感到的恐惧和忧虑。在未来,人们收到的信息量的饱和可能使思想萎缩并且有产生次文化的危险。但这无妨!在认识论方面,历史学家——哪怕他不得不使他应当恢复其原样的真实情况变样——应该大角度地展开研究,而不要局限于大写的文化。合理地注意流通和传播现象,合理地注意接受和授予过程,就必然会对通常称为的社会文化实践进行研究。不错,随之而来的,是在这样一个背景下与休闲接合与否的老问题。社会文化史也应当研究工作和睡眠以外的时间,这是个原则问题,因为这段时间有时是进行文化传播的最好时刻。然后,挑选是个标准问题(而且是个重要的问题),在某种程度上,也是个主观评价的问题。在这些领域内,具有权威的不是历史学家。

此外,对两次世界大战之间这个时期,不采取这样一种研究方法,从科学的观点看会带来损失。因为,正是在这个时期,大众社会文化实践在法国逐步发展。这种大众文化的载体多种多样。事实上,是它们的积累性效果使这一文化现象具有很大的重要性。社会的搅拌混杂,是由一种已经达到颠峰状态的媒体——报刊杂志,和两种其他媒体——电影和无线电完成的。两次世界大战之间这段时期正是后两种媒体飚升的时期。当然,这种飚升是这个时期科学和技术进步的反映,特别是这种进步对日常生活的影响的反映。说得更确切些,是以电力为基础的器具的使用扩展的反映。大众和电,即使在这个时期的文化背景下已不是什么新鲜事物,却将变成改造这个背景的主要材料。

如果只是通过正在发生的变化来叙述这幅图景,就会歪曲它。因为,在这个时期,文化图景仍然受当时是文化的主要载体的印刷品的主宰。我们已经看到,第三共和国的学校教育政策进一步扩大了在1870年以前就已经强劲有力的扫盲工作:1872年征召的年轻新兵总数的21.5%是文盲,到1921年,这个百分比已经下降到7%。如果我们对1921年征召的这批新兵进行更加深入详尽的分析,就能够清晰地看出这些新兵的文化轮廓,而且由此看到20世纪20年代开始

---

① 赫胥黎(Huxley,1894—1963),美籍英国作家。所写小说被称为"概念小说"。代表作为寓言体讽刺小说《勇敢的新世界》、《针锋相对》等。

法国——至少是法国男性——的文化轮廓。统计数字让人隐隐约约看到5个层级:7%的人目不识丁(入门学习之后丧失实践是常有的事,这使能毕业的人的百分比下降);23%的人拼写困难;38%的人属于初级文化水平;29%的人属于初等教育修业证书水平;3%的人属于高水平。观察这5个层级可得出好几个主要看法。首先,文盲所占的微弱的百分比——7%(1914年的前几年,甚至下降到4%)——显示出19世纪的最初几十年以来所走过的道路。由于这个事实,印刷形式的文字在当时的社会占中心地位。尽管如此,以"初等教育修业证书"为其脊柱的法国的形象,应该具有一些细微的层次。同一年龄级别的人的1/3,或者说得准确些,这个年龄级别的32%达到或者超过初等教育修业证书的水平。这可能引起两种截然相反的解读。为了取得这种证书而进行的学习,的确一直是初等教育的重要部分。随附于1882年3月28日法令的实施通告明确规定,这种证书"是所有已经完成正规的和完全的初等教育的学生寻求和争取的对象"。这一法令给予这种证书的地位将在随后几十年内保持下来。1882年的法令颁布后不到40年,一个年龄段人的1/3达到这一宝贵文凭的水平,这一事实可以看成是初等教育获得成功的另一标志。

尤其因为,属于初级班文化水平的人中38%是这项普及初等教育措施的产物。这些人,连同上述两个层级的32%的人,与过去的时代相比,形成一个人数可观的群体。1921年,法国人口中至少有70%(可能还更多,因为在不会熟练写字的23%的新兵中,阅读实践同样以难以估算的不同比例存在)几十年来已经形成一个庞大的阅读群体。然而,在试图确切说明两次世界大战之间的法国人在读些什么以前,还必须注意到这一点:如果说小学教育当时已经硕果累累的话,相反,中等教育却停滞不前。因为它只涉及每个年龄段中的很少一部分人。只是到了20世纪20年代末,中等教育的免费制度才分期分批付诸实施。在随后的十年中,中等教育在人员和形态方面发生了深刻变化。在1925—1926年和1935—1936年之间的十年内,入学率从6.8%上升到12.4%。免费制产生了它的首次社会效果。

第三共和国在风华正茂之年完成了建立在"初等教育"基础上的转变,它将在迟暮之年开始另外一个变化。这个变化的基础将是中等教育。然而,在出生率异常低的年份,这个变化仅仅开始露头。第二次世界大战之后,在迥然不同的历史背景下,将发生"学校爆炸":接受中等教育的人数1972年达到将近500万。不错,中等教育确实长期存在不足之处,有待于用两种方式来平衡和弥补。一方面,如前所说,高级小学的存在向出身卑微的和小中产阶级的孩子提供了另一种社会晋升的途径。即使20世纪20年代出现了对这种双重制的谴责和日益增长的对"单一学校"的要求,情况也是这样。另一方面,英才教育通过奖学金和竞试,为平民子弟中的智力超群者安置了跃升的跳板。

不管怎样,甚至撇开这些平衡的因素不谈,最根本的仍然是书面文字和印刷品在第三共和国期间已经获得的地位。除了小学所起的统一作用,这两样事物无可争议地成为日益增长的文化同一化的因素。例如,多米尼克·卡利法指出,本世纪初,报纸(从这时起属于大众文化实践)已经在多大的程度上,在社会形象的构成中扮演了主要角色。他这样揭示出来的侧面,是美好时代的犯罪故事的那个侧面。但是,这种看法在另外一些领域内还是有价值的。

正如在1914年以前一样,而且尽管20世纪30年代出现重重困难,日报仍然构成这个印刷品社会的基座。在这个时期末,好几种报纸的发行量都极其可观,例如《巴黎晚报》1939年的发行量达到180万份,《小巴黎人报》的发行量也高达100万份。不错,在同一时期,另外一些更近出版的期刊也展示出强劲的发展势头。一方面,妇女杂志蒸蒸日上。1937年推出了《玛丽—克莱尔》。次年推出《知心话》。这两种杂志的发行量迅速跃升到100万份。尤其是它们以不同的内容,开创了妇女报刊的新风格。战后在《知心话》里添进了一些新内容,特别是照片小说。《玛丽—克莱尔》在这方面更加革新,开战后妇女杂志之先河。而《她》是这些妇女杂志的守护象征。这些杂志当时变成真正的社会现象。另一方面,照片在报纸上的力量和效果继续攀升和扩大,甚至达到开始吞噬报刊的文字表述的地步。照片从作为简单的插图渐渐变为某些报刊的表述形式和主要内容。这种样式的刊物获得无可争议的成功:让·普鲁沃1938年接管《竞赛》,该杂志次年的发行量就达到80万份之多。

这一发展演变是意味深长的。印刷品不再仅仅是文字的载体。图像也渐渐进入印刷品中。正如让·普鲁沃在1932年所宣称:"图像变成了我们时代的王后。"更有甚者,图像还钻进其他一些文化运载工具当中。在报上连载的连环画的领域里,表明人物的话语和思想的线框在20世纪30年代逐渐普及。这种发展演变不但对字体产生影响——因而也影响了风格本身,还推翻了到那时为止严肃古板的大块文章(这些文章的图画过去只是文字的移植和复制)。线框从此突出图像的地位,使文章转变为简单的对话。

图像也越来越钻进另外一种体裁——通讯中,虽然通讯实际上仍然属于文字。于是,这成为明信片历史的一个伟大时刻。再者,在城市人口正在变为多数的社会里,招贴这种以图像为主体的体裁,起着促成文化同一化的作用。本世纪初,招贴在广告开支中所占的份额已经十分巨大,某些观察家甚至估计它占广告开支总额的1/4;根据1901年2月《两个世界》的估计,它在1亿法郎的总额中占2500万法郎。在同一时期,报刊的收入可能为4000万法郎。当然,根据历史专家的看法,招贴所占的份额被过高估计。再者,在随后的几十年内,报刊的地位还进一步提高。在20世纪30年代,无线电广告的出现,进一步缩减了用于招贴的费用所占的百分比。然而,这个百分比在20世纪还剩下的时间内仍然保持在广告总支出的10%左右。如果说招贴式广告在农村主要针对零售商而不是针对顾客的话,相反,自从第二帝国宣告成立以后,它在巴黎街头(从 1900 年起在地铁里)迅速发展蔓延。一些像朱尔·谢雷①这样的艺术家在招贴的风格和主题的简洁方面起了根本性的作用。《巴黎妇女》便是这样。正如 1890 年左右的法国纳比派画家和 20 世纪初的法国野兽派画家一样,图卢兹—洛特雷克在使招贴画和造型艺术互相接近方面出类拔萃,享有盛誉。20 世纪 20 年代,立体派的影响在卡桑德尔②的画中非常明显。这时照相还没有在这个领域真正与广告画师展开竞争。保尔·科兰③当时获得很大声誉,这揭示了招贴所经历的那种黄金时代。1925 年,招贴被接纳进入装饰艺术展览会。

因此,在第三共和国时期,招贴具有三重社会文化影响。一方面,它自身作为独立自主的表现形式存在,并因它与造型艺术的关系而扩大。另一方面,正因为如此,它使广告在法国这样一个社会里,获得了尊贵的地位,而这个社会过去长期敌视广告,认为它受纯粹唯利是图的动机驱动。因此,招贴起了"用钱为广告取得贵族身份"的作用(马克·马丁)。最后,即使招贴最初主要是巴黎的而不是全法国的,但由于它在被大批外省人访游的首都扮演着橱窗的角色——特别在世界博览会期间,也由于它向外省大城市发展,因而深入地触及法国人。因此,它至少在城市的环境中是个真正的社会搅拌的因素。

然而,记录规模最大的文化适应的图像,归根结底是动画片,也就是说是电影。1919 年,电影在生产和发行这两个领域都已经牢固地建立了它的地位。从这个时期起,法国电影工业一派繁荣景象。1922 年,法国生产了 130 部长片。第七种艺术这时已经在法国深深扎根。在这个时期,并存着两种经营形式:一种是大厅——往往是早先的剧院或者有歌舞杂耍表演的咖啡馆;另一种是"流动放映"设备。这双重形式给予这种传媒一股巨大力量,使它形成一个密集的城市网和一个灵活的农村网。从巴黎林阴大道的傲视凡尘的高大建筑物,到张挂在市镇政府大厅里的或者露天的屏幕,第一次世界大战后的电影都有它的展示地点,证实它已经获得社会规模。

在两次世界大战之间的这个时期发生了真正的规模方面的变化。蓬勃发展的电影处于征服的阶段,并很快成为人们首选的一种娱乐消遣。因此,如果说 1925 年在巴黎,电影汇集了各种演出收入总额的 31% 的话,那么 1939 年它的收入就一跃而占各种演出收入总额的 72%。在这两个时期之间,法国的第七艺术不再仅仅是一种上升的文化运载工具,它还因拥有定期前来的观众(他们固定去某个电影院,在那里扎下根来,特别去那里观看周末晚场)而变成了一种社交的

---

① 谢雷(Chéret,1836—1932),法国画家、广告设计师、装饰美术师。
② 卡桑德尔(Cassandre,1901—1968),法国画家、广告设计师、装饰美术师。
③ 科兰(Colin,1892—1985),法国画家、广告设计师、装饰美术师。

形式和一种混合人群以及不断增长的同一化的场所。电影是一种文化三件套，它的这种形式差不多延续几十年。它有助于塑造正处于忠诚化过程中的观众的心理状态和精神面貌。这三件套是：文献纪录片，它开拓新视野，并且修正人们在小学获得的共同的文化知识内容；"新闻片"，它逐步把人们熟悉的世界图景从本国的范围扩大开去；普通影片或者同时放映的双影片，它有助于培育一种共同的感受性。

不错，这样一个文化三件套在过渡到有声影片之后才真正具体成形。如果人们考虑这一过渡引起的技术问题，考虑电影导演，特别是电影演员面临的转型问题，那么这种过渡总的来说是迅速的。自1928年10月起，也就是说在第一部有声电影《爵士歌手》在纽约放映以后，《费加罗报》不得不承认："毋庸置疑，存在着有声电影。"而且，同年第一个设备齐全的放映大厅在巴黎开始营业。从此，电影的发展过程起动了：1931年，法国电影放映厅放映电影总数的1/4是有声电影。随后十年是有声电影不可逆转地发展上升的十年。伴随这个变化的是量的飞跃：1933年法国生产158部长片；1937年尽管发生危机，法国仍然生产171部长片。因此，在这个十年终了时，电影在法国的文化实践中扎下了根这一点，已经成为无可争辩的事实。人们看到，头一次放映收费电影时，观众密密麻麻，排成一字长蛇前往观看。1938年，4000多个电影放映厅接纳了2.5亿名观众。当然，电影这种新的媒介在它起飞的年月长期受到抨击。比如，乔治·杜阿梅尔就在他于1930年出版的《未来生活的场景》一文中把这种新媒体形容为"醉醺醺的希洛人①的娱乐消遣"。这样一些对电影的质疑和保留看法因为具有广泛的辈代性——例如生于1872年的莱昂·布卢姆②说："我属于去剧院的年龄段的人。要让我习惯于去电影院，我感到很难"，随着年龄等级的更新，很快就消隐模糊了。

在20世纪30年代，"醉醺醺的希洛人"成群结队地前往电影院。于是电影院经历了它的第一个黄金时代，一个与某种炼金术结合的黄金时代。电影产品繁杂多样，五花八门，但被相对同一化地接受。从这时起，电影这种产品就引起公众的广泛兴趣，其中包括它的大型制作。这些影片往往在公众中获得巨大成功。比如，根据当时的一项民意测验，1937年的两大成功影片之一是让·雷诺阿③的《幻灭》。当我们知道置于首位的另一部影片是皮埃尔·科隆比耶的《依尼亚斯》时，这个迹象就显得更加重要。电影这种出色的表现形式——使人能够说是黄金时代——尤其关涉这十年的末期。电影历史学家一般把这个丰富的滢析现象出现之前的时期分成几个阶段。从无声电影到有声电影的过渡时期——

---

① 此处为希洛人一词的转义，意为社会最底层的人。
② 布卢姆（1872—1950），法国政界人士、社会党右翼领袖。第二次世界大战前后曾三次出任总理。
③ 让·雷诺阿（Renoir, Jean, 1894—1979），法国著名电影导演、法国20世纪30年代"诗意现实主义电影"代表人物。主要作品有《幻灭》、《马赛曲》等。

总体在 1929 年至 1932 年间——顺理成章地在银幕上出现很多歌唱。声音的进入朝着这个方向推进。长篇对话的时代尚未来临。随后几年(1932—1935 年)在这方面进行的初步尝试不太成功,总的说来只留下平淡的回忆。在这个十年的中期以后,"诗意的现实主义"的丰富多彩的时代开始了。尽管这个名称有点模糊不清——卡尔内①宁愿把它称为"社会幻想作品"——但都是雷诺阿、卡尔内、格雷米戎②以及另外几个人完成他们最优秀的作品的时期。

有声电影的成功,归根结底不仅是图像,而且还是声音在两次世界大战之间的法国社会强劲上升的反映。事实上,这个时期的社会文化实践的另一个巨大变化,是无线电广播从此以后扮演的角色。正如电影一样,无线电广播这种媒体从 20 世纪 20 年代末起并在随后的 10 年中突飞猛进。不错,无线电广播的公共开发情况与电影不同,没有在战前扎下根来。法国第一家国家广播电台——艾菲尔铁塔广播电台创建于 1921 年 12 月 24 日。法国第一家私营广播电台——拉迪奥拉广播电台(1924 年变为巴黎广播电台)出现于次年 11 月。至于第二家私营广播电台,《小巴黎人报》的产业,则创建于 1924 年 3 月。这两家私营广播电台获准进行用于实验目的的运营。当时存在着国家垄断。但在有关的成文法尚未制定期间,有一项法令暂时容许私人发挥主动积极性。由于在两次世界大战之间的整个时期,议会的讨论从草案到草案,拖延不决,于是主导的局面是暂时延缓垄断。这个局面使国家广播电台和未获正式批准的私营广播电台得以并存共处。

因此,这种法律上的模糊不清状态,在实践上并不构成广播电台扎根的障碍。这种扎根深入进行,其发展规模只能在 20 世纪 60 年代前期电视的发展规模中再次见到。广播电台和电视台的情况一样,问题主要在于关键时刻。在这些时刻,在不到十年的时间内,发生了根本性的变化。这样一些有异乎寻常新陈代谢作用的变化产生的原因何在,确定起来真是谈何容易。因为一般说来,文化现象具有强大的惯性。在这些飞速发展的阶段,一项可能产生的技术突破又起了什么作用呢?从哪道门槛开始产生了滚雪球的效应呢?人们因为缺乏更合适的词而姑称之为社会需求的现象是怎样开始的呢?

答案可以因地、因时、因阶层而异。尽管如此,历史学家在这里面对的更主要是一种痉挛现象,而不是一种滞重的趋势:在不到十年内,无线电收音机的数量在法国增加到原来的 10 倍,即从 1929 年的 50 万台增加到 1938 年的 500 万台。无线电广播在它势不可挡的飞跃开始的时刻,已经有了一张既稠密、又内容多样的网,因为从 1921 年到 1930 年,有 27 家无线电台出现(其中包括国营的或私营的)。"无线电"的沉重盒子当时很快就在私人家中安装起来,从此以后成了

---

① 卡尔内(Carné, 1909—1996),法国电影导演。
② 格雷米戎(Grémillon, 1902—1959),法国电影导演。

图 25 图为勒内·克莱尔导演的有声电影《巴黎屋檐下》的广告招贴。20世纪30年代初,法国有声电影日益增多。其中,勒内·克莱尔的影片(1930年,他的影片讲述街头歌手阿尔贝的欢乐与不幸)是民众主义的文化与一种已经大获人心而有声化又使它更有吸引力的文化载体的结合。30年后,勒内·克莱尔入选法兰西学院,这一荣誉反给他招来电影爱好者的排斥。但是"不朽者们"在他生前对他的承认也是电影这种形式得到尊重的标志。在几十年中,电影——不管是最完美的作品,还是引起争议、离经叛道的作品——将是法国文化产品中极具魅力的部分。

日常装饰中人们熟悉的家具,同时也是新的纽带,无论在家里,还是在咖啡馆或在结社性的组织里,这种新纽带将人们联合起来,统一起来。

从那时起,人们的日常生活广泛地被无线电广播节目标出节奏。广播节目很快变得丰富多彩起来。尽管最初几年无线电首先是一种转播音乐会和戏剧演出的工具,从1925年起,最初的新闻广播节目连同播音员这类人物就一齐出现。马塞尔·拉波特是这个时期这类人物的第一株根蘖。当时尤其创造出了一种无线电广播风格,这种风格直到25年之后,即20世纪50年代中期才真正开始改变。无线电广播的连播故事和游戏以一种难以确定的强度(对这个时期来说,这使广播听众这个词的概念使用变得困难)培育听众,使此前在地域上封闭、在数量上有限的听众数量突然增加,并成了忠实的听众。如果仔细观察思考,由此产生的数量方面的扩大是意义重大的历史事实,以至在某些十分明确的条件下可以说是文化历史事实,而不仅仅是文化事件。

此外,作为体育表演的传播手段,无线电广播很快推翻了报刊的王者地位,并以它的扩大功能促进了体育表演进一步发展。足球、橄榄球和跑道自行车运动的竞赛体育场经常爆满。无线电广播反映出这些场合的激情,并且使这种集体激情高涨到前所未有的程度。如果说扩大这个词最适于用来描述无线电广播产生的效果的话,那么还必须加上那时开始的报刊的拓殖——至少相对的拓殖现象。报刊除了在信息领域内遇到竞争,并在广告收入方面也将开始受到影响之外,还不得不顺应形势。一种专门报刊诞生了,而且发行量很快就达到极其可观的程度。在这种报刊中,《小巴黎人报》出版的《我的广播节目单》发行50万份;《广播周报》发行30万份。

当然,如果不提及歌曲——它构成广播和日常生活的内容——就是忘记正在迅猛发展的这种无线电广播风格的根本组成部分。在这方面,城市广播电台的发展意义十分深远。这家私营无线电广播电台于1924年创建后长期叫做LL广播电台。它最初限于每天晚上10点和11点转播音乐会。但是,当它1935年成为城市广播电台之后就变为一种风格的代表,它集新闻、综艺及民间音乐之大成,还推出无线电公众评选活动,并促成推出埃迪特·皮亚夫①和夏尔·特雷内②。

多年以来,阿兰·科尔班把历史学家的注意力吸引到丰富多彩的"感觉文化"领域上。音响环境和嗅觉环境都肯定是极为重要的,但直到现在仍然被人忽略。这里,这样一个领域是不可或缺的。其理由至少有两个。第一个是认识方面的:在两次世界大战之间,一些属于比较狭义的文化史——创作和传播的物质载体——的因素对一种更广义的文化产生影响,也就是说不但对社会文化实践

---

① 皮亚夫(Piaf,1915—1963),法国女歌唱家。
② 特雷内(Trenet,1913—2001),法国作曲家、歌唱家。

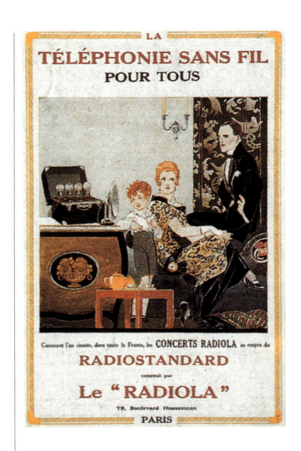

图 26

这是1923年的一幅广告画《为大家服务的无线电》。随着无线电的发明和运用,一切都和以前不一样了。几年间,法国人的有声世界迅速改变,"感性文化"也因此发生了天翻地覆的变化。这的确是大众文化载体登台的一个补充阶段。

产生影响，而且还对世界的感知和表述方式产生影响。因为——这是这个领域里的这一时刻之所以重要的第二个原因——20世纪20年代和30年代的接合点，是法国社会的音响化阶段。而且是突然而大规模的音响化。在几年之内，有声电影取代了无声电影，并且被大众观赏。与此同时，无线电广播的威慑力大大加强。前面说过，它胜过时钟，规定了人们的日常生活节奏。同时，在这段时间里，唱片也把音乐带进人们的家中。

这些新的音响配备，当时对以音乐为基础的演出，诸如杂耍歌舞和通俗歌舞产生的效果各不相同。通俗歌舞抵抗能力较弱，即使因它被看作与巴黎的形象相似而依旧能够在几十年内保持它对外省人和外国人的吸引力。对这些人来说，印在视网膜上的过去的辉煌一直存留至今。杂耍歌舞在本质上更灵活，抵抗能力更强，正好受到飞跃发展的唱片的支撑。过去默默无闻的民间歌手，通过密纹唱片，获得比过去大得多的反响，顿时声誉鹊起。某些灌制唱片的著名歌星的生涯，显示出当时的巨大发展变化。蒂诺·罗西①像他的前辈莫里斯·谢瓦利埃②一样，仍然以通俗歌舞开始他的演唱生涯（1934年在巴黎的卡西诺娱乐厅）。而夏尔·特雷内却以灌制唱片（1937年灌唱《那儿有欢乐》）和开个人演唱会开始（1938年在ABC剧场演唱）。

在大众文化的强劲高涨方面，法国有它本身的节奏，总的说来落后于其他西方大国。雅克·波特指出，就有关的各种载体而论，大众文化早在第一次世界大战爆发以前就已经在美国广泛产生。1938年，当法国拥有无线电收音机500万台时，美国拥有收音机的数量是法国的5倍，而美国人口是法国人口的3倍多。同与法国国力类似的邻国相比，反差不是这样巨大，但仍然是能说明问题的：同一时期，英国和德国各拥有无线电收音机800万台。

此外，人们将会发现，在通讯传播的物质载体迅速扩大的另外两个阶段——电视的飞速发展和后来的信息技术的使用——法国也滞后了。必须再次思考产生这种差距的原因何在。在这些时机，还在另外几个时机，例如在法国解放后的最初几年，这种差距引起缄默、迟疑或者困惑。正由于这个差距，眼前发生的变化似乎来自别的国家。于是便产生了外国的影响和这些影响可能带来的危害性的问题。这些疑问顺理成章地、一再地凝聚在美国的影响上。在整个19世纪和20世纪之初流行的关于德国科学的重要性和影响的疑问，在两次世界大战之间似乎已经显得遥远。在这个时期，时移势易，国际力量的对比已经发生变化，尤其具有揭示意义的是，对可能出现的智识和文化统治的载体和渠道的认识有所改变。如果说，在那个时代讲英语更主要使人想到大英帝国，因而语言的优势还

---

① 罗西（Rossi，1907—1983），法国歌唱家。
② 谢瓦利埃（Chevalier，1888—1972），法国歌唱家。

没有被作为理由来解释这种影响,那么,假定的技术优势——日后将变为结构性的另外一种看法——已经被当作主要的因素提出来。或者更主要的是这种技术优势对日常生活和家用电器领域产生的后果。因此,大众文化(其渠道同样发生飞跃)也被这些疑问和怀疑涉及,这一点就不足为奇了。1930年乔治·杜阿梅尔在《未来生活的场景》一文中对早在战前就已经在大西洋彼岸广泛孕育、并在美国"兴旺的20世纪20年代"得到充分发展的都市消费文化进行思考的时候,曾经表达了他的这种担心:这个美国就预示着我们的未来。这一预测的根据在他的眼里是一清二楚的。"愿在这个争论的时刻,我们每个西方人正直地揭露他在家中,在衣着方面,在心灵里所观察到的美国事物。"因此,渗透不仅仅是物质的。在杜阿梅尔眼里,它还是精神的,触及国家民族的灵魂。

这个时期,关于法国情况的谈论,仍然是咒语性的或者预感性的。这两者并不矛盾。总之,法国内地的日常生活和大多数法国人的文化活动并没有怎样受到可能有的"美国化"的触及。既然如此,在追溯以往时,对某一现象的规模和范围的尊重,就不应该导致歪曲这种现象的总的发展情况。大众文化的某些载体的确开始受到渗透和熏染。例如民间音乐的情况就是这样。我们看到这种音乐的渗透力和沉淀速度因无线电广播而成倍增长。爵士音乐的"白色"版本因此而得以普及。如果说当时黑色爵士音乐只触及几个少数群体——比如,20世纪30年代法国爵士音乐的狂热俱乐部在"新奥尔良"接纳成员进行传授,那么这种"白色"版本就在一种文化适应的形式下,通过雷·文图拉及其一伙得以流行。如果对电影来说,问题主要在于好奇而不在于影响或者渗透——对美国的西部片来说情况就是这样,那么在20世纪30年代,报刊连载的连环画就已经作为重要载体出现了。好几种迹象朝着这一个方向发展:从1934年起,出版家保尔·温克勒(奥帕拉·芒迪出版社)发挥了重要作用,同年推出了《米老鼠》(其发行量很快达到40万份),班庞普、曼德拉克、吉·勒克莱尔和波帕伊等人物登陆法国。

不错,暂时,美国的影响总的说来仍然有限。对这个时期来说,大众文化现象的飞跃,与其解读为来自别处的潮流的文化适应,不如解读为具有历史意义的内生变化。这种变化的时间很难确定,因为,如前所述,它的某些方面像低速摄影那样突然出现,以至它们构成具有文化性质的真正历史事实;它的另外一些方面则延展好几十年。毫无疑问,整个过程超出两次世界大战之间的前前后后。然而,这个时期确实是变化进程获得真正的规模并因而获得某种意义的时刻。于是法国人的心理表象以及他们对真实事物的领悟活动扩大了,其同一化日益增长。感觉的"民族化"现象当然早已由学校——直到那时它正好是共同表象的源泉——大大加以保证。然而其他一些因素逐渐参与发挥作用:报刊、无线电广播和电影打破了思想和精神的封闭状态,正如汽车和铁路打破乡镇和地区的封闭状态一样。

图 27 蒂诺·罗西在30年代取得的成功,揭示了当时正在发生的许多演变。诚然,他的嗓音的音色是成功的重要因素,他的吸引力也归功于一种在很多方面使人想起意大利"小坎佐那"(抒情短诗)的风格在法国歌曲中文化适应的成功。但是,这种嗓音和风格能迅速扩大其反响主要还是通过唱片。否则,即便1933年他在马赛的阿尔卡扎音乐歌舞厅演唱过,次年又乔妆成牧羊人在巴黎夜总会唱歌,也不可能如此迅速地获得那么多听众。无线电广播和78转唱片成就了他的名气,30年代电影又帮助传播了他的歌曲。蒂诺·罗西的歌唱生涯就是一个有魅力的歌手在大众文化时代的发展轨迹。

第九章　重现的时光？

20世纪20年代是多么奇特的十年啊！这十年全都处于反差和明暗对比之中。首先是第一次世界大战的反光给这个十年的开始抹上冷色,这些冷色与经受的痛苦成比例。然而,很快出现一道新的光线,用希望的色彩为这十年的接续时光装上光环。反过来,1929年以后,随着乌云在地平线上显露,天空逐渐昏暗起来。因此很难把变幻莫测的光亮固定在几个层面上。面对这样一些模糊不清的色彩,历史学家的任务是棘手的:他应该使用清淡、柔和的色调吗？但这样做有可能使充满反差并因而丰富多彩的岁月变得平淡无奇。那么,他应该强调这些反差和对比吗？但这样做又可能区别不出主要色调。

因为的确存在一种主色。在记忆的激浪中,夹在残酷的第一次世界大战和第二次世界大战并很快开始露头的20世纪30年代之间的这个十年,就像沙漠中的绿洲一样。那时,文化本身显示出失而复得的信心和对光辉灿烂的明天的希望。诚然,战争文学在那里向人提醒仍然近在咫尺的那场冲突的惨状,一些往往出生于战争这座大火山底部并且既梦想彻底铲除政治,又梦想颠覆语言和艺术的先锋派,在这个十年中变成文化争论的酵母。然而,人们将会看到,如果在追溯往昔时,给予这些先锋派,特别是给予这个时期他们当中最遐迩闻名的一派——超现实主义——一种极其重要的反响和影响的话,就可能是个历史角度的谬误。对法国来说,更主要是出现了保尔·莫朗[①]获得成功的那些小说(在这些小说里汽车是王后)。这些小说,现在看来显得与当时那个被速度所陶醉,并且至少在表面上恢复了对人类文明进步的信心的社会协调一致。

其实"疯狂岁月"不仅仅因为在一个局势高度紧张的历史阶段——这里当然是指第一次世界大战——之后通常会有的尽情发泄而得名。此外,这一类的尽情发泄总是不可避免地迅速:它切开人们痛切感到的悲哀和日积月累的恐惧的伤口,然后人类社会往往重新找到较为稳定的历史基础。就20世纪20年代的情况而言,确实更广泛地存在过事实上有些"疯狂"的梦想,要想魔术般把战争

[①] 莫朗(Morand,1888—1976),法国作家。作品有《20世纪传闻》等。

的风暴从历史上抹除,要想回到战前的岁月,那段岁月通过对比并通过集体记忆的美化而变为"美好时代"。

不管怎样,文化争论的酵母,即使对当时影响微乎其微,也已经在产生作用,而且这些酵母和一些较少火药味,但往往很出色的产品结合后,就在文化方面给予这个时期一种繁盛的面貌。因为,虽然一种文化的生命不能归结为固定的模式(这种模式把先锋作为始终丰富和革新的分子,把主导文化作为掩藏着已经僵化的表现形式的陵墓),但是,这些文化和那些文化之间的紧张状态,却经常是创造性和发展演变的保证。诚然,"美好时代"由于发生"立体派画家的革命"和俄罗斯芭蕾舞剧团的"轰动事件",以某种方式创造了文化的20世纪。但是,法国在第一次世界大战之后的这个时期也孕育着重大变化。

1

变幻莫测的光线

试图再现第一次世界大战之后法国文化的历史学家立即面临变幻莫测的光线,使他的努力变得结局难卜。因为这种文化之所以继续熠熠生辉,也是因为它那时受到双重光源的照明,即既受到第一次世界大战前的火源的反光照耀,也受到被战争风暴点燃的新火焰的照耀。从这个双重光源产生了一种真正的困难。事情不仅仅涉及这样一个传统的、几乎平淡无奇的问题,即:描述一种文化状态,这种文化状态在一个特定时期,在创新和保守之间起到一种不稳定的平衡作用。第一次世界大战以后,又加上变幻莫测的光线,它使人难以感知在1919年以及随后的几年内什么是真正的革新。归根结底,回溯过去应该优先注意什么呢?达达派、拉迪盖①和科克托或者在1921获诺贝尔文学奖的阿纳托尔·法朗士吗?总的说来,这个问题无关宏旨,因为这些倾向即使有时很难共存,但仍然共存。历史学家区别它们比分析它们共存的条件容易一些。

事实上,在很多领域内,这段时期与第一次世界大战以前的时期的连续性似乎令人感到吃惊。我们在上文中看到战前时期所起的母体作用:20世纪法国文化的一部分在1914年以前处于孕育期。第一次世界大战后,美学革命结出累累硕果。战前的点火棒有时变为传统的事物,但不管怎样,经常变为公认的价值标准。这样一种连续性在文学中尤为明显。证明这一点的迹象比比皆是。居于首位的是巴黎的威望和影响在继续。外国作者如过江之鲫,大批涌向巴黎,辈代的接力换班也在那里进行:美国作家中的"迷惘的一代"——亨

---

① 拉迪盖(Radiguet,1903—1923),法国诗人。作品有《火红的面颊》《鹈鹕》等。

图 28 20世纪20年代,不仅色彩和色调在变化,音乐也在演变。图中,坐在中间的是让·科克托,他周围坐着乔治·奥里克、路易·迪雷、阿图尔·奥涅格(他为科克托的剧本《安提戈涅》作曲)、达里乌斯·米约(科克托的芭蕾舞剧《蓝色火车》的作曲者,毕加索则为该剧创作了舞台布景)、弗朗西斯·普朗克(他根据阿波利内尔的脚本创作了歌剧《泰勒齐阿的乳房》)和热尔曼娜·塔伊菲尔,六人组唯一的女性。

利·米勒①、埃内斯特·海明威②等——在那里安营扎寨。这座"光辉城市"也因其公认的价值标准而熠熠生辉。它的映像甚至在最具有制度机构性的镜子里都清晰可见。比如,在不到 20 年内,诺贝尔文学奖授予三个法国人(1921 年授予阿纳托尔·法朗士;1927 年授予亨利·柏格森;1937 年授予罗歇·马丁·迪加尔)。

诺贝尔文学奖得主的评选——两位小说家和一位哲学家——也显示出第一次世界大战之后法国文化的另一个连续性的特点,即:与第二次世界大战之后的情况不同(第二次世界大战之后,在文学价值晴雨表上,哲学取代了文学——这里指的是狭义的文学,第一次世界大战之后的时期,我们以后还要谈到),小说仍然是最豪华的文学表现形式。更广泛地说,在这个时期以及在两次世界大战之间的整个时期,还是作家占统治地位。在第一次世界大战战后初期,在几年之内,认可了好几个作家,他们以后成为两次世界大战之间那个时期的命名人物。于是开始了"纪德年代"(米歇尔·维诺克)、"克洛代尔年代"以及"瓦莱里年代"。不过,这三个作家 1919 年已经不再是青年。1897 年撰写《地粮》的安德烈·纪德当时 50 岁。保尔·克洛代尔长纪德一岁。保尔·瓦莱里小纪德两岁。此外,一份 1909 年面世的杂志——《新法兰西杂志》——将树立它在两次世界大战之间那个时期的一部分文学上的权威。当时确实有一种"新法兰西杂志精神",它宣布规范并因而培育了一种古典主义风格,这种风格在那个时期充分发展。这个时期以 1919 年因其《在少女们身旁》而授予马塞尔·普鲁斯特的龚古尔文学奖以及 1937 年授予罗歇·马丁·迪加尔的诺贝尔文学奖为象征性界标。

法国继续实行向世界智识的开放,这在某种程度上也是一种连续性。欧洲的整个世界主义传统,扎根于中世纪和启蒙运动之间这个时期,虽然经过战争的煎熬,仍然完好无损。诚然,20 世纪 20 年代初,法德之间长期持续的紧张关系乍看起来给人以截然相反的印象。大学之间的交流来往暂时中断。例如,传统的青年哲学家的德国之旅暂时遇到阻碍。但是,日内瓦和洛迦诺精神③在 20 世纪 20 年代的后半期使这些交流来往重新活跃起来。巴黎高等师范学校哲学专业的年轻学生或者研究德国语言、文学、法律的专家开始再渡莱茵河。两次世界大战之间这个时期的法国,甚至撇开法德关系的改善不谈,也

---

① 米勒(Miller,1891—1980),美国作家。作品多涉及哲理和社会问题。代表作有《北回归线》、《南回归线》等。
② 海明威(Hemingway,1899—1961),美国作家。早期为"迷惘的一代"的代表人物。代表作有《太阳照样升起》、《永别了,武器》、《丧钟为谁而鸣》等。作品风格独特、文笔精炼。获 1954 年诺贝尔文学奖。
③ 日内瓦和洛迦诺均为瑞士城市。自 20 世纪以来多次国际会议在此两地举行以缔结和平条约或者解决国际争端。日内瓦且为多个国际组织所在地。

仍然处于无可争议的文化开放的氛围中。1932年,法国出版商组织翻译了外国著作722部,而德国翻译出版了外国著作566部,英国翻译出版了外国著作316部。

第一次世界大战前后存在的连续性现象,在文学以外的其他领域也可以感知。音乐领域的情况就是这样。在这个领域内,1919年以后,一些过去已经存在的潜在性正在发展。"六人组"的成员的情况便具有揭示性。这些人早在第一次世界大战以前就已经从事作曲。他们除了多才多艺之外,在音乐方面有同样的赞赏对象和相似的拒绝事物。除此之外,他们还共同关切音乐之外的其他艺术表现形式并愿意与这些形式联系沟通。再说,是这个"组"中最著名成员的作品使"疯狂岁月"具有它们鲜明的音乐特色。乔治·奥里克①同谢尔盖·德·佳吉列夫的俄罗斯芭蕾舞剧团一起工作。同样这个人经常伴随弗朗西斯·普朗克②和达吕斯·米约去拜访科克托。此外,人们还看见他们共同创作《屋顶上的牛》。达吕斯·米约1923年把布莱斯·桑德拉尔的《创世》改编成芭蕾舞剧,该剧的布景及服装由立体派的费尔南·莱热设计。

前面说过,立体主义这股绘画潮流也是在1914年以前就已经存在。它在巴黎秋季美术展览会上的出现甚至在1912年议院中引起议员向政府提出质询。质询的内容不管怎样一再重复,却十分耐人寻味:"我们的国家美术馆竟用于展览具有如此明显的反艺术、反民族性质的东西,这是绝对不能容许的。"社会党议员马塞尔·桑巴作为回答高声叫道:"在看一种艺术尝试的时候,必须考虑到未来。"在这一点上,未来将证明这位议员的话部分有理:1919年后,很多第一次世界大战以前的"艺术尝试"有如鲜花盛开。与此同时,这种鲜花盛开的局面在绘画方面夹杂着被有些人滥称为"回归秩序"的东西。这种回归建立在形象艺术之上,并且有时明显与立体派对抗。这就是20世纪20年代的显著特点之一。这个特点超越绘画的领域。这个十年处于对1914年以前的现代性的重新发现与对这种现代性的否定的矛盾氛围之中。而且,这种否定标志着第一次世界大战以前的酵母产生了效果。这些效果引发了保留和反抗。这种现代性已经扎下根来。这就激怒了某些文艺团体。与此同时,这种现代性还因此培育出某种古典主义。这使它遇到另外一些保留意见。这是一个传统的现象:昨天的先锋受到质疑,新的潮流要求现代性。在这方面,文学的例子具有揭示的性质。

---

① 奥里克(Auric,1899—1983),法国作曲家。
② 普朗克(Poulenc,1899—1963),法国作曲家,"法国六人组"成员之一。作品有歌剧《泰勒西阿斯的乳房》等。

2

一根超现实主义的导火线吗？

我们已经看到，第一次世界大战之后的时期，是以被人称为"疯狂岁月"的时期开始的。引来这样一个标签的宣泄行为和怪诞事物，往往也在艺术上留下它们的印记，尤其通过动摇已经获得的信念和已经建立的价值标准体系来推翻和摧毁某些清规戒律。这双重的冲击波打来，文学首当其冲。在文学这个领域内，颠覆破坏的工作很早就已经开始。在某种程度上，超现实主义（既然要谈的就是它），在好几年内通过达达主义孵育。达达主义诞生于第一次世界大战期间。其实是罗马尼亚人特里斯唐·查拉① 1916 年在苏黎世发动了达达运动。总的说来，它向资产阶级文化发出的战争宣言平淡无奇：这样一种姿态自 19 世纪以来屡见不鲜。达达运动比较新颖的地方，除了一场前所未有的世界战争构成其历史沃土之外，是携带这种文化叛离的嘲讽与挑衅的混合物。安德烈·布勒东对这次造反十分敏感，这就使第一批超现实主义者摆出的姿态（这一点依然平淡无奇：新的一代一边对抗，一边摆姿态）有它的新颖独特之处。这第一批超现实主义者接受达达的破坏性成分，但他们也从别的泉源——例如从阿波利内尔的影响那里汲取力量。他们采用一种类似挑衅性的唯意志论的东西。这就是发表于 1924 年的《宣言》②的意义。安德烈·布勒东宣称，超现实主义是"思想在没有任何理智控制的情况下，在一切美学的或道德的考虑之外的口授"。

就这样，超现实主义开始了时隐时现的历程。因为超现实主义似乎曾多次熄灭，销声匿迹，它经历过某些辉煌时期，也经历过一些几乎完全无声无息的阶段。对文化历史学家来说，这些非常明显的突然变化或许并非最重要的一方面。这里具有重要意义的，不是对一种断断续续的新陈代谢的记录，而更主要是评估超现实主义的影响。然而，对这样一种影响的评估异常复杂。在某种程度上，人们面对着一种几乎纯粹先锋派的例子。先锋派这样一种文学表现形式除了必然会与已经建立的文化秩序决裂，还必然会具有社会边缘的性质，至少初步具有这种性质。事实上，最好不要用它以后的光晕和它的主要人物很快获得的名声来装饰 20 世纪 20 年代的超现实主义。

---

① 查拉（Tzara, 1896—1963），诗人。在苏黎士倡导达达主义。作品有《诗二十五首》、《内心面目》、《玫瑰与狗》等。
② 1916 年成立的文学团体"达达"因内部主要成员查拉和布勒东之间意见分歧，于 1924 年分裂。同年，布勒东发表《超现实主义宣言》，创办《超现实主义》杂志。这样，超现实主义便取代"达达"成为战后法国文化的先锋派。

那么，是否能够作出结论，认为存在着一种实际上与它所处时代的政治现实和社会文化现实分离的潮流呢？当然，分析必须有层次，但并不因此（让我们重复这一点）而导致超现实主义的一种历史的复因决定。一方面我们要强调这股潮流同政治之间的一种确实存在但又变幻莫测的联系。它的勃勃野心——"改变生活"——必然怂恿它进行这种干预，然而，对它最喜欢的搭档——共产党——来说，它又显得是个碍人手足的同盟者。它同共产党的结盟和争执，助促培育了超现实主义的传奇。然而，归根结底，这样一些关系只牵涉到几个人。而且，这些错综复杂的关系起了区分作用，使小集团离散。这个运动迅速分崩离析，或者抛弃了政治。另一方面，我们要注意（或许这一点更为重要），超现实主义远远没有，甚至在它最光辉灿烂的时期也没有覆盖文化表达形式的全部范围。它不喜欢小说，并且公然宣称这一点。后来确实有一些超现实主义小说家——例如早期的朱利安·格拉克①，但是这些小说家实际上趋向象征主义。超现实主义这个文化运动的真正领域是诗歌和绘画。在这两个领域内，它的足迹肯定是深刻而持久的。

超现实主义给诗歌打上了它的印记，以至在它之后，诗歌不再是原先的诗歌。灵感产生的效果的确在诗歌里立竿见影。宣布"梦的万能"在诗的领域里当然并不是什么创新之举。相反，宣布"超现实主义趋向于彻底破坏所有其他心理机制"，这倒是一次革命，至少在意愿方面是这样，其目的乃在于从诗的空间清除一系列形式、主题和表述方式，而这一切原本构成诗歌手段的根本成分。当然，必须把咒语考虑进去。但不能不看到，超现实主义的颠覆破坏将取得成果。从此以后，诗歌的某种形式就将被排除于文学的景物之外。当然还必须说明导致这样一个局面的过程。这个局面不仅仅是超现实主义海盗成功地碰撞学院式诗歌的航船的结果。在更加广泛的意义上，在第一次世界大战前夕初露端倪的发展演变，只是在20世纪20年代加快了速度。克洛代尔或者佩吉的抒情诗只是作为残余留存下来。另外一种类型的诗歌以五花八门的形式出现。在这方面，保尔·瓦莱里体现一种暧昧含糊的过渡。他当时发表了一些诗，其中大部分已经陈旧。他添进了《年轻的帕尔卡》（1917年）和《魅力》（1922年）这两首诗。因此，可以说，他把一种同象征主义紧密连系并且带有马拉美标记的诗歌传统和以苦行为基础甚于以灵感的自发性为基础的心智诗歌结合起来。这就是为什么他在1920年运用的"纯粹诗歌"说法多亏这种暧昧模糊而取得成功。他自己后来尽力对这种暧昧模糊加以修正。

这种纯粹诗歌似乎恰好与超现实主义南辕北辙。超现实主义也诞生于象征主义，但很快就因战争而加快发展速度，因"疯狂岁月"而扩展蔓延，以后将发展自身的逻辑。根据超现实主义的观点，诗歌扮演的角色绝不是把某些思想，甚至

---

① 格拉克（Gracq, 1910— ），法国作家。作品有《阿尔戈城堡》、《西尔特河岸》等。

某些感情用诗句表达出来,而是像1924年《超现实主义宣言》所声称的那样,是口头,或者书面,或者运用其他任何方式把思想的真实运转表达出来。前面说过,布勒东还添加这样一个超现实主义的定义:"这是思想的口授,没有任何理智的控制,在一切美学的或道德的考虑之外。"仔细观察思考起来,这是自从拥有内瓦尔①、波德莱尔、洛特雷阿蒙②、兰波的19世纪中叶以来就被强烈地表达出来的一种传统的结果。这甚至是这种传统的系统化,这得归功于精神分析法,在这个时期,精神分析法在法国已开始引人注目。这个运动马上就会聚了一批二十岁到三十岁的青年。安德烈·布勒东特别把阿拉贡③、邦雅曼·佩雷、菲利普·苏波④、保尔·艾吕雅⑤和罗贝尔·代斯诺斯⑥团结在他周围。这个集团的成员并不是清一色的,以后受到各种各样的争执冲突的震动摇撼,因为以后对学说的理解和解释真是五花八门、莫衷一是。然而,信奉超现实主义的各位主祭人,唯一的共同点恰恰是对晓畅明晰的诗歌的摒弃。在他们眼里,这种晓畅明晰的诗歌只是修辞学的一个分支。不管怎样,艾吕雅的诗歌和苏波的诗歌有天壤之别,以至人们可以从中得出这样的结论:他们的结合只不过是为了获得更大的自由空间而已。

尽管诗歌是超现实主义的头一块试验场地,如果人们夸大超现实主义在这个领域里的重要性,那就大错特错。很多避开了超现实主义行星引力的诗人那时正在寻找他们自己的运转轨道。他们是:雅克·奥迪贝尔蒂⑦、皮埃尔—让·儒弗⑧、亨利·米肖⑨、皮埃尔·勒韦迪和圣琼·佩斯。最后这位诗人的例子清楚地表明,这个时期的大多数多产诗人,能够一边在这个运动和这个运动引发的冲突之外行进,一边为他们的艺术找到一块空旷之地。圣琼·佩斯在诗人世界的边缘继续撰写他的《疾病进展期》。1924年,他出版了这部诗集的一部分。这或许是最奇特怪异的声音。但这个声音最无拘无束、最孤独寂寞,而且以后依然如此。它建立了一个读者只有在漫长的苦行终了时才能进入的梦的"帝国"。

至于绘画,人们将会看到,超现实主义也将震撼它的原则。可以认为,超现实主义给予自印象派画家以来就已经遭到严重破坏的艺术法规以进一步的打

---

① 内瓦尔(Nerval,1808—1855),法国作家。作品有《光荣的手》等。
② 洛特雷阿蒙(Lautréamont,1846—1870),法国作家。作品有《马尔多罗之歌》等。
③ 阿拉贡(Aragon,1897—1982),法国作家、诗人。早期倡导超现实主义。作品有《欢乐的火》、《断肠集》、《共产党人》等。
④ 苏波(Soupault,1897—1982),法国作家、达达运动积极分子。作品有《好使徒》等。
⑤ 艾吕雅(Eluard,1895—1952),法国诗人。作品有《政治诗》、《道德教益》、《和平的面目》等。
⑥ 代斯诺斯(Desnos,1900—1945),法国诗人。作品有《为悲哀而悲哀》、《自由或爱情》等。
⑦ 奥迪贝尔蒂(Audiberti,1899—1966),法国作家。作品有《玛丽·杜布瓦》等。
⑧ 儒弗(Jouve,1887—1976),法国作家、诗人。作品有《光荣》、《颂歌》等。
⑨ 米肖(Michaux,1899—1984),法国诗人。作品有《在魔力的国度》、《我过去是谁?》等。

图 29 保尔·克洛代尔,天主教徒诗人、剧作家。他的作品很多(《金脑袋》,1889,《交换》,1894;《正午的分界》,1906;《给玛丽报信》,1912;《缎子鞋》,1924),创造了一种新的抒情风格,其神秘主义和形而上的气息可以说是对圣爱所创造的世界的赞歌。1917年出任法国大使。除法兰西院士头衔外,还获得多种官方授予的荣誉。因此,他理所当然地成为超现实主义者和所有批评和反抗当权者的攻击目标。

击，这样说并不陷入过分概括性的笼统空泛之谈。超现实主义是正处于加速变化的世界所经历危机的征兆之一。此外，它有几分自命不凡，乐意把自己比作本世纪初的对相对性的发现。不管怎样，它的评论将困扰文学和绘画，以至在这个时期，很少有人能自诩像"现实本身那样"如实地描绘现实。

必须重复一遍，超现实主义的这个痕迹，超现实主义所显现的征兆，以及它使人不得不接受的恐怖主义风格，不应该引导历史学家夸大它的重要性。如果需要一个补充证据的话，可以在那些第一次世界大战之后发生了深刻变化而超现实主义并非这些变化的真正酵母的文化品种清单中找到。在这方面，最清楚不过的例子是小说。因为正是在小说这个领域，变化最为明显，虽然，前面说过，超现实主义者对这个品种最不屑一顾，至少在理论上。然而，对小说进行的研究，不仅仅作为反证十分有趣，还能够使人很好地了解当时的一些发展演变的情况。

三个人的死亡几乎是第一次世界大战战后初期的象征性标志。这些死亡的意义各不相同，但却可能互相补充。马塞尔·普鲁斯特1922年英年早逝，这是个含糊不清的象征，因为他与他非常喜欢探索和描述的世界一起死去。但是，作为补偿，普鲁斯特的几乎是身后的名声，却标志着对一种文学表现和心理研究的新形式的认可，标志着作者同他的作品之间的一种新型关系。1923年12月，莫里斯·巴雷斯之死结束了，或者说几乎结束了民族主义文学传统和对传统价值标准的颂扬，战争的灾难敲响了这些传统价值标准的丧钟。在一种迥然不同的意义上，1924年10月，阿纳托尔·法朗士之死，矛盾地既被右派的传统主义者集团，也被左派的传统主义者集团当作国丧吊唁。超现实主义者同样重视这起丧事，但采取的却是一个截然相反的示意动作，因为他们在《一具尸体》这篇抨击性短文中，为一种典型法国式的、理性主义的、伏尔泰式的、热爱艺术和清晰的思想形式随同阿纳托尔·法朗士的消失而欢天喜地。

然而，这三个人之死并不因此是一片废墟上的三个十字架。小说文学高潮再起，甚至找到即使不算经验更加丰富，也是更加广大的读者群。有怎样的地位就应该受到怎样的尊敬。战争文学始终以各种各样的模式在法国欣欣向荣，自由发展，时而歌颂英雄主义，时而向人描述士兵的痛苦。前面已经谈到，这种情绪和心态方面的矛盾在战争年代的创作中已经十分明显。整整一代人从前线归来，愿意讲述亲身经历的大有人在。战争将永远成为很多人身上的印记，例如塞利纳①、德里厄·拉罗歇尔②或者阿拉贡。不管是否老战士，那些将在他们的故

---

① 塞利纳(Céline, 1894—1961)，法国作家，反犹太主义者。作品有《长夜漫漫的旅程》、《缓期死亡》等。作品表现悲观、绝望、厌世情绪。
② 德里厄·拉罗歇尔(Drieu La Rochelle)，法国小说家和散文家。他的生平和创作反映了两次世界大战之间一代人的彷徨心理。

事中重提战争的颇不乏其人,例如巴比塞、杜阿梅尔、莫鲁瓦①、朱尔·罗曼、罗歇·马丁·迪加尔。战争的主题,还有和平的主题因此将是永恒的、富有生命力的,并且处于不同的影响之下,直到下一次战争开始。文学作品唤起的对战争的回忆十分重要,而且持续性很强,尤其因为它们加入另外一些渠道,这些渠道,前面说过,也深刻地促进法国的和平主义感情倾向。战争的再起因此既对文化的表现方式也对政治文化产生作用。

但是,战争的再起,在这个时期,也是人们回归乡土甚至大地的价值标准。启示和灵感只不过改变了色调而已。问题不再是像巴雷斯所做的那样,歌颂在土地上和种族中扎了根的祖先的美德。人们赞扬他们更加熟悉的、在本乡本土深深扎根的价值标准。科莱特②是被时尚推到前台的作家。埃斯托涅③或布瓦莱斯夫④的传统在延续。莫里斯·热纳瓦从战争小说转到描写索洛涅人的小说时,清楚地显示出这条道路。佩罗希翁⑤很快成为——乃至在小学的阅读课本中——一种农村法国的半官方发言人。这个农村法国开始衰退,开始抛弃田地前往城市;而国民教育因此更加想让青年了解它。更有甚者,在被上面提到的作者背后,整整一批民众作家继续维持着农村法国的形象。这个法国有着千年历史,而且由于根深蒂固,它应该是这个受到大屠杀剧烈震撼的民族社会的扎根地,也应该是它的基准点。此外,不只是民众小说家写这方面的题材。安德烈·尚松⑥在他的《强盗鲁》和《公路上的人》两书中,描述人在乡村和城市的诱惑之间的犹豫不决,为让·吉奥诺⑦开辟了道路。吉罗杜⑧以他写于1921年和1926年之间的小说清楚地显示出这种文学的晦涩暧昧。在这种文学里,外省主要代表真实感情的天然储备地。他发表于1933年的《间奏曲》是这种文学的戏剧改编。所有这些作品为随后的十年燃起的旺火作了准备:20世纪20年代末,马塞尔·帕尼奥尔⑨出版了他最初的几部小说。

要重新找到古典小说的痕迹,必须朝一个完全相反的方向看去。悖于常理的是,最好的例证来自最接近时髦主义和巴黎腔的文学圈子。科克托写了大量散文,陆续发表了《骗子托马》和《调皮捣蛋的孩子们》。但是,这种古典主义尤其在他的保护人雷蒙·拉迪盖的笔下得到张扬。拉迪盖创作了大大出人意料的两

---

① 莫鲁瓦(Maurois,1885—1967),法国作家。作品有《布朗勃上校的沉默》、《拜伦传》、《雨果传》、《乔治桑传》等。
② 科莱特(Colette,1873—1954),法国女作家。作品有《流浪的女人》等。
③ 埃斯托涅(Estaunié,1862—1942),法国作家。作品有《印记》、《秘密生活》等。
④ 布瓦莱斯夫(Boylesve,1867—1926),法国作家。作品有《克洛克小姐》等。
⑤ 佩罗希翁(Perochon,1885—1942),法国作家,旺代地区抒情诗人。
⑥ 尚松(Chamson,1900—1983),法国作家。作品有《苦役》、《四个月》、《最后的村庄》等。
⑦ 吉奥诺(Giono,1895—1970),法国作家。作品有《牧神三部曲》等。
⑧ 吉罗杜(Giraudoux,1882—1944),法国作家。作品有《贝拉》、《沙依奥的疯女人》等。
⑨ 帕尼奥尔(Pagnol,1895—1974),法国剧作家、电影编剧。主要作品有《托帕兹》、《面包师的妻子》等。

部作品《魔鬼附身》和《奥热尔伯爵的舞会》之后，英年早逝。他的作品与《克莱芙公主》和《多米尼克》的最纯的传统一脉相承。我们不大想把阿拉贡的早期随笔，例如《巴黎农民》，列入同一类作品，因为这些随笔往往——这是为什么？——被视为超现实主义小说。根本之点或许在别处，在多种多样的资产阶级小说的发展中。这些小说当然是19世纪的继承者，但却具有这个时期特有的色彩。在普鲁斯特的影响下，重点不放在小说的情节上，而放在小说的一个人物的内心生活上。通过这个人物可以看见小说整体。这是当时小说文学将开始具有的，而且今天仍在持续的新形式。在此期间，这种形式可能是小说体裁停滞的因素。不管怎样，这种形式以后在这个问题上多次受到抨击。但是，绝对不能对一种奇怪的、将被以各种不同的形式重复的方向——纪德的方向——闭口不谈。因为纪德于1926年写成《伪币制造者》。这不是一部普通小说，而是小说中的小说。纪德惊人地抛弃了他从1905年到1918年实践的传统分析方法，这相当清楚地表明小说处于危机之中，或者说得更确切些，这种抛弃表明小说在一个正处于深刻变化中的社会里认识和研究自身。13年后萨特①明确地提出这个问题：作者以谁的名义讲话？

　　正如法国小说在发展演变中改变自身一样，它是那个时代的文化的反映。从另外两个方面看，它也是这样。一方面，它的状况清楚地表明，尽管有战争的冲击，1914年以前风靡一时的知识世界主义的某种形式并没有突然消失净尽。外国的影响的确对法国小说的变革更新尝试起着强有力的作用。这种影响来自俄国小说、德国小说以及盎格鲁—撒克逊小说。这几种小说中的每一种都带来一种特质：俄国小说带来它的痛苦不安的心理；德国小说带来它的欧洲使命；英美小说带来内心独白。詹姆士·乔伊斯②的《尤利西斯》(1922年)的范例在吸收这种创作方法方面起了巨大作用。正如多斯·帕索斯③十分珍惜的摄像机镜头技术开始在法国为人所知一样(《曼哈顿大迁移》，1925年)，即使要等到让—保尔·萨特的《自由之路》在法国解放时出版，才能感知一种明明白白地愿意承受的影响。托马斯·曼④的巨幅社会画卷也影响小说的发展演变。从1920年起，罗歇·马丁·迪加尔开始建造《蒂博一家》这座大厦。乔治·杜阿梅尔1920年着手创作他的第一组主题、人物相同的长篇史诗《萨拉万的一生和奇遇》。然后出现了朱尔·罗曼的《善良的人们》。

---

① 萨特(Sartre, 1905—1980)，法国作家、哲学家，存在主义代表人物。作品有《存在与虚无》、《恶心》、《自由之路》、《苍蝇》、《魔鬼与上帝》等。
② 乔伊斯(Joyce, 1882—1941)，爱尔兰作家。写作多用"意识流"手法。作品有《尤利西斯》等。
③ 多斯·帕索斯(Dos Passos, 1896—1970)，美国"迷惘的一代"的主要小说家。代表作为《美国》三部曲。
④ 托马斯·曼(Thomas Mann, 1875—1955)，德国作家。作品有《布登勃洛克一家》、《魔山》等。获1929年诺贝尔文学奖。

另一方面,必须注意惊险小说和娱乐消遣性小说。这类作品风靡一时的现象 1913 年已经被雅克·里维埃预见到。这种预见毫无疑问以一种有些特别的方式实现。作为战后最初几年标志的"娱乐消遣"需求,通过这类作品的成倍增加表现出来。这是皮埃尔·伯努瓦①或以写作速度著称的保尔·莫朗的小说获得巨大成功的时刻。然而,其他很多人,例如约瑟夫·凯塞尔②、弗朗西斯·德·克鲁瓦塞、皮埃尔·马克·奥尔兰③也回应这种需求。这类文学将以这样或那样的方式影响广义的文学。把奇遇和惊险大量引进心理小说已不再是什么低俗的事。这就可以解释为什么像年轻的安德烈·马尔罗④这样有前途的作家在戏作《纸月亮》之后,走上了这条道路,首先写了《西方的诱惑》。这是关于他者的沉思。尤其是他接着又写了《征服者》和《康庄大道》。这两部作品不仅是情节,本身就是在中国广东省的喧嚣闹市或柬埔寨的莽莽丛林的非同一般的冒险。这里有一种法国小说的趋向,当随后十年文化人介入时政时代来到时,这种倾向也将成为介入时政文学的沃土。

戏剧领域同小说领域一样,也没有真正受到超现实主义的导火线的触及。然而,1918 年以后,这方面的发展演变也是深刻的。19 世纪末 20 世纪初,人们强烈地感觉到一场危机。诚然,喜剧因有费多、库特林、特里斯坦·贝尔纳、罗贝尔·德·弗莱尔、卡亚韦等人而百花盛开。妥善制订出来的成功妙方,运用起来毫无问题。然而,相反,危机却触及更有雄心壮志的戏剧。一方面,前面说过,自然主义要把自己强加给舞台,但未获成功。带到舞台上的"社会现实"完全丧失了它的魅力。另一方面,巴黎林阴大道剧场的通俗喜剧所体现的市民戏剧风靡一时,极其卖座,并因此在几十年内兴盛不衰,同只寻求激情的细腻表达和老套的场景的公众很默契。然而,人们开始感到厌倦,在一部分公众中产生了一种对更新,甚至是对大动荡的需求。于是出现了 20 世纪初爱德蒙·罗斯唐或梅特林克设想的一种象征主义戏剧的尝试,或者保尔·克洛代尔重新创造的一种古代风格的、预言式的,又同样富于戏剧色彩的悲剧尝试。于是也出现了雅里式的抗议行动,其目的在于建立一种反戏剧,剧中也出现了于比老爹这样的人物。这个人物更像一个木偶,并且把舞台变为木偶戏台。

在第一次世界大战终结时,如果说戏剧活动在战前辉煌过的题材上强劲有力地重振旗鼓、东山再起的话,那么新的现象或许就是导演在戏剧活动中越来越重要。在这个领域里展开的紧张的革新活动,形成戏剧界对触及它的并且即将蔓延扩大的危机的最重要的答复。这些危机中有题材危机、观众危机、同电影竞

---

① 皮埃尔·伯努瓦(Benoit, Pierre, 1886—1962),法国作家。作品有《科尼格斯马克》等。
② 凯塞尔(Kessel, 1898—1979),法国作家、记者。作品有《爱情与火的土地》等。
③ 马克·奥尔兰(Mac Orlan, 1882—1970),法国作家、诗人。作品有《船员之歌》、《外籍兵团》等。
④ 马尔罗(Malraux, 1901—1976),法国政界人士、作家。曾任部长。作品有《人类的处境》、《希望》等。

争的危机等。必须给创建了作品剧院的吕尼埃—波和组建了老鸽舍剧团的雅克·科波辟出一个特殊的位置。法国的戏剧感谢他们使导演技术进步,并使导演技术为剧本服务;感谢他们发现了新创作者以及培养了一批本身就痴迷于导演的演员……这些演员属于"左翼联合政权"一代,其中有路易·儒韦、夏尔·迪兰、加斯东·巴蒂和乔治·皮托埃夫①等人。

20世纪20年代的法国戏剧,以它的方式,通过它的某些方面,很好地表明了这个时期的一部分文化所继续进行的探索。这种探索被人宣称——或者有时自我宣称——十分浅薄。的确,这种戏剧远离像安德烈·安托万这样的导演长期代表的现实主义－自然主义。戏剧行为及其技巧所维持的真实与幻想之间的平衡,往往使"左翼联合政权"的一代着迷。由此产生了对例如由迪兰和皮托埃夫策划、排练、上演的路易吉·皮兰德娄②的戏剧的痴迷。也由此产生了对科克托或者吉罗杜,或者在下一代对萨米埃尔·贝克特③、让·阿努伊④、让－保尔·萨特,或者对阿尔芒·萨拉克鲁⑤等人的影响。公众本身很快领会了这样一个发展演变。吉罗杜通过培育一部个人作品,在幻想和非真实之间犹豫不决,很快成了古典主义者。科克托也得到良好的反响。吉罗杜、科克托等人的不同气质和个性,是法国戏剧繁荣昌盛、丰富多彩的象征。

当然,还没有把已经有牢固基础的戏剧计算在内。因为一部分保留剧目仍然在战前的影响范围之内,而同时又突出市民戏剧的尖锐性(勒诺芒⑥、帕塞⑦)。萨夏·吉特里、让·萨尔芒⑧、马塞尔·阿夏尔⑨等人创作的同一种戏剧的轻松版本使巴黎林阴大道剧场的演出名噪一时。由于有克罗梅兰克⑩(《出色的王八》,1921年)和罗热·维特拉克⑪(《维克多或掌权的孩子们》,1928年),毫无疑问,人们接触到一种内容更加丰富的戏剧。然而,特别永载史册的名字是爱德华·布尔代⑫和马塞尔·帕尼奥尔。前者不仅仅是剧作家,还是舞台技术专

---

① 皮托埃夫(Pitoëff,1884—1939),法国电影演员。
② 皮兰德娄(Pirandello,1867—1936),意大利作家、剧作家。作品有《已故的帕斯卡尔》等。
③ 贝克特(Beckett,1906—1989),爱尔兰作家、剧作家。荒诞派戏剧的主要代表之一。代表作为《等待戈多》。1969年获诺贝尔文学奖。
④ 阿努伊(Anouilh,1910—1987),法国剧作家。以使古希腊悲剧题材现代化,并以现代服装演出而闻名。20世纪上半叶,他创作了35部剧本,其中《昂蒂戈纳》属于他的黑色剧本卷。
⑤ 萨拉克鲁(Salacrou,1899—1989),法国剧作家。作品有《美好的生活》等。
⑥ 勒诺芒(Lenormand,1882—1951),法国剧作家。作品有《食梦者》等。
⑦ 帕塞(Passeur,1899—1966),法国剧作家。作品有《苏珊》、《女顾客》等。
⑧ 萨尔芒(Sarment,1897—1976),法国剧作家。作品有《我心爱的人儿莱奥波》等。
⑨ 阿夏尔(Achard,1899—1974),法国轻喜剧作家,法兰西学院院士。作品有《在我的金发姑娘身旁》等。
⑩ 克罗梅兰克(Crommelynck,1886—1970),用法语写作的比利时剧作家。尤以《出色的王八》遐迩闻名,这是一部充满嫉妒的滑稽剧。
⑪ 维特拉克(Vitrac,1899—1952),法国诗人、剧作家。作品有《爱情的秘密》等。
⑫ 布尔代(Bourdet,1887—1945),法国剧作家。作品有《卢比贡河》、《女囚》等。

家。他恢复了风尚剧的青春活力。后者在一个邻近的戏剧领域(但笔调不同),以他的一出揭露金钱腐蚀力的戏《托帕兹》(1928年)而声誉鹊起。这个剧本的名称后来几乎成为一个修饰语。朱尔·罗曼的《克诺克医生》(1923年)接近《托帕兹》,但风格更为尖锐泼辣,更加接近喜剧,是另外一出将在人们共同的记忆里深深扎根的戏。

然而,以后成为这个时期的持久标志的真正革新,是吉罗杜的戏剧。这位剧作家和在他之前的保尔·克洛代尔以及与他同时的圣琼·佩斯一样,一身二任,兼为外交官与作家。事实上他以写小说开始他的作家生涯。他在小说里把观察揉进有时冗长沉闷的细腻描写中。这种结合以后在戏剧里获得成功。演员儒韦是他的剧作的诠释者。吉罗杜开始顺利地把他的小说《西格弗里德和利穆赞人》改编为戏剧之后,在《第38位晚宴东道主》(1929年)中找到他主要的灵感。他的剧作既充满幻想又寓意深刻,是向古代戏剧的回归。我们就这样到达20世纪30年代的门槛,并且我们将会看到一种受到全新的启发、具有正在开始十年的形象的戏剧。

3

疯狂岁月的文化

我们在前面的章节中看到第一次世界大战前绘画方面的丰富。丰富,但同时又繁茂,以至我们无法把真正的轮廓凸显出来,除非冒歪曲那个时代的文化真实状况的危险。这种繁茂状态在战争期间持续不断,一直延伸到它的矛盾中,延伸到中立国家中。在这些中立国家,特别出现了两个新的、对立的中心:在荷兰是蒙德里安派及其新造型主义,这种风格建立在精确的直角和三原色的基础上;在瑞士,在逃避兵役的法国人和难民中,是1916年诞生于苏黎世的达达派。重归和平后,这两种潮流确立下来。法国成了它们的摇篮之一。一方面,对秩序和纪律的渴求,在这两股潮流中显而易见,尤其在立体派的唯意志主义中或在取代抒情抽象派的几何抽象派的精确严密性中更是显而易见。另一方面,对荒谬和非理性的爱好、对无意识的寻求,以相伴相随的方式,在表现主义的新爆发中,在朴实的绘画和超现实主义中取得胜利。

的确,第一次世界大战后,人们看到"立体主义的又一阵迸发"(贝尔纳·多里瓦尔)。这个派别的门徒仍然对它忠心耿耿。然而,他们当中的每个人都把它引向自己所作的诠释。这种诠释对他们大家都充满了人类的体验。比如,朱昂·格里斯,一直到他1927年去世,都始终坚定不移地忠于综合立体主义。这个画派对他来说已经成为一种精神状态。布拉克经受过战争的创伤，在他的余生，在他的《静物》中，仍然部分地忠于立体派的某种观点。然而，他的艺术以后也向风景画扩延，从20世纪20年代起，则向《头顶供品篮的少女》那一类的新古典主义系列扩延。布拉克像第一次世界大战以前的某些画家一样，在到达"古典主义者"的地位后，将摆脱一种风格的束缚，而同时又留有其深刻的印记。

在费尔南·莱热那方面，虽然他本人是立体主义的伟大创始人之一，却使这个画派变为一种个人风格。从1917年开始，由于身上打下战争的烙印——他在战壕受到毒气伤害，他在《一盘纸牌》这幅画中用断离的和圆柱体的形状拼凑成士兵。毫无疑问，这些形状受到炮闩形象的启发。他就这样朝着"管状"立体主义画发展，转向机械化了的现代世界，转向城市。他用景物层次的动态的迭瓦状排列来表现城市的生命力。简化了的形状通过纯净而又对比强烈、调制均匀的色调变得栩栩如生。他从一个所谓"动态的"或者"机械的"阶段转入一个"静态的"时期（这个时期充满线条简化、体积庞大、呆板和缺乏表情的大型人物画），接着又回到充满活力与生气的物体，这些物体分散在空间，彼此之间通过色彩的协调联系起来。他暂时接近超现实主义，偶尔敢于创作诸如《带钥匙的拉约孔德》那样罕见的画。因此，可以说，20世纪20年代末，费尔南·莱热在他的民众现实主义的大幅绘画阶段以前，间接证明了这股潮流在当时的吸引力。

分析到这个阶段，当然必须提到毕加索。这位画家在他的立体主义阶段以后，20世纪20年代，在各种各样相继出现或者同时出现的、不断更新的、以后也同超现实主义交叉的道路上发展。他和让·科克托于1917年一同前往意大利，与佳吉列夫交往，并且在舞台布景方面同俄罗斯芭蕾舞剧团合作。这样他就作为坚决的厚今薄古者大大促进舞台布景的更新，正如战后马蒂斯（1920年）、布拉克（1924年）、鲁奥和玛丽·洛朗森①（1929年）所做的那样。对他来说，这也是回归人物肖像画的时刻（为奥尔加和他的儿子波洛画像）。这些人物肖像有时被定性为"安格尔②风格"。与此同时，他在他的静物画中，例如在1925年的《曼陀林和吉他》这幅画中，并没有抛弃立体主义画派风格。然而，同年发生了一次新的风格决裂：继这十年初期的细腻雅致的风格之后，是在《舞》这幅画中出现的一种非现实主义的梦幻似的风格，这种风格部分受他同超现实主义诗人接触的影响。毕加索就因此而成了超现实主义者吗？当然是。布勒东在这个时期把他当作"立体派的超现实主义者"。然而，艺术史专家们后来却在这个问题上众说纷纭，莫衷一是。他们之中的大多数宁肯谈论他与超现实主义派的联系，或者最多谈论他与这个画派之间的相似性。

---

① 洛朗森（Lanrencin，1883—1956），法国女画家。画风受野兽派、立体派影响。作品有《聚会》等。
② 安格尔（Ingres，1780—1867），法国画家、古典主义画派的最后代表者。画法工致，重视线条造型，素描有独到贡献，尤长于肖像画。作品有《浴女》、《泉》等。

毕加索在他的创造性的天才中，很好地体现出20世纪20年代绘画艺术的繁茂。然而，这种繁茂不仅仅归结为立体派的繁荣兴旺的后继者。抽象派在其中也有其一席之地。而且在这方面，1919年并非颗粒无收的荒歉之年。1910年康定斯基创作了他的第一幅抽象派水彩画，并且已经在同一时期就"艺术里的教权"进行了理论化的论述。在某种程度上，他被认为是所谓"抒情"抽象主义之父，正如蒙德里安被认为是"几何"抽象主义的先驱一样。"几何"抽象主义既受到自1919年起定居巴黎的蒙德里安的影响，也受到俄罗斯的构成主义的启发和影响。"抒情"抽象主义则源出于康定斯基的造型自由的个人表现形式。直到1940年，这两种艺术流派都在被称为"巴黎画派"的艺术中共存。"抒情"抽象主义这样一种表现形式，在人们对它的运用中，说明了两次世界大战之间巴黎绘画的辉煌，说明了它对大批外国艺术家来说所具有的枢纽的功能。法国的首都兼为策源地和熔炉，在这个时期或许是世界绘画艺术的中心。

在这样一种繁茂状态的内部，抽象主义的地位不应该过高估计。的确，如果把1945年的景象投射到1925年，就会犯观点的错误。1925年，抽象主义仍然是法国绘画空间的一个狭窄的区域。不错，这个区域一派朝气蓬勃、充满活力的景象。在它的内部两种趋向像花那样盛开。这两种趋向都通过嫁接而充满生气：后来被人称为"抒情的"抽象主义，从野兽主义中汲取力量，另外一种趋向则受到立体主义的影响，是"几何图形的"。一些展览会，例如1925年举办的《今日艺术展览》或者1930年举办的《圆和方》证明这两种绘画绚丽多姿、丰富多彩。画家在这些展览会上展示出全部才能，达到他们的艺术极致。特别是蒙德里安和康定斯基两人更是如此。更有甚者，辈代之间的接班——元气与活力重新高涨的保证——已经在那里完成。一些像让·埃利翁那样的青年画家在这样的土地上进行冒险。在这方面，1925年为1945年作了准备。因此，巴黎也是个实验室。

这也是因为另外一些绘画流派也在巴黎充分发展。立体派画家和抽象派画家尽管本质上迥然不同，但往往都具有一种类似理性主义的东西作为它们开拓性探索研究的依据。两次世界大战之间，法国艺术景观的另外一个坡面在某种程度上位于这样一种感觉的对立面。这个坡面的拥护者想通过各种各样的方式告诉世人，他们面对1914年和1918年之间在欧洲心脏地带进行的大屠杀中流淌的鲜血时感到焦虑和反感。一方面新表现主义者，另一方面达达主义者以及随后的超现实主义者，都打算在一个精神分析获得成功的时期，通过非理性、梦和无意识，尤其通过主观至上来表现自我。当德国的表现主义在一个战败国里，在借助产钳诞生的、最初摇摇欲坠的魏玛共和国①内部重新高涨的时候，这个运

---

① 魏玛共和国指1919—1933年根据魏玛宪法建立的德意志共和国，因制宪会议在德国西部城市魏玛召开，故名。

动通过绘画和电影扩展到整个欧洲。在这方面,法国的情况要错综复杂得多,因为,尽管在第一次世界大战期间人们经历了种种惨事,这个国家的战后时期却显得没有在德国或者在多瑙河流经的欧洲地区那么痛苦。在法国——例如在德兰和迪努瓦埃·德·塞贡扎克两人的周围,特别发展着一种"新现实主义"的脉络。这两人反对立体派的智识主义。这种"客观的拒绝"在一种"不偏不倚艺术"中怡然自得(贝尔纳·多里瓦尔)。艺术家从风景画到静物画,返回到诗意盎然、明朗宁静的现实,并且同法国传统恢复联系。巴黎的表现主义运动更加复杂。在这个运动内部,既有很多法国画家,也有很多外国人,特别是被称为巴黎画派的"外国人"。在法国画家中,一些老立体派画家,例如勒福科尼埃①,根据自己的主观诠释进行创作,而与此同时,又保存着立体派的方法手段和野兽派的火爆强烈的色调。另外一些立体派画家如格罗梅尔②比较间接地记住立体主义的教导。他在战斗中负伤,在《战争》(1925年)这幅画中表现出战壕里的士兵那种具有强大震撼力的麻木状态。至于后者,即"外国人",我们必须在他们当中特别举出苏蒂内、夏加尔,而且再次提到毕加索。苏蒂内自1913年定居巴黎,在第一次世界大战以后画痉挛状态的风景画和静物画。他的风景画贯穿一丝惴惴不安的心绪。他的静物画则表达死亡和痛苦。他同夏加尔都经常被艺术史专家列入"表现主义者"一类,两人又都以各自的方式体现主观的首要地位,除此之外,他们表面上很少共同之处。再说,难以归类的毕加索有时也可以归入这股形式纷繁的潮流中。

总的说来,绘画的新颖性更应该在这股潮流中——当然也在超现实主义中——寻找,而不是在抽象主义中寻找。很多添加到第一次世界大战以前的色调中的新的绘画笔法,往往受到这股潮流的影响。这个现象在前面列出的绘画流派中是显而易见的。再说,这个观点可能看起来悖于常理、自相矛盾。具有早年风格的超现实主义绘画在处于达达主义阶段时,的确并不要求一种新的绘画风格。它那时往往运用一种清楚明晰的线条、一种井井有条的创作方式、一种对透视法的遵守、一种与局部色调同时产生效果的总体色调、一种对正规绘画笔法和完美的爱好。然而,这不只是一种风格,事实上更是一种充满讽刺和嘲笑的精神。这种精神给人留下强烈印象,并且与布勒东和另外几个人宣称的"自动记述"的野心融为一体。在这方面,像皮卡比亚和迪尚③、恩斯特④和米罗⑤、达

---

① 勒福科尼埃(Le Fauconnier,1881—1946),法国画家。作品有《猎人》等。
② 格罗梅尔(Gromaire,1892—1971),法国画家、雕刻家。
③ 迪尚(Duchamp,1887—1968),法国画家。作品有《竞技者》等。
④ 恩斯特(Ernst,1866—1933),法国画家。作品有《乌龟、鱼、蛇》等。
⑤ 米罗(Miró,1893—1983),西班牙画家、雕刻家。30年代,其作品开始定期在法国和美国展出。在1937年巴黎举办的世界博览会上,为西班牙馆绘制壁画《死亡》,带有强烈的社会批判性。

利①和马格里特②这样各各不同的人物将创作出千变万化的作品来。特别是,尽管最初的风格本身并没有什么破坏性,但精神和抱负仍然给予绘画的传统准则一次新的打击,因此,它的震动是真实而广泛的。

在革命的酵母和"回归秩序"之间,在超现实主义和蓬勃发展的"有产者"文学之间,归根结底是"多样性"这个词揭示和阐明了 20 世纪 20 年代的法国文化的内容和色调的特征。正是这种多样性赋予这十年一种特有的属性。确实是一种"疯狂岁月"的文化。它是大胆和古典性微妙的混合物,是生活的狂热和停滞了的时间的巧妙混合物。旧的事物被一种类似速度引起的眩晕反应重新激活;新的事物因战争而生机勃勃。这两者在当时比法国文化史上的其他一些时刻更加混杂纠结在一起。其结果是,各种风格在一个世界里繁荣昌盛,丰富多彩。这个世界通过潜入到未经勘察的事物来认识自己,在第一次世界大屠杀之后自省自问。这个世界自认为已经找回它在第一次世界大战以前的平衡,而其实破坏的因素已经在它内部活动。

路伊吉·皮兰德娄对那个时期的法国戏剧的诱惑力,以它的方式说明了现实和梦想之间的平衡。这个意大利人关于同一性的思考会令人着迷。但是,这些思考所包含的对戏剧创作本身的地位、对戏剧创作和现实的关系以及对戏剧创作手段的运用等等的质疑,将同样具有吸引力。

---

① 达利(Dali, 1904—1989),西班牙画家、作家。作品有《黄金时代》等。
② 马格里特(Magritte, 1898—1967),比利时画家。作品有《哲学家的灯》等。

图30 马克斯·恩斯特，德国画家，复员后立刻在德国参加了"达达"运动。1920年，应布勒东的邀请来到巴黎，成了超现实主义派最有影响的人物之一，并和朋友们一道转向对无意识的探索。他把这些朋友画在一幅画上，题名为《朋友们的聚会》。后来这幅画变得很有名，其中我们可以认出艾吕雅（9），阿拉贡（12），布勒东（13），希里科（15），德斯诺斯（17）和佩雷（11）。（《朋友们的聚会》，马克斯·恩斯特，1922年，汉堡丽迪娅·波收藏）

第十章　黄　昏

当我们回首以往,描述无忧无虑的20世纪20年代,同时追忆随后的年代,会感到不胜惊讶。总之,经历了在当时的确是人类史上最大规模的屠杀之后,一切回复正常是理所当然的。此外,别忘了还有一个显而易见的事实:人民总是眼朝过去,后退着进入历史。不能说那个年代的人不负责任地在火山上空跳舞,因为在他们眼里,前一次世界大战已然凝固的熔岩,已一劳永逸地堵住了战争的火山口。这恰恰反映了20世纪20年代悲剧性的一面,那十年孕育着多少希望,在文化领域里,让人产生了多少期望。历史躺在火山口底上仅仅打个盹,以便恢复元气,它很快就苏醒过来了,即使在随后十年的头几年中,法国及其帝国似乎像一个受保护的群岛。从此,一切都不再和过去一样。世界将进入新的阶段,越来越昏暗,如同黄昏一般,这不可能不影响到文化创作的倾向。

1

法兰西之谜

从疯狂年代的疯狂火焰来看,20世纪30年代的法国在政治和社会文化方面向历史学家至少提出了两个谜团,二者互有联系。在这两个领域内,确实存在着法兰西之谜。第一个谜团是,在这十年中,法国的政治体系遇到了巨大的危机,可与此形成鲜明对比的是,同其他几个自由民主国家不同,这场危机并没有导致法国政权的崩溃:政权战胜了历史的狂风暴雨而死里逃生了。但由此看法即刻产生了一个相关的问题:由于危机,法国政权在1940年是不是就已处于人为地维持生命的状态了? 总之,那时候是不是就已名存实亡,只是死期往后推了几年? 这一问题很难回答,至今依然众说纷纭:1940年的法国是一棵被战争失败击倒的橡树,还是战争的失败恰恰证明树干已然千疮百孔,德国的进攻不过给法国的崩溃划了个句号?

回答这个问题虽与本书并无直接关系,但至少有两条理由让我们对之念念不忘。首先因为阐述30年代的法国文化不应该脱离其历史背景。其次,而且尤其是因为这不只是在描绘这样的历史背景。分析30年代法国的社会文化状态,也是试图评估法国总形势的一种方式。然而,这件事做起来也不容易。因为,这里出现了第二个谜团:这个文化的法国沐浴在怎样的光辉中?是万丈光芒,还是带有黄昏的光晕?国家仿佛被经济危机吞没,经济萧条,一蹶不振——因为频繁更迭的政府班子似乎对经济萧条束手无策——,可是,难道不应该看到,尽管法国犹如沉睡的森林,可她却仍是使一种文化继续发光的沃土,是永不停止创作的光辉力量的摇篮?同时,这也是一个吸引外国艺术家的法国,其吸引力如此之大,以至于那时候,在艺术领域里,"巴黎派"仍是一个时髦的词儿。

　　回答这两个谜团都很困难,尤其因为30年代法国的那种对比关系在国民的记忆中代代相传。集体的记忆以中间色调将一个时代的记忆传了下来:这是人民阵线①的辉煌时代,同时也是衰退的十年,远景是1940年的大灾难。至于学者的记忆,即历史的科学,最突出的是对这个阶段不大关注:在很长一段时间里,至少一直到1950年底,史书上对这个阶段是不作记载的,致使勒内·雷蒙得以说,那是一段"被遗弃的历史"。后来,对法国历史学家来说,那十年变成了一种"埃尔多拉多②",出现了许多重要论文,专门论述两次大战之间的这个时期,其中的几篇已成为法国编史工作中的"经典"文献。但是,尽管最近谈论这个时期的文章数不胜数,但法国编史工作不允许说那个时期有过那种"对比"关系。正因为写这个时期的文章很多,可编历史的人又不让说有那种"对比",这就以某种方式使法兰西之谜变得更加神秘。围绕泽埃夫·斯特恩海尔关于法国法西斯主义一书的争论,以及最近围绕厄让·韦伯关于《30年代的法国》之研究的争论,都说明了这个问题。因此,这些争论尽管反映了科学的繁荣,却并不能揭示那个时期的法兰西之谜。

　　那么,在这一切中的文化史呢?它现在突破性的研究,能使上述问题的研究前进一步吗?诚然,这一领域里的研究是长期的,现在刚刚起步,但已出现了可以揭开这些谜团的文章。尤其是,这些文章能使我们摆脱时明时暗的境地。的确,这十年尤其应视作转变时期,而这种转变的本身就反映了一种正在发生的变化。比如,大众社会文化实践的不断上升,就说明了这种转变。我们看到了,第八章中所描述的进程更是30年代的一种现象,在30年代,收音机的数量大大增加,而法国电影也经历了第一个黄金时代。19世纪下半叶,尤其在学校和报刊的影响下,文化闭关锁国的状态开始打破,到了20世纪30年代,由于广播和电

---

① 人民阵线为法国的反法西斯统一战线组织,建于1935年。
② 埃尔多拉多(Eldorado)为假想的南美国家,西班牙征服者以为在那里发现了丰富的金子和宝石。这里比喻研究30年代的作品很丰富。

图 31 在法国知识分子介入社会的历史中，30年代是一个特殊的时期。朱利安·邦达揭露《文人的背叛》的时代似乎已经遥远（其实只有几年），现在，文人们已参与到国内狂热的辩论中。在这方面，战前的那个十年既为左派知识分子，也为他们的同行右派知识分子提供了许多需要维护的利益和必须投入的战斗。在这张图片上，台上自左至右，可以辨认出亨利·巴比塞、马德莱娜·帕斯、保尔·尼藏、安德烈·马尔罗和安德烈·纪德。

影起着统一的作用,那种闭塞状态受到了更大的冲击。无论城市还是乡村,工厂还是机关,都开始了社会文化的积极交流。因此,抛开严重的政治危机,以文化史的尺度来衡量,30年代具有一种完全不同的色彩,反映了一种转变过程。

至于知识分子,应该说他们也在转变。那时候,他们进入了介入社会时期。事实上,与习惯的看法相反,法国文人并不是二次大战后才蜂拥介入政治斗争的,在30年代就开始了。

2

历史的觉醒

此外,30年代文化人越来越介入国家政治生活这件事,后来一直深深印在法国知识界的集体记忆中。即使在那个年代,文人们就已强调文化和政治的这种关系了。比如,雅克·苏斯泰尔[①] 1936年6月底就已指出,在"人民阵线发动大规模的政治和社会运动"的同时,"一场广泛的文化运动正在我国展开,更确切地说,这场文化运动只是政治和社会运动的一个方面"。事实上,那时候国家权力已开始干涉文化领域,以某种方式说,那是法国政府进行的文化政治的初次尝试。雅克·苏斯泰尔的讲话所影射的,大概就是政府的这个行动——最近,帕斯卡尔·奥里对此作了深入的研究。但是,毫无疑问,这同样也说明部分知识分子向人民阵线积极靠拢。此外,这种假设的知识界和布卢姆政府之间的相互影响,已成为左派的一个参照点,甚至寤寐思之:"今天的纪德、马尔罗、阿兰、朗之万们安在何方?"1983年7月马克斯·加洛如是问道,这可作为是年夏天关于"左派知识分子的沉默"之辩论的前奏曲。

加洛的这句话很说明问题,但也有点歪曲事实。首先是很说明问题,因为20世纪30年代已成为文人集体记忆不可分割的重要组成部分,事实上,这个年代是20世纪法国知识分子史上的光辉时代的组成部分。同时也有点歪曲事实,因为如此列举左派文人的名字,似乎在把30年代的法国知识分子全都置于左派的影响之下。然而,即使记忆将这些知识分子特别留在人民阵线的讲台上,但那时候也和20年代一样,仍有很大一部分知识分子向右边倾斜。右派阵营的文人,也和他们的左派敌手一样,倚仗自己有"保持警惕的义务",认为这一义务支配着他们的公民态度,于是在1935年,当意大利对埃塞俄比亚发动战争的时候,他们宣称:"作为知识分子,我们越是受益于文化,就越要提高警惕,保护文化,不能让文化选择反对它自己。为了防止这种自杀行为,我们求助于精神的一切

[①] 苏斯泰尔(Soustelle, 1912—1990),法国政治家和人种学家。

力量。"

因此,当时在两个阵营中,处于动员状态的"精神的力量"在广度上几乎势均力敌。当让—保尔·萨特于1945年10月在第一期《现代》杂志①上宣布"介入社会的义务"时,可以看出,他是在将30年代业已广泛开始的一种进程理论化。而且,同上一个十年相比,这十年在这方面显然是一个转折点:就在1927年,法国知识界对朱利安·邦达的《文人的背叛》一书还是众说纷纭,分歧甚大;那本书宣称,文人在任何情况下都不能公开发表自己的政治倾向,否则就是背叛自己的身份和角色,除非像在德雷福斯事件时那样,是为了捍卫普遍性的重大价值观。

如果说30年代是个转折点这是个不容辩驳的事实,那么,我们还要区别形成这一转折的原因。原因至少有三,而且,正因为这些原因的一致性,使得这一进程更具有历史的深度和意义。尤其因为其中最主要的原因是,在30年代,历史——应理解为行进中的历史——又开始前进了。经过1914—1918年那样的大屠杀后,在过去的十年中,历史似乎恢复了平静,恢复了呼吸。有一个表达方式似乎最好地概括了欧洲人民的热望,那就是希望那次大战是"最后中的最后",换句话说,从此,集体的安全将会仲裁并平息人类社会固有的冲突。可是,前面说了,历史只是打了个盹,1929年后火山便又苏醒。才几年时间,洛迦诺精神②似乎已变得十分遥远。于是,和平主义的文人们将变得摇摆不定。直到那时,在20年代,我们已看到,由于国际关系所处的特点,这些文人同他们的时代一直情投意合,协调一致。但从今以后,一种思想,即哲学家阿兰的思想,正如他的学生朱利安·格拉克后来所写的那样,正在变成"极具倾向性和时代特点的思想"。前后的差距十分明显,尤其在对战争的看法上。

即使假定有些人试图这样做,但面对30年代与日俱增的战争危险,在关于国家之间的战争与和平这个问题上,他们也常常只有一种理论作依据,那就是根据对上一次世界大战的观察而建立的理论。从此,他们所做的,也常常只是力图避免爆发……1914—1918年那样的战争。然而,期间出现了其他利害攸关的问题,引起了激烈的争论。这是那些文人越来越介入社会的第二个原因。20世纪30年代具有动员同时分裂法国知识分子的诸多重要原因。在国外,随着战争危险日益增大,法国知识分子聚集起来,开展大规模的请愿活动:如关于埃塞俄比亚战争(前面已提到),或西班牙战争,还有关于面对希特勒分子的挑衅要采取的态度问题。在国内,对人民阵线的截然相反的反应,可以说导致了一场知识分子之间的法—法战争。这是分裂知识界的一个真正的断层。以至于当代一位观察家伊夫·西蒙于1936年写道:"现在,就像德雷福斯事件时代那样,我们看到了

---

① 《现代》为一种政治、哲学和文学杂志,由萨特创立于1945年。
② 洛迦诺(Locarno)精神指洛迦诺公约的精神。该公约为德、法、比、英、意等国互相保证西欧和平的一系列协定的总称,于1925年10月16日在瑞士洛迦诺草签。

关于正义、政治生活和人类未来的两种思想、两种观念的冲突。"

尽管如此,历史的觉醒和战争危险的增加,仍不足以回答上面提出的问题,因为那不是20世纪30年代特有的。一方面,的确,历史学家深知"历史是不会终结的",20世纪20年代和其他任何十年一样,并没看到历史停下脚步:火山已熄灭这不过是幻觉。另一方面,即使在这十年和紧接着的30年代之间确实存在着鲜明的对照,30年代的特点是局势紧急,极有必要动员备战,但是,应该指出,紧急和紧张的局势在法国历史上比比皆是。20世纪30年代尽管波涛汹涌,山摇地动,但并不能说它是历史上最紧张的十年。事实上,是第三个原因使得这个年代具有某种特征,并能解释知识分子日益介入社会这个事实。

的确,对知识分子而言,20世纪30年代的危机,这一持续十年的"事件",应该放回到德雷福斯事件以来法国知识分子百年史的中期来看待。如此一放,这十年便像是诗句中的一次停顿。早在20年代,战争的冲击,继而左翼联合政权的失败以及教皇对法兰西行动组织的谴责,就已促使左右两派意识形态的衰落了。到了30年代初,知识界的困惑远未减轻,反而加重:知识分子对世界的看法本已捉襟见肘,而30年代的经济危机更使之苍白无力。从此,在左派方面,介入社会与其说是通过捍卫德雷福斯派的价值,毋宁说通过反法西斯的战斗。对右派而言,与20年代相比,反共产主义将成为比谴责共和国或颂扬民族更为有力的原动力。

因此,即使反法西斯主义和反共产主义针锋相对,常常保留了19世纪末大对抗时使用的词汇,但形势完全改变了。的确,反法西斯主义和反共产主义是两种极富意识形态内容的观念。知识分子被敦促要为当前的对立提供新的论据,因而事实上成了一部分公民的思想引路人。他们成了当时法国人之间的冷战的先驱。应该从两方面来理解这种先驱作用。一方面是发言人的意思:知识分子以他们集体或个人的干预,使政治辩论变得愈加激烈。另一方面,他们也以自己的词汇给许多这样的辩论增光添彩,因此,他们是编写部分乐谱而使政治生活变得有节奏的行吟诗人。

因此,在两个正在争取获得意识形态身份的阵营中,知识分子占据着十分显要的地位。很可能就因为这点,他们在当时乃至后来的集体记忆中起着举足轻重的作用。不过,单凭知识分子所起的重要作用和他们为辩论增光添彩的事实,就能下结论说他们对同胞产生了深刻的影响吗?的确,光看到演员站在前台,看到他们对保留节目的贡献,还不足以对听众能否接受下结论。换句话说,知识分子的作用检查起来难道不是有限的吗(因为他们的作用是内生的,他们首先是对他们的同仁说话)?有政治倾向的知识分子,其谈话对象主要不就是同一派或对立派的有政治倾向的知识分子吗?因此,对知识分子的影响是不是应该估计得低一些(归根结底,他们不过是两个对立阵营的代言人,有点像古代的军队,有时互相谩骂多于互相对峙)?这里面会不会有假象?此外,这个问题对知识分子史上的其他任何时期都适用。

然而,关于20世纪30年代,贬低文人的影响是错误的。诚然,历史学家深知,给各政党输送血液的政治文化,只是间接地从知识分子设想的那些大体系源泉中汲取营养。但是,在30年代,政治辩论中意识形态的含量无论如何是很高的,通过反法西斯主义和反共产主义的主题,政治文化深受意识形态的影响。不可否认,知识分子在他们赞同的意识形态中,发现了周围世界的一种可理解原理,即一种意义,同时找到了加入一个团体的方式,但在20世纪30年代这一具体情况下,这些信念,这些默契,已超越文人的范畴,双方都有大量的渗透:文人们带上了公民辩论的色彩,但也给公民辩论烙上了自己的特点。

3

启蒙哲学受挫?

20世纪30年代的风暴,归根结底,加速了民族意识的危机。的确,被第一次世界大战震得晕头转向的法兰西,从历史的观点看,正处于暧昧不清的时刻。从总体上讲,它的意识是清楚的:那场战争是一场"捍卫权利的战争",因此,所作的牺牲是为了正义的事业,而且赢得了最终的胜利,战争结束时国家的威望显然提高了。但它又产生了,同时还用各种形式和语调表达了一种朦胧的衰落感——因为在战争中骤然丧失了一部分有生力量——并由此而对未来产生了一种朦胧的惧怕。尤其是,未来似乎再次变得黯淡无光。面对隐约可见的威胁和充满活力的极权意识形态,它能从它的文化宝库中汲取什么良药呢?第一副可能的良药与魔力有关:是一种对国家理想化的看法,可以说应该是什么样的法国,比方说,在让·吉罗杜的部分作品中展现的法国,充斥着检查魔法的人和善良的人。这种文学作品是写给喜爱阅读的乖孩子们看的。在这种文学作品中,日耳曼魔法只限于施展妖术,这些作品不是暴风雨时期的作品,即使战争与和平问题最后会来筑巢做窝。第二副良药与当时的法国更协调一致,那就是以阿兰等激进知识分子和让·盖埃诺等社会主义知识分子为代表的左翼人道主义。总之,左翼人道主义尽管身处危机,却依然生气勃勃,因为在第三共和国的那几十年中,它的根扎得越来越深。它引起的反响比较大,例如,比人格主义的人道主义所引起的反响大得多;那时候,人格主义的人道主义与其说与大多数人相通,不如说属于鲁莽的先锋派。

第三副良药为第二副之补充,即理性主义。诚然,我们已看到,近几十年来理性主义已然动摇,而20世纪20年代更使它变得苍白无力。但是,某个莱昂·

布兰斯维克①的作品，或者像保尔·朗之万、保尔·里韦②等科学家的影响，给了理性主义一些真正的支持者，而左派知识分子阶层的存在和蓬勃发展，使它获得了广泛的社会学基础。

那时候，日益发展的精密科学受到了几乎普遍一致的尊敬。就这样，1939年，在普遍的赞同下，国家科学研究中心（CNRS）诞生了。人们对科学进步越来越信任，尽管也有狂风暴雨，但这种信念却与日俱增。所谓的人文科学和社会科学，以及它们的支系，也获得了迅速的发展，它们受益于精密科学的威望，同时希望同它平分秋色。那是心理学，尤其是劳动心理学和儿童心理学以及社会学蓬勃发展的时代，但是，历史学和人种学也从这种活力中受益良多。作为时代的象征，经济历史学成了主要的参照。整个运动是以形形色色的，但都与启蒙哲学密不可分的哲学信念为基础的。启蒙哲学似乎无往不胜，天下无匹。它统治着知识阶层，尤其是围着国民教育部转圈的知识阶层。关于这一点，我们要指出，在被社会科学——它关心的是从整体上确定个体——所谴责的一种精神指导下，公立教育部于1933年变成了国民教育部③。

这种貌似荒诞的特征——既是一种人道主义形式的复苏，同时又表明它的基础发生了危机——至少有两个结果。马克思主义尽管总的说来尚未在法国找到有利的市场，但它不久就会基本上适应法国的环境，尤其因为社会科学发展如此迅速，而两者之间又比较接近。我们已看到，随着反法西斯主义的发展，法国共产主义呈上升趋势，这一政治形势也为马克思主义在法国扎根提供了舒适的土壤。苏联公布的在经济上取得的成就、以苏联为榜样的群众运动在欧洲的蓬勃发展，以及资本主义世界遭受的经济危机，都充分证明了马克思主义的真实性，并促进了它的发展。尽管有莫斯科诉讼案④和德苏条约的存在，但马克思主义已开始在法国缓慢上升，战争、对苏联获胜寄予的希望及苏军的辉煌战绩，只会促使它在法国的发展。在30年代，辩证法和历史唯物主义开始真正成为法国本土知识分子状况的组成部分。此外，左派对盲目强调出生地和血统的民族主义学说持反对态度，这也起到了一定的作用。

背景变化的另一个结果更具有普遍意义。那就是，知识分子相对平静的状况，将被30年代的大风暴打乱。在这大风暴前夕，从总体上讲，法国知识分子的思想可以说围绕着几个中心展开，这些中心随着时间的推移已成为传统的东西。起主导作用的哲学仍是大学里的心灵论；心灵论是19世纪在笛卡尔哲学和康德

---

① 布兰斯维克（Brunschvicg, 1869—1944），法国批判唯心主义哲学家。
② 里韦（Rivet, 1876—1858），法国人种学家。
③ 法国于1792年成立公立教育委员会，以研究教育问题。1824年，该委员会易名为公立教育部，其权限逐渐扩大，至1920年，不仅管公立教育，而且也管美术和技术教育。1932年，公立教育部易名为国民教育部，权力更加扩大，不仅负责公立教育，而且也负责私立教育，以及其他各种教育。
④ 指30年代末期莫斯科的政治诉讼案。

哲学的基础上确立的,它与实证主义和睦相处,并在柏格森的著作中焕发了青春,达到了极致。对柏格森的狂热崇拜始于本世纪初,但在30年代他可以说获得了最高荣誉:他的《道德和宗教的两个源泉》①(1932年)取得了超越国界的巨大成功。这一成功意味深长。柏格森的学说接受科学成果,但把它们局限在它们自身的范围内;这一学说维护直觉以及与灵魂有关的一切,这使它同当时犹豫不定和动荡不安的时代十分合拍。柏格森的这最后一部作品《两个源泉》,使合理性与宗教信仰之间相对立的要求得到了协调。20世纪30年代,柏格森主义成了整整一个社会阶层及法国大学的哲学"圣经"。不过,与此同时,变化已然开始。

另一个起主导作用的哲学,事实上是以阿兰为导师。这一哲学更具有批判精神,是一种尖刻的理性主义。埃米尔—奥古斯特·夏蒂埃②,又称阿兰,凭其传播信仰的热忱,在哲学领域独树一帜。他代表了对公认的思想和被确认的体制和价值持怀疑态度的法国。他的《自由谈》首先是批判性的,但也很实用,因为它远离任何意识形态,通过对常识和舆论的严肃分析,向人们传授哲学。显然,这不是一种适于激起民众热情的思想形式。不管怎样,在整个世界受到群众运动震撼的时候,左翼法兰西的一部分,即德雷福斯主义的继承者和前十年教师共和国的基础,在这种个体的批评态度中看到了自己的身影,并且融于其中。如果说后来人们对阿兰的哲学在危机时期可能起的恶劣作用展开辩论,那不是巧合。辩论的一方认为,在阿兰的哲学中,有一个固定的接头,这在极权主义时代维持了人道主义价值的完整性。而另一方认为,这种高度警惕的尖刻的批评态度,也许为法国思想增光添彩,但是,就在文人介入社会的时刻,这种态度可能会使法国思想意气消沉。这场对阿兰哲学思想的辩论——很大程度是回顾性的——是一种前兆。诚然,在30年代,几种大的思潮靠自己的余速在继续滑行,因为它们受到强大的知识分子传统的支持。但由于受到国内和国际形势的影响,这些思潮越来越处于不稳定的状态中。前面已谈到,在政治方面,反法西斯主义和共产主义这一对,从此成了知识分子介入社会的核心结构。至于作为基础的德雷福斯派,即使它在当时仍是左翼法国的组成部分,但总的说来,它在思想战线上却节节后退。这便使我们对"20世纪30年代是不是启蒙哲学受挫的时期"这个重要问题难以做出回答。

不管怎样,按照逻辑,我们要指出同时发生的莫拉斯主义的危机。如果说与

---

① 《道德和宗教的两个源泉》是法国著名哲学家柏格森(1859—1941)的最后一部作品。该书认为有两种道德或两个源泉,一是源自智力,导致科学及其静止的、机械的理想,二是基于直觉,表现为艺术和哲学的自由创造力,及基督教徒的直觉经验。

② 埃米尔—奥古斯特·夏蒂埃(Emile-Auguste Chartier, 1869—1951),后称阿兰,法国哲学家和评论家,被称作"当代的蒙田和苏格拉底","现代人文主义和理性主义的楷模"。

阿兰完全是同时代的夏尔·莫拉斯主张"完全的民族主义",他这样做与其说是因为过去和传统,毋宁说是想成为严肃的理性主义和理性之产物——秩序的代言人。事实上,这充分说明,莫拉斯思想在几十年中,对整整一派法兰西思想产生了影响,尽管它失之极端,但在当时成了许多右派知识分子的参照。对他们而言,莫拉斯思想成了一种预备教育,一种普通的信条,每个人都按自己的方式进行改变。如果说1926年法国与梵蒂冈绝交使得夏尔·莫拉斯对几个宗教组织的影响丧失殆尽,因而也就削弱了他的运动,但这也加强了莫拉斯思想的逻辑性。在这点上,可以说是30年代的危机动摇了这一右派理性主义的基础。

此外,30年代对那些主导思想体系来说,起到了扰乱作用,尤其因为那场经济危机发生在辈代交替的时候。与世纪同生的新生阶层常常是新的思想——从让·图夏起习惯称为"30年代思想"——的沃土。即使近来的研究表明,这一思想和孕育这一思想的一代人之间的互相渗透在前十年末就已开始,但与过去决裂却是在30年代。1932年创办的《思想》杂志就是明证。它是一个青年天主教徒小组的喉舌,这些天主教徒在埃马纽埃尔·穆尼埃①的激励下,想使个体主义的主要部分同一种严密的社会学说相协调,那便是"人格主义"。这一学说力图适应互相矛盾的要求,规定"个人为社会,社会为个人"的原则。这一运动后来在国内外产生了巨大的影响,它极其准确地反映了法国社会的愿望:既想捍卫启蒙哲学的遗产——个体主义,又想促使个体主义与社会政治一体化。在背景上,有一个问题困扰着西方世界,那就是:应该将个人还是将社会放在首位?20世纪的法国对此问题的回答形形色色,层出不穷。

4

印度夏天

30年代经济危机的冲击波所触及的,不只是以公民身份介入社会的文化人和大的意识形态体系。当时,文化生活也受到了影响,首当其冲的是文学。诚然,那些已确立威望的作家依然我行我素。当然有纪德和克洛代尔,但尤其是莫里亚克、贝尔纳诺斯②、朱尔·罗曼、阿拉贡、德里厄·拉罗歇尔。甚至可以看到那些超现实主义作家活跃非凡,继续分化、分裂、谴责,时而表明他们的政治天职,时而又愤慨地将之抛弃。但是,总的说来,不论是老作家的作品,还是新作家

---

① 穆尼埃(Mounier,1905—1950),法国哲学家和作家。他一生中实践着他称作人格主义的理论。1932年,他创建了《思想》杂志,宣扬"集体人格主义"。
② 贝尔纳诺斯(Bernanos,1888—1948),法国小说家、政论作家。他的杰作《一个乡村教师的日记》奠定了他作为当时最富独创性和独立性的天主教小说作家之一的地位。

的作品,都直接或间接地受到时局骇浪的威胁。对过去那场大屠杀人们还记忆犹新,可是一场迫在眉睫的战争威胁,不久将成为法兰西文化生活的背景。

我们已看到,小说对前十年的时代气息异常敏感,现在,它们再次相当出色地反映了时代的忧虑。更准确地说,有两部传世之作很好地表露了这种忧虑。它们几乎同时问世。从前,安德烈·马尔罗的小说一直围绕着亚洲问题,但1933年,他出版了《人类的处境》①,小说一问世,便荣获龚古尔奖。1932年,路易—费迪南·德图什,又称塞利纳②,发表了《长夜行》,但未能获龚古尔奖,这在当时引起了反响,但也意味深长。这两位作家及他们的著作令人吃惊地代表着两种世界观。马尔罗在写《征服者》和《康庄大道》时,就已表现出对惊险小说或行动小说,以及对美国小说战后开发的一种新闻表述方式的兴趣和天赋。《人类的处境》,正如书名所显示的,有着更高、更大的雄心壮志。作者以使中国动荡不安的争夺政权的斗争为主题,以使当时世界四分五裂的思想和军事战斗为背景,但他尤其有力地展示了在那种形势下人类面临的政治和哲学问题。在传统和金钱统治的世界里,怎样通过尊严和博爱,使人类恢复他的所有特征?舆论界认为,这部小说在给一种新的人道主义下定义,而且,有些地方已在呼吁知识分子介入社会。《蔑视的时代》(1935年)和《希望》(1937年)则以在时间和地点上更近的例子,即以纳粹德国和西班牙战争为依据,进一步确认了知识分子对社会的介入。

塞利纳讲的也是人类的境况,但指导思想截然不同。他这部作品,初看起来,似应归于民众主义小说之列:这是安德烈·泰里弗自以为在1929年得以掀起并推动的一种时髦的文学倾向,那时,欧仁·达比③因刚出版了一部这样的小说而声誉鹊起。即便如此,我们认为,《长夜行》远不是这样的小说。它不只是描绘一个普遍受到忽视的阶层,而且向读者介绍了他对一个不受任何价值和希望支配的四分五裂世界的看法。在马尔罗的悲剧中可以看到希望,他的主人公们即便面临死亡,也憧憬着尊严和博爱。在塞利纳的作品中,不再有尊严和博爱,1936年出版的《赊欠的死亡》确认了这种绝望。这与马尔罗的《希望》恰恰相反:在《希望》中,尽管发生了西班牙内战的悲剧,但人们依然想建设未来。事实上,这是另一种确认的结果:无论从哪方面看,塞利纳的作品都不能称为政治小说。是作者后来的经历给予其作品如此的色彩。现实可以说更令人绝望:在塞利纳的世界里,没有未来,也没有等待。

---

① 《人类的处境》又译《人类的命运》。
② 塞利纳(Céline,1894—1961),法国文坛上一位天马行空、生性孤僻的作家,也是法国小说史上颇具争议的人物。1932年发表处女作《长夜行》(又译《茫茫黑夜漫游》),一举成名。后来成为狂热的反犹太主义者。他在30年代享有盛名,但战时由于他对世界抱有恶意,声名渐渐降低。
③ 达比(Dabit,1898—1936),法国小说家。1929年,他发表了一部民众主义小说《北方的旅馆》,充满了灰暗和忧郁的描绘。

这两部小说或许得列入20世纪30年代主要作品之列。那是个非常特殊的年代,各代人都尚未摆脱1914—1918年大屠杀的阴影——有的亲身经历过,年纪最轻的是受别人的影响,他们被经济危机搞得人心惶惶,被对立的意识形态弄得四分五裂,为不久就要受到一场新的世界大战的威胁而心烦意乱,于是都试图对形势进行总结,抑或预料解决的办法。这两部小说以及另外一些作品,对经历过腥风血雨的战争和德国占领年代的那几代人来说是终身伴侣。在这些作品周围,还有另一些作品,也想以各种不同的色调,用镜子照出他们所处时代的法国:阿拉贡继续描绘他的画卷,撰写了《巴尔的钟声》和《高级住宅区》,盖埃诺以自传体形式,写就了《一位四十岁人的日记》,朱尔·罗曼继续绘制他的宏伟画卷《善良的人们》,此外,还有乔治·杜阿梅尔和罗歇·马丁·迪加尔的鸿篇巨制《帕斯基埃家轶事》和《蒂博一家》。

但是,还有一些作家,尽管也可能对当时的政治问题表态,但他们更看重的,是继续以传统的风格在精神分析领域内进行探索,如:弗朗索瓦·莫里亚克(《蝮蛇结》和《弗隆特纳克秘密》)、安德烈·莫鲁瓦或雅克·夏多纳①。至于那时候的蒙泰朗②,回头来看,不知如何给他归类,他在以斗牛和体育为题材试写了几部杰作之后,开始撰写反映法国社会的多部纪事体小说,首篇是《独身者》,继而又写了《少女们》的各卷。至于其他作家,他们与其说在探索资产者或外省人错综复杂的心理状态,毋宁说在研究一个在他们看来正在衰退的农村法国。吉奥诺一口气写出了《大群羊》、《沉郁的让》、《布满星星的蛇》和《人世之歌》,对农村人口流向城市问题表露了极大的忧虑,这也反映了当时许多人的看法。从某种意义上看,这是在同一个似乎正在向一个已被废除的过去迅速撤退的世界作痛苦的告别。其实,正如我们看到的,变化的速度,比吉奥诺,比在两次大战之间盛极一时的整整一代地区文学所认为的要缓慢得多。但是,这类文学创作是玻璃感光片,因而也是一种征兆:它反映了正在发生的变化,尽管对这种变化有所夸大。

然而,若因这类文学创作是在知识分子越来越介入社会的时期崭露头角,就将文学仅仅作为那个时代的一种政治抑或社会的反映来研究,那就大错而特错了。文学有自己的新陈代谢。在这方面,令人惊异的是,这一暴风雨时代,更确切地说,是以连续性为特点的。正像20年代那样,在小说方面(那时,小说是最重要的文学表现形式),革命的时候尚未到来。从总体上说,法国小说各方面仍

---

① 夏多纳(Chardonne,1884—1968),法国作家,擅长描写夫妻间的爱情。
② 蒙泰朗(Montherlant,1896—1972),法国作家。他的作品在题材上多与战争、体育、竞技、斗牛等有关。《独身者》和《少女们》分别出版于1934年和1937年。《少女们》是蒙泰朗最重要的四部有连贯性的纪事体小说中的第一部,另外三部是《可怜的妇女们》(1937年)、《好心的魔鬼》(1937年)和《麻疯女》(1939年)。

忠于传统。超现实主义对此无可奈何。如果说朱利安·格拉克的《阿戈尔城堡》反映了不落窠臼的尝试,那它的风格和叙事方式却仍带有极端古典主义的特点。30年代快结束时,一位新人提出了小说的性质问题,他就是让—保尔·萨特,他给后人留下了一篇传世的文章和一部奇特的小说《恶心》,从理论和实践上提出了这个问题。这部小说1938年问世,塑造了洛康坦这个人物,洛康坦为一种奇怪的郁闷所困扰:"存在从眼睛、鼻子、嘴巴,从各处钻进他的身体。"尤其是翌年,在《新法兰西杂志》的一篇文章中,让—保尔·萨特揭露了小说家的作用含糊不清,就和圣父上帝一样,既存在于人物里面,又存在于人物外面。纪德在写《伪币制造者》时预感到的小说的危机,现在开始了。从此,"人物有本质吗?"这个问题,使小说家寝食不安。二次大战前夕,一种"投石党运动"①,因而也是一个新的文学流派初露端倪,但它确实被战争延误了发展。

相反,我们会看到,这黑暗的年代,对诗歌却有不可否认的影响。不过,若要将诗歌在30年代的演变过程说清楚,却非易事,因为流派之争仍只是文学社团的事,舆论对此不大感兴趣,尤其是,诗人们的作品越来越晦涩难懂,这样,他们的读者也就越来越少。那时,艾吕雅、德斯诺斯、夏尔②的名字已家喻户晓,这三位诗人都是经历了超现实主义之后,才找到自己的道路的。朱尔·絮佩维尔③、亨利·米肖和圣琼·佩斯走的路更富个人特点,而且更陈旧。如果说那时候诗歌的读者并不广泛,但它的灵感却比过去更丰富,更新颖,常常更具个性。从此,诗歌不再着力于描绘,而是尽可能表达诗人的精神状态和内心体验。后来,由于抵抗运动的迫切需要,或诗歌介入社会的强烈要求,它才回到19世纪描绘性诗歌的主题和表现形式上。

不只是照亮诗歌的超现实主义的光辉在当时变得黯淡。撇开诗歌这个确切的事例不谈,一般说来,同共产党的复杂而动荡的关系,也使得超现实主义派内部的友谊破裂,从此道路各异。这种情况一直持续到1937年社会学学院成立。这所学院常被说成纯粹是超现实主义派的产物。事实上,随着时间的推移,它可以说首先是它的创始人乔治·巴塔耶的杰作。一个叫罗歇·卡约瓦④的人所走的路也很说明问题;他起初左右摇摆,但很快就有了自己的特点。这和安托南·阿尔托⑤的情况如出一辙。

至于20世纪30年代的戏剧,仍由导演统治,他们自己常常是才华横溢的演

---

① 投石党运动是17世纪中期法国反专制制度的政治运动。这里,隐射反传统的新文学流派。
② 夏尔(Char,1907—1988),法国现代文坛上享有盛誉的诗圣。初期诗作有超现实主义色彩,后期作品反映作者参加抵抗运动时的战斗生活和他对人类使命的看法。
③ 絮佩维尔(Superville,1884—1960),法国著名小说家和诗人。他的诗风格朴实,用词简易,然而在内容上却涉及许多深奥费解的严肃问题。
④ 卡约瓦(Caillois,1913—1978)法国散文作家。社会学学院的创始人之一。
⑤ 阿尔托(Artaud,1896—1948),法国剧作家、诗人、演员和超现实主义理论家。

员。他们的名字——从吕尼埃—波,到科波、迪兰、儒韦或巴蒂——要比演员和剧作家的名字同时代的联系更密切。如果说为数不多的保留节目同马塞尔·阿夏尔、萨夏·吉特里一起,仍经常出现在戏剧海报上的话,那外国剧本(易卜生、皮兰德娄、斯特林堡①和萧伯纳)却常常占据了法国舞台,它们能扩大观众和行家的视野,产生有益的效果。在这个时期,爱德华·布尔代、斯泰弗·帕塞、亨利·雷内·勒诺芒、阿尔芒·萨拉克鲁代表了备受赏识的心理或社会戏剧,但是,真正独具一格的戏剧是吉罗杜开创的:那是让人陷入梦幻的幻想性戏剧,充满古典文化和诗情画意,既是心理性的,又是梦幻性的。正如我们看到的,随着《第38位晚宴东道主》、《间奏曲》、《特洛伊战争将不会发生》和《埃莱克特》等剧作的问世,吉罗杜尽量真实地反映这样一个法国:人们在想象的世界中,寻找令人窒息的现实世界的反映,同时寻觅超越时间的逃避之路。

  1937年,巴黎举办世界博览会,"独立派艺术大师作品"展览会也在这个背景下拉开序幕。这次画展展出了1500多幅作品,令人眼花缭乱地概括了这充满活力的艺术的所有创新,证明了现代派艺术在法兰西土地上蓬勃发展的旺盛生命力。与此同时,在慕尼黑的"德国艺术大展示"上,也常常选择这些画家的作品来展出,以此作为"堕落艺术"的典型。诚然,我们不想让这两个同时举办的画展表达更多的意思。但这确实具有象征意义:回头来看,这十年的法国文化在当时似乎获得了真正的密度。这十年所包涵的内容,要比一种徘徊于金色神话和黑色幻象之间的埃皮纳尔图画所想表达的内容更复杂。归根结底,正是这种复杂性和稠密性赋予整个文化以对照鲜明的色彩。不唯如此,在这个领域内,文化历史是一个出色的强度指示器。在1940年大灾难前夕,这十年的中间色调在历史文化中介于黑暗与光明之间,是黄昏。

  诚然,在某些方面,在前面观察到的文化复苏的延伸部分,文化似乎还在发出夏天的光芒,但那是印度的夏天:法国已处于经济危机的秋天,身后已出现人民冬天的狂风。这个美丽的印度夏天,证明法国文化当时已到了高密度的完美的阶段。尽管有过激动不安,这行将结束的十年不失为法国文化史上一个伟大的阶段。这样一种地位可根据一些征兆来衡量:一个时代是否具有收获上一个时代所孕育成果的能力,是其中一个重要征兆。然而,这里进行的检验完全是结论性的。使那十年变得金光灿烂的文艺种类、风格和才华这块试金石,是由许多生龙活虎的或身后受到确认的名字为象征的,他们是另一个战前的侦察兵:例如普鲁斯特,他变成了经典作家,还有毕加索,从这时起,他获得了真正的声誉,还有雅克·科波,1913年,他成为老鸽舍剧院的负责人。

---

① 易卜生(Ibsen,1827—1906),挪威戏剧家和诗人,现代欧洲戏剧的先驱之一。斯特林堡(Strindberg,1849—1912),瑞典最伟大的戏剧家,对欧美戏剧有深刻的影响。

一个伟大的文化时代还可能有另一个征兆：与其说能将各种丰富多彩的不同倾向融为一家，不如说能使它们共存于巧妙的平衡中。1937年的世界博览会正表明了这种能力。在过去和未来之间，《电仙女》以其600平方米的画面，不仅完美地概括了博览会的主题——艺术和技术的结合，而且高度体现了法国文化的"37年精神"，那是介于过去和未来之间的光辉灿烂的文化。诚然，勒科比西埃被降格去建造马约门，而某些古典主义建筑家却在博物馆的中心——夏约宫①——耀武扬威(建造夏约宫的任务交给了卡吕、布瓦洛和阿兹马)，"独立派美术家"们的作品被安顿在小宫即巴黎美术馆，毕加索和米罗则在世界博览会的西班牙馆内展出。但这有什么关系！与此同时，奥里克、米约和奥涅格②给塞纳河畔的"夜之仙境"配曲，而罗贝尔·德洛内则负责航空宫的装饰。

除了承担并向世人宣告这种多样性外，法国文化的灿烂还有另一个征兆，是语义方面的。"巴黎画派"这个词红极一时。前面说过，这个词在20年代首先指一伙画家和雕刻家，他们有不同的风格，来自世界各地，共同之处便是在巴黎从事艺术。他们是夏加尔、莫迪利亚尼(1920年死于肺结核)、苏蒂内，还有其他许多人。这一标签很快就转而用来指巴黎造型艺术的影响，其中心是蒙帕纳斯，那时候，可说是蒙帕纳斯的昌盛时代。此外，在巴黎美术馆里展出的"独立派艺术家"中，有许多是这些在巴黎的外国人。

归根结底，是这光芒万丈和兼并同化的法国文化，对当时身处危机的模范共和体制起到了纽带作用，还是共和政府的反抗为法国文化提供了仍受保护的避风港？对此很难下断言。但我们会看到这两种现象同时存在，因为第三共和国的生态系统有两个侧面，一个是政治方面的，另一个是社会文化方面的。那么，是什么过程使得法国文化免遭经济危机的最严重影响呢？又是什么炼金术使得从来都是脆弱合金的政治体制具有继续生存所必需的可塑性呢？总之，法兰西之谜依然存在，综上所述，只能得出一个明确的结论：由于种种复杂的原因，法国的一种文化史深深触及民族史最隐蔽的齿轮。

---

① 夏约宫建于1937年，由卡吕、布瓦洛和阿兹马负责建造。里面有许多博物馆。
② 奥涅格(Honegger, 1892—1955)，法国作曲家。20世纪上半叶投身法国新音乐运动。将法国先锋派和声创新与欧洲表现密集音响的主要音乐传统相结合，写出了鲜明而富有激情的音乐语汇。

图 32 面对战争和灾难的预兆,法国对世界一如既往,保持热情殷勤、泰然自若的姿态,同时,稳稳地站立在自己的四方草场上。勒奥内托·卡皮埃洛是两次大战之间最有名的一个广告画师。他是卡吕-卡桑德尔-科兰这代人中的长者,尤其值得称道的是他在1931年制作的《库布汤》广告画中的牛头。(图为卡皮埃洛为巴黎1937年展览会制作的广告画,装饰艺术图书馆供图)

第十一章　子夜文化

从 1940 年夏天,到 1945 年解放,是法国历史的子夜时分。况且,第三共和国已历时 2/3 多个世纪,那个时代的成年知识分子,无一人经历过共和体制以外的其他任何政治体制。因此,当民主骤然倒退时,有关的几代知识分子从未有过其他直接的经验。那么,精神生活是怎样适应这种倒退的呢?这个问题至关重要,尤其因为这种政治上的突然不能畅所欲言,发生在文人踊跃介入政治的十年之后。且是文化生活极其繁忙的十年!

1

巴黎—柏林? 知识界的附德主义①

在那黑暗的年代,文化生活将面临特殊的历史背景。除了看到这个明显的事实之外,还应该回顾一下这种特殊性的性质。当然,首先是法国的失败。我们应该时刻不忘这一点,才能将那个阶段阐述清楚:不仅因为这场失败将导致后来的结果,即四年的德国占领,还因为冲击波造成的影响。如果说随着第三共和国的灭亡,在政治领域里立即感觉到了这个冲击波的话,那由此而产生的旋风却是经久不散,影响到国民生活的各个方面。同其他人一样,文化人看到了,对最年轻的人而言则是参加了法国战役的各场战斗,并密切关注甘末林②,继而是魏刚③他们想加强"领土相协调的防御"、重组相协调的战线这一劳而无功的企图。

---

① 附德主义特指第二次世界大战中一些法国人附和德寇的主张。
② 甘末林(Gamelin,1872—1958),1938 年任法国国防部总参谋长,第二次世界大战爆发后,任西线盟军司令,但 1940 年 5 月,未能挡住德军袭击法国,5 月 19 日被撤职。
③ 魏刚(Weygand,1867—1965),法国陆军军官。1931—1935 年任法国最高军事委员会副主席和陆军总监。1935 年退休。1940 年 5 月 20 日,法国被德军占领,他应召担负指挥军队的重任,但却劝政府投降。1941 年 12 月引退。

有些人陷入大逃亡网中,溃不成军即将撤退的法国部队也将陷入其中,混在数百万躲避德国进攻的法国人中间。这大逃亡,乃是名副其实的"大恐慌",我们将会看到,法国文化的重心将因此而暂时脱离轨道。

但是,法国失败冲击波的结果,也意味着法国分裂成几个对比鲜明、常常是互相敌对的部分。事实上,在谈那四年的法国时,很难用单数来表达。除了停战强加的地理上的四分五裂外,在对于失败的原因,以及面对失败导致的结果应采取的态度问题上,法国又分成好几种观点。诞生于这场灾难的维希的法国①承认失败,希望成为日耳曼和平②的一部分;伦敦的法国③则热衷于另一种"法国的观念",从打一场持久的世界性的大战角度来考虑问题:在这两个法国之间,力量对比不断变化,但关系一开始就相冲突。因此,法国有些史书谈起这个阶段时,称之为"法—法战争"。此外,这场"法—法战争",还可能使另外两个法国互相对立。一个是地下的法国,即国内的抵抗运动,开始时在暗中摸索,分散在各地,后来逐渐壮大,同自由法国建立了联系;另一个是巴黎主张附和德国的法国,由极端的附德分子组成。因此有四个法国,还不算殖民地的法国,它很快就成了维希和伦敦之间争夺的焦点;还不算战俘集中营和军官战俘营④中战俘们的法国,有150万法国青年,大都将在德国待五年。最后,别忘了过着日常生活的4000万法国人的法国,他们忍饥挨饿,冬天冻得瑟瑟发抖。

除了开始时的冲击波及随之而来的法兰西实体事实上的四分五裂外,还得加上扼杀自由的局面,言论自由已成为往事。这一看法可能很平庸。但是,应该提醒大家,除了第一次世界大战期间言论受到检查外,70年来,言论自由一直统治着法国,并受到政府的保护:因此,前面说了,1940年的成年人,没有一个经历过其他政治文化背景。基于这些事实,关于文化范畴的问题当然就很多了。首先,那冲击波对文化创作有什么影响?这个本身就很复杂的问题——因为不大可能确立测定冲击波强度的指示器——将变得更加复杂。对于这个阶段,我们果真能谈论法国的文化史吗?或者,一个四分五裂的法国,是不是只能孕育一种破碎的文化?最后,使人压抑的处境对这破碎的文化有什么影响呢?

---

① 维希的法国指第二次世界大战期间,由贝当元帅领导的投降德国法西斯的政府。维希为法国城市名,距巴黎东南349公里。
② 原文为拉丁语:*pax germanica*。
③ 伦敦的法国指戴高乐将军领导的抗击德国法西斯的法国。1940年6月6日,戴高乐出任雷诺政府陆军部副部长。当贝当组阁取代雷诺政府,准备与德国讲和时,他离开法国前往英国,在伦敦成立了自由法国组织,逐渐建立起法国部队,与法国的地下抗战组织联合起来,共同抗敌。
④ 原文为:*stalags* 和 *oflags*。

我们首先会看到,战争爆发,加上随之而来的法国分裂,致使法国知识界也四分五裂起来。与占领者成为近邻,这构成了一种与地层学相类似的社会结构的基础,在这结构中,首先应该提及赞成附和德国的文人。斯唐莱·霍夫曼提出了要区分"合作派"和"附和派",这一区分成了经典:合作派赞成国与国之间的合作,但并不一定导致意识形态上的相近或亲近;附和派则赞成纳粹主义,或者总是责备维希政权同德国的关系不够热情。在实为五花八门的附和派内部,知识分子占有一定的地位。究竟地位有多重,很难做出准确的估计,因为在这方面,历史学家面临记忆反复无常的变化。即使在这令人窒息的年代,作家和艺术家们事实上有各种各样的态度,但后人只记得他们中有些人的附德主义态度。知识分子在集体记忆中的这种地位,是很容易解释的,至少有三条理由。其一,唯有这一部分知识分子很容易让人读到他们写的书,听到他们说的话,而其他人要么沉默不语,要么当他们想公开表明自己的立场时,被迫采取迂回的方式,尤其使用地下的词汇,而且往往不具名,或用假名,因而反响不大。其二,法国解放时清洗法奸,受清洗的知识分子比其他受牵连团体的人多,这便加强了他们固有的历史作用。因为几位附和德国的知识分子被清洗的案件当即就掀起了一场关于文人责任和背叛问题的辩论。如果加上由此而生的关于宽恕或惩罚的其他激烈辩论,如果能看到上述的概括性问题反复出现,激活因而也就维持着集体记忆的话,那么,这里就有一种"维希综合症"(亨利·鲁索)现象。

细想一下,当人们追溯既往时,这种由记忆而造成的复因性,会夸大附和德国派中知识分子所占的比例。战后,让—保尔·萨特指出,合作派大量来自"各大政党的边缘分子"及"新闻、艺术、教育方面的失败者"。如果只限于附德主义派,我们的分析似乎是中肯的:这一派中尽管充斥着一直不得志的记者和作家,但没有一个是法国文化界的名人。对这些记者和作家而言,德国占领法国是一种对社会进行报复的机会。然而,萨特的这个看法,对研究介于"不得志者"和在两次大战之间起领导作用的文化人之间的那部分人,所起的作用是有限的。即使那些"失败者"涌向可以获得、且果真获得的地位,萨特的这个看法仍不足以解释许多知识分子的情况:这些人在战前就已表明自己的政治倾向,直到那时候,拿让—保尔·萨特对政界使用的话来说,与第三共和国时期那些名知识分子相比较,他们一直甘当"边缘分子"。他们走到舞台的前列,与其说是一种对社会的报复行为,毋宁说是意识形态的一次胜利,哪怕是暂时的胜利。

那时,我们看到了流亡知识分子的某种回归:与两次大战之间的大思潮相比,他们就像在国内流亡,有的宣称自己或感到自己在国内流亡。但归根结底,这种情况从没有构成一致的势力范围:除了广为传播的处于社会或意识形态边缘这一特征一致之外,他们各自所经历的道路、他们的动机及年龄多么不同!法兰西行动组织的异端分子形形色色,各不相同:罗贝尔·布拉齐拉克①和吕西安·勒巴泰是在20年代的法国投身政治的,皮埃尔·德里厄·拉罗歇尔则属于经受过战火考验的一代,参加过1914—1918年战争,一生都崇尚战士的友爱和刚毅。他曾一度迷上共产主义,1934年2月6日以后,他选择了法西斯主义,他认为法西斯主义更革命,因而也就更有利于打倒旧的政治和知识分子秩序。德里厄·拉罗歇尔在战前就已出版了一部重要著作,这部作品将他推到了前台:1940年11月,他承担起《新法兰西杂志》的命运;几个月前,德国人入侵巴黎,该杂志曾自行停业。

　　罗贝尔·布拉齐拉克虽也属于附德派,但他所经历的路程显然是不同的。他那一代人是通过父亲或兄长接触第一次世界大战的,20年代末,他是乌尔姆街②的师范生,他是在《法兰西行动报》的影响下开始投身政治的,1931年起,负责该报的文学版。前面已指出,在梦想打倒"婊子"的年轻人眼里,夏尔·莫拉斯领导的运动具有颠覆力量。但是,在2月6日暴动后的惨白曙光下,莫拉斯只顾用普罗旺斯方言写诗,布拉齐拉克对他的态度颇感失望,从此,他和《无处不在报》③——他为这家报纸撰文——一起转向法西斯主义:他从保王派出发,很快便转向法西斯主义了。二次大战前,他被纽伦堡大典礼④深深吸引,大战期间,他代表着《无处不在报》的附德主义倾向,当时,他是该报的笔杆子之一,并且负责撰写社论。吕西安·勒巴泰转向法西斯主义的经过与布拉齐拉克相类似。他也属于保王派,德国占领时期,他狂热反对共和国,并发表了抨击性文章《废墟》,猛烈攻击1940年大失败后土崩瓦解的共和国。

　　知识分子的附德主义派也向左派招兵买马。的确,正如有一个归顺国家革命的左派那样,也有一个主张附和德国的左派,代表人物有伯兰、斯皮纳斯或贝热里。不论哪种情况,促使他们转变观点的动力是和平主义。左派知识分子的附德主义主要通过《社会主义法兰西报》或《萌芽报》来表达自己的观点,他们和其右派同仁协同作战,肯定与德合作的必要性。但是,若按斯唐莱·霍夫曼理解的意思来使用"附德主义",会引起史书编纂者的争论:这一派的知识分子大部分时间没有抛弃他们世俗和共和的起源;他们对维希政权没有好感,但与右派附德主义者厌恶维希政权的理由不一样。此外,在他们内部,除了1939年前就离开他们阵营的几个边缘分子以外,很少有人同意纳粹德国的原则。另一次即前一次战争的冲击波,以及由此而产生的和平主义是他们态度的核心。在左派附德

---

① 布拉齐拉克(Brasillach,1909—1945),法国作家和记者,亲纳粹日报《无处不在》的总编辑(1937—1943),法国解放时被枪毙。
② 乌尔姆街为巴黎高等师范学校所在地。
③ 《无处不在报》为法国一家亲纳粹的报纸。
④ 这里指纽伦堡大会。德国纳粹党于1923、1927和1929年,以及1933—1938年间的每一年在纽伦堡举行大会,以提高人们拥护纳粹党的热情,并向全世界显示国家社会主义的力量。

主义者看来，对于法国，战争已然结束，与德合作恰恰因为这能加强和平——哪怕是德国式的和平——而成为最小的不幸。在常常受到占领者严密控制的报刊上发表这些看法，在鼓吹日耳曼和平①的人看来，是必须付出的代价。但不要夸大他们的存在。知识界的附德主义重心在右翼。因此，当清洗的时刻来到时，这场运动将使法国知识分子的形态产生不同的后果。

特别是——这就涉及第二种知识分子——即使维希政府也像德国占领者那样，在知识界找到了支持者，其重心仍不容置疑地在右翼。法国右翼知识分子，在埃塞俄比亚危机时反对制裁意大利，西班牙战争时积极支持佛朗哥，二次大战时常常支持贝当②元帅和维希政府。在这方面，一个叫保罗·克洛代尔的人所写的《贝当元帅颂》就是明证：在之前的几年，此人宣称准备"掏出心来"，与佛朗哥军队并肩战斗。同时，我们不得不看到，方程式并非很容易列出来的。这不仅因为保罗·克洛代尔后来成了戴高乐主义者。更是因为一部分保守的右翼分子从来不是维希分子，抑或很快就同贝当元帅的政权拉开了距离：弗朗索瓦·莫里亚克不久就加入抵抗运动，而前莫拉斯主义的信徒乔治·贝尔纳诺斯流放到拉丁美洲后，表态支持自由法国。几年前，他们俩确实都曾谴责佛朗哥的士兵，而他们的同类中，大部分都把那些士兵说成是基督教西方的勇士。

2

诗人的荣誉

谈到弗朗索瓦·莫里亚克，其实就在谈知识界可能存在的第三种态度：知识分子的抵抗运动。在深入展开谈之前，我们要明确指出，这一特殊的抵抗形式，不过是投入这个阵营的知识分子行动的一个方面。事实上，许多文化人在不属于自己的地盘上参加了地下战斗。比如历史学家马克·布洛克③，他和吕西安·费弗尔④一起，是《经济和社会史年鉴》派的创始人，年近六旬时参加抵抗运动，1944 年，在里昂地区被德国人枪毙；哲学家让·卡瓦耶⑤也一样，于同一年

---

① 原文为拉丁语。
② 贝当(Pétain, 1856—1951)，法国元帅和政治家。第一次世界大战凡尔登战役的显赫英雄，第二次世界大战维希傀儡政府元首。
③ 布洛克(Bloch, 1886—1944)，法国历史学家。他作为《法国经济和社会史年鉴》杂志的创始人，对 20 世纪法国历史编纂学产生了深刻的影响。
④ 费弗尔(Febvre, 1878—1956)，法国历史学家，在研究心理状态史方面有很高的造诣。他与布洛克一起创办了《经济和社会史年鉴》杂志。
⑤ 卡瓦耶(Cavaillès, 1903—1944)，法国数学哲学家和逻辑学家。

在阿拉斯被德国人处决：他们的命运证明一些大学界人士参加了直接行动。正如1941年人类博物馆地下组织遭到盖世太保破坏所证明的那样。法国思想和艺术界为抵抗运动殉难的人不计其数，这使人想起许多知识分子同其他各类法国人并肩战斗，在反抗占领者的斗争中献出了生命，从作家让·普雷沃①，到诗人罗贝尔·德斯诺斯，前者倒在韦科尔战斗中，后者是地下行动网成员，死在流放中。当然，还不算所有——人数最多——参加抵抗运动各种活动，但没有在地下战斗中丧命的人：如阿尔萨斯—洛林旅的旅长安德烈·马尔罗，或成为亚历山大上尉的勒内·夏尔。

但同时还有某些知识分子的特殊的抵抗活动，习惯上被称作知识分子的抵抗运动。这种提法包含着各种各样的斗争形式，但有一个共同点，即不论什么形式，都属于这些投入抵抗的知识分子自己的，即文化的范围。这些斗争形式还有另一个共同点：都是在书报审查和镇压的情况下进行的。当然，这个看法也适合其他抵抗活动：在那个年代，参加战斗只能以冒险为代价。只有一点不同：知识分子宣言的公开性（从一般意义上理解）——因而可以自由而无障碍地传播——以及他们的声望——因而可以扩大影响——使得他们在城市生活中具有一定的分量。由于书报审查和镇压，他们在公开发表一种与监督和管制当局不同的意见时，只好使用假名，被迫转入地下，只在内部发行，这就限止了自启蒙时代以来，尤其是从德雷福斯事件以来，知识分子逐渐获得的影响力。

因此，有些知识分子选择了在这个领域里进行战斗。如今，这种战斗方式仍有两件事铭刻在集体的记忆中，一是创建《法兰西文学》杂志，二是成立子夜出版社。《法兰西文学》秘密杂志的创始人雅克·德库尔②未能看到第一期问世（1942年9月）。他在几个月前就被德国人处决了。因此，是克洛德·莫冈领导这个全国作家委员会（CNE）的喉舌。如果说启用这个名称（1943年2月）表明某些知识分子选择了在自己的领域里进行战斗，但对后代来说，代表知识分子抵抗运动的，也许是子夜出版社，以至于它成了抵抗运动的同义词，如果不说是命名词的话。这家地下出版社由韦科尔③和皮埃尔·德·莱居尔创建，出版了25部作品，最珍贵的是韦科尔的《沉默的大海》，初印350本，1942年出版。弗朗索瓦·莫里亚克化名福雷，于1943年8月出版了《黑色日记》，后来他成了全国作家委员会委员。保尔·艾吕雅也是作家委员会委员，1933年，和其他超现实主义作家一起被逐出法共，德国占领时期，他又回到法共怀抱，1943年7月在子夜出版社出版了《诗人的荣誉》。即使这本诗集的作者们肯定

---

① 普雷沃（Prévost，1901—1944），法国作家。
② 德库尔（Decour，1910—1942），法国大学界人士和作家。地下杂志《法兰西文学》的创始人，参加抵抗运动，1942年被德国纳粹逮捕并枪毙。
③ 韦科尔（Vercors，1902—1991），法国素描画家和作家。地下子夜出版社创始人之一。1942年，他在该出版社出版了《沉默的大海》，描述一位德国军官和一位法国姑娘之间不可能的关系。

都用假名,但回头来看,他们名字的色彩都透着一种自豪感,尤其因为有罗贝尔·德斯诺斯、弗朗西斯·蓬热①、皮埃尔·塞格尔②和路易·阿拉贡。阿拉贡在地下刊物上发表了《以歌唱面对酷刑之人的抒情诗》和《玫瑰与木犀草》,这是痛苦诗歌的代表作,后来成为选择战斗那部分法国文学的象征,同时又是对烈士的赞歌。

3

战俘法国的逃亡文化?

就像《自由》。这是艾吕雅的诗,他终于骗过书报审查,在当时就用真姓实名发表了。因为即使在德国占领时期,书报的版面也不会空着。这就又回到黑暗年代法国文化史的另一个重要方面了。除了某些文艺工作者投身于四分五裂的法国互相对立的阵营这个问题,除了由此产生的知识界内部深刻而持久的分裂,我们也应该关注文化创作本身。此外,正如当时法国公民在进行选择那样,有些创作者的内心深处也在提出另一个决定性问题:既然不管用什么方式表达思想,都会招致占领者的打击,并会事先遭到审查,那么,他们在从事艺术时应抱什么态度呢?既然在这种情况下,任何创作都会被视作接受既成事实,那么,是不是人人都该停止创作?人的尊严,包括在文化活动形式中的尊严,是存在于同占领者作对抗的大海的沉默中,还是相反,应该高举法兰西思想和艺术的大旗?换句话说,拯救法兰西灵魂是要实行文化焦土政策(与其说容忍文化戴上枷锁的局面,毋宁说心甘情愿地将占领时期的法国变成思想的荒漠),还是即使文化惨遭不幸,也要不折不挠,坚持到底(因为法兰西文化是法兰西威严和光辉的外露层,也是重新获取自由的抛锚点)?

但是,现在回过头来谈这个问题时,不要将当时这种两难窘境的程度和事实夸大了。诚然,在那黑暗的年代,这种两难窘境,在地下报纸转变的关头可能会遇到,让·盖埃诺的报纸就遇到过,但是,这在解放时及以后几年的激奋中更具有追溯效力。此外,是不是正因为如此,这种窘境很大程度是理论上的,因为,我们不得不看到,在占领时期,文化创作可说是光辉灿烂,前途无量。这一时期并没造成法兰西文化的荒芜,不管是自愿的,还是被迫的。相反,那时候的文艺创作丰富多彩。不仅因为出现了几个熠熠生辉的根芽,这些根芽在以后几十年中常被提及,但至多不过是一种更为广泛现象的征兆:比如,人

---

① 蓬热(Ponge,1899—1989),法国诗人和评论家。他的诗作表现了异乎寻常的现实主义精神。
② 塞格尔(Seghers,1906—1987),法国塞格尔出版社发行人和诗人。

们经常提到,让—路易·巴劳尔①将克洛代尔的《缎子鞋》搬上了舞台,阿尔贝·加缪②发表了小说《局外人》,此外,巴黎举办了迪比费③的画展。事实上,在文化生活各个不同的领域里,都涌现出许多得到公认的天才和前途无量的作品。那时候,很少有被闲置的领域。这不单指文艺创作,大众文化活动的表现形式也同样丰富多彩。

在这个领域里,对电影创作进行研究能使人了解许多问题。的确,解放后,电影创作有过双重嫌疑。那时候,法国电影很不受重视,因为那是在维希政权时代创作的,且部分受到德国的控制,此外,有些作品被明确指控为亲维希政权。这种指控有时有双重嫌疑:比如,亨利—乔治·克鲁佐④的电影《乌鸦》,描绘某个小城染上了写匿名信流行病,先被维希政权指责为使人丧失斗志,可是,解放时,它的作者又因经费来源问题而受到追究。后来又出现了一种变化,好些电影史学家在分析法国第七艺术时,相继试图摆脱上述两重性。于是,开始以审慎的态度重新评价那时的电影作品。诚然,有些作品似乎宣传受维希政权青睐的主题,尤其是对家庭和大地的眷恋,但是,这些主题往往超越了国家革命的唯一意识形态,反映了时代的气息;比如,关于家庭,反映了第三共和国结束时的气息;关于讴歌一种永恒的法兰西,反映了一个被击倒的但竭力重新站起来的国家的气息。更有甚者,有些作家的灵感是他们战前作品的继续。最说明问题的是《掘井工人的女儿》⑤。这部影片在某些方面确实是亲维希政权的:比如,其中一幕描绘主人公在聆听贝当元帅的一封信。回归大地的主题在《昂热尔》和《再生草》⑥中就有体现了。这两部影片是由同一个剧作家——这里指的是马塞尔·帕尼奥尔——在1934和1937年拍摄的。有人做过认真的分析,得出的结论是,那时拍摄的影片中,自觉反映国家革命意识形态的仅占1/10。让—保尔·保兰导演的《美妙的黑夜》就是其中一例,他通过夏尔·瓦内尔扮演的农民之口,一字不差地引用贝当元帅的讲话。事实上,大部分影片围绕的主题与战前相似,因此,所属的类型非常广泛,有喜剧片、历史片、侦探片等。占主导地位的,是为战俘法国提供一种逃亡电影,当然不抵抗德国,但也不同它合作。说逃亡电影,不仅因为这类影片和其他戏剧形式一样,与德国占领带来的不幸相比,为人们提供了消遣——从这个词的各种意义上理解,而且也因为它们有意脱离时代的现

---

① 巴劳尔(Barrault,1910—1994),20世纪享有世界声誉的法国演员和导演。
② 加缪(Camus,1913—1960),法国小说家、戏剧家、随笔作家和散文作家,是与萨特齐名的存在主义大师,于1957年荣膺诺贝尔文学奖。其小说《局外人》发表于1942年。
③ 迪比费(Dubuffet,1901—1985),法国画家和雕刻家。
④ 克鲁佐(Clouzot,1907—1977),法国电影编导。
⑤ 《掘井工人的女儿》是法国著名剧作家帕尼奥尔编导的电影,1940年上映后,受到观众的欢迎。
⑥ 《昂热尔》和《再生草》均为法国小说家吉奥诺的小说,由帕尼奥尔改编成电影。

实——这也许是它们唯一真正的特点。

回溯既往,这一看法击破了解放时人们对电影所发表的种种偏见,它间接地证明,战后所编造的文化处于两难窘境——应该沉默不语,还是促进国内逃亡——之说法可以说是理论上的,至少对电影是这样。所以,对战时电影的重新估价,并不是单从对立方面,即回过头来为意识形态恢复名誉方面进行的。那时,尽管有宵禁和"最后一班地铁"的限制,电影院照样门庭若市:比如,1942年,光顾电影院的观众达3.1亿,1938年为2.5亿。当然,有人会提出那时候禁止舞会,限制咖啡馆开放的时间或饭馆的供应。但有一个事实是清楚的:电影院尽管也限制开放时间,看电影的人却不断上升。当时,国内经济十分萧条,必需的事情压倒其他一切,尤其压倒被认为是多余的事情,然而,就在这样的背景下,在四年占领时期,电影业还出品了220部影片。当然,电影不仅类型繁多,质量也参差不齐。不管怎样,有几部电影的片名尤其证明了电影创作的丰富多彩:如马塞尔·卡尔内的《夜晚来访者》、《天堂里的孩子们》,或雅克·贝克尔①的《古皮双手通红》。这最后一部电影的名称反映了电影创作的另一个重要方面:在这四年中间,新的一代已崭露头角——除了雅克·贝克尔外,还有罗贝尔·布雷松②、亨利—乔治·克鲁佐等人。

在其他领域,如绘画方面,也出现了一些才华横溢的人。1940年五六月间那声霹雳③在绘画领域引起的反应尤为明显。不仅因为那些画家和法国民众一样,被那场暴风雨驱赶得四处逃亡:那时,夏加尔、莱热、马克斯·恩斯特及其他一些画家纷纷离开巴黎,走上逃难之路,有些则是流亡之路。事实上,整个生态系都陷入混乱:许多画廊纷纷关闭,杂志纷纷停业。但是,这种混乱尤其是一种分散,这在偏爱集中的法国文化传统中肯定是罕见的。不过,这种分散并没使文化创作枯竭。南部的一些城市,如土伦、马赛或尼斯,提供了撤退的基地,逃难成了从巴黎外迁的因素。这种外迁十分短暂:巴黎很快又成为法兰西绘画的中心。这样,1941年5月,巴黎布罗恩画廊举办了年轻的法兰西画展,集中了20位"法兰西传统"的画家,其中几位将成为战后最杰出的画家。和其他领域里一样,这次画展以及占领时期后来相继举办的几次画展,使我们在追溯既往时可以指出那时一代新人已崭露头角,并可以看出各种风格相混杂的状况。尤其因为与此同时,那些著名的画家仍在继续创作,这就使风格混杂更显而易见。

毕加索的情况表明了占领时期文化巴黎的复杂性。《格尔尼卡》④的作者在

---

① 雅克·贝克尔(Becker, Jacques, 1906—1960),法国电影艺术家。
② 布雷松(Bresson, 1901—1999),法国电影艺术家。其作品追求一种视觉的苦行。
③ 指1940年五六月间德国进犯法国。期间,北部许多居民往南方避难,形成大迁徙的局面。
④ 《格尔尼卡》为毕加索的巨幅油画,创作于1937年,为抗议德国纳粹空军轰炸西班牙北部城市格尔尼卡而作。按照毕加索的解释,它表现了愤怒、暴行和死亡。

巴黎"勉强被容忍"(洛朗斯·贝特朗·多莱亚克),附德主义报刊常常将人们的注意力引到他身上:1942年5月,在杜伊勒里宫的柑园厅,举办了德国雕刻家阿尔诺·布雷克尔作品展览会,之后几个星期,画家弗拉明克就向这位卡塔卢尼亚人①发起猛烈进攻,说他长着"一张修士脸,一双审讯员的眼睛",把"1900年至1930年"的法兰西绘画引向"否定、瘫痪和死亡"。然而,尽管遭到如此猛烈的攻击,尽管在法国的居留证已停止生效,毕加索仍在巴黎度过了德国占领时期的那四年,他在《有头颅骨的静物》(1942年)中,表达了被占领时期人们郁郁寡欢的心绪,这是带阴郁淡紫色的现代的"虚荣"。他在感人肺腑的青铜雕刻《牧羊人》中,也表达了这种阴郁的心情,将动物悲怆的呼叫,同牧羊人"先知"(安德烈·费米吉埃)惊慌的步态融为一体。

  遭到审查以及在这自由受到侵害的空间应持何态度问题,在文学领域中提出也许最符合实际。事实上,德国占领者给法国出版者工会强加了一个协定,规定禁止出版被认为是宣扬"说谎的有偏见的思想"之作品。且不说这个标准多么含糊其辞,事实上,在臭名昭著的"禁书单"上,列出了数百部书,于是,它们被判处了智力放逐刑。可是,因为这种放逐刑的存在,法国作家就该停止写作吗?让·盖埃诺等少数几个人就是强迫自己这样做的。然而,在这个问题上,历史学家仍限于指出,那种两难窘境很大程度是后来强加的,因为在当时,书页和银幕一样,并不是空白的。而且,我们得再次看到,那时出现了一些有才华的新人。让—保尔·萨特就是在那黑暗的年代中腾飞的。当然,他的最初几部小说,如《恶心》和《墙》于20年代末就出版了,但在当时并没引起真正的反响。他的战时作品的反响就大不相同了。1943年,哲学家萨特出版了《存在与虚无》,作家萨特让剧院上演了他的剧本《苍蝇》:在那狂风骤雨的年代,这些标上战时年份的著作,属于萨特创作生涯中最优秀的作品,尽管他后来还创作了其他作品。说实话,我们再强调一遍,这些作品应重新列入那种自始至终都是优秀的作品之列。1944年,巴黎解放前几个月,仅拿戏剧来说,就有许多作品问世:安德烈·巴萨克②在创作剧院上演阿努伊的《昂蒂戈纳》,蒙泰朗发表了剧作《死去的王后》,而萨特的《密室》则在老鸽舍剧院上演,由米歇尔·维托德和嘉比·西尔维亚扮演剧中人。

  然而,列举战时法国出版的著作,不像列举同一时期出品的电影那样有意义,因为说实话,文学创作的炼金术使得一部作品的出版总是缓慢沉淀的结果,因而,很难将文学史细分成很多时间段——勉强能分成五年一段。因

---

① 此处卡塔卢尼亚人指毕加索。
② 巴萨克(Barsacq, 1909—1793),法国导演和剧院经理。1940年担任演员剧团剧院经理,上演阿努伊等人的作品。

图 33 对于一个被囚禁的法国来说,那是一种躲避的电影吗？不管怎么说,《夜晚来访者》(1942年)带着观众远离时代(那是在1485年),远离惨遭杀戮的国土(没有明确故事发生的地点),因此,描绘了另外一个地方,那里,任何东西都不能阻挡,甚至连魔鬼也不能破坏安娜和吉勒的爱情。同时,有些观众在该影片中看到了抵抗运动的象征:那两个情人被魔鬼变成了石头,可是,在石头下面,他们的心脏仍在搏动。因此,那两个石像既然不可能变成没有生命的石头塑像,就可以用来象征不顾占领者的残忍和时代的不幸仍坚持不息战斗的灵魂。由阿兰·屈尼和玛丽·德亚所扮演的主人公,甚至在他们理想化的死亡中,也都战胜了魔鬼朱尔·贝里,在这魔鬼身上,有些人看到了德国占领者的影子。

此，我们仅限于做这样的结论：如果说存在着被收买的文学和戏剧的话，其他大部分作品肯定不属于——原因自不必明说——抵抗文学，但也不属于与德合作派，或附和德国派。尽管周围环境没有自由，但对大部分作品的出版并没构成真正的影响：出版阿尔贝·加缪的《局外人》是经许可的，正如上演让—保尔·萨特的《苍蝇》是经同意的一样。德国的巴黎宣传队专员盖尔哈特·海勒中尉是法兰西文化的崇拜者，他对出版书刊持宽厚态度，但这无疑不足以解释一切。

此外，即使法国文学受到严密监视，在对舆论的影响方面，印刷界的赌注可能下在别处，尤其下在大众文化出版物上。因为这些出版物没有陷入1940年的慌乱中，继续产生着巨大的影响。比如，关于占领时期年轻人的消遣读物，历史学家吉尔·拉加什的研究是在搜集600部作品和40幅插图的基础上进行的，这表明报刊编辑部一直在进行紧张的工作，即使物资匮乏，抑或有德国人监视，也很少停止工作。相反，甚至可以说有迅速的发展。有些期刊，如《勇敢的心》、《无畏者》等，发行量达10万册。除了少数几家外，这些报刊几乎没有受到纳粹主义影响。相反，维希政权试图施加的影响更大。不过，应该指出的是，维希政权与其说实行强制性指导，不如说对传播同自己意识形态相一致主题的刊物给予鼓励：崇拜伟人，尤其崇拜贝当元帅，崇尚工作、家庭和祖国，赞美户外生活，主张扩散性的教权主义。这里，有一个很重要的问题，在年轻人看来，这个问题超出了刊物范畴：这些在占领时期文化生活的其他领域里也能看到的主题，难道仅仅是维希政权对文化生活关心——这种关心从未达到极权的程度和形式——的结果吗？这是不是也反映了经过1940年惨败的精神打击后，大部分舆论在反省自己，反省自己的历史和伟人呢？

我们再次看到，对这个问题很难做出明确的回答，因为实际情况以及当代人对实情的认识是很复杂的。如果断定这是一种持续的文化的迸发，就可能会歪曲事实。其实，那时法国文化的状况，同当时一首很受欢迎的歌曲相一致，那首歌叫《我等待》。法国文化确实处在等待的状态中。法国人民在等待，他们遭受了1940年的打击，生活在被占领的痛苦中，首先想的是如何活下去；法国文化的表现手法在等待，正当它处于新老作家和新旧风格交接的时候，也受到了同法国人民一样的打击。法兰西文化也像法兰西国家那样，常常屏住呼吸，压低嗓门。

尽管如此，法国文化仍在呼吸，解放时以及以后几年的再生，对它与其说是复活，毋宁说是怒放。这给本来就很困难的分析又增加了一道谜：在文化领域内，战后的哪些东西应归功于战时呢？1945年以后的丰收是不是在那黑暗的年代就已播下了种子？这道谜也许难以解开，因为创作行为总是一种奇特的炼金术的产物，是一个不断重复的奇迹，人类的沉浮盛衰对此难以左右。

4
意识形态的改朝换代

眼下,在这即将开始的战后时期,法国文化将经历清洗时代。的确,与德国合作或附和德国的知识分子首当其冲,因为他们的作品实际上已进入公众领域,并留下了印记。这些知识分子和政治家们是最有危险的,政治家们应为他们同样是面对公众的行为负责。众所周知,在争论时,参加抵抗运动的知识分子意见不一,不久,布拉齐拉克便成了辩论的中心,他是在1945年被枪决的。围绕他被判死刑问题,辩论异常激烈:知识分子是不是不仅要对他的作品负责,还要对这些作品可能产生的影响负责?一部分人在当时以及后来都坚持认为,作家如若仅限于写写文章,手上就不可能沾上鲜血,也就不能承担,哪怕是间接地承担他人的罪行。另一部分人则反驳说,在有些历史背景下,墨水通过其影响可以变成鲜血。这场辩论是最根本的辩论,因为在背景上,已提出了知识分子的责任问题。

因此,清洗运动对知识界的意识形态本身产生了深刻的影响。虽然政治上的右派丧失威信只是暂时的,它在1951年6月的选举中恢复了元气,几个月后,它的一位领袖安托万·皮内①成了内阁总理,但是,意识形态上的右派和极右派的非法化相反却是持久的。右派非法化的过程十分复杂,因为不仅形式繁多,而且是并合性的:有的同巴黎"极右派"的附德主义混为一谈,还有的与亲维希政权的知识分子视为同一,既是司法清洗,也是行业清洗,自由右派受到更大规模的追究,他们的思想观点似乎因30年代严重的经济危机而发生了动摇。使他们观点动摇的另一个原因是,议会民主派认为,要战胜法西斯主义,必须推行某些形式的统制经济,尤其在战争经济范畴内。鉴于这个背景,加上苏联又恢复了威望,应该看到,战后的头几年,在右派和极右派知识分子上空,有一个低压区。

而且,至少有三年的时间,思想观点的气候无法摆脱这个低压区;从此,知识分子左派尽管相继出现变体,但几乎占绝对的统治地位。这样,知识界的政治形态自然将发生更深刻的变化。从那以后,在知识界内部,前后出现的三代人都将重心偏向左边:战后共产主义的一代,阿尔及利亚战争的一代,然后是60年代"极左派"的小字辈一代。更有甚者,这种几代人的堆叠,由于难免的潜在影响,将会产生持久的作用,甚至一直影响到世纪末的法国知识界的层位学:"前"共产

---

① 皮内(Pinay,1891—1994),法国政治家。1945年,他和其他几个人一起创建了全国独立者和农民中心,他于1952年任内阁总理。

主义者——因为共产主义那一层后来蜕变了——很快就进入70岁,阿尔及利亚战争那一代则进入60岁,而"1968年五月风暴参与者",即在60年代末极左派的骚乱中形成世界观的、年近五旬的一代人,也登上了知识界的权力高峰。

关于这一点,让我们来看一看第二次世界大战对法国知识界重新产生的影响:这场战争使意识形态内部力量对比发生了深刻的变化,接着,这种变化又给战后的每一代知识分子涂上了一层耐久的色彩。一个历史事件似乎远不是仅仅存在于自身——这使它长期遭到历史编纂学的排斥——,而是除了其本身具有的历史深度外,还常常起到"决定结构"的作用:事实上,它会产生持久的结构,比如那场大战,它使得几代人都深深印上了它所导致的新意识形态特点的色彩。

因此,紧接战后的那几年在法国知识分子的历史中是至关重要的。这样说,并非像习惯所认为的那样,是因为法国知识分子进入了"介入社会的时代"。恰恰相反。前面已说过,知识分子介入社会的时代早在30年代就开始了。当萨特1945年10月在《现代》杂志首刊上发表"介入的责任"之理由时,只是将已存在十年之久的一个历史事实归纳成理论。这个领域里的转折点,并非在1945年,而是在30年代,当反共产主义和反法西斯主义这两股力量在知识界广泛动员,因而大量招兵买马的时候。然而,我们已看到,就在1927年,在对待朱利安·邦达的《文人的背叛》一书上,知识界的看法尚有很大的分歧,那本书要求知识分子要有公民的审慎。现在回头来看,围绕这本书,知识分子之间展开的辩论表明,在20世纪20年代,知识分子介入社会的原则还远未能在内部取得一致的意见。诚然,介入社会的原则在以后的几十年中从未达到完全的一致,但是,从30年代起在知识分子介入社会中所观察到的高密度的效果,清楚地表明转折点是在30年代。1945年不过使1934年的号召变得更为有力:自30年代发生经济危机以来,知识分子介入社会的时刻来到了。从1945年解放到70年代中期,这个时期之所以是知识分子史上"光辉的30年",那是因为随着意识形态重心的改变,他们的介入与日俱增:对于这些从此成为统治者的左派知识分子来说,介入社会是与知识分子身份不可分离的。萨特正是在这方面揭示了一个时代。

后来,第二次世界大战对意识形态的力量对比长久地起着"决定结构"的作用,因为一方面,意识形态现象新陈代谢缓慢,平衡一旦确立,改变的速度很慢很慢:事实上,意识形态右派的被统治地位,至少持续到70年代后半期;另一方面,而且尤其是,意识形态力量的这种对比影响到另一个领域,即政治文化领域,这个领域也涉及政治领域的深层结构。诚然,政治文化和意识形态之间的相关程度是很难确定的。但是,即使这种相关程度随时代和情况而改变,意识形态的力量对比,毕竟并且一定影响到政治文化的地位和力量。因此,1945年后,政治文化的重心在左边。这也许是解开法国政治生活至少表面上存在的反常现象的一把钥匙。从1952年,即安托万·皮内当内阁总理,右派重新完全加入政治生活的一年,到 1982 年,在这 29 年中,左派单独执政只有两年时间(孟戴斯·弗朗斯①和摩勒②两位部长)。然而,即使在同一时期,尤其在第五共和国的前 23 年,右派一直掌握着政权,但是左派的政治文化在元政治领域里仍起着主导作用。

---

① 孟戴斯·弗朗斯(Mendès France,1907—1982),法国社会党国务活动家。在 1956 年的大选中,他是中左派共和阵线的领袖,同年 2 月至 5 月,任摩勒政府的副总理。
② 摩勒(Mollet,1905—1975),法国社会党政治家。1956 年选举中,他和孟戴斯·弗朗斯一起领导中左派共和阵线,同年任内阁总理。

图 34

1944年，毕加索加入共产党。和平鸽是1949年阿拉贡专门请他设计的，作为在巴黎召开的"世界和平大会"的会徽。毕加索用他的艺术为"和平事业"尽力，但他和同党的关系却常处于尴尬的状态。于是，1953年刊登在《法兰西文学》上的《斯大林肖像》，被认为距离"社会主义的现实主义"太远，因而激起了"同志们"的抗议和法共领导的谴责，阿拉贡为此还作了自我批评。相反，毕加索最后一幅与历史事件有关的作品《朝鲜的屠杀》，却被评论界视作是对法国共产党官方学说的一种让步。

第十二章　没有战后

　　1944年夏,戴高乐将军,正如他后来所写的,"给法国带回了独立、主权和武装力量"。法国和盟国一起结束了大战,虽没参加雅尔塔会议,但三个月后德国投降时,它却是收方。所以,战后就像"圆满的结局",对法国来说,是"一场热身赛"(弗朗索瓦·布洛克—莱内)。的确,一些重大变化开始了,尤其在机构方面:1946年秋,第四共和国跃跃欲出,经济和社会结构也发生了变化。更重要的是,在下一个十年中,国民的精神面貌将出现显著的变化,这是其他变化的镜子和动力。在国民精神面貌方面,旧有的现象总是迟迟不退,与国民生活的其他可观察到的现象相比,变化的效果似乎常常以后才能看到,因此,在这方面发生的变化,到50年代的后五年才从统计上看出来。从这时候起,由于价值观的这一转变,加上法国社会迅速发生的深刻变化,支配国家共同体的价值标准及划定其界限的禁忌都将发生变化。因此,对社会起加固作用的准则和信仰将发生真正的变化。在解放后的那几年,说实话,这种改变是悄然进行的;那是恢复时期,也是为重建家园而作牺牲的时候。

1

一种反映时代的文化?

　　眼下,法国的解放事实上改变了发牌,还文化表现形式以自由,当然,灯光也由此而彻底改变:继占领时期的地下戏剧之后,出现了充满光明的舞台,色彩又变得鲜艳夺目了。然而,这些色彩难道是新的吗?这里,我们仍不要按照政治的节奏来对待文化的节奏。诚然,强调一下对比总是可以的:比如,1945年为保尔·瓦莱里——此人体现了两次大战之间法国文化的一种古典主义形式——举行国葬,同年秋天,让—保尔·萨特创建《现代》杂志。但是,任何时代都可作如此对比,因为从本质上说,一种文化的节奏是由辈代更新决定的,而这种更新从来是复杂的炼金术。从此,代与代之间与其说是更替,毋宁说是共居。这一看法对解放时期同样有效。新人出现了,有的刚过三十,如加缪,1944年31岁,有的年近四十,如让—保尔·萨特,生于1905年。但是,即使上面提到的两个人正声名鹊起(加缪与莫里亚克公开论战,萨特成为存在主义祭仪的主祭),但从总体上说,辈代之间的更替是按常规进行的。战前被肯定的价值观总是继续存在着,只要没被战争摧毁,或对某些价值来说没有因战争的结果而贬值;而年轻一代没有相应见过大战时的那种鲜血淋淋的土地。

因此,可以说,代与代是相混合的,且不由自主地既有连续性,又有变化。这就会形成对比,大家可以争先恐后地说存在着这种对比。在连续性方面,比如,1945年,让·吉罗杜的剧作《夏约的疯女人》大获成功,他本人在前一年已去世;再如,1947年,安德烈·纪德荣膺诺贝尔文学奖,这是对他的最高褒奖。在变化方面,比如,萨特的作品使公众心醉神迷。对萨特作品如此迷恋,是与哲学登上学科之王的宝座密不可分的,其精神意义以后还要细说。但是,萨特声望陡增,正如我们看到的,也是介入社会的知识分子登台,或者至少宣称登台的结果。在这种背景下,文化同其所处时代之间的密切联系力求具有双重性:文化人是演员,意欲介入社会;文化产品是镜子,意欲融入时代。

然而,若仔细观察,便可发现那个时代的艺术不如说是一面破镜子,只有几束反光是直接"介入"的。比如,绘画界进行的战役主要与美学有关。只要听听一位评论家说的话,就会觉得"战役"一词用得恰如其分;他在1945年预言,"在形象艺术和以前所谓的主观艺术之间会有一场战争"。既是风格的混杂,又是几代人的交织。此外,严格地说,在这个领域里,并没有辈代的更替问题。1914年前的点火人,如马蒂斯、夏加尔、毕加索等,在两次大战之间成了大画家,获得了权威画家的身份,依旧光芒四射,哪怕常常是黄昏之光;1944年,康定斯基撒手人寰,博纳尔和马蒂斯也于1947年和1954年相继逝世。一代新人已崭露头角,他们在德国占领时期就已迈出了第一步。

这几种风格和几代画家相混的局面,使得战后头几年具有不可否认的密度。在刚获得解放的巴黎,就出现了引人注目的激奋局面:在1944年的秋季画展上,有几位参观者想买下毕加索几幅被视作太具煽动性的作品。但是,说实话,这种激奋的场面,与画展上画作的丰富多彩相比,却是相形失色:在这里,既可以欣赏毕加索的回顾画展,也可以观看恩斯特、马格里特、马松、米罗等前超现实主义画派的部分旧作展览,还有一些尚未成名的画家,特别是马内西埃①和巴赞②等人的作品。立体派以来几种最典型流派的作品在此次画展

---

① 马内西埃(Manessier,1911—1993),法国画家。其作品比较抽象,使人联想到彩绘玻璃艺术,表达了作者的基督教信仰。
② 巴赞(Bazaine,1904—2001),法国画家,善于运用色彩,尤以为纪念性建筑物作画闻名遐迩。

上混合展出,说明这战后既是一个聚合地,集中了几十年来具有独创性的天才,同时又是一个坩埚,融化着已有的各种倾向和前程似锦的天才。出现了各种不同的面孔。一方面,马蒂斯、布拉克、毕加索、德兰等老一辈画家对许多年轻人的影响依然很大:比如,在1945年举办的马蒂斯回顾画展上,巴赞公开表明他从马蒂斯那里获益匪浅。但另一方面,许多有才华的年轻人正在探索新的道路。有些人在探索新的色彩和表现手法(格吕贝尔、马尔尚、皮尼翁)。另一种倾向由"主观派"画家体现,在他们看来,真实存在于对内心梦幻的探索,但仍给色彩保留主要地位。许多迹象表明,抽象占有重要的地位。如,1946年巴黎举办了新现实画展,展出了一千来幅非形象派作品:展出如此多的作品是完全可能的,因为当时的绘画界派别甚多,出现了波利亚科夫①、苏拉热②、哈通③等杰出的艺术家。

不管怎样,要在绘画的瑰丽多彩和当时的历史背景——40年代末的法国——之间确立直接的联系,是十分困难的,社会主义的现实主义方面除外。那时候,法国文学似乎与所处时代的历史联系更为紧密。这一特点,甚至是主张"介入社会"那部分文学所明确要求的。但这并非是战后文学的唯一特点,一种新的分类体系正在确立。诚然,这样一种文化转变现象,从来是长期缓慢演变的结果。但在战后,这种现象却变得异常显著:出版物领域出现了改朝换代,哲学将小说赶下了台。战后20年中颁发给法国人的五个诺贝尔文学奖,清楚地说明了这个问题。前面已提到,安德烈·纪德于1947年,即他逝世前四年获此殊荣,考虑到获得国际承认往往需要一段时间,因而从某种意义上可以说,是两次大战之间的法国文学获得了这个荣誉。对弗朗索瓦·莫里亚克的分析也一样,他于1952年获诺贝尔奖:1945年后,作为记者的他压倒了作为作家的他,他那享誉世界的几部小说是二次大战前出版的。阿尔贝·加缪1957年获奖,他的演变具有双重意义:瑞典皇家学院院士们承认的时间与加缪的作品是同一个时代,即使他的作品大多转向小说或戏剧,但基础是哲学,并在好些散文中有所表现。至于萨特(他在1964年拒绝领奖),在瑞典评委会及有文学修养的公众的眼里,他首先是一位哲学家。即使圣琼·佩斯在加缪和萨特中间,即在1960年也摘取了桂冠,但他的倾向性大体上是清楚的:他的小说和诗歌很快就不再作为法国文学最明显、最光辉的部分出现了。

事实上,在战后的法国,小说家的王位渐渐让给了哲学家。让—保尔·萨特尽管撰写了系列小说《自由之路》,却批评小说家"将自己放到了上帝的位置上",

---

① 波利亚科夫(Poliakoff,1906—1969),法国画家,原籍俄罗斯。抽象画派代表人物。
② 苏拉热(Soulages,1919—),法国画家,1946年开始作抽象画。
③ 哈通(Hartung,1904—1989),法国画家。原籍德国,1946年加入法国籍。青年时代用墨渍作抽象画。

这个判决远非一次训诫,而是一次致命的打击:小说,尤其是心理小说,至少有20年一蹶不振。一方面,我们已看到,得到世界承认的大作家不再以小说闻名遐迩。另一方面,在杂志和周刊的文化栏目中,曾在两次大战之间占有举足轻重地位的小说,让位给了哲学。从1950年起,"新小说"大获成功,这更可以视作小说衰落的又一征兆,因为新小说家明确表示想同小说的规范决裂。

不管怎样,在当时,法国文学——按这个词的引申义理解——依然是开向世界的窗口。因此,通过诺贝尔奖来分析法国文学仍具有检验价值。在解放后20年的同一时期中,法国文学获得的那五个诺贝尔奖,可用英国和美国获得的成果来衡量:它们各获得三个,分别为艾略特①、罗素②、丘吉尔③和福克纳④、海明威⑤、斯坦贝克⑥。尽管发生了第二次世界大战的悲剧,继而又遭遇非殖民化的打击,但那时法兰西文化依然光彩照人。由于一种复杂的炼金术,哲学的地位越来越显著,很快得到法国各大报刊的确认,同时也受到具有远见卓识的外国舆论界的注意,因为外国舆论界的注意力集中在让—保尔·萨特本人及"存在主义"的主题上。的确,当时法国各大报刊早就将萨特的大量作品,以及作为其基础的思想,同当时笼罩圣日耳曼—德—普雷教堂,即"萨特大教堂"周围的激奋气氛混为一谈。让—保尔·萨特以他自己的方式,在成为文学家之前,首先成了"有传媒意识"的知识分子。几年后,1951年7月16日,剧作家让·科克托在日记上写道:"存在主义者:从没见过比这更词不达意的一个词。无所事事,蹲在小地窖里喝酒,这就叫存在主义。就像纽约有一些相对主义者在地窖里跳舞,人们认为爱因斯坦同他们一起在地窖里跳舞。"但这无关紧要!在外国人眼里,正如后来西蒙娜·德·波伏娃⑦在她的回忆录里所写的那样,"存在主义"是法国的一个乡土特产。

不管是不是存在主义,那时候,哲学的确站在舞台的最前列。应从这个词的各种意义上理解。事实上,哲学不仅把占统治地位的文学类别小说赶下了宝座,而且,它还以两种方式渗透戏剧。一方面,有些哲学家,如让—保尔·萨特、阿尔

---

① 艾略特(Eliot,1888—1965),英国诗人、剧作家、文学评论家和编辑,对两次大战之间的文化影响很大。1948年获诺贝尔文学奖。
② 罗素(Russell,1872—1970),享有盛誉的英国思想家。一生完成40余部作品,涉及哲学、科学、社会学、宗教、政治等各个领域。1950年,获诺贝尔文学奖。
③ 丘吉尔(Churchill,1874—1965),英国作家、演说家、政治家。1940—1945年和1951—1955年之间,两度任英国首相。1953年获诺贝尔文学奖。
④ 福克纳(Faulkner,1897—1962),美国小说家。1949年获诺贝尔文学奖。
⑤ 海明威(Hemingway,1899—1961),美国小说家。他的中篇小说《老人与海》获1954年诺贝尔文学奖。
⑥ 斯坦贝克(Steinbeck,1902—1968),美国小说家。1962年获诺贝尔文学奖。
⑦ 波伏娃(Beauvoir,1908—1985),法国著名的存在主义小说家和评论家,萨特的终身伴侣。

贝·加缪等垄断着戏剧表现形式，以便普及他们对世界的看法。因此，戏剧舞台的身份大大提高，与出版物或教师讲台平起平坐起来。另一方面，除了被让—保尔·萨特等人垄断以外，戏剧还对当时的某些重大问题直接进行引导：因此，以尤内斯库①—贝克特—阿达莫夫②三驾马车为中心的"荒诞派戏剧"，尽管笔调有时不同，但都反映了思想的不确定性，而这种不确定性源自对战争的恐惧和战后的忧虑。

在法国文化史上，这样一种戏剧的地位是难以确定的。以什么标准？久演不衰？若是这样，1950年在夜游神剧院首次演出，1957年又在小号角剧院再次上演的欧仁·尤内斯库的《秃头歌女》，倒是一种深深扎根的迹象：截至1987年，这出戏在这个剧院里共演出了10万场，导演和布景都没什么变化，十年以后，仍还是那一套。可是，这种久演不衰本身是没什么意义的：贬低它的人会说，这部戏可能只是个外露层。那么，应该将观众的欢迎程度作为标准吗？演出场次的多寡，并不能向我们提供后继人的情况，此外，在这里提出来也没多大意思，因为批评界的困惑会导致评价的众说纷纭。1950年5月14日，《费加罗报》抱怨观看《秃头歌女》时，"实在无聊"，可是，同样是这家日报，1953年1月在谈到由罗杰·布兰③导演的萨米埃尔·贝克特的《等待多戈》这部戏时，却说它有"异乎寻常的美"。

总而言之，正如这种情况下所常有的那样，具有意义的是集体影响。事实上，无论如何，在相似的拒绝上——不说在相同的标准上，因为这用在这里不确切——我们发现各有各的特点，且差异很大，有形形色色的个性，对比鲜明的敏感性，这一点是很说明问题的。尤内斯库要求有"反剧本"的权利：人物静止不同，不作心理描写，没有情节，对话毫无意义。对戏剧的颠覆不仅表现在语言的运用上，还表现在舞台的调动上，这样，戏剧表现手法的核心被完全否定了。这种否定在萨米埃尔·贝克特和亚瑟·阿达莫夫的剧本中也能看到：贝克特的《剧终》也是罗杰·布兰导演的，于1957年首演；阿达莫夫则有《滑稽的模仿》和《进犯》。可以肯定，这类戏剧只反映了当时丰富多彩的戏剧作品的一个方面：吉罗杜战前精炼风格的反光、让—保尔·萨特的境遇剧、阿努伊的光辉，这一切都继续使得戏剧成为法兰西文化的一种表现形式。这种多样性肯定能使戏剧更具生命力，我们可以列举出敏感性和风格相互混杂的种种迹象，正如1947年也曾有

---

① 尤内斯库（Ionesco，1912—1944），法国剧作家。1912年出生于罗马尼亚，1945年后在巴黎定居。他的第一个剧本《秃头歌女》（1949年）为反戏剧作品，引起了戏剧技巧的一场革命，促助了荒诞派戏剧的产生。
② 阿达莫夫（Adamov，1908—1970），法国先锋派作家，荒诞派戏剧奠基人和最重要的剧作家之一。其荒诞派戏剧源自象征主义。
③ 布兰（Blin，1907—1984），法国戏剧演员和导演。他在没有布景的舞台上，创造了一种用手势表达的语言和一种从嘟囔到咆哮的口头和元音的语言。

过这种非同寻常的风格混合一样：一个叫路易·儒韦的人导演了让·热内①的《女仆》。

总而言之，在那个时代，尽管电影无处不在，戏剧仍是文化的重要载体。正因为戏剧如此重要，第四共和国将它从巴黎分散到全国，使它成为第四共和国文化政治的一个中坚力量。更有甚者，通过让·维拉尔②在国立人民剧院的实践，间接地宣告了戏剧在"普及文化"中被认为应起的主要作用。因此，"荒诞派戏剧"不过是法兰西文化诸多方面中的一个方面，没有必要夸大它的重要性。然而，作为一种征候，也不要缩小它的意义。在非形象画派依然是法兰西绘画的主流倾向、部分雕刻正在脱离神人同性论的时代，"反剧本"的倾向也以其独特的方式将人推开。那时，尽管尚未有一位理论家发布"人的死亡"的决定，但是，缺口已然出现在"新小说"（它同样忽视小说中的人物）和某些人文科学即将沉入的地方。

这里，我们可能已触及实质问题。的确，我们不能只满足于记下这个事实：与战前由让·吉罗杜那样的作者和路易·儒韦那样的演员兼导演所代表的恬静的古典主义表现手法相比（若将《特洛伊战争不会发生》③撇开不谈），艺术出现了滑坡，主题发生了变化。荒诞的感觉——部分哲学也反映了这种感觉——完全是时代的产物：由于广岛的闪电④，加上1947年以来的国际紧张局势，在十年时间内，人们从未有过真正快乐的战后，这与疯狂岁月里他们的前辈相比大不相同。在这种情况下，戏剧舞台不像过去那样是美学大战的战场，而是变成了提出玄奥问题的中心，这就不足为怪了。

2

在冷战的阴影下

戏剧舞台也将变成政治对抗的决斗场。这里，且不谈让—保尔·萨特的有

---

① 热内(Genet, 1910—1986)，法国诗人、小说家和剧作家。他是先锋派戏剧的主要人物，他的戏剧处于社会边缘，这与他生活在社会边缘的经历有关。1947年发表剧作《女仆》，描绘两名女仆试图毒害女主人而假戏真做，她们分别扮演主人和仆人，最后，一个中毒而死，另一个则在这一罪行中证实自身备受欺凌的生存处境，热内也因此剧而成为荒诞派戏剧家中的杰出人物。
② 维拉尔(Vilar, 1912—1971)，法国演员和导演。他的努力使国立人民剧院恢复了活力，这使他成为国立人民剧院的导演(1951—1963)。在任期间，他力图把戏剧送给边远地区的居民和买不起商业性剧院门票的人。
③ 《特洛伊战争将不会发生》是让·吉罗杜的剧本，发表于1935年。大意是：希腊和特洛伊双方明白事理的人都不希望发生战争，但有预谋的挑衅使他们兵戎相见，以致罪人和无辜者同归于尽。
④ 指1945年8月，美国空军在日本广岛投下一枚原子弹，使之成为世界上第一个遭原子弹袭击的城市。

些剧作引起的争论,而是要回忆一下罗杰·瓦扬①的剧作《福斯特上校将为自己作有罪辩护》所引起的反响。该剧是在1952年朝鲜战争时上演的,演了两场就被警察局禁演了,因为极右派多次组织示威游行,抗议一部把美军视作纳粹的剧本。那时候,戏剧不仅仅——例如在有些作品中——只限于反映同时代的重要问题,还记录了国际关系的惊跳。当然,首先是冷战的震颤。

事实上,"大分裂"对法兰西文化的冲击十分广泛,以至有些历史学家,如皮埃尔·米尔扎、帕斯卡尔·奥里等,得以正当地谈论一种"冷战文化"。可以理解为冷战时期美国和苏联两个模式的影响,这些影响在各个领域里不是势均力敌,但总是争锋相对的。关于这一点,必须指出,那种认为共产主义文化当时在知识界内部占主导地位的偏见是多么歪曲事实。我们会看到,在估量当时共产党知识分子的人数上,也发生了这种角度的错误。后来他们中许多人声名大震,这大概也部分导致对当时共产党知识分子人数的这种高估。

但是,对共产党知识分子人数的这种高估,不应该掩盖这样一个事实:美国化现象——在后面的文章中还要用到这个方便的字眼,因为它能将各种不同的过程包含其中——毕竟比来自东欧的文化适应现象要深入得多。的确,尽管1939年前就可以感觉到美国的影响,但战后那几年,它的影响与日俱增。因为那时候,美国影响的载体常常成为具有减速作用的大众文化工具。比如电影,布卢姆②—贝尔纳斯③贸易协定中的一项附加条款,为美国电影打入法国提供了方便。尽管如此,电影领域也和其他领域一样,当我们回溯既往来谈当时有人揭露的现象时,不要夸大其辞了。因为布卢姆—贝尔纳斯协定很快就遭到电影界和政治界的双重反对。如果说1946年起电影界第一个挺身而出的话,那共产党则到下一年才明确表示反对。但是,若像帕特里西亚·于贝尔—拉孔布那样做一番深入细致的研究,就会发现,对美国的这种文化适应现象似乎并不像当时有人说的那样严重。一方面因为布卢姆—贝尔纳斯协定很快得到了修正,从1948年9月起,就确立了一项电影生产补助金:因此,尽管还有论战,法国电影在经济上没有被扼杀。另一方面,它在文化上也没有被吃掉。美国的影响尽管可以列举出来,但那是微乎其微的:只有几部反映冷战的电影,特别是,模仿美国或美国电影的作品寥寥可数。法国电影的重心仍与美国电影的主题和审美观背道而驰。如果说曾有过文化适应,那也不是指渗透或模仿,而是指消费。但眼下,尽管到处放映美国电影,但看美国片的人尚未达到后来那样大的规模。诚然,那时

---

① 瓦扬(Vailland,1907—1965),法国记者和小说家。
② 布卢姆(Blum,1872—1950),法国政治家,社会党人。1946年初,他作为特使前往美国,谈判重建法国所需的13.7亿美元的贷款。1946年12月—1947年1月,任清一色的社会党政府总理。
③ 贝尔纳斯(Byrnes,1879—1972),美国民主党政治家。1945年4月,杜鲁门任总统时,起用他为国务卿,同年参加波茨坦会议。

放映美国片的频率很高,这加长并扩大了30年代和占领时期放映美国电影的记录。好莱坞电影的成就起初显而易见,因为这对那黑暗的年代无疑是文化上的,几乎是心理上的补偿。但是,那种狂热很快就降温了,虽有几部影片成绩壮观,但也不要夸大其辞:那时候,法国电影在决斗场上一直占主导地位,比大西洋彼岸的电影更吸引观众。

在音乐领域,也要引进"降号",如果可以这样说的话。诚然,对美国文化来说,音乐肯定是个载体,但在这个领域里,来自大西洋彼岸的影响刚刚开始,尚未具有后来的规模。即使在圣日耳曼区的"地窖"里回荡着新奥尔良爵士乐,即使年轻的"存在主义者"在那里伴着博普爵士乐①跳舞,但文化适应现象仍还是微乎其微,大众新闻提及圣日耳曼区,就像在提及一个未知领域②,这充分说明那时候它们与绝大多数人之间的文化差距。

至于出版物,美国的影响也要作细微的区分。美国"黑色"侦探小说的影响确实存在,但那只是渐渐地、从未大规模地触及深层的法国。证据是,引人入胜的"黑色系列"小说的印书量非常一般。在这方面,从统计学的观点看,模仿现象比较多一些,但事实上,只是侦探小说的模仿明显一些,例如让·布吕斯和OSS 117。说实话,模仿是一种文化适应的形式,其程度应该是可以衡量的,事实上,不同的地方,不同的阶层,有不同的程度。美国科幻小说的渗透力——也是从统计学角度说——同样不好估计。因为美国科幻小说是嫁接到法兰西的一个传统之上的,自朱尔·凡尔纳③以来,这一传统已长出了好几个根芽。但从总体上讲,美国的影响毕竟呈增长趋势,因为在这一领域内,50年代大西洋彼岸的电影将会赢得真正的观众。总之,不合情理的是,美国的影响在一个它在30年代曾处于领先地位的领域里反而降低了:因为连环画受到了1949年青少年读物法的保护。

尽管如此,美国化不只是以不等的程度影响大众文化载体。在知识界和科学界,美国的影响也是决定性的。这是一个值得注意的问题,尤其因为,一方面,不管从当时看,还是回头来看,这些大众文化载体的分量,常常遮住了美国化的其他形式的影响,另一方面,由于知识分子倾向苏联,导致了对敌对知识分子影响的低估。然而,敌对知识分子的影响是深远的,比另一个阵营的影响更为持久。总之,有必要重新构建一种系谱图,以便解释或至少部分解释人文科学的逐步上升。在60年代,人文科学将替代哲学在法国知识分子价值晴雨表中,以及在几家大舆论周刊文化栏目里的地位,在此期间,这几家舆论周刊已成为表明知识分子倾向的主要工具。但从战后那几年起,美国在人文科学和社会科学方面

---

① 博普爵士乐(be-bop)盛行于20世纪40年代末—50年代初,其特点为节奏奇特、使用不和谐音、即席演奏等。
② 原文为拉丁语:*terra incognita*。
③ 凡尔纳(Verne,1828—1905),法国小说家,现代科幻小说的重要奠基人。

的影响是巨大的。因此,克洛德·莱维—斯特劳斯①多次谈起他战时和战后在纽约时,从所接触的人类学家那里学到了许多东西。尤其在社会学方面,美国的影响确实存在。这种影响尤其因社会学在法国高等教育中地位低下而格外明显。许多年轻的社会学家前往大西洋彼岸访学,而他们的哲学家前辈们世世代代都只去莱茵河彼岸。美国在人文和社会科学方面的影响不单单是知识方面的。美国基金会对两国学者交流在财政上的影响也确实存在,同样,一些新机构的成立,也得到了那些基金会的财政支持:比如,1947年,高等教育实验学校创建了第四系。

在历史学家看来,对敌对阵营的纯文化影响进行估计,似乎更为复杂。在着手研究之前,就已存在很有影响的推测了,因为季达诺夫理论②宣布知识产品和艺术创作"应为党服务",并以此为荣。给文化人规定的站在战斗第一线、捍卫未来革命的酵母工人阶级和为工人阶级增光这个任务,在许多方面都感觉得到。法国式的"社会主义的现实主义"尤其表现在绘画和文学上:安德烈·富日龙的画作是这种派性艺术最有说服力的作品;在文学方面,则有皮埃尔·库塔德、安德烈·斯蒂尔所写的书,或阿拉贡1949年开始发表的《共产党人》③。

冷战戏剧虽不大有名,但也能说明问题。有一个论点(帕特里西亚·德沃)清楚地表明,50年代初戏剧成了一种赌注,同时,在可能的情况下,还成了一种政治工具。这最后几个字在这里是有意选用的,因为法国共产党人甚至把传统戏剧也当作工具,这样,他们就可以要求得到民族遗产。另一方面,他们对同情共产党的作者或参加战斗的共产党作者所写的剧本给予支持并鼓励,如亨利·代尔马的《土伦惨剧》,让—皮埃尔·夏布罗尔的《美国佬》,或前面已提到的罗杰·瓦扬的《福斯特上校将为自己作有罪辩护》。一些年轻的剧团上演两种类型的剧本,一类是战斗性的,另一类是重作诠释的,而共产党的文学批评对其他打着大众戏剧招牌的倾向几乎是毫不留情。因此,比如说,这些剧团和让·维拉尔的年轻的国立人民剧院之间关系比较复杂。由共产主义激发的戏剧创作从1953年起很快就气喘吁吁了,当然,这首先是因为决策机构的态度发生了变化,但更是因为国际局势的变化:那时候,国际紧张局势有所缓和。

说实话,在冷战年代,使戏剧带有政治色彩的做法不止法国共产党一家。反

---

① 莱维—斯特劳斯(Lévi-Strauss,1908—),法国人类学家,结构主义的主要倡导者。1941—1945年,他任美国纽约州社会研究学院客座教授,受到该院语言学家雅各布森的影响。
② 季达诺夫理论为俄国政治家和理论家季达诺夫(1894—1948)的主张。此人1915年加入布尔什维克。1946年任命为苏联共产党的第三秘书,不仅在经济、社会和政治方面,而且在文学、哲学和艺术方面,都坚决捍卫斯大林主义的正统性。
③ 《共产党人》是阿拉贡在1949—1951年间发表的长篇小说,共有六卷,主要描写1939—1940年法国共产党的历史。作者用传统的社会主义现实主义手法,描写法共广大党员前仆后继反抗法西斯德军占领军的斗争。

共产主义戏剧也得到了发展：的确，蒂埃里·莫尼埃①、加布里埃尔·马塞尔②等作家明确否认共产主义论点，因而，他们是与共产党的论点相比较而存在的。尽管如此，那些露天流动剧院的政治化倾向只涉及一小部分戏剧创作：冷战戏剧确实存在过，但在那个时期，"大街"通俗喜剧③仍占主导地位。此外，尽管如此，法兰西戏剧已超越共产主义问题，而成为那个时代主要问题的共鸣箱。特别是，介入社会问题当时已渗透让—保尔·萨特的戏剧。

关于本义上的哲学共产主义戏剧，一代职业戏剧家已在那时形成并崭露头角，但是，这一战斗阶段并没真正留下传世之作。更广义地说，随着时间的推移，可以看出，共产主义文化并没有真正扎根。总之，冷战年代的主要文化现象，撇开影响时间更长的美国化现象不谈，与其说是存在着法国式的"社会主义现实主义"作品，不如说是存在着许多政治上受共产主义吸引的文化人。因为，那时候，尽管有一个小气候群，但在法兰西文化界上空，确实存在一个受到马克思主义吸引和法国共产党压力的意识形态区。即使那时候德高望重的共产党知识分子只是个"人数有限的小圈子"（雅尼娜·韦代—勒鲁），因而法共在1945年党代会上要求获得的"智能型政党"的称号似乎在很大程度上是盗名窃誉，但是，共产党在知识界的分量和地位却是举足轻重。因为这个"人数有限的小圈子"是核心，它外部的花冠延伸得更广。一方面，那些著名的知识分子仅仅是露在一群至少那时还名不见经传，而且往往更为年轻的共产党知识分子上面的一部分：法国共产党凭借其强大的吸引力，大量吸收当时尚处于学政治阶段的年轻一代知识分子入党。大学里的部分年轻人尤其受到吸引，即便后来许多人——有的在1956年后，有的在1968年后——将脱离共产党，但现在回头来看，鉴于前法共党员中有许多人在此期间声名鹊起，我们会感到共产党对年轻人的影响仍然很大。因为对于这一代年轻人来说，共产党的经历即使历时不久，但也是决定性的：在20世纪最后几十年的知识界层位学中，"前共产党"这一层构成了十分重要的基础，起粘合作用的是大家都属于同一代人，都在共产党的影响下学习政治。我们会看到，有着其他经历和其他利害关系的其他几代知识分子，将会沉降到这一代上面。

另一方面，在那个时代，法国共产党有许多同路人，他们壮大了共产党知识分子的队伍。在这些人中，有许多是名人，属于他们行列的人要比登记入册的共产党知识分子多得多。如果说，那时法共在这后一类人中，常常提到毕加索、阿拉贡、艾吕雅或弗雷德里克·约里奥—居里④的名字，那它同样也为身边有著名

---

① 莫尼埃（Maulnier，1909—1988），法国右派作家，法兰西学院院士。
② 马塞尔（Marcel，1889—1973），法国戏剧家和哲学家。
③ 指在巴黎林阴大道的剧场里演出的通俗易懂的喜剧。
④ 约里奥—居里（Joliot-Curie，1900—1958），皮埃尔和玛丽·居里的女婿，从事原子核研究，与其妻一起获得诺贝尔化学奖。积极参加国内的政治和社会活动。1934年参加法国共产党。

的艺术家、作家和大学教授而感到自豪。说实话,这一现象不只是法国有,也不只是冷战时代有。但是,如果将这些外部的花冠纳入法共范围之内,有一点它无论如何是可以炫耀的,那就是,在从人民阵线诞生到1956年幻想破灭这20年的时间内,撇开战前及1939—1941年这两个复杂的阶段,法国文化界有许多名家被吸引到它的麾下或它的身边:只要举30年代访苏前的安德烈·纪德,或1952—1956年的让—保尔·萨特为例,便可判断法共的吸引力有多大。萨特旧时在乌尔姆街的"小同志"雷蒙·阿隆①在1955年发表的至今仍赫赫有名的评论中,将法共的这种引力归因于《知识分子的鸦片》的兴奋。

眼下,在这冷战年代,法国共产党知识分子,尤其是同路的知识分子在统计学上占的优势,使得法共在意识形态及文化方面的辩论中,具有驳斥或拒绝的真正能力。这种能力具有两种不同的形式:一是对左派的威慑力,二是对右派的打击力。威慑力属于一种复杂的炼金术,是理性恐怖主义——"不要绝望,比朗库尔",让—保尔·萨特在和共产党同路时,在《涅克拉索夫》②中如是写道——同魅力和厌恶的混合物,孕育着多面"哲学共产主义"(米歇尔·维诺克)。相反,历史学家在回顾打击力时比较容易做到真实,因为法共对右派的打击基本上是公开的,一是看得见摸得着,二是规模宏大,这就使这种打击非常奏效。雷蒙·阿隆有过切身体验,他的《知识分子的鸦片》1955年发表时,受到了公众的欢迎。此外,这部作品受欢迎还说明了另一个现象:法共的政治和精神力量事实上源自它的威慑能力。投入战斗并与知识分子右派唇枪舌战的,往往是——尤其以《知识分子的鸦片》为例——非共产党的左派知识分子。同样,这可以说明为什么来自东欧的各种表现常常会消失在——就这个词的水文地理学意义而言——冷战的巴黎中。就连维克托·克拉夫岑科的《我选择了自由》一书——其法国版的发行量达50万册——也未能使大部分左派知识分子受到震动,相反,对这本书,他们有效地运用了驳斥和拒绝的权力。

然而,尽管法共及其同路人占领了重要据点,但冷战时期巴黎的知识分子在政治上并非是清一色。诚然,经过二次大战,右派知识分子元气大伤,过了很长时期才得以恢复。但是,法国自由派保住了坚固的阵地,如费加罗报,另一方面,解放后的头几年,戴高乐派知识分子阶层渐渐形成。由于复杂的炼金术之缘故,这一层的知识分子后来被人遗忘了,如今在知识分子层位学中的地位微乎其微。不过,这种透视效果不要导致得出错误的结论:在40年代末,这个阶层确实存在,它组织了自己的网络,1949年创建了自己的传媒——《思想自由》杂志,并以共产党的坚定反对派的面貌出现。戴高乐派知识分子阶层的存在提醒我们,冷

---

① 阿隆(Aron,1905—1983),法国社会学家、哲学家和政治评论家。二次大战后在巴黎大学政治研究学院和国家行政管理学校任教。早年曾是萨特的亲密同事,但在《知识分子的鸦片》(1955年)中,批评了萨特和马克思主义者对苏联无条件的支持。

② 《涅克拉索夫》是萨特于1955年发表的剧作。

战时期的法国知识界,要比铭刻在它自己的集体记忆中的形象要复杂得多。经过这样清点后,我们甚至可以说,法国知识界是个四分五裂的阶层,由形形色色派别构成。法国知识界的面貌经过这样纠正后,是不是同盎格鲁－撒克逊历史学家托尼·朱特的诊断相一致?朱特认为:"那时候,法国人将其知识分子的边界关闭起来。世界知识分子共同体被重新下了定义,以便将斯大林主义的受害者排斥在外,不管他们赞成与否。"这种判断可能会导致低估文化法兰西的多样性,也会低估右派和非共产党左派内部某些知识分子小气候对来自东欧的各种表现的关注能力。

3

"法国蜗牛不再有外壳"

不过,假如只从"大分裂"的观点来阐述当时的法国文化,恐有过分之嫌。在文化方面,战后——其实没有战后——的15年确实存在,并且不只是作为纷乱世界的共鸣箱。对历史学家而言,发放这一存在证明并不难,但要确立身份证,这个任务就变得艰难了。法国文化究竟有什么特别的征象?它有什么优点?它在什么方面的体貌特征不够显著?因为,事实上,我们首先看到的是一种形成鲜明对比的情况:在音乐和绘画方面,探索的道路丰富多彩,而在雕刻和建筑方面,却更为墨守成规。

这两个方面,与战时和战前相比,都有承继传统的现象。比如,在音乐方面,1939年前就已存在无调和十二音体系了,但可以说一直反响不大。这种音乐在战后蓬勃发展,在这种新的音乐审美观繁荣之时,法国演奏着自己的乐谱,但说实话,很难准确估计法国在这方面的贡献,因为这一音乐是国际性的,它的创始人散布在世界各地。那时候,法国好些声名显赫的音乐家(如梅西昂①)或正崭露头角的音乐家(如布莱②),在十二音音乐方面名噪一时。在绘画领域内,我们已看到,法国文化经历了繁荣阶段,表面上虽存在着形象派和非形象派艺术争斗的窘境,但这丝毫未影响绘画创作,而且大部分作品超越了这一窘境。除了前面提到的名字外,战后十五年给人留下深刻印象的画家不胜枚举,从难以归类的尼

---

① 梅西昂(Messiaen,1908—1996),法国管风琴演奏家,20世纪最有独创性的作曲家。1936年,为促进法国新音乐的发展,与另外三名作曲家组成"年轻的法兰西"乐团。他在《我的音乐语言技巧》(1944年)一书中,阐述了他的作曲方法。
② 布莱(Boulez,1925—),20世纪法国最杰出的作曲家、钢琴家与著名指挥家,梅西昂的学生。他的作品和指挥都表现出对于器乐织体细微变化和音色的敏感性,早期作品受12音体系作曲家和梅西昂的影响,并表现出东方音乐的某些特点。

古拉·德·斯塔埃尔①,到以"表现主义"来表达形象派艺术的完整倾向的贝尔纳·比费②。不过,占主导地位的也许是抽象派艺术,尤其是抽象的几何图形,通过装饰和家政艺术,渗透到日常生活中。然而,这种丰富多彩的创作,不应该掩盖一个基本倾向:在这些年中,巴黎渐渐丧失了令人艳羡的世界绘画价值晴雨表的地位,致使纽约得以乘虚而入。细想一下,就会发现法国文化的影响甚至存在着一个转折点。有一个例子可以象征性地证实重心已转向大西洋彼岸:1964年,在亚得利亚海沿岸,在两年一度的威尼斯画展上,美国绘画艺术因罗贝尔·劳申伯格③荣膺大奖而获得巨大成功。而法兰西的雕刻或建筑则不可能为逆转这种倾向做出贡献。

在雕刻方面,抽象派的影响是很大的,到了60年代,最后竟发展到了活动艺术④。更广义地说,神人同性论在雕刻方面明显后退,而这一过程不仅仅有利于抽象派艺术。相反,建立在将废物改作造型艺术基础上的新现实主义渐渐脱颖而出:塞萨尔⑤、阿尔曼⑥和坦格利⑦时代来到了。但是,总的来说,尽管探索了这些新技法,法兰西雕刻和1939年前一样,不再像过去那样辉煌了。至于建筑方面,简单地说,也处于中间状况,与战前相比继承多于真正的变化。说起变化,在这个领域内,现代学院派的一种表现形式曾获得过成功,并在1937年举办国际博览会时达到了顶峰。战后是不是成为这一领域发生深刻转变的机会呢?战争摧毁的程度之大事实上提供了一块实验田,其范围覆盖了法兰西领土的一部分,主要是西部领土。正如勒科比西埃于1945年6月所写的那样,在那个年代,"法国蜗牛已不再有外壳"。此外,就在几个月前,即1944年11月,新成立了重建和城市规划部。然而,如果说重建即意味着摧毁,那这个词也包含着急迫之意,一般地说,急迫是不利于真正创新的。然而,如若因此而谴责某种重建和城市规划部风格,并下结论说白白浪费了机会,那是不公正的。一则因为史学家,尤其是文化史学家不可能是这种假定的失败行为的材料保管员,除非他在回溯以往时,将一些不属于其专业知识,因而不属于其权限范围的审美标准强加于他所研究的时代:他应该更乏味地满足于将一个特定的时代可能发生的事罗列起

---

① 斯塔埃尔(Staël,1914—1955),法国画家,原籍俄罗斯。
② 比费(Buffet,1928—1999),法国画家。
③ 劳申伯格(Rauschenberg,1925—),美国抽象派艺术家。他曾探索拼贴画,将立体的物体贴在画面上,称之为"混合画"。1962年后,他用丝漏版画技法,将照片上的形象印在大面积画布上,然后以类似抽象表现主义技法大力涂抹色彩。1964年,他在两年一度的威尼斯画展上获得大奖。
④ 活动主义为一种源自抽象派的当代艺术形式,以作品的变化性及其表面或真正的运动为理论基础。
⑤ 塞萨尔(César,1921—1998),法国雕刻家。以60年代用压实的汽车作"压缩雕刻"而名声大噪。早期他用拾到的东西作实验,表现出经济动机大于审美动机,但不久就开始利用街头废品的折衷手段来造成凄惨、逼人的效果。
⑥ 阿尔曼(Arman,1928—),法国造型艺术家,新现实主义创始人之一。
⑦ 坦格利(Tinguely,1925—1991),瑞士雕刻家,新现实主义创始人之一。

图35 德国占领时期的法国是"广播大战"的场所。从世界各地不断传来的消息,随着战争的命运开始出现转机而渐渐使法国人产生了希望。接着,战后成了无线电广播取得新飞跃的时期:短短十来年时间,收音机增加了一倍,这一进程大大促进了一种群众文化的扎根。

来，分析使得其中一种可能已成为事实的机制。二则因为，不管怎样，人们对那时候法国的建筑进行了深刻的思考，并写出了许多文章。

　　这一切赋予那个年代以转折阶段的身份。事实上，50 年代末，一个新的阶段开始了。非自然结构的时代已经来到，1958 年布鲁塞尔世界博览会是这种结构的橱窗。在法国，象征这一结构的，是同年竣工的位于迪方斯的全国工业和技术中心。在这"辉煌的 30 年"中期，法兰西建筑翻开了新的一页。这样，就为初见曙光的 60 年代①确立了一种新的背景。因此，20 世纪 50 年代不应该落入一种史料编纂的三角浪中。在日渐恢复的繁荣中，大众文化正在继续扎根。

---

① 原文为英语：*sixties*。

图36 1949年,莱热的全部作品在现代艺术博物馆展览,这标志着画家在美国流亡多年后回到了法国,他是和马克思·恩斯特、埃利翁、曼·雷、马塞尔·迪尚一起流亡美国的。在《建筑工人》(1950—1951)系列作品中,他回归以往,又从人民大众,从"无产阶级"中汲取灵感。他并没掉进"社会主义的现实主义"的陷阱,而是希望自己接近"向人民开放"的审美方针。那正是"抽象派的抽象概念"走红的时期,但他却用特写镜头的方式,将劳动人民的形象引到布满金属工字小梁的"现代景色"上,同时果断地分布色彩,以产生明快的节奏。(《缆绳上的建筑工人》,费尔南·莱热,1950年,纽约埃弗兰·夏普收藏)

第十三章　大众文化深深扎根

史学家又遇到了这样一个问题：与其说给一个特定的共同体——这里是指法国——的文化下定义，毋宁说是要研究它的文化重心。而这又可从两个方面来说。一方面，一个人类共同体事实上总是在创新和保守之间摇摆不定。在这方面，克里俄①无权在学院派和先锋派之间进行仲裁。即使只局限于对两派在特定时代所包含的范围做出估计，那也是一项艰巨的工作，因为学院派和先锋派的概念所包含的范围是短暂而变化不定的。在文化史方面，很难提出一个断层年代学。

另一方面，即使只满足于研究文化史的地表形态及其缓慢变化，也仍要面对一个真正的难题：什么样的地层露头最有意义？是不是最深最厚的地层才使一个时代具有鲜明的特征？这又涉及大众文化问题了：一个时代的激奋和兴趣——这是分析研究之根本——只有在最深的地层中才真正感觉得到，在那里，存在着——或不存在着——社会的毛管向人数最多的阶层升级的现象。因为那里可能比无休止的古今之争更隐藏着引起文化变化现象的构造。这一看法对20世纪50年代来说是不容置疑的。

1

广播的鼎盛时代

当进一步谈论大众文化，并试图理解大多数人的热望和习惯做法的时候，总会发现这种文化同被认为是最高雅文化的表现形式之间存在着差距。这一看法对战后和50年代是合适的。比如，解放后，萨特是重要的文化事件，但据法国民意调查所1946年所作的一次调查来看，维克托·雨果仍是法国人最喜爱的作

---

① 克里俄为希腊神话中九位缪斯女神之一，主管历史。

家。如果说这个事实并不说明问题,因为那时萨特才崭露头角,那么,十年以后,当让—保尔·萨特在法国文学的蓝天上已占有显赫的地位时,他在知识界内部享有的盛誉同他在有评判能力的舆论界的扎根之间存在着差距那就具有意义了。1957年,《快报》关于"新浪潮"所作的赫赫有名的调查证明了这一点。这家周刊向年轻人提出了这样一个问题:"在下列作家中,若要您指出一个最能代表你们这代人思想的作家,您会选哪一个?"被问及的年轻人大多将让—保尔·萨特置于安德烈·纪德和弗朗索瓦·莫里亚克之前。可是,这个现象恰恰同一代人有关:就涉及年轻大学生这一意义而言,萨特正在变成一种"经典"方式,这里存在着文化至福的根源问题,对萨特而言,60年代将是他的文化至福的根源。但眼下,萨特尚未成为出版现象,还差得很远。《文学消息》杂志1955年作了一次调查,将1945—1955年间法国出版界最获成功的作品(包括翻译作品)排了名次,让—保尔·萨特榜上有名的第一部作品《肮脏的手》仅排在第51名,共售出14万册。售出这么多已很不错了,但被两个理由削弱了影响。首先,《肮脏的手》比安德烈·苏比朗《穿白衣服的人》各卷的销售量低一倍。其次,而且尤其要指出的是,若作更近的比较,阿尔贝·加缪的《鼠疫》名列第七,销售量达36万册。此外,《鼠役》的销售量与名列第二的皮埃尔·克洛斯泰曼①的《大马戏团》(52.7万册)相比,差距不是很大,而与获得战后法国文学最辉煌成就的《唐卡米奥的小天地》(79.8万册)相比,也还差强人意。

但是,即使在"萨特时代"的鼎盛时期,对让—保尔·萨特作品平均销售量的观察,也不足以说明这是在对大众文化进行认真的分析。因为从那时起,大众文化开始脱离出版物,用印书量的多寡作推理事实上是有局限的。这种业已开始的同出版物的脱离,是一个重大的历史事实,这本身就反映了其他媒体的威力在不断上升。早在20世纪上半叶,大众文化便形成了自己的特点,战后更是欣欣向荣,当然,出版物更是无处不在,但以音像技术为基础的、听众日益增多的广播系统却越来越繁荣发达。

那时的电视尚不发达。与其他工业化强国相比,电视在法国的"点火"要晚一些。这里,我们有意用了30年前对于广播用过的字眼:不管是广播还是电视,发动机就在那里(在技术改革方面,法国起着最重要的作用),却迟迟不发动。就电视来说,尽管法国这方面的技术有了飞跃的发展,但法国人家里却迟迟不安装电视,与30年前的广播相比,显然还要迟一些。可以从下面的例子做出判断:1953年6月,五个国家现场直播了英国伊丽莎白二世登基的实况,这是电视史上的一个重要里程碑(事实上,翌年欧洲电视台便宣告成立),至今依然为人津津

---

① 克洛斯泰曼(Clostermann, 1921—2006),法国飞行员。他在《大马戏团》中叙述了他在自由法国空军中当飞行员时参加的战斗。

乐道,但在法国,只有六万台已有的电视机收看了实况,而英国和西德却有100多万台。

在同一时期,美国已有2300万台电视机!事实上,在战后的美国,电视已成为批量生产的产品。1945年,美国生产电视机7000台,1952年则达600万台。电视机的消费也以同样的速度紧紧跟上:1949年,在美国领土上,电视机的销售量为300万台,四年后,则达700万台。结果是,就在同一年,即1953年底,拥有一台电视机的美国家庭达2700万户。前面说了,在同一时期,法国只有几万台电视机。更有甚者,几年前,即1949年,法国民意调查公司的杂志《民意调查》证实,90%以上的法国人从没看过电视。从没看过电视的农民达98%。

诚然,在50年代,法国电视渐渐形成一种风格,在这十年末,尤其在下一个十年,我们可看到这一风格的充分发展。但是,眼下,向法国人播放的电视却少得可怜:1951年,每周25小时,三年后,增加到每周34小时。桩基已然打好:1949年6月,首次播放电视新闻,同年10月,开始每天播放新闻;大厦的首批石头已安放:1952年,播放了让·诺安的《36支蜡烛》和吉尔·马加里蒂斯的《明星之路》,但主要部分要等以后才形成。

相反,在同一时期,广播经历了它的黄金时代。从某种意义上说,第四共和国是广播共和国:诚然,1953年12月,电视转播了勒内·科蒂①在凡尔赛宫当选共和国总统的实况,但是,前面说了,那时候电视机还很少。后来几年,即使电视机增加了,也不值一提,1958年6月第四共和国垮台时,也才有99万台。相反,——下面还要谈到,广播已变成广场,尤其成了政治广场。还有一点要明确指出:第四共和国存在的短短几年,收音机的数量却整整增加了一倍:1946年初是530万台,到了1958年,增加到1050万台。从统计学的观点看,在那个时期,几乎所有的法国家庭都有收音机。电视要等到80年代中期才达到这个比率。这一密集的无线电广播网,是在与两次大战之间不同的行政和法律的背景下建成的:两次大战之间是国家垄断时期,双方关系心照不宣,很不自然;解放后,国家垄断被一种有效的垄断,即法国广播电台——不久将变成法国广播电视台——的垄断取而代之。但在实践中,鉴于其他一些原因,情况与以前相比几乎没什么不同。因为存在着所谓的"周边广播电台",电台当然在法国领土之外,但播音室却设在法国领土内,听众也是法国人:如卢森堡电台、欧洲一台(1955年成立)、蒙特卡洛电台、安道尔电台。

此外,在这些电台中,有两个电台深深烙上了自己的印记,而且在许多方面与众不同。卢森堡电台发展迅速,第四共和国末期,已拥有1400万听众,成为一家广受欢迎的大电台。不少节目成了大众听众的象征,如,扎皮·马克斯的《孤

---

① 科蒂(Coty,1882—1962),法兰西第四共和国最后一任总统(1954—1959)。

注一掷》，还有《迪拉通一家》，后者战前已在都市电台播送，后来在 RTL（卢森堡广播台的新缩写）继续播送，直到 1966 年才停播。在第四共和国末期，出现了一个更能从一家年轻的电台看到自己特征的法国，与这个深受卢森堡电台影响的法国分庭抗礼，这个电台就是欧洲一台。这家电台发誓也要变成大众电台，且胜利在望，将不同的听众结成联盟。的确，它力图通过时间划分，使它的风格适应各种不同年龄或社会阶层的听众。这使欧洲一台在几年后能适应社会更新换代的需要，使它能体现"伙伴时代"。眼下，这家电台很快找到了自己的风格，新闻成了它的一张王牌。

　　50 年代中期，在蓬勃发展的广播领域里，新生事物不止是欧洲一台。调频也应运而生：1950 年起开始试验，1954 年 3 月起开始正式播送节目，每天四小时。因此，情况是不断变化的，受一种传媒的影响，这一传媒最大的力量之一，便是在技术手段和表达形式上具有适应能力。以至于那时候广播变成了一种公众广场，政治也前来安营扎寨。广播的政治作用，随广播的发展而增长：早在 1930 年，电台就开始显示政治作用了，但二次大战后才迅速发展，因此，相对而言是比较晚的。至少在作为积极的工具上发展较晚。因为，我们看到了，从 30 年代起，欧洲的战争宣传和备战呼声日益高涨，广播成为这种声音的共鸣箱。但是，除了这种扩音器的作用外，那时广播手段尚未成为公民辩论的首要工具。或者，更确切地说，每个政治领导人都按各自的性格利用广播，但尚未形成一种真正的倾向。在 1928 年的总统选举中，普安卡雷不相信广播，不过，当时法国的收音机不到 50 万台，他对广播的保留态度并没产生真正的影响。相反，几年后，塔尔迪厄①和杜梅格②却利用了广播。可就在同一时刻，在大西洋彼岸，弗朗克兰·D·罗斯福③已开辟了炉边广播闲谈，两岸的对照何其鲜明。人民阵线的宣传运动还清楚地记得，莫里斯·多列士④于 1936 年 3 月在巴黎电台发表了所谓"伸着手"的演说，可是，莱昂·布卢姆一旦成为内阁总理，便左右摇摆起来，时而同广播保持距离，时而又受到广播的诱惑。总的来说，第二次世界大战也许是转折点：那是一场全面的世界性的大战，同时也成为"电波大战"（埃莱娜·埃克）。伦敦电台连珠炮似地宣布："巴黎电台在撒谎，巴黎电台是德国电台。"这不言而明地承认广播这个媒体在当时已获得了地位。从此，在解放后，收音机日益增多，将余下的任务承担起来；广播最终成了广场，因而，事实上甚至成了政治露天舞

---

① 塔尔迪厄（Tardieu，1876—1945），法国政治家，曾三度出任总理。1932 年 2 月 20 日第三次出任总理，在大选失败后，于 1932 年 5 月 10 日辞职。
② 杜梅格（Doumergue，1863—1937），法国第三共和国第 12 任总统。1934 年 2 月，在他离开总统职务三年后，又组织新政府。
③ 罗斯福（Roosevelt，1882—1945），美国第 32 届总统。曾连任三次，任职 32 年。
④ 多列士（Thorez，1900—1964），法国政治家，法共领袖。曾因宣传鼓动而多次入狱。1934 年突然转向人民阵线。

图 37 广播自 30 年代腾飞以来，便迅速在人们的日常生活中安营扎寨。它成了主客厅的重要组成部分，不仅使人们的劳动和生活变得有节奏，而且更使大家的感觉和兴趣协调一致。它置于家庭世界的中心，成为周围世界真正的共鸣箱，在当时情况下，完完全全统治了 50 年代的法国，这个法国，与大多数邻国不同，尚未进入电视时代。因此，夜晚仍然是"TSF"（无线电广播——译注）的领地。随着半导体的问世，随着口袋里有零花钱的新的年龄层——战后出生率激增时出生的年龄层——的出现，家庭的声音世界被切分成两部分。年轻人将回到自己的房间里，渐渐地广播节目尤其根据年龄层的不同而有所区别。这样，广播便部分失去了将人聚集起来的作用，尽管电视飞跃发展，收听广播的人数仍占优势。不过，它在晚间的战斗中很快宣告失败，让位于它的竞争者。（罗伯尔·杜瓦诺拍摄，1953 年）

台,渐渐取代了学校的风雨操场,接替了——既作为被动的媒体,同时不久渐渐作为一个竞争者——议会的讲坛。我们将看到,这在皮埃尔·孟戴斯—弗朗斯政府时期将变得尤为明显。

在这 20 世纪 50 年代,作为两次大战之间时期的延续,不只是广播事业获得了蓬勃的发展。这十年的响度——仍是不久的过去的遗产——同样也是电影的响度。不过,说实话,在电影领域里,对照更加强烈。当然,那时法国电影业非常繁荣,在法国影视行业中,电影仍独占鳌头:50 年代初,平均每年有 3 亿 8 千万观众挤在电影银幕前,除了放映外国影片外,还有法国每年生产的 130 部影片。更有甚者,就像无声片转向有声片时那样,电影的技术更新①十分迅速:比如,在这十年中间,出现了宽银幕电影,在几家享有声誉的放映厅里,放映 70 毫米的宽银幕电影和立体声电影。此外,这些技术的应用,与那时电视的地位形成鲜明的对照,前面已谈到,当时法国的电视技术处于领先地位,但人们对电视的适应却比较晚。

为什么得出对比鲜明的结论呢? 这样的看法可能有失公允,因为,常有人说,那个年代正是法国电影的第二个黄金时代。确实,可以将一种正在蓬勃发展的古典主义记入法国电影的资产上。因为在解放后及在 50 年代,先锋派的诗歌现实主义渐渐让位于一种心理现实主义,这种心理现实主义,尤其通过几部文学名著改编的大片表现出来,比如,《羊脂球》②、《田园交响乐》③、《魔鬼附身》④、《巴马修道院》⑤。然而,这股潮流多少使这些优秀影片与时代脱节,甚至格格不入。当时,新现实主义正在成为意大利电影的酵母,而法国电影却没在这块土地上扎根,可是,30 年代的法国电影曾给人留下过深刻的印象,它本可以在新现实主义这块土地上同意大利电影一比高低的。因为刚刚过去的历史对当时世界的部分电影依然是一种促进因素,但对法国电影只是轻轻触了一下:只有几部电影反映第二次世界大战,但大多没达到勒内·克莱芒⑥的《铁路之战》的高度。最近的历史和当时的社会——取材于小说的资产阶级悲剧也许可以除外——也几乎没得到反映:雅克·贝克尔的《七月之约》尽管在 1949 年荣膺德吕克奖,但它对二次大战后的圣日耳曼—德—普雷区某些年轻人的描写,在当时的法国电影作品中完全是非典型的。

---

① 原文为意大利语:aggiornamento。
② 《羊脂球》为莫泊桑的短篇小说,发表于 1880 年,系作者的成名作。
③ 《田园交响乐》为纪德的中篇小说,发表于 1916 年。
④ 《魔鬼附身》为雷蒙·拉迪盖(Raymond Radiguet,1903—1923)的小说,发表于 1923 年。拉迪盖是法国早熟的小说家和诗人,法国文坛上的一颗流星。
⑤ 《巴马修道院》是法国小说家司汤达的长篇小说,发表于 1839 年。
⑥ 克莱芒(Clément,1913—1996),法国电影导演。他的影片以社会性和唯美的写实主义而引人瞩目。因拍摄《铁路之战》(1946 年)而蜚声法国影坛。

法国电影在探索其他美学或主题的途径方面，显得不急不忙。诚然，在纳粹占领时期的延续中，新一代导演有的正在充分施展才能（如布雷松、克鲁佐），有的正崭露头角（如克莱芒、塔蒂），但深受观众欢迎和大获成功的不是这些影片，而是另外三类影片，即根据文学作品改编的影片、侦探片和反映资产阶级悲剧的影片。例如，一个叫让·加班①的人再次走红，部分得归功于他不久将代表的这三类电影中的两类。因此，总的说来，受观众欢迎的是一些神圣的主题。确实，这些主题通过上面提到的三种类型的影片，保持着真正的多样性：例如，在1954年获得巨大成功的影片中，有一部是雅克·贝克尔的《别碰钞票》，另一部是克洛德·欧唐－拉腊②的《红与黑》。不久，那些信奉"新浪潮"的人就要投入战斗，向这一根深蒂固的混杂的传统开火。追溯既往，我们看到，他们将打的这场平庸的官司，很可能使第四共和国法国电影的形象黯然失色。这种现象自古有之，电影史学家首先应该超越新人总是反对旧人的古今之争，重新确立观点。

从一个战后到另一个战后，不管怎样，声音和图像已成为一种视听文化威望日益增长的决定性媒体，由于视听文化的影响日益深远，观众的敏感性和音像的表现性也越来越标准化。在音像的交叉点上，还有另一个起着同样作用的媒体，那就是广告。诚然，从1968年起，电视"广告短片"将给予广告媒体以更大的威力，但是，广播的广告"信息"和广告已成为促进标准化的真正因素。这一现象早在两次大战之间就明显地感觉到了，但战后变得更加突出。这可以从 G. A. R. A. P 这个缩写词的故事中看出来。1953年，萨维尼亚克③的一则广告片在两周之内就使一个口衔雪茄、手戴手套的老人所象征的 G. A. R. A. P 的缩写词家喻户晓。其实，这缩写词本身毫无意义，这样做是想表明广告"可以让任何东西家喻户晓，包括广告自身的威力"。

2

谷登堡④的法国：死期延缓？

但眼下，无论是广播、电影，还是 G. A. R. A. P 老人，都尚未真正取代出版物。这同对两次大战期间的分析是一样的：出版物仍是主要的文化工具。甚至，

---

① 加班（Gabin，1904—1979），法国20世纪30—40年代最受欢迎的电影演员，在50—60年代拍摄的影片中，常常扮演侦探角色或黑社会人物。
② 欧唐—拉腊（Autant-Lara，1901—2000），法国电影导演，以左倾的美学观点闻名。
③ 萨维尼亚克（Savignac，1907—2002），法国广告画设计师，战后幽默广告片的倡导者。
④ 谷登堡（Gutenberg，约1390—1468），德国工匠和发明家，发明了活字印刷术。这里暗喻出版物。

从某种方式讲,它在50年代还有所加强:由于袖珍本丛书的增多,书籍不再像从前那样昂贵了。在两次大战期间曾有过一些尝试,如:阿歇特出版社出版了"红色丛书"、阿泰姆·费亚德出版社出版了"明日之书"、亨利·费伦奇则推出"有插图的近代书"。但是,这些丛书并没在法国深深扎根,不像英国企鹅出版社出版的丛书那样,在英吉利海峡彼岸大获成功,例如1935年,安德烈·莫鲁瓦的《雪莱传》①就很畅销。1953年2月,亨利·费利帕奇推出了第一部"袖珍本"书,即皮埃尔·伯努瓦的《克尼格斯马克》②,接着又于同月推出克罗宁③的《王国的钥匙》、圣泰克绪佩里④的《夜航》、卡特伦·温莎的《琥珀》。当时袖珍本的价格为150法郎,而一般书的平均价格为600法郎。

同年,让·吉奥诺写信给亨利·弗利珀奇说,袖珍本"是使文化渗透到最基本的成分——穷苦青年——的唯一办法"。他还说:"今天,我认为袖珍本是现代文明最强大的文化工具。"正当出版物因声音和图像的共同上升而可能被迫后退的时候,廉价的袖珍版书籍的大量发行,使得出版物事实上又成了"现代文明"的中心。因此,文化媒体之间的改朝换代延期了:的确,出版物并没被新的文化媒体取代,尤其是期刊仍处在为法国社会输送营养的传播和渗透这些现象的中心。因为期刊内部发生了变化,而这变化在战前就已开始。例如女性刊物,它们的变化尤为明显:回头来看,创办于1937年的《玛丽—克莱尔》杂志起到了侦察兵的作用。解放后,体现新时代精神的是现代妇女周刊《她》,首刊发行于1945年11月,后来,每期的印刷份数高达70万。《玛丽—法兰西》创办于同一年,1956年,即在《玛丽—克莱尔》(1942年停刊)复活两年后成为月刊。除了这几家杂志外,还有一些期刊,有老的,也有新的,也大量面向女性读者。这种"大量"的特点,也可从对它们读者可能作的估计中感觉到——其实,读者数量总是超过印刷份数:第四共和国末期,《时装回声报》和《我俩》约有400万读者,而《她》和《晚安》有300万,《知心话》有150多万。无论是这些刊物的成就,还是它们的丰富多彩,都反映了一个真正的社会学问题。若作深入研究,可以肯定,涉及的读者不一定是同样的人。这有什么关系!有了这样的读者,女性刊物在文化标准化的过程中,必定占有一席之地,从而超越社会分化,与从此伴随家庭主妇操持日常家务的广播并肩战斗,为塑造一种已广为普及的感受性而做出自己的贡献。即使烹饪法和衣着原则并非是新的领域,但是,更讲究地使用照片,加之化妆品的迅速

---

① 莫鲁瓦的《雪莱传》出版于1923年,英国企鹅出版社于1935年介绍给英国读者。
② 《克尼格斯马克》是伯努瓦的第一部小说,出版于1918年。
③ 克罗宁(Cronin,1896—1981),英国医生、小说家。他的小说拥有广大读者。《王国的钥匙》最早出版于1942年。
④ 圣泰克绪佩里(Saint-Exupéry,1900—1944),法国作家。曾当过试飞员和《巴黎晚报》记者。他的小说多与飞行员的冒险生涯有关。《夜航》出版于1931年,旨在歌颂飞行员开辟新航线的大无畏精神和光辉事迹。

发展（随着黑暗年代的远离，化妆品的使用越来越普及），使得时尚标准和女性美标准也比过去更趋统一。更有甚者，这些报刊使人对社会关系——如女人的地位——或对爱情关系的看法渐渐趋向一致。在爱情关系方面，1946 年，玛赛尔·塞加尔在《她》上推出的"情书"专栏，是一面既反射也折射那些标准的镜子，因而也是人的行为的镜子。

这里也要提一提"连环画小说①"。战后几十年，是"连环画小说"的黄金时代。1947 年，奇诺·代尔·杜加创办了《我俩》周刊。前一年，他的兄弟阿尔塞奥和多米尼科在意大利创办了《大旅馆》周刊，那是一种言情刊物，1950 年刊登了第一部连环画小说《爱你和对你说再见》②。样式已推出，照片上配有对话——拿意大利人的话来说，就像缕缕青烟：从此，这类作品就叫 fumetti③。在法国，代尔·杜加领导的世界出版社又相继推出《牧歌》、《包列罗舞曲》、《韦罗尼克》（不久易名为《家庭生活》）等期刊。这类作品迅速走红，致使出版商们创办或调整了《晚安》、《知心话》、《时装回声报》、《今日妇女》等画报，欢迎连环画小说在这些画报上刊登。就这样，连环画小说大显身手，吞并了部分刊物。直到电视和电视连续剧飞速发展，此类作品才开始走下坡路。1966 年创办的《袖珍电视周报》尝试着在这两种表达形式之间作嫁接，很快大获成功，从而以某种方式确保了它们之间的过渡。

如果说女性刊物在许多方面是促进文化标准日趋统一的一种因素，使得城市和农村、工厂和办公室越来越接近，那么，体育刊物也在彼此疏远的社会阶层之间起到类似的桥梁作用。这一现象也不是从那个时候开始的，但在那时加快了发展的步伐，因为我们已看到，从两次大战期间起，广播越来越重视体育节目的反响。体育刊物也产生了巨大的反响，它们的重要地位既是法国人对环法自行车赛、足球锦标赛或汽车大赛如此狂热的原因，也是这些比赛的结果。《球队报》成为从社会学观点看赢得各阶层青睐的少数几家日报之一，它的头版大标题比工人阶级的蓝工作服和第三产业职员的口袋还要大。在那个时代，第三产业的队伍正迅速壮大。在周刊领域内，在社会学基础方面可同体育刊物同日而语的，也许只有"画报"一类了。甚至画报的社会学基础更广泛，因为画报同样拥有女性读者，这是体育刊物望尘莫及的。画报的反响如此之大，当然使它最终成为 50 年代集体文化实践的最重要方面之一。并非因为这些画报种类繁多。恰恰相反，只有一家画报，即《巴黎竞赛画报》，因此，它几乎成了画报的同义词，同时，差不多成了 50 年代的代名词。50 年代的确是"《巴黎竞赛画报》的年代"：这家周刊创办于 1949 年，沿用了战前《竞赛报》的名称，在以后十年中，它的印刷量最

---

① "连环画小说"指由照片配上文字说明叙述的故事。
② 原文为意大利语 Amarti et dirti addio。
③ Fumetti 为意大利语，从 fumata（烟雾）派生而来，意即"连环画"，喻指"对话像缕缕青烟"。

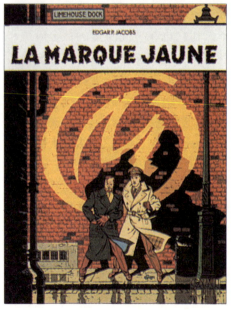

图 38

"袖珍小说"问世后,以其五颜六色的封面吸引着广大读者,这是这种版本的小说获取成功必不可少的因素。接着,在以后的几十年中,这个被认为深得人心的做法逐步变化,这些不断变化的历史,极其珍贵地显示着在"光辉的30年"中法国人的兴趣和敏感性。这种小说迅速走红,最初发行的书一抢而空。价格低廉和精选作者比五彩缤纷的封面更成为成功因素。"袖珍小说"推出不到十年,在1962年,每个月都有12部这样的小说问世,而开始时只有4部。60年代,年销售量达1400万册。(首部"袖珍小说",1953年)

图 39

雅各布的《箭鱼的秘密》,作为《丁丁》系列连环画中的一部推出,成为划时代的作品。1954年,布拉克和莫尔蒂梅将要创作《黄色标记》。因此,在饰有小缨子的小主人公身旁,《丁丁》成了一个温床,其中涌现出了许多人物,这些人物深得出生率激增时期出生的青少年的青睐,他们对这些人物几乎和丁丁这个主人公同样熟悉。布拉克和莫尔蒂梅的冒险经历,由于图画的现实主义和情节的当代特点,比其他几个系列连环画更能培养周刊或随之将要出版的画册读者的想象力。

高时接近200万册,而读者的数量比印刷册数还要多3倍,这使它成为报刊界的一大辉煌成功。从症状上看,只是到了60年代,当电视在法国获得真正突飞猛进发展时,《巴黎竞赛画报》才进入相对衰退的阶段。

其间,在15年时间内,这家周刊起着举足轻重的作用,但肯定随地点、阶层和时期以及现代人对世界的认识而变化。从引起的反响,即从产生的影响角度看,它所起的作用胜过更为直接的政治周刊。并非因为那些政治周刊在那个时代处境不佳。恰恰相反,那是它们历史上的关键时刻。但从读者的广度来说,它们同《巴黎竞赛画报》不可同日而语:《快报》创刊那一年,即1953年,发行量平均为6万册左右;《法兰西—观察家》1950年4月的首刊发行量为2万册,到了1953年,固定在3万册左右。然而,若仅以发行量的多寡来估计这些周刊的影响,看问题的角度就可能是错的,何况,在50年代,它们的发行量日益增加。一则,它们的政治作用是决定性的:要写那个时代非共产党左派的历史,正如菲利浦·泰塔尔在关于《法兰西—观察家》的研究论文中指出的那样,就一定要阐明那些政治刊物既是中转站,又是共鸣箱的作用。非殖民化阶段显示了它们在这方面产生的影响。二则,还得加上它们在精神方面所起的重大作用,它们通过文化专栏,向常常是高学历的读者普及当代的主要思潮,扩大思想方面的大辩论或大论战。此外,《法兰西—观察家》的初用名是《政治、经济和文化观察家》。

说实话,在政治周刊中,给文化留有一席之地并非新生事物。早在第二次世界大战前,像《玛丽亚娜》《老实人》等不同政治倾向的报纸,都一致开辟了长篇或中短篇小说专栏。确实,那时候文学仍是出版物之王。有几家周刊开辟文化专栏,这是文化热情缓慢滑移的良好指示器。事实上,在战后几十年中,哲学,然后是人文科学,渐渐取代了小说在文化专栏中的地位。历来向文化历史提出的那个问题,仍出现在背景上。这个问题是,在反映上述变化时,这些周刊仅仅是一面镜子,反射出当时知识范畴的大框架,还是随着发行量的增加(有段时间,《法兰西—观察家》的发行量达10万份),渐渐影响到更广泛的读者,从而通过它们的媒介作用,推动时尚和文化活动的发展?对这个问题的回答,可能仍不是单一的,而是随时间和思潮的不同而变化。

因此,不管怎样,从《知心话》到《法兰西—观察家》,出版物仍然千变万化,丰富多彩。这一征兆说明出版物不仅状况良好,同时在法国社会已深深扎根。甚至那时候的人口增长也给予出版物新的读者群。的确,在50年代中期,出生率激增期①出身的孩子,成了青少年读物日益增多的读者群。1949年通过了青少年读物法,从此,在与英文的竞争中,与两次大战期间相比,法文青少年读物得到

---

① 原文为英语 *baby-boom*,指第二次世界大战后,欧洲出生率急剧增加时期。

了更好的保护。这些措施,加上解放后在这个领域里出现的真正活力,促使法文连环画蓬勃发展,特别是"比利时派"的连环画。在法国文化史中提及比利时派,似乎有些荒唐,但那仅仅是表面上的,因为法国的青少年读者深受该派两家模范周报《丁丁》和《斯皮鲁》的影响。《丁丁》连环画报周刊1946年创办,从第一期起,就推出了埃尔热①的《太阳神殿》和主人公丁丁。从此,"埃尔热霸权"时代(皮埃尔·阿苏林)开始了,在这颗中央星球周围,有其他一系列主人公,但它们不过是卫星罢了。比如,从《丁丁》连环画报第一期起,同时也刊登了埃德加·P·雅各布的《箭鱼的秘密》;从此,布拉克和莫蒂梅这两个人物也进入了这家周刊读者的想象中。不仅拥有越来越多的法语国家的读者,而且还拥有越来越多的法国读者。1948年,该刊的法国版问世。

如果说这家周刊起初的反共基调和天主教倾向,将一些出身于资产阶级、受童子军影响颇深的读者吸引到自己身边,那么,它的竞争者《斯皮鲁》连环画报却追求一种即使不说是更为不知廉耻,但无论如何可说是更加打破常规的风格。同样,从那以后,人们常常强调《丁丁》和《斯皮鲁》之间的差异,前者倾向于冒险,后者则更注重幽默。这样的对比不够全面,哪怕从《斯皮鲁》的主人公斯皮鲁(由弗朗坎②创作)和吕基·吕克(由莫里斯③创作)来看。此外,起颠覆作用的幽默和出类拔萃的冒险都或明或暗地灌输一些标准和价值,二者都成为想象世界的组成部分,而这又将成为千百万法国青少年的想象世界,他们是"画报"读者的主体,这一点不同于美国读者,美国的画报读者通常由成年人组成。

恰恰因为青少年读者人数众多,出现了社会阶层的真正混杂:对《丁丁》来说极为珍贵的"7至77岁的青少年",购买该周刊者越来越多,60年代,《丁丁》的发行量达60万册。其间,受出生率激增时期出生的人青睐的那对孪生兄弟,增添了第三个"比利时"兄弟:1959年,《飞行员》诞生了。一个新人物出现了,那就是戈西尼④和于代佐塑造的高卢人阿斯泰里克斯,他将取代其他所有主人公。但是,阿斯泰里克斯已属于60年代。此外,他的迅速"国有化",将使他成为各代人共有的英雄。还有,在这十年中,即使那几家主要连环画周刊仍继续靠余速向前滑行,但那十年已不再是"画报"的时代了。电视发展神速,习俗不断变化,因而出现了供成人阅读的连环画。诚然,连环画虽没到岌岌可危的程度,但与50年代的青少年读物相比,则不可同日而语了。

在此之前,形形色色的出版物——除了以前的各种形式,还得加上侦探小说

---

① 埃尔热(Hergé, 1907—1983),比利时素描画家。1929年创造了丁丁这个人物,在系列连环画中叙述了他的奇遇,在欧洲和世界上大获成功。
② 弗朗坎(Franquin, 1924—1997),比利时素描画家,《斯皮鲁》连环画的创始人。
③ 莫里斯(Morris, 1923—2001),法国素描画家和连环画故事编者,《吕基·吕克》系列连环画创始人。
④ 戈西尼(Goscinny, 1926—1978),法国素描画家、幽默连环画大师,与素描画家于代佐一起创造了《阿斯泰里克斯》系列连环画(1927年)。

和车站小说①——在法国文化中仍起着举足轻重的作用。进入60年代时,法国与其说是麦克卢汉②的法国,不如说仍是谷登堡的法国。当时,"地球村"通过画报和广播向三维空间扩展仅处于绪言阶段。眼下,法国人读这些刊物,将有助"地球村"在法国扩展。在这个国家里,比如,1956年,七个法国人中,仅有两个人去度假,而这些幸运儿去的地方离家平均不超过250公里。

文化的这些重大变化发生在日新月异的法国,埃德加·莫兰③不久在《时代精神》一书中对这些变化进行探索。对于这正在发生的变化,可用多种方式来阐述。深入研究20世纪50年代中期孟戴斯·弗朗斯主义的结晶,会给我们以启迪。

3

"孟戴斯时代"

这一变化使得社会经济学领域里出现了一些引人注目的、有说服力的分析。其意义似乎还可通过社会文化的方式加以补充。

背景是众所周知的。50年代中期,法国社会在社会学方面出现了历史上最急剧的变化,而在法国本土之外,继丧失印度支那半岛和阿尔及利亚事件爆发之后,非殖民化的速度大大加快。这双重变化给法国造成了双重冲击:当殖民战争(当然还有别的因素)促使民族主义和反议会主义重新抬头之时,社会经济的变化撕破了社会结构,部分出现了紧张局势。布热德运动④就出现在这块沃土上。以某种方式说,孟戴斯主义和布热德运动可视作正在发生的变化所具有的两张对立的面孔。从这个观点看,投布热德运动票的地理分布情况很能说明问题:投布热德运动票的人尤其分布在圣马洛—日内瓦一线以南的地方,也就是说,在一个更不直接、更为缓慢地利用经济腾飞的法国地区,那里的某些社会团体——部分农民,特别是小商人——感到自己被经济发展遗忘了,变成了繁荣的司炉辅助工。这一部分法国人认为自己深受社会变化之伤害,并担心殖民帝国可能会萎缩,也就会失去力量和身份,而孟戴斯—弗朗斯的探索似乎截然相反:在拥护者看来,这一探索体现了对自由殖民政策的选择,以及对承担并加速国家现代化的关心。

---

① "车站小说"即在车站书亭里出售的大众消遣小说。
② 麦克卢汉(McLuhan, 1920—1981),加拿大广播通讯理论家,提出了"地球村"的概念。
③ 莫兰(Morin, 1921—),法国社会学家,他的《时代精神》一书出版于1975年。
④ 布热德运动为50年代保卫商人和手工业者利益联盟领导的群众运动,由法国政治家布热德(Poujade, 1920—)创立。该运动在1956年1月的选举中达到高潮,它提出的候选人在国民议会的595个席位中赢得52席,获选票2,576,133张。

一边是反映一个渴望现代化的法国的孟戴斯主义,至于短暂还是长久,则是另一个问题;另一边是代表一个垂死挣扎的法国的布热德运动。这二者的对比确有吸引力,但也不要过甚其辞。不过,这种古代性—现代性二元论之所以在历史编纂学中扎下了根,那是因为法国在经历了"辉煌30年"中着重致力于振兴经济的第一个十年之后,到了20世纪50年代中期,经济腾飞结出了首批硕果,在社会形态学和日常生活中,都可以看出经济腾飞的成果。然而,认真研究一下便会发现,如此鲜明的对比,不仅是因为社会经济和社会政治发生了变化,也因为社会文化——从最广义上理解——也发生了变化。不管怎样,这里,我们想谈一谈如何解读这个情况。

在谈及社会文化领域时,人们更多想到的不是许多知识分子对皮埃尔·孟戴斯—弗朗斯的支持,而是一些从历史角度讲更为广泛的现象。即便如此,我们也得先谈一谈文化人对孟戴斯—弗朗斯的支持。因为此人有三点显得自相矛盾:第一,他是激进派国会议员,第二,他是内阁总理,第三,处于危机深重的共和国。这三个因素,在50年代中期的法国,必定不是成功的王牌。而这段时间对于分析来说恰恰并非无关紧要。在这个时期,在这个正处于变化中的法国,新的一代正在觉醒。这一代人出生于人民阵线时期,当他们进入有政治意识的年龄时,法兰西帝国开始出现裂痕,"辉煌的30年"开始结出第一批硕果。对这些青年知识分子来说,由于共和国遇到了深重危机,而共产党左派在意识形态上似乎比前几年更难以应付这场危机,于是,孟戴斯主义也就有了吸引力。诚然,在知识界,受到孟戴斯主义诱惑的不只是青年一代,但他们是孟戴斯派最主要的组成部分,尽管这位卢维埃议员当内阁总理只有230天,但他的影响力却始终存在:目前,这一代人是孟戴斯主义的沃土,以后,他们将成为孟戴斯主义的主要记忆载体。

因此,"孟戴斯时代"也反映了阿尔及利亚战争一代知识分子在政治上的崭露头角。因为,这一代知识分子确实存在:阿尔及利亚战争赋予青年知识分子以同一律,对这一层人口产生了深刻的影响。但我们仍要说一说为什么这一代人认同皮埃尔·孟戴斯—弗朗斯,哪怕为了解释上面提到的那三个互相矛盾的因素。这里,我们触及了"孟戴斯时代"社会文化的第二个方面,即"孟戴斯时代"出现在共和主义文化发生危机的阶段。在这之前,共和主义文化一直与世代的变化相适应,那是一种向左的运动,起初是激进派,继而向社会主义倾斜,在人民阵线时期,甚至某些方面倾向共产主义,可到了阿尔及利亚战争时期,却出现了短路的危险。因为,那时候,除了人类社会固有的辈代之间的差异之外,还多了战争这个催化剂。的确,我们可以提出一个政治物理原理:辈代之间的差异 ＋ 催化剂(此刻是阿尔及利亚战争)＝ 排斥现象。

在目前情况下,存在着政治文化的冲击,因而,在前几代人所代表的共和主

图 40 这张1954年拍摄的照片，意在展示50年代中期法国人的活动。那时，国家已经过多年艰苦卓绝的重建，可以看到集体的一致努力已初见成效，尤其是，法国被带进历史上社会学方面最快速的转变之中。因此，这张照片同时展示了两个法国，既可以看到正在演变的因素，又能看到传统法国的社会类型。

义文化，和不再认同这种文化，或以另一种方式设想这种文化的新一代人之间，存在着个性的冲撞。居·摩勒那代人依仗的是教师共和国的遗产，从系谱角度讲，这个教师共和国是同德雷福斯事件联系在一起的。由于某种感情的迁移，他们通过这个共和国的六边形有色眼镜，来分析非殖民化的普遍现象：比如，居·摩勒是想通过渐渐实现权利平等的做法，也就是通过折中办法，这样，就可以排除立即非殖民化。与这个教师共和国——已改成第四共和国——的看法针锋相对的，是在阿尔及利亚战争时期初学政治的新一代。同所有新生代一样，这代人把自己当作对立派，其中许多人暗暗认为自己是德雷福斯派的后裔，是从道义上进行抵抗的反殖民主义思想孕育的一代人。在整个这段时期，对于这些愤怒的年轻人来说，皮埃尔·孟戴斯—弗朗斯一直是道德权威，因此，他确保了，或者说维持了共和主义政治文化同摆脱束缚的这一代人之间的联系。

的确，无须提醒大家，皮埃尔·孟戴斯—弗朗斯受到过这种共和主义政治文化的熏陶，以至于一生都打上了这一文化的烙印：20年代中期，他是积极参加大学共和主义和社会主义行动联盟活动的年轻大学生，1932年，他是卢维埃的年轻议员，正如大家所看到的，共和主义文化尽管受到第一次世界大战的冲击，似乎仍渗透到它所处的社会之中，正当这个时期，他在政治上也渐渐觉醒，并且逐渐成长。但是，这个"共和主义"文化在历史和编年史上是标有日期的。在20世纪的前30年，它靠自己的余速继续向前滑行，接着，从30年代起，遇到了历史的大风大浪，先是贯穿30年代并使法国深受打击的经济萧条，继而是1940年的大失败、德国占领及维希政权。虽然自由民主国家取得了最终胜利，但第三共和国的政治文化不仅在内容上，而且在其社会学基础和表现手段上，都与现实渐渐脱节。

最后这两点尤为重要。关于社会学与现实相脱节的问题，应该看到，那"辉煌的30年"——当时正处在起飞阶段——不仅具有经济性的一面，即经济飞速发展的一面，而且我们会看到，那也是法国社会迅速变化的时代：在这50年代中期，正是经济发展的首批硕果将要在日常生活中产生社会影响、在社会形态学方面带来变化因素的时刻。然而，一种政治文化是富有生命的有机体，只有在它的社会学土壤不发生变化，抑或它能重新适应新土壤的情况下才能继续存在。皮埃尔·孟戴斯—弗朗斯是这种重新适应的倡导者之一，他使共和主义政治文化得以重新融入日新月异的社会土壤中。这样说有几个理由。一方面，星云状的孟戴斯主义尽管内容繁多，板壁多孔，但一致向往现代主义，"现代共和国"不仅仅是一句口号——在政治上总存在一些口号，旨在归纳一种思想，将一些相对简单的和教育性的特征置于辩论的中心。这种公开宣称的对现代共和国的憧憬，也是孟戴斯—弗朗斯所向往的，他在自己所热爱并终身忠诚的政治文化和发生了急遽变化的社会之间，看到了日益增长且已失去平衡的紧张局势。因此，这不单单是口号，而且是承担一种历史状况——战后法国急速变化状况的自觉意愿。

从这个观点看,当孟戴斯主义的选民们对孟戴斯主义渴望担负变化的责任并为之保驾护航产生共鸣时,皮埃尔·孟戴斯—弗朗斯似乎成功地调和了对热爱共和国和现代性之间的关系,那时候,这个共和国,即第四共和国,未必给人以现代性的形象。当时,确实存在着政治文化对发生了深刻变化的共和主义社会学墙基的重新适应问题。

但是,另一方面,第三共和国的生态系统不只是由其内容和社会墙基所确定的。共和主义政治文化在其鼎盛时期也有自己的表达形式和手段,那就是国民议会的雄辩术——从基础到顶峰,即从选举运动的露天舞台或学校的风雨操场,到波旁宫①的讲坛。在这个问题上,20世纪50年代是一个转折关头,皮埃尔·孟戴斯—弗朗斯以某种方式代表并发扬了这个转折。大家看到了,广播的使用在30年代就有了很大发展,现在已普及全国,在社会上的用途多种多样,总而言之,它的使用已普及化。在这样的背景下,皮埃尔·孟戴斯—弗朗斯对广播的使用,对我们谈论的议题具有三点意义。首先要指出的是,这位内阁总理抢先了一步。在美国,1933年富兰克林·D·罗斯福就开始用广播发表讲话了。法国则不同。在法国,从未有人像皮埃尔·孟戴斯—弗朗斯在1954—1955年间所做的那样,如此经常地将广播用于政治。此外,应该看到,皮埃尔·孟戴斯—弗朗斯似乎不只是将广播视作技术中继站,而且也是公民教育的工具:在他的思想上,有着不可动摇的意愿,那就是进行远距离教育,宣传他的共和主义文化的价值和标准。

此外,从这第二点,我们又对孟戴斯—弗朗斯使用广播产生了第三点看法。在这几十年中,媒体王朝不断变化,音像技术——50年代,广播在法国的影响胜过电视——越来越危及出版物,成为最主要的大众媒体,在这种情况下,孟戴斯—弗朗斯将广播用于教育民众的做法,使人想起在本世纪,在传播政治信息方面,音像技术不只是用于在民主制度下进行大量极权的或蛊惑人心的宣传。面对这些陈词滥调,若作历史的观察,就会看到,从本质上说,不可能一些媒体进行蛊惑人心的宣传,而另一些媒体给人以教育。同有人在回顾这几十年时所作的武断而经典的看法相反,音像时代的政治信息不一定只变成"按摩"②。那时候,音像技术仍然首先是一种解释和说服的主要工具,这是在民主社会进行政治战斗的首要任务。

因此,对"孟戴斯时代"作社会文化的解读具有两方面的内容。其一,共和国和现代性之间的联系并没中断,那时候,一些推进现代化的社会阶层与当时业已确立的生态系统相比,并没有偏航;甚至,生态系统即将可以进行转化,哪怕大部分的转化将由戴高乐主义和第五共和国来承担。其二,那时,广播一无阻拦地在

---

① 波旁宫为法国国民议会所在地。
② 法语中,le message(信息)和 le massage(按摩)音相近。这里,作者玩了个文字游戏,意为反复说教。

图 41 塞内普的这幅画(1960年10月12日刊登在《费加罗报》上)直接影射当时的宣言大战,这场大战震动了法国知识分子阶层。的确,9月初,"121人宣言"点燃了火焰。这篇文章当时没有立即发表,因为被控有唆使军人不服从之嫌疑,但它被传得沸沸扬扬,从而间接地掀起了一场有关它的主题的争论,而且争论愈演愈烈。这个同阿尔城的姑娘类似的宣言,声明"在阿尔及利亚战争中,人们有权不服从",因此,在10月,出现了一个与之针锋相对的反宣言,标题为《法国知识分子的宣言》。它传递的信息是很明确的:上个月的那些声明是"可耻的",只能出自"第五纵队"之手。这场宣言大战已是登峰造极:从中可以看出人们对阿尔及利亚战争的激进态度,还可看出,自德雷福斯事件以来,在整个世纪中,法国知识分子对社会的介入越来越高涨。让—保尔·萨特也在"121人"之列。由于那时候萨特在国内和国际上都名声显赫,同时,也因为他在阿尔及利亚战争整个过程中经常发表介入性声明,所以在1960年的秋天,对一些人来说他是一个象征,对另一些人来说他是一个对照。

政治广场上安营扎寨。这第二种现象在同一时期,即在皮埃尔神甫①时代,也是显而易见的。

皮埃尔神甫于1954年2月1日在卢森堡电台发出的有利于无家可归者的号召,将这位"无家可归者的传教始祖"推到了舞台前列,使他成为"代表贫困者的声音"。这是发表号召那一周的《巴黎竞赛画报》所使用的字眼。那期的《巴黎竞赛画报》发现,皮埃尔神甫"一夜之间成了电影院、广播、杂耍歌舞剧场、电视的头号明星"。这种对传媒的向往是从广播开始的,继而由出版物接过了接力棒。那期的《巴黎竞赛画报》热烈地将皮埃尔神甫变成了一个真正的圣人。人们自然要同《快报》对皮埃尔·孟戴斯—弗朗斯的态度进行比较。20世纪50年代中期的主要社会文化媒体仍然是广播和出版物。

---

① 皮埃尔神甫(1912—1990),法国神甫,以为穷人利益斗争著称。他在法国创建了互助运动,该组织后发展成国际组织。

3. 第三部分

世纪末（1960年至今）

导　言

　　1962年不仅仅标志着阿尔及利亚战争的结束。若将它放回到数百年缓慢的呼吸之中,还可看到两个转折。一方面,可以肯定,法国历史的一个周期正在结束:以这种缓慢的呼吸来衡量,一度曾扩展到世界各地的法兰西正在缩小,用通俗的话来说,正缩减到六边形本土的大小。另一方面,观察到战争结束,不只是意味着对一种现状的确认,相反,还会引导人们注意一个将成为结构性的事实:最后1/3个世纪没有战争,这个重要特征,与战事频繁的前60年形成了鲜明的对照。

　　这里,也许存在着一个完全属于文化历史的事实。确实,法国的20世纪深深打上了战争的烙印:法国人对1871年的惨败,对失却大片外省土地的割肤之痛记忆犹新,直到本世纪初仍想报仇雪恨;第一次世界大战深深震撼了大地,其冲击波延续了几十年;1940年的惨败导致了黑暗的德国占领年代,而这精神创伤在人们的心头投下了阴影;最后,从战后到1962年,从印度支那到阿尔及利亚,殖民地战争接连不断。因此,前面说了,战后的概念从语义上讲是不大有根据的。在这前2/3个世纪内,战争不仅给自然景色和日常生活环境,而且当然也给人口年龄的分布图留下了深深的印记。它也给价值和信仰打上了烙印,甚至给日历也打上了印记,从而影响到工作和日子的节奏。

　　总之,民族的特性多方面受到了频繁不断的战争的影响。相反,从1962年起,战争的链条断裂了。当然,从对维希政权引起冲突的回忆,到对阿尔及利亚战争的重新回忆,自1962年以来,战争的遗留印记尚未完全消失,但是,只有残存的影响了,不再是一种不断复燃的直接标记。不过,战争的威胁尚未消失,依然压在民族共同体头上。核屠杀是未来可能出现的战争组成部分,苏联发射第一颗人造卫星之后几年,它的火箭构成了真正的危险,而这危险将反映到科幻小说和电影中,使得幻想政治的主题层出无穷。连环画的审美观也整个儿受到了影响。核战争的冬天仍可能存在,因为东方人民的春天似乎尚未提到议事日程,不论是1956年的布达佩斯,还是1968年的布拉格和1979年的喀布尔。

　　但这无关紧要。1962年仍可以说是法国民族史上的一个转折点。甚至原子战争也出现了转折,在同年末的古巴危机之后,原子战争的威胁也似乎得到了控制:从"热线电话"到限制战略武器会谈协议,60和70年代处于和平共处的氛围中。诚然,出生率激增的一代与核武器同时出现,但那是本世纪在第一年龄段即青少年时期生活在这样一种精神环境中的一代:战争不过是一种潜在的、超越本土范围的威胁。总之,在法国本土,主要问题不在这里。从"辉煌的30年"的中期,即从60年代起,法兰西社会文化的转化虽已历时数十年,但远未精疲力竭,相反,仍在加速进行,一种大规模的社会文化现象——乡村风格的结束——业已得到确认,一种大众文化深深扎根,并且更是无处不在,迅速繁殖。在这两种现象的合力下,法国社会在20年中发生的变化,胜过第一次世界大战后的半个世纪中所发生的变化。特别是,尽管继1973年第一次石油冲击之后,飞速的经济发展停滞了几年,但这也没有真正危及法国文化的转变。不过,这将给这种转变渐渐披上一层不安和怀疑的色彩,但60年代却对未来满怀信心,这从那个年代的主导文化和反文化中,从大众的向往和那个年代华美的幻想中,都可以看出来。换句话说,社会文化实践和集体表现形式的历史,是20世纪末……和千禧年最重要的观察所。

第十四章 60年代,初期风格

60年代①存在过吗? 这个问题似乎有两个不当之处。其一,由于用了一个英文单词,这对谈法国文化史是不大合适的。其二,因为从某种方式而言,60年代不仅成了记忆的对象,而且也成了记忆的场所:那些现已年过40,不久将是50岁的战后出生的孩子们,已把60年代变成了一种显示青少年热情的绿色乐园,图像和声音能使他们经常故地重游。

其实,英语特有的表达方式并非毫无意思:在60年代,盎格鲁—撒克逊世界经历着多种多样的社会文化骚动,使那十年带上了这些骚动的部分色彩。至于那十年给当时20岁的人带来的怀旧情愫,则充分证明了60年代给这些人打上的印记何其深刻,这几乎成了一代人的共同特征,而且不只是一代人。确实存在一个不仅是重要的,而且是识别性的阶段:就这个阶段能产生结构这一意义上说,它具有一种共同的特征,眼下是一种特定的印记和特有的记忆。可是,将哪几年作为这60年代②的开端呢? 在狭义的文化领域内,转折的年代应稍微向上靠一靠:知识分子时代的气息在上一个十年的下半期就开始出现变化,疑云开始上升。相反,关于大众文化,两个十年的接合点是关键时刻。的确,那时候,整个一场社会文化的变革显出了清晰的轮廓:"60年代"正从朦胧状态中走出来。尤其是,两种重要倾向脱颖而出,并且很快让人感觉到它们的威力:一种"新兴的"文化迅速发展,更明显的是,电视的威力日益增强。

---

① 原文为英语 sixties。
② 原文为英语 sixties。

图 42—一种媒体驱走了另一种媒体！60年代初期，电视作为占优势的社会文化载体，将很快取代广播。如果说1958年只有9%的家庭有电视机，那4年以后，有电视机的家庭已达23%，1965年则达42%。"电视年代"开始了。然而，视听的改朝换代并没有把广播从人们的日常生活中赶走。正如这张照片所显示的那样，电视和广播互为补充，这种互补性随着半导体的普及和汽车收音机的增加而有增无减。此外，时间段的分割有点像雅尔塔会议：从此，电视成为夜晚的主宰，而广播则奋力守住早晨和白天。那些大的综合性广播电台非常成功地完成了这种退缩。

1
"创新"的飞沫

在文化领域里，60年代来到前，出现了"创新"的浪潮，那是被大张旗鼓地宣告并要求的。这也是一个新共和国诞生的头几年，在这几年中，"新浪潮"电影和"新小说"是这股创新浪潮最显著的表现形式，二者都具有自动发表宣言的特点，都对某种文化过激主义形式情有独钟。

起初，"新浪潮"出自一种平常的反应：事实上，新的一代以反对派的面目浮出水面。这些煽风点火的青年瞄准的靶子非常明确，那就是"法兰西质量"。被他们当作靶子的，有让·德拉诺瓦①、克里斯蒂安—雅克②和克洛德·欧唐—拉腊等电影艺术家，他们创造了一种古典主义，并获得了巨大的成功。主张电影新秩序的人，面对这种他们认为业已过时的风格，一心想代表现代性！他们的前辈精雕细琢情节或对话吗？他们则要强调电影语言。尽管他们有时发表了颇具诱惑力的意图声明，尽管他们的成分混杂不齐，但这些后来成为导演的，尤其是《电影手册》杂志的年轻批评家，仍起到了承上启下的作用：事实上，他们标志着两代人之间的转变时刻，进入了要求电影作为独立文化的年龄段，希望电影尤其要摆脱书面表达形式。"新浪潮"的拥护者大多出生于20世纪30年代，是有声电影时代的孩子。他们在法国电影的第一个黄金时代来到世上，在假定的第二个黄金时代，即50年代，变成了愤怒的青年，因此，他们不仅是承上启下者，而且是标示者。他们以自己的方式将电影移植到一代人的文化宝库中。因此，若将"新浪潮"变成一场文化革命，那肯定会跌入史诗般的或虔诚的历史中：那时法国电影并没有受到深入肺腑的震动。

因此，事实上，"新浪潮"时代不仅是创造的时代，更是一个显示性的时代：它表明文化的重心正在发生改变。用通俗的话来说，传递接力棒开始了。的确，这个始为反对现状的运动，对好些青年电影工作者来说是一块跳板。其实，那些人有着各不相同的艺术感受力：在这"新浪潮"的风口浪尖上，航行着夏布罗尔③、

---

① 德拉诺瓦（Delannoy，1908—　），法国电影艺术家，作品甚丰，很讲究影片的形式。
② 克里斯蒂安—雅克（Christian-Jacque，1904—1994），法国电影导演。成名作为《圣阿热尔的失败者》（1938年）。20世纪50年代初因导演喜剧片《郁金香芳芳》而蜚声国际影坛。
③ 夏布罗尔（Chabrol，1930—　），法国电影编导，"新浪潮"的斗士。

戈达尔①、里韦特②、罗默③和特吕福④等各不相同的电影界要人。像理所应该的那样,不管从那时候看,还是回头来看,都存在着分类的问题。比如,当回溯以往时,该不该将阿兰·雷奈⑤归入这一潮流?他的《广岛之恋》(与让—吕克·戈达尔的《筋疲力尽》同于1959年出品)难道不也在尝试一种新的电影语言形式吗?可那时候,界定的问题本来已十分复杂,而互相开除的现象使之变得更为复杂,且总是伴随着与一种既定文化秩序决裂的运动。比如雅克·里韦特发表宣言说:"假如有人问:你有新东西要说吗?那回答便是:面对瓦丹⑥或路易·马勒⑦们毫无才气的电影,就有新东西要说。"然而,不管怎样,瓦丹的《上帝创造女人》(1956年)、路易·马勒的《情人们》尽管没引起电影语言的革命,但我们将看到,它们可能预示着法国社会文化行为的极其重大的变化。

关于这一点,用这些变化的尺度来衡量,"新小说"尽管在历史上也不具有决定性意义,尽管也是昙花一现,但与"新浪潮"相比,也许更具有60年代的一种标示性,即人道主义衰退的症候。"新小说"本身仅是个插曲,留给后人的与其说是一种文化潮流,不如说是几个代表人物。"新小说"的名称是1957年出现的。那是埃米尔·昂里奥⑧的一篇文章的题目,刊登在《世界报》上,是为娜塔丽·萨罗特⑨的《向性》和阿兰·罗伯—格里耶⑩的《嫉妒》而写的。通过一种普通的炼金术,始为负电荷的"新小说"发生了逆转,接下来,某些作家便着手使之理论化。因为同一年,"新小说"得到了文学奖的肯定:米歇尔·比托尔⑪荣膺勒诺多文学奖。从此,关于"新小说"的争论反反复复,甚至变得有点让人厌烦:这股从1953

---

① 戈达尔(Godard,1930—),法国50年代末"新浪潮"的重要导演。1960年,他的第一部电影《筋疲力尽》获法国让·维果奖。此片没有脚本,即兴拍摄。这是一位多产的导演,影片的政治观点和美学观念都很激进,批评界对之褒贬不一,但对世界电影产生了巨大的影响。
② 里韦特(Rivette,1928—),法国电影编导,"新浪潮"的理论家。
③ 罗默(Rohmer,1920—),法国电影导演和作家。1957年就任新浪潮杂志《电影手册》主编。拍摄过许多"新浪潮"电影。
④ 特吕福(Truffaut,1932—1984),法国电影导演,"新浪潮"的一员主将。曾在《电影手册》杂志社工作,批评电影的因循守旧,主张导演创造自己独特的艺术风格。他的"新浪潮"影片《四百下》(1959年)获戛纳节电影奖。
⑤ 雷奈(Resnais,1922—),法国电影导演。他的第一部影片《广岛之恋》(1959年)使他成为"新浪潮"中崛起的头牌导演。
⑥ 瓦丹(Vadim,1928—),法国电影导演。1956年,他导演的第一部故事片《上帝创造女人》在银幕上出现了裸体镜头。他的许多影片往往内容肤浅,但视觉形象很美。
⑦ 马勒(Malle,1932—),法国电影导演。他的第二部电影《情人们》(1958年)在商业上大获成功。
⑧ 昂里奥(Henriot,1889—1961),法国作家,相继为《当代》和《世界报》的文学批评家。
⑨ 萨罗特(Sarraute,1902—1999),法国小说家和小品文作家,"新小说"的最早实践者和主要理论家。1939年发表随笔集《向性》(又译《趋向》),借用动、植物的本能,研究意识中细微而难以觉察的运动。
⑩ 罗伯—格里耶(Robbe-Griller,1922—),"新小说"的理论家及领袖。《嫉妒》是他1957年发表的小说,其结构受一个嫉妒者视觉的支配,将他在短期内见到、听到、接触到和想象到的东西变成小说本身。
⑪ 比托尔(Butor,1926—),法国小说家,"新小说"的领导人物。最有代表性的小说是《变》,于1957年发表,同年获勒诺多文学奖。

年阿兰·罗伯—格里耶发表《橡皮》后便汹涌展开的,因其形式多样而受子夜出版社的热罗姆·兰东青睐的潮流,是人为造成的,还是法国文化创作的一个转折点?历史将做出判断。从现在起,它可以看到"新小说"不顾一切想成为反传统的小说,公然要求取消小说的传统做法:摒弃叙事的连贯性,人物仿佛已消失,全部创造力放在对事物表象不胜其烦的描绘上。文化史总是想从一种编年史的角度来研究各种已发生的现象,这样,它就会提出另一个更为平淡的问题:"新小说"仅仅是昙花一现的文化现象,还是一种持久运动最明显的表现?

事实上,这是看法问题。若将"新小说"发出的淡红色的光芒放回到本世纪连续不断的明亮光辉中,就会发现,它闪光的时间仅有几个文化春秋,接下来,每个作者又重归自己的老路,何况,他们从未真正离开过自己的道路。这"新小说"是转瞬即逝的交点,同时也是野心和敏感性的暂时集中和巧妙操作,因此是一种附带现象。但它发出的短暂光辉,却不只是一种被巧妙激发起来的时尚。事实上,它属于一种更富有意义的现象,它是这一现象的预兆之一。这一现象从侧面撞击 50 年代下半期和下一个十年,既触及文学,也触及人文科学:那时,人道主义的地平线暂时被"新"的背道而驰的世界观挡住了去路。在文学领域,这样一种倾向得到了明确的阐述。如罗兰·巴尔特①,他在 1953 年发表了《写作的零度》,翌年,他又为罗伯—格里耶的《橡皮》发表了一篇题为《客观文学》的文章。他为阿兰·罗伯—格里耶"向传统写作艺术的最后一个堡垒,即向文学空间的组织发起进攻"而感到由衷的高兴,他注意到,"这一倾向的重要性,可与超现实主义面对合理性、先锋派戏剧(贝克特、尤内斯库、阿达莫夫)面对资产阶级戏剧运动的重要性相比拟"。对这种将"新小说"与"新戏剧"相比较的做法,大家可以提出异议,因为我们已看到,"新戏剧"的来源不一样。但是,总的判断——在罗兰·巴尔特的笔下,夹杂着对这一确认的满足感——大体上是正确的:50 年代中期,一种反人道主义的流行病以各种文学形式蓬勃发展,在 60 年代愈演愈烈。

对于 50 年代这种疑惑和拒绝的蔓延,确实不应该夸大其辞。当我们回溯以往时,不应让"新小说"的浪潮将法国文学的许多重要部分遮住,当时,那些文学继续蒸蒸日上,形式多样,也像部分电影作品那样,代表着法国古典主义的一种方式。再说,它们不是非得依仗"古典主义"的势力,甚至有时宣布同"古典主义"决裂:确实,除"新小说"外,还存在着多种多样的表现风格。甚至也没有必要回顾个人的发展历程(如在当时熠熠生辉的吉奥诺二期风格②),典型事例数不胜

---

① 巴尔特(Barthes,1915—1980),法国文学批评家和符号学家。结构主义文学批评的创始人。《写作的零度》是他的第一部作品,认为"写作也就是作家关于他的语言本性应置于何种社会空间所做的选择"。

② 吉奥诺在二次大战后,发展了一种简明、洗炼、叙事集中的新风格,具有一种比较乐观的气氛。1951年发表的《屋顶轻骑兵》是他在这一时期的代表作。

数。有的作品似乎参照了传统小说,如玛格丽特·杜拉斯①的初期作品;另一些则试图抵制大战以来常常公开宣称的反小说的对立态度,如"轻骑兵"小组②的作家(尼米埃、布龙丹、洛朗③等);还有一些则力图同两次大战之间的小说所崇尚的心理和社会准则决裂,如弗朗索瓦兹·萨冈④成功地尝试的"轻浮"小说。无论如何,这些作品似乎没怎么被"新小说"的攻击所触动,或受"新批评"谴责的影响。好也罢,坏也罢,不管怎样,那时候,小说文学的准则不一定受到"创新"的影响。况且,那时法国诗歌也是形式多样,尤其通过皮埃尔·埃马纽埃尔⑤和伊夫·博纳富瓦⑥,同前期超现实主义派重修旧好,同时,两位孤独的诗人弗朗西斯·蓬热和雷内·夏尔也在诗坛上开出美丽的花朵。

总之,20世纪60年代出现的社会文化真正变化的最初颤动,至少当我们回溯以往时,也许可从当时受到"创新"派的专横决定所谴责的某些作品——如《上帝创造女人》或《你好,忧伤》中感觉出来。

不管怎样,在下一个十年中,这股反人道主义思潮,通过结构主义,渐渐赢得部分人文科学的青睐。结构主义一词出现在60年代初。此后,人们多次强调,这个词完全变成了一种"西班牙旅馆",对形形色色的研究来者不拒。还不算文学杂志和舆论周刊的文化专栏将一些灵感和意义大相径庭的作品都置于结构主义的麾下,使结构主义的队伍变得十分庞大,从而使问题变得更复杂。这些作品的共同点是通过暗藏的可能结构,寻找一种组织原理。语言学、人类学和文学批评受结构主义影响最大,但更广义地说,这种认识论观点的精神影响才是巨大而持久的。这个寻找一种组织世界,因而也是解释世界原理的做法(这一做法受结构语言学的影响,并转而揭示语言深层的甚至是隐蔽的结构),眼下会带来一种巨大的冲击波。人文科学眼望着自己失去了主体,人作为个体和参与者,几乎被视作一种人为之物,用以掩饰可触知的,即由深层结构分泌的唯一现实。人的解体和主体消失的论说,1966年在米歇尔·福柯的《词与物》中得到了最充分的阐述。在这本书中,作者得出的结论是,认识论的基础正在发生动摇,他在论证中常常引用这句话:"今天,人们只有在人消失之后留下的

---

① 杜拉斯(Duras, 1914—1996),法国小说家、电影脚本作家、剧作家。因电影剧本《我心爱的广岛》(1959年)和《印度之歌》(1974年)而闻名于世。她写过许多小说,如《情人》,并获1984年龚古尔奖。
② "轻骑兵"小组为50年代初出现在法国文坛上的一个小团体,公开声明反对当时占主导地位的寓教于小说的伦理学,以傲慢、洒脱、追求时髦为乐。
③ 尼米埃(Nimier, 1925—1962)、布龙丹(Blondin, 1922—1991)、洛朗(Laurent, 1919—   ),法国作家,"轻骑兵"文学小组成员。
④ 萨冈(Sagan, 1935—2004),法国女作家。她的小说主人公往往是萎靡不振的小人物,有许多淫秽的描写。她的第一部小说是《你好,忧伤》。
⑤ 埃马纽埃尔(Emmanuel, 1916—1984),法国诗人,以神话作为诗的主题,因为他认为整个人类都是不幸的。他的作品都用亚历山大诗体写成。
⑥ 博纳富瓦(Bonnefoy, 1923—   ),法国诗人。他在一部难以卒读的诗作中,发展了形而上学哲学家对语言能力的思考。

图43 像这样的集体照是很少有的,因为在这张照片上,聚集了两个未来诺贝尔文学奖的得主(萨米埃尔·贝克特和克洛德·西蒙,一个在1969年获奖,另一个在1985年),以及其他几位将享有国际声望的作家,而且拍摄的时间大大早于他们得奖的时间。那是1959年10月16日,子夜出版社所在地,意大利记者马里奥·东德罗为这家出版社的大部分作者拍下了这张照片。如果说这张照片变得如此有名的话,主要不是因为上面的大部分人后来成了名人,而是因为有些人是当时正在进行的"新小说"攻击战的勇士。当然,米歇尔·布托没在照片上,他在两年前因小说《变》而荣膺勒诺多奖。这无关紧要。冲锋陷阵的都在场了,热罗姆·兰东正专注地看着他们。同时,说实话,这张照片很大程度是一种"人为的现象":事实上,在这些作家中,大部分人之间有什么共同之处呢?他们走的路是那样的不同。再说,他们的影子很大程度是一种反光现象:是外国人的承认使"新小说"获得殊荣,如果不是说后继有人的话。

空间里才能思想。"

即使后来的事实否定了这一预断的确切性,但在60年代中期,确实有过一个特殊的时刻。几乎一直作为人文科学的基础并为之提供养料的人道主义,当时受到了公开的或含沙射影的谴责。随着第二代《经济和社会史年鉴》杂志的蓬勃发展,历史科学正在获得新生,但因它建立在事件的人造鱼饵基础之上,便被怀疑是合理性的典型。不管怎样,怀疑的时代有差别地打在人文科学身上。但相反,许多人文科学的地位提高了,例如上面提到的人类学、文学批评和语言学。而且,这些学科具有了现代特点,有时,这种现代性仿佛是在发掘或复活。费迪南·索绪尔①的《普通语言学教程》在60年代中期售出的数量,比前35年间售出的总数增加了一倍(这部书1928年问世)。这是因为在新的倾向出现的同时,一些潮流被时代的气氛激活了。从1962到1967年,西格蒙德·弗洛伊德的《精神分析法导论》售出16.5万册,6年的销售量是过去30年内销售总量的五倍。

结构主义时髦了五六年。"福柯、莱维—斯特劳斯、巴尔特和拉康②时代",难道正像克洛德·莱维—斯特劳斯1985年所说的那样,不过是"一种每隔五年出现一次的巴黎时尚,也有自己的五年存活期"吗?说这句话的人,是这样一位作家,他和结构主义时代最杰出的开山祖师一样,无论在"五年存活期"之前还是之后,都只通过自己而存在,根本不考虑什么标签。况且,他也只是在1972年的一篇文章标题中使用了结构主义这个词。再说,在此期间,其他人,如米歇尔·福柯1969年在《知识考古学》中,曾明确摒弃了这个名称。事实上,那时结构主义就已开始降温了。但是,文化渗透现象总会保持很长时间,因此,大学的好些学科长期受到结构主义的深刻影响。因为它投向其他国家的影子,尤其是投向美国的影子是很大的。因此,"结构主义时代"(弗朗索瓦·多斯)后来变成了出口商品。然而在法国,这种以另一种方式解读书本、社会和大脑褶皱的做法,在模仿者那里,有时会落入过分的学究气和系统性中。不过,这样却有利于输出一种潮流,而这潮流似乎因此而变得更为严密。

然而,在60年代和70年代之交,越来越多的迹象表明人文科学有回归主体的倾向。小说开始从它的弟弟和敌人"新小说"想把它打入的炼狱中走出来。这样,1970年,前"轻骑兵小组成员"米歇尔·代翁③以《野蛮的小种马》

---

① 索绪尔(Saussure,1857—1913),瑞士语言学家,他的关于语言结构的观念在许多方面为20世纪语言科学的研究和进展奠定了基础。《普通语言学》是他的两个学生根据他的讲稿整理出来,以索绪尔的名义出版的。
② 拉康(Lacan,1901—1981),法国精神病学家和精神分析学家。他革新了弗洛伊德的精神分析理论,以适应他所解读的文化体系,并把人的欲望放到亲属关系结构和语言结构中去解释。
③ 代翁(Déon,1919—),法国作家。与"轻骑兵小组"关系密切,在其小说中,发展了一种带有幻灭色彩的享乐主义。

图44 结构主义的"四剑客"（弗朗索瓦·多斯语）：自左至右，米歇尔·福柯、雅克·拉康、克洛德·莱维－斯特劳斯、罗兰·巴尔特。此画作者为莫里斯·亨利。列举这些名字本身就表明这股潮流的混杂性：年龄层次不同（保护人和长者莱维－斯特劳斯），研究领域不大相关，知识面相距甚远，同时，他们之间相同的地方，哪怕是局部和暂时的，也并非偶然。法国知识分子的历史曾经历过一个特殊的时期，那时候，"人文科学"想密切研究社会人的各个不同的方面，但是，采用的方法却与一种反人道主义相接近。其实，在以后的年代中，很快又开始回到了主体上：有人难以忍受，有人表示赞成的结构主义时代已成为过去。

而一举成名。同期,其他一些小说作者似乎可望迅速走红。意味深长的是,这些作者并不属于同一代,如罗贝尔·萨巴蒂埃①和帕特里克·莫迪阿诺②,这些都是回归叙事及其深深扎根的生动证明。当罗兰·巴尔特1973年发表《文本的乐趣》时,新的一页终于开始了:60年代与其说是欣赏文本,不如说是剖析文本。

60年代末,放弃解剖刀的做法越来越普遍。克洛德·勒卢赫③的电影深得公众好评,克洛德·索泰对《生命的现实》(1970年)的浓厚兴趣,都表明那时电影也出现了转折:"新浪潮"最后的飞沫已然消失,50年代末的青年电影导演十年后大多成了著名导演。甚至绘画表现手法也以自己的方式证明了这种"主体"的回归:回头来看,皮尼翁(1966年)和埃利翁④(1970年)的回顾画展可以视作这种主体回归的征象。

此间,60年代业已结束。现在,我们得回过头来详细谈谈这十年,因为它在法国社会文化史上占有举足轻重的地位。这十年开始时,新的一代跃跃欲试,他们的出现,使60年代⑤前五年具有自己的声音和色调。

2

"伙伴"时代

当然,不存在一个开创性的事件来推定"耶耶"流行乐⑥开始出现的年代。最多只有一个间接的程度指数:1963年,这种流行音乐如火如荼。的确,1963年6月22日,《伙伴们,你们好》画报为庆祝创刊一周年,在民族广场组织了一场音乐会,十万多名青年前来为他们的"偶像"鼓掌喝彩。这件事中间出现了几个意外事故,引来了反差强烈的评论,不仅在当时,而且在以后,都有人对此进行学识渊博的诠释。在这些评论中,有些年代已久,却不一定是好文章,但在当时,评论数量之多却能说明一个问题:尽管这次"占领"民族广场并没有推翻任何巴士底狱,但却证明在社会文化实践中,广场从此将被青年一代占领。因为如果重新审

---

① 萨巴蒂埃(Sabatier,1923—),法国诗人和小说家。
② 莫迪阿诺(Modiano,1945—),法国作家。其小说以极其简练的笔法,描绘一个混乱的世界。
③ 勒卢赫(Lelouch,1937—),法国电影导演。他的《男人和女人》(1966年)荣获戛纳电影节大奖。他倾向于让演员根据剧本即兴表演,以提高他们的表演艺术和影片的艺术效果。
④ 埃利翁(Hélion,1904—1987),法国画家。起初为"抽象-创作小组"的创始人之一,后来转向形象艺术画派,用形象手段描绘大自然和日常生活。
⑤ 原文为英语。
⑥ "耶耶"流行乐为60年代在美国青年中流行的一种摇滚乐。因伴有yeah-yeah(到了法国,便成了yé-yé)的喊声而得名。

视"耶耶"流行乐,便可看到,根本的东西并非是"耶耶"流行乐,而是掀起这股音乐热的人口浪潮。

确实如此,在60年代初期和中期之间,出生率激增期①出生的一代人已进入青少年期。事实上,他们是只经历过"辉煌的30年"的第一代人。他们随法国经济高速发展而长大成人,是普遍致富的获益者。意味深长的是,这代人从少年时代起口袋里就有"零花钱",未到选举年龄,就已沉浸在电吉他的音乐中:不仅未成为选民就玩开了电吉他②,而且,未成为生产者就当上了消费者。

为那个时代增色添彩的"耶耶"音乐运动,于1959—1960年开始流行:就在那一年,有几个歌手(约翰尼·哈利代③、理查德·安东尼)和几个法国"组合"(黑鞋乐队、野猫乐队)暂时将布拉桑④、布雷尔⑤及其他几位歌唱家"有歌词的歌曲"降到了次要地位。特别是,他们使得路易·马里亚诺、达里奥·莫雷诺、格洛丽亚·拉索和玛丽亚·康迪多等赞美西班牙旖旎风光的歌曲从广播中长期消失。"耶耶"流行乐原是美国摇滚乐⑥,不时地伴有yeah-yeah的喊声,法语中便成了yé-yé。这一流行音乐一直流行到60年代中期,此时,披头士乐队⑦和波普音乐⑧已占领法国,但在法国并没产生真正的变体。因此,在四五年时间内,产生了法国版的60年代⑨。

但是,"耶耶"流行乐不可能只限于唯一的音乐环境。在同一时期,一种青年文化得到了更充分的发展,它的主要特征常常被人提及。如果说音乐将自己的色调和特性赋予这一文化的话,那么,广播和唱片则是它的主要支柱:达尼埃尔·费利帕奇1959年在欧洲一台创办的《伙伴们,你们好》节目获得了震耳欲聋的成就,以某种方式说,这个节目是两个差不多同时取得的进步的混合物,一个是声音的再现,另一个是声音的传播。一方面,在50年代,唱片取得了决定性的变化。密纹唱片的发展,使"78圈"成为过时之物,并使唱片进入了大众消费时代:从1956年11月到1957年11月之间,普拉特尔组合⑩的唱片在法国的销售量达100万张。说实话,那时候,唱片仍还是成年人的产品,年轻人买得很少。青少年暂时尚未被真正触及。直到有零花钱的一代出现,唱片才找到新的市场。

---

① 原文为英语baby-boom。
② 此处,作者玩了个文字游戏:法文中,"电吉他"中的"电"(électrique)与"选民"(électeur)字形相近。
③ 哈利代(Hallyday,1943—),法国歌唱家和电影剧作家。从1959年起,他开始致力于在法国普及摇滚乐。
④ 布拉桑(Brassens,1921—1981),法国作曲家和歌唱家。
⑤ 布雷尔(Brel,1929—1978),比利时歌唱家和电影艺术家。
⑥ 原文为英语:rock。
⑦ 披头士乐队(或译硬壳虫乐队)为20世纪50—60年代英国的一支四重奏爵士乐队。
⑧ 原文为英语:pop music。
⑨ 原文为英语。
⑩ 普拉特尔组合为在当时遐迩闻名的美国黑人歌手组合。

出生率激增期出生的一代成为电唱机的一代,泰帕兹电唱机公司通过巧妙的广告,一时成为象征性的标记。

上述现象又因第二大进步,即晶体管的问世而变得尤其显著。笨重的无线电收音机是家庭不可或缺的家具,既占地方,又价钱昂贵,如今被越来越小、越来越便宜的半导体收音机取而代之;此外,这似乎成了一种文化独立自主的因素:这个富裕了的社会的青少年,除了有零花钱外,越来越多的人还拥有自己的房间,半导体收音机给他们的房间配上音响,并使他们的房间获得自主。出生率激增期出生的一代不仅是电唱机的一代,也是半导体收音机的一代。青年文化是以半导体收音机及其播送的音乐为中心发展起来的,还衍生了自己的刊物(《伙伴们,你们好》画报创刊于1962年,一年后销量达100万册),还产生了自己的电影;即使"耶耶"风格的电影(如米歇尔·布瓦斯隆的《留住黑夜》、《寻找偶像》)在电影史上没留下深刻印记,但它们表明,青少年一代也将开始成为电影市场的一个独立自主的群体,而以前他们只喜爱动画片。这一现象在当时尚不引人注目,20年后将成为电影业的一个结构性事实。

但是,青年文化不只限于播送声音和图像。它有自己的守护神,即歌曲的"偶像"。它也有自己的诞生地,即德鲁奥高乐夫球场,和自己的祭祀地,即奥林匹克体育宫;这些地方都会唤起人们对20世纪60年代的回忆。它不仅有自己的音调——电吉他,还有自己的社交性(那是"男伙伴"和"女伙伴"时代),以及由此而来的有点儿矫揉造作的敏感性。这一代未经历过战争,并在生活得到改善的社会中跃跃欲试的年轻人,尚未被不满现状的神经官能症所触及,但在60年代过程中,将会渐渐染上这个毛病:眼下,电视节目的名字还叫《童年和犟脾气》,但不久就会变成"伙伴们"的另一个参照点,将与他们的偶像——广播节目平起平坐。

这种社交性和敏感性伴随着一种"轻佻"的性行为,到了1965年,则出现了与传统习惯的大决裂。确实,无论是这个领域,还是其他领域,60年代存在着两个对照鲜明的不同方面。更确切地说,存在着60年代初期风格和二期风格。这个被1968年五月风暴照亮,但不是随即开始的二期风格,将会带来更深刻的变化。然而,在分析60年代的第一阶段时,如果仅仅阐述来自别处的声像在法国的一种变体,那就错了。第二阶段的许多特征在第一阶段就已渐渐出现,不管在外观上,还是在更隐秘的演变中。比如,外观文化:男孩子留长发(在披头士乐队浪潮出现之前,男孩子的头发就已变长了)、描眼圈,或穿喇叭裤,这些都是以后几十年中的一种审美观的先兆,正如露出膝盖的裙子预示着超短裙。但是,露膝裙的出现,预示着一种更深刻的变化,不仅对女性形象的看法有所改变,而且,法国社会公认的准则和禁忌都将发生变化。

牛仔裤也许是这一演变最明显的征兆。一方面,因为穿牛仔裤的人增多充分证明服装已冲破社会阶层和辈代之间的界限,越来越趋向统一。另一方面,因为辈代之间的这种毛细管现象从此在两个方面显示出来:牛仔裤,以及由此而产生的"青年"式样将强加给整个社会。这一确认从此成了平凡的看法,但这不应该掩盖创新的广泛性。平凡性恰恰是以当时业已开始的变化的广泛性来衡量的。

3

电视不可逆转的上升

对达尼埃尔·费利帕奇来说,《伙伴们,你们好》画报是一家蓬勃发展的出版物企业的第一块石头。这一画报获得如此迅速的发展,除了它的创刊名称对准年轻人外,还由于它属于娱乐刊物范畴。青少年和娱乐:这是20世纪60年代大众文化变化的核心。但是,决定性的变化,改变娱乐文化力量对比的变化,可能存在于别处,存在于电视的不可抗拒的上升中。

为了阐述这一变化,不妨先讲一件趣事。1959年12月马尔帕塞水坝闹灾,此后,有些从波涛中死里逃生的人谈及灾难发生的时间时,都这样说:"就在阿基尔·扎瓦塔开始播出《明星之路》的时候……"当然,这远不能反映人们的精神生活,但却能说明一个重要问题:《明星之路》已成为最受欢迎的电视栏目之一,许多法国人已开始以电视来调整工作和日常生活的节奏。不过,1959年,这样的法国人为数还不多。家庭安装电视机在50年代初经历了缓慢的起步后,在这十年的过程中,步伐逐渐加快,但从总体上说,有电视机的家庭仍然很少:1955年为26万台(同期英国有450万台),1956年为44.2万台,1957年底为90万台。从这最后两个数字,可以看出不到两年就翻了一番,这说明:在第四共和国结束时,电视机发展的进程真正开始了。诚然,1958年,只有9%的法国家庭拥有一台电视机,远远落后于其他工业化大国,相反,法国在电视技术发展史中却起着举足轻重的作用。然而,在以后的七年中,拥有电视机的家庭总量增加了4倍:1965年,42%的家庭已装备电视机。

我们可以衡量出60年代这第一个侧面的重要性:它是第五共和国机构的一个文化适应阶段(1958年型的1962年修改型),同时,又是法国人对电视适应的决定性阶段。1965年处于两种变化的交叉点:那年12月5日,许多法国人是从电视中获悉戴高乐将军在第一轮总统选举中没有获得超过半数票的。"神奇的电视屏幕"与用普选方式选举共和国总统同时走进法国人的政治生活。

对电视文化适应令人瞠目结舌的速度,不仅表现在从50年代末起电视机的迅速普及上,而且表现在这一文化的沉积速度上:1965年,看电视的法国人平均每周看22小时。要测量走过的路程,只要看一看14年前,即1951年时的情形就行了:正如我们看到的,那时法国电视每周播出的总时间为25小时。在以后几年中,电视在大众文化实践中还要更深地扎根。60年代末,有一台电视机的法国家庭占总数的70%。诚然,这一百分比明显低于其他欧洲国家(例如,同期荷兰为88%),也明显低于美洲和亚洲的两个工业强国(美国为98%,日本为94%),但是,这种文化适应从此已属于大众现象:那时,三个法国人,有两个以上的生活与电视直接相关。如果说法国广播电视局的罢工被当时的政权视作1968年五六月间最危险的罢工之一,那这决非是巧合。同样,法国知识分子与电视之间复杂的关系,也是从60年代下半期真正开始的。在许多知识分子看来,电视正在变成"居·吕克斯①的法国"的异化工具,这一表达方式从此将反复出现,它丝毫也不想变得和蔼可亲。

然而,这个法国在统计学上继续不可抗拒地上升:1974年,五个法国家庭中,有四家装备了电视机,十年后,91%的家庭都有电视机。从60年代末起,电视观众有什么期待,会明确表达出来:在1969年的一次民意测验中,80%的电视观众表示最希望"精神得到放松"。在当时,这样一种期待可能使他们同部分知识分子之间的误会有增无已:这些知识分子认为,教育使命应先于娱乐使命。当然,在这个问题上,仍应将大多数人的这一愿望重新置于当时的社会背景中,在这个社会内部,娱乐的位置几十年中逐年增加,以至于在60年代,社会学家们开始谈论起"娱乐文化"(若弗尔·迪马泽迪埃)。电视在同期的大规模发展既是原因,又是结果,这必定将电视置于这一进程的中心:从那时起,它确实成了起主导作用的文化载体。

这一现象的最好征兆,是电视渐渐占据大众文化其他领域的方式。比如,体育节目使得远距离的观众的联系不再只通过声音,而且还通过激动人心的画面,这比从前更有助于培养集体的想象世界和共同的记忆:60年代不仅通过构成时代气息的音乐色彩给电视观众留下记忆,而且,对大多数人来说,可能也记得一个叫让—克洛德·基利②的人在格勒诺布尔的大雾中摘取第三枚奥林匹克金牌,或雅克·昂克蒂尔③和雷蒙·普利多尔在环法自行车赛中到达某一站的终点时并肩战斗的场面。就连具有地方特色的体育运动当时也在全国迅速普及:比如,橄榄球继续征服卢瓦尔河以北地区,法国第15次举办的五国橄榄球锦标赛④的辉煌战绩,点缀着罗杰·库代尔极富诱惑力的评论,从此在观众上和社会反响上,将同早已被推为国球的足球一比高低。

这里,我们不去谈论在那个时期刚刚拉开帷幕的有关电视实践性质的一场

---

① 吕克斯(Lux)为法国电视台著名主持人,主持《城市之间》栏目。
② 基利(Killy,1943—),法国滑雪运动员,在1968年格勒诺布尔冬奥会上一举夺得三枚金牌。
③ 昂克蒂尔(Anquetil,1934—1987),法国自行车赛手,五次荣获环法自行车赛冠军。
④ 五国橄榄球锦标赛创办于1910年,由法国、英国、苏格兰、加勒地区和冰岛每年举办一次。

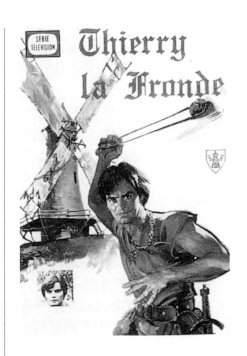

图 45

在电视开始强有力地在法国家庭中扎根的十年中,直到1963年都只有一个频道,到了1972年,也才只有两个频道。在这样一个背景下,最受欢迎的节目观众面很广,有时传奇式地深入到几代人中。《投石党人蒂埃尔》便是其中一例,这部电视连续剧共有52集,在1963—1966年间播出,还不算多次重播。因此,蒂埃尔·德·让维尔抗击英国人的功绩,以及美丽的伊莎贝尔的出现,丰富了60年代的想象领域,而剧中的音乐也成了那十年的声音文化不可分割的部分。

辩论,电视实践的性质被假定为具有被动性(信息就是按摩,马歇尔·麦克卢汉不久如是预测说),同解读行为所需的意志主义是相对立的。我们要谈的是其他问题:从前,"明星"往往出自大银幕,但是,不到一代人的时间,"明星"就主要出自小银幕了。连出版物也一样。从 70 年代起,通过文学电视栏目,出版物的印刷量大大增加,并有新的出版物问世,这很大程度得归功于电视。其实,早在 60 年代,出版物就开始与电视有直接关系了,而且,其他文化形式通过小银幕渗透的现象也显而易见。事实上,那时电视产生了一种特殊的出版物,其印刷量很快就达到令人瞠目结舌的程度。《电视七天》的成功意味深长,因为这顺应了 70 年代的特点。这一周刊创办于 1960 年,1965 年印刷量已逾 200 万册,在 70 年代,它无可争议地成了法国出版物中印刷量最大的刊物。

当然,电视文化与电视的这种相伴相随现象并非巧合。一种电视文化的扎根需要几年时间,其结构性特征大部分是能感觉得到的。这里,我们所想到的与其说是"明星现象"(那时方兴未艾),不如说是其他一些现象——我们将会看到,这些现象更为重要。但是,即使在明星现象方面,60 年代中期也是开创性的:电视开始成为进入明星界的一块跳板,正如从前杂志、音乐厅,继而广播可能做的那样。比如,歌手米蕾依·马蒂厄就是在 1965 年 11 月的《星期日电视》中亮相后,开始成为名人,并获得成功的。此外,电视很快将产生自己的明星,跳板也将变成内生性。

但眼下,在电视的起飞阶段,获得反响和成功的与其说是人,毋宁说是电视节目。对史学家来说,统计这些节目尤为宝贵。一方面,截止 1963 年 10 月法国只有一个电视频道,要等到 1972 年 12 月,才出现第三个电视频道。这足以表明 60 年代法国电视节目的收视率,以及电视观众收看节目的相同性。比如,1968 年,2/3 的法国家庭拥有一台电视机,可他们只能接收两套不同的节目。另一方面,也正因为这个缘故,我们在回顾那些模范节目时所能看到的传媒文化,从它涉及大多数人这个意义上说,是一种中间文化。对 60 年代末的电视节目进行回顾还具有另一个意义,那就是能使我们看到那时的电视风格处在平衡的时刻。事实上,这种电视风格在创始的 50 年代便逐渐形成,60 年代得到了充分的发展。接着,出现了其他一些变化,从而改变了发牌:1967 年出现彩色电视,1968 年出现品牌产品广告,1972 年有了三个频道,1974 年法国广播电视局一分为二。

然而,60 年代的这一电视风格,给一心想再现当时电视节目的真实比例的史学家,提出了一个实实在在的方法论问题。的确,由于一种复杂的炼金术,即由于集体记忆的传统性歪曲同知识分子记忆所传播的怀旧情愫混合在一起,法国电视的起飞阶段变成了一种假定的黄金时代,而这一时代将渐渐被大众电视所扼杀。发现假定的黄金时代,这在视听史上屡见不鲜。比如,对于第五共和国之初的电视,经常被提到的是埃斯库罗斯①的《波斯人》,1961 年由让·普拉搬上银屏。然而,后来,皮埃尔·布尔迪厄②依据稍后做的一份调查,在《差别》中谈到,面对"这部模仿性的,因缺少对话和明显情节而难以看懂的悲剧",法国人相反感到如坐云雾。关于《波斯人》的争论很说明问题。这一假定的黄金时代,是对被视为纯洁开端的一种追溯,同时又是与新的传媒格格不入的部分知识分子所梦想的电视。况且,这种格格不入本身就是文化史的内容。

研究这一电视风格的主要特点(不管遭到抨击,还是受到祝福),揭示了好几个在当时起主导作用的种类。一种将变成结构性的"沉重"倾向,在当时已初露端倪,那就是"电视连载剧",不久叫做"电视连续剧"。事实上,这一倾向包含在一种连续性中,这既是语义上的,又是主题上的。因为"连载"一词连结着两个世纪,从 19 世纪的报刊,到 20 世纪 60 年代的电视。从这个名称,可以看到一个文学种类的连续性,从 19 世纪尤其靠连载小说得以维持的大众文学,到 20 世纪的电视连续剧。这种连续性也表现在主题上:情节片、惊险片、荒诞片、侦探片。

在这最后一方面即主题方面,电视创作将获得某些最早熟的大受公众欢迎的成绩。比如,1958 年 1 月 1 日播出的电视剧《最后五分钟》,就充分说明了正在发生的变化。一方面,这一类电视剧,同由小说改变的作品一样,是为电视而创作的。即使这些作品起初很大程度是舞台艺术片(除了几组镜头在外景地拍摄,而后再加进情节中外,其他都是直接表演的,因而可以说大大延续了广播的风格,而不是与之决裂),但不管怎样,一种电视类型渐渐脱颖而出。另一方面,这类电视剧很受观众欢迎,人气越来越旺:《最后五分钟》的收视率有时超过潜在观众的 80%,每次的收视率超过 50%,唯有一次例外。这说明习惯势力之强大,因为这部由雷蒙·苏普莱克斯主演的电视剧,1973 年初还在播出(这位演员于 1972 年秋逝世),这种高收视率一直延续着,直到几个频道开始并存。

那时业已开始的将盎格鲁—撒克逊的作品移植到法国的做法(前面说了,这从语义上说将使"连载剧"改称"连续剧"),不会使电视剧的基本主题发生深刻的变化。有人多次提到武侠片/西部片、荒诞片/科幻片、情节片/肥皂剧等方程式。说实话,眼下,电视剧的风格很大程度仍是土生土长的。那时,"肖蒙高地学校"③——1956 年,电视台买下了里面的高蒙摄影棚——体现了一种法国式的古典主义。集体记忆之所以特别记住了《摄像机探索时间》栏目,那是因为在只有一个频道的时代,该节目的影响非常真实、深刻和持久。只有作深入细致的的

---

① 埃斯库罗斯(Eschyle,前 525/524—前 456/455),古雅典三大悲剧作家之一。《波斯人》在公元前 472 年上演,描绘了萨拉米斯战役的完整画卷,是保存下来的埃斯库罗斯的最早悲剧。
② 布尔迪厄(Bourdieu,1930—2002),法国社会学家,主要致力于文化和教育社会学的研究。他的作品《差别》发表于 1979 年。
③ "肖蒙高地学校"暗喻法国电视台。作者称之为"学校",是因为那里的电视台摄影棚拍摄历史题材的电视剧,对法国人起到教育作用。

图 46 1959年1月，安德烈·马尔罗成为文化部长，他担任此职一直到1969年戴高乐将军离任。随着独立的文化部的创建，"文化政治"的概念也渐渐浮出水面。1959年，马尔罗特别宣称，打算"让大部分人能接触到人类重要的作品……并且要鼓励创作"。这个首要目标在马尔罗的另一个说法中得到了概括："朱尔·费里为教育所做的，正是文化要做的。"至于创作，它必须在承担"当代创作的赌注"（安东尼奥语）的条件下才能得到帮助。于是，他不可思议地向一些名画家订购作品，在国民议会中为让·热内创作《屏风》作辩护。他创立国家当代艺术中心——这预示着蓬皮杜中心的建立——接着又创建了地区当代艺术基金。在马尔罗任职的这十年中，由他制定的计划不胜枚举。在广大民众眼里，最直接能看到的一个成就，便是对许多纪念性建筑物和历史上的建筑物重新进行了粉刷，如卢浮宫、巴黎圣母院。

研究，才能看到以这种方式产生的关于纯洁派、丹东①和罗伯斯庇尔②的传奇性电视剧，怎样同为大多数人共有的教育文化混合在一起。之所以说混合，是因为在这两种大众历史教育之间，融合可能多于矛盾。这里，我们甚至要提出一种假设：在只有一个频道的时代，电视可能首先起到了教育公民的作用：在由第三共和国传授给小学生的"共和国教理书"上，又增添了这种传奇性电视剧。而且，其影响极其深远，以至于有些人看到这所被认为向左倾斜的"肖蒙高地学校"竭力在政治文化和重现过去的敏感性之间创造这种中间文化时，常常会气得咬牙切齿。

但是，在60年代丰富的电视节目中，也可以看到另一类节目的迅速发展，那就是长篇报导节目。最有名的是《头版五栏》，出现在两个十年之交时期。在这方面，同历史题材的电视剧一样，历史学家竟至于说这是"两厢情愿的教育法"（让—诺埃尔·雅纳内和莫妮克·索瓦热）。关于这个问题，只有进行深入细致的研究，才能证实这类电视报导节目在使法国人了解世界方面曾起过多大的作用，它取代了广播或照片的角色，并使之发扬光大。这里，有必要指出这个节目创办的时间：每月一次的《头版五栏》电视节目始于1959年1月。阿尔及利亚战争的最后几年构成了一个平衡点，上升的（电视）、稳定的（广播）和即将衰落的（画报）等媒体的作用似乎势均力敌。

对于画报照片来说，连通管现象似乎成了既成事实：60年代，《巴黎竞赛画报》印刷量的迅速下降就是明证。此类杂志地位降低也被比较历史所证实：在美国，《时代》和《生活》也都经历了类似的衰退。广播的情况也许更为复杂。从表面上看，60年代促进了改朝换代：电视将广播赶下了台。整个60年代广播和电视的对照很说明问题。我们已看到，60年代初，由于半导体的发展，广播的地位进一步加强。而在第一阶段，电视只是紧跟其后。上面提到过的一个事实很说明问题：是半导体——不久，刊物拿起了接力棒——掀起了《伙伴们，你们好》现象。电视在第二阶段才介入进来，且其势汹汹，这表明改朝换代业已开始：阿尔贝·雷内的《童年和犟脾气》栏目也很快成为青少年真正喜爱的节目。此外，60年代初，广播仍很大程度上决定着人们日常工作和生活的节奏，替代了世界的悲剧和动荡。诚然，1961年，"将军叛乱"之时，戴高乐将军在电视里对"一小撮退休将军"进行了谴责，但在解决这场危机中起决定性作用的，却是戴高乐这次演说的广播版：在阿尔及利亚的士兵，通过半导体收音机，听到了要尊重共和国合法性的呼吁，最后共和国合法性取得了胜利。

---

① 丹东（Danton，1759—1794），法国大革命时期的政治家。1792年9月他当选为国民公会的巴黎代表，1793年4月，成为第一届救国委员会委员。1794年4月被处死。
② 罗伯斯庇尔（Robespierre，1758—1794），法国革命家，在法国大革命中，特别是在1793—1794年雅各宾派共和国时期起过重要作用。1794年7月被绞死。

相反,到了60年代末,小银幕在法国激起了巨大热情:如,1969年7月人类在月球上迈出的第一步。这时,新的一页开始了:几十年来,法国的敏感文化一直沉浸在广播的声音、照片的静止画面或电影的活动形象中,现在不可逆转地进入了"电视时代"。然而,广播的社会地位和文化作用并没因此而真正减弱。事实上,多亏了半导体,不过,也渐渐多亏了汽车收音机,广播仍保持了灵活性和流动性。因此——这并不矛盾——在下一个十年里,广播不仅在数量上远未减少,相反,它在法国社会的桩基地位得到了巩固:1973年,广播的收听率平均每周17小时,1978年,共有3600万台收音机。这个数字本身就很说明问题:这样一个总数比20年前高出两倍,可那时还是这个媒体的黄金时代,电视在法国尚未扎根。尽管如此,60年代在广播的内部平衡方面出现的变化,证明广播即使不是失宠的媒体,但在十年中也确实变成了二流媒体。它的收听率在晚上大大降低,于是在时间上进行了调整,在法国人收看电视的低峰期,即早晨和上午,还有下午,便多多安排些广播节目。此外,有些电视上搞得热火朝天的节目种类,在广播中首先失去了听众。如,广播剧和小说连播,这在广播的黄金时代曾是决定广播节奏的节目,才十年的功夫,几乎已从广播节目中销声匿迹。

"肖蒙高地学校"的戏剧节目以及电视连续剧取代了这些广播节目。因为在电视文化中出现的以娱乐和轻松为重点的节目种类,往往是法国文化的广播阶段的直接延续。例如,《今晚看戏》电视节目的大获成功就是明证:自1966年起,每逢星期五晚上,这一节目将许多法国人聚集到电视机前。但在娱乐领域,电视也开辟了其他类型节目,这是电视所特有的节目,它们使得60年代的这一电视风格更加完善。例如,1962年出现了《城市之间》栏目,这一栏目大受电视观众欢迎,因此很快引起了社会学家们的注意,节目主持人居·吕克斯很快成了关于电视的文化内容——或没有文化内容——辩论会的凝聚点。还有个栏目从1967年起也迅速走红:几年内,每星期二晚播出的《银屏档案》,吸引了许多忠实的观众。

前面说了,1959年马尔帕塞水坝发生灾难时,目击者的叙述使大家瞄准了另一个栏目《明星之路》,那是迅速走红的节目,收视率极高。十年后,2/3以上的灾区居民都以这样的方式确定顷刻间地覆天翻的时刻。事实上,在起先只有一个频道,后来也只有两个频道的十年中,拿当时出现的,并且很说明问题的一个新词来说,"招徕观众"的方式充分地起到了作用,以至电视保留着1949—1969年这个阶段的某种印记,直到80年代,电视频道的增加和录像机的放大器和倍增器作用使得视听局面有了彻底的改变,新的辈代开始觉醒,这种印记才开始消失。

确实,也应该通过辈代的棱镜,解读60年代的这种电视文化适应现象。在出生率激增期之前出生的各个年龄段的人,熟悉的是另一些大众媒体,特别是电影和广播,等他们接触电视时,已人到中年。出生率激增期的一代,正是电视从

1949年起在法国渐渐确立地位的同时代人。但是,由于电视起步缓慢,这一代人的童年和少年的开始阶段可以说是沉浸在广播的氛围中。总而言之,出生率激增期出生的年轻人,与其说是小银幕的孩子,毋宁说是欧洲广播一台的孩子。不过,他们也是正在迅速适应电视文化的法国的青少年①。童年时代,他们是通过无线电收音机,来接触世界的声音和惊涛骇浪的,中学时代,则是通过半导体收音机,到了青少年时代,才通过电视。事实上,比他们小的一代,即在出生率激增期之后出生的一代,幼年时就直接进入一个已深受电视影响的世界。此外,60年代的电视很快就为他们安排了一个小天地,这使渗透现象有增无已。一些往往是简短的、总是定期播出的节目相继问世:1962年有《晚安,孩子们》,1964年有《奇妙的旋转木马》。从此,这些节目中的人物(潘普勒内尔和尼古拉,泽比隆和波吕克斯)完全占据了那十年的金发儿童的想象世界。这十年已成为发生一种史无前例变化的舞台。

---

① 原文为英语:*teen-agers*。

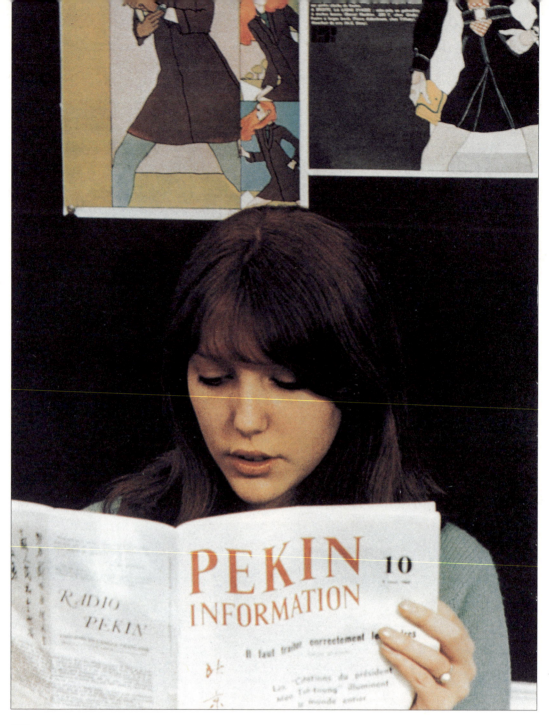

图47 60年代末,法国人处于对现状不满的状况中,在这种情况下,有些愤怒的年轻人想用当时的报纸《北京消息》的思想,破译"光辉的30年"的意思,同时,从中寻找论据,想在变得富裕的西方社会里进行一场反对这个富裕社会的战斗。这场运动很快以失败而告终了,但是它证明在这60年代,马列主义在法国年青的或不太年青的知识分子中间的完整倾向。1967年,让—吕克·戈达尔导演了电影《中国女人》,他以自己的方式预告了第二年的变迁:不管怎样,现在回过头来看,这部电影具有一种预言意义。然而,这些像这样走上舞台的"马列主义的鲁滨逊",只代表了出生率激增时期出生的躁动不安一代人中的很少一部分。

第十五章 "辉煌的 30 年"中期

毫无疑问,60 年代不可简单概括为唯一的"伙伴"时代,甚至也不能简单归结为五年内数量激增的电视"奇妙的荧光屏"时代。其实,历史上最迅速的变化正席卷法国。此外,在"辉煌的 30 年"中期,这 60 年代中间的一年是一个转折点,那一年,许多征象——从这个词的各个意义上理解——改变了方向,抑或加快了速度。

在分析 1968 年发生的事件时,应将它重新置于上述背景下:若以这种透视方式来回顾法国的五月风暴,我们会看到,它就既像是显示器,又像是加速器,但首先出现了"1965 年的转折"! 甚至,那时业已开始一个重要的阶段,即决定性的 20 年,直到 80 年代中期出现了"第二次法国革命"(亨利·曼德拉)。60 年代既是"辉煌的 30 年"之成果,又是"决定性的 20 年"之根由。

1

1965 年,转折的一年

1965 年不单是五彩缤纷的十年的平分线。它确实也位于"辉煌的 30 年"之正中央。严格地说,这种看法似乎不大正确,因为让·富拉斯蒂埃①,"辉煌的 30 年"这一表达方式的创造者,不无道理地将解放那一年作为这 30 年的始端,1973 年石油危机作为末端。从这一年起,以及在以后几十年中,不仅经济形势将发生变化,而且,一个曾高速发展的,并已习惯于充分就业的社会在结构上也将开始分裂。因此,从理论上讲,1944 年和 1973—1974 年之间的平分线,应该是 1959 年。我们之所以敢把它推至 1965 年,那是因为从解放到那场危机之间的 30 年,

---

① 富拉斯蒂埃(Fourastié,1907—1990),法国社会学家和经济学家。著有《辉煌的 30 年》(1979 年)等作品。

本身就呈现出对比鲜明的面貌。第一个十年是振兴和奋进的十年,正如我们看到的,要到50年代中期,才开始感觉到经济增长的社会效果。继这"觉醒的十年"之后,是一个20年的阶段,而从本义上讲,1965年是这20年的平分线。从转义上讲也一样。因为一系列正式列出的事件,使这一年成为关键时刻。除了这些征候的多样性和共同点之外,首先要指出它们的社会文化特性。

这种社会文化特性,首先涉及国家的基础——人口。事实上,从60年代中期起,出现了生育力下降的趋势,这情况出现在富裕社会中,这使得人口统计学者困惑不解,正如在黑暗年代中期,即1942—1943年出现的相反情况,即生育力上升现象令人惊讶不已一样。说实话,这种生育力的下降是过了十来年后才真正感觉到的。因为生育力下降不会立即在出生率上反映出来:在这60年代中期,出生率激增期出生的人,最年长者已开始结婚成家,从逻辑上说,夫妻的数量比从前多,这使生育力下降现象十年中看不出来。到1975年左右,出生率才开始明显受到影响。不过,不只是人口统计领域变动缓慢,跟不上政治和经济的呼吸节拍,集体的精神状态和社会的行为,也有相类似的与政治和经济呼吸不相合拍的节律失常现象。这里,我们也许触及了60年代中期的核心问题。

事实上,这个时期的法国,经济发展已持续了20年,社会学方面的迅速变化也持续了十来年。然而,在第一阶段,作为个人行为和人际关系基础的价值和准则,仍还是农村社会的价值和准则,这个农村社会源远流长,起支配作用的,如果不说是物资的匮乏,至少也是部分农作物的依存性经济,以及社会的不稳定。同所有经济发展到如此水平的社会一样,"坚韧、节俭和居安思危,简而言之,推延满足对物质的需要"(让—达尼埃尔·雷诺)仍是这个社会的基本美德。更有甚者,在这样的社会里,一些重要的机构,如教堂或家庭,或各政党或工会(程度比前者小一些)等,不只是作为社会化的机构,而且以某种方式,作为行为准则的保管者和权力的维护者而起作用。从那以后,出现了另一个时刻:随着法国的工业化和城市化,随着"辉煌的30年"使法国变得越来越富裕,准则和价值也开始发生变化。此外,那是个几乎充分就业的社会,疾病和工伤事故比过去有更大的保障。准则和价值开始了缓慢的改变,比社会分层的变动和生活方式的变化更为缓慢。

许多征象可以证明这一点。例如,社会上靠利息生活的一类人,尽管受到第一次世界大战的猛烈冲击,却依然存在下来,因为他们是坚韧、节俭和居安思危之价值观的化身,可现在渐渐让位于赊账消费者。这种赊账购买似乎可以立刻满足物质需要,它预示着享乐主义的价值观和行为准则的发展。社会学家亨利·孟德拉指出,就在那时候,"人们发现参加宗教仪式的年轻人日渐变少……,画报和电影里出现了裸体。通过动机和民意的调查,可以明确这场'价值危机'的内容,并推定它所出现的时间,那时人们就开始谈论价值观危机了"。

这一起初藏而不见、60年代开始迸发显现的变化,还有另一个同样也很重要的征兆。1945年后继续处于支配地位的好学生共和国,以及一些社会化机构所允许的其他一体化形式,都属于这样一种精神世界,即通过相似而达到同化的愿望使社会得以巩固。相反,现在渐渐出现了有权与众不同的主题和要求。这种现象的一个先驱迹象,便是要求存在一种"年轻人"的文化,这一迹象甚至在1968年后活跃的少数派出现之前就已存在。在这60年代中期,不满现状的情绪还不很普遍,但对当局——因而也对准则——和对禁忌——因而也对价值——已产生了新的态度。这便是亨利·孟德拉所指出的征兆之意义,我们不得不看到它们的确在1965年就开始出现了。

仔细检查一下,便可发现那是初次出现裂痕的一年。若用间接透视的方式对1968年五月风暴进行回顾,便会发现,那场风暴不只是一个发起性事件,而且还是显示器、催化剂和加速器。说它是显示器,因为它表明在从部分已被废除的社会继承下来的权力体系和正在发生变化的"辉煌30年"的法国之间,出现了不和谐。说它是催化剂,因为它在人们面对历来起调节作用的不同机构——从此,这些机构将进入螺旋状的危机中——所出现的新的行为中,以及在家庭内部和工作场所业已开始的变化中,起到触媒的作用。最后,它是一个加速器,因为即使许多变化——有人将五月风暴作为这些变化的起点——扎根于前些年出现的裂痕中,并从当时部分仍位于地下的水层中汲取养分,但在1968年春发生的那些事件,通过它们在法国社会内部掀起的冲击波,已远远超越镜子的作用了。它们使一种变化加快了步伐。

2

1968年五月风暴:法国的一次例外?

是变化还是革命?在政治方面,至少目前看来,这场五月风暴既非变化,亦非革命。在1967年3月的第二轮立法选举中,戴高乐政权尽管被不可靠的结果所动摇,但经过这场危机,它似乎变得更强大,并有了真正的"不可寻觅的议会"。但这场危机的冲击波却是致命的。1968年五月风暴后,戴高乐将军——在政治上——苟延残喘了不到一年:就在1968年6月30日立法选举①获胜之后9个月零27天,五月风暴延期出现的后果,终于导致1969年4月27日的失败:在关于区域化和参议院改革的全民公决中,多数法国人投了反对票,接踵而至的是戴

---

① 1968年5月,法国爆发了始自学生,而后扩大至全国的群众运动。为解决危机,戴高乐大力开展宣传运动,反复强调存在着"大乱"和"极权共产主义"的危险,这使他在1968年6月举行的立法选举中获得胜利,从而排除了危机。

高乐将军的辞职。当然,尚有其他许多因素可解释戴高乐将军的辞职,但全民公决的失败则是一种征兆,说明在变得年轻的法兰西和一位老人之间已彼此不再理解,而他却企图通过这次全民公决,重新锤炼他自知已遭到损害的合法性,因此,这位老人的预言家天赋,在迅速发生变化的社会中,已不大再有用武之地了。下一阶段的政治史,部分是政治阶层和在"辉煌30年"的坩埚中得以重塑的法国之间彼此适应的历史,适应的速度并不均衡。乔治·蓬皮杜执政五年的历史,可通过好几个变化速度不匀的法国之间的紧张关系来理解。

但就目前而言,1968年五月风暴的重大后果,并没有首先危及政治力量的对比。不过,不仅五月风暴的后果与我们这里谈的议题有关,而且,它的总的意义也很重要——既是结果,也是原因。然而,人们所做的解释五花八门,而且,今天仍在进行各种不同的诠释。有些人认为1968年五月风暴是副现象,但另一些人则相反,认为是一场文化危机,中间还有其他众说纷纭的分析。不管怎样,不管各种看法的差距有多大,但有一个事实是不可否定的:那时曾有过震动,这将法国社会的某些裂缝暴露无遗,并使之扩大,又造成了其他一些裂痕。至于原因,我们完全有理由——哪怕看法平淡无奇——得出结论说,是各种因素的混合物赋予了这场危机以特殊的内容。

还有它的两重性。因为随着时间的推移,五月风暴的一些主题从词源上看似乎是反动的,从所包含的内容看,对正在发生的变化与其说赞同,不如说拒绝。此外,这种两重性又回到了严格意义上的意识形态范畴。如果说对五月风暴后的状况进行分析仍然非常复杂,那是因为这一事件具有两个对照鲜明的侧面,一个是极端自由主义,另一个是马列主义。如果仔细研究这一事件,就会发现它的确在很大程度上是反共产主义的:当时,对资本主义政权的批评,常常夹杂着对苏联或对法共的批评。甚至许多主题的基础是一些非教条性的愿望,因找不到更恰当的词来命名这些愿望,只好称之为"极端自由主义"。同时,马列主义的渗透仍很严重,那是一种长期文化适应的遗产。继1956年赫鲁晓夫的报告①和匈牙利的秋天②带来的震惊之后,60年代可说是马列主义的复活时刻。因为,中国和古巴等地的其他一些模式取代了苏联,第三世界上升为同"帝国主义"进行斗争的"无产阶级"大陆,从此代表了未来革命的希望。现在回想起来,五月风暴前一年让—吕克·戈达尔的影片《中国女人》,似乎是中国模式在知识界的诱惑力的一种反应,同时又是一种征兆。

特别是对年轻一代的诱惑。此外,应该确切地评估视听环境在第三世界革命模式对年轻一代的吸引力上所起的作用。出生率激增期出生的一代已到了学

---

① 1956年,赫鲁晓夫在苏联二十大会议上发表秘密演说,揭露斯大林个人统治的残忍和滥用职权,从而震动了共产主义世界。

② 1956年10月23日,匈牙利首都布达佩斯发生群众示威游行,后演变成革命。11月4日,苏联坦克开进布达佩斯。

图 48 这是由一个无政府主义春天的微风带来的词语的爆炸和炼金术吗?这预示着一种享乐主义的,因而也就越来越个人主义的社会的到来吗?这是好几代人因为社会文化的急剧变化而在准则和价值观念上越来越陌生所引起的个性冲撞吗?对于1968年五月风暴中出现的口号,并且透过这些口号而对五月事件本身,曾有过各种各样的解释。

习政治的年龄,我们已看到,他们少年时代的岁月仍然是"广播的时代",现在他们沉浸于电视图像中。20年后达尼埃尔·科恩—邦迪在《革命,我们曾那样热爱它》中发表的看法,似乎很有道理:这一代人是"通过大量图像和声音,看到全世界每时每刻面貌的第一代人"。那时候,视听技术在全球扩张,事实上,这新的一代是唯一没有障碍的一代,也就是说,他们事先没有经历过别的社会文化环境。视听技术的扩张,可能是促进异国政治模式引入法国极左派内部的因素之一:例如,"Che"①成了一种世俗综合图像,既是世俗的圣人,又是图像文化的产物。正如穿黑睡衣的越共游击队员是反"帝国主义"斗争的象征一样。即使这些模式的吸引力在统计学上仍很有限,但决不可小视,因为它所造成的势力范围是积极的,甚至是积极主义的。有多少势力范围,便有多少个中继站,用来宣传引进法国的马克思主义的各种形式。亲中国的人是这样,那些托洛斯基小组也是这样,这些小组因被逐出共产主义大学生联盟而得以存在,马克思主义继续在他们内部扎根。

  法国1968年五月风暴的两重性,提出了一个知识分子历史的绝妙问题,回答这一问题,对理解下一个十年至为重要:在法兰西土地对马克思主义的文化适应中,60年代末期究竟是一个制动器,马克思主义意识形态从1956年起因对东欧产生失望而经历了一段缓慢的衰退后前来这里度过临终时刻,还是一块跳板,它在这里又变得活跃起来?或者,换种方式来提这个问题:对法国马克思主义而言,五月风暴是重复接种疫苗,还是一次致命的冲击?要想回答这样的问题,就得区分千锤百炼的口号和更为隐秘的演变。从表面看,在当时,以及在以后动荡的年代里,马克思主义在继续渗透战斗的词汇(有陈述性的,也有揭露性的),这似乎首先使人相信马克思主义再度活跃的论点。但是,以后发生的变化证明事情并非如此。一方面,在法国社会当时发生的行为和价值观的真正变化中,引起反响的与其说是马列主义的咒语,毋宁说是五月风暴的"极端自由主义"要素。另一方面,这种咒语——我们知道,这个词在这里并无附带语义,只是表明一种与社会现实相当脱节,可又竭力想驾驭社会现实的话语——当然是出生率激增期出生的一代人中最意识形态化的这部分人的咒语,但是,后来对马克思主义最尖锐的批评,有一些也是来自这部分人内部:的确,"新哲学家"的一代是杀害长辈的一代,意思是说,他们的成员大多来自培养前马克思主义者的摇篮,可从1975年起,却给政治马克思主义带来致命的打击。因此,1968年五月危机直接地,尤其通过它的反弹作用,构成了法兰西知识分子历史的重要里程碑。

---

① "Che"为古巴革命家格瓦拉(Che Guevara,1928—1967)的别名。格瓦拉曾被世界各国的叛逆者当作"领袖"。1967年10月6日,他在玻利维亚遇害。一年后,他的肖像飘扬在巴黎的街垒上,并成为世界各国不满现状的象征。

这场危机也是社会文化史的关键时刻。这里,我们仍要设法区别这场危机的民族特性和超越本国的特性。这场危机的某些民族特性是显而易见的。在德国,大学生动乱1967年就开始了,1968年春,规模变得更大,但不管对抗多么激烈,从未发展到一场社会危机。相反,在意大利,大学生危机在1968年四、五月间达到高潮,后来成为一场持久的社会和政治动乱,一直延续到70年代中期,真可谓是"爬行的五月",然而,英国年青一代的动荡可说具有一种社会文化的叛离性,这种状况几乎扩展到整个60年代。因此,法国的情况是第四类危机:与莱茵河彼岸不同,也有像同心圆那样不断蔓延的社会和政治危机;与意大利相反,五月一开始就进入高潮,即使在两个国家中,事态都有扩大和延伸;与英国不同,危机不是逐渐形成,而是突然而至。相反,说实话,法国的1968年五月危机,是60年代在富裕的工业社会内部愈演愈烈的形形色色反体制运动的组成部分。诚然,1968年的这场运动也波及世界其他地方,比如,在东方,年轻人在"布拉格之春"的捷克斯洛伐克起着重要作用,再如,在第三世界,墨西哥发生了大学生动乱,并遭到血腥镇压,但是,这场不满现状的运动,除日本外,主要局限在北美和西欧:在美国,1968年是"反现体制年"(安德烈·卡斯皮),但是,至少有五年时间处于各种形式的骚乱中;在西欧,可说是第二次"大西洋革命",但与18世纪下半叶在大西洋沿岸国家蔓延的那场革命大相径庭。根据不同的地点、阶层和时间,起破城槌作用的可能是大学生的不满现状,也可能是反文化的主题,但都会产生真正的震撼,没有关税人员来阻止这种影响入境。因此,即使不同的国家有不同的变体,也难以下结论说法国是这方面的例外。但是,每个国家都有自己的政治形势,有自己的意识形态遗产和文化遗产,承受冲击波的方式也有所区别。在法国,发生变化的不只是音乐和服饰,在家庭和工作单位中的社会行为也发生了变化。此外,这些变化实际上当时就被观察家们发现了。阿兰·图雷纳①在《空想共产主义》中,发现在正在形成的"后工业"社会里,出现了社会斗争的新形式,而斯唐莱·霍夫曼在《法国随想》中,将五月动荡解释为"对法国政权体系的反抗"。这样的反抗是模仿性的——雷蒙·阿隆断定为"心理剧"——还是确有其事?当然,这个问题是有分量的,除非模仿性的游戏已经成为行动。这种模仿性的游戏,反映同时也夸大了某一时刻的激动、不安和热望。

　　因此,确实有过一个1968年时刻。现在已普遍认为,70年代前半期,利浦工厂出现的自主管理主义者,以及拉扎克高原出现的非暴力主义者,都是五月危机的产物。不管怎样,他们也是五月危机之前种种不协调征兆延期的产物。70年代初的政权,担负着民主社会内部的规范和协调,不仅要利用五月危机的影响,而且更要利用五月危机前就业已开始的变化。在这方面,1969—1972年的

---

① 图雷纳(Touraine,1925—),法国社会学家,热衷于确立一种新的劳动社会学。

总理雅克·沙邦—戴尔马①提出的"新社会"草案,就以自己的方式对上述两种情况给予了确认:即使这个草案从多方面汲取养分,从米歇尔·克罗齐埃对"封闭社会"的分析,到西蒙·诺拉或雅克·德洛尔的后期孟戴斯主义,但它的意图是想对五月危机揭示的变化做出回答。社会变了,从此,某种权力风格已同社会不再相适应了。

3

大众文化,还是社会文化的新分化?

我们已证实了存在着一个 1968 年时刻,同时也指出了五月动乱所起的显示器和加速器作用,但在对 60 年代的第二阶段进行社会文化分析时,千万不要只限于当时汹涌澎湃的不满现状浪潮。关键可能不在这里。第四共和国时期中等教育的迅猛发展,以及 60 年代大学生人数的猛烈增加,也是这十年同样显著的"文化"特征。在一个本身也在迅速变化的社会内部,新大学毕业生阶层人数的猛烈上升——而这一切都受到"辉煌 30 年"原动力的驱使——产生了明显的文化影响,即使仍难以确立微妙的社会学相关现象。

首先要确认的是,假如断定社会文化实践趋于平均化,那么,下这样的结论对那个时期恐怕有失谨慎。几年后,在 1973 年,文化国务秘书处作了次调查,证明了收看电视的反差:平均每天有 2/3——准确数字为 65%——的法国人看电视,但高级干部和自由职业者只占 44%。因此,这是文化实践不平均的第一个迹象。确认的第二个事实是,从 60 年代起参观博物馆的人数大大增加,但这一情况更难分析,不过,方向大体是一致的。诚然,同前一时期相比较会因背景不同而引起判断失误:1959 年成立了文化部,这使广大公众对博物馆和其他文化领域的兴趣越来越大。但是,这背景的变化不足以解释文化实践的变化如此之大,大得令人瞠目结舌,因为,如果说 1960 年国家博物馆接待 500 万参观者的话,那 1978 年则增加了一倍。诚然,在这两个日期之间参观人数的不断增加,部分得归功于大型展览会越办越成功:例如,1967 年,在巴黎美术馆举办的吐坦哈蒙②随葬品展览会吸引了 120 万参观者,同样,几个月前,即 1966 年 11 月在大宫举办的毕加索的画展也是人流如潮。但是,如此辉煌的成绩,恰恰也说明博物馆对 60 年代中期的法国产生了巨大的诱惑力。这正是电视成为"住宅仙女"的

---

① 沙邦—戴尔马(Chaban-Delmas,1915—2000),法国政治家。多次担任国民议会主席,在蓬皮杜当总统时,曾为内阁总理,提出建设一个"新社会"的草案。
② 吐坦哈蒙(Toutankhamon,前 1354—前 1346),埃及第十八王朝法老。10 岁即位,18 岁去世。他的陵墓 1922 年被完好无缺地发掘,出土的 1700 件随葬品,现珍藏在开罗埃及博物馆里。

图 49 安德烈·马尔罗使奥代翁剧院成为马德莱娜·雷诺和让—路易·巴罗领导的"法兰西剧团"的藏身之地。1959年10月，戴高乐将军主持了开幕典礼，同时上演克洛代尔的《金色的脑袋》，这部戏剧由布莱作曲，马松置景。戴高乐在他的《回忆录》中写道："无论现在和将来，安德烈·马尔罗总呆在我的右边。有这样一位天才的热心于神圣命运的朋友在我身边，这使我感到自己非常平凡。这个无与伦比的证人对我的评价，有助于增加我的信心。我知道，遇到争论时，如果是一个重大问题，他的闪光的判断能帮助我驱散阴影。"

时候。因此,我们看到,如果下结论说那时候大众文化不可抗拒的上升引起了文化的统一化,那就在视角上产生了偏差。

因为新大学毕业生阶层的出现,也增加了大型舆论周刊的读者队伍。况且,这些周刊刚刚出现了意味深长的变化。确实,1964年秋,二期风格的《新观察家》和《快报》已出版了前几期。几十年来就已隐约可见的变化,这里变得显而易见了:这两家周刊都开辟了文化栏目,从而以某种方式取代了长期由文学杂志所起的作用。在两次大战期间,尽管有些周刊也有文化栏目,但那些文学杂志,尤其是《新法兰西杂志》,一直维持着精神法官的地位。相反,在第四共和国期间,尽管新杂志如雨后春笋般出现,如《现代》(1945年)、《批评》(1946年)、《圆桌》(1948年)、《社会主义还是野蛮行径》(1949年)、《论据》(1956年)等等,但那些周刊的文化栏目的影响却与日俱增。到了第五共和国,变化似乎业已完成:杂志开始衰落,相反,此刻周刊却有了真正的文化影响。但是,在杂志只有数千名读者——最多也不过像《两个世界杂志》那样,拥有数万名读者——的地方,《新观察家》、《快板》、《新法兰西杂志》等周刊却拥有数十万读者,恰恰是新大学毕业阶层。

对这些政治周刊的黄金时代可能进行的社会文化分析,不能停留在这些相关现象上,因为这些现象可以说十分平常。那时候,《快报》和《新观察家》就像是"辉煌30年"的法国社会的两个对立面,那时,法国社会正在经历经济的迅速发展,但同时也出现了持不同政见者。50年代,《快报》的读者主要是教师和大学生等知识分子,以及知识渊博的自由职业者,60年代改成"新闻杂志"后,成了当时正迅速壮大的社会阶层——"干部"们的读物。因此,这家周刊代表着中间阶层的上层人士所看到和所经历的现代性。相反,它的竞争者《新观察家》却体现了正在发生的变化所激发的热情,宣告不满现状的狂风暴雨正在形成。从某种意义上说,《快报》好比具有现代特点的法国式花园,《新观察家》则在这方面展现了更繁茂的枝叶。

总之,在作全面统计时,千万别夸大其事。诚然,60年代末期正好处于"文化和娱乐"费用在家庭消费中的比例大大增加的中期:1960年这方面的费用占家庭消费的5.5%,而1979年增加到7.6%,增长的相对值是很高的,如果考虑到这一时期家庭消费增长的绝对值增加了一倍多这个事实的话。诚然,同样,在家庭消费预算中,1960年,文化费用是食物费用的1/6(分别为5.5%和33.5%),20年后,即1979年已超过2/3(分别为7.6%和21.9%)。但是,事实上,"文化和娱乐"费用包含的活动多种多样,只能部分消除社会学(在各种社会职业之间)和人口统计学(在各个年龄段之间)的差别。统计表明,比如说,在家里干零活,以及从事体育运动和观看体育节目,是多种多样"文化娱乐"活动无可争辩的内容,并随不同的地方和阶层而异。即使电视已成为"住宅仙女",但那时候,我们已看到，它令人着迷的程度在社会学上仍存在着很大的差异。不可否认，大众文化的威力大大提高，但不要因此而得出平均化的结论。恰恰相反，在这些文化反差中，可以看到社会文化新分化业已开始，而后来的危机时期将使这种分化有增无减。

然而，在细微地表达60年代以来社会文化不可抗拒地一致化的公认看法时，不应该缩小社会文化新分化的重要性。这个十年是法国文化史的重要阶段。一个世纪以前，当本卷开始的时候，也就是在第三共和国之初，一个法国人的世界往往只是一个区，甚至只是一个市镇。从1914年前起，小学、日报和铁路渐渐扩大了这个世界，同时带来了日益扩大的一致性。然后，在两次大战期间，大客车、电影和无线电广播加快了统一化的进程。广播——一如既往地——和小轿车继续搅拌第四共和国的社会文化法国。随着电视的出现，这个社会文化法国必须顺应更为广阔、渐渐扩大到全球的前景。

总之，大家普遍看到60年代孕育了一种超国家的大众文化。同在其他工业大国里一样，这种超国家的大众文化，是城市文明和以视听技术发展为基础的"地球村"的混合产物。广场渐渐不再是国家的前庭，而是一个更为广阔的舞台，将演出越来越一致的戏剧。那时候，这一进程刚刚开始。美国的"电视连续剧"刚刚在法国登陆，关于美国"文化帝国主义"的辩论后来才开始。眼下，担心国家文化因受离心力折磨而会渐渐衰退的想法，将极其矛盾地同"地区"文化向心力的再生同时存在。

同样，也要将这一进程放回到1968年五月风暴后的意识形态背景中进行分析，这一阶段的意识形态使得地方主义，甚至使自治主义的要求变得合法化，并使这种要求从极右派转向左派。在70年代初，这一现象刚刚出现，但已经带有"文化"要求的意味了。仿佛对超越国界的、会削弱民族文化纽带的统一化的担心，在反弹时使这些企图在一个地区扎根——或再扎根——的补偿性文化表现形式获得了解放。于是，便产生了这种双重机制，那时候，这双重机制可能有拆毁民族文化的危险。80年代中期，有人提出了法兰西特性问题，90年代，在移民和超国家性问题上出现了紧张局面，但是，早在60年代末，就有证据可以证明这个法兰西特性问题是不能同它的文化相分离的：这些轮番为或同时为离心和同心的相互对立的力量，长期折磨着被渐渐为大家所共有的历史，即被法国文化的历史所加固的各种不同文化表现形式的聚合体。只是这两股对立力量的大小，随时代的变化而变化。一种大众文化尽管具有统一的能力，但它的威力上升并未根本改变问题的数据。那时候，新的因素可能在别处。它存在于这样一个事实中：这不断重现的紧张局面，出现在一个受前所未有的历史背景，即受乡村风格结束所影响的法国。

4

共和国永存

除了1968年五月风暴，"共和国模式"问题将逐渐重新提出。之所以是重新提出，因为我们已看到，在两次大战期间这也是一个很重要的问题：第三共和国"生态系统"经过了第一次世界大战，似乎变得更强大了，但事实上，战争冲击波的影响只是向后推延罢了。引起的震动是根本的，甚至由此而旷日持久。此外，还要提醒大家，"生态系统"是一个两面加工的整体，既是政治制度，又是价值系统，是这两个层面之间的一致性确保了整体的牢固和稳定。

但是，政治制度和价值系统后来经历了不同的发展速度。这种变化的差异也许是20世纪法国政治和文化史的关键之一。对于共和制来说，1919年延后的危机，随30年代而来临。于是，几十年的历史风浪开始了，经过这大风大浪，共和制发生了深刻的变化。第五共和国初期的现代化①，相隔40年后来看——而且正因为已过了40年——对共和制而言是一次复活，是第二次生命的保障。正如斯唐莱·霍夫曼谈及第三共和国中期时，能用"共和国合成"的字眼加以形容，同样，我们可以认为，60年代部分地标志着"一次新的共和国合成"，意思是说，共和制已深深扎根于很快被大家认同的，因而既合理又合法的机构中。尽管如此，如果说这一看法对政治体制来说是有意义的，那么，同样使"共和国合成"具有充分意义的价值体系是不是也经历过这种变化呢？

价值体系的代谢是完全不同的。前面讲了，"共和制模式"包含伦理、价值和准则等重要方面。这种深深扎根的共同的敏感性，比制度本身——30年代起陷入了危机中——持久得多，它顽强抵抗着两次世界大战的历史骇浪，以及第四共和国时期社会学的最初变化。相反，60年代对这一价值体系来说，是一个动荡不定的时期，这使它与正在大变模样的社会相比，处于一种不稳定的状态。即使社会的这种变化刚刚开始，但它的发展异常迅猛，因此，"第二次法国革命"——它将持续20年，1973—1974年开始的石油危机也难以阻挡它的发展——的一个主要方面，存在于正在变化的社会和在完全不同历史背景中出现的价值体系之间的剪刀差危机中。然而，价值是有生命的机体，不可能人为地保存在对它而言已渐渐变得陌生的社会中。

因此，这个始于60年代下半期，持续到80年代中期的阶段，的确是法国20世纪的转换期。一方面，这一阶段的特征是，国内的紧张程度降低，人们甚至忘

---

① 原文为意大利语：*aggiornamento*。

记了在历史长河中法国人之间曾有过的多次冲突或争论:1982—1983年起社会党政府开始承担的"严厉"政策,象征性地表明当时法国左派最重要的一支力量已承认市场经济的规律,而1984年私立学校的危机以及这场危机的解决,似乎了结了这个一直周而复始的"学校教育问题"。另一方面,在这两个十年中,由当代法国社会文化演变所孕育的剪刀差危机日益加剧。因此,"辉煌的30年"孕育了可谓的"决定性的20年",它们与"辉煌的30年"彼此重叠,继而将之延伸到一个危机阶段。

因此,与过去相比,政治渐渐带上了更多的社会文化性赌注的色彩。然而,从"第一次"法国革命以来,处于争论中心的大赌注,即政治同一性问题,已多次改变了性质。如果说18世纪末开创了共和制先河,1789年革命的冲击波一直蔓延到下个世纪,将法国必须具备的政治体制问题置于区分左右两派——这也始于1789年——的中心,那么,19世纪末则引进了新的赌注,尤其是国家在经济和社会生活中的地位和作用问题。19世纪末在争论的明朗化中所起的这个作用表明,争论总是在国家遇到严重挑战时变得明朗化,但这个过程可以发生在不同的历史背景下:如1789年后的革命破裂阶段,19世纪末的社会和政治发生变化的阶段。

我们将要研究的20世纪末——应理解为最后30年——同19世纪末一样,也处在社会变化的气氛中,其赌注——从这个词的本义上理解,即在特定的时代在一个人类共同体中起作用的东西——更具有社会文化特点。一方面,必须重新确定价值;另一方面,我们将会看到,鉴于医学、生物学和即将开始的遗传学的发展,必须重新确定不久将意味深长地定名为生物伦理学的范畴内的准则。再加上从1959年起,公共权力与文化表现形式之间的关系受国家一个部的支配(这个问题下面要讲到),因此,文化通过各种途径成了法—法争论的中心。

图 50 1967年，塞内普将其在《费加罗报》的位子让给雅克·费桑。政治漫画领域也一样，接班工作也在60年代进行。直到1981年，他每周仍为《观点－世界形象》周刊提供一张漫画。在上面这张漫画上，显然影射了蓬皮杜总统在绘画和家具方面的爱好，影射他1969年6月当选总统后引进爱丽舍宫的新玩意儿。（《观点－世界形象》，1972年3月3日）

第十六章　国家紧缩

前两章能够描绘一个更新换代的世界和一个雄心勃勃的时代:那是国家干预、消费和发展中的大众文化的混合物;这现象始于60年代初,在漫长的十年中,各种欲望自然而然膨胀发展,甚至还有五月风暴的复仇和空想作点缀。但是,对历史学家来说,回顾下一阶段,即进入通货紧缩、腐蚀性狂风大作的70年代①就不那么容易了:这个年代在集体的记忆中尚没有前途。历史学家在美元与黄金价格脱钩和1971—1973年第一次石油冲击之间,在1974—1975年吉斯卡尔②春天的风气自由解禁和1975—1976年开始的个性过激主义之间,勉强能看到转折点。接着,他们同所有法国人一样,在一个隧道里缓慢行走。因此,对于这开放的和摸索前进的最后1/4个世纪,我们很难从最佳的文化角度来加以考虑。

史学家觉得甚为恼火,尤其因为他们不得不承认他们感到尴尬,尽管这种尴尬并不来自世纪末在学术性修辞上的一种无能为力,他们对这种修辞已驾轻就熟,甚至在分析19世纪八、九十年代时做过试验,也不是来自年轻的当代历史的软弱无力,这个当代历史尽管还年轻,但已起过很大作用,善于横扫"缺少时间距离"而形成的阻力。不是这个,而是这个持怀疑态度年代的文化"裂化"产生了问题,甚至是这个年代的密度出现了问题。岁月的流逝线之所以抖动,并失去了比例感,所有的论据之所以全都消失在传媒的汹涌波涛和政治的优柔寡断之中,创造力和想象力的火焰之所以不如从前高昂,那是因为这个混乱的年代表现出一种明显的历史忧郁。

然而,为了记忆,为了明天,我们斗胆指出,也许可以大致勾勒出一个年表,尽管想用它来进行分析是轻率之举,因为目前的研究尚缺乏头绪。这个年表的起点可定在1974年这条中线上,虽政治色彩太浓,但比较方便。终点仍难以确定,不大可能是两千年,只要法国人不相信历史总要前进,仍像过去那样缺少乐

---

① 原文为英语:seventies。
② 吉斯卡尔·德斯坦(Giscard d'Estaing, 1926—),法国政治家。法国独立共和党创始人。1974年当选为法国总统。

观主义和想象力。不管怎样,只要想到兰斯①的地窖里储藏着足够数量的香槟酒,人们就认为可以不去管真正的日历,而堂堂正正地跨过 2000 年 1 月 1 日。但是,相反,根据 1997 年文化部进行的一次详细调查,人们相信前途确实黯淡无光。这份调查表明,被问及的 3 个人中,有 2 人不认为 2000 年是例外的一年,不相信可能会出现变化。对于这个"人人翘首盼望的特别日子",在被调查的人中,36% 的人感到害怕,只有 33% 的人抱一线希望,剩下的人还在观望。

其间,有三个转折点可作为临时的标记。第一个标记位于 1981—1983 年。那时左派确立了自己执政的价值,继而几乎立即丧失殆尽。那几年是弗朗索瓦·密特朗②两个七年任期的开端,在这 14 年中,有两次同右派共处。第二个标记是 1989—1992 年。在此期间,有被法国人以不同方式回忆的法国革命 200 周年,有意味着东欧共产主义灭亡、预示着清一色市场世界的推倒柏林墙事件,有对马斯特里赫特③欧洲的战战兢兢的赞成。最后,有些人冒险认为,1997 年是第三个标记:左派出人意料地重新执政,名副其实的辩论搞得热火朝天,经济恢复看到了希望,这一切表明 1997 年进入了另一个时代。

这一隐约可察的过程,并不能构成一个可让文化史确立标记的相当完整、相当明显的年表。于是,我们稳重地、并希望更令人信服地决定撇开历史分期,只限于简略地指明在这萎靡不振的最后 1/4 世纪中首先由传媒引起广泛注意的一些问题和文化领域。在本章中,我们将概要介绍一下国家在文化方面留下的印记,从根本上讲完全是法国式的,虽已减弱,但依然明显可辨。下一章将突出阐述一些对局势起缓和作用的社会文化和大众传媒现象。最后一章将不作结论地审视几个具有开创性价值的命运。

1

多种形态的危机

当然,我们得提出那场"危机",1974 年以来,它作为主角,一直萦绕着人们的日常生活、演说和思想。可是,它的无处不在提出了一个难以解决的文化问题。要不要只局限于它的经济意义?能不能按它在社会上的情况,即随舆论而

---

① 兰斯为法国马恩省一城市名,历史上法国国王加冕之地。
② 密特朗(Mitterrand, 1916—1996),法国政治家,法国社会党领袖。1981 年当选为法国总统,1988 年再次当选。
③ 马斯特里赫特为荷兰林堡省省会。1991 年 12 月 9—10 日,在此举行了欧洲最高级会议,签订了一项欧洲 12 国关于经济、货币、社会、防御等方面联盟的协议。1992 年 2 月 7 日,又在这里签订了马斯特里赫特约,预计要建立经济和货币联盟,确立唯一的货币——欧元。

变化不定的、被媒体过分夸大的、倒退着进入人们意识的情况未加分析地加以接受？是不是最好先拆除使它变得臃肿、像茧子一样将它包围的种种描绘？可是，这样做会不会徒劳无益？因为在 20 年中，危机这个词先是遭到拒绝，继而被人接受，最后又被滥用，这使它最终失去了集体记忆赋予它的启发意义和运演理由，尤其是那场作为参照的经济大萧条，即 30 年代的大萧条，它在集体记忆中就具有启发意义和运演理由。可是，从此，一场闻所未闻、慢慢悠悠地"安家落户"，继而"深深扎根"的"危机"可能有什么意义呢？它既没有年表，也没有明显的变化，没有被分析的理由，没有可测定的空间，没有解毒药和可以预见的出路，只有确认现时单调乏味的语义上的方便。这个词伸缩性很大，不再有助于辨明真假，又过于刻板生硬，不能使当今的时代与众不同，极其枯燥乏味，但被媒体的大合唱层层叠起，事实上，它越来越难以概括思想的犹豫、政治的动摇、行动的停滞，可能还有衰退。然而，这个词一直流行至今。因此，我们不妨接受下来，但要经过核实。尤其因为它有多种形态，从经济移到社会，从社会移到政治，从政治移到道德，一路行来，它就有了一种文化意义，虽不清晰，却很充分。但我们仍要相信，它对时代的形容太不准确，不能充分突出时代的特点。

此外，经济史学家们要求我们不要落入"经济错觉"（埃马纽埃尔·托德），或要我们保持"经济恐惧"（1997 年，维维安娜·福雷斯泰以此为主题，出了一本畅销书）。在他们看来，不存在严格意义的经济危机，而是国民生产总值增长率长期下降，从 1974 年起，跌到每年 5％的水准以下，从此，在 0.7％和 3％之间浮动，不过，没有出现负增长。有些人甚至谈到"辉煌的 20 年"（雅克·马赛），在这 20 年中，法国通过征服国外市场、选择产生增值的最好部门、接受技术转让、在证券交易所巧妙获取利润等措施，战胜了国民经济总值的下跌。我们的专家又指出，其实，可能是由国家来管理经济的方式——因而是沿袭下来的政治和文化因素——先是失调，继而筋疲力尽，使得法国在 1974—1984 年的最困难时期，在自由主义派的"耶稣再临人间说"盛行之时的世界大合唱中，继续处于孤立地位；在那个困难时期，战后计划化和现代化的国家已成为一个"抬担架的人"（埃利·科恩），只满足于保证"经济衰退时期温和的政治管理"。因此，法国可能进入了保守主义的"可悲的 30 年"（尼科拉·巴弗雷），抑或进入未遂变革的"爆炸性的 30 年"（让·布瓦索纳），这使得法国就因为经济的、完完全全是法国本身的原因而成为"没落欧洲的病夫"。

此外，法国人还指出，他们并没有上周围经济主义的当。也许，他们长期认为，只要经济回升，就可涉水过河，然后"像从前那样重整旗鼓"，而自鸣得意的专家们和苦于没有新鲜想法的经济学家们也不想指出他们的错误。可是，民意调查表明，如果说法国人到 1989 年仍还感到置身于世界经济萧条要负主要责任的一种"危机状态"之中，那么，1989 年以后，他们也充分意识到，一种"危机动力学"业已开始，它正在毁掉经济局势的暂时好转和大选时给予的许诺，因为它加剧了无能和怀疑的第一要素:失业现象经久不退、无处不在,失业率上升与经济波动不再有关;从正面的情况看,由于缺少专门的①技能和不能重新理解破裂的劳动市场,就业变得愈加困难。经济危机在社会和日常生活方面的一种表征的日益明显,与可就业人口失业率的上升示意图相吻合:1966年为1.6%,1974年上升到2.8%,1981年上升到7.4%(仍低于欧洲经济共同体和美国的失业率),1986年10.4%,1994年12.5%。这最后一年的失业人数达330万,创造了七国集团②成员国劳动市场混乱的最高纪录。法国未能利用亚洲和美洲的经济回升,提供更多的就业机会。

这一新的认识深化了以前的担忧:从1978年起,半数法国人觉得工作的不稳定是幸福的第一障碍,认为全体政界人士无力面对他们的种种困难。但是,这一新的认识也显露了人们的忧虑增加了:在1985—1993年间,不满意的曲线图上升,就业人口中个人感到有可能失业的比例从56%升至62%,在18—24岁的人中,甚至从76%上升至81%;"1982年,可就业者的失业率为9%左右,担心失业的人是这个数字的4倍(36%);1992年,失业率为10.1%,担心失业的人为失业率的5倍(54%)"(伊丽莎白·迪普瓦里埃)。1997年,失业和失业的威胁似乎危及700万法国人,人们感到那是一种难以忍受的剥夺,尤其因为这种剥夺宣告了对憧憬幸福和优越物质生活的历史否定,从1936年起法国人开始向往幸福和优越的物质生活,1945年后的现代化使这一向往得到了充分的满足。失业的癌症,担心个人和家庭生活的不稳定,继而担心社会因排斥而解体,如此种种,使得人们的不满、忧虑和失望情绪与日俱增。1966年,法国民意测验调查所就"您觉得像您这样的人生活不如从前吗?"这个问题进行调查,28%的人回答"是"。可是,1978年,在被调查人中,有37%的人回答"是",1985年有51%,1993年有60%。

这种意气沮丧会引起强直性痉挛,尤其因为法国人希望像从前那样获取"辉煌30年"的利益,这利益甚至被"1968年五月风暴"思想视作诱惑和厌恶的混合物,这使它更是时刻存在于新一代的思想中。换句话说,对失业的担忧,并未彻底摧毁追求安逸的倾向,面对经济危机,舆论仍孕育着被从前的经济增长合法了的对幸福的向往。因此,分享工作的想法,或从1968年五月风暴的"享受生活"继承下来的给予空闲时间的许诺,并未获得成功,特别是,多数法国人从未接受用降低每个人的收入的方式而让人人都有工作的观念。相反,遗传下来的反应起到了充分的作用,为左派政治家提供了食粮,并无情地促使工会再提要求,社会再掀风暴。

于是,自从健康、老年或失业补偿金及退休金成为受威胁或已受损害家庭的实得收入增长的唯一手段以来,将每周工作时间相继减到39和35小时但又不

---

① 原文为拉丁语:ad hoc。
② 这里指世界七个最大工业国集团:德国、加拿大、美国、法国、英国、意大利和日本,它们定期举行会议,讨论世界经济问题。

改变工资的愿望、给予低工资优惠政策以缩小不平等的幅度,以及热心于社会收入的做法,都忠实地维持了下来。于是,人们对收入的要求几乎没有缓和。任何一个经济时代,不管哪个政治多数派执政,都不屑于通过直接税来改善经济,都竭力维护既得利益,并将之视作不可逆转的权利。弗朗索瓦·德·克洛塞在他的畅销书《总想得到更多》中,枉费口舌地指出了1982年这条新马奇诺防线的弱点,那是在对一场公开化的,继而又是缓慢发展的危机深信无疑的法国,在这样一个国家里,任何真正的失业救济金和真诚地重新分配收入的政治意愿,都会遇到普遍的反对。没有什么能迫使人们必须在就业、社会保障和购买力之间做出选择,这60年代的三重遗产是被认为不可更改的。

这个防护性的并被普遍要求的不变说,是解放的遗产——福利国家逐渐衰落的客观原因之一;这种福利国家在人们"总是期待更多"的时候,显得比从前更没有支付能力。它被勒令坚持下去,而其他发达国家则缩减慈善事业费用的总额,调整对慈善事业的管理。于是,出现了这样的情况:它无力整顿促使社会保障赤字增加的医疗费用,它要捍卫在一个老年人越来越多、1993年非就业人口收入已超过就业人口收入的国家中的退休制度,要维持已达25%的公职比例,要继续推行使地方得以生存的工业政策和财政杂技手段,要拉国有化-非国有化的手风琴,要增加自然以失业者为优先的各种社会救济和收益,然后,当它筋疲力尽时,便大量借公债,尽管强制性的征税大大膨胀,20年中,从国民产值的1/3上升到1/2。于是,这个奉行凯恩斯主义①的国家,辉煌年代的创建者和调节者,现代化的推进者,受到了坚持不懈的要求,在各条战线上同时展开战斗,不知不觉地成了管理者,与其说管理重新分配,不如说管理已得成果,不如过去富裕,也不如过去可信。

国家福利长期无力抑制失业、激活就业、避免社会排斥,这是造成70年代末就开始出现的政治信仰危机的最主要因素。我们已看到,与政治的关系在1962年就已走出旧的战争时代;在那个时代,保卫领土、为共和国效力、必要时牺牲自己是具有意义的;这种意义是有争论的,不平等的,呵!它在非殖民化时代多么值得争议,经过德国占领时期有害的实践后甚至遭到了拒绝,但这也是被作为政治基础的国家紧急状态所证实和维持的意义。如果愿意的话,可说是国家命运的一种"戴高乐式"的或"进步"的意义,这种意义,将"财政管理"和"小事"置于次要地位。从1962年起,政治实际上被剥夺了这一原动力,而被经济、社会和文化的要求所包围。但是,历史遭受的不幸想使这种迫切要求变得不可抵抗,

---

① 凯恩斯主义即凯恩斯缔造的理论。凯恩斯(Keynes,1883—1949),英国著名经济学家、经济政策的制定者和评论家、有成就的金融家。他在《就业、利息和货币通论》中,为政府充分就业政策提供了理论。

因为那时,经济萧条和欧洲赌注这双重束缚,使这种主权转移变得微妙棘手,甚至不可接受;那时,国家无支付能力的威胁和必须满足人们要求的紧迫性,使政治阶层和国家政府中的精神面貌持久地、可悲而令人遗憾地落后于社会。

如果考虑到那时对世界和未来的两种主要看法,即戴高乐主义和共产主义渐渐失去影响(解放后,这两种世界观的对抗曾多么民主地武装了政治生活和选举),我们就会明白,大量产生的怀疑终于淹没了政治,使得政治既没有固定标志,也没有活动余地。1966至1995年间进行的一系列民意调查——居·米什拉和米歇尔·西蒙对这些调查进行过严谨的分析——揭示了这种从社会变化滑向公民变化的过程。是社会不恰当的行为,如失业危险上升,要求放心地进行社会改革,专横跋扈和排外态度愈来愈严重,被残酷压榨的中产阶级缺乏活力,工人阶级逐渐衰落,国家无力在谋求社会民主和完全接受经济自由主义之间进行真正的决断,等等,是这些不恰当使得人们对政治产生了怀疑和冷漠,对代议制机构失去了依恋,对共和国价值丧失了信心。在这潜伏时期,一种唯一的信念似乎渐渐在法国人的心中萌生,那就是"强烈希望有人听他们说话,甚至,如果没有人听,就强迫人听"。但是,这种信念只是表明了审议和代议民主的最低水位,抑或盲点。

在经济持续紧缩的情况下,批评和怀疑繁荣发达起来。加入政党和工会失去了数量上的优势,同时也失去了实行理想和政策的能力,而结社活动过于形式多样,并不能弥补空缺。主张揭露和拒绝的各种民众主义①得以扎下根来,从1983年起,首先是国民阵线②的民众主义。所有机构都被督促进行改革,以更好地适应各种迫不及待的要求。同所有精英离心离德的程序业已开始,不胜其烦地列举"精英们的错误"(雅克·朱利亚尔)变成了全民的一种消遣方式。因此,不仅政治阶层常被指控为无能,并因"案件"和控告增多而被指控为腐败(这就滋长了反议会制主义,维持了投票的摇摆不定),而且,那些技术和经济精英,即高级公务员或大老板们,也受到了指控。国立行政学院,这个象征着傲慢的高等学府,这个在人们的想象中被视作培养无能的坩埚,首先被怀疑为有助于自我繁殖一种泛滥成灾的国家精英,被怀疑为在加速国家的各种领导才能的悄悄融合。最后,舆论本身在表达上更加"民众主义",忘记了通过程序和方式进行表达的好处:民意调查、传媒的"花招",多少有点自发的示威和"社会运动",都试图含糊其辞地表达以前的社团和政党不再能大声说出的想法。

另一个困难,即为未来的辩论寻求重心的做法,加剧了"危机"局势。因为公众的奢望和私人的意愿活跃在平衡点变得不太明显、其可塑性使得国家制约的合理性再次遭受怀疑的地方。在天际,出现了许多经济、财政或传播活动的"世

---

① 此处,民众主义指主张捍卫人民、反对金钱强国和外国人的政治派别。
② 国民阵线指勒庞为首的法国极右派政治组织。

界化",加上市场自由竞争格外激烈,在70年代末搞得人们心烦意乱。从80年代末以来,随着一个多极的、更不稳定的世界出现,科学、技术、人口或城市发展的旋风,使得赋予前进中的"世界化"更多社会文化色彩的"总体化"这个波涛变得更加汹涌澎湃。人们预感到,从今以后,对投资、劳动市场和信息的网络和流量的控制,可能比管理领土更有用。

当这些新的相互作用确立的时候,地方的活力得到了恢复,这可能是反危机的反应,但还不能肯定地说,在世界化和派系之间是不是有过协同合作。从此,在分离的或不相容的区域之间,可能会感到更加无所适从。这新的世界游戏应该得到控制,因为,一方面,在这世界游戏中,一种使主权国并列的旧有国际秩序,难以抵御社会和文化利益的入侵,另一方面,重新分割成小块,过分有利于个性和语言的利益,有利于分散的种类和散乱的个体。想想这种主权两端受制的前所未有的局面,并仍将这种局面纳入国家和共和制的旧框框里,这是20世纪末精神和文化的关键问题。对这种局面的理解和表达,是个极其困难、极其复杂的问题,以至于它的紧迫性使其他所有问题变得更加紧迫,并使多形态"危机"的看法变得坚不可摧。

领土的这种扩张—收缩的公共管理,无可争辩地受到了早已存在的、1968年以前就已明显可见的地区优惠和地方主义要求的刺激,二者自1982年权力分散法颁布以来就日益高涨,但从此经常要加以确认。这是因为亲近关系不仅在困难时期,而且在变革时期,都能使人感到放心。退缩到日常琐事、家庭和自己生活的场所,这在需要依靠手头现有的办法和家庭的团结来学会适应现时经济危机的时候,极其合乎逻辑地成了一种广为传播的敷衍态度。很大一部分法国人甚至相信,日常生活的冒险,是一种前所未有,但却可以接受的历史性的形式,这给甚至已变得贫乏的"改变生活"的想法增添了些许乐趣。这种"对日常生活的崇拜"(菲利浦·吕卡在1981年进行过分析),甚至能摆脱毫无计划的重复和永无止境的累积,通过回收和动员仍活跃于人们想象中的部分天赋的记忆,通过复活"仿古"的社会礼节和规范、复活祖传的消费,给现时积极行动主义裹上一件嗜古的外衣。总之,一种可控制、可构筑、能增添许多希望的日常生活的想法,在社会各个阶层中都畅行无阻。这个能作为避难所的日常生活,这种被视作一种承诺的亲近关系,这种将如此多的赌注局限在情感范围内的做法,是与80年代私生活增多和社会自恋现象上升相互依存的。

因此,集体更乐意蜷缩在一种亲近关系的管理中,个体主义则认为在一个狭窄的空间感到更自在。社会学家们很明白这一点。皮埃尔·布迪厄的"社会规范",雷蒙·布东的"方法学个体主义",米歇尔·克罗齐埃反官僚主义的"行动战略",阿兰·图雷纳的"社会运动",或米歇尔·马费佐里的"游牧生活",所有这些有关"重新成为参与者"说法的变体,自1974年以来,继结构主义的统治和各种体系的获胜之后,只是在受到限制的适合于人的场所才得到充分的运用。因此,场所的变化表对观察社会变化而言是最佳的入口,所有社会学研究得出的结论都是相当明确的:未来的很大一部分几乎都在家里进行,这个想法毫不费力地为大家所接受。1991年,阿尼克·佩什龙的一份调查报告特别指出,法国人何其迅速地习惯了地方分权:64%的被调查人宣称对他们的未来满怀信心,只要未来掌握在市镇和地区手中。在他们看来,领土整治不再如60年代那样以预见合理化的国家前途为己任,而是确保人民现时物质生活得到改善,他们希望这将给日常生活、就业、公用事业、培训、娱乐和文化生活增添活力。

此外,当人们知道人口活力比以往更局限于中等城市和"都市化"的地方时,就情不自禁地将生命力同这种对最亲近的人进行情感投资联系起来。事实上,尽管一项"地区闭关自守、加强多样化和鼓励个体主义"的政策,会使国家冒各种各样的风险,但20年来,法国常常只有在就业充分、变成或重新变成"生命摇篮"的"国家"、地区和县的振兴中才恢复呼吸。这种亲近性的再生能力是人们绝对寻求的:1990年的人口统计表明,48%的法国人已不再住在1982年住的地方。承认这个新的能力,同时改变行政版图,鼓励创新,帮助制定计划,这是国家可能拥有最美好未来的一个宏图大志。

但是,在世界化和地方主义的中途,不停地被说成是主要赌注的欧洲问题,却使国家任务变得更加复杂。因为80年代的欧洲政策已初显成效:它使多数法国人相信,自愿接受不可避免的事不无益处。1992年以来,在历次民意调查中,总有2/3的被调查者承认,欧洲将有助于维持和平、提高培训和教育的普遍水平、刺激企业间的竞争力,有利于更好地同失业和排斥作斗争、改善社会保障和社会治安。但这种共识只涉及社会福利的欧洲,即确保工薪者有同样权利、就业免遭其余世界竞争的欧洲。人们认为,这个欧洲蚕茧甚至可能是一种奶牛,法国式的福利国家不仅从中挤出供自己生存的物质手段,而且还让它证实自己至今仍深信无疑的道德典范性。

这就是说,欧洲感今天处在两个变化的交叉点上,而50年代以来,这两个变化一直是并驾齐驱的。第一个变化最简单,它在于提醒人们,法国将以国家利益为论据,并使变化中的欧洲历史与自己的历史联系在一起,从而为建设欧洲作贡献。因此,在60年代,人们认为,欧洲煤钢共同体和共同市场能为重建国家、使国家现代化和恢复国际地位增添希望。70—80年代,人们仍把欧洲联盟当作法国历史的延续来领会、验证和教授;弗朗索瓦·密特朗常爱说:"法兰西是我们的祖国,欧洲是我们的未来。"但是,由于经济危机的加剧,90年代向法国人显示了第二个变化,它摧毁了第一个变化,并使他们不愿承认自己曾是政治上相当粗野的欧洲人,不大能平静地衡量经济和习俗的欧洲一体化对他们的体制、历史和民族特性产生的影响。因为他们骤然发现,像经济的互相渗透、社会团体的缺乏活力、文化的混合、核心家庭的神圣化、个体主义的确认等主要潮流,不加区别地攫住了法国及其邻国。甚至,将法国人变成了欧洲人,这更多是因为保护消费主义、无意识的模仿和命运在起作用,而不是从国家立场上出发,经过深思熟虑后的真心赞同。这种由社会文化暗示忽略法而形成的欧洲使命,这个与其说是政治,毋宁说是现代生活和生存方式的产物,使得国家处于不稳定的状态,因为它看到自己的政治意志主义既被社会超越,又不为社会理解,由于经济危机,这个社会时而陷入不合时宜的神经过敏中,时而只好有气无力地表示同意。

在同一性退缩到亲近性、强制性的世界化和虚情假意的欧洲化之间,存在着民族性,而这民族性最终会被理解为一个太大或太小的框框。一些地区政策已经绕过巴黎,直接向欧洲靠拢,一些"国家"已越过国界,互相协作,欧洲唯一的货币已被明确说成为医治法国畏寒病的唯一良药,通讯和文化已在不同范围内颤动。这些世界主义使一个已不再感到外来侵略威胁、一心只梦想安全以战胜经济危机的社会苦恼不已。然而,法兰西式的国家仍是要捍卫的"四方形牧场"和必须实现的人权普遍理想之混合物,它否认种族和世袭权,超越特定的文化特性,对有主权的和从属的领土进行治理,并将之等级化。捍卫这个国家的任务仍然交给社会一个明确的权力机构,即共和国,在这个理想的政体中,所有作为公民的个人,原则上必须学会感受他们的自由,可能的话,感受平等和博爱。因此,国家的概念总是具有民主的特性。

然而,自共和制冒险史上戴高乐的一页已成为过去以来,消费和改善生活已成为民主的动力,比民族感的价值更高。这个集体热情受利益驱使的新时代,上个世纪就被托克维尔隐约看到了,这个新时代喜欢安全甚于雄心、既得权利甚于爱国主义,淡薄社会联系,将保持生活水平置于追求理想之上。多米尼克·施纳佩尔对我们说:从此,一个更个人主义、更唯物主义的新民主,可能正在使生养它的国家变得力尽筋疲。最后要说的是,1974年以来的国家紧缩,很大程度是由一种竞争引起的,一方是要维护承袭的共和制,另一方是急不可耐地要推行权利和利益的民主,这两者之间的竞争是政治上优柔寡断的根源。

2

教育令人失望

怎样承担共和国的前后联系,同时又兼顾经济危机时期的民主要求?这个新问题自然也使学校陷入了混乱,这里既是个人教育、国民教育和文化传授的地方,也是面对新的时代和由青少年体现的未来世界向学生进行启蒙教育之地。共和制的忠诚比任何时候更要求机会均等,但这种忠诚也导致了意识形态的或行会间的各种竞争。它使人们不停地推出"改革":这是充满诱惑,但却失之偏颇的观念,60年代以来,任何一位国民教育部长都想把自己的名字同改革联系在一起。不过,社会更加根据事实做出判断,不知不觉地把它想得到学校保护的要求,变成了让学校承担经济效益的义务和超负荷的责任。家庭和学生被惧怕失业的念头所萦绕,被工作的变动和教育的复杂化所困扰,虽然知道文化也通过学校以外的途径传输,但仍拼命接受教育,以民主权利为理由,要求最公正的分享,但是提不出一个具体的计划,因而也就不能确定提出怎样的要求,才能适应日益增多的、过于整体化的、最终常常令人失望的提供。

但是,国家和地方组织可以对他们的努力做出令人欣慰的总结。格雷内尔街①的管理者们1966年以来在意味深长的词义演变中所称谓的"教育制度",将经常性的关怀作为第五共和国的目标。从1974至1996年,用于教育的总经费,按不变法郎计算,增加了85%,从占国民生产总值的6.3%增加到7.4%,比1990年以来国民生产总值增长的速度还要快。90年代,国民教育的预算占国家预算的比例已超过20%,这个比例是很难再突破的。投入国民教育的人数达120万(在这世界最大的"企业"中,占国家可就业人口的6%),其中教育工作者就有90万,这样,国民教育部变成了克洛德·阿莱格尔在1997年提出的要"减肥"的"庞然大物"。事实上,从此以后,全国1/4的人都在受教育:尽管从统计上看,1990年以来,人口明显下降,但是,2—22岁的在校学生的人数,1960年为1020万(占这些年龄段人数的69%),以后逐年增加,1970年为1280万(72%),1980年为1390万(80%),1990年为1430万(88%),1995年为1470万(91%)。这些数据首先表明,就学的年龄延长了,1980年为16.5岁,而到1995年,延长到19岁。因此,1973年出生的孩子,到1995年仍在读的人数,比他们父母20岁时仍在读的人数增加了一倍:53%对26%。受教育时间的延长和就学率的增加在两端尤为明显,2—5岁儿童的在校人数(义务教育年龄定在6岁),1960年那代人是50%,而1990年这代人已增加到85%,19—21岁的青年接受高等教育的人数,1980年为19%,1995年已增至40%。在这漫长的每一个阶段,"鸿沟和水平"一如既往地受到具有共和国性质的毕业文凭的认可,甚至比过去更受尊重:在1980—1995年之间,在同代人中,升到5级水平,即获得初中毕业证书或职业教育证书的人数,从80%升至92%,而达到4级水平,即取得业士学位②的人数,令人惊讶地增加了一倍,从34%增加到68%。

这些令人欣慰的数字,不能反映在前进道路上(从今以后,这一进程与其说在向上游,不如说在向下游进行障碍跳和排泄)留下印痕的衰退和机能障碍。小学教育既能使学生获得必不可少的读、写、算的能力,同时又能进行各种启蒙教

---

① 格雷内尔街为法国国民教育部所在地。
② 在法国,业士学位为中学毕业会考合格者获得的文凭。

育和适应社会的活动;为使儿童得到充分的发展,小学教育确信自己既是一所学校,又是一个生活场所,但是,它却没有引起人们的深入思考。多数小学生在表达和交际能力上有所提高,但在拼写、语法,尤其在计算等方面的精确性及机制的习得上却有所下降:这种教育制度,将使学生在整个学习过程中,保持初期训练中养成的这个缺陷。因此,即使人们往往否认这个缺陷,小学也几乎不再能纠正社会和文化的不平等。它只能有效地武装 1/3 的学生,甚至10%—14%的儿童在小学里不能获得最起码的知识,这些儿童将是正在逐渐蔓延的文盲现象的猎物。有些专家甚至估计,在同一个年龄段中,文盲占 15% 以上。小学教育往往只满足于将同一届的学生送进初中。

初中经过 1975 年的阿比①改革后得到了统一,并不断得到改革派的关心。它招收全部小学毕业生,这被认为在普及教育中起到关键作用。的确,在左派和大部分教师工会中根深蒂固的主导意识形态认为,从这个按同一种教育模式组织的地方,将会产生机会均等,在这里,通过简单的缩减方式,已在传播高中的知识和普通文化:只有一位教育部长例外,他就是约瑟夫·丰塔内(1994 年由弗朗索瓦·贝鲁接替),他从 1973 年起就敢于说,初中若是采取各种扶持教育法,开辟各种不同的教育和途径,将会更公正,更有效。在初中推行的这种大众化的、过于统一的措施,虽然用心良苦,但最终却只能使没有上好小学的学生灰心丧气,让成绩差的学生陷入困境,使其他所有人得到不均等的满足。事实上,这过于全面的初中,缺乏特殊的教育法和教学法,让"复制"式教育的阻滞现象在社会学和文化方面充分起作用,而这种"复制"式教育,布尔迪厄和帕斯龙早在 1970 年在一本书中便有所揭露,该书一直备受欢迎,书中揭露的情况使教师一直感到问心有愧。因此,不满和失调已在初中安营扎寨,还有"专业定向"的手风琴给予伴奏。"专业定向"或安排在初二结束时,或初三结束时,或初一结束时,总之,定向是一定要搞的,哪怕延长到高一结束时再作决定。从 1989 年起,何时进行定向,已"无区别"了。20 年来所采取的各种解决办法,无一令人满意,于是,在先验的不淘汰和事实上的不定向之幌子下,失败淘汰制已在初中安家落户。

因此,20 年来萦绕人们心头的问题,即读书失败的问题,继而是被学校抛弃的问题,和已陷入最初形式缺陷的独一无二的初中紧紧联系在一起。还有一个事实可以解释这种阻滞现象,这个事实已被舆论广泛接受,那就是初中不如全科性高中有出路,因为初中的技术专科和职业教育与企业相脱节,很少引起企业的兴趣,只有共同教育的失败者才修这些课程,再说,这些课程学起来枯燥乏味:获得专业技能合格证书或职业合格证书的学生人数,1977 年为 20.8 万,1995 年已下降到 11.9

---

① 阿比(Haby)于 1974 至 1978 年间任法国国民教育部长,1975 年推出初中教育改革法。法令规定这一级学校招收全部小学毕业生,学制为四年,分为两个阶段,第一、二学年(法国为六、五年级)为第一阶段,即观察阶段,第三、四学年(法国为四、三年级),为第二阶段,即定向阶段。定向阶段的教育为选择性教育或职业性活动教育。

万。由于共和国教育制度长期无能为力,初中已陷入困境,不再有脱身之计。延长在校的时间因其能使最恰当的期限往后推延,而成了拖延的办法。

直至1985年,高中始终避开在上游咆哮的一致化的浪潮,高中生的年增加率低于2%。因此,它可以靠自己的余速继续向前奔跑,以至于没有必要给它提出太多的问题。但是,到了1985年,让—皮埃尔·舍韦纳芒看到,技术的发展将使初中毕业生可直接得到的工作大大减少,于是得出结论,从现在到2000年,应使这一年龄段中80%的人达到"业士学位水平"。为此,他特别设立了职业业士学位,在高中发展技术专业,但未取得预期的成绩。这一政策为所有执政的多数派所奉行,也被舆论广泛接受,因为它触及反经济危机论证的核心:既然取得业士学位的高中毕业生似乎比别人少受失业之苦,那就应该从总体上延长并提高年轻人受教育的水平。说干就干。初中被勒令避免重复,从此便为普通高中和技术高中输送大量学生:1975年,高中生的人数为96万,到了1990年,上升到150万,在1985和1990年之间,年增加率在4%和7%之间摆动,1990年后,人口增长降到了最低水平,这才挡住高中生人数的增长,而意味深长的是,职业高中因缺少生源,仍在原地踏步(1970年为65万,1985年为80万,而1996年只有69.8万)。因此,高中的各种教育,虽然在90年代因新的教学大纲出笼而面貌一新,并按等级的系列准备就绪(尽管不如数学级数那样等级分明),但是,却开始出现了疲惫和衰退的征兆,和以前初中出现的征兆相似,原因也相同。

大众化教育就这样在高中安家落户,于是,轮到它来打乱高等教育了。除了医学专业和几个受保护的学科以外,高等教育不停地、没有真正选择地吸收全部普通高中毕业生及83%的中专毕业生入学,高校的前两个阶段①很快人满为患,只好通过考试失败进行淘汰。1970年有85万大学生,1980年110万,1990年170万,1995年增加到210万,于是,内破裂现象便不可避免。但在这方面依然存在着明显的差距:如果说3个普通高中毕业生中,有2个能升入大学第二阶段,那4个技术高中毕业生中,只有1个能进入第二阶段。此外,1968年的富尔法②促进了大学自主,但没有在大学之间引进竞争机制,从此,各大学之间的差距越来越大,使得高等教育更具偶然性。大学生缺乏指导,比过去更没有能力,常常在第一阶段结束时就"突然销声匿迹",而第一阶段则以轻快的步伐"第二阶段化",对短期课程和已显出清晰轮廓的培训教育却不屑一顾,不过,大学技术学院却在这方面竖立了好榜样:"停车场式的大学"③不再是一个空洞的字眼。教师意气消沉,研究往往停滞不前,教学与职业不相适应,学生人数过多,专业缺少灵活性,同企业和地区的联系微乎其微:高等教育难以完成1968年五月风暴后的转变。

---

① 法国高等教育分三个阶段:普通高等教育阶段、学士阶段、硕士及博士阶段。
② 富尔法为法国政治家富尔(Faure,1908—1988)任法国国民教育部部长时提出的关于教育的法律。
③ "停车场式的大学"即"采取等待的没有前景的解决办法的大学"。

这种以普及的名义让人人很容易受到各种程度教育的哲学，标志着心照不宣地放弃共和国英才教育的体制——这一体制建立在淘汰和文凭基础之上，因而推行一种使人获得自由的知识和遗产。在校学生人满为患，学校未能通过扶持和补课来促进机会均等，通过架起足够的浮桥来促使学生安全航行。它不善于划分等级使接受知识的途径多种多样，于是，只好满足于向每个人发放生存口粮，它认为，为大家提供口粮的科学文化库，对每个人来说都是容易消化的。于是，比如，即使在1982年创建的"享有优先权的教育领域"里，教学大纲也因共和国的法律至上主义而一成不变，将一切可接受的民主化置之不理。另一个情况也确实无疑：学校的最大抱负——目前尚不被承认，但却刻不容缓——不可能再是确保社会流动性（客观地说，由于经济危机，社会流动性几近瘫痪），而是确保年轻人对社会起码的适应能力，甚至向其中有些人灌输非暴力文明的基本知识，希望能看到他们自觉自愿地发挥他们"个人的全部能力"。

换句话说，教育制度为每个人安排了在社会上的栖身之地，它所进行的淘汰不再能改变社会的命运，由于身处经济危机时期，社会命运已变得如此沉重。于是，继续维持一种孕育阻滞和剥夺的分为三种状态的情况：对于在家庭和文化方面有特权的人来说，是对教育制度了如指掌，正确地奔跑于好的专业之间，成绩优异，进入重点专科大学和最好的综合大学；对于其他为数最多的人而言，是消耗精力的淘汰，仍可望获得"业士学位+大学普通毕业文凭"，但就业范围极其狭窄；对于渐渐增多的少数人，是障碍堆积如山，被打发去学不再有威信的专业，对学校一如既往地厌恶，某些不大有天资的学生甚至受到粗暴对待，然后干脆被开除出校。

情况如此严重，以至于产生了一种矛盾，使得"教育制度"日渐削弱，使得它的"用户"愁眉不展：社会对教育的要求依然很多，且深深扎根于地方，而教育机制无论是内容还是管理上都是集权化，被民主改革的紧迫性所困扰，淘汰率太高，却又不愿承认。阻滞现象也出自下面一个原因：在学生个人要求学到有用"知识"的刺激下，在家庭的压力下，社会便将自己在表达、划分和管理自己的宏图大志上遇到的所有困难，一古脑儿转移到教育制度上。这种超负荷的情况，使得国民教育部步履维艰。一面提出大众化，让被扔进这条大水渠中的青少年都得到好处，另一方面，却又坚持认为必须脚踏实地而又有竞争性地培养尖子人才，因此，人们更难看出这种大众化有什么好处；在每个青年不断延长的学校命运中，是给人以安全感还是实行淘汰制，这是很难迈步的。私立教育，不管有没有合同，可能依然"我行我素"，不想给家庭带来意想不到的麻烦——1984年，私立学校成功地动员起来，反对阿兰·萨瓦里①的教育非宗教化草案，迫使人们认

---

① 萨瓦里（Savary, 1918—1988），法国政治家。1969—1971年，任法国社会党第一书记。1981—1984年任法国国民教育部部长。

为私立学校的这一权利不可触犯,但是,公立教育由于堆积如山刻不容缓的问题、未得到很好表达的梦想以及人们的失望情绪一股脑儿转移到自己身上,而被压得直不起腰来。

怎么办?再说国家仍不打算以教育为镜子,好好检查自己。一个社会越是挺不起脊梁骨,就越难表达自己对教育的要求。它一想到要给自己提出永恒的知识和价值所提出的问题,便惊惶失措,惊恐万丈,因为这些乱糟糟的问题,会使人对许多问题产生怀疑,如:趾高气扬的个人主义、对孩子占有关系的定义(人们认为,孩子因为曾得到家人的钟爱,便具有天生的能力)、狭窄的家庭对社会适应的原则、在社会上尤其通过金钱获得成功的客观标准、阻止精英流动的亲近性论据的合理性,等等。

在这种情况下,人们几乎只看到一个"法国式"的出路,即会重新掀起一场争论的公众的突然振奋。因为,难道法国能够将就一下,不通过教育来检查它的民族文化遗产,检查文化和公民义务代代相传的机制以及集体与现代性的关系吗?来检查学校文化面对统治社会的"价值多元化"而感到的孤立无助吗?来检查给个人带来一切的功利主义吗?反过来说,如果教育体系通过明确自己干涉的界限而使自己返老还童,如果它不再想更久地充当引起国家混乱、家庭不安和个人脆弱的中心,还有,如果它能说出自己的想法,社会将会同意给它减轻一些过重的负担吗?

在这种状况下,正如罗杰·福鲁主持的委员会在1996年的报告中指出的那样,"教育机构改变了体系,但没改变性质。为了忠于自己,学校必须有更大的雄心壮志。人人掌握基本知识,这是它必须有的成果。人人都有工作,这是它必须有的公正。更好地管理,以便更好地教育,这是它实现现代化的当务之急。教育的这种新生是国家最重要的任务。"

3

维护文化例外

1993年,在关贸总协定谈判之际,法兰西共和国总统和法国政府将"文化例外"一说强加于人。他们辩护说,文化财富和业务,尤其是电影和视听方面的文化财富和业务,不能像其他投入市场的产品那样得不到支持和保护。如果说他们成功地说服了他们的欧洲伙伴采取这一预防措施,那是因为他们以自己是这些领域中公认的权威为理由:的确,法国在这方面一直是世界上唯一的自由国家,在这个国家里,各种形式的文化都与精神和公共领域有关,故而都属于集体意愿和总体管理。1998年,经济合作及发展组织成员国就签订多边投资协定进行谈判,此间,法国又提出了此类论据。

文化例外说自古有之。这在旧制度统治下已得到证明,那时,国王和权贵们通过保护文艺来巩固自己的业绩;这也被那场大革命所证实,它通过1792年法令,"体面地维护"了无数注入共同记忆中的民族文化财富;同时,这也记载在民族的,然后是共和国的门楣上,1830年以来,保护文化的势头呈直线上升。但是,真正为文化政策确定框架的是第五共和国,是它给法兰西民族的这一独特性注入了表现力:1959年,安德烈·马尔罗受第五共和国之托,遵照极其戴高乐式的使命,创建了"文化部":"让尽可能多的法国人能接触到人类的,首先是法兰西的重要文艺作品;让最广泛的人关注我们的文化财富,鼓励创造能丰富我们文化遗产的艺术和精神。"

这个关于一种国家使命的庄严申明,长期被局限在一个其名称和权限都不明确的权力狭小的政府部门里(至1974年,一直叫文化部,至1981年,叫文化和环保部,自1981年起,叫文化和新闻广播电视部,并大搞土木工程或法国大革命二百周年庆典活动以增强信心),这个部是在美术遗产基础上东拼西凑而成的,高高在上的国民教育部,尤其是财政部对它不屑一顾,财政部给它的预算从未保持在占国家预算的1%,而这1%的比例,对于瓦洛瓦街的每一任部长来说,既具有象征意义,又会使他们欣喜若狂。能使这种集中管理国家的宏图大志的做法少一些偶然性的部长,除马尔罗之外,只有雅克·杜阿梅尔(1971—1973年任文化部长,他的领导使他的部赢得了信任),和雅克·兰(1981—1986年和1988—1993年长期担任文化部长,拥有较优越的财政预算和总统持久不变的支持,从而能推行最有效的文化政策)。

如果说国家的这一宏图大志赢得了法国人的好感,除民族阵线外,任何一个政党都没有加以谴责,那首先是因为它值得尊敬地将法兰西文化遗产发扬光大。的确,国家的干预是在旧的框架上进行的。首先,权力机构依然是民族遗产最好的捍卫者,它"为了明天而召集过去",让博物馆恢复生气,维护正在蓬勃发展的档案事业,继续全面清点国家公开或隐藏的文化宝藏,帮助修复老城区和古建筑物,促进文化旅游事业发展,从1980年,即从确立民族遗产年以来,分担国内出现的回忆狂热或怀旧情愫(这在第十八章将会看到)。此外,它实际上放弃了任何检查,尊重艺术家的权利,保护他们在社会上的地位,1982年,通过书籍一价法以保护书店的利益,自觉帮助戏剧、电影和造型艺术,通过国家订货的方式刺激创作,1987年起,鼓励私人资助文艺创作,从而确保了多元化,捍卫了自由。最后,它支持"文化发展",如发展马尔罗时代的文化馆,发展1982年创办的音乐节或文化遗产日,从而延伸了民主意愿。

因此,在这种王权的古老历史、温和的自由主义和民主的鼓舞刺激相混杂的情况下,国家尊重在人民阵线时代已显雏形,并得到第四个计划的专家们确认的契约;从60年代起,这些专家们便建议坚持"保护—创造—传播"的政策。连国王的后裔,那位亲王①的所作所为也忠于这个政策。继1977年根据乔治·蓬皮杜的夙愿在巴黎博布尔高地建造的国家文化艺术中心开馆之后,法兰西总统的锲而不舍孕育了大兴土木工程的雄心壮志,这个大兴土木的雄心壮志,是弗朗索瓦·密特朗两个任期中的保留领域。多亏爱丽舍宫式的华丽,法国才有了几个奢华的建筑物,往往始而引起争论,但最终必得舆论的承认。从1986年到1995年,许多纪念性建筑物拔地而起,如奥赛博物馆、维莱特科学城和音乐城,以及阿拉伯世界研究所、巴士底歌剧院、迪方斯拱形大厦、大卢浮宫和法兰西国家图书馆。它们都建在巴黎,这只能加强中央集权化的传统,可此传统仍那样深得人心,外省几乎没有发出抱怨。

然而,这个慷慨并深得人心的政策,尽管1992年的一次民意测验表明,80%的法国人仍对它深信无疑,却很快显出了"逃跑路线"(奥利维埃·多纳)和落伍迹象。群众性娱乐活动表现形式的混乱不堪和增加,首先导致了文化类型的混乱不堪和做法的五花八门,权力机构对这些做法越来越难以控制,因为它们所提供的被视作更为高雅的文化娱乐活动,与可直接消费的娱乐活动展开了不利的竞争,这些可直接消费的娱乐活动包括电视、体育、旅游,甚至包括出于同经济危机有关的需要而所热衷的地下经济、"职业"或转行培训班。半个世纪以来的读书史,在这种与一项政策相竞争、继而与之分庭抗礼的日益增多的文化活动中,是一个令人失望的例子:尽管国家对图书馆作了显著的努力,但在1990年,一半法国人,尤其是年轻人,同书本不发生关系,即使有关系,也是断断续续,而看书多的人则是凤毛麟角。另一条逃跑路线也可从文化资料和设备在经济生产上的大众化上观察到。文化现象已侵入经济活动的广泛领域,从服装业,到实用艺术品或厨房,从"企业文化"的狂热,到以广告为目的的赞助②。甚至,一种通过媒体传递的言论迅速蔓延,它将"游戏、习俗和群众"(保尔·约内)混为一谈,激励消费个人,刺激一种普及化了的其表达形式服从市场规律的创造力。这种促进"文化工业"发展的做法,在1983年后被文化部长认为是积极的做法,这个做法常常无视抑或拒绝国家的倡议,因为国家的倡议不可能提供如此低廉,又质量上乘的产品。最后,正如下一章将看到的,一种全方位传播手段的发展迫使国家退到一条防御线上,这条防御线在80年代便是维护公用事业的一块空间,人们认为,应使这块空间免受私有化媒体的竞争:在这里,一项政策也遇到了挫折。事实上,上述三种沉重倾向加速了文化的私营化,促进人们加入世界竞争,以便在充斥着美国或亚洲式样和产品的市场上占有一席之地;目前,尚未能找到一个办法,来对付这三种沉重的倾向。

除了这些社会经济方面的障碍,还存在着另一个问题。这个问题与政治更

---

① "那位亲王"指法国前总统吉斯卡尔·德斯坦。1974年,蓬皮杜总统去世后,当选为法国总统。
② 原文为英语:sponsoring。

有关系,那就是文化部承担的使命向"全文化现象"方向扩展;坦率地说,国家干预要承担此项任务,必定要牺牲部分共和主义。这一附属领域的扩展,在1982年的法令中已写得很清楚了,这一法令废除了1959年的法令,沐浴在当时社会觉得意的春风中。它规定,从此,文化部长的任务,是"使所有法国人能够培养自己的发明和创造能力,能自由地表现自己的才能,按照自己的选择接受艺术培训;保护国家、地区,或各社会团体的文化财富,以有利于整个集体的共同利益;鼓励艺术品和精神的创造,并给予最广泛的支持;发扬光大法国文化和艺术在世界文化对话中的影响。"这种"文化活力论"(菲利普·乌发利诺)从此摒弃了干涉主义的模式,以自由选择的名义培养了自发性。它通过给予财政支持,为"日常生活中一切美的形式"恢复名誉,促进国际、地区和社会敏感性的混合,鼓励"适合于青年的文化"发展,扶持摇滚乐、连环画、时尚和美食,甚至扶持被列入有意义创造之列的拉普和塔格①。这种干预范围的扩大,本来可以促进文化和社会之间一切富有成果的接触。但是,它迎来的是不确定或颓废的、有附带意义的、支离破碎的纯娱乐性文化活动;在保护文化遗产和教育等使命错误地被认为不很重要的时候,在同国民教育部、大众教育、城市政策和所有社团活动的联系仍很松散的时候,鼓励这些活动无疑削弱了国家的指示作用。

不过,80年代的这种"嘻哈文化"②倾向,有这样一个长处,即可以说明当时的文化政策与其说离不开从亲近关系论据不可抗拒的力量中升起的、有利于文化创造和消费的声音,不如说离不开从充满危机的社会中升起的声音,特别是音乐的声音。这种在"社会生活各个方面"和在地区出现变化的显著信号,是70年代初由各地区的觉醒发出的。的确,文化政策的市有化,继而是省有化和地区有化,已具有巨大的鼓动能力、民主合法性和财政能力,以至从1984年起,这些地区确保了57%的国家文化费用,到2000年,2/3以上的国家文化费用似乎都将由它们提供。国家干预的这种深层搅拌——其实,这是一种"目录游戏",通过多种多样的但是相互不大协调的行动,扶持文化方面的供给(埃哈德·弗里特贝尔和菲利普·乌法利诺)——也对巴黎的努力起到窒息作用,哪怕会泄露中央领导在将中央管理机能向地方分散时始终遇到的极具法国特点的困难,哪怕通过地区领导的途径。地方意志主义勇敢而更为具体地承担了文化的普及化。

这些内部的变化,这些"逃跑路线",也促使人们起来揭露文化政策,但还不够广泛。1987年,阿兰·芬基克罗在《思想的惨败》一书中,否认了瓦解文化的"全文化现象"说。1990年,一份关于法国人文化活动的官方调查,指出了始终影响人们接触传统音乐的物质、社会和象征意义方面的障碍。1991年,马克·

---

① 拉普(rap)为一种快节奏的说唱式音乐;塔格(tag)为一种涂写在街头墙上或地铁车厢上的标饰、字饰、图饰等艺术形式。

② "嘻哈文化"(hip-hop)指在大城市郊区的青年中流行的以说唱乐、涂墙、快板乐、霹雳舞等为主要特征的文化形式。

菲马罗利的《文化国家》一书十分畅销，并再度掀起论战；在这部书中，作者本着极端自由的精神，揭露了"使法国变得狭隘的潜在的独裁政治"，谴责"由上面组织的一种群众文化，这种从内容上看自命不凡，从目的上看搞平均主义的文化，不仅会毁灭聪明才智，而且会暗暗压抑人们心情"，尤其指出"政权带着迷惑人的面罩，对着镜子孤芳自赏"。1993年，一位知道内幕的人，前音乐舞蹈编导米歇尔·施内德也否定了对"创作者"阿谀奉承的做法，不赞成使干预过分大众媒体化，并为一种普及艺术教育作辩护。最后，1996年，一个由雅克·里戈主持、杜斯特—布拉齐部长亲自召集的委员会负责弄清现状，制定急需"重建"的文化政策的框架。

毫无疑问，"重建"文化政策需要坚强的政治意志。因为政府尚未准备改过自新。那些探索反文化、游弋于国际海洋中的创作家和艺术家们，比任何时候更想得到文化部给予他们的少得可怜的拨款。在国家和人民之间起调停作用的人总是推出时尚，随意评论公众艺术活动。绝对服从的知识分子，无论是右派还是左派，都捍卫他们的一方草地，并且揭露艺术和思想已经融入一种伪民主的"活力论"中，这种活力论大力鼓励私营市场的各种沉重倾向。然而，谁都承认，随着经济危机和预算紧缩的出现，省事的、将可怜的预算进行细分的和普及补助的时代已然结束。确实，假如法国文化出现某种衰退，照马克·菲马罗利的说法，那就应该"修改沉重的和弄虚作假的制度，因为这种制度会使才能、本领、雄心和爱好悲观失望，甚至使之堕落"。更确实无疑的是，马尔罗时代的模式已然过时：庞大的设施已完成，继续搞庞大工程很难获得资金，或会导致破产；支离破碎的观众不再像以前那样收看节目；上层的民主化已进入死胡同，"全文化现象"对它并没有多大的促进；对艺术机构和职业的支持安于现状，既改变不了大众的文化实践，也改变不了他们的消费。"文化发展"并没有像90年代人们认为的那样，更好地缩小了社会裂痕抑或改善了公民生活，人们不可能像80年代所渴望的那样，相信"文化发展"会产生经济影响。1981年在文化部出现的"某种夸夸其谈的现象"（菲利普·乌法利诺）甚至蔓延到政治家，由于缺少更好的办法，他们力求使人相信，在经济危机时期，文化问题是决定性的问题，因为它唾手可得，且不要花很多的钱。因此，银根紧缩也已在这些战线上安家落户。

然而，文化费用在法国所有行政机构中已获得真正合法的地位，包括那些长期反对瓦洛瓦街倡议的部门。各个城市已广泛接替了福利国家。业余爱好者希望得到鼓励，要求接受艺术教育的人在社会上达到了前所未有的广度。从此，一些更体现共和主义精神，也就是说，更深思熟虑、更具有象征性、更少利用传媒、更多利用学校的文化政策，将能够在这个国家长期执行——这个国家依然在表达"国家的强烈要求"，从而表明它不想立即放弃它的"文化例外"。

第十七章 大众文化消费

国家文化供给和干预的削弱,不过是经济危机的后果之一。其他一些社会和经济后果,也相继证实并激化了60年代末就可观察到的一种严重倾向:即在闲暇或曰潜伏的时间里,大众文化用品大量增加,传媒泛滥成灾,闲暇或潜伏时间越来越"侵占"工作和睡眠时间,这一现象的日趋严重,用阿纳·阿朗德的话来说,打下了当代"文化危机"的死结。一方面,文化用品产业使人们的消费倾向日益严重,另一方面,在更为支离破碎的法国,人们对社会的适应陷于困境,这两种现象使得文化的供求双方得到了加强。"通讯社会"在前进,这使得大众文化的消费膨胀起来,趋于统一,以至于有人说,"通讯社会"成了一个没有意识形态的世界唯一可接受的意识形态。人们还说,视听技术的普及,成了1975年前出现的"大众文化"的主要特点。但是,无论前者还是后者,都不断遇到阻挡,阻挡的规模是"文化例外"的组成部分。事实上,文化消费的多样化和飞速发展,证实了1975年前业已开始的变化:大众化和消费并非是统一化的同义词。

1

没有规律的供与求

要了解这个变化,先要看一个具体事实。的确,80年代不仅学会了站在金钱和市场的立场上更自由地领会文化的意义,而且,对文化经济说的肯定及科学技术的应变,促进了大众文化产品的销售,尽管按说经济长期处于危机状态本该使商品滞销。这种物质文明确立并导致了许多行为。

事实上,文化欣欣向荣。它使市场繁荣,生意充盈,并提供了就业机会。可重复产品的生产和销售数量及项目数量都在不断增加。我们要举几个不同领域的例子,遗憾的是,难以进行有条理的全面的描绘,因为这一研究领域长期被认为不合乎情理,甚至被认为没有意义,至今尚未深入探索。1994年,家庭文化消费和开支的总额约占国民生产总值的 4%。1980 年（指数为 100）以来，家庭文化消费总额，在电影方面有所下降（指数为 61），报刊、出版和摄影实际上停滞不前（分别为 111、110 和 123），广播电视稍有上升（186），但是，录像业和唱片以及所有音像电器却大幅度增加（前者为 349，后者为 557），而平均价格却下降了 40%。仅提供这些产品的文化工业一项，总"重量"就达 1800 亿法郎，而 1980 年只有 1210 亿。此外，报刊业的营业额已逾 550 亿法郎（1982 年为 330 亿法郎），这一数额的 40% 来自广告。持记者证的人数自 1965 年以来从 1 万增至 2.8 万。但是，仅阿歇特出版集团一家，由于它在视听和报刊方面兼有多种业务，营业额就达 300 亿法郎，而法国最大的私营电视台 TF1 的营业额达 90 亿法郎（1988 年为 48 亿，1997 年为 100 亿），其他电视台，不管是国营的还是私营的，赫兹波的、电缆的还是卫星的，总营业额超过 210 亿法郎。

仍以 1994 年为例。那年，唱片和录音带的销售量为 1.3 亿（1996 年增至 1.63 亿，1997 年增至 1.73 亿），其中 50% 是在特大超市里，还有 30% 是在多种文化用品专卖店里，如全国文体用品联营店（FNAC①）和沃金大商店②。仅从 1990 至 1994 年，录像带的销售量从 1600 万增至 3000 万，家庭购买盒式磁带录像机的比率，从 43% 增至 65%，手提摄像机从 6% 增至 14%。广告方面的投资指数，从 1973 年的 100，增至 1990 年的 202。80 年代发展尤为迅速，致使 1991 年企业和机构的广告预算总额达 1050 亿法郎。即使在危机深重的电影业，国家也竭尽全力，以提供预借款的方式给予扶持，国家投资从 1985 年的 15 亿法郎，增至 1994 年的 22 亿法郎，分别拍摄了 151 和 115 部电影。1991 年，大众文化旅游事业蓬勃发展，一千来个著名风景区、博物馆、历史遗迹、公园、音乐节或有纪念意义的地方吸引了 2.89 亿游客前来观光，而据文化财富开发商估计，国家提供的参观点中，真正得到开发的只占 1%。1982—1993 年，文化产品的进出口值增加了一倍。看到这个领域的市场欣欣向荣，许多像哈瓦斯广告社、欧洲海洋运输公司、里昂水电能源公司等大集团，都大受诱惑，纷纷通过大众传播的阳关大道，涌进文化的各个领域，以股权公司、出资和改组的方式各显神通。尽管失业现象严重，文化职业 1982 年只招聘 19.4 万名职员，而 1992 年则达 28.3 万，增加了 1/3。至于著作权的收入，1988 年为 27 亿法郎，1993 年则达 45 亿法郎。

没有必要继续在这数字的迷宫中探寻了。总而言之，有一点是显而易见的：从 70 年代初以来，文化用品和业务的生产、分销和消费，使它们的经济、金融和贸易能力至少增加了一倍，并在提供就业，尤其为年轻人提供就业方面，起到了不可忽视的作用。这一成果在经济危机的背景下尤为瞩目，对国家的经济活动

---

① FNAC 为 Fédération nationale d'achats des cadres 之缩写，意为"全国文体用品联营店"，这是一家连锁商店，主要经销书籍、音响、相机、体育用品等。

② 沃金大商店为 Virgin Megastore 的音译。

起到了促进作用。而且,这是在美国和亚洲的文化用品充斥法国市场的情况下获得的,生产网络的全球化使美国和亚洲的文化用品更是无处不在。文化用品和业务以比过去稍微缓慢,但差强人意的速度,跟上通讯领域最先进的技术。因为文化的这种活力必然同比方说电话事业的飞跃发展有密切的联系:1975年,30%的家庭安装了电话,1985年达89%,1995年达97%,此外,1996年以来,手机风靡全国,因而电话日趋个人化;这种活力也同"迷你通"①有关:"迷你通"1984年投入市场(1985年呼叫时间为1300万小时,1992年则达1.1亿小时);此外,这还同电话传真有关,这是书写的形式出乎意料的一次回击。

特别是,这个技术"海啸"得到了"社会信息化"的有力帮助;1978年,西蒙·诺拉和阿兰·曼克以《社会信息化》为题,公布了一份报告,这使社会信息化在人们的意识中变得十分紧迫。80年代,从办公信息处理,到通讯信息处理,信息学以飞快的速度使得企业管理自由化,甚至使某些家庭也开始信息管理化,这使人感到措手不及,这说明——顺便提一句——个人有着惊人的适应能力。1990年以来,随着对话式媒体的问世,个人装备和电信联手,掀起了个人用电脑,即"家庭"电脑或笔记本电脑的浪潮。"多媒体"通过数字化将文本、图像和声音混合在一起,通过激光数据储存盘,使信息储存量大大增加;此外,它借助银行和数据库,继而借助电子邮件和电子"论坛",促进相互交流。国际互联网通过新的"信息高速公路",为人们提供大量信息,花很少一点钱便可进入互联网,这掀起了到这"网络世界"中淘金的热潮。有人对我们说,这种"网络世界"将给人类活动带来新的意义。比尔·盖茨②,这位大富翁,美国微软公司的象征,因而是有预见的大老板在其1996年出版的《未来之路》一书中预言,在电子贸易中航行,将是没有冲突的后期资本主义的"最后市场",最终会使智力资本产生效益,并使一切文化摆脱羁绊,在"网络文化"中改变面貌。虽然我们不像他那样乐观,但必须承认,不到20年,信息化正在一种自我满足的可利用性的气氛下,创造一种潜在的和"相通"的电子氛围,尽管它偏重于技术精英主义,并且,所使用的语言具有平庸英语化倾向,且又相当贫乏,但是人人都能进入这个氛围中。信息化增加了网络和个人之间的交流。它的信息交叉口和专用道的"联机"研究,已开始更大规模地、更灵活地构建实用程序知识。因此,在大受赞扬的信息化的帮助下,在信息数值化的激励下,任何建立在多种通讯基础之上的"文化发展"可能会得到发展。

对这规模巨大、形式多样的经济供给,社会要求以保留其所有消费力作回答。但是,由于经济危机引起的失望、个人主义的上升和社会本身的变化,消费力时降时升。总之,社会的新鲜事物,在传媒的影响下,以越来越快的速度,带动

---

① "迷你通"为 Minitel 的音译,即视频文字终端。
② 盖茨(Gates,1955—),美国信息学家,1975年和保尔·阿伦创建了微软公司。

了人们行为方式和精神面貌的变化,这使"社会文化"变得明朗了,"全文化现象"变得繁荣了。的确,直到70年代中期,文化实践仍与一种个人和集体幸福的理想密切相关,这种幸福观,完整而热烈地反映在构成"辉煌30年"抱负的工作、家庭和娱乐这个三位一体中。此后,由于经济危机,工作失去了它大部分象征性的使人产生激情的威望,它的变化不可预测,难以控制,因此,进行初期培训和继续培训的要求尚未重新形成,尽管这十分紧迫。因此,文化实践和消费在家庭生活中,在空闲时间无事可做和失业危机潜伏的情况下,在给人以安全感的亲近关系的小气候中,变得更加欣欣向荣,表现出更多样化、更个人化的需要和愿望。

还应指出,在树立这种新的态度时,辈代之间的区分起到了充分的作用。尤其是80年代以来,就业年龄限制更严,控制在25—55岁之间。这些年龄段的人必须遗憾地减少他们的文化活动和娱乐时间,以便最好地管理他们仍肩负着的经济活动。相反,在链条的两端,由于对就业的忧虑或失望,人们会放纵自己的各种欲望和需要,特别是对文化的欲望和需要。从生物学和情感方面来说已延长年龄的青年一代,试图接受各种教育,既是为了推迟进入就业的时间,也是为了更好地进入就业生活,一面大量消费商品文化,以业余爱好者的身份欣赏各种游戏活动,满足于充斥着视听和感情内容的"闭门幽居"生活的任何延伸。职业生活过早结束(因为1983年退休年龄降低到60岁,而且提前退休的人大大增加),人的寿命延长,加之一般都有较好的经济状况,这也使得战后各代人中处于退休状况的人成为意想不到的消费阶层,甚至常常是热中于各种文化形式的阶层,如俱乐部、旅游、业余爱好、消遣、各类培训、协会、同其他各代人分享知识和感情。被排除在社会之外的人,即"居无定所者"、长期失业者、生活在社会边缘者或老年人,他们也不一定会熄灭文化的火焰。

此外,这种行动主义并不是纯粹的消费,它的个人主义比人们所想象的还要更经常地保护它免遭强制性的供给或通讯之苦。"1968年五月风暴参加者"对所提供文化的使用价值的忧虑事实上尚未消失。对未来的担忧,首先是对失业的恐惧传布了一种公认的不满足,而不再是局部的反抗:居·德博尔后来对"影视社会"的揭露,或马库泽①对"单维"人迅速繁殖的担忧依然存在。尤其因为阶级、职业或法定社团从前所具有的某些个性和社会标志的消失,促使许多个人更自愿地投入到企图全球化的目的尚不明确的科技文化之中,投入到令人放心的亲近关系以及家庭自我陶醉或简单的个人主义享受之中。在那些曾保存或自以为维持了特殊标记、强烈的归属意识和微社会联系的人中,有一些人担心遭到经济和社会的排斥,害怕甚至仇视别人,尤其仇视移民,因而,他们同样需要独自的

---

① 马库泽(Marcuse,1898—1979),美籍德裔哲学家,他的马克思主义批判哲学和对20世纪西方社会所作的弗洛伊德式的精神分析在1968年对西方极左派大学生影响很大。《单维人》是他1964发表的一部作品。

文化娱乐和消费：1983年以来，民族阵线也对这种文化娱乐和消费增强了信念。相反，另一些人则认为，"文化用来摆脱困境"并非是个空洞的口号，"从街头的意外收获到交流知识"（正如1996年《影视一览》周报的通栏标题所说的那样），在困难街区开展公众关怀和社会教育行动必将开花结果，这样，渐渐地，同一性和文化的重建将会有助于维系社会联系，甚至有助于缩小90年代出现的"社会断裂"。

因此，在一个断裂的、旺盛和多形态的社会中，"参与者回归的时代"（阿兰·图雷纳），同样也是"部落时代"（米歇尔·马费佐利）。因此，一种充满了创新、主体行动主义、不分等级的好奇心和默契交流的社会游牧生活，促使人们去扮演当前消费"全文化现象"说所建议的角色，这是一种更具有试验性、游戏性和批判性的做法。显然，由于经济危机的影响，这种社会游牧生活，曾是人们每天必须过的生活。但是，它也是某种无政府主义和享乐主义思想的继续，这种思想孕育了1968年五月风暴的反文化，或多或少地伴随着如今不满55岁的人一直走到今天。一家创建于1970年，为叛逆的先锋派①辩护的画报《当前》，在80年代发出了新的口号，宣称80年代将是"积极的、技术的和快活的"年代。还可举一个更为持久的新闻例子，可以通过对报刊编辑的演变、对像《解放》这家报纸（1973年诞生于极左派，因锲而不舍地传播这一时代精神，而成为一家知名的文化报纸）的文化内容和越来越不典型的读者进行深刻的分析，来证实社会学对一种咄咄逼人的游戏性的"文化主义"所产生的感觉。

"改变生活"，继而在危机上"冲浪"，相信"昨日即明日"，然后让个人主义充满"空虚的时代"（吉尔·利波韦斯基）：就这样，这些载入史册的态度远远不是相撞或冲突，而是相互交融。它们维持了一种有广泛社会基础的默契，促进了有感染力的、被固执地认为能给人们带来欣悦的"全文化现象"的发展。如果说无数五月风暴的孤儿们成了文化、传媒和高科技商业的小老板，无数"英特网民"曾有过催人泪下的东西，无数没有实现的梦想曾一点一滴地不断灌输过高频率的自我陶醉和好奇心，这决非是偶然。

2

行为的频繁变化

1973年以来的这些文化实践确认了社会和经济活动的这些新建议。通过调查，甚至可从数量上证实文化现象在人们日常活动和生活中的这种演变。但

---

① 原文为英语：underground。

我们这样做时并不抱幻想,因为在将个人团团包围,并保证使其充分施展才能的通讯、传媒、消费和实践之间,边界已形成许多渗漏的小孔:"全文化现象"已成了混合物,它太多地利用参与者的自主性和相互影响之间的不确定性,使得一种统计方法不可能完全使人信服。再说,我们再一次强调,既然私人生活、亲近关系、文化创造和自我完善已成为使无数个人和群体在经济危机的单调生活中摆脱困境的保值投资,那谁又能满足于经济计量学抽样法呢?不过,我们仍可考虑采用某些数字化的对比,那是文化部的调查和未来展望司1973年以来确立的数字,并经奥利维埃·多纳认真研究过。因为这些数字可以标出一个在社会学方面可确定领域,那里,一种混合现象齐心协力,对文化实践和文化行为进行加强、更新、分割、杂交和革新。

首先,个人和家庭在家里和在日常生活中的某些消费的发展显然是频繁变化的。在100个15或15岁以上的法国人中,声称每天或几乎每天:

	1973	1981	1988
读一份日报的人	55	46	43
读一本书的人	22	19	17
听唱片和磁带的人	9	19	21
听广播的人	72	72	66
看电视的人	65	69	73

因此,"在自己家里"的封闭空间,成了度过空闲时光的最佳场所,尤其成了无处不在的音像技术的探险之地。相反,读报或读书等旧的形式停滞不前,抑或有所衰退。

然而,我们注意到,从事户外文化活动并没因家庭文化消费的发展而受到损害。下列图表可以证明这一点,这张图表分门别类地列出了在近12个月中15或15岁以上的法国人(仍以100为基数)出入公共场所的次数:

	1973	1981	1988	1992
电影院	52	50	49	49
公共节庆活动	47	43	45	—
博物馆	27	30	28	30
古迹	32	32	30	28
舞厅或夜总会	25	28	28	27
购票观看球赛	24	20	25	—
动物园	30	23	22	—

(接上页图)

摇滚或爵士音乐会	6	10	13	19
业余演出会	10	12	14	16
马戏团	11	10	9	14
剧院	12	10	14	12
民间舞蹈演出会	12	11	12	11
音乐厅,综合文艺演出会	11	10	10	9
古典音乐会	7	7	9	8
舞蹈演出会	6	5	6	5
歌剧	3	2	3	3
轻歌剧	4	2	3	2

从上列数字中,可以看出有很大的差异。许多行为仍属于少数,属于精英,正如该表从上至下比例逐渐缩小所证明的那样:尽管国家为普及"古典"文化而作了各种努力,但歌剧、音乐会、当代艺术、戏剧只有一小群"真正"的业余爱好者光顾。同时,我们也证实了一种完全是选择性的法则的力量:出身于富裕阶层的少数人,出于坚定的选择,只参加固定的圈内活动的频率比较高,这也许是对区分不明、更为被动的大众消费所作的反应。但是,相反我们也看到,参与传媒文化重要活动的群众日益增多,出入大量文化设施场所的人日渐增加,或者,60年代以来,由于青少年和妇女们的加入,晚间出去参加文化活动的人数逐渐增加。

因此,法国人出门的次数多了,但也更有选择,不断地进行探索,且劲头不减,形式多样:形式繁杂的文化活动,并没像"大众文化"的诽谤者们最近揭露的那样,导致按最低标准的统一化。仿佛"走出"家庭茧子——这是《影视一览》周报20年来经久不衰的口号,不仅出现在广播电视节目的预告中,也出现在对一切文化活动的评论中——这个唯一事实成了真正"适应文化"的和有修养的做法。

两个广泛的趋向使上述看法变得更为可信。从80年代初以来,人们认为参观文化遗产的人日益增多将成为一种"社会现象"。事实上,有些数字导致了这种民主和个性的乐观主义。从1960到1994年,光顾档案馆的读者增加了9倍,即从2.2万增加到23.2万,其中2/3的人是去省级档案馆。买门票参观国家博物馆的人数,1960年为330万,1985年为710万,1993年为960万,即30年内增加了2倍。这些博物馆1980年共接待900万观众,1990年为1600万,从此,每年的参观人数稳定在1400万左右。1988年以来,参观巴黎大型画作回顾展的人数常年保持在40万—100万之间。由国立历史古迹银行管理的景点每年接待近800万参观者。然而,假如从这个日益增长的数字内,扣除外国游客的比例(也是日益增长),排除促使人们参观像大卢浮宫、奥赛博物馆、维莱特科学城等新景点以及乘车环游必经的旅游景点的驱动效应,我们不得不看到,传媒和旅游业有效地动员并驱使临时游客涌向重要旅游景点,但经常性的认真的参观者人数并没有实质性的增长。即使大量文化消费已具有几乎是必要的价值,但出于热爱和"提高修养"而光顾文化遗产的人仍然不多。

同样,作为业余爱好者参加的文化活动——不可否认,20年来变得更加频繁,更加众多(尤其是音乐学校大获成功)——显露了由于数量众多而必须进行选择的真正战略。不管是音乐、舞蹈、戏剧、书法,还是造型艺术,十个法国人中,差不多就有一个参加或参加过此类文化活动,如,吉他、钢琴、合唱、现代或古典舞蹈、记日记或写诗、素描或水彩画,这一事实首先证明人们用游戏的"十字镐",在越来越广泛的选择范围内刨了一下,同时证明人们有了乞求文化救助的倾向,想以文化活动来区分和伴随个人生命的各个决定性阶段。成功接踵而来,兴趣广泛正在变成有益的积累,假如这二者有助于人们进入退休阶段,尤其是进入成人阶段的话(15—24岁人中的业余爱好者比年龄大的人多一倍)。

因此,今天,任何一种文化的社会学都仍然是模模糊糊,若明若暗。当然,我们注意到,在不同的年龄、不同的文化程度和居住地的人之间,存在着很大的差异,因为各人的社会地位和文化背景不同。比如,1994年,如果说100个法国人中,平均有55人上电影院看电影,那15—19岁的人占88%,55—64岁的人占40%;只上过小学的人占24%,具有高等学历的人占74%;看电影的比率因地而异,从科雷兹省的1%,到巴黎地区的27%。如果说平民阶层的文化消费依然处于低下的水平,如果说单身者的文化消费多于拖儿带女的夫妇,如果说从事社会职业的人保持着与众不同的文化特点,那么,这类文化消费的普遍性是说明不了什么问题的。相反,所获文凭的等级,要比地区、家庭、社会、宗教或政治的祖传意识更能说明文化实践的结构。在年轻人和妇女先是穷追猛赶,然后是极端活跃的影响下,性别和年龄段也使文化实践变得个性化。居住地——不管有没有特别的文化供给——和从事的职业——不管对时代和传媒效应有没有敏感性——,也都能提供良好的文化实践和消费可能性。因此,旧的区分不够明确,不够贴切。新的区分是根据其他标准确立的,它表明"文化世界越来越混杂化"。

例如,1990年前不久,奥利维埃·多纳发现了七个文化活动世界。前四个世界指出了最常见的现象:随着世纪末的到来,越来越多的法国人接近共同文化,即以音像文化为基础的大众文化。有一个世界始终清楚可见,即排除在文化之外的世界,它汇集了不读书、从不听音乐、不去任何文化场所的人。从前,这个世界在社会上有明显的标志,主要是前农民和工人,没有文凭,上了岁数,住在乡下,但是随着经济危机受害者的出现,这个世界扩大了。文化贫乏始终是生活在农村、年龄较大的民众阶层的特点,他们保留了旧方式的"民众文化"和"大众文化"的反应,即家庭群居性、纯消遣性外出、大量收听广播和收看电视、崇拜影星

图 51 1992年1月巴黎卢浮宫地铁站的"塔格艺术"。这件事引起了广泛的议论,巴黎独立运输公司对法国博物馆于此同时在夏约宫举办鼓舞人心的"格拉夫艺术"展览会颇有微词,后者为吸引游客来参观卢浮宫,曾将这个具有象征意义的地铁站重新装修过。这种对"嬉蹦文化"的野蛮张扬,加上拉普乐歌手取得的初步成绩,让人感到郊区城镇正在摆脱保留态度,以自己的方式组织人们遵照文化当局的意愿"涌向艺术"。1992年7月,在地铁站的墙上乱涂乱画一律罚以重金。但这无济于事:即使卢浮宫恢复了原来的古典主义,但在法国大城市及其郊区仍可看到塔格艺术的大量入侵。图画暴力和轻微犯罪的边界已变得细孔累累。

或歌星、阅读情感小说和实用书籍。与此相比,由各阶层的大部分青少年构成的世界以音乐为中心,显得极其自主化。他们很少把读书和使人想起学校的东西归入他们的闲暇活动中,他们摒弃习惯的文化,炫耀某种独有的爱好,在过境前,理所当然地摸索着参加其他几个世界允诺的各种表达和消费形式。最后是一般法国人的世界,这个世界的界限很难划定,但却是消费文化品最多的世界,它有一个极其视听化的震中,那就是电视、流行音乐和电影戏剧。这个世界的人对媒体传播的"高雅文化"的各个方面都十分敏感,他们无视先锋派和现代戏剧,有当业余爱好者的愿望,参与周围的娱乐活动,但不大想突出自己,很容易得到满足。

相反,那些活跃的少数人,有着更典型,但不因循守旧的选择。他们的灵活性表现在同文化的三种"高雅"关系上。从此,可以相当清楚地分辨出"传统的高雅者",他们学历高,年过45岁,格外钟情于书籍、文化遗产、电影、戏剧和音乐会,收看22点后的夜间电视节目或阿尔特电视频道①节目,对迅猛发展的流行音乐敬而远之;1968年五月风暴前的文化构成了他们的生活。而"现代的高雅者"比前者稍为年轻一些,他们崇尚享乐主义,将文化和娱乐混为一谈,对时尚和热门的东西更为敏感,热衷于一切唾手可得的娱乐活动。"赶时髦的高雅者"——比前两者更是"巴黎派"——置身于这个社会金字塔之巅,与传统派和现代派相交,兴趣广泛,消费过度,为文化生活定基调,并参与管理。这最后3个世界比前4个世界更坚定地具有一种接受文化作品和实践的社会学特点,这种做法侵犯昔日社会文化边界,先是刺激个人文化消费的欲望,最终使公众四分五裂。这种危害性,正如我们看到的,大大削弱甚至破坏了国家的干预力。

然而,这个普遍的变化不能精确地反映一种同样赋予这最后25年以色彩的特别的变化:年轻人在文化方面不像以前那样具有前驱性,尽管媒体想使人相信这一点。直至1975年,一种"青年文化"异军突起,欣然从"大众文化"中汲取营养,将大众文化的某些消费方式和象征据为己有。出生率激增时出生的孩子站在一切创新的前列,他们的热情使人对1968年五月风暴为之增添希望的未来感到前景乐观。可是,从1975年起,"青年世界"带上了"怀疑"的一代或"有道德的一代"(洛朗·若弗兰)的文化色彩。这一代人的成分更加混杂,他们没有要求得到的遗产,也不对遗产提出异议,没有稳定的工作,没有固定的或公开发表的理想。既然"社会电梯"出了故障,新一代人知道他们走进生活时,成功的手段和希望都将少于他们的前辈,那么,这种"青年文化"怎么还能超越社会归属呢?既然它已被文凭至上的不平等,被城市区划、家庭救济方面的经济和文化差异,被它同暴力、性或毒品往往是不成熟的关系所穿透,所粉碎,为什么它还要通过机械模仿而保持一种协调和驱动效应呢?

---

① 阿尔特是法、德两国联合经营的为欧洲播送节目的文化电视频道,创办于1992年。

诚然，不满 24 岁的人仍可要求有共同的特征：崇尚个人价值胜过公共义务，信奉一种时代风尚，即对调和各种相反的事物既敬而远之，又想融合一体，过度进行文化消费（在他们那里，任何文化实践都比全国平均数高出一倍）。但是，他们中的一部分人生活在与世隔绝的环境里，无望得到解放，这些年龄段的人对未来不再有期望，在现代特征中不再能看到自己的影子，相反，这种现代性遭到他们的指责，或被宣布已告失败。

总之，学校的天地只为这些青少年提供一种未来成年人的一般模式，文化消费已在各个阶层中普及，文化消费的发展已使种种接受方式趋于一致。因此，许多青少年开始寻觅一种更能体现他们个性、更标新立异、更明目张胆和更有象征意义的文化或次文化，但不想过分地使之普及化。恰恰相反，这使他们越来越与世隔绝。于是，不久前才兴起的"青少年主义"①的做法，为"闭关自守"的行为方式确定了意义。这种闭关自守的行为方式表现在衣着新潮，标新立异，没有特别的社会标准。于是，在那些生活在充满危机的城郊而对自己缺乏信心、以纠集移民孩子为乐的少数青少年中，80 年代由美国输入，并通过传媒而广为传播的"嬉蹦文化"，企图通过"塔格艺术"和"格拉夫艺术"②，尤其通过传播焦虑或快乐的、常常富有诗意，但总有令人难以置信号召力的拉普音乐，来促进"街头艺术"的创造力。

这个既是文化，又是运动，又是表达方式和语言的"嬉蹦文化"，仍是瓦解和孤立青少年的文化区划之最好的例子。它蜷缩在结构遭到破坏的城市一方土地上，给一些地盘做上标记，与其说通过传媒进行社会渗透或引起关注，毋宁说进行地理上的袭击。从摇滚乐，到"慢节奏"或"强节奏"的拉普乐，从把词的音节倒置，到纯粹的象声词，一种令人难以忍受的孤独暂时将一群群青少年紧密地联系在一起，骚扰城市、街道和为数不多的体育或"社会文化"公共场所，将不受拘束的"大男子主义"强加于人，试图颠覆法律、规则和传媒，含糊不清地表达一些对社会自相矛盾的拒绝。相隔十年，一些大获成功，既受边缘青年青睐，又受心里有疑问的广大观众喜爱的影片反映了这种分散在四处的烦躁情绪。1985 年，克洛德·齐迪以颠倒音节命名片名的影片《败腐者》③一马当先，实事求是地揭露体制的腐败，预告体制可能遭到灭顶之灾。1995 年，马蒂厄·卡索维茨的《仇恨》用电影声带来反映生活在城市的苦恼，巨大的噪音扼杀了语言，使任何对话难以进行。在此期间，吕克·贝松的《蓝色的大海》（1988 年）在最后一刻使人回想起爱情的约束和浪漫主义的力量，这使女青年观众感到无比的幸福，而皮特·韦尔在《已故诗人俱乐部》（1989 年）里渲染的温情，也驱使年轻的观众去享受一种否定现实的自由。

---

① 青少年主义指激发青春活力和价值的做法。
② "塔格艺术（tags）"和"格拉夫艺术（graffs）"为涂在街头墙上或地铁车厢上的标饰、图饰、字饰。
③ 应理解为《腐败者》。原文为 Les Ripoux，由 Les Pourris（《腐败者》）颠倒音节而成。

也就是说，一种"青年文化"的特征似乎从此变得模糊不清，年龄大的人有充裕的时间来怀疑这些特征的真实性。然而，在许多青少年中，延长青少年期被视作是一种生活艺术。躯体运动和寻找躯体的快乐仍是他们"不丢却面子"，也就是不丢却个性的首要自卫武器。以电子形式进行的交流，"接通"并延伸了"恰契"①一词无穷的意思；在"恰契"这种循环式的讨论中，表达和说理降到了次要地位。友谊和爱情的地位总是在上升，但是，狂喜的继而是嘲讽的幽默——科吕什②和伍迪·艾伦③在内行者身上的混合——却提醒人们不要忘记社会对"胡闹文学"④的批评，表达了青少年面对这个处于领先地位的棱角分明的社会而茫然不知所措的心态。对于其他所有人来说，为了继续孤独地生活，几个久经考验的处方，如连环画、电影院（它们教会你热爱生活），尤其是无处不在和营养丰富的各种音乐等，从来都是有用的，甚至是不可或缺的。

3

对音像心醉神迷

30年来，首先在青少年中，但也在其他所有法国人中传播的丰富多彩的声音，非凡地揭示了当今一种文化现象所能表达的社会经济的和象征性的意义。此外，60年代末开始跑在媒体前列的电视表明了当代另一个法则：传播手段是调整文化市场、实践和消费的重要基础。图像和声音不断地播送和织造，从此编织着文化生活的锦缎。音像可望成为一种普遍的语言。明天它甚至会成为一切文化的沃土吗？这是人人所思考的问题。

音乐的"大发展"是最令人惊讶、最意味深长的现象。它让精神振奋的供与求协同作战，使人们的音乐感受力发生了巨大的变化。在供给方面，据1995年统计，大约有2.5万以音乐为生的专业人员，他们是各种各样的音乐词曲作家、经纪人和代理、艺人和音乐家。不仅400个国家音乐厅演出频繁，生意兴隆，而且，事实上所有人人可去、装备精良的公共场所也一样，如青年文化宫、体育馆（1983年以来，巴黎贝西体育馆一马当先）、教堂、历史性建筑物或多功能音乐厅（用于明星"巡回"演出）、古典音乐节、爵士音乐节和舞蹈节（1992年音乐节和舞

---

① "恰契"为 tchatche 的音译，意为"能说会道，口若悬河"。
② 科吕什（Coluche, 1944—1986），法国深受群众喜爱的滑稽演员。
③ 艾伦（Allen, 1935—   ），美国演员、电影人和作家。他通过电影，成了新纽约犹太人幽默的最负盛名的代表。
④ "胡闹文学"起源于英国，其历史可追溯到19世纪初，以胡闹诗最为著名。这类文学作品大多为儿童而写，诙谐怪癖，常使用毫无意义的自造字。

蹈节多达近 2000 次之多),或摇滚音乐会大弥撒。

1984 年以来,在前文化部长雅克·兰的推动下,法国各大城市约 15 家音乐厅,模仿巴黎的天穹音乐厅,欢迎青少年观众前来观看演出。当地政府增加了各种类似的创举,如蒙彼利埃的摇滚音乐厅、里昂的吊车音乐厅、阿让的佛罗里达音乐厅,于是,形成了一个普及职业演出和推动业余活动的名副其实的网络,1994 年的收入达 16 亿法郎,其中 60% 仍回到法国的文艺创作和演员身上。诚然,由 13 个歌剧院形成的网络是 1989 年以来在极其困难的情况下创建的,其中心先是巴黎的加尼埃宫,继而是巴士底歌剧院,这个网络依然很不严密,真正算得上模范举动的,也就是 1995 年维莱特音乐城开门营业,但无论如何,扣人心弦的演出比过去多了。例如,在某个中等城市,不仅市音乐院成绩斐然,而且还为业余爱好者增设了许多公共音乐场所,热情接待娱乐行业商业性的巡回演出和音乐会,既能展示国际偶像的多姿风采,又能展现穿制服少女演奏铜管乐时的勃勃生气。国家给予音乐的投资,在 70 年代主要用来扶持现代创作(1976 年,皮埃尔·布莱的声学—音乐研究和协调协会①在乔治·蓬皮杜中心安家落户)、古典音乐和音乐教育,尤其是,这使马塞尔·朗杜斯基② 1969 年发起的结构化计划得以实施,而 80 年代以来,国家的投资更自觉地用来扶持通俗音乐的新表现形式,以促进一切"文化发展",增强市镇政府的兴趣。

除了上面所说的音乐在城市扎根之外,"为推销歌曲"而录制的音乐短片或音乐录像带也纷纷涌入无数公共场所,由此可见,音响效果每日而不断地改变着城市。1982 年由文化部创办,并很快大获成功的音乐节,每年 6 月 21 日通过征服大街小巷,证明了无疑由市场维持的,但同时被业余性和公众首创性加固的完整倾向,展示了一种几乎已成为本能的消费和娱乐的欣悦。1976 年以来,比如昂古莱姆混合音乐节也表明了年轻人中的这种狂热情绪的社会暴力,而 1977 年以来,布尔热之春音乐节则展示了丰富多彩的面貌,将源自爵士乐和摇滚乐的各类音乐混在一起,技术精湛,赢得了新的观众。因为,不言而喻,这种音乐的抒发,从 70 年代的有交际狂热的"音响效果",到 90 年代的数控技术和"摇滚乐风格",都在尖端的技术中汲取了它的部分威信和表现力。以至于 1997 年,"当代"音乐或曰"创新"音乐,通过"流行音乐节目主持人"和大量的电子音乐,为青少年提供了一半音乐活动。

在家庭生活中,音像业的威力势不可挡,无须开动所有的"音响设备",便能听到音乐的声音。我们已提到了几个令人信服的数据。但还可举出另一些同样有说服力的例子。从 1973 年至 1988 年,经常听唱片和录音带的法国人增加了

---

① 声学—音乐研究和协调协会创建于 1976 年,会址设在乔治·蓬皮杜国家艺术文化中心,致力于研究、创作和传播音乐。布莱曾担任该协会的会长。
② 朗杜斯基(Landowski, 1915—1999),法国作曲家。其交响乐和歌剧作品在先锋派和保守派之间找到了一种巧妙的妥协。1966—1975 年任文化部音乐司司长。

一倍。音响设备也随之增加。如，拥有一台高保真音响组合的家庭，在同一时期里，其比例从8%增加到56%；80年代，汽车收音机、随身听和微型磁盘唱机也得到了普及。1995年，唱片和音乐录像带的营业额大约有70亿法郎，事实上，仅此一项就占书业经济比重的一半。因此，法国在这方面已成为世界第五大消费国。法国市场被六家外国"大哥大企业"所垄断，它们控制着75%的生产和90%的销售，与此并存的，还有一些独立的企业，以及一些已被纳入这6家"大哥大企业"的唱片公司。仍以1995为例，在法国市场上，推出了15,000个新品种，其中46%为国际的，即盎格鲁—撒克逊的，44%为国产的，10%为古典音乐。因此，一条早在60年代就露端倪的规则再次得到了证实：在文化的供给与选择方面，大众文化消费因兼收并蓄而欣欣向荣；这条规则在其他许多文化领域中也已发现。以英语国家为主调的商品尽管汹涌澎湃，但未形成海啸，法国商品知道如何抵挡这股洪流。

然而，音乐波首先通过征服视听媒体而得以传向四面八方。通过广播特别节目并伴有赤裸裸的广告以促销唱片、音乐评论、音乐会录音，这些做法在60年代已成为家常便饭，此类特别节目经久不衰。但是，调频波段使人听起来更觉舒服，事实上，70年代起，所有无线电广播都开始利用这个特权，想在音乐上一展鸿图。于是，增加了节目间的插播音乐和连续的音乐节目，广播节目主持人总给予没有风险的"流行歌曲"以特殊的待遇，但也播放各种类型的音乐，甚至，从1992年起，用40%的比例来播放法语国家的音乐。因此，在80和90年代重新掀起的收听广播的热潮中，音乐所作的贡献要大于严格意义上的新闻，这股热潮首先在青少年中掀起，并且，多亏了他们才得以形成这股热潮。这样，1996年，73%的法国人宣称听广播"主要是听音乐"，而其中90%为15—24岁的青少年。事实上，国营电台和私营电台互相竞争，以便征服所有听众。法国—音乐电台或古典电台竭力捍卫高层次地位，而法国广播电台、法国—国际电台或欧洲一台等大哥大电台不仅在"全音乐"中出击，而且还衍生出音乐分台：于是，法国广播电台二台在"这不是广播，而是音乐"的口号下，于1997年应运而生。此外，1982年以来，私营电台的飞速发展使各种年龄的人都得了满足，从蒙马特尔电台、蓝色电台或为年长者创建的怀旧电台，到摇滚乐天窗电台、快乐电台、亲爱的已婚妇女电台（"音乐从没给您带来过如此多的快乐"，该电台如是承诺，尤其是为铁杆青年听众设立的新青年电台。这最后一家电台，1990年就在证券交易所上了市，1995年的收听率象征性地超过了欧洲一台。与这股音乐狂澜作顽强抵抗的，只有朴实、顽强并以育人为已任的法国文化电台。

相反，出于对自己的图像使命本能的尊重，电视的音乐节目不如电台丰富，即使阿尔特电视台或M6电视台播送很多音乐节目，即使从1996年起美国的MTV和法国的MCM等音乐电视台，通过电缆和卫星，可让少数音乐爱好者们观看到音乐节目。然而,在1996年,80%的电视观众仍期望所有普通大电视台播出更多的音乐节目。最后,毫无疑问,数控革命通过电视机和家庭电脑,也可能使音乐在家庭再度掀起高潮。至于电影,显而易见,20年来,声响的质量和特别效果音响为一部影片的成功做出了巨大的贡献。

总之,五彩缤纷的音乐风景给人以深刻的印象。报刊杂志,不管是专业性的还是非专业性的,都心平气和地指出了这一点,并不分等级地排列各个栏目,如古典音乐、音乐诗、摇滚乐、格鲁夫音乐①、电子音乐、歌曲、舞曲、世界音乐和爵士乐:消费个人主义将自己的法则强加于人。在这被分割的,媒体、类型和感受力互相交织的汹涌波涛中,当代的深奥音乐打了败仗。它不停地试验,将它的精雕和扭曲局限在几个圈子里,秘密地寻找电子突破口。相反,各种形式的古典音乐,不管是国营电台,还是私人电台,都向人们施展着魅力:迷恋歌剧,器乐音乐生气勃勃,涌向音乐会和演奏家,收听专门音乐电台,崇拜微妙的录音效果。在其他音乐类型方面,听众和音乐爱好者们忠实地记录下了在60和70年代发出轰隆声音的盎格鲁—撒克逊浪潮的巨大冲击。这股冲击力显然将一种美国模式的先人之见强加给任何通俗音乐。因此,在那几家"大哥大"电台的监视下,人们从有各种变体的摇滚乐,转入英国式的流行音乐,继而又转入"多种文化并存的"、更为畅销的雷加音乐②、民间音乐或音乐舞蹈。每一代人推着前一代人前进,每一个人到了15岁便会相信,一种外来的大众音乐能使人对生活产生真正的眷恋,从而能激发青春热情,然后,再将维持这不断更新的共鸣的重任托付给新的一代。怀旧和更新齐心协力,为音乐梦推波助澜,每一个十年都有忠诚和好奇心伴随。1/4个世纪以来,每一个儿童都是古老的摇滚乐银河和"摇摆舞年代"的继承者。为了长大成人,他必须使一种启蒙模式派生出另一种形式,这种模式的原型仍打着"美国"的标记。

然而,法国是发达国家中唯一使流行音乐保留民族特色的国家。在这方面,法语国家的支援不可忽视:来自魁北克、安的列斯群岛、黑非洲或马格里布的各类音乐和艺人异军突起,产生了语言混杂的歌词,并找到了听众。那些用家乡语歌唱的歌手和演唱组合,80年代短暂消失之后,又回到了法国歌坛,迫使广播大量播放他们的节目,从而再次掀起抵制美国流行音乐的高潮。因此,仅举传统歌曲为例,可以看到,那时候这股水流仍在欢畅地流动,可它在1975年都要干涸了。比阿夫③或达利达全盛时期的现实主义歌曲,从70年代末起,孕育了一种十分机灵的例外,那就是雷诺④那与众不同的歌曲,继而又滋养了

---

① 原文为英语:groove,指一种由爵士乐、摇滚乐、嬉蹦乐混合的音乐。
② 雷加音乐为一种牙买加民间音乐,产生于20世纪60年代末期。
③ 比阿夫(Piaf,1915—1963),法国女歌唱家和演员,以演唱法国民歌而闻名于世。
④ 雷诺(Renaud,1952—   ),法国作曲家和歌唱家,他用时代的语言和传统的音乐,写出既具柔情蜜意,又有批判精神的歌曲。

一些骄傲的小歌手,如绿色女黑人、屠夫助手等演唱组合。阿兹纳夫、贝科或雷格吉阿尼的爱情歌曲,使苏雄、加布雷尔、布吕埃尔、帕特里西亚·卡斯得以成名。特勒内、布拉桑、费雷、布雷尔、巴巴拉时代的说唱歌曲,通过甘斯布尔或努加罗得以继续存在,甚至60年代的"伙伴们",如迪特龙克、弗朗索瓦丝·哈代,也终于东山再起,卷土重来。新一代歌手,如尚福尔、"拉普音乐歌手"或肯特,一直保持着词汇丰富和节约资金的特点。最后,一种法国化了的健壮的摇滚乐,一直由坚不可摧的约翰尼·哈利代或埃迪·米切尔,继而由他们的传人达荷或泰雷福纳演唱组合所体现。因此,法国的有些财富保存了下来。这只是苟延残喘吗?1973年,唱片、自动电唱机、音乐会和广播电视节目最佳排行表中的前20名,都是法国的,或是用法语制作的。但是,这一数字1983年只有前11名,1995年只有前3名。

最后,我们可以说,形形色色的音乐大规模地征服了法国人——1970年年龄超过40岁的人除外。社会学的基础极其广泛,没有强加任何一致性。恰恰相反,听音乐和从事音乐的普及刺激了各类音乐的选择和兼备能力,更多的是交错,而非拉平,甚至,在90年代,出现了受到广泛要求的兼收并蓄。因此,奥利维埃·多纳得以指出,一种普通的艺术——爵士乐已变成精英艺术,而青少年钟爱的音乐——摇滚乐正日渐衰落,各类音乐的协作越来越显示出生命力。诚然,四个法国人中,有一个人同音乐世界关系疏远。但对其他所有人来说,音乐已成为生命不可或缺的东西。因此,我们已经可以说,在70年代被视为转瞬即逝的,可20年后又东山再起的既典型又互补的态度,是真正可靠的态度。这些态度总能使人与人有所区别,并揭示了当代人向形形色色音乐靠拢的社会广度。"流行音乐业余爱好者"、"古典音乐爱好者"、"摇滚乐爱好者"、"兴趣广泛的音乐迷"们心甘情愿地和平共处。这种持久而令人欣慰的混杂现象,也许是20世纪末一大文化新事物。

电视的情况有所不同。因为,与此相反,电视的大众化孕育了习惯,千篇一律导致了厌烦。诚然,电视媒体仍统治着一切,支配着观众,激发着才智和敏感性,吸引着广告资金和预算。但是,它的无处不在性维持着一种粗糙而缺少变化的消费,这种消费与电台音乐节目不同,不去迎合观众的愿望,放弃培养观众的情趣。由于各电视台只服从收视率测量的商业性民意测验,因此它们同50和60年代时期国家、教育和文化的雄心壮志之间,只维持微乎其微的关系了。从此,日常"电视"只有有限的吸引力和说服力:在夜间人们用遥控器信手频繁换台,或观看录像,这样做维护了选择的自由,将滚滚而来的图像分成等级。因为不擅于,或不可能成为成熟的文化类型,电视几乎只成了冷媒体。

然而,很长一段时间的统计数字是相当不容置辩的,尽管经不住推敲,且往往有争议。法国虽然没能赶上欧洲其他国家、美国或日本,但这方面的曲线图一直在上升。家庭电视于 80 年代配备完毕,拥有电视机的家庭,1974 年占 82％,1982 年上升到 91％,90 年代达到 95％,拥有彩电的比例同期分别为 12％、57％和 94％。1980 年以来,辅助性的设备和商业如日中天。同时购买第二台电视机(1955 年 36％的家庭)、录像机(1985 年 13％的家庭,1990 年 43％,1996 年 70％)、录像带、节目报(1995 年 21％的家庭)、电子游戏或手提摄像机等等,这些都证明人们有与图像接触的强烈愿望:据信息法律和技术机构统计确认,从 1980—1992 年,电视的总消费量增加了 3 倍。节目的提供与这狂热的消费相辅相成,1965 年的年播出量为 4600 小时,1975 年上升到 7500 小时,1980 年为 1 万小时,1985 年则达 1.5 万小时,而从 1991 年起,随着电视台的自由化,年播出量开始腾飞,最后高达 4.8 万小时。

　　日常收视时间不由自主地向这供求游戏屈服,哪怕违背向更多自由时间发展的趋势。某些统计表明,在每个拥有电视机的家庭中,每天看电视的时间 1982 年为 230 分钟,1996 年上升到 300 分钟:从此,电视机(有的家庭不止有一台电视机)、录像机每天开 4 个多小时(据上午电视节目收视率证明,人们常常早晨醒来就打开电视机),直到深夜电视机、录像机还在不断播送图像,至于看不看,由一家人的生活习惯而定。按个人统计的数字更说明问题,从中可以更清楚地看出人们对电视的关注。15 岁以上的人,1968 年每天收看电视 90 分钟,1980 年达 120 分钟,1994 年则上升到 190 分钟:在这最后一年,法国人每天收看电视的时间处于美国人和斯堪的纳维亚人中间,前者为 4 小时,后者为 2 个半小时。另一些资料表明,男人每天看电视的时间为 180 分钟左右,女人为 200 分钟,4—10 岁的儿童为 100 分钟,有工作的成年人为 160 分钟,不工作的成年人为 220 分钟,50 岁以上的家庭主妇居首,为 258 分钟。诚然,拿着遥控器频繁换台是盛行的做法,电视观众可以心不在焉,时不时用漫不经心的目光看一下电视节目,不像过去那样全家人非得坐在一起看电视。但是,呆在电视机旁的时间有所延长,这充分表明这一至高无上的媒体对社会的影响之大。尤其对于儿童,某些心理学家已毫不犹豫地谈到"被电视俘虏的时代"、"被电视抢走的童年"(利利亚娜·吕萨)。

　　看电视时间的延长,与电视台的增多和私营化有直接的关系,它们要对"电视"史上文化行情严重转向负主要责任。1974 年起,法国广播电视局分裂成 7 个公司,这是瓦莱里·吉斯卡尔·德斯坦进驻爱里舍宫后不久就希望看到的,这是"改革电视发行"、减轻国家对"法国喉舌"垄断的序幕,国家对"法国喉舌"的垄断是戴高乐和蓬皮杜时代的遗产。于是,电视节目的安排和制作不再由一家垄断,既由庞大的国家机器(法国电视广播公司、法国电视电影摄制公司)负责,也由一流的私营公司负责。各电视台(法国电视的先驱 TF1① 相继有了左右手,

---

① TF1 即法国电视一台,原为国营电视台,1987 年私营化了。

1964年成立了Antenne 2①，1971年成立了TF3②）的竞争，据有些人认为，应该能刺激和满足各种不同的观众。但是，技术的创新、节目订购量的增加，以及1968年起电视广告的出现，这一切，在现代化和自由化的名义下，使经济的压力变得越来越大。电视自由化在左派上台后就完成了，在这个利害攸关的问题上，左派政权没有征求法国人民的意见，就大刀阔斧地干了起来，那时候，弗朗索瓦·密特朗和雅克·兰频频发表演说，宣告极其民主的文化新时代的到来。1982年7月29日颁布的法律，在第一条中无疑确认，"公民有权享受多样的和自由的音像传播工具"。然而，在一个尚未树立很高威望的最高权力机构（1989年变成音像高级委员会）的指挥下，在一个常被瓦洛瓦街提到议事日程的合法范围内，从此出现了激烈的竞争，财政起着决定性作用，收视率对竞争起着调节作用，而公用事业的任务却没有清楚确定，特别是，电视观众被排斥在这场混战之外，不可能参与进来。

这样，TF1被国家转让给了私人，相继在1987年和1996年卖给了布依格集团，该公司热热闹闹地把它变成了法国最大的、"深得人心的"、信息量大的电视台。Antenne 2和TF3这两家国营电视台，1989年起由同一个政府机构管理，经过剧烈摇晃，最终能同TF1这个庞然大物较量了。相反，1984年创办的第一家付钱收看的电视台Canal＋颇具诱惑力，它的高质量的新闻、令人捧腹的"木偶滑稽剧③"、体育和电影节目、"流行"的语调和标准的幽默，使它在1995年得以庆祝它的第四百万个的订户。电视五台原是家私营电视台，由意大利人西尔维奥·贝鲁斯科尼创办于1986年，1992年破产，1995年被一家国营电视五台取而代之，致力于"知识、教育和就业"。第六家电视台已变为私有，1988年，都市电视台在那里建立了M6。作为第七家电视台，法德合营的阿尔特电视台，坚定地炫耀自己的文化使命，经过长期的痛苦煎熬，于1993年开始播送节目。后来，从1986年起，随着有人建议使用电缆或卫星（法国在这方面仍然明显地落后于别人），冒险开辟了地方台（如巴黎一台）、欧洲台（如TMC或RTL等外语电视台或法语国家电视台）和国际台（有用法语的，如1984年创办的TV5，1994年创建的LCI，也有用英语的，如CNN，它差不多是"地球村"发布新闻的官方机构）。但是，电视台尽管多如牛毛，却仍在有线电视经营者的监视下，他们出售混杂的"花束"，试图既能产生经济效益，又能满足观众反复重申的希望看电视能"自由选择"的爱好。

因为那是30年发展的结果：电视媒体壮大并普及了，它变得如此强大，以至1982年以来，电视观众已对节目的多样化确实产生了兴趣，90年代依然如此，一

---

① Antenne 2 即法国彩色电视二台，为国营电视台。
② TF3 即法国电视三台，为国营电视台。
③ Canal＋电视台的"木偶滑稽剧"于1988年推出，常以政治人物作为剧中人物。节目推出后，深受广大电视观众的欢迎。

图 52

1988年以来，在Canal +电视频道上，"新闻木偶"节目每天大显嘲弄之能事。政治家、运动员、演艺界人士专心地观看照自己样子做的胶乳木偶的表演，久而久之，有时竟和它们相像起来。节目的幽默微不足道，但对木偶所指的人肯定是一种摧残：许多法国人信口冷嘲热讽。媒体自封为公民犬儒主义和滑稽诙谐的大师。图为爱德华·巴拉迪尔和雅克·希拉克，1955年。

是因为他们不同意那几家大电视台的顽固不化的因循守旧,二是因为对文化怀有兴趣。从此,"住宅的疯丫头①"(多米尼克·沃尔特龙)作威作福,但并不比过去更令人信服,证据是,只见上半身的大牌播音员播送的20小时电视新闻的收视率下降了,从1990年起,三位电视观众中,有两位"用摇控器信手频繁换台",拒不接受广告的骚扰(广告的年播送量1985年为393小时,1992年上升到1719小时,但是,1995年,只有18%的电视观众收看广告),看电视时,时而激动,时而直接谴责,指责暴力图像和淡而无味的节目。1990年起,83%的电视观众承认对电视节目感到失望,希望他们的意见受到节目制作者的重视。

然而,年复一年,"广大观众"并没有开小差,而是分裂了。以至于前三家大电视台发现他们的忠实观众在文化水平、社会地位和人数上有所下降,而新创建的或干脆商业性的将节目分集播出的电视台,则对最年轻的、最有学历的和最城市化的观众有更大的吸引力。不管人们以这种据说是50年代在小屏幕上创建的人人唾手可得的庞大民众大学的名义对此表示遗憾也好,或根据一种乐观的交际哲学对此表示高兴也罢,有一点却是十分清楚的:1982年以来,电视完全听凭市场逻辑和个人主义消费的摆布,却未能为这个由图像维系社会联系的共同文化领域扫清障碍。每天测试一下,便可得出不足近似值:大家是不是仍像六、七十年代那样,每天早晨谈论头天晚上可能看到的电视节目?还有个迹象也很说明问题:电视刊物停滞不前,因为电视消费能够自给自足。创刊于1960年的《电视七天周报》,1991年以来的销售量跌至300万以下,《袖珍电视周报》很不景气,《Z电视周报》销售量大,是因为价钱很便宜,《影视一览周报》读者很多,前面说过,是因为已改成普通文化周刊。

可是,这个浮肿的媒体——"是广场,小舞台,还是阿片酊?"(米歇尔·杜索),除了使图像、习惯性的演说和金钱的声音变得不真实外,别无理想,它使人产生形形色色的欲望,却常常得不到满足;对这个媒体,我们仍缺乏了解和研究,因此,不可能在不了解它的情况下,就这样谴责它。某个卡尔·波普或皮埃尔·布尔迪厄的指摘指控,永远也不能使电视节目的冲浪者、善于发现自己喜爱节目的夜间找乐者、苦于缺乏知识的自学者、经验丰富的学生或录像迷感到心悦诚服。如此多的电视频道带来了如此多的电视节目,电视观众当然目不暇接,美国或欧洲的电视连续剧吸引了无数观众,日本的卡通片风靡法国,现实电视剧轻而易举地使人相信这就是自己的生活。但是,同样,多亏观众的宠爱,电影再次获救并更得人心(例如,1982年以来,通过埃迪·米切尔的《最后一场》),电视体育节目重振风采,时而也出现一些有意义的娱乐节目,令许多国家对法国艳羡的新闻栏目保持了高质量,观众的求知欲望没有被彻底摧毁——首先指的是贝尔

---

① 这里,"住宅里的疯丫头"指电视。

纳·皮沃主持的《呼语》①,这个栏目在1975—1990年间倾倒了无数观众,此外,还有电视五台和阿尔特电视台的高质量节目。

在这具有绚丽多彩潜在能力的电视世界中,充斥着平庸、暴力和利益。但是,这个工具唾手可得,部分观众已变得更为豁达,想要更好地利用。这个受到极度诋毁的"电视",在一个通讯和消费的社会中,也许能——谁知道呢——成为民主新用途的媒体:更个人主义,更有娱乐性,更不承袭过去,同时也更不守旧,更有创造性。

4

面包和游戏

其他所有通讯形式,其他所有文化媒体,显然都因音像的这种社会和文化的发展而大受影响。以至于从70年代起,人们常认为有传感力的、一次性的、充斥着"电视"和音乐的业余"游戏",与历史悠久的、值得为之付出努力的、依靠交流而生存的文化"面包"形成了对立的两个方面。的确,一种古老的日常文化,即书本、报刊或电影等文化,重振雄风的创作文化和自觉接受的遗产文化,无不受到音像这种难以满足的生命力的威胁,音像情绪激昂,不停重复,最终使人不是感到厌倦,便是麻木不仁。

这一点可毫不费力地通过电影的例子加以证明。1957以来,看电影的人数日渐减少。每年去影院的人数,从1957年的4亿,下降到1967年的2亿,接着,1980年前后,差不多稳定在1.9亿左右,然后,1993年,再次无情地降到约1.3亿,这一年的数字是最低的数字。去影院看电影仍是"出门"的法国人最重要的文化活动。但是,尽管国家采取强有力的政策扶持法国电影(直至1970年,电影市场的50%是法国电影,1980年是47%,1994年是30%),并对在电视中播送影片进行限额,但是,上电影院看电影似乎是剩余性的,而且只是集中在几家复合电影院②里(往往属大发行人所有),集中在大城市,看电影的大都是富裕阶层和年轻人。从此,人们看电影主要是通过电视和录像,其中美国片占主导地位。

但是,书刊的命运更令人担忧,因为这个老式的文化中心,由于大量涌现的音像产品的激烈竞争,受到了惨重的打击。尤其是书业,它成了国家最关注的对象,面对音像的竞争,国家以载入人权宣言的民主名义,捍卫了图书。雅克·兰法保护了图书的价格,国家图书馆网络得到了维护,但难以抑制人们对"信息资

---

① 原文为 *Apostrophe*。
② 复合电影院指将大影院分成几个小影院进行统一管理的现代化影院。

料中心"的着迷,人们试图通过建立"大众传播媒介资料馆",让图像、声音和书刊共同存在。此外,国立文学中心,继而是图书中心的成立,有利于书刊的出版发行(1995年为1亿法郎)。然而,那一年,书业的市场营业总额为250亿法郎,只是TF1电视台营业额的2.5倍。

出版和发行继续进行财政和经济的转变,它们高度集中起来,向各个文化部门扩展它们的联姻和分支,由位于震中的音像和报刊作为最大投资人。这样,1994年,在出版业的145亿法郎的营业额中,都市出版集团和阿歇特出版社两家就垄断了80%的利润,四家中型出版社(加利马尔、弗拉马里翁、阿蒂埃和瑟伊)仍然举足轻重,而一大群小出版社只好以残羹剩饭为生。在发行方面,总体情况与出版相仿,实力薄弱的出版社处境同样很不利:阿歇特出版社和都市出版集团的发行量占总数的50%,接下来是加利马尔出版社发行公司、弗拉马里翁出版社发行联盟、瑟伊出版社、拉鲁斯出版社和论坛间出版社。在书店方面,像全国文体用品连锁店、沃金大商场或特大超市等类大单位,控制了书的大部分销售,不过,外省的中等书店依然存在,在高密度文化街区空隙中"冒尖"的有亲和力的书店并没有消失。

80年代期间,各类图书的发行量保持稳定,1994年总数达3.7亿册,其中1.5亿册是新书,袖珍本包括在内,而且赌注越来越冒险:初次发行量就很大。图书发行量的等级化似乎不可逆转,偏重于小说(1.24亿)、教科书(6400万)、实用书、百科全书和词典(6200万)、青少年读物(5400万),而科学和人文科学(3600万)、艺术(680万)、历史(550万)和戏剧或诗歌(290万)等类作品的出版数量却是捉襟见肘。"普通文献"书籍的平均发行量有所下降(如,1985年以来,人文科学类下降了一半,唯有历史书渐渐摆脱了困境),而袖珍本小说尽管在70年代雄心勃勃,千姿百态(1971年,阿歇特出版社的Le Livre de Poche袖珍本同加利马尔出版社推出的Folio袖珍本关系破裂,使得其他出版社有了可乘之机,事实上,所有的出版社都开始出版"袖珍本"小说),但是,1980年以来却停滞不前:1980年为1.3亿册,1994年为1.23亿册。总之,真正获得成功的,是带有或不带有激光数据储存盘的实用书和指南、教科书、百科全书;1980年,拉丰出版社按照居·肖莱推出的"Bouquins①"式样出版的书也获得部分成功,这种书价钱非常便宜。法国人爱读小说,或将小说作礼物馈赠亲友,这种对小说极其法国式的兴趣从来显而易见,并完全受秋季文学奖的控制。秋季文学奖受到强烈批评,但大众传媒却大力报导,这促使许多出版社想赌一赌一年的命运,巴望秋季能获得成功,向大家展示他们"马厩"里的活力:1970年前的几年,每年9月出版150种小说,1980年以来,每年想一试运气的小说大约有380种。

毫无疑问,这一政策符合读者的愿望和选择。此外,在1979和1995年之

---

① Bouquin为法语中"书"的俗称。

间,因过于受到雪崩似的音像之抑制,读者变化不大。法国人从来偏爱有故事情节的书:1979年,48%的法国人喜欢读小说,1995年为55%,喜欢历史小说的法国人分别为45%和42%,读侦探小说的分别为31%和27%,其后远远跟着健康手册(26%和24%)、连环画(18%和21%,成年人尤其偏爱)和热门的政治书(固定在19%)。1995年,法国人在晚上或在床上入睡前读书比以往任何时候都多(43%),更喜欢在度假和周末读书(32%和17%),但很少有人在公交车上、公园里或图书馆里读书(8%)。当问到电视和音乐在他们读书习惯中所起的作用时,他们的回答显得犹豫,肯定的占38%,否定的占47%。

但是,法国人读书比德国人少一半,比英国人少1/3,在这点上,正如我们看到的,所有官方公布的数字都是一致的:从1973—1989年,他们努力往前赶了一下,但是,所读的书量仍有所降低,读者的主力军从来都是书迷,读者的女性化和60多岁者对书的迷恋,未能抑制在供职的中产阶级中,尤其在15—24岁这个年龄段中读者的人数不断下降的事实。一切就这样进行着,仿佛从多读书,即每年读书25本以上中得到满足的人,始终是同一些人:具有高文凭和高文化修养的传统意识强的读者、经常买书的人和图书馆的常客,而有些年龄段的人及社会阶层在读书上极其自由,甚至毫不感兴趣:1973年,读书不满五本的法国人占人口的14%,1988年占19%。从1990年进行的各种民意调查看,这种令人心酸的情况几乎没有改观。在余暇时间突出文化价值的等级中,1997年,35%的被调查者将书列入的位置离榜首相距甚远。如果说买书没有增加,可互相借书却有增无已,袖珍版始终是大家关注的目标。但是,青少年与书顽固地保持着距离。尤其是14—18岁的青少年,他们更喜爱听音乐,出没夜总会和电影院,而不是看书阅读。

报刊也有类似的变化。长久以来,四个法国人中,至少有一人拒绝抑或不屑每天看报(1973年29%,1981年35%,1993年25%),忠实读者的人数逐年下降(1967年60%,1973年55%,1981年46%,1988年43%,1993年41%)。以老百姓每天买一份报计算,1994年,法国在世界上所占的地位实在可悲,排行第24。1988年,认真读报超过半数以上的,仍然只有男人、上了岁数的人、农业经营者、手工业者和商人、企业家和"决策者",而干部、中产阶级、妇女和青少年大都不经常看报,或早就将兴趣转移到了画报上。不过,这个测试结果标准分类法表明,在日常的社会性和世代相传的习俗中,读报仍是唯一相当根深蒂固的文化习惯,不与文凭和社会地位成比例,这同其他所有文化习惯是不一样的。但是,这种分类法在有些地区可能被推翻,那里,一家报纸的悠久历史可能会重新引起人们的关注,维持可喜可贺的习惯做法。例如,1995年,68%的布列塔尼人读《西部法兰西报》和《布雷斯特电讯报》,66%的科西嘉人读《普罗旺斯人报》和《尼斯晨报》,65%的阿尔萨斯人读《阿尔萨斯报》和《最新消息报》,而在罗讷—阿尔卑斯地区和巴黎盆地,读报的人数很少达到40%。

这是不是意味着古老的基础经住了考验?不是。一般的新闻报刊日渐衰退,发行量下降了:1970年1180万份,1980年1050万份,1991年950万份。60年代末以来,事实上,国营日报失去了40%的读者。外省的国营日报,尽管长期欣欣向荣,管理也高人一等,但在90年代初以来,随着埃桑集团的衰败,《西部法兰西报》或《西南报》大家族的没落,以及阿歇尔出版社或哈瓦斯广告社的大量倾销和回购,也开始动荡起来。但是,在飞地的边界上,竞争仍很激烈,FR3和其他地方电视台的发展,使人们对报纸的全科性使命产生了怀疑。尽管广告的分量大大加强,但所有的日报都被昂贵的生产和发行成本压得直不起腰来,在生产中很难看到技术发展的效果,并且受到煽动罢工的古老图书工会的威胁。特别是,它不再善于使读者成为忠实主顾,现在的读者比过去更加朝三暮四,对他们的报纸不抱很大的希望。

因此,《人道报》在1981—1994年间,发行量从14.2万份下降到6.3万份,《震旦报》从1983年起已经衰落,《十字架报》苟延残喘,克洛德·佩德里埃尔的《巴黎晨报》1988年退出竞争,菲利普·泰松的《日报》1994年销声匿迹,独树一帜的《新闻晨报》在1994—1995年只存活了几个月。舆论喉舌很不得人心。与之相对称的是,老式大众报刊的反响也越来越小:《法兰西晚报》缺少活力,《巴黎人报》在变成对法兰西岛①居民来说比较实用的名副其实的"地方"报后,才得以缓过气来。只有《世界报》、《费加罗报》和《解放报》摆脱了困境,但也并非很顺利,1994年,这三家报纸拥有470万读者,可那时候,光TF1电视台一家的电视新闻就拥有900万观众。新闻转向音像,读者不再忠于"报纸",在这经济危机时代,企业承担着经济风险,日报夹在中间步履维艰。与此同时,尽管写给所有人读的文章维持着民主的"第四个权力",但为一种倾向和一种文化服务的出版物却不断衰败。

相反,画报,不管是周刊性的还是专业性的,却以其绚丽多彩的特点而继续施展着魅力,它的成功将会使报刊业暂时出现唯一的,但又是难得的好转。事实上,许多群众读者纷纷转向画报,以至在1967—1987年之间,61%继而是83%的法国人购买和阅读画报,90年代,法国这类报刊的消费,在欧洲名列前茅。的确,在读画报的人中,年轻人、妇女、高学历者和巴黎人越来越多,从而将这方面的消费引向更高的文化层次。但是,它所受到的恩宠,是完全同时代的情趣和气氛相适应的。20年来,最畅销的画报是以电视、体育、余暇活动、日常生活和健康为主题。普及科学的刊物,如《科学和生命》、《历史》等,受到高度评价。相反,有关经济和生意、汽车或情感(如《我俩》)等方面的刊物,对读者的吸引力远不如

---

① 法兰西岛为法兰西的发祥地,现为法国政治和经济中心,也是法国人口最稠密的地区,辖巴黎市、埃松、上塞纳、塞纳—马恩、塞纳—圣德尼、瓦尔德马恩、瓦尔德瓦兹和伊夫林八个大区。

60年代：让·布瓦索纳的《扩展》或《汽车报》等遇到的困难就是明证。《巴黎竞赛报》这类画报也难以抵挡电视效应。

至于那些重要的新闻刊物，那是根据美国模式推出的，1975年前曾经辉煌一时，它们在变得更少灵活性的全科性报刊市场上展开了激烈的竞争。它们之间的斗争是由《星期四大事》的突然闯入而再次引起的，该刊物是让—弗朗索瓦·加纳创办的，一度比其他报刊更得"人心"，它的读者对它的忠诚可以说更富有战斗性。克洛德·佩德里埃尔和让·达尼埃尔的《新观察家》创建于1964年，起步十分艰难，后来，在70年代，发行量逾35万份，而且仍保持自己与众不同的特点，既具有新闻的风格，又登载很多广告，同时，坚持对左派观点的批评，如在雅克·朱利亚的专栏文章中。1990年以来，它的发行量已超过40万册，但时刻要同《快报》作斗争。《快报》同样具有引以为自豪的回忆，但在政治上更不稳定，经过一系列的危机和转卖，它的发行量也已达到同样的数字，它的赌注更多地压在编辑的丰富多彩和敏感上，它的盛誉显然得归功于昂热洛·里纳迪的文学评论。克洛德·安贝尔的《问题》，是1972年《快报》分裂之产物，观点更加温和，风格更加传统，1980年曾达到30万册的高峰，但后来再未能达到这个数字。这些保持高度警惕的周刊尽管获得了成功，但实际上它们理所当然非常脆弱。他们马不停蹄地发起商业大战，追逐订户，用一些可爱的小玩意儿引诱他们。它们不得不将自己的命运压在那些仍对刊物感兴趣的多媒体集团对财政的严格管理上。这一次，它们改变了自己的编辑政策，更乐意寻觅具有强烈冲击力的调查报告、有卖点的"事件"和著名记者（常常是从广播电视转行的）的署名。

既然谈了对报刊和书籍的看法，也许得将人们对刊物文化下降或衰退的普遍哀叹作细微的区别。牢固的阻力群体显而易见，日常习惯是日积月累的，足以使法国人不必过于用抛弃的方式决断。相反，是选择的不集中和东采西撷的战略，使刊物得以维持下来，至少那些最得宠的种类是这样。尽管如此，20世纪最后25年的法国在千姿百态和泰然自若的传媒—消费的文化社会中不易觉察地发生了变化。昔日的"面包"已不再那样诱人，因而必然是有竞争的，"传媒共和国"（雅克·里戈）终于能将它的商品拆包了。我们可从法国民意调查公司为《十字架报》和《影视一览》做的一系列调查中得到证明，而且是相当惊人的证明。那些调查全都表明，即使人们对记者不大信任，但在70和80年代，对文字和音像传媒的兴趣却是持之以恒的，甚至，1990年以来，约75％的法国人对它们极感兴趣。相反，在最后20年中，不感兴趣者从33％降到了25％。明确地说，四个法国人中有三个承认，他们日常的文化面包陈列在媒体货架上，报刊、广播和电视混杂在一起。这样，国家完成了产生于各种媒体，并通过裂化不断重铸的大众文化的循环。与此同时，它似乎既没有抛弃批评精神，也没有否认文字遗产。因此，人们仍要求看到严肃的新闻，仍对媒体的哗众取宠很感失望。当多媒体汇合的"潜在"时代有迹象要出现时，大家虽然心怀敬意，但持谨慎态度。因此，大量的文化消费并没摧毁传统习惯抑或禁止选择，品种的迅速增加并没使消费者丧失一种义务论的任何希望。国家权力并没有与金钱的威力作对，但是，由于要加倍获取知识，在考虑问题时需要熟悉情况，想通过规章制度来进行调节，拒绝潜在时代过于明显的垄断和可能的专制，因此，在文化消费方面，仍保持着不可忽视的民主反应。

我们也可以证实可能会出现一种更客观、更有选择性的民主，同时提醒大家，法国人曾目睹了供方的所有这些混乱，但对那些能使面包尽善尽美的各种派生"游戏"仍然怀有真正的兴趣。遗憾的是，我们尚未通过真诚的研究来证明这一点。但是，只要仔细审视"游戏社会"(阿兰·科塔)的具体做法，哪怕是通过赌前三名马的彩票、罗多彩票游戏、电子游戏或昂贵的有罚智力游戏，但更通过语言的更新或一种残存的幽默实践，同时通过对于体育(尽管金钱、暴力和服用兴奋剂在体育场上泛滥成灾)有感染力的热情，便可看到法国已相当大胆地进入了文化消费和实践的新时代，但对一种最低限度的文化和敏感的"法国式"文化，即碰运气的文化仍很热爱。就拿专门刊物在生产快乐方面所起的作用来说，我们只需提醒大家，一家像《球队报》那样崇拜体育的日报，在读者的累计上绝对是第一家日报(它在语气和内容上我行我素，对印刷术发明家谷登堡和微软专家比尔·盖茨之间胜负未定的竞赛漠不关心)。甚至，许多法国人认为，它仍是一种共同生活艺术或共同苟延残喘艺术的必备之书，有着默契的手势和明确的梦想。

第十八章 价值问题

　　要承担起像法国这样丰富多彩、享有盛誉的文化遗产,坚持走创造和道德之路(在这方面,法国常常处于领先地位,有时甚至让世界目眩神迷),不是读读《球队报》和竞相消费就能做到的。更不是通过在形形色色危机和人民大众疲倦时期以"文化例外"为借口。世纪末的文化生活不管自己怎么想,总是无法摆脱一种古老而规范的、努力寻求意义并且饱含真理的使命,它也带上了一种不满足的标记,人们对这不满足进行思考,重新提出了一系列涉及宗教、哲学、道德和公民义务的问题。即使"传媒世界观"颠覆了我们的价值观,现在仍继续拉着我们向前进,即使看得见的东西一定会被当作现实和真实的东西,现在的东西会被当作时间的唯一变化,即使多少人对产品技术的不断翻新心满意足,沉湎于永不停止的消费中,即使"客体的全球化"导致"主体的部落化"(雷吉·德布雷),即使这样,难道就要放弃能使文化得以巩固的独立的思考和自主的努力吗?难道不应该在一种充满了"大众文化"的日常生活和"有思想的生活"(布里斯·帕兰)之间划一条界限吗?怀疑主义、悲观失望或回避现实的做法,显然没给这些问题带来正确的回答。但是,这一连串问题引起的不安,至少促使人们揭露"全文化"的相对主义。于是,在重新具有双重意义的世纪末的暮色中,有思想的主体和价值问题也恢复了现实意义。因此,继 18 和 19 世纪之后,20 世纪奉献给自己一个名副其实的世纪末,一个在衰落和新生、混乱繁杂和等级分明、群众和参与者、日常习俗和精神生活之间摇摆不定的世纪末。也是一个在文化的周而复始的梦想和文化的新鲜面包之间,在孕育新的意义和忠于一些价值之间摇摆不定的世纪末。

　　有朝一日,必须将几张面孔放进这个隐约可见的一种现实而正直思想的历史中。比如,可以强调一下埃德加·莫兰,这个具有"复杂思想"的普洛透斯[①]式的社会学家,先是与极权制针锋相对,接着,1962 年在《时代精神》一书中,对"大众文化"的最初征象进行了热情的分析,30 年后,又对《土地—祖国》这个以乡村为根基,以地球为命运,企图改变人类,并呼吁新的人道主义的混合物,进行了分

---

① 普洛透斯为希腊神话中变幻无常的海神。

析;这个莫兰,摆脱了1968年五月风暴的某些幻想,从1974年起,便开始打《人类统一》的桩基。此外,也不要忘记另一张孤独的面孔,那就是居·德博尔,他在1967年出版的《戏剧性社会》为1968年五月"事件"揭开了序幕,20年后,他在《对戏剧性社会的评论》中,又阐述了"被同化的戏剧性社会"及其仿造者如何竭力维持一种软弱无力的共识,一种使政治集会的人群解散、使批评的思想变得苍白、使逻辑变得无力的共识。此外,也有必要指出这种摇摆不定的状况发生在什么年代,以便试图说明思维的前进是不是呈线状,从而说明脑力劳动的历史是不是仍具有意义。但是,一眼看过去便能看到某个十年的间距,这十年的间距使我们相信,人们确实向既定方向缓慢地前进过,至少那些赞成在学新东西之前,要忘记旧东西的人是这样。同时也使我们相信,在社会变得成熟或出现决裂的时候,在过分强调1968年就预期会发生的后幻想时代中,法国文化史的年代学曾有过几次振奋。

1

主体回归

　　1977年的情况正是这样。那时候,"极权的伪善面目最终土崩瓦解"。这是以保尔·蒂博为中心的一帮人在《精神》杂志上发表的一系列看法中最先提出的看法,这一看法较好地概括了一种颠覆性研究的出发点,这一研究从索尔仁尼琴①在《古拉格群岛》这部小说所揭示的问题中汲取了营养,这部小说的法语版于1974—1976年间问世,它标志着"乌托邦年代"(吉尔·德拉努瓦)或"孤儿年代"(让—克洛德·纪耶博)的结束。共产主义意识形态的日薄西山和人们对这一意识形态所犯罪行的反复揭露,继而1991年苏维埃帝国的崩溃,证明了这一攻击点是合情合理的。共产主义意识形态的这种缓慢崩溃,在法国理智上的扎根显得更为缓慢:弗朗索瓦·菲雷的《一种幻想的过去》发表于1995年,他的《共产主义黑皮书》发表于1997年,但是,这两本书尽管专家们对之争论不休,却在书业界获得巨大成功,堪与大事件并肩媲美,有些人在里面看到了20世纪的结束,新事物的开始。不管怎样,1975—1977年对极权主义的揭露生不逢时,那时候,溺水的左派被弗朗索瓦·密特朗救上岸后,正在向好的方面发展;密特朗把一切都压在同共产党共同执政的纲领上,从此,他不停地将他所看到的对他的"天然"盟友极端不利的影响缩小到最低程度,作为补偿,他以战斗的姿态承认被

---

① 索尔仁尼琴(Soljenitsyne, 1918—),前苏联作家。其小说揭露前苏联的斯大林主义和对人权的侵犯。

一个叫雅克·兰的人扶上台的"全文化"。唯有以米歇尔·罗卡尔①为中心的,由产生于1968年五月风暴和法国民主工联的自主管理潮流所支撑的"第二个左派",能够短暂地记录下了思想的这种新的力量对比:就在1977年,皮埃尔·罗桑瓦隆和帕特里克·维夫雷徒劳无功地发表了《为了新的政治文化》一书,雅克·朱利亚则以《反对职业政治》向职业政治发起了攻击。

然而,在官方左派中陷入僵局的思考,将在欢迎不同政见、沉默不语的左派边缘分子那里成为热门话题,他们先在《自由》杂志(1977年由社会党或称蛮族党的几位前辈们创办)上,不久在《评论》杂志(1978年由正在恢复中的雷蒙·阿隆和让—克洛德·卡扎诺瓦创办)上,同时也在《争鸣》杂志(1980年由皮埃尔·诺拉和马塞尔·戈谢创办)上发表自己的意见;此外,也通过瑟伊、格拉塞等出版社所作的不懈努力。还是在1977年,贝尔纳—亨利·莱维的《长着人脸的蛮族》证实了那些"新哲学家们"的价值,这些属于"堕落的一代"的孩子们,是在前一年崭露头角的,可望"在思想界成为真正的接班人"。1975年,一位长者让—弗朗索瓦·勒维尔在《极权之诱惑》中提出的想法,与一位年轻人,《女厨师与食人者》的作者安德烈·格鲁克斯曼的思想不谋而合。1976年,法国一些毛泽东主义信仰者,如居·拉德罗和克里斯蒂安·让贝,在《天使》中又回归了基督教。克洛德·勒福前不久出版了《一个多余的人》,此书成为世界另一种有知识的人经常读的书,书中指出一个有思想的人,一个甚至是与世隔绝、被人踩在脚下的人,曾独自一人打乱了极权机器的计谋。人们再版了博里斯·苏瓦里纳的极富批判性的《斯大林》,该书自1935年以来一直无人问津。热拉尔·夏利昂的增援似乎也大受欢迎:当柬埔寨再次发生大屠杀时,他给这场攻击推波助澜,揭露了《第三世界的革命神话》。最后,菲利普·索莱尔斯在《世界报》上承认,被《原样》②杂志奉若神明的毛泽东主义的中国在"文化革命"期间也犯了些错误。

诚然,60年代产生的思想在1975—1977年间仍能扩张地盘,皮埃尔·布迪厄发表了《社会科学研究录》,雅克·朗西埃尔发表了《逻辑反叛》,伊冯·伊利克揭露《医学复仇女神》,诺昂·乔姆斯基③向鲁瓦约蒙炫耀自己,路易·阿尔都塞最终支持他的论点,米歇尔·福柯继续撰写《性爱史》,埃蒂安纳·巴利巴尔叮嘱共产党不要放弃无产阶级专政。但是,由于"索尔仁尼琴效应"从此进入高潮,因而,拒绝专制主义的势头猛烈上升,甚至有人开始拒绝"难以寻觅的马克思主义"(达尼埃尔·兰当贝),第三世界主义产生了怀疑,人权恢复了名誉。思想甚至恢复了自由主义的呼吸,它通过阿兰·德·贝努瓦的欧洲文明研究联合机构和《费

---

① 罗卡尔(Rocard,1930—),法国政治家。1974年加入法国社会党,1988—1991年任内阁总理。
② 《原样》杂志由索莱尔斯创办于1960年。起先主张纯文学,但很快便试图将文学创作、科学思考和政治介入(对毛泽东主义的崇拜)有机地结合起来。
③ 乔姆斯基(Chomsky,1928—),美国语言学家、作家、政治活动家,转换语法和生成语法奠基人之一。

加罗画报》冷漠的画页,向极右派打开了大门,而这个极右派,自 1945 年以来,实际上已被人遗忘。为了进一步活跃气氛,《资本主义的文化矛盾》从美国来到了法国;在书中,同样已摆脱马克思主义气味的丹尼尔·贝尔①,将人们的视线引向 60 年代以来已在经济、政治和文化中间安家落户的离婚问题,预感到大众消费将会维持使道德遭受灭顶之灾的放任自由的享乐主义,呼吁马克斯·韦伯②的伦理学前来增援,以便重新考虑民主问题:民主这个最基本的知识,最终能使人们对正在渗出多少令人担忧新事物的文化社会表示欢迎。

顺便提一下,有些"左派"知识分子,已不再相信关于新生人③的来世预言,不再像过去那样盛气凌人,有时候不再坚持带有偏见的政治,开始放弃迫使他们推行进步主义的陈腐赘言。特别是,有些人恢复了自己思考问题的兴趣,新《精神》杂志提出的表达方式受到了更广泛的赞同:"我们所希望的在文化、政治和宗教方面的转变,意味着知识分子要改变自己的工作方式,不带偏见不带教条地走遍世界,摆脱他们的教权主义和患得患失,不再把自己视作好政权的先锋,视作起决定作用的人。民主是美好的未来,更明确地说,就是要承认理智的局限,承认冲突的力量和价值,反对经验和能力的分离。"

十年后即在 1985—1987 年间出版的一些新书,使我们看到 1977 年业已开始的转变仍在继续。更有甚者,那些话不仅是在教义处于睡眠时说出的,而且似乎更加真实,因为在此期间,许多大思想家已同意将各自的门前清扫干净。"知识分子能做些什么?"这个忧心忡忡的问题足以使《争鸣》杂志问世。1979 年,雷吉·德布雷的《脑力的权力》揭露了大学、出版社和大众传播媒介的合并倾向,阐述了成功和大销售量如何使脑力劳动失去了合法性,痛斥知识分子已进入了第三阶段,即有传媒意识和沉默不语的阶段:埃韦·阿蒙和帕特里克·罗特曼 1981 年发表的《大学脑力劳动者》,接着,皮埃尔·布迪厄 1984 年发表的《柏拉图哲学的信徒》都证实了这些忧虑。以至于许多知识分子,因为正式得到过警告,便采取了,并且很长时间保持着一种能大约证明他们良好愿望的扭曲姿态:一只脚伸进媒体——因为需要活下去,一只耳朵越来越不听从战斗的政治——这个现象 1983 年被一个叫马克斯·加洛的人遗憾过,那时候,执政左派的思想被现实打乱,已进入睡眠状态,而脑袋却伸在外面,以便寻找更地道的合法性,不必过多考虑反响地说一些有意义的话。说明白了,就是:干自己该干的活,不作

---

① 贝尔(Bell,1919—),美国社会学家、新闻记者。他的《资本主义的文化矛盾》(1976 年)试图阐明科学、技术和资本主义社会之间的矛盾。
② 韦伯(Weber,1864—1920),德国社会学家、政治经济学家,他的思想对社会科学产生了巨大的影响。作为一个思想家,他提出了一种方法论,撰写了许多论文,探讨宗教社会政党和小群体行为的社会学和历史哲学。他的著作的影响力长达半个多世纪。
③ 此处,"新生人"指受神恩而获得救赎的人。

预言。这种好斗的架势，将足以否认周围有人大叫大嚷地宣布的一种论调，即知识分子灭亡的论调。简称为"BHL"的贝尔纳—亨利·莱维，理所当然地在他的《知识分子赞》中发放了苟活证书。这正好在1987年。

事实上，那一年，说了些实话和新话的人，是一些年轻的或不见经传的人，而且是崭露头角的专家，已被传媒窥视，但尚未受到青睐的阿尔塞斯特们①。只须翻阅几本杂志，一上来便能发现当时争论的议题丰富多彩，这表示头脑比过去更清醒，写文章的人久经锤炼。例如，《精神》杂志相继回顾了文化的衰落和共和国的冬天、波布尔②的幻想、犹太种族大屠杀的回忆、伊斯兰教的变形、体育的新时期、科学与文化的关系、教徒的新地理。《争鸣》杂志则强调权利和法律，担心国内经济停滞，将观察的范围推向人工智能和认知科学，而对知识分子前途的兴趣不比应该的更多。《评论》杂志思索"古代派"走向"现代派"的过程。《20世纪》，这家创刊于1984年的历史杂志，坚守着自己的领地，思索着这一学科的各个发展过程，搜寻着冷战、纳粹主义或1789年革命的遗迹。《欧洲信使》，这家在阿兰·芬基克罗鼓动下创办的新杂志，向文化的美国化发动了战争。还可以列举出其他许多期刊，出自各个领域的专门知识、高度普及或再生：所有这些杂志都表现出越来越广泛的兴趣，对过去的存在忧心忡忡，决心死死抓住现代性不放，这一切从此将为更自由的思想谱写乐曲。

书店已换上了这些新曲调，将历史著作推到后面，以便将有关哲学和权利的著作摆到更"引人注目"的地位，促进袖珍本社科书（此刻已达巅峰）、名演员回忆录和辛辣短评的发展。于是，在一些至今一直不大敏感的领域里进行的调整，受到了七嘴八舌的感激和欢迎：弗朗索瓦·雅各布③，这位生物学家，在《内在的构架》一书中表达了自己的思想；米歇尔·亨利的《蛮族》担心在技术合理性的打击下，文化可能遭受灭顶之灾；让·迪厄多内的《为人类思想争光》为数学平反昭雪：人们以极大的热情出版和阅读这些书籍，就像对待创建现代性的科学一样。面对伊斯兰教整体主义的日益高涨，人们心怀不安地寻找宗教感情，这不仅有利于吕斯蒂热④大人公开表明他《选择上帝》，同时，也促使吉尔·凯佩尔赞成《伊斯兰教的郊区》、布吕诺·埃蒂安纳赞成《激进伊斯兰主义》。最后，随着罗尔斯的《论正义》和哈贝马斯的《交往行为理论》译成法语，权利的必要性和理性的苛求性又死灰复燃。让—克洛德·谢奈进一步动摇了第三世界主义者们，指出已出现一些《第三世界的报复》迹象；阿兰·曼克剖析了《平等主义机器》的社会再

---

① 阿尔塞斯特是法国喜剧作家莫里哀的《愤世者》中的人物，率直，粗暴，少与人交往。
② 此处指乔治·蓬皮杜民族文化艺术中心，为原波布尔中央市场的一个区域，建于1977年。
③ 雅各布（Jacob, François, 1920— ），法国生物学家和医生。1965年荣获诺贝尔生理学和医学奖。他的《内在的构架》发表于1987年，他在书中叙述了战争和科学发明道路。
④ 吕斯蒂热（Lustiger, 1926— ），法国高级神职人员。1981年任命为巴黎大主教，1983年成为红衣主教。

分配所产生的适得其反的结果；亨利·芒德拉编撰了一部关于《法国第二次革命》的重要著作，这部1965年就着手撰写的著作，高唱多样性、复杂性和地方性，而历史学和社会学方面的一些知名人士则在民族性委员会内忙忙碌碌，提出了一个现在看来已变得十分简单的问题："今天怎样做法国人？"关于这个问题，皮埃尔·维达尔—纳凯在《记忆的杀手》中，提醒大家注意记忆的完整倾向①，亨利·鲁索搜寻《维希政权综合症》的伤口，维克托·法里亚斯再次抨击《海德格尔和纳粹主义》。尤其是，在被阿兰·布鲁姆在《束手无策的灵魂》中夸大了的恐惧美国的背景上，在所有这些重新出现的、更深思熟虑的探索中间，已有人提出了一个更加露骨的问题，那就是：法国文化的未来。

　　整个一种经验主义的、轻快敏捷的社会学思潮，就在当时的"文化"氛围中，事先就想到了清扫场地，描述了站不住脚的个人主义和对"全文化现象"的过度消费共同造成的破坏。1983年，吉尔·利波韦斯基发表了《空虚的时代》，指出现代性正在转入"后现代性"，即摆脱幻想，放弃未来，及时行乐，自我陶醉，享乐至上，耸人听闻和姑息迁就。它重新拣起上个世纪托克维尔的直观说，指出"条件均等"怎样造成了一切利益私有化，怎样促使大家回到自我，而周围的气氛变得冷漠浮躁，这将摧毁个人，粉碎社会联系。归根结底，这种折中态度助长了一种文化的放任自由，钟情于"仿古"的魅力，散布"冷静"的嘲讽，以便更好地使主体丧失现实感，主体游荡于"温情的社会"中，但"对庄严的意义有过敏反应"。1987年，利波韦斯基在《蜉蝣帝国》中研究了风尚习俗，本着同样的精神，但不像过去那样咄咄逼人地指出，民主越来越围绕诱惑、短暂的事物和社会边缘区分等展开，处于表象的自由主义氛围中，这种表象的自由主义可能会导致社会和公民令人担忧的摇摆不定。这样，利波韦斯基重新回到了对大众民主社会的两种分析的交叉点上，一种是保尔·约内1985年在《游戏、时尚和群众》中进行的分析，另一种是米歇尔·马夫索利为《部落时代》秣马厉兵的分析，《部落时代》出版于1988年。所有这些书的读者很多，迫使人接受两个有说服力的思想：分散的个人主义可以毁掉个人；情感、表演和激动的逻辑，可以代替理性和道德的逻辑。未来将会存在于社会文化式民主和康德式民主的对立中吗？这两种民主都是启蒙时代的产物。

　　一些影响巨大的抨击性文章也对过去的十年作了总结。阿兰·芬基克罗在《思想的惨败》中谈到，当他看到形形色色的文化取代继而毁灭"传统"文化的时候，看到个性的或本位主义的要求摧毁普遍的常受法国带动的人道主义，看到个人的位置摆在社会的位置之上，他会火冒三丈，狂怒不已。在他看来，后现代派

---

① "完整倾向"为格式塔心理学（Psychologie de gestalt）用语。该心理学派认为，不能通过对各个部分的分析来认识整体；要理解整体的全部性质，必须"自上而下"地分析从整体结构到各个组成部分的特性。

大力吹嘘的多元文化理想和"文化杂交",起源于德国浪漫派古老的世俗大众精神,并且维护使文化变得愚蠢的相对主义的教育法。这种多元文化理想和"文化杂交"可能会导致个性种族主义和蒙昧主义,即会导致人类一种新的死亡,这是参加过1968年五月风暴,现在改行搞影视业的文人所欢迎的。说实话,这种狂热呼吁人道主义的现象有一个前提,那就是要肃清吕克·费里和阿兰·勒诺1985年刚命名为《1968年思想》的东西,而且,就在1987那一年,他们在《1968—1986年,个人的旅程》一文中,也对那种思想进行了抨击。的确,当时的情况十分有利于他们撰写这第二篇短评:1986年12月,中学生和大学生们走上街头,强迫撤销阿兰·德瓦凯国民教育部长提出的大学改革方案,他们说,勒诺、科吕什和巴拉瓦纳可与思想家相提并论,同时,他们表现出一种既激烈又不带政治色彩的行为主义,这充分说明失业问题困扰着他们。尤其是,他们公开嘲笑惨遭失败的1968年五月风暴的老大哥们。总之,这些老大哥中有个人,即哲学家安德烈·孔德—斯蓬维尔后来说:"我们过去有道德,却没有幻想,他们现在有幻想,却没有道德。"在这对同未来相脱节的绝对研究权的肯定中,在这些沉湎于"大众文化"、自我陶醉的个人强硬个性中,费里和勒诺看到了彻底肃清"1968年思想"——这个"当代反人道主义"的思想——的有力证据。

事实上,在80年代,怀疑和人类灭亡的思想不断后退,继揭露极权主义和宣布本世纪会出现大动荡之后,人们处于观望之中。60年代则以马克思主义和结构主义、语言学和心理分析为标记,处于列维—斯特劳斯和阿尔都塞,继而是福柯、布迪厄、德里达①或拉康的统治之下,在那个年代,人们以为能分解哲学,将话语缩小到产生话语的外在条件,对世界万物都从历史和人种角度来研究,用"系谱学"取代历史,以便更能相对地看问题。事实上,"1968年思想"禀承"德国思想",即马克思、尼采、弗洛伊德和黑格尔思想最丑恶的东西,将原本是主体的人处死,向人们证明从此异化将成为任何自我和世界意识的结构。说白了,1968年五月风暴确认个体性反对普遍性,喜欢他律胜过理性,否定主体。因此,世纪末的任务业已确定。应该肃清一种过时的思想的残余,将人道主义和哲学强加给社会科学,重读康德,重新审查权利和法律体系,重申思想的自主权,提出超个人目的:将主体置于思考的中心,设想出道德目的,以便同时重塑个人和民主。摆脱一种"进行错误揭露的思想",确立"真正的批评哲学"。

十年以后,即在1995—1997年之间,还没有人能说这种批评的哲学正在顺利地创建。无论是权利的哲学,还是康德的哲学,都尚未获取胜利。相反,正如我们看到的,文化实践却获得了胜利,"习俗文明"可以说仍没有放弃个人主义。

---

① 德里达(Derrida,1930—2004),法国哲学家。他对当代作家的研究最终成为对古典形而上学的批判。

在意识形态的收缩中,全方位的纯人道主义变成了取而代之的最佳意识形态,它以人权的名义四处奔跑,救援越南难民、饥饿者、受害者、被排斥者。在对世纪的思索中,"记忆的责任"战胜历史知识,尽管在"奥斯威辛①之后"多么需要重新"学会思考"。正当部落化现象再次以民族主义的名义在巴尔干的欧洲大开杀戒,无数宗教性质的完整主义企图改造世界的时候,机器的真实时代和大众传媒的瞬时形象则仍醉心于再现事件的平均主义的全球化。

在这意外世界的喧哗声中,一些思想似乎手足抽搐,另一些结结巴巴,还有一些起初颇具诱惑力,继而偃旗息鼓,哪一种也没占上风。手足无措的知识分子陷入两块暗礁之间。其中一块暗礁在 1995 年 12 月,当一场闻所未闻的社会运动突然而至时而异军突起,这块暗礁旨在当真理明朗的时候再次投入战斗,互相诽谤,不过唱的都是陈词滥调,几乎不会再有诱惑力。另一块暗礁在 1997 年 2 月,当年轻的电影工作者和传媒人士奋起支持无证移民时,变得非常引人注目,这块暗礁可以归结为钻进"讲道德一代人"(洛朗·若弗兰)的货车里,这代人否认文人和中间人士,不考虑偏离和劝导,而是直接狂呼他们干涉的理由。然而,在这不见其底的浑水中,那些在 1985 年吹起床号的人中,有几个延长了——有时是自鸣得意地,相信他们的观点会被接受——他们的清扫工作,不停地写抨击性文章,而且一直广受关注,读者甚多。

1992 年,吉尔·利波韦斯基在《责任的衰退》中,一再重复对中间部分的分析。对于这个中间部分,人们还犹豫不决,不知道要不要称之为"后现代派",因为从"善"过渡到"福利",必定通达"自我陶醉的迫切需要"和"易被接受的民主新时代的伦理学"。诚然,伦理学又活跃起来,责任的意义尚未全部消失,但是,吕克·费里 1996 年在《人—上帝》中反驳说,假如世界真想摆脱失望,今后就应该直视并研究宗教问题。阿兰·芬基克罗在《没有希望的人道主义》中强调说,20世纪的整个历史证明,人道主义思想不可能表现在并列的个性、有差别的"文化主义"或思想正统的纯人道主义中。安德烈·孔德—斯蓬维尔 1995 年在他的《小论美德》中,将斯宾诺莎②和蒙田召来,竭力借助幽默,以说明"善不是用来凝视的,而是要付诸行动"。然而,雷吉·德布雷承认,在《诱人的国家》统治下,行善并非易事,信念在至高无上的大众传媒面前连连后退,想象的世界"越来越配备完善","我们的文化是一种和解因素,能使我们在我们的神话遗产和我们的技术环境之间进行或好或坏的谈判";照德布雷的说法,在我们的"媒体世界观"中,"信教的主体是一种技术主体"。"总之,超载意义的个人、泛滥的主体性、现实电视剧和网络世界之间的相互作用性,不可能立即为有思维的主体恢复名誉。"1995 年阿兰·埃伦堡在《不确知的个人》中如是夸大地说。

---

① 奥斯威辛为波兰南部城市名,第二次世界大战期间,这里曾是最大的纳粹集中营之一。
② 斯宾诺莎(Spinoza,1632—1677),荷兰哲学家。

1997年,米歇尔·维诺克的《知识分子的世纪》大获成功,这表明重返过去也许会吉星高照。但是,人们的印象是,这种哲学批评尚未开始所期待的重建世界。当然是没有广泛地重建,因为科学和技术的力量问题依然悬而未决。诚然,1993年,让·阿萨克在《生命的科学和意义》中提醒人们注意,信息学的人工智能,甚至连科学的任何形式语言仍然都是没有意义的。然而,让—马克·莱维—勒布隆、让—雅克·萨洛蒙、伊萨贝尔·斯唐热等人,都以他们各自的方式说明"科学技术"的危险,呼吁社会对技术的控制,检查科学家向社会和国家施加影响的形式。由谁来控制和调节生物学发聋振聩的充满了基因和克隆选择实验的进步呢?谁来承担宇宙学、地球学、生态学、史前学等"多学科"科学的复兴呢?四处升起一片哀叹声,为迅猛发展的和大众传媒化了的科学理论同新哲学之间的关系依然贫乏而深表遗憾。这充分说明要在理性上驾驭即将来临的世纪,就必须确立一种共同的文化,一种几十年来尚未开发的文化,即一种最终能连接相反学科的文化,如"思想的运用和科学的实践"(让—马克·莱维—勒布隆),对真理的理性选择,对价值的道德支持,对传播和复制的技术驾驭。

　　科学、宗教、人权、音像世界的脱离现实性、对主体回归的期待:一切都要好好组织,分门别类,可是一切都杂乱无章,急不可耐。在多形态危机和政治幻灭的背景下,建设世界的紧迫性因产生了重建一个理想之国的愿望而变得更加紧迫:在这个世界里,宗教不再受到剥夺,重新变成主体的个人与国家和睦相处,公民关系有助于克服这一个被孤立、那一个被抛弃的现象。在这个世界里,所有这些重要问题将成为一种重加思考和死而复生的民主之组成部分。对这最后四分之一世纪的重新思考,能不能导致人们对普遍意志的重新赞美呢?

2

形象创造

　　对于以才智重建世界、以深思重创世界这一号召,文艺创作是不是已作了回答?如果考虑到文艺种类的明显分裂、派别内部的个人竞争、各流派的衰败不堪,考虑到公开竞争在市场上和大众传媒中引起的地位不平等,考虑到在文化消费的一片混乱中,真正的创作者从此必须表现出来的审慎态度,就可以说还没有作出回答。但是,如果考虑到在一些补充领域里可以遇到主体的踪迹,就可以作肯定的回答。只要做一件真正的工作,即进行比较分析(这件事至今未做),通过几个例子便能得出肯定的回答。

　　比如文字创作:经过60年代的冰冻期——那是被"新小说"纠缠的年代,热中于反传记文学、解体情节、作者被文本压扁的年代——之后,情节、私生活和自我携手齐进，又变得清晰可见起来。甚至这也许是1975年以来小说繁荣昌盛的秘密所在。那年，乔治·珀雷克的《W抑或童年回忆》标志着小说历险中主体性的回归，"我"和虚构的人物握手言好。前些年的所有著名小说家，尤其是萨罗特、索莱尔和罗伯—格里耶，也进入了这个新领域，1984年玛格丽特·杜拉斯的《情人》获得巨大成功，证明读者多么欢迎任何第一人称的发言和对内心世界令人难忘的描绘。至于帕特里克·莫迪亚诺，他在1968年发表了《星星广场》之后便持之以恒，图尼埃、格兰维尔、维扎热、贝古尼乌等接过了接力棒。远非模仿真实，而是对主体的存在和前途进行探索：看起来，这种展示"试验性的自我"的做法，能使人更好地体会世界，进一步组织一种复杂的作品，自然地与一种古老的小说传统重修旧好——那是"人类还可能同生活总体上保持关系的最后几个据点之一"，米兰·昆德拉①在1986年出版的《小说的艺术》中如是说。

这种对待主体的最佳做法，被某些作家，包括起初从事社会科学和新闻工作的作家在小说、自传或自传体小说之间进行无数次的往返运动所证明。回忆录成了大受青睐的种类。以自我为中心的叙述体小说，对以私人或家庭传奇为题材的历史小说有很大的影响，让娜·布兰或雷日纳·代福热是这方面的代表。对人种学的兴趣，通过让·马洛里的"人世间"丛书获得了个性，而历史人物传记，从1975年保尔·M·肯达尔的《路易十一》一举成功，到1996年雅克·勒戈夫的《圣路易》轰动一时，逐渐成为引人注目的文学种类。1987年，一些著名的历史学家甚至将他们撰写的《自我历史漫笔》交付给皮埃尔·诺拉。许多用录音机录下的书籍、早熟的回忆录和深思熟虑的吐露隐情，最终定了基调，将"生活故事"的某种精雕细琢的事实放进书籍销售网中。这一成功丝毫不受之有愧，也没有人为的因素，因为它完全顺应时代气息，符合大多数人的社会需求：的确，在菲利普·勒热纳带领下所进行的搜集材料和分析研究这项工作，表明20年来自传、日记、讲作者自己的故事、文笔考究的书信集等，已变成一种真正的大众文化实践。"我"出现在许多小说中，因为这是在将世界掌握在自己手中，以便让生活具有意义，在一个合情合理故事的海域里泛舟游弋。

在这主体的增值浪潮中，电影也不甘示弱。只要重读一下1975年以来的《电影手册》——这是"新浪潮"电影影迷的圣经——便可知道电影艺术的变化有多大，从手法到语言，从意识形态和技巧的恐怖主义，到回忆片和柔情片的灿烂光辉，尽管这种艺术被美国的竞争所淹没，被电视所吞噬，被电影补助金搞得紧张不安。事实上，和60年代一样，获得成功的影片都是旧的形式和久经考验的手法，但也常常出现极有说服力的柔情、幽默和怀旧情愫。诚然，在那些可与好

---

① 昆德拉（Kundera，1929— ），捷克作家，1981年加入法国籍。其作品描写个人在历史的力量面前感到的孤独，充满了辛辣的嘲讽。

莱坞大制作一比高低的、观众逾600万人次的法国影片名单中，可以查出许多旧式的、难以归类的喜剧片，有《宪兵和外星人》(1979年)、《山羊》(1981年)、《来访者》(1993年)等等。但是，辛辣的风格和催人泪下的情节，也使《三个男人和一只摇篮》(1985年)和《圣诞老人是垃圾》(1980年)大获成功，后者是一部崇拜上帝的影片，它推出了斯普朗迪德咖啡馆乐队。1986年蒙唐①扮演的《让·德·弗洛雷特》，和1993年勒诺拍摄的《萌芽》，由于演员对人物的精湛表演，深受广大观众欢迎。1988年，吕克·贝松的《蓝色的大海》和让—雅克·阿诺的《熊》，因表现了"青少年主义"和情感生态学而双双博得好评。在最受宠的导演中，仍能看到"新浪潮"的前勇士——至高无上的权威戈达尔，伪装的行家里手夏布罗尔，苦恼不安的讲故事人雷奈。特别是路易·马尔(从《拉孔布·吕西安》[1974年]到《再见，孩子们》[1987年])和弗朗索瓦·特吕福(《最后一班地铁》[1980年])，都善于焕发青春活力，以使自己在国内关于占领时期黑色年代的辩论中，起到举足轻重的作用。

　　这种表达内心感情的使主体在世界面前重新挺直腰杆的笔调，在安德烈·泰西内(从《法国往事》[1975年]到《我不拥抱》[1991年])、克洛德·索特、贝特朗·塔韦尼埃、克洛德·贝里、阿兰·科诺、莫里斯·皮亚拉等人身上更为引人注目。叙述道德故事的埃里克·罗梅尔在这方面也很突出，如他的《绿光》(1986年)，该影片自始至终相当富有象征性，表现出对"我"的简单故事的兴趣，这个"我"紧紧抓住"怀旧的伙伴"(让—米歇尔·弗罗东)。90年代的青年一代，从克拉皮施到西蒙，从费朗到斯皮诺扎，他们在1997年发表了59人呼吁，为非法移民讨回公道，以战斗的姿态同那些对反映人的电影不抱希望的人针锋相对，坚持为一种道德而战，主张关注《冷酷的世界》(1989年)，明天，应该将这《冷酷的世界》变成《无所不能的时代》(1996年)。一个小小的普罗米修斯，有着晦涩而激烈的，但却是坚决的语言的郊区青年，又回到了这个主体性销声匿迹了20年的银幕上。法国电影确实曾以顽强的毅力重新创造主体。

　　那么艺术呢？有人会这样问。我们的回答——也是"后现代派"的回答更加犹豫不决。我们已看到，那种深奥的音乐，满足于一种在圈内表演的很费脑力的特点。建筑师、风景设计师和领土整治师们，以土地价格昂贵和技术的迫切性为理由，生活在工地的经济效益和建筑速度的束缚中。他们下意识地派生出负有世界使命的模式，列出无关紧要、微不足道或不见经传的形式，似乎很难想象城市居民可能有人道主义的愿望和特殊的需求，认为他们只需要最低限度的舒适，只需要"模仿自然风景的庭园"和制图板免费提供的服务。为驱散这种单调乏味而制订的城市政策，一边只是借助于集体装备来促进一种紧急的社会文化的发

---

①　蒙唐(Montand，1921—1991)，法国歌唱家、喜剧演员和电影演员。

展,而对主体并不给予足够的关心,使得主体不得不比以往任何时候更将就使用混凝土,一边维持秘密和反叛的庭园。在让·普鲁韦①和里卡多·博菲尔②联手开创的两个流派中,工业建筑和纪念性公共建筑群在冷冰冰的"尖端技术"和"后现代派"贫乏的巴洛克风格之间徘徊不定。显而易见,当代城市规划继续使建筑物失去人性。在当前各种影响和市场的游戏中,经历了那么多事情,人们仍看不清楚什么样的民主机制能使这种令人绝望的倾向发生逆转。

相反,造型艺术更清楚焦点所在,担心自己的繁荣会受到更多的制约。造型艺术的先驱们直到70年代中期仍过于自命不凡,现在他们傲慢不起来了。他们对当局——尽管从那里得到资助——的蔑视或不信任遭到了谴责。从前,他们的理论是恐怖主义的,他们的演说充满着尖刻的批评,他们拒绝人道主义的文化,现在,他们就像大溃退那样,结构发生了解体,旧有的团体分裂了,或老化了,艺术家成了孤家寡人,相反,世界在组织市场和定价方面却不讲情面,往往很有收益。有些艺术家看到有人对艺术本身的信念都丧失了("我们是死了的孩子",1989年,一个叫克里斯蒂安·博尔唐斯基的人坐在《无题》杂志社的饼干箱和电灯泡中间如是说),感到厌倦不已,于是重新开始工作,甚至放下架子,时不时地又到博物馆去转一转。贝尔纳·帕热斯栩栩如生的雕塑欲为世界的支离破碎重新确立形式。达尼埃尔·比朗不惜展示他的全部笨拙和挑衅,哪怕1986年在王宫剧院的院子里也一样,他这样做,至少想证明艺术家从此不再抛弃公共场所。弗朗索瓦·布瓦龙以他小说般的生活经历,杰尔拉·加鲁斯特以心醉神迷的人物雕像,同纽约派和某个罗贝尔·孔巴的"涂鸦艺术"的野蛮行径,同安迪·沃霍尔和"现成艺术"的诸媚者们针锋相对,形成对比。一种戏剧效果又找回了它的戏剧规则,给演员确定了位置。从1980年的"美的结束"总结性画展上,诞生了更自由的形象艺术画派。1976年崭露头角的"新主体性"(让·克莱尔),即比乌莱斯、卡纳和鲁昂的主体性,又重新想表现世界,与耐久性和遗产握手言和,力求与人相遇。形象艺术在前进的道路上再次福星高照。

尽管这些突然的振奋带来了希望,但观众依然如坐云雾,兴趣索然,而且,这两种感觉愈来愈强烈。一群孤芳自赏的精英们过于违犯规则和界限,过于带着碰运气的心理不断挑衅,过于践踏自己的作品,因此,只配人们转过身去不理他们。1991年,《精神》杂志展开了一场大辩论,提出了一个问题:为了迎接当今的时代,对已成为边缘的和无力的当代艺术还能不能给予信任。这场进攻的论据有时并不令人信服。但至少辩论已然开始。一些画家和雕刻家一直站在第一线,有几个已嗅到了当前哲学和道德特有的焦点问题。与一种免费消遣和无声

---

① 普鲁韦(Prouvé, 1901—1984),法国建筑家,擅长用预制构件进行建筑,建造纪念性建筑物、住宅、工业用房等。
② 博菲尔(Bofill, 1939—),西班牙建筑家,将地中海欧洲的纪念性建筑物的风格引进住宅建筑中。

娱乐的文化相反,现已出现了想听到主体亲自说话、想直视世界以便改变世界的需要。有些人开始反对解体思想结构的做法,又把希望寄托在"有意义的艺术"身上,寄托在一种使人激动的审美观和表现人本身的艺术身上,以便突出"真正的存在"(乔治·斯泰内)。

3

世界再受迷惑

对大量消费和讲排场的文化实践十分崇尚的唯物主义未能同时撇开超验性。恰恰相反,走出对人怀疑和对"全政治"赞美的时代,常常意味着同时参与"上帝的复仇"(吉尔·凯佩尔)。在继未来进步主义看法衰落之后产生的悲观失望的时代,在现代性危机或干脆称作危机的时代,"上帝的复仇"也许兼有宗教对文艺复兴时代传下来的古老人道主义的惩罚精神。这种急剧的变化,被一些难以预料的不协调的事件所表明:1973 年犹太教赎罪日战争后犹太人开始觉醒,1978 年一位办事爽快的波兰人让—保罗二世登上教皇宝座,美国出现"电视福音主义者"的耶稣再临人间说,一些已很时新①的小教派数量激增,1979 年伊朗国王被伊斯兰教的霍梅尼伊玛姆②推翻。但是,如果说 70 年代标志着宗教信仰斗士们的觉醒,并伴随着一切完整主义的影响,那这十年也表明法国又有点回到宗教归属的神学、道德、社会、人格,乃至纯感情的基础上。追溯起源、寻找伦理学以便摆脱难以令人满意的现代主义、拥护新浪漫主义,这些做法足以使主体得到满足,而主体在这个问题上又一次重申了自己的要求。

1968 年刚刚过去的时候,一个叫莫里斯·克拉韦尔的人,几乎孤军奋战地欢迎宗教信仰作为行为方式的回归,并断言"信仰复兴运动"将会带有法国的特色。1979 和 1980 年,贝尔纳—亨利·莱维的《上帝的遗嘱》,或阿兰·芬埃尔克罗的《臆造的犹太人》都表明,新一代知识分子发誓要同"痛苦主义的消极性"(皮埃尔·诺拉)决裂。在 80 年代过程中,莱塞克·科拉科维斯基的《宗教的哲学》大受读者欢迎,而弗拉第米尔·让凯莱维奇、埃马努埃尔·莱维纳和勒内·吉拉尔则成为研究圣事、记忆的反常现象和历史意外事件的核心人物。1985 年,马塞尔·戈谢在《世界的幻灭》中,概述了宗教在"主体本身固有的欲望不可调和的矛盾"中的政治史。一个幻灭的世纪末,在"神的威力"和"人的

---

① 原文为英语:New Age。
② 霍梅尼(Khomeyni,1902—1989),伊朗伊斯兰教什叶派领袖和政界人物。1979 年,他推翻了伊朗国王,建立了伊朗伊斯兰共和国,成为伊朗政治和宗教的终身领袖。

形象"之间摇摆不定,似乎以一种意想不到的方式,同最古老的传统重修旧好,那是让世界迷惑、给人行洗礼的教士传统。这种寻找"信仰方式"(达尼埃尔·埃维厄—莱热)的做法,这个"使世界再受迷惑"的事实,已动摇了十分古老的教会品级制度。

  基督教徒并不很热衷于这场信仰复兴运动;他们从来是超多数派,至少名义上是这样;他们面临着思想、习俗和普通文化的世俗化,而这种世俗化实际上已完成了社会的非基督教化事业;他们不像过去那样受教会的束缚。大约20万东正教徒在孤军奋战,加深他们的宗教信仰,但唯有奥利维埃·克莱芒的声音能越过媒体和文化的屏障,召唤他们战战兢兢地向前进。新教徒人数已降至80万;毫无疑问,他们仍是"好用你称呼上帝的人①",永远也不会适应尘世间的思想。但他们的反应和他们的福音分散在世界各地。在陷入困境的官方教会、更得人心的新教势力、旧的运动,同反对排斥、为1/4的世界或为习俗和性的更彻底解放而战的新慈善事业的斗士之间,已经产生了差距,出现了许多混乱现象。这个家庭的和自由的宗教——其大多数教徒为坚定的左派——正在更艰难地经受着历史性的分裂,它的福音已被世界完全同化,以至于会变得隐而不见。的确,新教徒以小团体的面目出现在都市中,并为都市做出不可或缺的贡献:一方面,他们要忠于一个自由和教育的世俗共和国,过去他们经常是这个共和国的中坚,但现在共和国比过去更难满足他们;另一方面,他们要面对一种更个人主义、更宽容的民主,在这样的民主下,他们的复数意识会产生不可思议的效果。但是,也许唯有他们才能将福音书和文艺复兴时代联系在一起,使正在复苏的宗教意识合理化。

  天主教徒也正在经历艰难的转折(4500万法国人是天主教徒吗?直到1970年,法国人中的天主教徒所占的比例稳定在80%,如今差不多占65%,不过,这个参照数非常机械,极具"文化性",使得这些数字几乎丧失了意义)。怎样学会甘当少数,即使不当少数,至少要学会不做霸主?同时,怎样在一个"教会长子"的法国,在前所未闻的多元化情况下,重新成为普通一员?官方的全基督教运动,是少数神学家精英特有的运动,不大可能控制激烈的争论。事实上,天主教教会变得松松散散,浮在上面,而天主教徒越来越独立。

  圣召遇到的史无前例的危机,实际上使教徒断绝了同教区和教会品级的任何忠实关系:1995年,法国教会有7.5万退休教士,2.8万在职教士,记录了……96次圣职授任礼,它顽固拒绝研究教士结婚问题(罗马教廷1994年再次明令禁止教士结婚),仍不愿安排已婚教士或在俗教徒,尤其不愿安排妇女当宗教团体的首领。因为教区不可避免地重行整编(1980年以来,1/3的教区已不复存在),

---

① "用你称呼上帝"表示对上帝的高度崇拜。

这使得圣职枯竭，同时，使得从前的天主教行动的战斗精神也日益衰退；天主教行动的战斗精神自 70 年代初以来受到了猛烈的攻击，又因让—保罗二世教皇主张恢复严格的教规而处于尴尬境地。童子军组织分裂成敌对的支系，如 1975 年，法国和欧洲童子军、统一童子军和法兰西领路人等，只吸引了大约 7 万名青少年。1975—1984 年间，第三世界解放修辞学和拉丁美洲解放神学曾多次受到法国主教们和罗马教廷的谴责，此后，最后一个看得见的宗教组织，即汇集了旧宗教团体和天主教圣事组织的天主教反对饥饿争取发展委员会（CCFT），在 80 年代也陷入危机，它的大部分战士加入了非政府的世俗的组织，当时，这些组织正以无国界医生联盟为模式而蓬勃发展。从那时起，一种高度监视下的阵地行动，取代了"以怜悯为宗旨的第三世界主义"，1983 年，帕斯卡尔·布吕克内尔在《白人的哭泣》中揭露了这种第三世界主义。但是，基督教的这种对最贫困者和受排斥者的慷慨，不得不顺应新的情况，抑或仅仅满足于表达自己的愤慨：比如，1995 年，当这种全方位福音主义的象征性代表加耶奥大人得到罗马的认可时，他们也只是口头上愤慨一下。

从此，冲突经常发生。1970 年，勒费弗尔主教大人发起圣庇护十世兄弟会，整体主义从而应运而生，它否认主教会议之后的教会，拒绝同时代作任何妥协，为几千名信徒创办了反教会。这个反教会有一个圣地，即巴黎的圣尼科拉—德—夏多内教堂，1977 年以来被这个反教会占领。还有几个修道院，如巴鲁修道院（在沃克吕兹，创办于 1970 年）。还有几所学校、一个童子军组织和一些慈善事业。这个分裂出来的、人数不少的宗教组织，尽管 1988 年其首领被逐出教会，仍给所有对第二次梵蒂冈会议①感到失望的、幻想一个进攻性的国家天主教在教会内外获得新生的人增添了力量。80 年代，有些人以罗曼·马里或让·马迪朗（后者成了《时报》总编）为榜样，携带武器和行囊，投奔民族阵线。另一些人，有时是同一些人，专门执行反自愿堕胎突击队的行动，或促进基督教世界团结一致委员会的工作。还有些人回到教会的怀抱，以便占领教会。

相反，神授新生修道会却在教会内部获得了独特的地位。该修道会是 1968 年五月风暴汹涌而至，并出现了回归共同体生活倾向时应运而生的。它那希望聚集在一个"牧羊人"或一位"可敬老人"身旁的"整体主义"倾向，它那由于认为教会过于理性、过于融入城市而对教会所作的含糊其词的抗议，它那些有着狂热的祈祷语和自发的皈依，寻求"倾诉思想"的外向型的宗教虔诚形式，它的五旬节运动，甚至它的寻找圣迹的做法，这一切首先使它遭到了天主教品级制度的怀疑，天主教品级制度勉强容忍它在几个教区的地下墓穴里煽风点火。接着，它成了"教会的一次机会"，1974 年起保罗六世教皇就承认了这一点。这个上帝恩赐

---

① 第二次梵蒂冈会议为天主教会第 21 次普世会议，于 1962 年召开。会议通过 16 个文件，承认人类所经历的变化，设法使教会对于自身的看法和上帝启示的认识适应当代文明的要求和崇尚。

的运动,安营扎寨于某些教区、教堂(如1986年以来在帕雷—勒—莫尼亚尔教堂)和修会(1995年,埃马纽埃尔、新路、真福、雅格布井和新世界基金会等修会共有近十万名信徒),尽管不像预示的那样是剧烈的动荡,但也预示着天主教同新时期的真正接触。它与世纪末宗教感情的协调一致,至少证明了一个极具现实意义的"使天主教宗教情绪重返社会"(马蒂娜·科安)的事实。

说实话,这种极少数派的发展尤其与宗教制度有关。但这未能阻止基督教丧失实质,使基督教民变得衰弱。更严重的是,某些教义观点在最后的信徒面前变得难以承受。让—保罗二世的教会十分尊重生命和神明,既敢于揭露极权主义,又敢于揭露极端自由主义,致力于调和基督教和犹太教,同时,总是在远离尘世的地方扎营,自从1968年颁布《关于人口控制的教皇谕旨》①以来坚持谴责堕胎,甚至谴责避孕,尤其拒绝用避孕套作为防艾滋病的工具,这使年轻人尤为反感。习俗的解放迅雷不及掩耳,而教会却因循守旧,坚守真正的美德,因此,几乎所有天主教徒都心安理得地在他们的宗教归属和私生活之间竖起了一道墙。自从1967年通过纽维特法②以来,这道墙几乎变得完全了,这个问题仍是人们对宗教生活丧失兴趣的第一大原因。因此,有的人小心翼翼地离开了,另一些人则在一种更家庭和更个人的宗教里找到了庇护所,私下里寻找确实可靠的东西,接踵而来的常常是回到《圣经》上。大部分人不仅抛弃礼拜仪式,而且不再重视圣事,几乎不再关心基督教世界的延续性:90年代,似乎只有60%的孩子接受洗礼,40%的青少年上教理课,50%的夫妇行宗教婚礼,即使行宗教婚礼,也仍要到市政府去登记。24岁以下的人,几乎普遍远离制度上的宗教。

但是,在残留的信徒中,宗教信仰的这种个性化并没妨害集体表达宗教情绪,这种集体表达宗教情绪,在这媒介和宽容的时代变得不可或缺。"一切都让人感到,天主教斗士们在使其少数派地位适应世俗化了的社会之后,努力通过更明显地参与大规模的群众示威活动来弥补这种少数派地位,试图以此来增强缩小了的社会基础"(德尼·佩尔蒂埃)。因此,在90年代,一些旧的组织又恢复了活力(向来四分五裂的童子军1994年自豪地看到22万青少年加入他们的组织),朝圣的人增加了,修道院网为新的圣召提供了庇护,并加强了宗教团体的亲近关系,宗教媒体蓬勃发展(基督教电台有上百万忠实听众,宗教报刊状况良好,1993年以来《天主教教理手册》销售量突破70万册)。尤其是,一些组织良好,并被媒体大量报导的示威游行,仍表明人们对宗教的虔诚,证明人们仍能够产生信心:兄弟会运动定期举行集会,1984年动员教徒起来为自由学校而斗争,1996年,在纪念克洛维③皈依天主教的洗礼之际,让—保罗二世访问法国获得成功,

---

① 指1968年7月25日保罗六世教皇发表的关于人口控制的谕旨,反对人工避孕。
② 纽维特法是法国于1967年通过的一项关于准许使用避孕工具的法律。
③ 克洛维(Clovis,466—511),法兰克王国缔造者。489—495年间,其势力向南扩大到巴黎。496年,他皈依天主教,并举行了洗礼仪式。

1997年举办的巴黎世界青年日获得成功,所有这一切都证明人们对宗教的虔诚。

然而,个人和集体宗教情绪的联合,并不能掩盖一些沉重的倾向。宗教显然处境微妙。多次民意调查表明,人们可以根据残留的和消极的标准,宣布自己是天主教徒,但可以不相信耶稣复活。人们对于教义、经文和圣像已不大了解,以至于公立学校打算教给学生这方面的残余文化知识。传统的、形式的、在地理和社会上具有代表性的基督教会已陷入困境。青少年感受基督教,如同感受一种文化宗教,个人选择和纯人道主义备受欢迎。也就是说,即使天主教在当前"世界再受迷惑"中是领取者,它的地位虽然从社会学角度看,仍起着支配作用,但从文化角度看已然缩小,这使它变得过于残缺不全,不能相应地陪同这种"再受迷惑"走下去,并从中获得充分的好处。

相反,犹太共同体即使人数降至50万(在社会平面上高于平均数),但相对而言,它在思想领域和媒体方面的存在更为突出,它善于利用自身的力量,为传播当代问题做出贡献。在这方面,历史背景帮了大忙。从北非遭返回国的更遵守教规的犹太人引人注目的归并,使得犹太共同体"重新犹太教化",并给这一共同体增添了活力。1967年由戴高乐将军在六天战争①中发表的那句"恶毒名言"(弗拉第米尔·拉比)开始的对这"自信而居高临下"人民的怀疑时代,于1977年随着法国犹太机构代表委员会颁发公民宪章而宣告结束;这个宪章提醒大家既要注意壮大了的犹太共同体的归属意识,同时也要看到它对以色列国的眷恋和对法国的忠诚。70年代中期以来,人们对纳粹分子大肆屠杀犹太人的记忆日益深化。志愿者组织网的形成;1980年以来,在两个祖上是西班牙犹太人的犹太大教士雷内—萨米埃尔·西拉和约瑟夫·西特吕克的领导下,宗教信仰活动的枯木逢春;私下和公开的犹太特性不再分离的新愿望:这一切使得重建犹太教共同体的大业得已完成。80年代,出现了一些尖锐辛辣的杂志,如《踪迹》、《为散居各国的犹太人聚居区而战》、《帕代斯》等。小说、电影、社科著作为推动自传热的发展做出了巨大的贡献。写作、研究和反省顺便渲染了一种既是意愿和思考的,也是归属或传统的犹太特性。这种犹太人主体的暴露产生了巨大的诱惑作用,而反躬自省和创造新的生活方式则激发了艺术创造力,从而渐渐培养了超越犹太阶层的民族文化。60年代由阿尔贝·梅米或罗杰·埃尔拉开创的,继而由多米尼克·希纳佩或多里斯·邦西蒙发起的宗教和非宗教的"犹太研究",不仅在犹太共同体内,而且在公立大学和全国科研中心内,都有了很大的发展。契约学校大大增加,且形式多样。伴随

---

① "六天战争"指以色列于1967年向埃及和约旦发动的战争,在这场战争中,以色列占领了西奈半岛,苏伊士运河被关闭。

犹太问题大量进入共同的思考中而来的,当然是一种强烈的个性,而这种强烈的个性,比如说,受卢巴维契犹太复国主义运动推动,竟发展到了整体主义。1987年以来,犹太教士向犹太教徒强加了必须遵守犹太教所有戒律的义务,这种做法,甚至有"在政治以外重新共同管理"(皮埃尔·比恩博姆)的趋向。新的一代似乎首先想确定自己是犹太人,但拒绝完全同化:1990年,在被调查的犹太人中,只有5％的人仍援引19世纪传下来的主动称自己为以色列人的做法,而1977年却有33％。

这没关系。在信仰犹太教的法国人中,有半数人从来都生活在犹太空间以外。许多人只满足于一种"自由选择"的犹太共同体。同反犹太主义的斗争(1979年侵犯科佩尔尼克街的犹太教堂和1990年亵渎卡庞特拉公墓的犹太人墓,都激起了极大的公愤)、1984年克洛德·朗兹马恩的影片《纳粹屠杀犹太人》的一举成功所唤起的对种族灭绝的回忆、揭露维希政府的罪行、起诉纳粹罪犯及其同谋的消息;这些战斗都带有一种极其怪诞的犹太特点,但它们从未离开过法国舞台,甚至充斥了法国舞台。同时,在所有的民意调查中,对犹太人"是和其他人一样的法国人"的信念不断上升:1966年,在被调查的人中,66％的人这样认为,1987年上升到90％以上。这证明法国的犹太人善于使区别和同化,使宗教归属和为共和国的普遍性作贡献相结合,并使之更巩固。同时,他们首先投入战斗,以便澄清折磨着全国人民的宗教和道德问题。

伊斯兰教自守的传统,从历史和公民义务上提出了一个截然相反的问题:当一个宗教归属被认为同国家传统无关,尚未纳入具有同化能力的法兰西共和国范围之中时,人们能不能独自表示这一宗教归属?今天,在法国生活着300—500万信奉伊斯兰教的人(数量之大、之不确切,恰恰说明了这个问题的存在),其中200万是法国人。因此,伊斯兰教成了法国第二大宗教,而这个前所未闻的事实使民族意识感到不安。伊斯兰教在1905年法国政教分离时,没有被纳入当时确立的宗教活动的法定范围(原因不言而喻),它也继承了一种用法律术语来说实行抗辩性的殖民地的过去,它身在宗主国,但与马格里布和从前的"法属"非洲有着割不断的血缘关系,这两个地方为它提供了大部分信徒(源自巴尔干、土耳其、中东或亚洲的伊斯兰教共同体分布很广),因此,它兼有一种目前仍是非教会的外来宗教在同化方面可能遇到的种种困难,它具有与移民和国际局势紧张相关联的种种社会文化忧虑,它在共同的争论和愿望中,尚未找到自己的位置。

但是,法国的伊斯兰教必须归并到我们的文化权利中,这是前提,也是目的,对此,法兰西共和国不能再将就了。据统计,目前法国只有8座"耐久经用"的清真寺,但有957座新教教堂,82座犹太教堂。相反,现已发现有1100个伊斯兰教的礼拜场所,全都破破烂烂,几乎都是地下活动,1981年以来,由一些协会负责,常常是从外面引进的伊玛目主持祭祀,谁也不能保证这些人是不是有正确的神学观点,是不是明确拒绝传播负有整体主义使命的、受外国影响的原教旨主义。这种情况应该能改变,只要大家一致赞成在法国培养伊玛目,只要开办契约清真寺和契约学校,只要伊斯兰教在大学教学大纲和研究中更深地扎根,总之,只要有一项可以公开进行宗教活动和培养伊斯兰教人材的合法措施,就能促使伊斯兰教活动走出准公开的和秘密的状态。再说,伊斯兰教自己已准备向归并和同化前进,准备的程度比舆论所认为的还要充分。因为,一个欧洲的伊斯兰教兴许能脱颖而出,这个欧洲的伊斯兰教能够同意当社会的少数派,并开始思考公与私、教会与国家的分离问题。

原教旨主义或种族的共同体主义、局限于教徒原籍国的合作主义仍然深入人心,什么也不能证明它们没有维持下来。但是,第一批杰出的公民和教士都有了人数众多的第二代子女,比近期移民中的许多人同化得好一些,已开始对一种原始伊斯兰教进行论证,发现它负有普遍宗教的使命,能把世界各国的人召集起来,而不是局限于一个确定的民族;他们深化了一种更世俗的宗教性,同时,也造就了他们自己。那么,道路是不是已畅通无阻了呢?是不是现在就可以设想一个个人的和主体的、平和的伊斯兰教,更多地致力于个人的宗教信仰,而不是种族的退却,从此能更好地融入共和国的政教分离中?是不是明天就可以使依然极其伊斯兰化的,尤其使妇女和女孩子们处于从属地位的"穆斯林"习俗具有法国特征呢?对此,谁也无法断言,但是,这样的变化不是不可能发生。相反,法国的政教分离性似乎承认,它应该尊重这个仍是非常不可思议的文化权利,甚至应该将尊重这个权利,同移民同化这个棘手问题所维持的害怕、错觉和拒绝区分开来。1989年以来,在法国公立学校里,反复发生女孩子戴"伊斯兰教头巾"的"事件",这成为报刊专栏文章经常报导的内容;在公立学校里,戴伊斯兰教头巾是被禁止的,只要这样做仍然出于招摇和表明自己皈依伊斯兰教的目的。伊斯兰教头巾事件至少使人充分意识到在法国表明伊斯兰教立场所提出的问题,同时在主张同化主义的极端共和派和主张多元文化的极端现代派之间,掀起了一场关于这个问题的争论,从此,双方的对立可能不会使人感到太突然了。

圣书上的宗教向更真实、更合法方向演变,与折中主义、非宗教色彩化和分裂交杂在一起,这属于在这个国家里发生的一种更为广泛,但也更零星、更分散,又不完全是多元化的运动;在这个国家里,天主教一元主义依然深入人心;将宗教信仰和价值用于主体的回归和发展,在宗教信仰和价值之上为后现代派的烦躁寻找答案,让自己来建造自己的幸福。事实上,一些说教性的宗教和更为模棱两可的道德已在社会上产生了新的影响。证据是,20年来,佛教有了惊人的发展,如今拥有15—50万信徒,而分散的同情者可能达100万,因此,佛教已成为法国的第四大宗教。亚洲籍法国人的佛教活动十分稳固,因此,对在宗教上灰心失望或正在寻找宗教归属的法国人来说，这其实是佛教的一种魅力，尤其是西藏或日本佛教的魅力。既没有法律也没有规约的道德，没有超然存在的万神庙，没有神学教育，没有束缚的传统，个性相对化，承认分歧，有共生感，对肉体的真正关心，安乐地在清静中寻找避难所：这个既无罪恶，也无惩戒，具有自我存在理由的宗教，为了适应环境已相当西方化了，它对真正的东方传统一无所知，它是那样顺应时代的要求，以至许多人急忙向它靠拢，毫不担心会被灌输教义，至少确信能更多地造就幸福的"自我"。

在东方佛教边缘，随着多次以完善自我为借口的转向，任何想使主体和世界不分离的贡献都受到了欢迎。60年代反文化的旧先锋派运动①带有浓烈的加利福尼亚特色，继而是新时代②特色。它于是被人利用，并已分散到由进化主义的泛科学至上主义或江湖郎中般的类科学至上主义、模棱两可的神秘主义、负有宇宙论使命的生态主义所组成的星云中。禅宗和静坐、瑜伽、武术，或更为平庸的素食和食用"天然"产物，常常给其他一些探索作为预备教育。因为，这些外来的劝诱不再完全是60年代埃德加·莫兰所称的"具有安慰特点的心理消费品"了。这些外来的东西终于同西方对不合理的和神秘哲学的兴趣相融合了；西方的这种兴趣，向来是靠小亭子里出售的类心理学、无处不在的看手相算命、悄悄存在的魔鬼崇拜以及对外星人从来十分有效的尊敬得以维持的。更严重的是，一些外来的宗教派别能够吸收到新成员，尤其在年轻人中间，它们在开发所有这些诱惑的时候，赋予这个工作以现代的面孔。这些宗教派别有的来自基督教的分裂派，如耶和华见证会③，或摩门经④派，有的出自秘传的传统，如蔷薇十字会⑤，或东方传统，如克里希纳⑥意识，尤其是加强科学和宗教之间最可疑的联系，如加强同来自美国的科学论教派⑦和月球重新统一教派的联系，它们紧密团结一些小教派——这些小教派从各方面看都残酷利用自己的教徒，有时不顾法制而为所欲为，以至于这些反社会的小教派使政府胆战心惊，媒体的专栏文章兴致勃勃地记下它们所干的坏事，有时甚至是罪行。

有人会说，这是多么奇特的世界"再受迷惑"！也许是。但这些做法不过是一种更深刻变化的误入歧途的一面。我们要重复的是，主体的回归也会带

---

① 原文为英语：underground。
② 原文为英语：New Age。
③ 耶和华见证会为美国的一个小教派，创立于19世纪70年代。20世纪70年代，这个教派已遍及世界。
④ 摩门经为美国耶稣基督后期圣徒教会（摩门教）奉为《圣经》之外的另一部经典。1830年出版于纽约州巴尔米拉市。摩门教认为它是该教创始人史密斯根据上帝启示译述而成。
⑤ 蔷薇十字会为17世纪德国一种神秘主义的秘密结社。
⑥ 克里希纳为印度毗湿奴神的第八个化身，称作黑天，是婆罗门神话中最得人心的神之一。
⑦ 科学论教派为20世纪50年代由美国人哈巴德创立的以知识为根据的教派，宣称能使信徒发挥人的最大潜力。

来教徒思想的深化，促使他们研究变化不定的归属问题和自由信仰问题，至少对最有觉悟、最积极的少数派是这样。这是 20 世纪末新的和极具个性的特点。

4

记忆患病，特性困惑

消费难以令人满足、媒体无休止地报导新闻、丧失感觉、价值更不被承认、传统之间与宗教之间的激烈竞争、西方文化的重要问题常常迷失方向、公民危机、社会团体瓦解、个人孤独、归属问题的烦恼：这一切导致人们提出了回忆往事的问题。仿佛冲向前途未卜的未来，只能靠回忆往事来进行。难道经验之线、辈代之间的联系断裂了？个人和团体的特性不也是从过去精炼出来的吗？难道每个人从此只能通过完成"回忆义务"才能前进？回忆在激活当代如此多严重的，有时令人焦虑的问题时，也就相继成了食粮和包袱：人们用来包围回忆的，抑或回忆所传播的疾病，显然具有双重意义。

回忆之疾病 1975 年就爆发了，当时，皮埃尔—雅凯·埃利亚的《骄傲之马》和埃马纽埃尔·勒鲁瓦·拉迪里的《蒙塔尤，奥克语村》在书店的销售上获得了意想不到的辉煌成绩，与此同时，瑟伊出版社出版的《法国农村史》遇到的反响，也超过了学术性出版物通常能引起的兴趣。一部生活的记叙，结构严密，具有浓郁的菲尼斯太尔①风格；一段奥克语②运动的历史，后期中世纪的蒙昧，被尖锐中透着惶恐的卡塔尔派③教义刺穿；一部创作出来的历史，可为所有缅怀惨遭毁灭的世界的人提供全部论据：这三部作品的问世正是时候，从年代学来说，恰好处于两种思想的交叉点：一种是不得不为"死者之美"（米歇尔·德·塞托 1970 年创造的表达方式）举行祭礼，即为这种在"辉煌的 30 年"中被践踏，继而遭毁灭的大众文化和农村往事举行祭礼，另一种是对进步和未来的意识形态表示怀疑。这一出版现象显示了一种持久的向性：法兰西维持着一种"悠久的记忆"（弗朗索瓦丝·佐纳邦）。就在后现代派即将面世的时候，法国进入了"回溯以往"的阶段。

这种与进步主义相左的倾向，首先导致了崇尚渊源的泛滥，况且，这种崇尚渊源的现象，也在其他被危机时代出现的新事物弄得不知所措的西方国家中泛

---

① 菲尼斯太尔为法国的一个省。
② 奥克语为中世纪法国卢瓦河以南地区使用的语言。
③ 卡塔尔派为中世纪法国等地一种异端教派，也是纯洁派。

滥成灾。灾区的锁匠、葡萄种植者、水力磨坊主、向来勇敢的洗衣妇和冶金工人，都在用录音机制作的书中叙述着自己的生活，诉说着自己的艰辛。乡村的镰刀节、祖母衬裙货摊、对家谱的兴趣、逛旧货店、收集发黄的明信片、手艺人的手势、"声光"表演①、"社会文化"的复兴和"促进"（当时这个词给人留下了深刻的印象）事业等，都开始赋予空闲时光以节奏，人们疯狂地抢救、囤积和消费旧货。学术研究亦步亦趋，通过"口头传说"和对作为见证的村庄和团体进行多学科性的发掘，来开发充满生命力的记忆宝库。一种"精神风貌史"——《经济和社会史年鉴》之产物——经历了辉煌的时刻，虽已四分五裂，但仍陈列在人类活动的所有海岸上，此外，在敏感地区创办了"生态学博物馆"。这种支离破碎的回忆活动主义，不可能永远具有意义，于是，人们也开始搜扒民族传奇和外省引以为荣的事物的各个空隙和角落，寻找出乎意外的东西，最后，人们对殖民异国情调的发源地，或对移民共同体的同化，对排斥和移居的种种变形产生了兴趣，而一种妇女的历史也正在形成标志。与此并驾齐驱的，是值得纪念的牧歌主义和对差异起源产生新的兴趣。一个多元法兰西的旧货，从这些研究和回忆中涌现出来。

  这时，一种统一而万能的概念及时出现，掩盖了这景象可能激起的不安或发问：即文化遗产问题。文化遗产曾有过光辉的一年：1980年，文化部长让—菲利普·勒卡的一道决定，赐予它大写P②的殊荣，这在法国腹地，在地方团体和协会中间，在临时结合的社团和普通人中间，都引起巨大的反响。在这位部长看来，这是在拉"连接我们社会的现在、过去和将来，能使我们避开忧虑和贫乏的阿莉阿德尼线团③"。事实上，法国人与其说是从一种要加固的一体性中，毋宁说是从个人主义的亲近性中，从核心家庭和给人以安全感的地区性的亲密无间中，发现了他们同复数的、间接地具有个性的、被认为能立即再生的文化遗产具有新的亲密关系。单数大写的文化遗产在这些不可胜数的清点过的记忆和明显的满足中深深扎根，这样，它与其说变成了一种国有化的冲力，毋宁说变成了一种亲近性的幻想，变成了一种慰藉价值，立即可被攫握住，不必通过媒介，通过太约束人的文化译码：这对已回到独特性和地方主义的法国本土来说，是一种新的边界。在这个社会背景下，文化遗产染上了强烈的民族的和外省的色彩。因为，与一种被指控为缩减差异的雅各宾思想相反，应该试图发现异步和差别，描写差距和离散，给文化下一个更接近人类学的定义，提高地方的地位。这个其根基因为

---

① "声光"表演指在晚上，在名胜古迹用变幻的灯光照明并配以音乐解说，使人产生一种身临其境的感觉。
② 大写P为法语词patrimoine（文化遗产）的首字母。法语中，普通名字的首字母大写，就表示对这个名词的尊重。
③ 阿莉阿德尼为希腊神话中人物。她用小线团帮助雅典英雄忒修斯逃离迷宫。"阿莉阿德尼线团"常用来比喻解决问题的办法。

影响力的增加而变得很有营养的文化遗产几乎成了一种志向。从此,由于危机的加剧,文化遗产民族化的清点和展示,对许多人而言,也在"全文化"的反复合法化之列。

这种负有特性使命和幻想使命的亲近性文化遗产的大众化,是20世纪80年代的标志。正如皮埃尔·诺拉所说,"文化遗产已成为一个看得见的证人,见证一个已经完全看不见的过去",它是已溶化于欧洲建设构想和经济赌注全球化中的民族历史的振奋,这部民族史在回忆的多种效力的袭击下已失去意义,身陷囹圄,痛苦不堪。因为,与此同时,在不变的混合中,无论是抵抗运动的战士,还是乡下洗衣妇的孙女,无论是忧心忡忡的阿尔及利亚法侨,还是不可能去所在街区影院看电影的影迷,无论是白皮肤的旺代人,还是退了休的火车司机,他们总在督促自己的同胞,尤其是青年一代,让他们不要忘记过去,要他们也成为历史的见证人,参加到拯救一种救助性回忆的活动中去。

文化遗产概念经受不住如此多的关注。它因缺少符号等级体系而日渐衰退,因遭到单调乏味的展示和因媒体到处宣传自己对事物的认识而变成了陈词滥调,最终导致了内破裂。在这种回忆的波涛中,巴黎和地方都推出了一系列公共政策(结果常常使回忆的波涛变得更汹涌),希望让国民对这些过度的、确实具有特性的,同时也渐渐属于消费个人主义的习惯做法起到调节作用,但未能获得成功。如果考虑到民众对民族遗产反复产生的忧虑和贫乏感,是与拒绝"他人"这股势力的政治影响急速上升同时发生,尤其是与民族阵线的"国家民众主义"(皮埃尔—安德烈·塔吉埃弗)的政治影响日益高涨同时发生,那么,我们就能明白,20世纪90年代人们已急迫地感觉到,必须缓和一种已变得不大令人信服和放心的情绪,因为这种情绪所迎接的是断章取义的历史,对过去最多只能给予虚幻的,抑或综合的形象,它"开发"抑或复活记忆,却不能赋予那些记忆以意义。清点继续进行,消费继续高昂,博物馆管理技术完美无缺,可是,20年的拯救活动不像人们预计的那样令人狂喜,或使人振奋,再加上20年来参观的人络绎不绝,没完没了,人心已不再像从前了。

1984—1992年,在皮埃尔·诺拉的倡议下,出版了法国的《记忆的圣地》文集,这部恢宏的概论也使人意识到,记忆的光怪陆离,文化遗产的丰富多彩,应该同"民族传奇"的枯竭贫乏联系起来。这次,一种法兰西民族的独特性被打开了缺口,那独特性便是仍感到自己是一个"平衡而置于中心"的民族,在那里,国家先于民族,国王和共和国操碎了心,负责对每个人乃至对所有人进行确认,强调步调一致,建立共同记忆,崇敬圣地。文集的作者们说,《记忆的圣地》"不再完全活着,也不完全死去,就像有生命的记忆海洋退潮后海岸上出现的贝壳",它们"仿佛是另一个时代的见证,永恒的幻觉"。这一历史性的惊恐呐喊完全印证了社会本身产生的其他令人不安的征兆,以至于这一喊声很快纳入国民的讨论之中。被遗弃的记忆,被大量消费短了路的文化中间人,分裂的抑或受蔑视的价值,辈代之间的缺少交流,分散于地方的抑或名誉扫地的国家权力,受轻视的抑或忽视自己传授知识责任的教师,一种重复出现的现在所特有的非道德主义:凡此种种汇集起来,使得人们对值得记忆的法兰西的一种复调音乐、一种不和谐音和一种缺乏活力的状况,统统给予备案。"记忆－文化遗产"是不是会同"记忆－民族"相分开？这一情况的发现,从此也能维持"多元文化"的民主意志主义,维持国家防御的民众主义的恼怒,维持深思熟虑的共和主义的振奋,同时,更多地维持含含糊糊的哀叹。

激起回忆的公共政策并不足以使这种对照重新国有化,甚至不足以使之协调一致。法语国家——对这个词的定义缺少更新——曾有过一个实用的高级委员会。许多部委最终认为有责任同他们部门的过去恢复联系。一些地方行政单位认为,焕然一新的地区记忆可以成为一种不可忽视的政治添加剂。1981年以来,全国性的文化庆典活动组织得更好了,更表现出真正的共和国选择性,将狂欢同学术总结抑或展望未来的总结结合起来,展现了它们在一些议题上的一致性,例如,标志着法国向为知识、权利和民主服务迈进的纪念日,对科学和文化名人作用的回顾,认真参观胜地,给法国肩负的国际使命授予称号。但这些全国文化庆典活动未能完全经住"全文化"的完整倾向的考验。于是,电影百年纪念同卡佩王朝"千年纪念"同时存在,法国航空俱乐部诞生纪念同克洛维皈依天主教洗礼纪念或签订南特敕令①纪念同时存在。这种普及化的庆祝活动,更确切地说,是维持一种自由选择的勃勃生气,这些活动在社会上搞得热热闹闹,不一定总是完全符合导演们的公民意志。这在1989年法国革命200周年纪念活动中看得一清二楚,当时,官方的组织工作以7月14日在香榭丽舍大街上的游行而告圆满结束,游行的组织工作交给了让－保尔·古德,此人"后期的"、"拙劣的"、极其传媒化的世界主义主张,与需要加强的人权所固有的庄严性,及其所固有的道德和公民力量,形成了鲜明的对照。

尤其是,记忆的卖弄常常产生与公开的希望背道而驰的效果。因为一种民族的和几个世纪的特征尚未衰退。恰恰相反,"法国民族色彩的狂热"（米歇尔·维诺克）或"法－法战争"抓住这混杂的回溯以往的机会,提醒人们如果看不到它们完好未损的力量,至少也要看到它们会长久存在。在谋求私利和歪曲事实的大众传播媒介的监视下（媒体乘机找出办法,使他们所传播的单调乏味的现实具有一定的厚度）,寻求融合的回顾,也变成了对抗的赌注,抑或分裂的"再演"。化脓的伤口,古老的恶魔,引起分裂的言语,带有偏见的论据,历史的混合:所有这一套虚拟的对抗和完好未损的价值判断,都曾在下列问题上使用过,虽不均匀,

---

① 南特敕令为1598年法国国王亨利四世在法国南特颁布的宗教宽容法令。

却很有穿透力:旺代叛乱①或阿尔及利亚战争,屠杀阿尔比教派②,卡米扎尔③或保安部队④,克洛维皈依天主教洗礼仪式,圣巴泰勒米惨案⑤或原籍法国的阿尔及利亚人受凌辱,科西嘉人受到威胁的自主权或安迪列斯人的"被转移的种族灭绝",法西斯主义的法国根源或共产主义的罪行。这些不胜枚举的哀叹,加上对既英勇又杂乱的"记忆携带者"的动员,对 1789 年革命 200 周年纪念的扰乱不如人们想象的那样严重,而这次庆典再次选择了赞颂人权,反对恐怖,赞成联合,反对内战。关于法国大革命的讨论,自 1978 年被弗朗索瓦·菲雷的《法国革命思考》掀起以来,至今几乎未超越学者和"有学问者"阶层的界限,因为这场革命在法国人的共同意识中依然被神圣化,以至广大法国人不愿对缔造共和国传统和模式的事件产生怀疑。相反,火力更容易并极其痛苦地集中在德国占领时期的"黑暗年代",但这并不能使哀叹加快速度。

　　许多客观理由致使所有酝酿已久的对立关系全都凝聚到那几年上:按重要性排列,有一种犹太记忆的复活(不想任人否认纳粹分子屠杀犹太人的特殊性),有关于那个时期的历史编纂学的进步,有否认纳粹集中营罪行残酷性论者的进攻,有恢复对最后几位战犯的追捕;还有社会上出现了一种越来越严重的使权利和法官神圣化的倾向,并利用他们来讲述一个被论证的历史;还有媒体的煽风点火,或者,更简单、更生动地说,最后几位战犯兼见证人就要死去,辈代交接问题在最年轻的人中又引起了思考。1971 年,马塞尔·奥菲尔拍了一部谴责性的电影《忧伤与同情》,继而,1973 年,出版了美国人罗贝尔·帕克斯通的《维希政权的法国》,从而打开了阀门,同时,也解放了形形色色的"回忆义务",抑或身后报复,于是,被"这个过不去的过去"(埃里克·拉南和亨利·卢索)提出的所有历史问题再次被提了出来,并且走了样。于是,对维希政权,对这个政权尤其在消灭犹太人方面同纳粹分子合作所进行的指责,在 1979—1994 年间,发展到了对维希政权的某些打手,如对保尔·勒盖、勒内·布斯凯或保尔·图维埃进行控告和判决,并且通过媒体进行大量的报导。1985 年,法国最高法院将反人道的罪行,列入不失时效和有追溯效力的法国权利中。1987 年,克洛斯·巴比诉讼案产生了有教育意义的效果,十年后,在起诉莫里斯·帕蓬时,人们也希望产生同样的效果。1990 年,盖索法的制定,使人们能对否认反人道的罪行和滥杀犹太人的

---

① 旺代叛乱指 1793 年春在法国旺代省爆发的保王党人的叛乱。
② 阿尔比教派为法国 12—13 世纪法国南部极端派别,特别是纯洁派的通称。1208 年,教皇号召讨伐阿尔比教派,最后演变成大屠杀。
③ 卡米扎尔指 18 世纪初在法国塞文山脉的加尔文派教徒,当路易十四撤销南特敕令后,他们起来反对路易十四。
④ 保安部队指 1954—1962 年,法国为补充驻阿尔及利亚兵力而在当地雇佣人组成的部队。
⑤ 圣巴泰勒米惨案指 1572 年 8 月 4 日,即在圣巴泰勒米节,天主教在巴黎突然武装袭击胡格诺派,致使该派 2000 余人丧生。

行为给予更严厉的谴责。1995年,共和国总统雅克·希拉克①,继而1997年法国总理利奥内尔·若斯潘②最终先后承认,回顾往事是必须的和有益的,国家在1940和1944年之间犯了错误,从那以后,记忆冲突似乎放慢了速度。但是,法国始终被"维希综合症"缠身,法庭难以治愈国民的记忆。回忆罪行和内心懊悔无法将断了的线重新接上,很难使法兰西共同体恢复自信。记忆的虔诚和可以接受的质询似乎并没使人得到安慰,也没起到预防作用。

这样,正如保尔·蒂博所说,"有永存能力的记忆运转时,就像一个有划痕的唱片,总是在同一些地方卡壳,这是政治和文化紊乱的征兆。我们就像有些老人,沉浸于追溯以往的激情中。如果说我们占支配地位的信念是人越坦白,就过得越自在,那是因为我们缺少力量来重新表达一种由经验阐明的特性。"那是一种民族的,或集体的,或小团体的,或个人的特性,根据具体日子,沿着周而复始的危机和怀疑的斜坡行进:特性一词已经说出,它非常模糊地,却又极其真诚地说明一种自我形象的丧失,人们一心想从过去中找到被恢复的信心的残片。1/4个世纪以来被人们正式召唤和探测的,但并不是无拘无束的集体记忆,既不是复兴的"充满活力的因素",也不是"连续性的唯一承诺"(皮埃尔·诺拉)。法国社会不加区别地保持着对过去的偏爱,保持着记忆的飘忽不定和特性的备受煎熬,它不承认最严重、最急迫的问题来自现在。价值失去光彩,遗传产生混乱,权利遭到践踏或蔑视,一些人排斥在外,大众传播和消费越来越俗气:这一切才是亟待解决的问题。由于不能驾驭当今这些主要问题,法兰西这个被悠久的历史和狂热的情绪压得不能动弹的,但仍想同倦怠病进行斗争的国家,让三种残存的价值——文化遗产、特性和记忆进行了心怀疑惑的竞争:"新文化大陆的这三张面孔",在一种可能悬而未决的民族命运的"回忆时刻"(皮埃尔·诺拉),表现得无所顾忌,为所欲为。

---

① 希拉克(Chirac,1932—),法国政治家,法兰西共和国总统。吉斯卡尔·德斯坦当总统时,他曾任内阁总理,1976年辞职,创建保卫共和联盟。1977—1995年任巴黎市长,1995年当选法兰西共和国总统。
② 若斯潘(Jospin,1937—),法国政治家。法国社会党第一书记(1981—1988和1995—1997),1997年以来,曾任过法国总理。

图 53 帕斯卡尔·费朗导演的《无所不能的时代》(1996 年),是法国电影仍可有所作为的范例。首先,这部电影是有人订货才拍摄的,这就为一场集体风险提供了第一笔资金:斯特拉斯堡国家戏剧学校愿意向十个青年喜剧演员提供脚本。编一个故事,用小摄影机拍摄,在电影院上演之前(观众寥寥无几),先拍成电视剧,卖给阿尔特文化电视台。影片精细地叙述有自恋倾向的个人主义,将生活的烦恼"挂"在电话机和镜子上。发掘可能做的事,用细腻的手法描绘数不胜数的细节,歌颂"纯洁的个性",由于缺少生存的理由而去寻找纯朴天真。弗朗索瓦·特吕福和雅克·德米从来都离得很近。但是,按照美国模式大投资拍摄的电影抢走了观众(例如,1996 年,有 500 多万观众观看《独立日》和《圣母院的驼背》)。

结束语

在这种情况下,我们能作结论吗?出于尊重读者和知识分子的责任,是不是应该作结论?由于不能有效地回答这些问题,我们不妨再次打开前面几章,因为,事实上,研究文化史不可避免地要研究组成和支配人民的价值。大家知道,出于天职,历史学家禁止进行价值……评价。因此,当他要为他的推论和文章画上庄重的句号时,就应该犹豫不决。20世纪的历史学家更要这样。他甚至怀疑他的读者也和他本人一样,对就像在大海里航行一般的最后几章没有把握,只要看一看有些思考性评论的概括性标题,就可以理解我们为何缺少信心:从"可悲的30年"(尼科拉·巴弗雷),到"想象的法国"(皮埃尔·比恩博姆),从"没有质量的国家"(克洛德·吉尔贝和居·萨埃),到"精英们的错误"(雅克·朱利亚),从"患进步病的社会"(马克·费罗),到"专横的娱乐"(让—克洛德·居耶博),从"经受考验的礼节"(于格·拉格朗热),到"政治家的新语言"(奥利维埃·蒙然):"面对怀疑主义"(还是奥利维埃·蒙然),在"法国人的害怕"中间(阿兰·迪阿梅尔),仍在"追溯法国文化的渊源",但可能已处于"文化对话"最热烈的阶段(保尔·里克尔)。

不过,我们想,这一卷中用了那么多表示疑惑的字眼,这表明了一种好斗的姿态,这种好斗姿态本身就令人鼓舞。在这一卷中,"可能"、"也许"等字眼俯拾皆是,从中至少可确信一点:尽管20世纪充满了混乱和疑问,但文化仍未绝望。法国在物质和精神上作了巨大努力,以使自己不是被动地承认已世界化了的后现代性。诚然,它已陷入其中,但未放下武器。它通过思想、创作和记忆的多次振奋,充分证明了这一点。

然而,有人会说,对这种无限的个人至上,能说什么呢?这种个人至上,已在使社会土崩瓦解,使政治改变作用,使文化黯然失色。对这种尤其在年轻人身上发生的个人淹没公众,甚至可能颠覆公众的情况,能说什么呢?让我们不作裁决地注意下面的情况:那些被认为是放纵无度的个人主义者的法国人,假如将他们从1985年至1993年间的民意调查中一一拿出来加以审视,我们会看到,他们一贯赞成共同的理想,尊重能够确保这些理想得以永恒的制度。当然,他们保持矜持,优先相信个人的价值,似乎个人的价值比属于集体更重要。但是,家庭、婚姻、学习、祖国、宗教,乃至进步和未来,却从来都被认为具有强大的粘合力,唯有危机曾削弱过劳动的价值,损害过政治理想。在这些法国人中,70%的人对军队、学校、警察、法律和教会即使不保持着完好无损的感情,至少也保留着完好如初的信任:谁能说存在着普遍的衰退呢?诚然,关心财产和个人的安全已成为最重要的价值,但是,这种关心同风俗自由化和捍卫私生活之间的关系得到了更好的阐述,以便否认弱肉强食的法则,阻止人人可以损害人人:这种不能容忍危害和损害人的基本权利的想法,本身就说明起码的政治联系已变成法国人的一种积极而内在的东西,同时,也确保人们不断地向一种"接受合理矛盾"(罗尔斯如是说)的民主前进。自由的自为①是不是不能创造幸福?不管怎样,对这个平庸的问题,现在要比60年代更感兴趣。

即使个人未能摧毁集体的链条,但他在危机引起的混乱中,显然也未能起到巩固作用。在这方面,有两个现象仍不断令人担忧。在传授知识和想象的事物中出现的断裂,虽然从来是相对的,但已变得十分明显,这种断裂现象起源于人们对制度的不满,以及对大众文化的过度消费,尤其是年轻人。此外,亲近关系之说维持着多少地区的忠诚、地块的特点和被要求的种族特点,促进了文化隔离群的形成,这些文化隔离群,既不可能界定范围,也不可能缩减,除非能创造一种具有亲近性、多元性和磋商性的民主和公民权。为了行使国家主权,也为了劳动生活、教育和娱乐而在太空展开的公开角逐,也给这个标榜自己是"激进民主主义"的国家带来了许多文化新事物:被吹得天花乱坠的亲近不一定等于最近,因为欧洲和世界已在践踏所有的牧场了。也就是说,美国式的"多元文化",或保持特性,并不像人们认为的那样前途似锦。

总而言之,是落入过分活跃的记忆所设置的陷阱,还是避开现实的一种内在性的陷阱,这场赌注在法国一如既往地带上了强烈的文化色彩。也就是说,一种至高无上的价值,一种对正当而热情的共同生活抱有的具有感染力的兴趣,尽管困难重重,疑问多多,却仍不断地并且是有益地被宣布为有效:二者都仍有可能构成一种文化的精华。这样,用更深刻的话来说,这20世纪末并没同历史决裂。

是的,历史,我们一下子抓住的历史,我们试图创建的历史:在向读者告辞之前,我们要来讲一讲。读者肯定已感觉到(我们希望是这样),我们在结束对文化的20世纪分几块而进行的探索之时,也想给15个世纪的四卷历史漫游画上个句号。然而,直截了当地说,我们并非不知高低地认为我们已获得成功。说实话,当我们断言在进入21世纪之前可将这首部《法国文化史》投入书市之时,只

---

① "自为"为黑格尔用语。他认为自在和自为是概念的两个阶段。在自为阶段,潜藏在概念中的对立元素开始区别、分化,对立便显示出来。

有一个信念,虽未公开说出,但却是建立在研究工作确实取得了进展的基础之上的:这部有论有据的叙述,并不是到这个被称作法兰西的欧洲的菲尼斯太尔的最深处去探寻一种天赋的特性,而是寻求一种既冒险又有说服力的人类建设。费尔南·布罗代尔在其最后一部巨著《法兰西的特性》中,航行在"漫无边际的几乎是静止不动的水面上,这航行不由自主地在这水面上进行",而那水面便是"悠久的历史"。他讲述了一个"深层的法国,仿佛深藏在自己的身上,顺着自己历史的斜坡滑行,被迫不顾一切地继续滑下去"。法兰西特性的这种福星高照——这是悠久历史的产物——向我们提出了问题。尤其因为——真可惜!——费尔南·布罗代尔在1985年已告别人世,没来得及像他预料的那样在文化领域里长期停泊。

  这是一种世代的反应?一种源自当代的思想紧迫性?一种史书编纂学的变化?可能都有一点。可是,我们承认,与这个受到不懈探索的坚硬的法兰西特性相比,我们更喜欢一种充满阶段和波折、事件和变化、精心推敲的思想和自由的历史。总之,一种充满文化的历史,在那里,具有理想和表象的人,既不可能被这过分悠久的时间压垮,也不可能因此而被证明无罪。一个动荡不安、久经锻炼的时代的历史,一个不断以人类思想和世界观的名义进行改造的时代的历史,被过去的15个世纪反复而不懈地证明的历史。一种充满行动、梦想、波折和忠诚的历史,它的背囊和激浪留下了痕迹、纽带、设想和因素,即人民的文化。

  我们的历史学家朋友们承担了前面三卷,他们——哦!多么有力地——证明了,在从克洛维国王到维克多·雨果的这段行程中,人们可以接受挑战,而且所下的赌注并不荒谬。他们下这个赌注,是同我们达成默契的,但丝毫没有放弃他们在概念上的独创性以及他们的说服力:这两个方面都得到了加强,而且,我们感到,这部集体之作具有严密的结构。

  接着出现了亲近性的暗礁:我们的时代,我们的世纪,一种继往开来的、正在变成我们同时代的、被思想和梦想的生命推着前进的文化。这是这最后一卷文化史的主题。怎么做?当现时的直接性成为经常的诱惑时,当我们自己,作者和读者,沉浸于不那么遥远的赌注和希望之中时,怎样做到层次分明、概括有致呢?20世纪的历史学家们深知,他们是在更困难的情况下进行研究的。他们的假设不是总能得到清楚的核实,因为材料的来源太丰富,会把他们淹没。保持科学的距离则更难做到,因为我们的时代被过去绊住手脚,擅长镜子的把戏,对记忆的赌注备感兴趣。更简单地说,有关文化的,尤其关于文化主要问题的著作依然缺少:比如,关于20世纪各个移民阶层内部——或以外——的文化适应现象。因此,出于认真的态度,想人为地填补这些不可避免的空隙是不道德的。因而,从这第四卷中,可以看到这些困难,看到这些不十分肯定的选择留下的痕迹(尤其是关于宗教史,这个问题,在瑟伊出版社出版的另一套丛书中进行了专门的阐述,我们只是或多或少地提一提),还可看到使"20世纪主义者"饱受折磨的忧虑：那是在隧道中缓慢行进，因为谁都不知道历史的下文。但是，读者也许感到这一卷写得很愉快，因为它的节奏是根据前三卷令人鼓舞的节奏展开的：我们以为可以拉的线，前面几卷都已拉好。因此，这是一个已解开了一半的线团。我们期望，明天会有人来编织这个文化史，并使它的结构更严密。

  至少有三个突出的问题我们给予了极大的关注，而且，也许会引起读者的思考。这三个问题是20世纪确定的，但很久以前就有人提出了。首先是事件的力量。这个世纪充斥着侵犯领土的战争、多种形态的危机、出乎意料的决裂和新的野心，这些惊涛骇浪留下了磨不掉、擦不去的痕迹，不停地撕裂着文化遗产，改变着对世界的看法，并使之相对化，让一些被认为受到某些"完全法国式"的价值保护的特性悬而未决。然而，我们认为，不管怎样，共和国的理想使这个国家的文化免受了最严重的撕裂和威胁：是共和国道义上的前后一致性，使多少受践踏的价值得到了保护，或增加了免疫力，维护、扩大和使人们分享了多少文化财富，掀起了多少次民主的辩论，及时纠正了文化枯竭和衰落的倾向。局势一直十分紧张，不测事件层出不穷，但是共和国这张保护网可能最终创造了一种法兰西的新颖独特的文化抗力，得以抵抗多数法则，防止在现代性和科技日新月异发展的情况下人和事物的大众化；现代性和科技的迅速发展，也将这个国家带进了世纪的更替中。文化的法兰西一边不断引入进步的任何形式，一边促进当代新事物的建设。但它也从来不允许这种大众化变成千篇一律；它奋斗不息，以免习俗和消费的个体化使有思想的人彻底异化。

人名、地名和著作名索引

IIe Concerto pour piano et orchestre《第二号钢琴和管弦乐协奏曲》,102.
Xe Sonate《第十号奏鸣曲》,102.
14 Juillet 1895 (Le)《1985年7月14日》,16.
68 - 86. Itinéraires de l'individu《68 - 86年,个人的旅程》,340.

Abbaye (L') 修道院小组,102.
À bout de souffle《精疲力尽》,256.
Académie de Rome (L') 罗马学院,33.
Académie des sciences morales et politiques (L') 道德政治科学院,120.
Académie française (L') 法兰西学院,104,120,136,137.
Accumulation Renault《雷诺废车压缩雕刻艺术》,284.
Achard, **Marcel** 阿夏尔,176,197.
Actes de la recherche en sciences sociales (Les)《社会科学研究录》,337.
Action française (L)《法兰西行动报》,65,106,107.
Actuel《当前》,314.
Adamov, **Arthur** 阿达莫夫,221,257.
Âge d'or (L')［Bunuel］《黄金时代》,184.
Âge d'or (L')［Derain］《黄金时代》,97.
Agathon 阿加东, voir **Tarde**, **Gabriel**. (参阅 **Tarde**, **Gabriel**)
Âge des possibles (L)《无所不能的时代》,345.
Âge tendre et Tête de bois《童年和犟脾气》,263,269.

Agulhon, **Maurice** 阿居隆,14,15,18,19,38,134,138.
Ah! Les p'tits pois《啊！小豌豆》,79.
Aigues-Mortes 埃格－莫尔特 62.
Alain, **Emile-Auguste Charrier**, **dit** 阿兰,原名为埃米尔－奥古斯特·沙里耶 120,122,144,187,188,191,192.
Alain-Fournier, **Henri** 阿兰—富尼埃,103,121.
A la recherche du temps perdu《追忆似水年华》,173.
Album des Lundis (L')《周一画刊》,35.
Alcazar (L') 阿尔卡扎尔,79.
Alcools《醇酒集》,101,102.
Alexandre III pont, 亚历山大第三桥,96.
Alger 阿尔及尔,24,40.
Allain, **Marcel** 阿兰,66.
Allais, **Alphonse** 阿莱,83.
Allègre, **Claude** 阿莱格尔,298.
Allen, **Woody** 艾伦,320.
Almanach Vermot (L)《维尔莫特年鉴》,83.
A l'ombre des jeunes filles en fleurs《在少女们身旁》,103,168,173.
Alsace (L)《阿尔萨斯报》,331.
Alsace-Lorraine 阿尔萨斯－洛林,24,40.
Althusser, **Louis** 阿尔都塞,337,341.
Amalvi, **Christian** 阿马尔维,17,43.
Amant (L)《情人》,343.
Amant d'Amanda (L')《阿芒达的情人》,80.
Amants (Les)《情人们》,256.
Ambert 昂贝尔,18,59.

Ame désarmée (L)《束手无策的灵魂》, 339.
Amerloques (Les)《美国佬》, 226.
Amette, cardinal 阿梅特, 红衣主教, 114.
Amphitryon 38《第38位晚宴东道主》, 176, 197.
Anabase (L')《疾病进展期》, 171.
André, Emile 安德烈, 73.
Ange (L')《天使》, 337.
Ange du foyer (L')《家园的天神》, 185.
Angèle《昂热尔》, 209.
Angoulême 昂古莱姆, 322.
Annales (Les)《法国经济和社会史年鉴》, 358.
Annales de géographie (Les)《地理年鉴》, 30.
Annales de philosophie chrétienne(Les)《基督教哲学年鉴》, 107.
Annaud, Jean-Jacques 阿诺, 344.
Année sociologique (L)《社会学年度》, 30, 106.
Année terrible (L)《凶年集》, 10.
Annonce faite à Marie (L')《给玛丽报信》, 104, 171.
Anouilh, Jean 阿努伊, 176, 211, 222.
Anquetil, Jacques 昂克蒂尔, 265.
Anthologie des écrivains morts à la guerre (L')《阵亡作家文选》, 121.
Anthonioz, Bernard 安东尼奥, 270.
Anthony, Richard 安东尼, 262.
Antigone《昂蒂戈纳》, 167, 211.
Antoine, André 安托万, 103, 176.
Apollinaire, Guillaume 阿波利内尔, 97, 99, 101, 102, 167, 169.
Apostrophes《呼语》, 328.
Appel des armes (L')《武器的召唤》, 103.
Appel des intellectuels allemands aux nations civilisées (L')《德国知识分子对文明国家的呼吁》, 120.
Aragon, Louis 阿拉贡, 171, 172—174, 194, 195, 207, 216, 226, 227.
Arc de Triomphe 凯旋门, 9, 11.
Arche de la Défense 迪方斯拱形大厦, 305.

Archéologie du savoir (L)《知识考古学》, 260.
Archipel du Goulag (L)《古拉格群岛》, 336.
Archipenko, Alexander 阿尔希品科, 100.
À Rebours《逆向》, 69.
Arendt, Hannah 阿朗德, 309.
Ariès, Philippe 阿里埃斯, 135.
Arman, Armand Fernandez, dit 阿尔曼, 原名阿尔芒·费尔南德斯, 229, 284.
Armée nouvelle (L)《新军》, 114.
Aron, Raymond 阿隆, 227, 228, 280, 337.
Arp, Jean 阿尔普, 281.
Arroseur arrosé (L')《被人浇水的浇水人》, 86.
Arsac, Jean 阿萨克, 342.
Artaud, Antonin 阿尔托, 197.
Art du roman (L')《小说的艺术》, 343.
Art romantique (L')《浪漫主义艺术》, 70.
Assassinat du duc de Guise (L')《吉斯公爵遇刺记》, 88.
Assassins de la mémoire (Les)《记忆的杀手》, 339.
Assemblée nationale, métro 国民议会地铁站, 346.
Assiette au beurre (L')《黄油碟子》, 16, 36, 37, 65.
Assommoir (L)《小酒店》, 88.
Assouline, Pierre 阿苏林, 243.
Astérix le Gaulois 高卢人阿斯泰里克斯, 243.
Audiberti, Jacques 奥迪贝尔蒂, 171.
Audoin-Rouzeau, Stéphane 奥多安—鲁佐, 119, 122, 124, 125.
Au Rendez-vous des amis《朋友们的聚会》, 172.
Au revoir les enfants《再见, 孩子们》, 344.
Auric, Georges 奥里克, 167, 168, 198.
Aurore (V)《震旦报》, 52, 332.
Auschwitz 奥斯威辛, 341.
Autant-Lara, Claude 欧唐—拉腊, 239, 256.
Au théâtre ce soir《今晚看戏》, 269.
Auto(L)《汽车报》, 65, 91.
Auto Journal (L')《汽车报》, 332.

Autour d'un petit livre《围绕一本小书》,107.
Auto-Vélo (L')《汽车—自行车报》,76.
Avec l'ami Bidasse《和好友比达斯在一起》,79.
Averty, Jean-Christophe 阿韦蒂,268.
Azema, Léon 阿兹马,198,200.
Aznavour, Charles 阿兹纳夫,324.

Bagatelle 巴加泰尔,91.
Baignade à Asnieres (La)《阿斯尼埃尔浴场》,69.
Bainville, Jacques 班维尔,136,141.
Balavoine, Daniel 巴拉伏瓦纳,340.
Balbec 巴尔贝克海滨浴场,84.
Bal du comte d'Orgel (Le)《奥热尔伯爵的舞会》,174.
Balibar, Etienne 巴里巴尔,337.
Ballade de celui qui chanta dans les supplices《以歌唱面对酷刑之人的抒情诗》,207.
Balladur, Edouard 巴拉迪尔,327.
Ballets russes (les) 俄罗斯芭蕾舞剧团,166,168,178,180.
Banlieues de l'islam (Les)《伊斯拉教郊区》,339.
Bara, Joseph 巴拉,24.
Barbara, Monica Cerf, dite 巴巴拉,原名莫妮卡·塞尔夫,324.
Barbarie (La)《蛮族》,339.
Barbarie à visage humain (La)《长着人脸的蛮族》,337.
Barbie, Klaus 巴尔比,362.
Barbusse, Henri 巴比塞,120,121,126,173,186.
Barcelone 巴塞罗那,72.
Barrault, Jean-Louis 巴劳尔,208,282.
Barrès, Maurice 巴雷斯,11,27,43,49,50,52,60,103,114,116,125,142,147,172,173.
Barret, tournées 巴雷的巡回演出,104.
Barroux, le 巴罗修道院,349.

Barrows, Susanna 巴罗斯,57.
Barsacq, André 巴萨克,211.
Barthes, Roland 巴尔特,257,258,260.
Bartok, Bêla 巴尔托克,102.
Bastille (La) 巴士底,10.
Ba-Ta-Clan (le) 巴塔克朗,79.
Bataille (La)《战斗报》,11.
Bataille du rail (La)《铁路之战》,238.
Bataille, Georges 巴塔耶,83,197.
Bateau-Lavoir (le) 巴托—拉瓦,97,98,100.
Baty, Gaston 巴蒂,176,197.
Baubérot, Jean 博贝罗,26.
Baudelaire, Charles 波德莱尔,70,97,171.
Baudrillart, Alfred 波德里亚,114.
Baverez, Nicolas 巴弗雷,291,364.
Bayet, Albert 巴耶,43.
Bayrou, François 贝鲁,299.
Bazaine 巴赞,218.
Bazin, René 巴赞,58.
Beattles (les) 披头士乐队,262,263.
Beaumont-les-Autels 博蒙—勒奥泰尔,42.
Beauvoir, Simone de 波伏娃,221.
Becan 贝康,150.
Bécassine 贝卡西内,65,84.
Bécaud, Gilbert 贝科,324.
Becker, Annette 安妮特·贝克尔,126.
Becker, Jacques 雅克·贝克尔,209,238,239.
Becker, Jean-Jacques 让—雅克·贝克尔,113,115.
Becquerel, Henri 贝克雷尔,104.
Beckett, Samuel 贝克特,176,221,257,258.
Bel-Ami《漂亮的朋友》,64.
Belgique 比利时,70.
Belin, René 伯兰,205.
Bell, Daniel 贝尔,337.
Benda, Julien 邦达,48,116,120,186,188,214.
Benjamin, Walter 邦雅曼,81.
Benoist, Alain de 伯努瓦,337.
Benoit, Pierre 伯努瓦,175,240.
Bensimon, Doris 邦西蒙,352.
Bercy 贝西,321.

Berg, Alban 贝尔格，102.
Bergerac 贝尔热拉克，65.
Bergery, Gaston 贝热里，205.
Bergounioux, Pierre 贝古尼乌，343.
Bergson, Henri 柏格森，83，105，120，167，192.
Berlusconi, Silvio 贝鲁斯科尼，327.
Bernanos, Georges 贝尔纳诺斯，194，206.
Bernard, Emile 埃米尔·贝尔纳，95.
Bernard, Tristan 特里斯坦·贝尔纳，91，175.
Bernhardt, Sarah 伯恩哈特，87.
Berr, Henri 贝尔，106.
Berri, Claude 贝里，279，345.
Berry, Jules 贝里，210.
Berstein, Serge 贝尔斯坦，12，133，140.
Bert, Paul 贝尔，26，42.
Berth, Edouard 贝尔特，110.
Berthelot, Marcellin 贝特洛，37，59.
Bertrand Dorléac, Laurence 贝特朗·多莱亚克，210.
Besançon 贝桑松，9.
Besançon, Alain 阿兰·贝桑松，100.
Besson, Luc 吕克·贝松，320，344.
Beuve-Méry, Hubert 伯夫—梅里，217.
Biarritz 比亚里茨，84.
Bibliothèque nationale de France 法国国家图书馆，305.
Biennale de Venise 两年一度的威尼斯画展，229.
Bioulès 比乌莱斯，347.
Biran, voir **Maine de Biran, Marie François**. 比朗（见 Maine de Biran, Marie François）
Birnbaum, Pierre 比恩博姆，40，352，364.
Blais, Jean-Charles 布雷，346.
Blake, Francis 布拉克，243，244.
Blanchard, Jules 布朗夏尔，18.
Blin, Roger 布兰，221.
Bloch, Jean-Richard 让—里夏尔·布洛克，106.
Bloch-Lainé, François 布洛克—莱内，216.
Bloch, Marc 马克·布洛克 206.
Blois 布卢瓦，75.

Blondel, Maurice 布隆代尔，107.
Blondin, Antoine 布隆丹，258.
Bloom, Alan 布鲁姆，339.
Blum, Léon 布卢姆，158，187，223，238.
Bobillot, sergent 博比约，中士，24.
Bofill, Ricardo 博菲尔，345.
Bohr, Niels 玻尔，104.
Boileau, Louis-Hippolyte 布瓦洛，198，200.
Bois de Boulogne 布洛涅树林，95.
Boisrond, François 布瓦斯隆，263，347.
Boissonnat, Jean 布瓦索纳，291，332.
Boltanski, Christian 博尔唐斯基，346.
Bonheur de vivre (Le)《生的幸福》，97.
Bonheur, Gaston 博纳尔，21.
Bonjour tristesse《你好，忧伤》，259.
Bonnard, Pierre 博纳尔，71，95，96，218.
Bonnefoy, Yves 博纳富瓦，258.
Bonne nuits les petits《晚安，孩子们》，271.
Bonnes (Les)《女仆》，222.
Bordeaux 波尔多，30，90，115.
Bordeaux, Henry 博尔多，121.
Bordel philosophique (Le)《哲学的妓院》，98.
Bosséno, Christian-Marc 博塞诺，87.
Bossu de Notre-Dame (Le)《圣母院的驼背》，345.
Boudon, Raymond 布东，296.
Bougival 布吉瓦尔河，80.
Bouguereau, William-Adolphe 布格罗，96.
Bouillon Kub (le)《库布汤》，188.
Boulanger, général 布朗热，将军，12，55.
Boule-de-suif《羊脂球》，238.
Boulevards (les) 林阴大道，79，80.
Boulez, Pierre 布莱，229，282，321.
Bourdelle, Antoine 布代尔，71，101.
Bourdet, Edouard 布尔代，176，197.
Bourdieu, Pierre 布尔迪厄，267，296，300，337，338，341.
Bourgeois de Calais (Les)《加莱义民》，69.
Bourgeois, Emile 布尔热瓦，14.
Bourges 布尔热，322.
Bourget, Paul 布尔热，27，83，136，141，147，148.

Bourgogne 勃艮第，37.
Bourin，Jeanne 布兰，344.
Bousquet，René 布斯凯，362.
Boutroux，Emile 布特鲁，105，108，121.
Boylesve，René Tardivaux，dit 布瓦莱斯夫，原名勒内·塔尔迪沃，173.
Brancusi，Constantin 布朗居西，100.
Braque，Georges 布拉克，96—100，126，178，218，281.
Brasillach，Robert 布拉齐拉克，195，204，205，213.
Brassens，Georges 布拉桑，262，324.
Braudel，Fernand 布罗代尔，131，366.
Braun，galerie 布罗恩画廊，210.
Brel，Jacques 布雷尔，262，324.
Breker，Arno 布雷克尔，210.
Bremond，Henri 布雷蒙，107.
Bresson，Robert 布雷松，209，238.
Breton，André 布勒东，127，169，171，172，178，181，184.
Briand，Aristide 白里安，45，52.
Brisson，Ferdinand 布里松，10，45.
Bruant，Aristide 布律昂，16.
Bruce，Jean 布吕斯，224.
Bruckner，Pascal 布吕克内尔，349.
Bruel，Patrick 布吕埃尔，324.
Bruges-la-morte《死城布鲁日》，70.
Brunetière，Ferdinand 布吕内蒂埃，59.
Bruno，G. 布律诺，24—27，55.
Brunschvicg，Léon 布兰斯维克，191.
Bruxelles 布鲁塞尔，72，73.
Buffalo，vélodrome 布法罗赛车场，91.
Buffet，Bernard 贝尔纳·比费，229.
Buffet，Eugénie 欧仁妮·比费，80.
Buisson，Ferdinand 比松，14，20，22，37.
Bunau-Varilla，Philippe 比诺—瓦里亚，64.
Bunuel 布努埃尔，184.
Buren，Daniel 比朗，347.
Bussang 比桑，103.
Butor，Michel 比托尔，257，258.
Butte (la)，*voir* Montmartre, Butte. 小山丘，见 Monmartre, Butte

Buttes-Chaumont 肖蒙高地（蒙马特尔小山丘），88.
Buveuse de larmes (La)《喝眼泪的女人》，67.
Byrnes 贝尔纳斯，223.

Cabrel，Francis 卡布雷尔，324.
Cadavre (Un)《一具尸体》，173.
Cahier noir (Le)《黑色日记》，207.
Cahiers de la quinzaine (Les)《半月手册》，45.
Cahiers du cinéma (Les)《电影手册》，344.
Caillavet，Gaston Arman de 卡亚韦，13，103，175.
Caillebotte，Gustave 凯博特，94，96.
Caillois，Roger 卡约瓦，197.
Calligrammes《画诗》，102.
Calmann-Lévy，éditeur 卡尔曼—莱维，出版商，68.
Calotte (La)《教权派》，36.
Caméra explore le temps (La)《摄像机探索时间》，268.
Camoin，Charles 卡穆安，93，97.
Camus，Albert 加缪，208，211，217，218，220，221，234.
Canard enchaîné (Le)《鸭鸣报》，49，119.
Candido，Maria 康迪多，262.
Cane，Louis 卡纳，347.
Canéphores (Les)《头顶供品篮的少女》，178.
Canetti，Elias 卡内蒂，55.
Cantatrice chauve (La)《秃头歌女》，221.
Cappelani，Albert 卡帕拉尼，88.
Cappiello，Leonetto 卡皮埃洛，188.
Cap tain Cap《卡普船长》，83.
Capus，Alfred 卡皮，122.
Caran d'Ache，Emmanuel Poiré, dit 卡朗·达什，原名埃马纽埃尔·普瓦雷，35.
Carco，Francis 卡尔科，102.
Carlu，Jacques 雅克·卡吕，198，200.
Carlu Jean 让·卡吕，144，188.
Carmagnole (La)《卡马尼奥拉歌》，17.
Carné，Marcel 卡尔内，55，158，209.

Carter, Nick 卡特, 88.
Cartier-Bresson, Henri 卡蒂埃—布雷松, 276.
Casanova, Jean-Claude 卡扎诺瓦, 337.
Cassandre 卡桑德尔, 144, 156, 188.
Cassis 卡西, 97.
Cassou, Jean 卡苏, 180.
Castel Béranger 贝朗热小城堡, 72, 73.
Catéchisme de l'Église catholique (Le)《天主教教理手册》, 351.
Cauterets 科泰雷, 84.
Cavaillès, Jean 卡瓦耶, 206.
Célibataires (Les)《独身者》, 196.
Céline, Louis-Ferdinand 塞利纳, 173, 194, 195.
Cendrars, Blise 桑德拉尔, 88, 102, 168.
Centre Georges-Pompidou 乔治—蓬皮杜中心, 270, 304, 321.
Cercle des poètes disparus (Le)《已故诗人俱乐部》, 320.
Certeau, Michel de 塞托, 357.
César 塞萨尔, 229, 284.
César, Jules 朱尔·塞萨尔, 24.
Cézanne, Paul 塞尚, 69, 71, 94—99, 101.
Chaban-Delmas, Jacques 沙邦—戴尔马, 280.
Chabrier, Emmanuel 夏布里埃, 71, 102.
Chabrol, Claude 克洛德·夏布罗尔, 256, 344.
Chabrol, Jean-Pierre 让—皮埃尔·夏布罗尔, 226.
Chagall, Marc 夏加尔, 100, 102, 180, 181, 198, 210, 218, 281.
Chagrin et la Pitié (Le)《忧伤和同情》, 362.
Chaillot, Palais de 夏约宫, 200, 202.
Chaliand, Gérard 夏利昂, 337.
Chambre des députés 众议院, 13, 20, 26, 45, 46, 64, 77, 120, 248.
Chamfort, Alain 尚福, 324.
Champs-Elysées 香榭丽舍大街, 101, 360.
Chamson, André 尚松, 173.
Chanet, Jean-François 夏内, 27, 28, 151, 152.
Chanson des blés d'or (La)《金色小麦之歌》, 79.
Chansons aigres-douces《酸甜的歌》, 102.

Chant de la Terre (Le)《大地之歌》, 102.
Chant du monde (Le)《人世之歌》, 196.
Chanteur de jazz (Le)《爵士歌手》, 157.
Chanteuse (La)《歌女》, 79.
Chardonne, Jacques 夏多纳, 196.
Charle, Christophe 夏尔, 50.
Charlemagne 查里曼, 24.
Charmes《魅力》, 170
Charpentier, Georges 乔治·夏庞蒂埃, 68.
Charpentier, frères 弗雷尔·夏庞蒂埃, 79.
Char, René 夏尔, 197, 206, 258.
Charton, Edouard 夏尔东, 32.
Chartreuse de Parme (La)《巴马修道院》, 238.
Chateaubriand, René de 夏多布里昂, 75.
Château d'Argol (Le)《阿戈尔城堡》, 196.
Chat noir (Le) 黑猫, 16, 35, 82.
Chatrian, Alexandre 夏特里安, 26, 67.
Chemins de la liberté (Les)《自由之路》, 174, 220.
Cherchez l'idole《寻找偶像》, 263.
Chéret, Jules 谢雷, 156.
Chesnais, Jean-Claude 谢奈, 339.
Cheval d'orgueil (Le)《骄傲的马》, 356.
Chevalier à la rose (Le)《蔷薇骑士》, 102.
Chevalier, Maurice 谢瓦利埃, 162.
Chevènement, Jean-Pierre 舍韦纳芒, 300.
Chèvre (La)《山羊》, 344.
Chine 中国, 277.
Chinoise (La)《中国女人》, 273, 277.
Chirac, Jacques 希拉克, 327, 362.
Chirico, Giorgio de 希里科, 172.
Choix de Dieu (Le)《选择上帝》, 339.
Chomsky, Noam 乔姆斯基, 337.
Chorégies d'Orange 肖雷吉·多朗日, 103.
Choses de la vie (Les)《生命的现实》, 260.
Chrétien, Henri 克雷蒂安, 198.
Christian-Jaque, Christian Maudet, dit, 克里斯蒂安—雅克, 原名克里斯蒂安·莫代, 256.
Christo, Christo Javacheff, dit, 克里斯托, 原名克里斯托·雅瓦谢夫, 284.

Chronique des Pasquier (La)《帕斯基埃家轶事》,195.
Churchill, sir Winston 丘吉尔,220.
Cinéorama 各地景物风光,87.
Cinq Colonnes à la une《头版五栏》,268.
Cinq Dernières Minutes (Les)《最后五分钟》,267.
Cité de la musique 音乐城,321.
Citroën, André 西特隆,147.
Clair, Jean 克莱尔,347.
Clair, René 勒内·克莱尔,158.
Claretie, Jules, 克拉雷蒂 9,64.
Classe ouvrière et les Niveaux de vie (La)《工人阶级和生活水平》,106.
Claudel, Paul 克洛代尔,69,71,103,104,108,167,170,171,175,176,194,205,208,282.
Clavel, Maurice 克拉韦尔,348.
Clemenceau, Georges 克列蒙梭,20,35,46,47,66,110,120.
Clément, Olivier 奥利维埃·克雷芒,348.
Clément, René 勒内·克雷芒,238,239.
Clésinger, Jean-Baptiste 克莱桑热,10.
Clochemerle《克罗什梅尔》,18.
Cloches de Bâle (Les)《巴尔的钟声》,195.
Closets, François de 克罗塞,293.
Clostermann, Pierre 克洛斯泰曼,234.
Clouzot, Henri-Georges 克鲁佐,208,209,239.
Clovis 克洛维,351,366.
Cochin, Denys 科尚,20.
Cocteau, Jean 科克托,101,166—168,174,176,178,180,220.
Cocu magnifique (Le)《出色的王八》,176.
Cohen, Élie 埃利·科恩,291.
Cohen, Martine 马丁·科恩,,350.
Cohl, Emile 科尔,88.
Cohn-Bendit, Daniel 科恩—邦迪,277.
Coilliot, maison 科瓦约大厦,73.
Colbert, Jean-Baptiste 科尔贝尔,24.
Colette, Sidonie Gabrielle 科莱特,173.
Colin, Paul 科兰,144,156,188.
Collège de France 法兰西公学院,105,120.

Collège de sociologie 社会学学院,197.
Colline inspirée (La)《有灵感的山丘》,103.
Collioure 科利乌尔,97.
Colomb, Christophe 哥伦布,24.
Colombier, Pierre 科隆比耶,158.
Colonel Poster plaidera coupable (Le)《福斯特上校将为自己作有罪辩护》,222,226.
Coluche, Michel Colucci, dit, 科吕什,原名米歇尔·科吕奇,320,340.
Combas, Robert 孔巴,347.
Combat pour la diaspora《为散居各国的犹太人聚居区而战》,352.
Combes, Emile 孔布,44,45,151.
Commentaire《评论》,337,338.
Commentaires sur la société du spectacle (Les)《对戏剧性社会的评论》,336.
Communisme utopique (Le)《空想共产主义》,280.
Communistes (Les)《共产党人》,226.
Comœdia illustrée《戏剧画报》,101.
Compayré, Jules-Gabriel 孔佩雷,26.
Composition à l'as de trèfle, voir *Compotier et cartes*.
Compotier et cartes《高脚杯与扑克牌》,98.
Comte, Auguste 孔德,105.
Comte-Sponville, André 孔德—斯蓬维尔,340,342.
Conan, Éric 科南,362.
Condition humaine (La)《人类的处境》,194,195.
Condorcet, Marie-Jean de Caritas, marquis de 孔多塞,14,20.
Conquérants (Les)《征服者》,175,194.
Constructeurs (Les)《建筑工人》,233.
Constructeurs aux cordages (Les)《缆绳上的建筑工人》,233.
Contradictions culturelles du capitalisme (Les)《资本主义的文化矛盾》,337.
Contrat social (Le)《社会契约》,56.
Contre la politique professionnelle《反对职业政治》,336.
Copains (Les)《伙伴》,18.

Copeau, Jacques 科波，103，104，175，197，198.
Copernic, rue 科佩尔尼克街，353.
Coppée, François 科佩，64.
Corbeau (Le)《乌鸦》，208.
Corbin, Alain 科尔班，160.
Corneau, Alain 科诺，345.
Correspondant (Le)《通讯员》，41.
Corrèze 科雷兹省，318.
Côte d'Azur 蓝色海岸，83，84.
Cotta, Alain 科塔，334.
Coty, René 科蒂，235.
Coubertin, Pierre de 顾拜旦，89，90，91.
Couderc, Roger 库代尔，266.
Courbet, Gustave 库贝，97.
Couronne d'épines (La)《荆冠》，218.
Courrier français (Le)《法兰西通讯》，49.
Cours de linguistique《普通语言学教程》，259.
Courtade, Pierre 库塔德，226.
Courteline, Georges Moinaux, dit **Georges** 乔治·库特林，原名乔治·穆瓦诺，175.
Crapouillot (Le)《小臼炮报》，119.
Création du monde (La)《创世》，168.
Credo《信经》，17.
Crépuscule du devoir (Le)《责任的衰退》，342.
Cri de Paris (Le)《巴黎的呐喊》，49.
Crise du vers (La)《诗的危机》，70.
Croisset, Francis de 克鲁瓦塞，175.
Croix (La)《十字架报》，10，47，48，332，333.
Crommelynck, Fernand 克罗梅兰克，176.
Cronin, Archibald Joseph 克罗宁，240.
Croupier amoureux (Le)《恋爱中的赌场小伙计》，268.
Crozier, Michel 克罗齐埃，280，296.
Cru, Norton 克吕，124.
Cuba 古巴，277.
Cuisinière et le Mangeur d'hommes (La)《女厨师和食人者》，331.
Cuny, Alain 屈尼，210.

Curie, Marie 玛丽·居里，104.
Curie, Pierre 皮埃尔·居里，104.
Cyrano de Bergerac《西拉诺·德·贝热拉克》，103.

Dabit, Eugène 达比，194.
Dada《达达主义》，166，169，177.
Daho, Etienne 达荷，324.
Daladier, Edouard 达拉迪埃，195.
Dali, Salvador 达利，181，184.
Dalida 达里达，324.
Dalou, Jules 达卢，10.
Daniel, Jean 达尼埃尔，332.
Danse (La)《舞》，178.
Danton, Georges 丹东，268.
Daudet, Alphonse 都德，21.
Daum, Auguste 多姆，73.
Daumesnil, avenue 多梅尼尔大街，61.
Dauphiné 多菲内，84.
David, Louis 大卫，100.
Déa, Marie 德亚，210.
Deauville 多维尔，84.
Débat (Le)《争鸣报》，337，338.
Debord, Guy 德博尔，313，336.
Debray, Régis 德布雷，335，338，342.
Debussy, Claude 德彪西，71，102.
Décadent (Le)《颓废派》，69.
Déclaration des droits de l'homme et du citoyen (La)《人权宣言》，13，116，329.
Décombres (Les)《废墟》，205.
Decour, Jacques 德库尔，207.
Défaite de la pensée (La)《思想的惨败》，306，340.
Défense (la) 迪方斯，231.
Défilé de la Victoire, 14 juillet 1919 (Le)，《1919 年 7 月 14 日，胜利的游行》，131.
Degas, Edgar 德加，79.
Dégénérescence《堕落》，56.
Degré zéro de l'écriture (Le)《写作的零度》，257.
Delannoi, Gil 德拉努瓦，336.

Delannoy, Jean 德拉努瓦，256.

Delaunay, Robert 德洛内，75，100，102，177，198.

Del Duca, Alceo 代尔·杜加，阿尔塞奥，241.

Del Duca, Cino 代尔·杜加，奇诺，241

Del Duca, Domenico 代尔·杜加，多米尼科，241.

Delmas, Henri 代尔马，226.

Delors, Jacques 德洛尔，280.

Deloye, Yves 德卢瓦，43.

Demoiselles d'Avignon (Les)《阿维尼翁的小姐们》，96，98，99.

Demy, Jacques 德米，345.

Denis, Maurice 德尼，71，95，96，101.

Déon, Michel 代翁，260.

Dépêche de Toulouse (La)《图卢兹电讯报》，64，

Déracinés (Les)《背乡离井的人》，11，27，52.

Derain, André 德兰，93，97，179，181，218.

Dernière Classe (La)《最后一课》，21.

Dernière Séance (La)《最后一场》，328.

Dernières Nouvelles (Les)《最新消息报》，331.

Dernier Métro (Le)《最后一班地铁》，344.

Déroulède, Paul 德鲁莱德，89.

Derrida, Jacques 德里达，341.

Désenchantement du monde (Le)《世界的幻灭》，348.

Desforges, Régine 德福热，344.

Desgranges, Henri 德格朗热，91.

Desjardins, Paul 德雅尔丹，46，108.

Desnos, Robert 德斯诺斯，171，172，197，206，207.

Destouches, Louis-Ferdinand, *voir* **Céline, Louis-Ferdinand.** 德图什，见 **Céline, Louis-Ferdinand**

Détaille, Edouard 德塔邦，15，16.

Deux Orphelines (Les)《两孤女》，67.

Deux Sources de la morale et de la religion (Les)《道德和宗教的两大源泉》，192.

Devaquet, Alain 德瓦凯，340.

Devaux, Patricia 德沃，226.

Diable au corps (Le)《魔鬼附身》，174，238.

Diaghilev, Serge de 佳吉列夫，101，168，178，180.

Dieudonné, Jean 迪厄多纳，339.

Dieux ont soif (Les)《诸神渴了》，103.

Disques dans la ville (Les)《都市中的圆盘》，177.

Distinction (La)《差别》，267.

Diverses Familles spirituelles de la France (Les)《法兰西的各个不同的精神家族》，116.

Dix-neuf Poèmes《诗歌十九首》，102.

Doisneau, Robert 杜瓦松，236.

Dominique《多米尼克》，174.

Donatello, Donato di Betto Bardi, dit, 多纳泰洛，原名多纳托·迪贝托·巴迪，93.

Dondero, Mario 东德罗，258.

Donnat, Olivier 多纳，305，314，318，324.

Dorgelès, Roland 多热莱斯，121.

Dorival, Bernard 多里瓦尔，177，179.

Dos Passos, John Roderigo 多斯·帕索斯，174.

Dosse, François 多斯，260.

Dossiers de l'écran (Les)《银屏档案》，270.

Douaumont 杜奥蒙，126.

Doucet, Jacques 杜塞，99.

Doumergue, Gaston 杜梅格，237.

Doussot, Michel 杜索，328.

Douste-Blazy, Philippe 杜斯特—布拉齐，307.

Drame à Toulon《土伦惨剧》，226.

Dranem, Armand Ménard, dit 德拉内姆，原名阿尔芒·梅纳尔，80.

Dreyfus, Alfred 德雷福斯，31，39，41，46，48，52，53，55，65，88，103，111，120，137，139，141，142，206，246，247.

Drieu la Rochelle, Pierre 德里厄·拉罗歇尔，173，194，204.

Drumont, Edouard 德吕蒙，48，62.

Dubois, Vincent 杜布瓦，33.

Dubuffet, Jean 迪比费，208.

Du Camp, Maxime 迪康，10.

Duchamp, Marcel 迪尚, 181, 233.
Du côté de chez Swann《在斯万家那一边》, 95, 103.
Dufy, Raoul 杜飞, 97, 126, 198.
Duhamel, Alain 阿兰·杜阿梅尔, 364.
Duhamel, Georges 乔治·杜阿梅尔, 102, 121, 158, 162, 163, 173, 174, 195.
Duhamel, Jacques 雅克·杜阿梅尔, 303.
Dujardin-Beaumetz, Etienne 迪雅丹－博梅兹, 33.
Dullin, Charles 迪兰, 105, 176, 197.
Dumas, Alexandre 仲马, 67.
Dumazedier, Jofrre 迪马泽迪埃, 265.
Dunoyer de Segonzac 迪努瓦埃·德·塞贡扎克, 173, 179.
Dupoirier, Elisabeth 迪普瓦里埃, 292.
Durand-Ruel, Paul 迪朗一吕埃尔, 96.
Duras, Marguerite 杜拉斯, 258, 343.
Durey, Louis 迪雷, 167.
Durkheim, Emile 迪尔凯姆, 30, 56, 60, 106, 115, 121.
Dutronc, Jacques 迪特龙, 324.
Duvivier, Julien 迪维维耶, 223.

Échange (L)《交换》, 104, 171.
Écho de Paris (L)《巴黎回声报》, 64, 118.
Eck, Hélène 埃克, 238.
École de Paris 巴黎派, 179, 185, 198.
École du Louvre 卢浮宫学校, 33.
École normale supérieure de Fontenay-aux-Roses 丰特内－罗斯高等师范学校, 21.
École normale supérieure de la rue d'Ulm 巴黎高等师范学校, 24, 148.
École normale supérieure d'enseignement primaire de Saint-Cloud 圣克卢高等师范学校, 22, 147.
Edison, société 爱迪生电力公司, 9.
Effort (L)《努力》, 106.
Ehrenberg, Alain 埃伦堡, 342.
Einstein, Albert 爱因斯坦, 104.
Eldorado (L) 埃尔多拉多, 79, 86.
Electre《埃莱克特》, 197.

Elias, Norbert 埃利亚, 66.
Eliot, Thomas Stearns 艾略特, 220.
Elisabeth II 伊丽莎白二世, 234.
Eloge des intellectuels (L)《知识分子赞》, 338.
Éluard, Paul 艾吕雅, 171, 172, 197, 207, 227.
Elysée 爱里舍宫, 287.
Emmanuel, Pierre 埃马纽埃尔, 258.
Empire de l'éphémère (V)《蜉蝣帝国》, 340.
En attendant Godot《等待多戈》, 221.
Enfants du paradis (Les)《天堂里的孩子》, 209.
Enfants terribles (Les)《调皮捣蛋的孩子们》, 174.
Enquête sur la monarchie《君主政体调查》, 135.
Ensor, James 恩索尔, 71.
Épatant (L)《顶呱呱》, 65.
Équipe (L)《球队报》, 334, 335.
Erckmann, Emile 埃尔克曼, 26, 67.
Ere du vide (L)《空虚的时代》, 339.
Ernst, Max 恩斯特, 172, 181, 184, 185, 210, 218, 233.
Errera, Roger 埃雷拉, 352.
Escamotage d'une dame chez Robert Houdin (L)《一位太太在罗伯尔·乌丹家里行窃》, 88.
Espinas, Alfred 埃斯皮纳斯, 56.
Espoir (L)《希望》, 194, 195.
Esprit《精神》, 336, 338, 347.
Esprit du temps (L)《时代精神》, 244, 335.
Essais d'ego-histoire《自我历史漫笔》, 344.
Essais de psychologie sportive《体育运动心理分析》, 89.
Essais sur la France《法国随想》, 280.
Est 东部, 32, 39, 118.
Estaque 埃斯塔克, 98.
Estaque (L)《埃斯塔克海湾》, 95.
Estaunié, Edouard 埃斯托涅, 173.
Étape (L)《旅站》, 147.

État culturel (L)《文化国家》,307.
Etat séducteur (L)《诱人的国家》,342.
Et Dieu créa la femme《上帝创造女人》, 256,259.
Etienne, Bruno 埃蒂安纳,339.
Étranger (L)《局外人》,208,211.
Être et le Néant (L')《存在与虚无》,211.
Études (Les)《练习曲》,102.
Euclide 欧几里德,104.
Europe après la pluie (L)《雨后的欧洲》,185.
Évangile et l'Église (L)《福音书和教会》,107.
Evénement du jeudi (L)《星期四大事》,332.
Excelsior (L)《埃克塞尔西奥报》,64,65.
Expansion (L)《扩展》,332.
Exposition universelle de Bruxelles 布鲁塞尔博览会,231.
Exposition universelle de Paris 巴黎博览会, 198,200.
Express (L)《快报》,333.

Faizant, Jacques 费桑,287.
Falguière, cité 法尔基埃尔城,165.
Falla, Manuel de 法拉,102.
Famille Duraton (La)《迪拉通一家》,236.
Fantomas《方托马斯》,66,88,101.
Farcy, Jean-Claude 法尔西,77.
Fargue, Léon-Paul 法尔格,103.
Farias, Victor 法里亚斯,339.
Fascination《魅力》,79.
Fasquelle, Emile 法斯凯尔,67.
Faulkner, William Falkner 福克纳,220.
Fauré, Gabriel 富雷,71,102,103.
Faure, Maurice 莫里斯·富尔,151.
Faure, Sébastien 塞巴斯蒂安·富尔,36.
Fauroux, Roger 福鲁,302.
Fautrier, Jean 福特里耶,211.
Faux-Monnayeurs (Les)《伪币制造者》, 174,196.
Favre, Jules 法弗尔,40.
Fayard, Arthème 费亚德,67,68,136,240.
Febvre, Lucien 费夫尔,206.
Fée Électricité (La)《电仙女》,198.

Femme au chapeau (La)《戴帽子的女人》,97.
Ferenczi, Henri 费伦奇,240.
Fermigier, André 费米吉耶,211,212.
Fernandel, Fernand Constandin, dit 费尔代南,原名费尔南,223.
Ferran, Pascale 费朗,345.
Ferré, Léo 费雷,324.
Ferro, Marc 费罗,364.
Ferry, Jules 朱尔·费里,12,14,20-23, 25,32,40,42,45,47,52,89, 152,270.
Ferry, Luc 吕克·费里,340,342.
Festival de Cannes 戛纳电影节,279.
Fête à Neu-Neu (La)纳纳节,80.
Feuillade, Louis 弗亚德,88,101.
Feu (Le) 火线,121,126.
Féval, Paul 费瓦尔,67.
Feydeau, Georges 费多,103,175.
Fiacre (Le)《出租马车》,79.
Figaro (Le)《费加罗报》,35,64,69,100, 122,332.
Figaro Magazine (Le)《费加罗画报》,337.
Filipacchi, Daniel 费里帕奇,达尼埃尔, 262,264.
Filipacchi, Henri 费里帕奇,亨利,240.
Fille du puisatier (La)《掘井工人的女儿》, 209.
Fillette《小女孩》,65.
Fin de partie《剧终》,221.
Finkielkraut, Alain 芬基克罗,111,306, 339,340,342,348.
Flameng, François 弗拉芒,131,133.
Flammarion, Ernest 弗拉马里翁,67,68.
Flandre 弗朗德尔,46.
Flers, Robert de 弗莱尔,13,103,175.
Florida(le) 佛罗里达音乐厅,321.
Flûte de Pan (La)《潘的笛子》,180.
Foire du trône (La) 宝座集市,80.
Folies Bergère (Les)"放荡牧羊女"游光园,80.
Folies-Rambuteau (Les)福利-朗比托,79.

Folle de Chaillot (La)《夏约的疯女人》, 218.
Fontanet, Joseph 丰塔内, 299.
Forain, Jean-Louis 福兰, 35.
Formes élémentaires de la vie religieuse (Les)《宗教生活的基本形式》, 106.
Forrester, Viviane 福雷斯泰, 291.
Fort, Paul 福尔, 71, 102.
Forton, Louis 福尔东, 65.
Fortune de Gaspard (La)《加斯帕尔的命运》, 32.
Foucauld, Charles de 富科,夏尔·德, 69.
Foucault, Michel 米歇尔·福柯, 105, 259, 260, 337, 341.
Fougeron, André 富日龙, 225, 226.
Fouillée, Alfred 富耶, 14, 26, 66.
Fouilloux, Etienne 富尤, 126.
Fourastié, Jean 富拉斯蒂埃, 273.
Fragonard, Jean-Honoré 弗拉戈纳尔, 96.
Fragson 弗拉格松, 80.
France, Anatole 法朗士, 80, 103, 166, 167, 172, 173.
France de Vichy (La)《维希政权的法国》, 362.
France juive (La)《犹太人的法国》, 61.
France libre 自由法国, 202.
France-Soir《法兰西晚报》, 332.
Franck, César 弗朗克, 102.
Franco, général 佛朗哥将军, 205, 206.
Franquin, André 费朗坎, 243.
Frapié, Léon 弗拉皮埃, 28.
Freud, Sigmund 弗洛伊德, 105, 184, 259, 341.
Friedberg, Erhard 弗里特贝尔, 306.
Frodon, Jean-Michel 弗罗东, 345.
Frou-frou《沙沙的声响》, 79.
Fumaroli, Marc 菲马罗利, 307.
Furet, François 菲雷, 336, 362.
Fustel de Coulanges, Numa-Denis 菲斯泰尔·德·库朗热, 136, 148.
Futuroscope de Poitiers 普瓦捷未来展望馆, 289.

Gabin, Jean 加班, 239.
Gaillot, Mgr 加耶奥, 349.
Gainsbourg, Serge 甘斯布尔, 324.
Gaîté, Théâtre de la 格泰剧场, 80.
Galle, Emile 加莱, 69, 73.
Gallimard, Gaston 加利马尔, 68.
Gallo, Max 加洛, 187, 338.
Galtier-Boissière, Jean 加尔蒂埃—布瓦西埃, 119.
Gambetta, Léon 甘必大, 14, 17, 35, 89.
Gamelin, Maurice, général 甘末林,将军, 201.
Garcia Lorca, Federico 加西亚·洛尔卡, 184.
Garin, Maurice 加兰, 92.
Garnier, Charles 夏尔·加尼埃, 10, 281.
Garnier, Tony 托尼·加尼埃, 91.
Garouste, Gérard 加鲁斯特, 347.
Gates, Bill 盖特, 311, 334.
Gauchet, Marcel 戈谢, 337, 348.
Gauguin, Paul 高更, 69 – 71, 79, 84, 93, 96.
Gaule 高卢, 25.
Gaulle, Charles de 戴高乐, 60, 216, 269, 270, 275, 276, 282, 326, 352.
Gaumont, Léon 戈蒙, 88, 268.
Gaumont-Palace 戈蒙宫, 87, 88.
Gaxotte, Pierre 加克索尔, 136.
Gayssot, Jean-Claude 盖索, 362.
Gazette de France (La)《法兰西报》, 109.
Geffroy, Gustave 热弗鲁瓦, 94.
Gendarme et les Extraterrestres (Le)《宪兵和外星人》, 344.
Genet-Delacroix, Marie-Claude 热内—德拉克鲁瓦, 32.
Genet, Jean 热内, 222, 270.
Genève 日内瓦, 68.
Genevoix, Maurice 热纳瓦, 121, 173.
Géorgiques (Les)《史前农事诗》, 101.
Gerbier-de-Jonc 热尔比埃-德戎克, 23.
Gérôme, Jean-Léon 热罗姆, 93
Germinal《萌芽》, 56, 344.
Gervereau, Laurent 热尔韦罗, 119.
Gervex, Henri 热尔韦, 95.
Ghéon, Henri Vanglon, dit Henri Ghéon 盖

翁,原名亨利·盖翁, 104.
Ghika, maison 吉卡大厦, 73.
Gide, André 纪德, 60, 70, 102, 167, 174, 186, 187, 194, 196, 218, 220, 227, 234.
Gil bert, Claude 吉尔贝, 364.
GilBlas《吉尔·布拉斯》, 93.
Giono, Jean 吉奥诺, 173, 196, 240, 258.
Girardet, Raoul 吉拉尔代, 137.
Girard, René 吉拉尔, 348.
Giraudoux, Jean 吉罗杜, 173, 176, 190, 197, 218, 222.
Giscard d'Estaing, Valéry 吉斯卡尔·德斯坦, 326.
Giverny 吉韦尔尼, 96.
Gleizes, Albert 格莱兹, 100.
Gluksmann, André 格鲁克斯曼, 337.
Goblet, René 戈布莱, 9, 12, 22, 29.
Godard, Jean-Luc 戈达尔, 256, 273, 277, 279, 344.
Golfe de Marseille vu de l'Estaque(Le)《从埃斯塔克看马赛海湾》, 94.
Gommes (Les)《橡皮》, 257.
Goncourt, Edmond et Jules de 龚古尔, 11.
Goscinny, René 戈西尼, 243.
Goude, Jean-Paul 古德, 360.
Goudeau, Emile 古多, 97.
Gounod, Charles 古诺, 79.
Goupi Mains rouges《古皮双手通红》, 209.
Gourmont, Rémy de 古尔蒙, 49.
Gracq, Julien 格拉克, 170, 188, 196.
Grainville, Patrick 格兰维尔, 343.
Grand Bleu (Le)《蓝色的大海》, 320, 344.
Grand Café 大咖啡馆, 86.
Grand Cirque (Le)《大马戏团》, 234.
Grande Chartreuse 大夏特雷斯修道院, 44.
Grande Illusion (La)《幻灭》, 158.
Grande Jatte (La)《大碗》, 69.
Grandes Baigneuse (Les)《浴女》, 96, 99.
Grandes Ècoles (les) 高等学校, 148.
Grand Ferré (Le) 大费雷, 24.
Grand-Guignol, Théâtre du 大木偶戏, 66.

Grandjouan, Jules 格朗儒昂, 36, 111.
Grand Meaulnes (Le)《大莫尔纳》, 103.
Grand Metingue duMétropolitain (Le)《地铁的大梅丹格》, 79.
Grand Nu《大裸体人》, 99.
Grand Palais 大宫, 96, 282.
Grand Pan (Le)《主要的一面》, 20.
Grands Initiés (Les)《被授以宗教奥秘的人》, 71.
Grand Troupeau (Le)《大群羊》, 196.
Grasset, Bernard 格拉塞, 68, 103.
Gravissimo《最严重的责任》, 45.
Gréard, Octave 格雷亚尔, 29.
Gregh, Fernand 格雷格, 11.
Grémillon, Jean 格雷米戎, 158.
Grévy, Jules 格雷维, 10, 17, 134.
Grifiuelhes, Victor 格里菲埃尔, 110.
Gris, Juan 格里斯, 100, 102, 178.
Grojnowski, Daniel 格罗日诺夫斯基, 83.
Gromaire, Marcel 格罗梅尔, 180.
Gruber, Francis 格吕贝尔, 73, 219.
Guareschi, Giovanni 加雷奇, 223.
Guéhenno, Jean 盖埃诺, 110, 191, 195, 208, 211.
Guérin, Jules 盖兰, 39.
Guernica《格尔尼卡》, 200, 210.
Guerre (La)《战争》, 180.
Guerre de Troie n'aura pa lieu(La)《特洛伊战争将不会发生》, 197, 222.
Guesde, Jules 盖德, 10.
Guiaud, Georges François 吉奥, 9.
Guide routier et aérien (Le)《陆路和空路指南》, 67.
Guignols de l'Info (Les)《新闻木偶》, 327.
Guilbert, Yvette 吉尔贝, 80.
Guillebaud, Jean-Claude 纪耶博, 336, 364.
Guimard, Hector 埃克托尔·吉马尔, 73.
Guimard, Paul 保尔·吉马尔 72.
Guitry, Sacha 吉特里, 103, 176, 197.
Guizot, François 基佐, 20, 21, 25.
Gumplowicz, Philippe 吉姆普洛维茨, 79.
Gutenberg, Johannes Gensfleich, dit 谷登堡,

239, 244.
Guy, Alice 居伊, 88.
Guy l'Èclair 居伊·勒克莱克, 163.
Guyvarc'h, Didier 居伊瓦齐, 112.

Habermas, Jtirgen 哈贝马斯, 339.
Habit vert (L)《绿衣》, 13.
Haby, René 阿比, 299.
Hachette 阿歇特, 64, 67, 68, 310.
Haine (La)《仇恨》, 320.
Hains, Raymond 安斯, 284.
Halbwachs, Maurice 阿尔布瓦希, 106.
Halévy, Daniel 阿莱维, 32, 141.
Hallyday, Johnny 哈利代, 262, 324.
Hamon, Hervé 阿蒙, 338.
Hardy, Françoise 哈代, 324.
Hartung, Hans 哈通, 219.
Haussmann, baron 奥斯曼, 男爵, 58.
Hébert, Georges 埃贝尔, 89.
Hébrard, Adrien 埃布拉尔, 64.
Heidegger et le Nazisme《海德格尔和纳粹主义》, 339.
Heidegger, Martin 海德格尔, 341.
Hélias, Pierre-Jakez 埃利亚, 356.
Hélion, Jean 埃利翁, 179, 233, 261.
Heller, Gerhardt 海勒, 212.
Hemingway, Ernest 海明威, 166, 220.
Henriot, Emile 昂里奥, 257.
Henri II 亨利二世, 281.
Henri IV 亨利四世, 24.
Henry, colonel 亨利上校, 48.
Henry, Maurice 莫里斯·亨利, 260.
Henry, Michel 米歇尔·亨利, 339.
Hergé 埃热尔, 243.
Herriot, Edouard 埃里奥, 140.
Hervieu-Léger, Danièle 埃维厄—莱热, 348.
Hetzel, Jules 埃茨尔, 68.
Hirondelle du faubourg (L')《郊外的燕子》, 79.
Hiroshima mon amour《广岛之恋》, 256.
Histoire (L)《历史》, 332.
Histoire de la France rurale (L)《法国农村史》, 356.
Histoire de la sexualité (L)《性爱史》, 337.
Histoire d'une âme《一个灵魂的经历》, 59.
Hobbes, Thomas 霍布斯, 109.
Hoffmann, Stanley 霍夫曼, 203, 205, 280, 286.
Hommage à Cézanne《向尚塞致敬》, 96.
Homme au mouton (L')《牧羊人》, 211, 212.
Homme-Dieu (L)《人-上帝》, 342.
Homme en trop (Un)《一个多余的人》, 337.
Hommes de bonne volonté (Les)《善良的人们》, 112, 175, 195.
Hommes de la route (Les)《公路上行人》, 173.
Hommes en blanc (Les)《穿白衣服的人》, 234.
Homo academicus《柏拉图哲学的信徒》, 338.
Honneger, Arthur 奥涅格 167, 198.
Honneur des poètes (L)《诗人的荣誉》, 207.
Horta, Victor 奥尔塔, 72, 73.
Hubert-Lacombe, Patricia 于贝尔—拉孔布, 223.
Hugo, Victor 雨果, 9, 50, 56, 67, 69, 233, 366.
Hugues, Clovis 于盖, 37.
Huis clos《密室》, 211.
Humanae Vitae《关于人口控制的教皇谕旨》, 351.
Humanité (L)《人道报》, 64, 332.
Humanité perdue (L)《没有希望的人道》, 342.
Huret, Jules 于雷, 64.
Husserl, Edmond 胡塞尔, 105.
Huxley, Aldous 赫胥黎, 153.
Huysmans, Joris-Karl 于斯曼, 69, 71.

Ibsen, Henrik 易卜生, 197.
Idées politiques de la France(Les)《法兰西政治思想》, 135.

Identité de la France (L)《法兰西的特征》, 366.
Ignace《依尼亚斯》, 158.
Ihl, **Olivier** 伊尔, 17.
Ille-et-Vilaine 伊尔－维兰, 43.
Illich, **Ivan** 伊利克, 337.
Illuminations (Les)《灵光篇》, 69.
Illustration (L)《画报》, 32, 65, 117.
Imbert, **Claude** 安贝尔, 333.
Independence Day《独立日》, 345.
Individu incertain (L)《不确知的个人》, 342.
Info-matin《新闻晨报》, 332.
Institut de France 法兰西研究院, 33.
Institut du monde arabe 阿拉伯世界研究所, 305.
Instruction civique à l'école (L')《学校公民教育》, 42.
Instruction civique et morale (L)《公民与道德教育》, 42.
Intellocrates (Les)《大学脑力劳动者》, 338.
Intermezzo《间奏曲》, 173, 197.
Internationale (L)《国际歌》, 17.
Inter sollicitudines《相互关怀》, 41.
Intervilles《城市之间》, 269.
Intrépide (L)《无畏勇士》, 65.
Introduction à la psychanalyse《精神分析法导论》, 259.
Invasion (L)《进犯》, 221.
Iofan, **Boris M.** 约方, 200.
Ionesco 尤内斯库, 221, 257.
Islamisme radical (L)《激进伊斯兰教义》, 339.
Issoire 伊索瓦尔, 18.
Itinéraires de l'individu《个人的旅程》, 340.

J'accuse《我控告》, 35, 50, 52.
Jacob, **François** 弗朗索瓦·雅各布, 339.
Jacob, **Max** 马克斯·雅各布, 108.
Jacobs, **Edgar P.** 雅各布斯, 243, 244.
J'ai choisi la liberté《我选择自由》, 228.
Jalousie (La)《嫉妒》, 257.
Jambet, **Christian** 让贝, 337.

Jammes, **Francis** 雅姆, 102.
Janet, **Pierre** 雅内, 106.
Jankélévitch, **Vladimir** 让凯莱维奇, 348.
Jarry, **Alfred** 雅里, 83, 175.
J'attendrai《我等待》, 212.
Jaurès, **Jean** 饶勒斯, 26, 48, 53, 64, 66, 111.
Jean Barois《让·巴鲁瓦》, 103.
Jean-Christophe《约翰·克利斯朵夫》, 103.
Jean de Florette《让·德·弗洛雷特》, 344.
Jean le Bleu《沉郁的人》, 196.
Jeanne d'Arc 贞德, 19, 24, 43, 75.
Jeanne de Lorraine 洛林的让娜, 127.
Jeanneney, **Jean-Noël** 雅纳内, 268.
Jean-Paul II 让—保罗二世, 347, 349-351.
J'embrasse pas《我不拥抱》, 344, 345.
Jeune Cycliste (Le)《年轻的自行车运动员》, 91.
Jeune Fille à la mandoline (La)《弹曼陀林的少女》, 99.
Jeune Parque (La)《年轻的帕尔卡》, 170.
Jeunes Filles (Les)《少女们》, 196.
Jeunes Gens d'aujourd'hui (Les)《今日之青年》, 106.
Jeux (Les)《游戏》, 102.
Jeux, Modes et Masses《游戏、时间和群众》, 340.
Joanne, **Paul** 若阿纳, 84.
Joconde aux clés (La)《带钥匙的拉约孔德》, 178.
Joffrin, **Laurent** 若弗兰, 319, 341.
Joliot-Curie, **Frédéric** 约里奥—居里, 227.
Jospin, **Lionel** 若斯潘, 362.
Jossot, **Gustave-Henri** 若索, 37.
Jouhaux, **Léon** 儒奥, 114.
Journal (Le)《日报》, 11, 63.
Journal d'un homme de quaranteans (Le)《一位四十岁人的日记》, 195.
Jouve, **Pierre-Jean** 儒弗, 171.
Jouvet, **Louis** 儒韦, 104, 176, 197, 222.
Joyce, **James** 乔伊斯, 174.

Judex 朱德克斯，88.
Judt, Tony 朱特，228.
Juif imaginaire (Le)《臆造的犹太人》，348.
Julliard, Jacques 朱利亚尔，110，294，333，336，364.

Kaas, Patricia 卡斯，324.
Kahn, Jean-François 卡纳，332.
Kahnweiler, Daniel-Henry 坎魏勒，99.
Kalifa, Dominique 卡利法，66，155.
Kandinsky, Wassily 康定斯基，100，178，179，218.
Kant, Emmanuel 康德，14，104，105，107，109，341.
Karamazov (Les)《卡拉马佐夫兄弟》，103.
Kaspi, André 卡斯皮，279.
Kassovitz, Mathieu 卡索维茨，320.
Kendall, Paul M. 肯达尔，344.
Kent 肯特，324.
Kepel, Gilles 凯佩尔，339，347.
Kergomard, Pauline 凯尔戈马尔，28.
Kessel, Joseph 凯塞尔，175.
Khoklova, Olga, *voir* Picasso, Olga. 霍克洛娃，见 Picasso, Olga
Khomeyni, imam 伊玛姆·霍梅尼（教长），347.
Killy, Jean-Claude 基利，265.
Klapisch, Cédric 克拉皮施，345.
Klee, Paul 克勒，100.
Klein, Yves 克莱因，284.
Klimt, Gustav 克利姆特，71.
Knock《克诺克医生》，176.
Kodaly, Zoltan 科达伊，102.
Kolakowski, Leszek 科拉科维斯基，348.
Kravchenko, Victor 克拉夫岑科，228.
Krouchtchev, Nikita 赫鲁晓夫，277.
Kupka, Frank 库普卡，100.

Laberthonnière, Lucien 拉贝尔东尼埃，107.
Labussière, Auguste 拉比西埃，61.
Lacan, Jacques 拉康，260，341.
La Ciotat 拉西奥塔，86.

Lacombe Lucien《拉孔布·吕西安》，344.
Lacordaire, Jean-Baptiste-Henri 拉科德尔，40.
La Fresnaye, Roger de 拉弗雷内，95.
Lagrange, Hugues 拉格朗日，364.
Lagrée, Michel 拉格雷，108.
Lakanal 拉卡纳尔，90.
Lalo, Pierre 拉洛，101.
Lalouette, Jacqueline 拉卢埃特，36.
Lamentabili《哀叹》，107.
Lamy, Etienne 拉米，41.
Landowski, Marcel 朗杜斯基，321.
Lang, Jack 兰，303，307，321，326，336.
Langevin, Paul 朗之万，187，191.
Lanson, Gustave 朗松，106，148.
Lanterne (La)《灯笼》，96.
Lanzmann, Claude 朗兹曼，353.
Lapin agile (Le) 捷兔，82.
Laporte, Marcel 拉波特，159.
Larbaud, Valéry 拉尔博，102.
Lardreau, Guy 拉德罗，337.
Larronde, Carlos 拉隆德，104.
Larzac 拉扎克高原，280.
La Salette 萨莱特，126.
Lasso, Gloria 拉索，262.
Laurencin, Marie 洛朗森，178.
Laurent, Jacques 洛朗，258.
Lautréamont, Isidore Ducasse, dit le comte de 洛特雷阿蒙，又称洛特雷阿蒙伯爵，171.
Lavedan, Henri 拉夫当，88.
Lavigerie, cardinal 拉维热里，主教，40.
Lavisse, Ernest 拉维斯，24，25，43，106，115，121.
Leblanc, Maurice 勒布朗，67.
Le Bon, Gustave 勒邦，55-57.
Lecat, Jean-Philippe 勒卡，358.
Le Corbusier, Edouard Janneret, dit 勒科比西埃，原名爱德华·雅内雷，72，177，198，200，230，281.
Le Fauconnier 勒福科尼埃，179.
Lefebvre, Mgr 勒费弗尔，主教，349.
Lefort, Claude 勒福，337.
Légende des siècles (La)《世纪的传说》，9.

Léger, Fernand 莱热, 100, 102, 126, 168, 177, 178, 210, 224, 225, 233.

Le Goff, Jacques 勒戈夫, 344.

Legrand, Paul-Emmanuel 勒格朗, 15.

Leguay, Paul 勒盖, 362.

Le Havre 勒哈弗尔, 90.

Lejeune, Philippe 勒热纳, 344.

Lelouch, Claude 勒卢赫, 260, 279.

Lemaître, Jules 勒梅特尔, 49.

Lemerre, Alphonse 勒梅尔, 68.

Lemire, abbé 勒米尔, 神甫, 85, 126.

Lenepveu 勒内弗, 281.

Lenormand, Henri-René 勒诺芒, 176, 197.

Léon XIII 莱昂十三世, 40, 41, 45.

Le Play, Frédéric 勒普莱, 40.

Le Rouge, Gustave 勒鲁热, 103.

Leroux, Gaston 勒鲁, 64–66.

Le Roy Ladurie, Emmanuel 勒鲁瓦·拉迪尔, 356.

Leroy, père 勒鲁瓦, 神甫, 107.

Lescure, Pierre de 莱居尔, 207.

Le Touquet 勒图凯, 84.

Le Tréport 勒特雷波, 84.

Lettre-Océan《字——海洋》, 102.

Lettres à tous les Français《致全体法国人的信》, 115.

Levassor, Emile 勒瓦索, 91.

Lévinas, Emmanuel 莱维纳, 348.

Lévi-Strauss, Claude 莱维—斯特劳斯, 225, 260, 341.

Lévy, Bernard-Henri 莱维, 337, 338, 348.

Lévy-Leblond, Jean-Marc 莱维—勒布隆, 342.

Liard, Louis 利亚尔, 30.

Libération《解放》, 314, 332, 340.

Liberté《自由》, 207.

Libre《自由》杂志, 337.

Libre Parole (La)《自由言论》, 48, 52, 109.

Libre Pensée (La)《自由思想》, 36.

Lieux de mémoire (Les)《记忆的圣地》, 359.

Lindenberg, Daniel 兰当贝, 337.

Lindon, Jérôme 兰东, 257, 258.

Lipovetsky, Gilles 利波韦斯基, 314, 339, 340, 342.

Lisieux 利西厄, 108.

Liszt, Franz 李斯特, 79.

Livre des masques (Le)《面具集》, 49.

Livre noir du communisme (Le)《共产主义黑皮书》, 336.

Locus Solus《罗居斯·索吕斯》, 103.

Loisy, Alfred 卢瓦齐, 107.

Londres 伦敦, 202, 203.

Longchamp 隆尚, 16.

Loubet, Emile 卢贝, 93.

Louis XL《路易十一》, 344.

Lourdes 卢尔德, 55, 59, 108, 127.

Louvre, Grand 大卢浮宫, 305, 317.

Louvre, métro 卢浮宫地铁站, 317.

Lucas, Philippe 卢卡, 295.

Lugné-Poe, Aurélien-Marie, Lugné, dit 吕尼埃—波, 原名奥雷利安—马里, 吕尼埃, 71, 103, 104, 175, 197.

Lumière, Auguste et Louis 吕米埃, 奥古斯特和路易, 86.

Luna-Park 月亮公园, 80.

Lunes en papier (Les)《纸月亮》, 175.

Lupin, Arsène 吕潘, 67.

Lurçat, Liliane 吕尔萨, 326.

Lustiger, Mgr 吕斯蒂热, 339.

Lutte de Jacob avec l'Ange (La)《雅各布和天使之战》, 71.

Luxe, calme et volupté《奢侈、宁静和快感》, 97

Lux, Guy 吕克斯, 269. Lyon, 30, 33, 38.

Maastricht 马斯特里赫特, 290.

Macé, Jean 马塞, 14, 31, 89.

Machelon, Jean-Pierre 马什隆, 47.

Machine égalitaire (La)《平等主义机器》, 339.

Mac-Manon, Edme Patrice, comte de 麦克马洪, 伯爵, 134.

Mac Orlan, Pierre Dumarchey, dit 马克·奥尔兰, 原名皮埃尔·迪马歇, 55, 175.

Madame Arthur《阿蒂尔夫》, 59.

Madelin, Louis 马德兰, 136.
Madiran, Jean 马迪朗, 349.
Maeterlinck, Maurice 梅特林克, 71, 104, 175.
Maffesoli, Michel 马费佐利, 296, 313, 340.
Magnelli, Alberto 马涅利, 100.
Magritte, René 马格里特, 181, 218.
Mahler, Gustav 马勒, 102.
Maillol, Aristide 马约尔, 91.
Maine de Biran, Marie François 曼恩内·德·比朗, 105.
Mains sales (Les)《肮脏的手》, 234.
Maison(s) à l'Estaque《埃斯塔克的房屋》, 98, 99.
Maisons et arbres《房屋和树木》, 98.
Maisons rouges de Sainte-Adresse(Les)《圣阿德雷斯的红房子》, 97.
Majorelle, Louis 马约雷尔, 73.
Malaurie, Jean 马洛里, 344.
Mallarmé, Stéphane 马拉美, 70, 102, 170.
Malle, Louis 马莱, 256, 279, 344.
Mallet-Stevens, Robert 马莱—斯蒂文, 198.
Malraux, André 马尔罗, 175, 186, 187, 194, 195, 206, 270, 281, 282, 303, 304, 308.
Mamelles de Tirésias (Les)《泰勒齐阿的乳房》, 197
Manche (la)拉芒什海峡, 83.
Mandoline et Guitare《曼陀林和吉他》, 178.
Mandore (La)《曼陀拉琴》, 99.
Mandrake 曼德拉克, 163.
Manège enchanté (Le)《奇妙的旋转木马》, 271.
Manessier, Alfred 马内西埃, 218.
Manet, Edouard 马奈, 97.
Manhattan Transfer《曼哈顿大迁移》, 174.
Manifeste des Quatre-vingt-treize(Le)《九三宣言》, 120.
Manifeste du surréalisme (le)《超现实主义宣言》, 169, 171.
Manifeste futuriste (le)《未来主义宣言》, 100.
Mann, Thomas 曼, 174.

Man Ray 雷·曼, 233.
Marcel, Gabriel 马塞尔, 226.
Marchand, André 马尔尚, 219.
Marcuse, Herbert 马库泽, 313.
Maréchal, Maurice 马雷夏尔, 119.
Maréorama 海潮景观, 87.
Margaritis, Gilles 马加里蒂斯, 235.
Mariano, Luis 玛丽亚诺, 262.
Marie, Romain 马里, 349.
Maritain, Jacques 马里坦, 108, 141.
Marne 马恩河, 80.
Marque jaune (La)《黄色的标记》, 244.
Marquet, Albert 马尔凯, 93.
Marquises 马基斯, 96.
Marseillaise (La)《马赛曲》, 11, 12, 17.
Marseille 马赛, 210, 354.
Marseille, Jacques 马赛, 291.
Martin, Marc 马丁, 156.
Martin du Gard, Roger 马丁·迪加尔, 103, 167, 168, 173, 174, 195.
Marx, Karl 马克思, 341.
Massacre en Corée《朝鲜的屠杀》, 216.
Masse et puissance《大众和威力》, 55.
Masse, Georges 马斯, 113.
Massignon, Louis 马西尼翁, 108.
Massis, Henri 马西斯, 106, 126, 141, 142.
Masson, André 马松, 218, 281, 282.
Maternelle (La)《幼儿园》, 28.
Matin (Le)《晨报》, 63, 64, 67.
Matin de Paris (Le)《巴黎晨报》, 332.
Matisse, Henri 马蒂斯, 93, 97, 126, 178, 198, 218.
Mathieu, Georges 乔治·马蒂厄, 281.
Mathieu, Mireille 米雷耶·马蒂厄, 266.
Mattchiche (La)《马特西什》, 79.
Mauclair, Camille 莫克莱尔, 61.
Maulnier, Thierry 莫尼埃, 226.
Maupassant, Guy de 莫巴桑, 57, 64.
Mauriac, François 莫里亚克, 102, 173, 194, 196, 206, 207, 218, 220, 234.
Maurois, André 莫鲁瓦, 173, 196, 240.

Maurras, Charles 莫拉斯, 49, 50, 109, 135 -137, 141, 193, 204.
Mauss, Marcel 莫斯, 106.
Mayeur, Jean-Marie 梅耶, 46.
Mayol, Félix 马约尔, 79, 80.
McLuhan, Marshall 麦克卢汉, 244, 266.
Meilleur des mondes (Le)《最美好的世界》, 153.
Méjean, Louis 梅让, 45.
Méliès, Georges 梅利埃, 86, 88.
Méline, Jules 梅利纳, 41, 57.
Melon et fruits《甜瓜和水果》, 181.
Mélonio, Françoise 梅洛尼奥, 12.
Memmi, Albert 梅米, 352.
Mémoires d'un amnésique《一个失忆者的回忆》, 83.
Mende 芒德, 107.
Mendès France, Pierre 孟戴斯—弗朗斯, 215, 238, 244-249.
Mendras, Henri 芒德拉, 131, 273, 275, 339.
Mercure de France (Le)《法兰西水星》, 70, 93.
Merleau-Ponty, Maurice 梅洛—旁蒂, 95.
Mérouvel, Charles de 梅鲁韦尔, 67.
Merrheim, Alphonse 梅尔海姆, 110.
Messager européen (Le)《欧洲信使》, 339.
Messiaen, Olivier 梅西昂, 229.
Metzinger, Jean 梅特赞热, 100.
Meurthe-et-Moselle 默尔特-摩泽尔省, 125.
Michaux, Henri 米肖, 171, 197.
Michelat, Guy 米什拉, 294.
Michelin, André et Edouard 米什兰, 安德列和爱德华, 67, 84.
Mickey 米老鼠, 161, 163.
Milhaud, Darius 米约, 167, 168, 198.
Millaud, Moïse 米约, 64.
Miller, Henry 米勒, 166.
Millerand, Alexandre 米勒兰, 48.
Millet, Jean-François 米莱, 96.
Milosz, Oscar 米洛斯, 104.

Milza, Pierre 米尔扎, 223.
Minc, Alain 曼克, 311, 339.
Mineur (Le)《矿工》, 225.
Miquel, Pierre 米凯尔, 133.
Mirbeau, Octave 米尔博, 64.
Mirliton (Le)《芦笛》, 16.
Miroir (Le)《镜报》, 117.
Miroir des sports (Le)《体育镜报》, 117.
Miro, Juan 米罗, 181, 198, 218, 281.
Misérables (Les)《悲惨世界》, 9.
Mitchell, Eddy 米切尔, 324, 328.
Mitterrand, François 密特朗, 297, 305, 326.
Modiano, Patrick 莫迪阿诺, 260, 343.
Modification (La)《变》, 258.
Modigliani, Amadeo 莫迪利阿尼, 100, 198.
Mollet, Guy 摩勒, 215, 247.
Monde (Le)《世界报》, 332, 337.
Monde comme volonté et comme représentation (Le)《意志和表象的世界》, 69.
Monde sans pitié (Un)《冷酷的世界》, 345.
Mondrian, Pieter Cornélius Mondriaan dit Piet, 蒙德里安, 又称皮埃, 177, 179.
Monet, Claude 莫奈, 96.
Mongin, Olivier 蒙然, 364.
Monod, Gabriel 莫诺, 30, 40.
Montaigne, Michel Eyquem de 蒙田, 342.
Montaillou, village occitan《蒙塔尤, 奥克语村》, 356.
Montand, Yves 蒙唐, 344.
Montépin, Xavier de 蒙泰潘, 67.
Monteux, Pierre 蒙特, 101.
Montherlant, Henry de 蒙泰朗, 196, 211.
Montmartre 蒙马特尔, 81, 82, 97.
Montparnasse 蒙帕纳斯, 165, 198.
Mon Village《我的村庄》, 32.
Morand, Paul 莫朗, 165, 175.
Moréas, Jean 莫雷亚, 69.
Moreau, Gustave 莫罗, 71.
Moreno, Dario 莫雷诺, 262.
Morgan, Claude 莫冈, 207.
Morice, Charles 莫里斯, 93.
Morin, Edgar 莫兰, 244, 335, 342, 355.

Morris 莫里斯，243.
Mort à crédit《赊欠的死亡》，195.
Mortel Outrage《致命的凌辱》，67.
Mortimer 莫蒂梅，243，244.
Mots et les Choses (Les)《词与物》，259.
Mouches (Les)《苍蝇》，211.
Moulin de la Galette (Le) 烘饼磨坊，79.
Moulin Rouge (Le) 红磨坊，79.
Mounier, Emmanuel 穆尼埃，193.
Mun, Albert de 曼恩，46.
Munich 慕尼黑，72.
Mur (Le)《墙》，211.
Mur des Fédérés (Le) 巴黎公社社员墙，10.
Mystère de la chambre jaune(Le)《黄色房间的秘密》，65.
Mystère Frontenac (Le)《弗隆特纳克的秘密》，196.
Mythes révolutionnaires du tiers-monde (Les)《第三世界的革命神话》，337.

Nancy 南锡，30，73.
Nantes 南特，75，112.
Napoléon Ier 拿破仑第一，24.
Napoléon III 拿破仑第三，58，281.
Nature morte à crâne de bœuf《有头颅骨的静物》，211.
Natures mortes《静物》，178.
Nausée (La)《恶心》，196，211.
Negresco (le) 内格雷斯科，84.
Nekrassov《涅克拉索夫》，228.
Némésis médicale (La)《医学复仇女神》，337.
Nerval, Gérard de 内瓦尔，171.
Neuwirth, Lucien 诺伊维尔特，351.
Newton, Isaac 牛顿，104.
New York 纽约，229.
Nguyen, Victor 恩吉延，109.
Nice 尼斯，210.
Nice-Matin《尼斯晨报》，331.
Nicolet, Claude 尼科莱，20.
Nielsen, Oda 尼尔森，79.
Nietzsche, Frédéric 尼采，69，105，341.

Nijinski, Venceslas 尼仁斯基，101.
Nimier, Roger 尼米埃，258.
Nizan, Paul 尼藏，186.
Nœud de vipères (Le)《蝮蛇结》，196.
Nohain, Jean 诺安，235.
Noiriel, Gérard 诺瓦里埃尔，62.
Nora, Pierre 诺拉，皮埃尔，24，337，344，348，358，359，363.
Nora, Simon 西蒙·诺拉，280，311.
Nord 北部，29，32，46，77，118.
Nordau, Max 诺多，56.
Normandie 诺曼底，39，57.
Nostalgie du front (La)《怀念前线》，126.
Note sur monsieur Bergson《记柏格森先生》，105.
Nougaro, Claude 努加罗，324.
Nourritures terrestres (Les)《地粮》，167.
Nous Deux《我俩》，332.
Nous l'avons tant aimée, la révolution《革命，我们曾那样热爱它》，277.
Nouvelle Année préparatoire d'Histoire de France (La)《法国历史——新预备学年用》，25.
Nouvelle Revue française (La)《新法兰西杂志》，101，102，104.
Nouvel Observateur (Le)《新观察家》，332.
Nu allongé《躺着的裸体》，97.
Nuit merveilleuse (La)《美妙的黑夜》，209.

Observatoire de Meudon 默东天文台，33.
Occident chrétien 基督教西方，142，206.
Ode au maréchal Pétain《贝当元帅颂》，205.
Odéon (L') 奥德翁剧院，103，282.
Odes et Prières《颂歌和祈祷》，100.
Œil de la police (L')《警察的眼睛》，66.
Œuvre (L')《作品报》，69，119.
Olga au col de fourrure《围着毛皮领的奥尔嘉》，180.
Olympia (L') 奥林匹亚，86.
Olympia (L)《奥林匹亚》，97.

Opéra Bastille 巴士底歌剧院, 305, 321.
Opéra Garnier 加尼耶歌剧院, 281.
Opinion et la Foule (L)《舆论和民众》, 56.
Opium des intellectuels (L')《知识分子的鸦片》, 227, 228.
Ophuls, Marcel 奥菲尔, 362.
Orientation religieuse de laFrance actuelle (L)《当今法国的宗教方向》, 108.
Origine du monde (L)《世界的起源》, 97.
Origines de la France contemporaine (Les)《当代法国的根源》, 56.
Orsay, gare d' 奥赛火车站, 96.
Orsay, musée d' 奥赛博物馆, 305, 317.
Ory, Pascal 奥里, 50, 187, 223.
Otages (Les)《人质》, 211.
Ouest 西部, 19, 29, 41, 43, 46, 91.
Ouest-France《西部法兰西报》, 331.
Ours (L)《熊》, 344.
Ouvrier mort (L)《死亡的工人》, 219.
Ozanam, Frédéric 奥扎南, 40.
Ozouf, Jacques 奥佐夫, 雅克, 150.
Ozouf, Mona 奥佐夫, 莫纳, 27, 360.

Pablo Picasso《巴布洛·毕加索》, 102.
Pagès, Bernard 帕热斯, 346.
Pagnol, Marcel 帕尼奥尔, 173, 176, 209.
Paimpolaise (La)《班波莱女人》, 79
Palais-Bourbon (le), *voir* Chambre des députés. 波旁宫, 见 Chambre des députés
Palais-Royal (le) 王宫剧院, 347.
Palissy, Bernard 帕利西, 24.
Panama 巴拿马, 46, 62.
Panthéon (le) 先贤祠, 9, 109.
Papon, Maurice 帕蓬, 362.
Parade《游行》, 180.
Parain, Brice 帕兰, 335.
Paray-le-Monial 帕雷—勒莫尼亚尔教堂, 350.
Parc des Princes (le) 王子公园, 92.
Pardaillan《帕尔达扬一家》, 67.
Par-delà le bien et le mal《善与恶之彼岸》, 69.

Pardès《帕代斯》, 352.
Parisien (Le)《巴黎人报》, 332.
Parodie (La)《滑稽的模仿》, 221.
Partage de midi《正午的分界》, 171.
Partie de cartes (La)《一盘纸牌》, 178.
Pascendi《为了和平》, 107.
Passé d'une illusion (Le)《一种幻想的过去》, 336.
Passe-Partout (Le)《万能钥匙》, 66.
Passeron, Jean-Claude 帕斯龙, 300.
Passeur, Steve 帕塞, 176, 197.
Pasteur, Louis 巴斯德, 24, 59.
Pathé, Charles 帕泰, 62, 87, 88.
Pathé-journal (Le)《帕泰报》, 88.
Paul VI 保罗六世, 350.
Paulin, Jean-Paul 保兰, 209.
Paulus, Jean-Paul Habans, dit 保卢斯, 原名让·保尔·阿班, 80.
Pavée, rue 帕韦大街, 73.
Paxton, Robert 帕克斯通, 362.
Paysage nabique (Le)《纳比派的风景》, 71.
Paysan de Paris (Le)《巴黎农民》, 174.
Pays basque 巴斯克地区, 46.
Paz, Madeleine 帕斯, 186.
Pécaut, Félix 佩科, 40.
Péguy, Charles 佩吉, 11, 22, 44, 45, 48, 53, 105, 108, 111, 121, 170.
Peintres cubistes (Les)《立体派画家》, 99.
Pékin 北京, 273.
Péladan, Joséphin 佩拉当, 69.
Pèlerin (Le)《朝圣者报》, 48.
Pelléas et Mélisande《普莱亚斯和梅丽桑德》, 71, 102.
Pelletier, Denis 佩尔蒂埃, 351.
Pelloutier, Fernand 佩路蒂埃, 110.
Pénélope《珀涅罗珀》, 102.
Pensée 68 (La)《68年思想》, 340.
Penser la Révolution française《法国革命思考》, 360, 362.
Percheron, Annick 佩什龙, 296.
Perdriel, Claude 佩德里埃尔, 332.

Perec, Georges 珀雷克, 283, 343.
Père Noël est une ordure (Le) 《圣诞老人是垃圾》, 344.
Péret, Benjamin 佩雷, 171, 172.
Perochon 佩罗希翁, 173.
Péronne 佩罗内, 125, 126.
Perret, Auguste 奥古斯特·佩雷, 101, 200.
Perret, Auguste, Gustave et Claude 奥古斯特·佩雷、古斯塔夫和克洛德·佩雷, 96.
Perrot, Georges 乔治·佩罗, 148.
Perrot, Michelle 米歇尔·佩罗, 60, 61, 110.
Perses (Les) 《波斯人》, 267.
Peste (La) 《鼠疫》, 234.
Pétain, Philippe 贝当, 205, 209, 212.
Petit Écho de la mode (Le) 《时装小回声报》, 65.
Petites Mains sanglantes (Les) 《一双血淋淋的小手》, 67.
Petite Tonkinoise (La) 《小东京女人》, 79.
Petit Lavisse (Le) 《小拉维斯》, 118.
Petit Journal (Le) 《小报》, 63, 64, 91.
Petit Monde de don Camillo(Le) 《唐卡米奥的小天地》, 223, 234.
Petit Palais 小宫, 96, 282.
Petit Parisien (Le) 《小巴黎人报》, 63, 66, 117, 118.
Petit Traité des grandes vertus 《小论美德》, 342.
Petrouchka 《佩特鲁斯卡》, 101.
Phasbourg 法尔斯堡, 26.
Philosophie de la religion (La) 《宗教的哲学》, 348.
Phono-Cinéma-Théâtre 留声机-电影院-剧院, 87.
Piaf, Edith 皮亚夫, 160.
Pialat, Maurice 皮亚拉, 345.
Picabia, Francis 皮卡比亚, 100, 181.
Picasso, Olga 奥尔加·毕加索, 178, 180.
Picasso, Pablo 帕布洛·毕加索, 96, 98-101, 127, 167, 178, 180, 181, 198, 200, 210-212, 216, 218, 219, 225, 227, 282.
Picasso, Paulo 保罗·毕加索, 178, 180.
Pieds Nickelés (les) 懒虫, 88.
Pierre, abbé 皮埃尔, 神甫, 249.
Pie XI 庇护十一世, 45, 59.
Pignon, Edouard 皮尼翁, 219, 261.
Pim Pam Poum 班庞普, 163.
Pinay, Antoine 皮内, 213, 215.
Pirandello, Luigi 皮兰德娄, 176, 182, 197.
Piste aux étoiles (La) 《明星之路》, 235, 264, 271.
Pitoëff, Georges 皮托埃夫, 176.
Pivot, Bernard 皮沃, 328.
Place de l'Étoile (La) 《星星广场》, 343.
Plafond de l'Odéon 奥德翁剧院的天顶, 281.
Plafond de l'Opéra Garnier 加尼耶剧院的天顶, 281.
Plaisir du texte 《文本的乐趣》, 260.
Planck, Max 普朗克, 104.
Plon 普隆, 68.
Plume (La) 《笔会》, 102.
Poe, Edgar 波, 70.
Poésies complètes 《诗歌全集》, 70.
Poincaré, Henri 亨利·普安卡雷, 104.
Poincaré, Raymond 雷蒙·普安卡雷, 66, 101, 237.
Point (Le) 《问题》, 333.
Polaire, Emilie Bouchaud, dit 波莱尔, 原名埃米利·布绍
Poliakof, Serge 波利亚科夫, 219.
Polin, Pierre-Paul Marsalès, dit 波兰, 原名皮埃尔—保尔·马尔萨雷, 80.
Pompidou, Georges 乔治·蓬皮杜, 148, 276, 287, 326.
Pompidou, Jeantou 让图·蓬皮杜, 148.
Pompidou, Léon 莱昂·蓬皮杜, 148.
Poneys sauvages (Les) 《野蛮的小种马》, 260.
Ponge, Francis 蓬热, 207, 258.
Pont-Aven 蓬-阿旺, 69, 70.
Pont-Neuf 新桥, 284.

Popeye 波佩伊, 163.
Popper, Karl 波佩, 328.
Porte Saint-Martin 圣马丁门, 103.
Portes, Jacques 波特, 162.
Porteuse de pain (La)《送面包的女工》, 67.
Portrait de jeune fille《少女肖像》, 99.
Portrait de Radiguet endormi《熟睡的拉迪盖》, 174.
Pottecher, Maurice 波特谢, 103.
Poujade, Pierre 布热德, 142, 244.
Poulbot, Francisque 普尔博, 28.
Poulenc, Francis 普朗克, 167, 168.
Poulidor, Raymond 普利多尔, 265.
Poulin, chanoine 普兰·司铎, 114.
Pour l'honneur de l'esprit humain《为人类思想争光》, 339.
Pour une nouvelle culture politique《为了新的政治文化》, 336.
Pouvoir intellectuel (Le)《脑力的权力》, 338.
Prague 布拉格, 72.
Prat, Jean 普拉, 267.
Prémonition de la guerre civile《内战的预兆》, 184.
Présent《时报》, 349.
Prévost, Jean 普雷沃, 206.
Preuves (Les)《证据》, 48.
Princesse de Clèves (La)《克莱芙公主》, 174.
Prochasson, Christophe 普罗夏松, 80.
Prokofiev, Serge 普罗科菲耶夫, 102.
Propos《自由谈》, 192.
Prose du Transsibérien (La)《西伯利亚大铁路散文》, 102.
Prost, Antoine 普罗斯特, 143.
Proust, Marcel 普鲁斯特, 95, 103, 111, 168, 172–174, 198.
Proust sur son lit de mort,《临终的普鲁斯特》173.
Prouvé, Jean 普鲁韦, 73, 345.
Prouvost, Jean 普鲁沃, 155, 156.

Provençal (Le)《普罗旺斯报》, 331.
Psichari, Ernest 普西夏里, 103, 108, 121.
Psst (Le)《喂!》, 35.
Psychologie des foules《民众心理》, 55.
Puvis de Chavannes, Pierre 皮维·德·沙瓦纳, 71.

Qui a cassé le vase de Soissons?《谁打碎了索瓦松的花瓶?》, 21.
Quitte ou double《孤注一掷》, 236.
Quotidien (Le)《日报》, 332.

Rabi, Wladimir 拉比, 352.
Radiguet, Raymond 拉迪盖, 166, 174.
Ragache, Gilles 拉加什, 212.
Raisner, Albert 雷内, 269.
Raison (La)《理性》, 36.
Rambaud, Paul 朗博, 15.
Rameur (Le)《桨手》, 99.
Rancière, Jacques 朗西埃尔, 337.
Ranson, Paul-Élie 朗松, 71, 95.
Rauschenberg, Robert 劳申伯格, 229.
Ravel, Maurice 拉韦尔, 71, 101–103.
Rawls, John 罗尔斯, 339.
Rayon vert (Le)《绿光》, 345.
Raysse, Martial 雷斯, 284.
Rebatet, Lucien 勒巴泰, 204, 205.
Rebérioux, Madeleine 雷贝里乌, 106.
Recherche (La)《追忆似水年华》, 111.
Redon, Odilon 雷东, 71.
Regain《再生草》, 209.
Régates à Bougival (Les)《布伊瓦尔的赛船》, 91.
Reggiani, Serge 雷格吉阿尼, 324.
Reims 兰斯, 289, 350.
Reine morte (La)《死去的王后》, 211.
Reynaud, Jean-Daniel 雷诺, 274.
Rémond, René 雷蒙, 38, 185.
Renan, Ernest 勒南, 10, 17, 37, 69, 113.
Renard, Jules 勒纳尔, 66, 83, 104.
Renaud 雷诺, 324, 340, 344.
Renaud, Madeleine 马德莱娜·雷诺, 282.

Renaut, Alain 勒诺, 340.
Rendez-vous de juillet《七月之约》, 238.
Rennes 雷恩, 30, 42.
Renoir, Auguste 奥古斯丁·雷诺阿, 96.
Renoir, Jean 让·雷诺阿, 158.
République (La)《共和国》, 18.
Rerum novarum《新事物》, 41, 108.
Resnais, Alain 雷奈, 256, 344.
Restaurant de Marly-le-Roi (Le)《国王马里的饭店》, 97.
Retiens la nuit《留住黑夜》, 263.
Revanche du tiers-monde (La)《第三世界的报复》, 339.
Rêve (Le) [Detaille]《梦》(德塔耶), 15.
Rêve (Le) [Matisse]《梦》(马蒂斯), 198.
Revel, Jean-François 勒维尔, 337.
Reverdy, Pierre 勒韦迪, 102, 171.
Révoltes logiques (Les)《逻辑反叛》, 337.
Révolution française (La)《法国革命》, 136.
Revue (La)《杂志》, 96.
Revue blanche (La)《白色杂志》, 49, 70.
Revue bleue (La)《蓝色杂志》, 66.
Revue critique (La)《评论杂志》, 109.
Revue de Paris (La)《巴黎杂志》, 24.
Revue des Deux mondes (La)《两个世界杂志》, 59, 66, 80.
Revue de synthèse historique (La)《历史综合杂志》, 106.
Revue du clergé français (La)《法国教士杂志》, 114.
Revue historique (La)《历史杂志》, 30.
Revue internationale de l'enseignement (La)《国际教育杂志》, 30.
Revue philosophique (La)《哲学杂志》, 30.
Revue wagnérienne (La)《瓦格纳杂志》, 69.
Ribot, Alexandre 亚历山大·里博, 150.
Ribot, Théodule 泰奥迪尔·里博, 30.
Ribouillault, Claude 里布伊约尔, 123.
Richepin, Jean 里什潘, 106.
Ricœur, Paul 里克尔, 364.
Rigaud, Jacques 里戈, 307, 333.
Rimbaud, Arthur 兰波, 69, 171.
Rinaldi, Angelo 里纳迪, 333.
Ripoux (Les)《败腐者》, 320.
Rire (Le)《笑》, 49, 65, 82, 83, 88.
Rivero, Jean 里韦罗, 47.
Rivet, Paul 里韦, 191.
Rivette, Jacques 里韦特, 256.
Rivière, Georges-Henri 乔治—亨利·里维尔, 357.
Rivière, Jacques 雅克·里维尔, 101, 103, 108, 174.
Robbe-Grillet, Alain 罗伯—格里耶, 257, 343.
Robert, Jean-Louis 罗贝尔, 121.
Robespierre, Maximilien de 罗伯斯庇尔, 268.
Rocard, Michel 罗卡尔, 336.
Rockstore (le) 摇滚音乐厅, 321.
Rodenbach, Georges 罗登巴赫, 70.
Rodin, Auguste 罗丹, 69, 71, 91, 212.
Roerich, Nicolas 罗埃里希, 101.
Rohmer, Éric 罗默, 256, 345.
Roll, Alfred 罗尔, 16.
Rolland, Romain 罗兰, 103, 113, 121, 141.
Romains, Jules 罗曼, 18, 100, 103, 112, 173, 174, 176, 194, 195.
Roman de l'énergie nationale (Le)《民族毅力的故事》, 148.
Romans 罗曼, 73.
Roosevelt, Franklin D. 罗斯福, 237, 248.
Rops, Félicien 罗普斯, 69.
Rosanvallon, Pierre 罗桑瓦隆, 13, 336.
Rose et le réséda (La)《玫瑰和木犀草》, 207.
Rosny aîné, Joseph-Henri-Honoré Boex dit 大罗斯尼, 103.
Rossi, Tino 罗西, 162.
Rostand, Edmond 罗斯唐, 103, 175.
Rotman, Patrick 罗特曼, 338.
Roty, Oscar 罗蒂, 19.
Rouan, François 鲁昂, 347.

Rouault, Georges 鲁奥, 108, 178.
Rouché, Jacques 鲁歇, 103.
Rouge et le Noir (Le)《红与黑》, 239.
Rouletabille 鲁勒塔比耶, 66.
Rousseau, Jean-Jacques 卢梭, 10, 12.
Rousseau, Henri 卢梭, 97.
Roussel, Raymond 鲁塞尔, 102, 103.
Rousso, Henry 鲁索, 204, 339, 362.
Route du futur (La)《未来之路》, 311.
Roux le bandit《强盗鲁》, 173.
Ruche (la) 拉吕谢, 100, 165.
Rudelle, Odile 吕德尔, 47, 133.
Rue Saint-Vincent《圣万桑街》, 79.
Russell, Bertrand 罗素, 220.

Sabatier, Paul 保尔·萨巴蒂埃, 108.
Sabatier, Robert 罗贝尔·萨巴蒂埃, 260.
Sabres 萨布尔, 357.
Sacré-Cœur (le) 圣心院, 35.
Sacre du printemps (Le)《春之祭》, 101.
Sacrifice (Le)《牺牲》, 126.
Saez, Guy 萨埃, 364.
Sagan, Françoise 萨冈, 258.
Saint-Cloud, *voir* École normale supérieure d'enseignement primaire de Saint-Cloud. 圣克卢, 见 Ecole normale supérieure d'enseignement primaire de Saint-Cloud
Saint-Denis 圣德尼, 334.
Sainte-Victoire 圣维克托瓦, 94, 95.
Saint-Exupéry, Antoine de 圣泰克绪佩尔, 240.
Saint-John Perse, Alexis Léger, dit 圣琼·佩斯, 原名阿莱克西斯·莱热, 103, 171, 176, 197, 220.
Saint Louis《圣路易》, 344.
Saint-Malo 圣马洛, 68, 75.
Saint-Nazaire 圣纳扎尔, 75.
Saint-Nicolas-du-Chardonnet 圣尼科拉—德—夏多内教堂, 349.
Saint-Pol-Roux, Paul Roux dit, 圣波尔-鲁, 原名保尔·鲁, 102, 104.
Saint-Saëns, Camille 圣桑斯, 88.

Saint-Tropez 圣特罗佩, 97.
Saison en enfer (Une)《地狱一季》, 69.
Salacrou, Armand 萨拉克鲁, 176, 197.
Salis, Rodolphe 萨利, 82.
Salmon, André 萨尔蒙, 102.
Salomon, Jean-Jacques 萨洛蒙, 342.
Salon (le) 美术展览馆, 33.
Salon d'Automne de 1905 (le) 1905年汽车展览会, 93, 96.
Salon de 1901 (le) 1901年的美术展览馆, 96, 97.
Salon de l'automobile (le) 汽车展览会, 283.
Salon des Arts ménagers (le) 家用器具展览会, 283.
Salon des Indépendants (le) 独立派画展, 99.
Sanglot de l'homme blanc (Le)《白人的哭泣》, 349.
Sangnier, Marc 桑尼耶, 107, 108.
Sans titre《无题》杂志, 346.
Sarajevo 萨拉热窝, 114.
Sarment, Jean 萨尔芒, 176.
Sarraut, Albert 萨罗, 115.
Sarraute, Nathalie 萨罗特, 257, 334.
Sartre, Jean-Paul 萨特, 174, 176, 188, 196, 204, 211, 214, 217, 218, 220-222, 226-228, 233, 234, 246.
Satie, Erik 萨蒂, 82, 102.
Saussure, Ferdinand de 索绪尔, 259.
Sautet, Claude 索泰, 260, 345.
Sauvage, Henri 亨利·索瓦热, 73.
Sauvage, Monique 莫妮克·索瓦热, 268.
Savary, Alain 萨瓦里, 302.
Savignac, Raymond 萨维尼亚克, 239.
Scala (La) 斯卡拉, 79.
Scènes de la vie future《未来生活场景》, 158, 162.
Schlumberger, Jean 施吕姆伯格, 104.
Schnapper, Dominique 施纳佩尔, 298, 352.
Schneider, Michel 施内德, 307.
Schoeller, Guy 肖莱, 330.

Schönberg, Arnold 勋伯格，102.
Schopenhauer, Arthur 叔本华，69.
Schuré, Edouard 舒雷，71.
Science et Hypothèse《科学与假设》，104.
Science et la Vie (La)《科学与生命》，65.
Science et le Sens de la vie (La)《生命的科学和意义》，342.
Science et Vie《科学和生命》，332.
Scriabine, Alexandre-Nicolas 斯克里亚宾，102.
Seconde Révolution française (La)《法国第二次革命》，339.
Secret de l'espadon (Le)《箭鱼的秘密》，243，244.
Sedan 色当，13，24.
Sée, Camille 塞，21，29.
Ségal, Marcelle 塞加尔，241.
Seghers, Pierre 塞格尔，207.
Ségur, comtesse de 塞居尔，伯爵夫人，32.
Sellier, clairon 塞利耶，133.
Semaine de Suzette (La)《叙泽特的一周》，65.
Sembat, Marcel 桑巴，168.
Semeuse (La) 播种女神，19.
Sennep, Jehan 塞内普，246，287.
Sens et Non-sens《情理和荒谬》，95.
Serpent d'étoiles (Le)《布满星星的蛇》，196.
Sérusier, Paul 塞吕西耶，70，71，95，96.
Seurat, Paul 瑟拉，69，96.
Séverine, Caroline Rémy dame Guebhard dite, 塞弗里内，64.
Shakespeare, William 莎士比亚，104.
Shaw, Bernard 肖伯纳，103，197.
Shoah《纳粹屠杀犹太人》，353.
Siècle des intellectuels (Le)《知识分子的世纪》，342.
Siegfried, André 西格弗里德，106.
Siegfried et le Limousin《西格弗里德和利穆赞人》，176.
Sierra de Teruel《特卢埃尔山脉》，195.
Sieste (La)，15. *Sifflet (Le)*《午睡》，35.

Sighele, Scipio 西格尔，56.
Signac, Paul 西尼亚克，72，96.
Silence de la mer (Le)《沉默的大海》，207.
Sillon (le) "黎沟"运动，46.
Simiand, François 西米昂，106.
Simon, Claude 克洛德·西蒙，258.
Simon, Jules 朱尔·西蒙，16.
Simon, Michel 米歇尔·西蒙，294.
Simon, Yves 伊夫·西蒙，188.
Sirinelli, Jean-François 西里内利，50.
Sites et Monuments de France (Les)《法国名胜古迹》，84.
Sitruk, Joseph 西特吕克，352.
Soldat inconnu (Le) 无名士兵墓，9.
Soljénitsyne, Alexandre 索尔仁尼琴，336，337.
Sollers, Philippe 索莱尔斯，337，343.
Sonate pour les toits《屋顶奏鸣曲》，261.
Sorbonne (la) 索邦神学院，24，30，120.
Sorel, Georges 索雷尔，110.
Soubiran, André 苏比朗，234.
Soubiroux, Bernadette 苏比鲁，59.
Souchon, Alain 苏雄，324.
Soulages, Pierre 苏拉热，219.
Soulier de satin (Le)《缎子鞋》，171，208.
Soupault, Philippe 苏波，171.
Souplex, Raymond 苏普莱克斯，267.
Soustelle, Jacques 苏斯泰尔，187.
Soutine, Chaïm 苏蒂内，100，165，180，181，198.
Souvarine, Boris 苏瓦里纳，337.
Souvenirs d'en France《法国往事》，344.
Souvestre, Pierre 苏韦斯特尔，66.
Souville 苏维尔山丘，126.
Speer, Albert 斯佩尔，200.
Spinasse, Charles 斯皮纳斯，205.
Spinoza, Baruch 斯宾诺莎，342，345.
Spirou《斯皮鲁》，243.
Staël, Nicolas de 斯塔埃尔，229，237.
Staffe, baronne 斯塔夫，男爵夫人，67.
Statue intérieure (La)《内在的构架》，339.
Steeg, Jules 斯特格，40，42.
Steinbeck, John 斯坦贝克，220.

Steiner, George 斯泰内, 347.
Steinlen, Alexandre-Théophile 斯坦朗, 16.
Stengers, Isabelle 斯唐热, 342.
Sternhell, Zeev 斯特恩海尔, 51, 186.
Stil, André 斯蒂尔, 226.
Stravinski, Igor 斯特拉文斯基, 101.
Strindlberg, August 斯特林堡, 197.
Studeny, Christophe 斯蒂德尼, 75.
Sud-Ouest《西南报》, 331.
Superville, Jules 絮佩维尔, 197.
Sur la voie glorieuse《在光荣之路上》, 121.
Survage, Léopold 絮尔瓦热, 100.
Swann《斯万》, 104.
Syllabus《现代错误学说汇编》, 36, 40, 107.
Sylvia, Gaby 西尔维亚, 211.
Symbolisme《象征主义》, 69.
Symphonie pastorale (La)《田园交响曲》, 238.
Syndrome de Vichy (Le)《维希综合症》, 339.

Tableau politique de la France del'Ouest《法国西部的政治图景》, 106.
Taguieff, Pierre-André 塔吉埃弗, 359.
Tailhade, Laurent 塔亚德, 70.
Tailleferre, Germaine 塔耶费尔, 167.
Taine, Hippolyte 泰纳, 56, 69.
Talisman (Le)《护符》, 70, 71.
Tallandier, Jules 塔朗迪耶, 67.
Tanger 丹吉尔港, 114.
Tarde, Gabriel 塔尔德, 56, 57, 106.
Tardieu, André 塔尔迪厄, 237.
Tarn-et-Garonne 塔尔纳-加龙, 43.
Taslitsky, Boris 塔斯利特斯基, 225.
Tati, Jacques 塔蒂, 239.
Tavernier, Bertrand 塔韦尼耶, 345.
Téchiné, André 泰西内, 344.
Teilhard de Chardin, Pierre 泰亚尔·德·夏尔丹, 126.
Télé 7 jours《电视七天周报》, 327.
Télégramme de Brest (Le)《布雷斯特电讯报》, 331.
Téléphone 泰雷福纳演唱小组, 324.
Télé-Poche《袖珍电视周报》, 327.
Télérama《影视一览周报》, 313, 316, 328, 333.
Télé Z《Z电视周报》, 327.
Tel Quel《原样》, 337.
Temps (Le)《时报》, 64.
Temps des tribus (Le)《部落时代》, 340.
Temps du mépris (Le)《蔑视的时代》, 194.
Tentation de l'Occident (La)《西方的诱惑》, 175.
Tentation totalitaire (La)《极权的诱惑》, 337.
Terre-Patrie《土地-祖国》, 335.
Terre qui meurt (La)《垂死的土地》, 58.
Téry, Gustave 泰里, 119.
Tessier, Valentine 泰西埃, 104.
Tesson, Philippe 泰松, 332.
Testament de Dieu (Le)《上帝的遗嘱》, 348.
Tétart, Philippe 泰塔尔, 242.
Tête d'or《金脑袋》, 69, 171.
Tête d'otage《人质的脑袋》, 211.
Thabault, Roger 塔博, 32.
Théâtre des Arts (Le) 艺术剧院, 71, 103.
Théâtre du Châtelet 夏特莱剧院, 80.
Théâtre du Vieux-Colombier 老鸽舍剧院, 104.
Théâtre-Libre 自由剧院, 103.
Théâtre Robert-Houdin 罗贝-乌丹剧院, 86.
Théorie de l'agir communicationnel (La)《交往行为理论》, 339.
Théorie de la justice (La)《论正义》, 339.
Thérèse de Lisieux, sainte 利西厄的泰蕾兹, 圣女, 59, 127.
Thérive, André 泰里弗, 194.
Thibaudet, Albert 蒂博代, 103, 135, 139, 140.
Thibaud, Paul 蒂博, 336, 362.
Thibault (Les)《蒂博一家》, 174, 195.
Thierry la Fronde《投石党人蒂埃尔》, 267.
Thomas l'Imposteur《骗子托马》, 174.
Thorez, Maurice 多列士, 237.

Tinguely, Jean 坦格里, 229, 284.
Tintin 《丁丁》, 243, 244.
Tocqueville, Alexis de 托克维尔, 57, 297, 339.
Todd, Emmanuel 托德, 291.
Topaze 《托帕兹》, 176.
Touchard, Jean 图夏, 193.
Touchez pas au grisbi 《别碰钞票》, 239.
Toujours plus! 《总想得到更多!》, 293.
Toulet, Paul-Jean 图莱, 103.
Toulouse 图卢兹, 210.
Toulouse-Lautrec, Henry de 图卢兹—洛特雷克, 58, 79, 97, 156.
Touraine, Alain 图雷纳, 280, 296, 313.
Tour de la France par deux enfants (Le) 《两个孩子环法旅行记》, 24, 26, 27, 114.
Tour Eiffel (la) 艾菲尔铁塔, 35, 81, 147.
Tournier, Michel 图尼埃, 343.
Toutankhamon 吐坦哈蒙, 282.
Touvier, Paul 图维埃, 362.
Traces 《踪迹》, 353.
Trahison des clercs (La) 《文人的背叛》, 48, 188, 214.
Train bleu (le) 《蓝色火车》, 167.
Transbordeur (le) 吊车音乐厅, 321.
Trenet, Charles 特雷内, 160, 162, 324.
Trente-six chandelles 《36支蜡烛》, 235.
Trocadéro 《特罗卡德罗》, 79, 200.
Trochu, abbé 特罗许, 神甫, 64.
Trois Hommes et un Couffin 《三个男人和一只摇篮》, 344.
Trompette en bois (La) 《小木号》, 79.
Tropismes 《向性》, 257.
Truffaut, François 特吕福, 256, 279, 344, 345.
Tzara, Tristan 查拉, 169.

Ubu roi 《于比国王》, 83.
Uderzo, Albert 于代佐, 243.
Ulysse 《尤利西斯》, 174.
Univers (L') 《宇宙》, 107.
Urfalino, Philippe 乌法利诺, 306, 308.
URSS 苏联, 277.

Usages du monde (Les) 《处世之道》, 67.

Vailland, Roger 瓦丹, 222, 226.
Vaïsse, Maurice 瓦伊斯, 144.
Valéry, Paul 瓦莱里, 70, 84, 103, 122, 124, 167, 168, 170, 216.
Vallès, Jules 瓦莱斯, 10.
Vallin, Eugène 瓦兰, 73.
Valloton, Félix 瓦洛东, 49, 71, 115.
Valmy 瓦尔米, 350.
Valois, Georges 瓦卢瓦, 110.
Van Dongen, Kees 唐古, 97.
Vanel, Charles 瓦内尔, 209.
Van Gogh, Vincent 凡高, 96, 97.
Vauxcelles, Louis 沃克塞尔, 93.
Vehementer 《我们强烈申诉》, 45.
Veillées des chaumières (Les) 《茅舍夜谭》, 65.
Vendée 旺代, 43.
Vendôme 旺多姆, 38.
Ventura, Ray 文图拉, 163.
Véray, Laurent 韦雷, 119.
Vercingétorix 维金格特里克斯, 24, 25.
Vercors 韦科尔, 206.
Vercors, Jean Bruller, dit 让·布吕莱, 又称韦科尔, 原名让·布吕莱, 207.
Verdès-Leroux, Jeannine 韦代—勒鲁, 227.
Verhaeren, Emile 韦拉朗, 58.
Verlaine, Paul 魏尔伦, 102.
Verne, Jules 凡尔纳, 59, 67.
Vers la Victoire 《走向胜利》, 15.
Viaduc à l'Estaque 《埃斯塔克的高架桥》, 97.
Vialatte, Alexandre 维亚拉特, 59.
Vice suprême (Le) 《顶级邪恶》, 69.
Vichy 维希, 202, 203.
Victor ou les Enfants au pouvoir 《维克多或掌权的孩子们》, 176.
Vidal de la Blache, Paul 维达尔·德拉布拉谢, 23, 30.
Vidal-Naquet, Pierre 维达尔—纳凯, 339.
Vie des martyrs (La) 《殉难者的一

生》，121.
Vie et Aventures de Salavin《萨拉万的一生和奇遇》，174.
Vienne 维也纳，70，72.
Viens Poupoule!《来吧！普普尔》，79.
Vilar，Jean 维拉尔，222，226.
Vildrac，Charles 维德拉克，102.
Villette (La) 维莱特，51，305，317，321.
Villiers de l'Isle-Adam，Auguste 维利埃，71.
Villon，Gaston Duchamp，dit Jacques 维庸，100.
Vingtième Siècle. Revue d'histoire《20世纪》，历史杂志，339.
Viollet-le-Duc，Eugène-Emmanuel，72.
Viollet，Paul 维奥莱，47.
Violon et Palette《小提琴和调色板》，99.
Violon et pipe《小提琴和烟斗》，98.
Visage，Bertrand 维扎热，343.
Vision après le sermon (La)《布道后的幻象》，71.
Visite aux paysans du Centre(La)《中部农民访问记》，32.
Visiteurs (Les)《来访者》，344.
Visiteurs du soir (Les)《夜晚来访者》，209，210.
Vitold，Michel 维托德，211.
Vitrac，Roger 维特拉克，176.
Viveret，Patrick 维夫雷，336.
Viviani，René 维维亚尼，46.
Vlaminck，Maurice de 弗拉明克，91，93，97，210.
Vogüe，de，Eugène-Melchior 沃居，107.
Vogue (La)《时尚》，69.
Voie royale (La)《康庄大道》，175，194.
Vollard，Ambroise 沃拉尔，96.
Voltaire，François Marie Arouet，dit 伏尔泰，原名弗朗索瓦·马里·阿鲁埃，10.
Voyage à travers l'impossible (Le)《跨越一切障碍的旅行》，88.

Voyage au bout de la nuit《长夜行》，194.
Vuillard，Edouard 维亚尔，95，101.
Vuillermoz，Emile 维耶莫斯，101.

Wagner，Richard 瓦格纳，102.
Waldeck-Rousseau，René 瓦尔德克·卢梭，4，46.
Wallon，Henri 瓦隆，12，32.
Warhol，Andy 沃霍尔，347.
Watteau，Antoine 瓦托，100.
Weber，Eugen 厄让·韦伯，57，136，186.
Weber，Max 马克斯·韦伯，337.
Webern，Anton von 韦贝恩，102.
Weir，Peter 韦尔，320.
Weygand，Maxime 魏刚，201.
Willette，Adolphe 维莱特，82.
Wilson，Woodrow 威尔逊，120.
Windsor，Kathleen 温莎，240.
Winkler，Paul 温克勒，163.
Winock，Michel 维诺克，17，50，167，228，342，360.
Wolton，Dominique 沃尔特龙，327.
W ou le souvenir d'enfance《W 或童年回忆》，343.

Y'a d'ia joie《那里有欢乐》，162.
Yonnet，Paul 约内，305，340.

Zappy Max 扎皮，236.
Zay，Jean 泽，151.
Zeldin，Théodore 泽尔丹，28.
Zénith (le) 天穹音乐厅，321.
Zévaco，Michel 泽瓦科，67.
Zidi，Claude 齐迪，320.
Zola，Emile 左拉，35，48，49，52，55-57，69，109，142.
Zonabend，Françoise 佐纳邦，357.
Zone《地区》，102.

参考书目

I. OUVRAGES GÉNÉRAUX

Abraham, Pierre, et Desné, Roland (dir.), *Manuel d'histoire littéraire de la France*, t. V et VI, Paris, Messidor, 1977-1982.

Agulhon, Maurice, *Histoire vagabonde*, 3 vol., Paris, Gallimard, 1988-1996.

—, *La République de 1880 à nos jours*, t. V de l'*Histoire de France Hachette*, Paris, Hachette, rééd., 1997.

— (dir.), *Cultures et Folklores républicains*, Paris, Éd. du CTHS, 1995.

Agulhon, Maurice, et Bonte, Pierre, *Marianne. Les visages de la République*, Paris, Gallimard, 1992.

Andrieux, Jean-Yves, *Patrimoine et Histoire*, Paris, Belin, 1997.

Antoine, Gérald, *Liberté, Égalité, Fraternité, ou les fluctuations d'une devise*, Paris, UNESCO, 1981.

Ariès, Philippe, et Duby, Georges (dir.), *Histoire de la vie privée*, t. IV et V, Paris, Éd. du Seuil, 1987.

Badie, Bertrand, et Sadoun, Marc (dir.), *L'Autre. Études réunies pour Alfred Grosser*, Paris, Presses de la Fondation nationale des sciences politiques, 1996.

Bancel, Nicolas, Blanchard, Pascal, et Chatelier, Armelle (dir.), *Images et Colonies. Iconographie et propagande coloniale sur l'Afrique française de 1880 à 1962*, Paris, BDIC-ACHAC, 1993.

Barbier, Frédéric, et Bertho-Lavenir, Catherine, *Histoire des médias, de Diderot à Internet*, Paris, Armand Colin, 1996.

Baubérot, Jean, Gauthier, Guy, Legrand, Louis, et Ognier, Pierre, *Histoire de la laïcité*, Besançon, CRDP de Franche-Comté, 1994.

Beck, Robert, *Histoire du dimanche, de 1700 à nos jours*, Paris, Éd. de l'Atelier-Éd. Ouvrières, 1997.

Becker, Jean-Jacques, et Wieviorka, Annette (dir.), *Les Juifs de France, de la Révolution française à nos jours*, Paris, Liana Levi, 1998.

Bellanger, Claude, Godechot, Jacques, Guiral, Pierre, et Terrou, Fernand (dir.), *Histoire générale de la presse française*, t. III, IV et V, Paris, PUF, 1972-1976.

Beltran, Alain, et Carré, Patrice A., *La Fée et la Servante. La société française face à l'électricité (XIXe-XXe siècle)*, Paris, Belin, 1991.

Benbassa, Esther, *Histoire des Juifs de France*, Paris, Éd. du Seuil, 1997.

Berstein, Serge, et Milza, Pierre, *Histoire de la France au XXe siècle*, Bruxelles, Complexe, 1995.

Berstein, Serge, et Rudelle, Odile (dir.), *Le Modèle républicain*, Paris, PUF, 1992.

Bertho, Catherine (dir.), *Histoire des télécommunications en France*, Paris, Érès, 1984.

Birnbaum, Pierre, *Un mythe politique : la « République juive ». De Léon Blum à Mendès France*, Paris, Fayard, 1988.

—, *Les Fous de la République. Histoire politique des Juifs d'État de Gambetta à Vichy*, Paris, Fayard, 1992.

Blanchard, Pascal, et Bancel, Nicolas, *De l'indigène à l'immigré*, Paris, Gallimard, 1998.

Bodin, Louis, *Les Intellectuels existent-ils ?*, Paris, Bayard, 1997.

Bonheur, Gaston, *Qui a cassé le vase de Soissons ? L'album de famille de tous les Français*, Paris, Robert Laffont, 1963.

—, *La République nous appelle. L'album de famille de Marianne*, Paris, Robert Laffont, 1965.

—, *Qui a cassé le pot au lait ? L'album de famille de toutes les Françaises*, Paris, Robert Laffont, 1970.

Bosséno, Christian-Marc, *La Prochaine Séance. Les Français et leurs cinés*, Paris, Gallimard, 1996.

Bourdieu, Pierre, *La Distinction. Critique sociale du jugement*, Paris, Éd. de Minuit, 1979.

Bourricaud, François, *Le Bricolage idéologique. Essai sur les intellectuels et les passions démocratiques*, Paris, PUF, 1980.

Braudel, Fernand, *L'Identité de la France*, 3 vol., Paris, Arthaud-Flammarion, 1986.

Brochand, Christian, *Histoire générale de la radio et de la télévision en France*, 2 vol., Paris, La Documentation française, 1994.

Burguière, André, et Revel, Jacques (dir.), *Histoire de la France*, 4 vol., Paris, Éd. du Seuil, 1989-1993.

Charreton, Pierre, *Les Fêtes des corps. Histoire et tendances de la littérature à thème sportif en France (1870-1970)*, Saint-Étienne, CIEREC, 1985.

Chartier, Anne-Marie, et Hébrard, Jean (dir.), *Discours sur la lecture (1880-1980)*, Paris, BPI-Centre Georges-Pompidou, 1989.

Chartier, Roger, et Martin, Henri-Jean (dir.), *Histoire de l'édition française*, t. IV et V, Paris, Fayard-Cercle de la Librairie, rééd., 1991.

Cholvy, Gérard, et Chaline, Nadine-Josette (dir.), *L'Enseignement catholique en France aux XIXe et XXe siècles*, Paris, Éd. du Cerf, 1995.

Cholvy, Gérard, et Hilaire, Yves-Marie (dir.), *Histoire religieuse de la France contemporaine*, t. II et III, Toulouse, Privat, 1986-1988.

Corbin, Alain (dir.), *L'Avènement des loisirs (1850-1960)*, Paris, Aubier, 1995.

Corbin, Alain, Gérôme, Noëlle, et Tartakowsky, Danielle (dir.), *Les Usages politiques des fêtes aux XIXe-XXe siècles*, Paris, Publications de la Sorbonne, 1994.

Crubellier, Maurice, *Histoire culturelle de la France (XIXe-XXe siècle)*, Paris, Armand Colin, 1974.

Dagen, Philippe, et Hamon, Françoise (dir.), *Histoire de l'art Flammarion. Époque contemporaine (XIXe-XXe siècle)*, Paris, Flammarion, 1995.

Daniel, Joseph, *Guerre et Cinéma. Grandes illusions et petits soldats (1895-1971)*,

Paris, Presses de la Fondation nationale des sciences politiques, 1972.

Day, Charles R., *Les Écoles d'arts et métiers. L'enseignement technique en France (XIXe-XXe siècle)*, Paris, Belin, 1991.

Delacampagne, Christian, *L'Aventure de la peinture moderne, de Cézanne à nos jours*, Paris, Mengès, 1988.

—, *Histoire de la philosophie au XXe siècle*, Paris, Éd. du Seuil, 1995.

Delporte, Christian, *Histoire du journalisme et des journalistes en France (du XVIIe siècle à nos jours)*, Paris, PUF, 1995.

Dirn, Louis, *La Société française en tendances*, Paris, PUF, 1990.

Dorival, Bernard (dir.), *Histoire de l'art*, t. IV, *Du réalisme à nos jours*, Paris, Gallimard, 1969.

Duby, Georges (dir.), *Histoire de la France urbaine*, t. IV et V, Paris, Éd. du Seuil, 1983-1985.

— (dir.), *Histoire de la France de 1852 à nos jours*, Paris, Larousse, rééd., 1991.

Duby, Georges, et Perrot, Michelle (dir.), *Histoire des femmes en Occident*, t. IV et V, Paris, Plon, 1991-1992.

Duby, Georges, et Wallon, Armand (dir.), *Histoire de la France rurale*, t. III et IV, Paris, Éd. du Seuil, 1976.

Dupâquier, Jacques (dir.), *Histoire de la population française*, t. III et IV, Paris, PUF, 1988.

Duval, René, *Histoire de la radio en France*, Paris, Alain Moreau, 1979.

L'Esprit de lieux. Localité et changement social en France, Paris, Éd. du CNRS, 1986.

François, Michel (dir.), *La France et les Français*, Paris, Gallimard, 1972.

Gerbod, Paul, *L'Europe culturelle et religieuse de 1815 à nos jours*, Paris, PUF, 1989.

Girardet, Raoul, *Mythes et Mythologies politiques*, Paris, Éd. du Seuil, 1986.

Goetschel, Pascale, et Loyer, Emmanuelle, *Histoire culturelle et intellectuelle de la France au XXe siècle*, Paris, Armand Colin, 1994.

Guibbert, Pierre, et Oms, Marcel, avec le concours de Cadé, Michel, *L'Histoire de France au cinéma*, Paris, CinémAction, 1993.

Guillaume, Sylvie (dir.), *Les Élites fins de siècles (XIXe-XXe siècle)*, Bordeaux, Éd. de la MSH Aquitaine, 1992.

Gumplowicz, Philippe, *Les Travaux d'Orphée. 150 ans de vie musicale amateur en France. Harmonies, chorales, fanfares*, Paris, Aubier, 1987.

Histoire des bibliothèques françaises, t. III et IV, Paris, Promodis-Éd. du Cercle de la Librairie, 1991-1992.

Hoffmann, Stanley, *Essais sur la France. Déclin ou renouveau?*, Paris, Éd. du Seuil, 1974.

Hubscher, Ronald, Durry, Jean, et Jeu, Bernard (dir.), *L'Histoire en mouvements. Le sport dans la société française (XIXe-XXe siècle)*, Paris, Armand Colin, 1992.

Jomaron, Jacqueline de, *Le Théâtre en France*, t. II, *De la Révolution à nos jours*, Paris, Armand Colin, 1992.

Julliard, Jacques, et Winock, Michel (dir.), *Dictionnaire des intellectuels français. Les personnes, les lieux, les moments*, Paris, Éd. du Seuil, 1996.

Kuhlmann, Marie, Kuntzmann, Nelly, et Bellour, Hélène, *Censure et Biblio-*

thèques au XXe siècle, Paris, Éd. du Cercle de la Librairie, 1989.
Lagrée, Michel, Religion et Cultures en Bretagne (1850-1950), Paris, Fayard, 1992.
Laurent, Jeanne, Arts et Pouvoirs en France de 1793 à 1981, Saint-Étienne, CIEREC, 1983.
Lecourt, Dominique, Nicolet, Claude, Perrot, Michelle, Poulat, Émile, et Ricœur, Paul, Aux sources de la culture française, Paris, La Découverte, 1997.
Le Goff, Jacques, et Rémond, René (dir.), Histoire de la France religieuse, t. IV, Paris, Éd. du Seuil, 1992.
Lequin, Yves (dir.), Histoire des Français (XIXe-XXe siècle), 3 vol., Paris, Armand Colin, 1983-1984.
— (dir.), La Mosaïque France. Histoire des étrangers et de l'immigration en France, Paris, Larousse, 1988.
Leymarie, Michel (dir.), La Postérité de l'affaire Dreyfus, Villeneuve-d'Ascq, Presses universitaires du Septentrion, 1998.
Luc, Jean-Noël, et Barbé, Alain, Des normaliens. Histoire de l'École normale supérieure de Saint-Cloud, Paris, Presses de la Fondation nationale des sciences politiques, 1982.
Martin, Marc, Trois Siècles de publicité en France, Paris, Odile Jacob, 1992.
—, Médias et Journalistes de la République, Paris, Odile Jacob, 1997.
Mayeur, Jean-Marie, La Question laïque (XIXe-XXe siècle), Paris, Fayard, 1997.
Monnier, Gérard, L'Art et ses institutions en France. De la Révolution à nos jours, Paris, Gallimard, 1995.
Nicolet, Claude, La République en France. État des lieux, Paris, Éd. du Seuil, 1992.
Nora, Pierre (dir.), Les Lieux de mémoire, 3 vol., Paris, Gallimard, rééd., 1997.
Ory, Pascal, Une nation pour mémoire. 1889, 1939, 1989. Trois jubilés révolutionnaires, Paris, Presses de la Fondation nationale des sciences politiques, 1992.
— (dir.), La Censure en France à l'ère démocratique (1848-...), Bruxelles, Complexe, 1997.
Ory, Pascal, et Sirinelli, Jean-François, Les Intellectuels en France, de l'affaire Dreyfus à nos jours, Paris, Armand Colin, 1986.
Parias, Louis-Henri (dir.), Histoire du peuple français, t. V et VI, Paris, Nouvelle Librairie de France, 1965-1986.
— (dir.), Histoire générale de l'enseignement et de l'éducation en France, t. III et IV, Paris, Nouvelle Librairie de France, 1981-1982.
Pelletier, Denis, Les Catholiques en France depuis 1815, Paris, La Découverte, 1997.
Poirrier, Philippe, Histoire des politiques culturelles de la France contemporaine, Dijon, Bibliest, 1996.
Poirrier, Philippe, Rab, Sylvie, Reneau, Serge, et Vadelorge, Loïc (dir.), Jalons pour l'histoire des politiques culturelles locales, Paris, La Documentation française-Comité d'histoire du ministère de la Culture, 1995.
Poujol, Geneviève, et Labourie, Raymond (dir.), Les Cultures populaires. Permanence et émergence des cultures minoritaires locales, ethniques, sociales et religieuses, Toulouse, Privat, 1979.

Prost, Antoine, *L'Enseignement en France (1800-1967)*, Paris, Armand Colin, 1968.
Racine, Nicole, et Trebitsch, Michel (dir.), *Sociabilités intellectuelles. Lieux, milieux, réseaux*, Paris, CNRS-Cahiers de l'IHTP, 1992.
Ragon, Michel, *Histoire de la littérature prolétarienne en France*, Paris, Albin Michel, 1974.
Rauch, André, *Vacances en France de 1830 à nos jours*, Paris, Hachette, 1996.
Raynaud, Jean-Daniel, et Grafmeyer, Yves (dir.), *Français, qui êtes-vous? Des essais et des chiffres*, Paris, La Documentation française, 1981.
Rémond, René, *L'Anticléricalisme en France de 1815 à nos jours*, Bruxelles, Complexe, rééd., 1985.
— (dir.), *Pour une histoire politique*, Paris, Éd. du Seuil, 1996.
Rémond, René, avec la collaboration de Sirinelli, Jean-François, *Notre Siècle (1918-1995)*, Paris, Fayard, rééd., 1996.
Rioux, Jean-Pierre, et Sirinelli, Jean-François (dir.), *Pour une histoire culturelle*, Paris, Éd. du Seuil, 1997.
Rosanvallon, Pierre, *Le Peuple introuvable. Histoire de la représentation démocratique en France*, Paris, Gallimard, 1998.
Ruscio, Alain, *Le Credo de l'homme blanc. Regards coloniaux français (XIXe-XXe siècle)*, Bruxelles, Complexe, 1995.
Sabatier, François, *Miroirs de la musique. La musique et ses correspondances avec la littérature et les beaux-arts (1800-1950)*, Paris, Fayard, 1995.
Santoni, Georges (dir.), *Société et Culture de la France contemporaine*, Albany, State University of New York Press, 1981.
Sirinelli, Jean-François, *Intellectuels et Passions françaises. Manifestes et pétitions au XXe siècle*, Paris, Fayard, 1990.
—, *Sartre et Aron, deux intellectuels dans le siècle*, Paris, Fayard, 1995.
— (dir.), *Histoire des droites en France*, 3 vol., Paris, Gallimard, 1992.
Studeny, Christophe, *L'Invention de la vitesse. France, XVIIIe-XXe siècle*, Paris, Gallimard, 1995.
Tartakowsky, Danielle, *Le pouvoir est dans la rue. Crises politiques et manifestations en France*, Paris, Aubier, 1998.
Verger, Jacques (dir.), *Histoire des universités en France*, Toulouse, Privat, 1986.
Vincent, Gérard, *D'Ambition à Zizanie. Lexique illustré de la France contemporaine*, Paris, Presses de la Fondation nationale des sciences politiques, 1983.
Vive la République, 1792-1992, Paris, Archives nationales, 1992.
Vogler, Bernard, *Histoire culturelle de l'Alsace*, Strasbourg, La Nuée Bleue, 1994.
Winock, Michel, *La Fièvre hexagonale. Les grandes crises politiques de 1871 à 1968*, Paris, Éd. du Seuil, rééd., 1987.
—, *Nationalisme, Antisémitisme et Fascisme en France*, Paris, Éd. du Seuil, rééd., 1990.
—, *Le Siècle des intellectuels*, Paris, Éd. du Seuil, 1997.

II. Première partie

Agulhon, Maurice, *Marianne au pouvoir. Imagerie et symbolique républicaines de 1880 à 1914*, Paris, Flammarion, 1989.
Amaury, Francine, *Histoire du plus grand quotidien de la IIIe République.* Le Petit

Parisien *(1876-1944)*, 2 vol., Paris, PUF, 1972.
André, Jacques et Marie, *Une saison Lumière à Montpellier*, Perpignan, Institut Jean-Vigo, 1987.
Anglès, André, *André Gide et le premier groupe de* La Nouvelle Revue française. *La formation du groupe et les années d'apprentissage (1890-1910)*, Paris, Gallimard, 1978.
Arnaud, Pierre (dir.), *Les Athlètes de la République. Gymnastique, sport et idéologie républicaine (1870-1914)*, Toulouse, Privat, 1987.
Audoin-Rouzeau, Stéphane, *À travers leurs journaux. 14-18. Les combattants des tranchées*, Paris, Armand Colin, 1986.
—, *La Guerre des enfants (1914-1918). Essai d'histoire culturelle*, Paris, Armand Colin, 1993.
—, *L'Enfant de l'ennemi (1914-1918). Viol, avortement, infanticide pendant la Grande Guerre*, Paris, Aubier, 1995.
Aurora, Blaise, *Histoire du cinéma en Lorraine. Du cinématographe au cinéma forain (1896-1914)*, Metz, Éd. Serpenoises, 1996.
Bachelard, Patrice, *Derain. Un fauve pas ordinaire*, Paris, Gallimard, 1994.
Bancquart, Marie-Claire, *Anatole France. Un sceptique passionné*, Paris, Calmann-Lévy, 1984.
Barbey-Say, Hélène, *Le Voyage de France en Allemagne de 1871 à 1914. Voyages et voyageurs français dans l'Empire germanique*, Nancy, Presses universitaires de Nancy, 1994.
Barbier, Pierre, et Vernillat, France, *Histoire de France par les chansons.* t. VIII, *La IIIe République de 1871 à 1918*, Paris, Gallimard, 1961.
Bariéty, Jacques (dir.), *1889 : centenaire de la Révolution française. Réactions et représentations politiques en Europe*, Berne, Peter Lang, 1992.
Barral, Pierre, *Les Fondateurs de la IIIe République*, Paris, Armand Colin, 1968.
Barrès, Maurice, *Les Diverses Familles spirituelles de la France*, présenté par Pierre Milza, Paris, Imprimerie nationale, rééd., 1997.
Barrès. Une tradition dans la modernité, Paris, Champion, 1991.
Barrows, Susanna, *Miroirs déformants. Réflexions sur la foule en France à la fin du XIXe siècle*, Paris, Aubier, 1990.
Barthas, Louis, *Les Cahiers de guerre de Louis Barthas, tonnelier (1914-1919)*, Paris, Maspero, 1978.
Baubérot, Jean, *La Morale laïque contre l'ordre moral*, Paris, Éd. du Seuil, 1997.
Becker, Annette, *Les Monuments aux morts. Mémoire de la Grande Guerre*, Paris, Errance, 1988.
—, *La Guerre et la Foi. De la mort à la mémoire (1914-1930)*, Paris, Armand Colin, 1994.
Becker, Jean-Jacques, *1914. Comment les Français sont entrés dans la guerre*, Paris, Presses de la Fondation nationale des sciences politiques, 1977.
—, *Les Français dans la Grande Guerre*, Paris, Robert Laffont, 1980.
—, *La France en guerre (1914-1918). La grande mutation*, Bruxelles, Complexe, 1988.
Becker, Jean-Jacques, et Audoin-Rouzeau, Stéphane, *La France, la Nation, la Guerre : 1850-1920*, Paris, SEDES, 1995.

Becker, Jean-Jacques, Winter, Jay M., Krumeich, Gerd, Becker, Annette, et Audoin-Rouzeau, Stéphane (dir.), *Guerre et Cultures (1914-1918)*, Paris, Armand Colin, 1994.

Bertholet, Denis, *Le Bourgeois dans tous ses états. Le roman familial de la Belle Époque*, Paris, Olivier Orban, 1987.

Bidou-Zachariasen, Catherine, *Proust sociologue. De la maison aristocratique au salon bourgeois*, Paris, Descartes et Cie, 1997.

Billard, Pierre, *L'Âge classique du cinéma français. Du cinéma parlant à la Nouvelle Vague*, Paris, Flammarion, 1995.

Billy, André, *L'Époque 1900*, Paris, Tallandier, 1951.

Birnbaum, Pierre (dir.), *La France de l'affaire Dreyfus*, Paris, Gallimard, 1994.

Blanchard, Raoul, *Je découvre l'Université. Douai, Lille, Grenoble*, Paris, Fayard, 1963.

Bloch, Marc, *Écrits de guerre (1914-1918)*, Paris, Armand Colin, 1997.

Bompaire-Évesque, Claire-Françoise, *Un débat sur l'Université au temps de la IIIe République. La lutte contre la nouvelle Sorbonne*, Paris, Aux Amateurs de Livres, 1988.

Bouillon, Jean-Paul, Rinuy, Paul-Louis, et Baudin, Antoine, *L'Art du XXe siècle (1900-1939)*, Paris, Citadelles et Mazenot, 1996.

Briand, Jean-Pierre, et Chapoulie, Jean-Michel, *Les Collèges du peuple. L'enseignement primaire supérieur et le développement de la scolarisation prolongée sous la IIIe République*, Paris, Éd. du CNRS, 1992.

Burac, Robert, *Charles Péguy. La révolution et la grâce*, Paris, Robert Laffont, 1994.

Cassou, Jean (dir.), *Encyclopédie du symbolisme*, Paris, Somogy, rééd., 1988.

Caucanas, Sylvie, et Cazals, Rémy (dir.), *Traces de 14-18*, Carcassonne, Les Audois, 1997.

Chaline, Nadine-Josette, *Des catholiques normands sous la IIIe République. Crises, combats, renouveaux*, Roanne-Le Coteau, Horvath, 1985.

— (dir.), *Chrétiens dans la Première Guerre mondiale*, Paris, Éd. du Cerf, 1993.

Chanet, Jean-François, *L'École républicaine et les Petites Patries*, Paris, Aubier, 1996.

Charle, Christophe, *Les Élites de la République (1880-1900)*, Paris, Fayard, 1987.

—, *Naissance des « intellectuels » (1880-1900)*, Paris, Éd. de Minuit, 1990.

—, *La République des universitaires (1870-1940)*, Paris, Éd. du Seuil, 1994.

—, *Paris fin de siècle*, Paris, Éd. du Seuil, 1998.

Charpin, Catherine, *Les Arts incohérents (1882-1893)*, Paris, Syros, 1990.

Clemenceau, Georges, *Le Grand Pan* (1896), présentation de Jean-Noël Jeanneney, Paris, Imprimerie nationale, rééd., 1995.

Cochet, François, *Rémois en guerre, 1914-1919. L'héroïsation au quotidien*, Nancy, Presses universitaires de Nancy, 1993.

Colin, Pierre, *L'Audace et le Soupçon. La crise du modernisme dans le catholicisme français (1893-1914)*, Paris, Desclée de Brouwer, 1997.

Compagnon, Antoine, *La IIIe République des lettres, de Flaubert à Proust*, Paris, Éd. du Seuil, 1983.

—, *Proust entre deux siècles*, Paris, Éd. du Seuil, 1989.

Condemi, Concetta, *Les Cafés-concerts. Histoire d'un divertissement (1849-1914)*, Paris, Quai Voltaire, 1992.
Congar, Yves, *Journal de la guerre 1914-1918*, Paris, Éd. du Cerf, 1997.
Corbin, Alain, *Les Cloches de la terre. Paysage sonore et culture sensible dans les campagnes au XIXe siècle*, Paris, Albin Michel, 1994.
Coubertin, Pierre de, *Essais de psychologie sportive*, présenté par Jean-Pierre Rioux, Grenoble, Jérôme Millon, rééd., 1992.
Crespelle, Jean-Paul, *La Vie quotidienne à Montmartre au temps de Picasso (1900-1910)*, Paris, Hachette, 1978.
Cru, Jean-Norton, *Témoins. Essai d'analyse et de critique des souvenirs de combattants édités en français de 1915 à 1928*, Nancy, Presses universitaires de Nancy, rééd., 1993.
Crubellier, Maurice, *L'École républicaine (1870-1940). Esquisse d'une histoire culturelle*, Paris, Christian, 1993.
Csergo, Julia, *Liberté, Égalité, Propreté. La morale de l'hygiène au XIXe siècle*, Paris, Albin Michel, 1988.
Dagen, Philippe, *Cézanne*, Paris, Flammarion, 1995.
—, *Le Silence des peintres. Les artistes face à la Grande Guerre*, Paris, Fayard, 1996.
Dancel, Brigitte, *Enseigner l'histoire à l'école primaire de la IIIe République*, Paris, PUF, 1996.
Daviet, Jean-Pierre, *La Société industrielle en France (1814-1914). Productions, échanges, représentations*, Paris, Éd. du Seuil, 1997.
Delaporte, Sophie, *Les Gueules cassées. Les blessés de la face de la Grande Guerre*, Paris, Noêsis, 1996.
Deleuze, Gilles, *Proust et les Signes*, Paris, PUF, rééd., 1979.
Delhome, Danielle, Gault, Nicole, et Gonthier, Josiane, *Les Premières Institutrices laïques*, Paris, Mercure de France, 1980.
Delmaire, Danielle, *Antisémitisme et Catholiques dans le Nord pendant l'affaire Dreyfus*, Lille, Presses universitaires de Lille, 1991.
Déloye, Yves, *École et Citoyenneté. L'individualisme républicain de Jules Ferry à Vichy : controverses*, Paris, Presses de la Fondation nationale des sciences politiques, 1994.
Denis, Michel, Lagrée, Michel, et Veillard, Jean-Yves (dir.), *L'Affaire Dreyfus et l'Opinion publique, en France et à l'étranger*, Rennes, Presses universitaires de Rennes, 1995.
Désert, Gabriel, *La Vie quotidienne sur les plages normandes du second Empire aux Années folles*, Paris, Hachette, 1983.
Digeon, Claude, *La Crise allemande de la pensée française (1870-1914)*, Paris, PUF, 1959.
Dillaz, Serge, *La Chanson sous la IIIe République (1870-1940)*, Paris, Tallandier, 1991.
Dixmier, Élisabeth et Michel, *L'Assiette au beurre. Revue satirique illustrée (1901-1912)*, Paris, Maspero, 1974.
Dottin-Orsini, Mireille, *Cette femme qu'ils disent fatale. Textes et images de la misogynie fin de siècle*, Paris, Grasset, 1993.
Drouin, Michel (dir.), *L'Affaire Dreyfus de A à Z*, Paris, Flammarion, 1994.

Duchatelet, Bernard, *Romain Rolland. La pensée et l'action*, Rennes, Université de Bretagne occidentale et CNRS, 1997.
Duclert, Vincent, *L'Affaire Dreyfus*, Paris, La Découverte, 1994.
Dumons, Bruno, Pollet, Gilles, et Berjat, Muriel, *Naissance du sport moderne*, Lyon, La Manufacture, 1987.
Durkheim, Émile, et Lavisse, Ernest, *Lettres à tous les Français*, Paris, Armand Colin, rééd., 1992.
Duroselle, Jean-Baptiste, *La France et les Français (1900-1914)*, Paris, Richelieu, 1972.
—, *La Grande Guerre des Français, 1914-1918*, Paris, Perrin, 1994.
Éleb, Monique, et Debarre, Anne, *L'Invention de l'habitation moderne. Paris, 1880-1914*, Paris, Hazan et Archives d'architecture moderne, 1995.
Fabiani, Jean-Louis, *Les Philosophes de la République*, Paris, Éd. de Minuit, 1988.
Ferenczi, Thomas, *L'Invention du journalisme en France. Naissance de la presse moderne à la fin du XIXe siècle*, Paris, Plon, 1993.
Fermigier, André, *Picasso*, Paris, Le Livre de Poche, 1969.
Ferry, Jules, *La République des citoyens*, 2 vol., présentation d'Odile Rudelle, Paris, Imprimerie nationale, 1996.
Finkielkraut, Alain, *Le Métacontemporain. Péguy, lecteur du monde moderne*, Paris, Gallimard, 1991.
Fontana, Jacques, *Les Catholiques français pendant la Grande Guerre*, Paris, Éd. du Cerf, 1990.
Furet, François, et Ozouf, Mona (dir.), *Le Siècle de l'avènement républicain*, Paris, Gallimard, 1993.
Gaillard, Jean-Michel, *Jules Ferry*, Paris, Fayard, 1989.
Gauthier, Marie-Véronique, *Chanson, Sociabilité et Grivoiserie au XIXe siècle*, Paris, Aubier, 1992.
Gautier, Jean-François, *Claude Debussy. La musique et le mouvant*, Arles, Actes Sud, 1997.
Genet-Delacroix, Marie-Claude, *Art et État sous la IIIe République. Le système des Beaux-Arts, 1870-1940*, Paris, Publications de la Sorbonne, 1992.
Genevoix, Maurice, *Ceux de 14*, préface de Jean-Jacques Becker, Paris, Omnibus, 1998.
Gervereau, Laurent, et Prochasson, Christophe (dir.), *Images de 1917*, Paris, Musée d'histoire contemporaine-BDIC, 1987.
— (dir.), *L'Affaire Dreyfus et le Tournant du siècle (1894-1910)*, Paris, Musée d'histoire contemporaine-BDIC, 1994.
Gili, Jean A., Lagny, Michèle, Marie, Michel, et Pinel, Vincent (dir.), *Les Vingt Premières Années du cinéma français*, Paris, Presses de la Sorbonne nouvelle, 1995.
Girardet, Raoul, *Le Nationalisme français (1871-1914)*, Paris, Éd. du Seuil, rééd., 1983.
Goujon, Pierre, *Le Vigneron citoyen. Mâconnais et Chalonnais (1848-1914)*, Paris, Éd. du CTHS, 1993.
Gouley, Bernard, Mauger, Rémi, et Chevalier, Emmanuelle, *Thérèse de Lisieux. Enquête sur un siècle de sainteté (1897-1997)*, Paris, Fayard, 1997.
Gourmont, Remy de, *Le Joujou patriotisme*, présenté par Jean-Pierre Rioux, Paris,

Grojnowski, Daniel, *Aux commencements du rire moderne. L'esprit fumiste*, Paris, José Corti, 1997.

Grojnowski, Daniel, et Sarrazin, Bernard, *L'Esprit fumiste et les Rires fin de siècle. Anthologie*, Paris, José Corti, 1990.

Guyvarc'h, Didier, *Moi, Marie Rocher, écolière en guerre. Dessins d'enfants (1914-1918)*, Rennes, Apogée, 1993.

Herbert, Michel, *La Chanson à Montmartre*, Paris, La Table Ronde, 1967.

Hoog, Michel, *Cézanne « puissant et solitaire »*, Paris, Gallimard, 1989.

Huard, Raymond, *Le Suffrage universel en France (1848-1946)*, Paris, Aubier, 1991.

Ihl, Olivier, *La Fête républicaine*, Paris, Gallimard, 1996.

Jean-Paul Laurens (1838-1921), peintre d'histoire, Paris, Réunion des musées nationaux, 1997.

Jouve, Séverine, *Les Décadents. Bréviaire fin de siècle*, Paris, Plon, 1989.

—, *Obsessions et Perversions dans la littérature et les demeures à la fin du XIXe siècle*, Paris, Hermann, 1996.

Juin, Hubert, *Lectures « fins de siècles ». Préfaces 1975-1986*, Paris, Christian Bourgois, 1992.

Julliard, Jacques, *Fernand Pelloutier et les Origines du syndicalisme d'action directe*, Paris, Éd. du Seuil, rééd., 1985.

—, *Autonomie ouvrière. Études sur le syndicalisme d'action directe*, Paris, Hautes Études-Gallimard-Éd. du Seuil, 1988.

Julliard, Jacques, et Sand, Shlomo (dir.), *Georges Sorel en son temps*, Paris, Éd. du Seuil, 1985.

Kalifa, Dominique, *L'Encre et le Sang. Récits de crimes et société à la Belle Époque*, Paris, Fayard, 1995.

Kayser, Jacques (dir.), *La Presse de province sous la IIIe République*, Paris, Armand Colin, 1958.

Klejman, Laurence, et Rochefort, Florence, *L'Égalité en marche. Le féminisme sous la IIIe République*, Paris, Presses de la Fondation nationale des sciences politiques-Des Femmes, 1989.

Kok-Escalle, Marie-Christine, *Instaurer une culture par l'enseignement de l'histoire, France 1876-1912. Contribution à une sémiotique de la culture*, Berne, Peter Lang, 1988.

Lacambre, Geneviève, *Gustave Moreau, maître sorcier*, Paris, Gallimard, 1997.

Lalouette, Jacqueline, *La Libre-pensée en France (1848-1940)*, Paris, Albin Michel, 1997.

Langle, Henry-Melchior de, *Le Petit Monde des cafés et débits parisiens au XIXe siècle*, Paris, PUF, 1990.

Lavau, Georges, Grunberg, Gérard, et Mayer, Nonna (dir.), *L'Univers politique des classes moyennes*, Paris, Presses de la Fondation nationale des sciences politiques, 1983.

Lebovics, Herman, *La « Vraie France ». Les enjeux de l'identité culturelle (1900-1945)*, Paris, Belin, 1995.

Lejeune, Dominique, *Les « Alpinistes » en France à la fin du XIXe et au début du XXe siècle (vers 1875-vers 1919). Étude d'histoire sociale, étude de mentalité,*

Paris, Éd. du CTHS, 1988.

Lemoine, Bertrand, *La Tour de monsieur Eiffel*, Paris, Gallimard, 1989.

Léon, Antoine, *Histoire de l'éducation populaire en France*, Paris, Nathan, 1983.

Leroy, Géraldi (dir.), *Les Écrivains et l'Affaire Dreyfus*, Paris, PUF, 1983.

Ligou, Daniel, *Frédéric Desmons et la Franc-maçonnerie sous la IIIe République*, Paris, Gedalge, 1966.

Lussier, Hubert, *Les Sapeurs-pompiers au XIXe siècle. Associations volontaires en milieu populaire*, Paris, L'Harmattan, 1987.

Machelon, Jean-Pierre, *La République contre les libertés ? Les restrictions aux libertés publiques de 1879 à 1914*, Paris, Presses de la Fondation nationale des sciences politiques, 1976.

Manfredonia, Gaetano, *La Chanson anarchiste en France, des origines à 1914*, Paris, L'Harmattan, 1997.

Martin-Fugier, Anne, *La Bourgeoise. Femme au temps de Paul Bourget*, Paris, Grasset, 1983.

Martinez, Rose-Marie, *Rodin, l'artiste face à l'État*, Paris, Séguier, 1993.

Marty, Laurent, *Chanter pour survivre. À Roubaix (1850-1914)*, Roubaix, Fédération Léo Lagrange, 1982.

Massis, Henri, et De Tarde, Alfred (Agathon), *Les Jeunes Gens d'aujourd'hui*, présentation de Jean-Jacques Becker, Paris, Imprimerie nationale, rééd., 1995.

Mayeur, Françoise, *L'Enseignement secondaire des jeunes filles*, Paris, Presses de la Fondation nationale des sciences politiques, 1977.

—, *L'Éducation des filles au XIXe siècle*, Paris, Hachette, 1979.

Mayeur, Jean-Marie, *La Vie politique sous la IIIe République (1870-1940)*, Paris, Éd. du Seuil, 1984.

—, *La Séparation des Églises et de l'État*, Paris, Éd. Ouvrières, rééd., 1991.

Mercier, Lucien, *Les Universités populaires (1899-1914). Éducation populaire et mouvement ouvrier au début du siècle*, Paris, Éd. Ouvrières, 1986.

Meusy, Jean-Jacques, *Paris-Palaces ou le temps des cinémas (1894-1918)*, Paris, Éd. du CNRS, 1995.

Meyer, Jacques, *La Vie quotidienne des soldats pendant la Grande Guerre*, Paris, Hachette, 1966.

Michaud, Stéphane, Mollier, Jean-Yves, et Savy, Nicole (dir.), *Usages de l'image au XIXe siècle*, Paris, Créaphis, 1992.

1914. Les psychoses de guerre ?, Rouen, CRDP-Publications de l'Université de Rouen, 1985.

Mollier, Jean-Yves, *L'Argent et les Lettres. Histoire du capitalisme d'édition (1880-1920)*, Paris, Fayard, 1988.

—, (dir.), *Le Commerce de la librairie en France au XIXe siècle. 1789-1914*, Paris, IMEC Éditions-Éditions de la Maison des sciences de l'homme, 1997.

Mucchielli, Laurent, *La Découverte du social. Naissance de la sociologie en France (1870-1914)*, Paris, La Découverte, 1998.

Murard, Lion, et Zilberman, Patrick, *L'Hygiène dans la République. La santé publique en France, ou l'utopie contrariée (1870-1918)*, Paris, Fayard, 1997.

Nguyen, Victor, *Aux origines de l'Action française. Intelligence et politique vers 1900*, Paris, Fayard, 1991.

Nicolet, Claude, *L'Idée républicaine en France. Essai d'histoire critique*, Paris, Gallimard, 1982.
Nordmann, Jean-Thomas, *La France radicale*, Paris, Gallimard-Julliard, 1977.
Nourrisson, Didier, *Le Buveur du XIXe siècle*, Paris, Albin Michel, 1990.
Oberthür, Mariel, *Le Chat noir (1881-1897)*, Paris, Réunion des musées nationaux, 1992.
Ory, Pascal, *1889. L'Expo universelle*, Bruxelles, Complexe, 1989.
Ozouf, Jacques, *Nous les maîtres d'école. Autobiographies d'instituteurs de la Belle Époque*, Paris, Gallimard-Julliard, rééd., 1973.
Ozouf, Jacques, et Ozouf, Mona, avec Aubert, Véronique, et Steindecker, Claire, *La République des instituteurs*, Paris, Hautes Études-Gallimard-Éd. du Seuil, 1992.
Ozouf, Mona, *L'École, l'Église et la République, 1871-1914*, Paris, Éd. du Seuil, rééd., 1982.
—, *L'École de la France. Essais sur la Révolution, l'utopie et l'enseignement*, Paris, Gallimard, 1984.
Palacio, Jean de, *Figures et Formes de la décadence*, Paris, Séguier, 1994.
Parinet, Élisabeth, *La Librairie Flammarion (1875-1914)*, Paris, IMEC, 1992.
Pierron, Agnès (éd.), *Le Grand-Guignol. Le théâtre des peurs de la Belle Époque*, Paris, Robert Laffont, 1995.
Poulat, Émile, *Liberté, Laïcité. La guerre des deux France et le principe de la modernité*, Paris, Éd. du Cerf-Cujas, 1987.
Pour ou contre le fauvisme, textes de peintres, d'écrivains et de journalistes réunis et présentés par Philippe Dagen, Paris, Somogy, 1994.
Pourcher, Yves, *Les Jours de guerre. La vie des Français au jour le jour (1914-1918)*, Paris, Plon, 1994.
Prochasson, Christophe, *Les Années électriques (1880-1910)*, Paris, La Découverte, 1991.
—, *Les Intellectuels, le Socialisme et la Guerre (1900-1938)*, Paris, Éd. du Seuil, 1993.
Prochasson, Christophe, et Rasmussen, Anne, *Au nom de la Patrie. Les intellectuels et la Première Guerre mondiale (1910-1919)*, Paris, La Découverte, 1996.
Py, Christiane, et Ferenczi, Cécile, *La Fête foraine d'autrefois. Les années 1900*, Lyon, La Manufacture, 1987.
Quand Paris dansait avec Marianne, Paris, Éd. Paris-Musées, 1989.
Rauch, André, *Vacances et Pratiques corporelles. La naissance des morales du dépaysement*, Paris, PUF, 1988.
Rebérioux, Madeleine, *La République radicale ? (1898-1914)*, Paris, Éd. du Seuil, 1975.
—, *Jaurès. La parole et l'acte*, Paris, Gallimard, 1994.
Rebérioux, Madeleine, et Candar, Gilles (dir.), *Jaurès et les Intellectuels*, Paris, Éd. de l'Atelier, 1994.
Rebérioux, Madeleine, et Rioux, Jean-Pierre (dir.), *Jaurès et la Classe ouvrière*, Paris, Éd. Ouvrières, 1981.

Renan, Ernest, « *Qu'est-ce qu'une nation ?* » *et autres essais politiques*, textes choisis et présentés par Joël Roman, Paris, Presses Pocket, 1992.
Ribouillault, Claude, *La Musique au fusil. Avec les poilus de la Grande Guerre*, Rodez, Éd. du Rouergue, 1996.
Richard, Nathalie, et Pallier, Yveline, *Cent Ans de tourisme en Bretagne, 1840-1914*, Rennes, Apogée, 1996.
Rioux, Jean-Pierre, *Nationalisme et Conservatisme. La Ligue de la Patrie française*, Paris, Beauchesne, 1977.
—, *Chronique d'une fin de siècle. France, 1889-1900*, Paris, Éd. du Seuil, 1991.
Robert, Frédéric, *La Marseillaise*, Paris, Imprimerie nationale, 1989.
Robert, Jean-Louis, *Les Ouvriers, la Patrie et la Révolution. Paris, 1914-1919*, Besançon, Annales littéraires de l'Université de Besançon-Les Belles Lettres, 1995.
Rosanvallon, Pierre, *Le Sacre du citoyen. Histoire du suffrage universel en France*, Paris, Gallimard, 1992.
Rudelle, Odile, *La République absolue. Aux origines de l'instabilité constitutionnelle de la France républicaine, 1870-1889*, Paris, Publications de la Sorbonne, rééd., 1986.
Sallée, André, et Chauveau, Philippe, *Music-hall et Café-concert*, Paris, Bordas, 1985.
Shattuck, Roger, *Les Primitifs de l'avant-garde*, Paris, Flammarion, rééd., 1997.
Silver, Kenneth, *Vers le retour à l'ordre. L'avant-garde parisienne et la Première Guerre mondiale*, Paris, Flammarion, 1991.
Silverman, Debora L., *L'Art nouveau en France. Politique, psychologie et style fin de siècle*, Paris, Flammarion, 1994.
Simon-Nahum, Perrine, *La Cité investie. La « science du judaïsme » français et la République*, Paris, Éd. du Cerf, 1991.
Six, Jean-François, *1886. Naissance du XXe siècle en France*, Paris, Éd. du Seuil, 1986.
Sorel, Georges, *Réflexions sur la violence* (1906), Paris, Éd. du Seuil, rééd., 1990.
Sorlin, Pierre, *La Croix et les Juifs (1880-1899). Contribution à l'histoire de l'antisémitisme contemporain*, Paris, Grasset, 1967.
Soulez, Philippe (dir.), *Les Philosophes et la Guerre de 14*, Saint-Denis, Presses universitaires de Vincennes, 1988.
Sternhell, Zeev, *Maurice Barrès et le Nationalisme français*, Paris, Armand Colin, 1972.
—, *La Droite révolutionnaire (1885-1914). Les origines françaises du fascisme*, Paris, Éd. du Seuil, 1978.
Stora-Lamarre, Annie, *L'Enfer de la IIIe République. Censeurs et pornographes (1881-1914)*, Paris, Imago, 1990.
Tadié, Jean-Yves, *Marcel Proust*, Paris, Gallimard, 1996.
Tailhade, Laurent, *Imbéciles et Gredins*, présenté par Jean-Pierre Rioux, Paris, Laffont, rééd., 1969.
Tarde, Gabriel, *L'Opinion et la Foule*, Paris, PUF, rééd., 1989.
Thabault, Roger, *1848-1914. L'Ascension d'un peuple. Mon village. Ses hommes,*

ses routes, son école, Paris, Presses de la Fondation nationale des sciences politiques, rééd., 1993.

Thébaud, Françoise, *La Femme au temps de la guerre de 14*, Paris, Stock, rééd., 1994.

Thiesse, Anne-Marie, *Le Roman du quotidien. Lecteurs et lectures populaires à la Belle Époque*, Paris, Le Chemin vert, 1984.

—, *Écrire la France. Le mouvement littéraire régionaliste de langue française entre la Belle Époque et la Libération*, Paris, PUF, 1991.

—, *Ils apprenaient la France. L'exaltation des régions dans le discours patriotique*, Paris, Éd. de la MSH, 1997.

Thuillier, Jacques, *Peut-on parler d'une peinture « pompier »?*, Paris, PUF, 1984.

Vaisse, Pierre, *La IIIe République et les Peintres*, Paris, Flammarion, 1995.

Varry, Dominique, *Les Bibliothèques de la Révolution et du XIXe siècle (1789-1914)*, t. III de l'*Histoire des bibliothèques françaises*, Paris, Promodis-Éd. du Cercle de la Librairie, 1991.

Viard, Jacques (dir.), *L'Esprit républicain. Colloque d'Orléans, 4 et 5 septembre 1970*, Paris, Klincksieck, 1972.

Wallon, Armand, *La Vie quotidienne dans les villes d'eaux (1850-1914)*, Paris, Hachette, 1981.

Warnod, Jeanine, *Le Bateau-Lavoir (1892-1914)*, Paris, Les Presses de la Connaissance, 1975.

Weber, Eugen, *La Fin des terroirs. La modernisation de la France rurale (1870-1914)*, Paris, Fayard-Éd. Recherches, 1983.

—, *Fin de siècle. La France à la fin du XIXe siècle*, Paris, Fayard, 1986.

Zayed, Fernande, *Huysmans peintre de son époque*, Paris, Nizet, 1973.

III. Deuxième partie

Abirached, Robert (dir.), *La Décentralisation théâtrale*, 3 vol., Paris, Actes Sud, 1992-1994.

Added, Serge, *Le Théâtre dans les années Vichy (1940-1944)*, Paris, Ramsay, 1992.

Aron, Jean-Paul, *Les Modernes*, Paris, Gallimard, 1984.

Art et Idéologies. L'art en Occident, 1945-1949, Saint-Étienne, CIEREC, 1978.

L'Art face à la crise, 1929-1939, Saint-Étienne, CIEREC, 1980.

Assouline, Pierre, *L'Épuration des intellectuels*, Bruxelles, Complexe, 1985.

—, *L'Homme de l'art. D. H. Kahnweiler (1884-1979)*, Paris, Balland, 1988.

—, *Hergé*, Paris, Plon, 1996.

—, *Gaston Gallimard*, Paris, Éd. du Seuil, rééd., 1996.

Belot, Robert, *Lucien Rebatet. Un itinéraire fasciste*, Paris, Éd. du Seuil, 1994.

Bernard, Jean-Pierre A., *Le Parti communiste français et la question littéraire (1921-1939)*, Grenoble, Presses universitaires de Grenoble, 1972.

Bertin-Maghit, Jean-Pierre, *Le Cinéma sous l'Occupation*, Paris, Orban, 1989.

Bertrand Dorléac, Laurence, *L'Art de la défaite (1940-1944)*, Paris, Éd. du Seuil, 1993.

Bloch, Marc, *L'Étrange Défaite. Témoignage écrit en 1940*, préface de Stanley

Hoffmann, Paris, Gallimard, rééd., 1990.
Boal, David, *Journaux intimes sous l'Occupation*, Paris, Armand Colin, 1993.
Bothorel, Jean, *Bernard Grasset. Vie et passions d'un éditeur*, Paris, Grasset, 1989.
Bourdon, Jérôme, *Histoire de la télévision sous de Gaulle*, Paris, Anthropos-Economica-INA, 1990.
—, *Haute Fidélité. Pouvoirs et télévision (1935-1994)*, Paris, Éd. du Seuil, 1994.
Burrin, Philippe, *La Dérive fasciste. Doriot, Déat, Bergery*, Paris, Éd. du Seuil, 1986.
—, *La France à l'heure allemande (1940-1944)*, Paris, Éd. du Seuil, 1995.
Caute, David, *Le Communisme et les Intellectuels français (1914-1966)*, Paris, Gallimard, 1967.
Chirat, Raymond, *La IVe République et ses films*, Paris, 5 Continents-Hatier, 1985.
Comte, Bernard, *Une utopie combattante. L'école des cadres d'Uriage (1940-1942)*, Paris, Fayard, 1991.
Delporte, Christian, *Les Crayons de la propagande. Dessinateurs et dessin politique sous l'Occupation*, Paris, Éd. du CNRS, 1993.
Delporte, Christian, et Gervereau, Laurent, *Trois Républiques vues par Cabrol et Sennep*, Paris, BDIC, 1996.
Descombes, Vincent, *Le Même et l'Autre. Quarante-cinq ans de philosophie française (1933-1978)*, Paris, Éd. de Minuit, 1981.
Deveaux, Patricia, *Le Théâtre de la guerre froide en France (1946-1956)*, thèse, IEP Paris, 1993.
Dompnier, Nathalie, *Vichy à travers chants*, Paris, Nathan, 1996.
Eck, Hélène (dir.), *La Guerre des ondes. Histoire des radios de langue française pendant la Deuxième Guerre mondiale*, Paris, Armand Colin, 1985.
Farmer, Sarah, *Oradour : arrêt sur mémoire*, Paris, Calmann-Lévy, 1994.
Faure, Christian, *Le Projet culturel de Vichy. Folklore et Révolution nationale (1940-1944)*, Lyon, Presses universitaires de Lyon, 1989.
Fouché, Pascal, *L'Édition française sous l'Occupation (1940-1944)*, 2 vol., Paris, Bibliothèque de littérature française contemporaine de l'université Paris 7, 1987.
Fréchuret, Maurice, Bertrand Dorléac, Laurence, Guilbaut, Serge, et Rioux, Jean-Pierre, *1946, l'art de la Reconstruction*, Genève, Skira, 1996.
Garçon, François, *De Blum à Pétain. Cinéma et société française (1936-1944)*, Paris, Éd. du Cerf, 1984.
Gay-Lescot, Jean-Louis, *Sport et Éducation sous Vichy (1940-1944)*, préface de Jean-Pierre Rioux, Lyon, Presses universitaires de Lyon, 1991.
Gervereau, Laurent, et Peschanski, Denis (dir.), *La Propagande sous Vichy (1940-1944)*, Paris, BDIC, 1990.
Gervereau, Laurent, Rioux, Jean-Pierre, et Stora, Benjamin (dir.), *La France en guerre d'Algérie (novembre 1954-juillet 1962)*, Paris, BDIC, 1992.
Grémion, Pierre, *Intelligence de l'anticommunisme. Le Congrès pour la liberté de la culture à Paris (1950-1975)*, Paris, Fayard, 1995.
Guérin, Christian, *L'Utopie Scouts de France. Histoire d'une identité collective, catholique et sociale (1920-1995)*, Paris, Fayard, 1997.

Guérin, Jean-Yves (dir.), *Camus et la Politique*, Paris, L'Harmattan, 1986.

Gueslin, André (dir.), *Les Facs sous Vichy*, Clermont-Ferrand, Publications de l'Institut d'études du Massif central, 1994.

Guillaume-Grimaud, Geneviève, *Le Cinéma du Front populaire*, Paris, Lherminier, 1986.

Guillon, Jean-Marie, et Laborie, Pierre (dir.), *Mémoire et Histoire : la Résistance*, Toulouse, Privat, 1995.

Guiraud, Jean-Michel, *La Vie intellectuelle et artistique à Marseille à l'époque de Vichy et sous l'Occupation (1940-1944)*, Marseille, CRDP, 1987.

Halls, Wilfred D., *Les Jeunes et la Politique de Vichy*, préface de Jean-Pierre Rioux, Paris, Syros, 1988.

Handourtzel, Rémy, *Vichy et l'École (1940-1944)*, Paris, Noêsis, 1997.

Hebey, Pierre, La Nouvelle Revue française *des années sombres (1940-1941). Des intellectuels à la dérive*, Paris, Gallimard, 1992.

Institut Charles de Gaulle, *De Gaulle et la Culture*, t. VII de *De Gaulle en son siècle*, Paris, Plon-La Documentation française, 1992.

—, *De Gaulle et les Médias*, Paris, Plon, 1994.

Jeancolas, Jean-Pierre, *Quinze Ans d'années trente. Le cinéma des Français, 1929-1944*, Paris, Stock, 1983.

Johnson, Douglas et Madeleine, *La France des illusions (1918-1940)*, préface de Jean-Pierre Rioux, Paris, Nathan Image, 1987.

Joubert, Marie-Agnès, *La Comédie-Française sous l'Occupation*, Paris, Tallandier, 1998.

Kuisel, Richard F., *Le Miroir américain. 50 ans de regard français sur l'Amérique*, Paris, Lattès, 1996.

Laborie, Pierre, *L'Opinion française sous Vichy*, Paris, Éd. du Seuil, 1990.

Lacouture, Jean, *François Mauriac*, 2 vol., Paris, Éd. du Seuil, rééd., 1990.

Le Boterf, *La Vie parisienne sous l'Occupation*, Paris, France Empire, rééd., 1997.

Lindenberg, Daniel, *Les Années souterraines (1937-1947)*, Paris, La Découverte, 1990.

La Littérature française sous l'Occupation, Reims, Presses universitaires de Reims, 1989.

Loiseaux, Gérard, *La Littérature de la défaite et de la collaboration d'après « Phönix oder Asche ? » (« Phénix ou Cendres ») de Bernhard Payr*, Paris, Fayard, 1995.

Loubet del Baye, Jean-Louis, *Les Non-conformistes des années trente*, Paris, Éd. du Seuil, 1969.

Loyer, Emmanuelle, *Le Théâtre citoyen de Jean Vilar. Une utopie d'après guerre*, Paris, PUF, 1997.

Malraux, André, *La Politique, la Culture. Discours, articles, entretiens (1925-1975)*, Paris, Gallimard, 1996.

Martin, Marc (dir.), *Histoire et Médias. Journalisme et journalistes français (1950-1990)*, Paris, Albin Michel, 1991.

Moulin, Raymonde, *Le Marché de la peinture en France*, Paris, Éd. de Minuit, 1967.

Nadeau, Maurice, *Histoire du surréalisme*, Paris, Éd. du Seuil, rééd., 1970.

Ory, Pascal, *La Belle Illusion. Culture et politique sous le signe du Front populaire (1935-1938)*, Paris, Plon, 1994.

Paris-Paris (1937-1957). Créations en France, Paris, Centre Georges-Pompidou, 1981.

Prost, Antoine, *Les Anciens Combattants et la Société française (1914-1939)*, 3 vol., Paris, Presses de la Fondation nationale des sciences politiques, 1977.

Ragache, Gilles, *Les Enfants de la guerre. Vivre, survivre, lire et jouer en France (1939-1949)*, Paris, Perrin, 1997.

Le Retour à l'ordre dans les arts plastiques et l'architecture, 1919-1925, Saint-Étienne, CIEREC, 1986.

Rieffel, Rémy, *La Tribu des clercs. Les intellectuels sous la Ve République (1958-1990)*, Paris, Calmann-Lévy-Éd. du CNRS, 1993.

Rioux, Jean-Pierre (dir.), *La Vie culturelle sous Vichy*, Bruxelles, Complexe, 1990.

Rioux, Jean-Pierre, et Sirinelli, Jean-François (dir.), *La Guerre d'Algérie et les Intellectuels français*, Bruxelles, Complexe, 1991.

Roger, Philippe, *Rêves et Cauchemars américains. Les États-Unis au miroir de l'opinion publique française (1945-1953)*, Lille, Presses universitaires de Septentrion, 1996.

Simonin, Anne, *Les Éditions de Minuit (1942-1955). Le devoir d'insoumission*, Paris, IMEC, 1994.

Singer, Claude, *Vichy, l'Université et les Juifs. Les silences et la mémoire*, Paris, Les Belles Lettres, 1992.

—, *L'Université libérée, l'Université épurée (1943-1947)*, Paris, Les Belles Lettres, 1997.

Sirinelli, Jean-François, *Génération intellectuelle. Khâgneux et normaliens dans l'entre-deux-guerres*, Paris, Fayard, 1988.

Steel, James, *Littérature de l'ombre. Récits et nouvelles de la Résistance (1940-1944)*, Paris, Presses de la Fondation nationale des sciences politiques, 1991.

Sternhell, *Ni droite, ni gauche. L'idéologie fasciste en France*, Bruxelles, Complexe, rééd., 1987.

Sweets, John F., *Clermont-Ferrand à l'heure allemande*, Paris, Plon, 1996.

Taliano-des-Garets, Françoise, *La Vie culturelle à Bordeaux (1945-1975)*, Bordeaux, Presses universitaires de Bordeaux, 1995.

Todd, Olivier, *Albert Camus. Une vie*, Paris, Gallimard, 1996.

Veillon, Dominique, *La Mode sous l'Occupation. Débrouillardise et coquetterie dans la France en guerre (1939-1945)*, Paris, Payot, 1990.

Verdès-Leroux, Jeannine, *Au service du Parti. Le Parti communiste, les intellectuels et la culture (1944-1956)*, Paris, Fayard-Éd. de Minuit, 1983.

—, *Le Réveil des somnambules. Le Parti communiste, les intellectuels et la culture (1956-1985)*, Paris, Fayard-Éd. de Minuit, 1987.

—, *Refus et Violences. Politique et littérature à l'extrême droite, des années trente aux retombées de la Libération*, Paris, Gallimard, 1996.

Weber, Eugen, *La France des années trente. Tourments et perplexités*, Paris, Fayard, 1994.

Winock, Michel, Esprit. *Des intellectuels dans la cité (1930-1950)*, Paris, Éd. du Seuil, rééd., 1996.

IV. TROISIÈME PARTIE

Abirached, Robert, *Le Théâtre et le Prince (1981-1991)*, Paris, Plon, 1992.
Altschull, Élisabeth, *Le Voile contre l'école*, Paris, Éd. du Seuil, 1995.
Angelo, Mario d', *Socio-économie de la musique en France. Diagnostic d'un système vulnérable*, Paris, La Documentation française, 1997.
Bachmann, Sophie, *L'Éclatement de l'ORTF. La réforme de la délivrance*, Paris, L'Harmattan, 1997.
Badie, Bertrand, et Smouts, Marie-Claude, *Le Retournement du monde. Sociologie de la scène internationale*, Paris, Presses de la Fondation nationale des sciences politiques-Dalloz, 1995.
Baffoy, Thierry, Delesbre, Antoine, et Sauzet, Jean-Paul, *Les Naufragés de l'esprit*, Paris, Éd. du Seuil, 1996.
Baubérot, Jean, *Vers un nouveau pacte laïque?*, Paris, Éd. du Seuil, 1990.
Baudart, Anne, et Pena-Ruiz, Henri (dir.), *Les Préaux de la République*, Paris, Minerve, 1991.
Baverez, Nicolas, *Les Trente Piteuses*, Paris, Flammarion, 1997.
Bazin, Hugues, *La Culture hip-hop*, Paris, Desclée de Brouwer, 1995.
Benhamou, Françoise, *L'Économie de la culture*, Paris, La Découverte, 1996.
Bertrand, Claude-Jean, et Bordat, Francis (dir.), *Les Médias américains en France. Influence et pénétration*, Paris, Belin, 1989.
Birnbaum, Pierre, *La France imaginée. Déclin des rêves unitaires?*, Paris, Fayard, 1998.
Bonnell, René, *La Vingt-cinquième Image. Une économie de l'audiovisuel*, Paris, Gallimard-FEMIS, 1989.
Bourdieu, Pierre, *Sur la télévision*, suivi de *L'Emprise du journalisme*, Paris, Liber, 1996.
Bourdieu, Pierre, et Darbel, Alain, *L'Amour de l'art. Les musées et leur public*, Paris, Éd. de Minuit, 1966.
Bourdieu, Pierre, et Passeron, Jean-Claude, *La Reproduction. Éléments pour une théorie du système d'enseignement*, Paris, Éd. de Minuit, 1970.
Brusini, Hervé, et James, Francis, *Voir la vérité. Le journalisme de télévision*, Paris, PUF, 1982.
Cardona, Janine, et Lacroix, Chantal, *Chiffres clés 1995. Statistiques de la culture*, Paris, La Documentation française, 1996.
Caune, Jean, *La Culture en action. De Vilar à Lang : le sens perdu*, Grenoble, Presses universitaires de Grenoble, 1992.
Cayrol, Roland, *Médias et Démocratie : la dérive*, Paris, Presses de la Fondation nationale des sciences politiques, 1997.
Certeau, Michel de, *La Culture au pluriel*, Paris, Union générale d'Éditions, 1974.
Cesari, Jocelyne, *Être musulman en France aujourd'hui*, Paris, Hachette, 1997.
—, *Faut-il avoir peur de l'islam?*, Paris, Presses de la Fondation nationale des sciences politiques, 1997.
Champion, Françoise, et Hervieu-Léger, Danièle (dir.), *De l'émotion en religion.*

Renouveaux et traditions, Paris, Le Centurion, 1990.

Chaslin, François, *Les Paris de François Mitterrand. Histoire des grands projets architecturaux*, Paris, Gallimard, 1985.

Choay, Françoise, *L'Allégorie du patrimoine*, Paris, Éd. du Seuil, 1992.

Clair, Jean, *La Responsabilité de l'artiste. Les avant-gardes entre terreur et raison*, Paris, Gallimard, 1997.

Combes, Patrick, *La Littérature et le Mouvement de Mai 68. Écriture, mythes, critique, écrivains (1968-1981)*, Paris, Seghers, 1984.

Conan, Éric, et Rousso, Henry, *Vichy, un passé qui ne passe pas*, Paris, Gallimard, rééd., 1996.

Coq, Guy, *Laïcité et République. Le lien nécessaire*, Paris, Éd. du Félin, 1995.

Cornu, Laurence, Pompougnac, Jean-Claude, et Roman, Joël, *Le Barbare et l'Écolier. La fin des utopies scolaires*, Paris, Calmann-Lévy, 1990.

Cotta, Alain, *La Société ludique. La vie envahie par le jeu*, Paris, Grasset, 1980.

Coulomb, Sylvie, et Varrod, Didier, *68-88. Histoires de chansons, de Maxime Leforestier à Étienne Daho*, Paris, Balland, 1987.

Débat (Le), *Les Idées en France (1945-1988). Une chronologie. Chronologie coordonnée et établie par Anne Simonin et Hélène Clastres*, Paris, Gallimard, 1989.

Debray, Régis, *Le Pouvoir intellectuel en France*, Paris, Ramsay, 1979.

—, *L'État séducteur*, Paris, Gallimard, 1993.

Delannoi, Gil, *Les Années utopiques (1968-1978)*, Paris, La Découverte, 1990.

Donegani, Jean-Marie, et Sadoun, Marc, *La Ve République. Naissance et mort*, Paris, Calmann-Lévy, 1998.

Donnat, Olivier, *Les Français face à la culture. De l'exclusion à l'éclectisme*, Paris, La Découverte, 1994.

—, *Les Amateurs. Enquête sur les activités artistiques des Français*, Paris, ministère de la Culture-DEP, 1996.

Donnat, Olivier, et Cogneau, Denis (dir.), *Les Pratiques culturelles des Français (1973-1989)*, Paris, La Découverte-La Documentation française, 1990.

Dosse, François, *Histoire du structuralisme*, 2 vol., Paris, La Découverte, 1991-1992.

—, *Paul Ricœur. Les sens d'une vie*, Paris, La Découverte, 1997.

Duhamel, Alain, *Les Peurs françaises*, Paris, Flammarion, 1993.

Dumazedier, Joffre, *Révolution culturelle du temps libre (1968-1988)*, Paris, Méridiens Klincksieck, 1988.

Ehrenberg, Alain, *Le Culte de la performance*, Paris, Calmann-Lévy, 1991.

—, *L'Individu incertain*, Paris, Calmann-Lévy, 1995.

L'État de l'opinion, Paris, Gallimard puis Éd. du Seuil, annuel depuis 1984.

Étienne, Bruno, et Liogier, Raphaël, *Être bouddhiste en France aujourd'hui*, Paris, Hachette, 1997.

Fauroux, Roger, et Chacornac, Georges (dir.), *Pour l'École*, Paris, Calmann-Lévy-La Documentation française, 1996.

Fermigier, André, *La Bataille de Paris. Des Halles à la pyramide. Chroniques d'urbanisme*, Paris, Gallimard, 1991.

Ferro, Marc, *Les Sociétés malades du progrès*, Paris, Plon, 1998.

Ferry, Luc, *L'Homme-Dieu ou le sens de la vie*, Paris, Grasset et Fasquelle, 1996.

Ferry, Luc, et Renaut, Alain, *La Pensée 68. Essai sur l'anti-humanisme contempo-

rain, Paris, Gallimard, 1985.
—, *68-86. Itinéraires de l'individu*, Paris, Gallimard, 1987.
Finkielkraut, Alain, *La Défaite de la pensée*, Paris, Gallimard, 1987.
—, *L'Humanité perdue*, Paris, Éd. du Seuil, 1996.
Fize, Michel, *La Démocratie familiale. Évolution des relations parents-adolescents*, Paris, Presses de la Renaissance, 1990.
Forme et Sens. Colloque sur la formation à la dimension religieuse du patrimoine culturel, Paris, La Documentation française, 1997.
Forrester, Viviane, *L'Horreur économique*, Paris, Fayard, 1996.
Foucauld, Jean-Baptiste de (dir.), *La France et l'Europe d'ici 2010. Facteurs et acteurs décisifs*, Paris, Commissariat général du Plan-La Documentation française, 1993.
Fourastié, Jean, *Les Trente Glorieuses*, Paris, Hachette, rééd., 1980.
Friedberg, Erhard, et Urfalino, Philippe, *Le Jeu du catalogue. Les contraintes de l'action culturelle dans les villes*, Paris, La Documentation française, 1984.
Frodon, Jean-Michel, *L'Âge moderne du cinéma français. De la Nouvelle Vague à nos jours*, Paris, Flammarion, 1995.
Fumaroli, Marc, *L'État culturel. Essai sur une religion moderne*, Paris, Éd. de Fallois, 1991.
Furet, François (dir.), *Patrimoine, Temps, Espace. Patrimoine en place, patrimoine déplacé*, Paris, Fayard, 1997.
Furet, François, Julliard, Jacques, et Rosanvallon, Pierre, *La République du centre. La fin de l'exception française*, Paris, Calmann-Lévy, 1988.
Gaspard, Françoise, et Khosrokhavar, Farhad, *Le Foulard et la République*, Paris, La Découverte, 1995.
Gauchet, Marcel, *Le Désenchantement du monde. Une histoire politique de la religion*, Paris, Gallimard, 1985.
Gilbert, Claude, et Saez, Guy, *L'État sans qualités*, Paris, PUF, 1982.
Girard, Augustin, et Gentil, Geneviève (dir.), *Les Affaires culturelles au temps d'André Malraux (1959-1969)*, Paris, La Documentation française-Comité d'histoire du ministère de la Culture, 1996.
Grange, Daniel J., et Poulot, Dominique (dir.), *L'Esprit des lieux. Le patrimoine et la cité*, Grenoble, Presses universitaires de Grenoble, 1997.
Guillebaud, Jean-Claude, *La Tyrannie du plaisir*, Paris, Éd. du Seuil, 1998.
Hamon, Hervé, et Rotman, Patrick, *Les Intellocrates. Expédition en haute intelligentsia*, Paris, Ramsay, 1981.
—, *Génération*, 2 vol., Paris, Éd. du Seuil, 1987-1988.
Heinich, Nathalie, *Le Triple Jeu de l'art contemporain*, Paris, Éd. de Minuit, 1998.
Herbreteau, Hubert, *Comprendre les cultures des jeunes. Du rap au journal intime*, Paris, Éd. de l'Atelier, 1997.
Hervieu-Léger, Danièle, *La Religion pour mémoire*, Paris, Éd. du Cerf, 1993.
Jeanneney, Jean-Noël, et Sauvage, Monique (dir.), *Télévision, nouvelle mémoire. Les magazines de grand reportage (1959-1968)*, Paris, Éd. du Seuil, 1982.
Jeudy, Henri-Pierre, *Mémoires du social*, Paris, PUF, 1986.
— (dir.), *Patrimoines en folie*, Paris, Éd. de la MSH, 1990.
Joffrin, Laurent, *Mai 68. Histoire des événements*, Paris, Éd. du Seuil, 1988.

Joutard, Philippe, *Ces voix qui nous viennent du passé*, Paris, Hachette, 1983.
Julliard, Jacques, *La Faute aux élites*, Paris, Gallimard, 1997.
Kaltenbach, Jeanne-Hélène, *Être protestant en France aujourd'hui*, Paris, Hachette, 1997.
Kaplan, Steven L., *Adieu 89*, Paris, Fayard, 1993.
Kepel, Gilles, *Les Banlieues de l'islam*, Paris, Éd. du Seuil, 1987.
Konopnicki, Guy, *La France du tiercé. Ordre et désordre d'une passion populaire*, Lyon, La Manufacture, 1986.
Kourilsky, Philippe, *La Science en partage*, Paris, Odile Jacob, 1998.
Lagrange, Hugues, *La Civilité à l'épreuve. Crime et sentiment d'insécurité*, Paris, PUF, 1995.
Lejeune, Philippe, *Pour l'autobiographie*, Paris, Éd. du Seuil, 1998.
Leniaud, Jean-Michel, *L'Utopie française. Essai sur le patrimoine*, Paris, Mengès, 1992.
Leveau, Rémy, et Kepel, Gilles (dir.), *Les Musulmans dans la société française*, Paris, Presses de la Fondation nationale des sciences politiques, 1988.
Lévy-Leblond, Jean-Marc, *Aux contraires. L'exercice de la pensée et la pratique de la science*, Paris, Gallimard, 1996.
Lipovetsky, Gilles, *L'Ère du vide. Essais sur l'individualisme contemporain*, Paris, Gallimard, 1983.
—, *L'Empire de l'éphémère. La mode et son destin dans les sociétés modernes*, Paris, Gallimard, 1987.
—, *Le Crépuscule du devoir. L'éthique indolore des nouveaux temps démocratiques*, Paris, Gallimard, 1992.
Lucas, Philippe, *La Religion de la vie quotidienne*, Paris, PUF, 1981.
Lurçat, Liliane, *Le Temps prisonnier. Des enfances volées par la télévision*, Paris, Desclée de Brouwer, 1995.
Maffesoli, Michel, *Le Temps des tribus. Le déclin de l'individualisme dans les sociétés démocratiques*, Paris, Méridiens Klincksieck, 1988.
—, *Au creux des apparences. Pour une éthique de l'esthétique*, Paris, Plon, 1990.
—, *Du nomadisme. Vagabondages initiatiques*, Paris, Le Livre de Poche, 1997.
Manceron, Gilles, et Remaoun, Hassan, *D'une rive à l'autre. La guerre d'Algérie de la mémoire à l'histoire*, Paris, Syros, 1993.
Martiniello, Marco, *Sortir des ghettos culturels*, Paris, Presses de la Fondation nationale des sciences politiques, 1997.
La Mémoire des Français. Quarante ans de commémorations de la Seconde Guerre mondiale, Paris, Éd. du CNRS, 1986.
Mendras, Henri, (dir.), *La Sagesse et le Désordre. France 1980*, Paris, Gallimard, 1980.
— *La Seconde Révolution française (1965-1984)*, Paris, Gallimard, 1988.
Métral, Jean (dir.), *Les Aléas du lien social. Constructions identitaires et culturelles dans la ville*, Paris, La Documentation française, 1997.
Michaud, Yves, *La Crise de l'art contemporain. Utopie, démocratie et comédie*, Paris, PUF, 1997.
Michel, Patrick, *Religion et Politique. La grande mutation*, Paris, Albin Michel, 1994.

Mignon, Patrick, et Hannion, Antoine (dir.), *Rock : de l'histoire au mythe*, Paris, Anthropos, 1991.
Missika, Jean-Louis, et Wolton, Dominique, *La Folle du logis. La télévision dans les sociétés démocratiques*, Paris, Gallimard, 1983.
Mongin, Olivier, *Face au scepticisme (1976-1993). Les mutations du paysage intellectuel ou l'invention de l'intellectuel démocratique*, Paris, La Découverte, 1994.
—, *L'Après 1989. Les nouveaux langages du politique*, Paris, Hachette, 1998.
Morin, Edgar, *Sociologie*, Paris, Fayard, 1984.
Morin, Edgar, Lefort, Claude, et Castoriadis, Cornélius, *Mai 68 : la brèche*, suivi de *Vingt ans après*, Bruxelles, Complexe, rééd., 1988.
Mossuz-Lavau, Janine, *Femmes/hommes. Pour la parité*, Paris, Presses de la Fondation nationale des sciences politiques, 1998.
Moulin, Raymonde, *L'Artiste, l'Institution et le Marché*, Paris, Flammarion, 1992.
Moulinier, Pierre, *Politique culturelle et Décentralisation*, Paris, Éd. du CNFPT, 1995.
Neveu, Éric, *Une société de communication ?*, Paris, Montchrestien, 1994.
Nora, Pierre (dir.), *Science et Conscience du patrimoine*, Paris, Fayard, 1997.
Ory, Pascal, *L'Entre-deux-Mai. Histoire culturelle de la France (mai 1968-mai 1981)*, Paris, Éd. du Seuil, 1983.
Pinaud, Christian, *Entre nous, les téléphones. Vers une sociologie de la télécommunication*, Paris, Insep, 1985.
La Politique culturelle de la France. Rapport du groupe d'experts européens, Paris, La Documentation française, 1988.
Popper, Karl, et Condry, John, *La Télévision : un danger pour la démocratie*, Paris, Anatolia, 1994.
Prost, Antoine, *Éducation, Société et Politiques. Une histoire de l'enseignement en France de 1945 à nos jours*, Paris, Éd. du Seuil, 1992.
Pynson, Pascale, *La France à table (1960-1986)*, Paris, La Découverte, 1987.
Raynaud, Philippe, et Thibaud, Paul, *La Fin de l'école républicaine*, Paris, Calmann-Lévy, 1990.
Renard, Jacques, *L'Élan culturel : la France en mouvement*, Paris, PUF, 1987.
Rigaud, Jacques, *Libre Culture*, Paris, Gallimard, 1990.
—, *L'Exception culturelle. Culture et pouvoirs sous la Ve République*, Paris, Grasset, 1995.
— (dir.), *Pour une refondation de la politique culturelle. Rapport au ministre de la Culture*, Paris, La Documentation française, 1996.
Rigby, Brian, *Popular Culture in Modern France. A Study of Cultural Discourse*, Londres, Routledge, 1991.
Rioux, Jean-Pierre, Sirinelli, Jean-François, Gentil, Geneviève, et Girard, Augustin (dir.), *Les Affaires culturelles au temps de Jacques Duhamel (1971-1973)*, Paris, La Documentation française-Comité d'histoire du ministère de la Culture, 1995.
Ritaine, Évelyne, *Les Stratèges de la culture*, Paris, Presses de la Fondation nationale des sciences politiques, 1983.
Roussel, Louis, *La Famille incertaine*, Paris, Odile Jacob, 1989.
Rousso, Henry, *Le Syndrome de Vichy de 1944 à nos jours*, Paris, Éd. du Seuil, rééd., 1990.

Schiwy, Günther, *Les Nouveaux Philosophes*, Paris, Denoël-Gonthier, 1979.
Schnapper, Dominique, *La Communauté des citoyens. Sur l'idée moderne de nation*, Paris, Gallimard, 1994.
Schneider, Michel, *La Comédie de la culture*, Paris, Éd. du Seuil, 1993.
Stengers, Isabelle, *Sciences et Pouvoirs. La démocratie face à la technoscience*, Paris, La Découverte, 1997.
Tétart, Philippe (coord.), *Georges Pompidou, homme de culture*, Paris, Centre Georges-Pompidou, 1995.
Todd, Emmanuel, *La Nouvelle France*, Paris, Éd. du Seuil, 1988.
Touraine, Alain, *Le Retour de l'acteur. Essai de sociologie*, Paris, Le Livre de Poche, rééd., 1997.
Touraine, Alain, Dubet, François, Lapeyronnie, Didier, Khosrokhavar, Farhad, et Wieviorka, Michel, *Le Grand Refus. Réflexions sur la grève de décembre 1995*, Paris, Fayard, 1996.
Trémois, Claude-Marie, *Les Enfants de la liberté. Le jeune cinéma français des années 1990*, Paris, Éd. du Seuil, 1997.
Tribalat, Michèle, *Faire France. Une enquête sur les immigrés et leurs enfants*, Paris, La Découverte, 1995.
Urfalino, Philippe, *L'Invention de la politique culturelle*, Paris, La Documentation française-Comité d'histoire du ministère de la Culture, 1996.
Wieviorka, Michel (dir.), *Racisme et Modernité*, Paris, La Découverte, 1993.
—, *Commenter la France*, Paris, Éd. de l'Aube, 1997.
Winock, Michel, *Parlez-moi de la France*, Paris, Plon, 1995.
Wolton, Dominique, *Éloge du grand public. Une théorie critique de la télévision*, Paris, Flammarion, 1990.
Yonnet, Paul, *Jeux, Modes et Masses. La société française et le moderne (1945-1985)*, Paris, Gallimard, 1985.

图书在版编目（CIP）数据

法国文化史 IV，大众时代：二十世纪 /（法）里乌，（法）西里内利主编；吴模信等译. -- 上海：华东师范大学出版社，2012.10
ISBN 978-7-5617-9916-1
Ⅰ.①法… Ⅱ.①里… ②西… ③吴… Ⅲ.①文化史－法国－20 世纪 Ⅳ.①K565.03
中国版本图书馆 CIP 数据核字（2012）第 218705 号

华东师范大学出版社六点分社
企划人 倪为国

HISTOIRE CULTURELLE DE LA FRANCE TOME 4
by JEAN-PIERE RIOUX,JEAN-FRANÇOIS SIRINELLI
Sous la direction de Jean-Pierre Rioux et Jean- François Sirinelli
Ouvrage publié avec le concours du Ministère Français des Affaires étrangères
Copyright © Editions du Seuil,1998 et 2005
Published by arrangement with EDITIONS DU SEUIL
Simplified Chinese Translation Copyright © 2012 by East China Normal University Press Ltd.
ALL RIGHTS RESERVED.
上海市版权局著作权合同登记号 图字：09-2006-248 号

法国文化史（卷四）
大众时代：二十世纪

主　　编	（法）里乌　（法）西里内利
译　　者	吴模信　潘丽珍
责任编辑	高建红
封面设计	储　平
出版发行	华东师范大学出版社
社　　址	上海市中山北路3663号　邮编 200062
网　　址	www.ecnupress.com.cn
电　　话	021-60821666　行政传真 021-62572105
客服电话	021-62865537
门市（邮购）电话	021-62869887
地　　址	上海市中山北路3663号华东师范大学校内先锋路口
网　　店	http://hdsdcbs.tmall.com
印 刷 者	上海景条印刷有限公司
开　　本	787 x 1092　1/16
插　　页	4
印　　张	27.75
字　　数	500 千字
版　　次	2012 年 10 月第 3 版
印　　次	2012 年 10 月第 1 次
书　　号	ISBN 978-7-5617-9916-1/G・5883
定　　价	98.00 元
出 版 人	朱杰人

（如发现本版图书有印订质量问题，请寄本社客服中心调换或电话 021-62865537 联系）